개정판 서문

건전한 성격은 건전한 정신 활동과 건전한 신체 활동에서 비롯된다. 이 책을 공부하는 모든 사람이 건전한 정신 및 신체 활동을 통해 건전한 성격으로 삶을 영위할 수 있기를 기원해 본다. '인간 이해 및 성장을 위한 성격심리학'이란 이름으로 책이 발간된 지 15년이란 세월이 지났다. 그동안 정말 많은 독자의 요구에 부응해서 개정판 작업을 해야지 하면서 많은 시간이 흘러갔다. 아무튼 대학 강단을 떠나기 전에 개정판을 발간하게 돼서 몹시 기쁘다.

먼저 이 자리를 빌려 필자의 성격심리학 책을 가지고 강의 교재로 사용해 준 대학의 많은 교수님과 애독해 준 학생들에게 감사의 마음을 전하고 싶다. 그동안 많은 독자가 지적한 피드백과 강의를 해 오며 보완해야지 하면서 메모해 둔 것을 바탕으로 책 전반에 걸쳐 부분적인 수정과 보완이 이루어졌다. 더불어서 개정판의 체제 및 내용에서 큰 변화가 세 가지 측면에서 이루어졌는데, 지적하면 다음과 같다.

첫째는 성격연구에 가장 오랜 역사와 성격심리학으로서 정체성이 분명한 성향적 관점을 가장 먼저 다루고 나서 현대 심리학의 주요한 네 가지 세력순인 정신역동적 관점, 행동 및 사회학습적 관점, 인본주의적 관점, 인지적 관점 순으로 전체적 체계를 정리해서 성격이론들을 살펴본 점이다.

둘째는 필자가 연구한 '정신과 신체의 상호작용에 따른 건전한 성격'을 하나의 장으로 구성하여 성격이론의 이해를 도모한 것이다. 펀더(Funder, 2010)가 성격심리학 책을 '성격 퍼즐(the personality puzzle)'이란 이름으로 출간한 것을 보고 '성격이 정말 무엇인가?'란 생각을 많이 하면서 지냈다. 그러던 와중에 아버지처럼 생각하고 친근하게 지냈던 큰형이 암으로 인해 60대 중반에 갑자기 돌아가셨다. 큰형이 교직을 그만둔 지 얼마 안 된 시점에서 일어난 일이라 나에겐 큰 충격이었다. 낙천적인 성격을 가진 형이 암이란 말을 듣고 나서 정신적으로 매우 낙담해서 지내는 것을 가까이 목격하면서 신체적 건강이 정신에 미치는 영향이 정말 막대함을 깨달았다. 이런 깨달음이 필자로 하여금 영어 속담인 '건전한 정신은 건전한 신체에서 비롯된다(A sound mind in a sound body.)'란 퍼즐을 탐구하게 했다. 그러한 탐구의 결과로 인해 개정판의 제2장인 '정신과 신체의 상호작용에 따른 건전한 성격'이란 제목으로 탄생되었다.

셋째는 인본주의적 관점에 펄스(Frederick S. Perls)의 게슈탈트치료 접근을 제20장으로 추가한 점이다. 펄스의 게슈탈트치료 접근을 추가한 이유는 현재 국내에서 많은 상담심리학자가 게슈탈트치료를 하고 있기 때문이다. 더불어 펄스도 인간중심치료를 개발한 칼 로저스(Carl Rogers)처럼 전체로서 유기체의 지혜를 강조한 영향력 있는 상담 및 심리치료자였기 때문이다.

나는 상담심리학자로서 여전히 성격심리학이 심리학의 뿌리라고 생각한다. 왜냐하면 성격심리학은 근본적으로 인간성에 초점을 두는 학문이며, 머레이(Henry A. Murray)가 지적했던 것처럼 성격심리학은 인간학(personology)으로 '자기내재적 목적지향 체계(self-contained teleological system)'인 '나눌 수 없는(in+divisible)' 개인(individual)을 연구하기 때문이다. 그리고 건강한 뿌리가 예쁜 꽃을 피우게 하듯, 개인이 타고난 내재적 요인을 바탕으로 건강한 성격을 형성하도록 바람직한 외재적 요인이 필요하다고 본다.

이 책의 내용 및 구성과 관련한 나의 의도 및 독자들에 대한 나의 바람을 몇 가지로 나누어 제시하고자 한다.

첫째, 나는 응용심리학인 상담심리학을 공부한 사람으로서 이 책의 제목에 나타난 것처럼 독자들이 성격심리학을 통해 인간을 이해하고 더 나아가 자신의 성장에 도움이 됐으면 한다.

둘째, 나는 학생들이 성격심리학을 어려운 학문이 아니라 타인을 이해하고 자신의 성장에 필요한 흥미진진한 학문이라는 것을 터득했으면 하는 바람이다. 이런 점에서 각 장의 마지막에 있는 '자기이해와 성장을 위한 성격연습'은 학습자의 흥미를 야기하리라 확신한다.

셋째, 이 책은 다양한 성격이론을 다섯 가지 관점, 즉 성향적 관점, 정신역동적 관점, 행동 및 사회적 학습 관점, 인본주의적 관점, 인지적 관점으로 구분하여 다루었다. 독자들이 이러한 관점을 바탕으로 성격심리학의 전체적인 조망 속에서 주요한 성격이론을 재미있게 학습했으면 한다.

넷째, 독자들이 파악할 수 있는 것처럼, 이 책은 성격이론가들이 인간을 이해하기 위해 제안했던 주요 개념에 초점이 많이 맞추어져 있다. 학습자는 이러한 개념에 대한 철저한 이해를 통해 성격이론가들이 강조하는 하는 바를 보다 쉽게 이해할 수 있을 것이다.

마지막으로, 무엇보다 독자들이 쉽게 이해할 수 있는 실용적인 성격심리학 책이 되기를 원한다. 학습의 방법으로 먼저 첫 장인 '성격심리학의 이해'와 마지막 장인 '성격이론의 추세와 전망'을 읽고 나서 의구심을 갖고 이 책을 공부했으면 한다. 아무튼 이 책이 독자들에게 학습하기에 쉽지 않은 것으로 여겨진다면 그것은 전적으로 저자의 잘못이라고 생각한다.

개정판의 출판과 더불어 먼저 자랑스럽고 기쁜 마음으로 지적하고 싶은 것은 첫 판의 공저자인 강영신교수가 미국에서 공부를 마치고 귀국해서 현재 전남대학교 심리학과 교수로 재직하면서 성격심리학을 강의하고 있다는 점이다. 개정판이 나오기까지 동학도로서 많은 격려를 해 준 광주교육대학교 오익수 교수, 목포대학교 강만철 교수, 광주보건대학 김광운 교수, 전남대학교 송현종 교수, 광주대학교 정민 교수, 호남대학교 임수진 교수, 동신대학교에 재직했던 오명자 교수, 서혜석 교수께도 깊은 감사의 마음을 전달하고 싶다. 더불어 전남대학교 심리학과 이종목, 오수성, 박태진, 한규석, 윤가현, 김문수, 신현균, 이혜진, 황석현 교수께도 감사의 마음을 전달한다. 그리고 전남대학교 상담교실 대학원생들에게도 고마움을 전달한다.

그동안 삶의 동반자로 옆에서 나를 지지해 온 아내 고진명, 그래픽디자이너로 열심히 생활하고 있는 딸 다예, 미국에서 수학강사를 하며 성실하게 살아가고 있는 아들 병우에게도 미안한 마음과 더불어 격려의 메시지를 전한다. 특히 학지사에서 성실하게 일하면서 나름대로 성공적인 삶을 영위하면서 나에게 동기부여를 해 준 정승철 이사에게 고마움을 느낀다. 그가 나를 볼 때마다 표현했던 "성격심리학 개정판 언제 써요?"라는 채찍질은 나에게 많은 도움이 되었다. 그리고 그동안 멋진 책이 되도록 고생해 온 편집부 강대건 대리와 항상 좋은 책을 만들기 위해 동분서주하면서 성공적인 삶을 영위해 온 학지사 김진환 사장께도 감사의 마음을 전달한다.

등위가 없는 無等山이 보이는

지실마을에서

저자 노 안 영

1판 서문

이 책의 마지막 장인 '성격이론의 추세와 전망'을 마치고 난 기분을 형언할 수 없다. 오래된 나의 미완성된 게슈탈트가 완성되었을 때, 나는 많은 감회와 더불어 깊은 정신적 희열을 만끽했다.

성격심리학을 처음으로 접촉한 것은 22년 전 서울대학교 대학원에서 조대경 선생님의 과목을 수강했던 때이다. 그 당시에 배웠던 두 권의 책은 인간 대 상황 논쟁을 야기했던 성격심리학자 미첼(Mischel)이 쓴 것이었다. 지금 기억으로는 끙끙거리며 다양한 성격이론을 이해하기 위해 많은 노력을 기울였던 것 같다. 그리고 많은 세월이 흘렀다. 미국에서 상담심리학 공부를 하고 귀국하여 1993년 가을 학기부터 성격심리학 과목을 가르치기 시작하였다. 그 때의 기억이 생생하다. 먼저 자신이 오랫동안 가르쳐왔던 성격심리학 과목을 선뜻 나에게 맡긴 이종목 선생님께 늦게나마 깊은 감사의 뜻을 전한다. 서점에 가서 성격심리학 책들을 구해 살펴보면서 어떤 책으로 학부학생들을 가르칠까 많은 고민을 하였다. 많은 갈등을 겪으면서 최종적인 결정은 원서를 사용하는 것으로 귀결되었다. 그 당시에 최종적으로 선택한 책은 슐츠(Schultz)가 쓴 것이었다. 그것을 시작으로 지난 9년 동안 학부와 대학원 학생들을 위해 사용했던 책들은 매디(Maddi), 프래거와 제임스(Frager & James), 젤리와 지글러(Hjelle & Ziegler), 머렌스와 브래니건(Merrens & Brannigan), 슐츠와 슐츠

(Schultz & Schultz), 퍼빈과 잔(Pervin & John), 잉글러(Engler) 등이 저술한 영어로 된 원서들이었다.

나는 상담심리학자로서 성격심리학이 심리학의 뿌리라고 생각한다. 왜냐하면 성격심리학은 근본적으로 인간성에 초점을 두는 학문이며, 머레이가 지적했던 것처럼 성격심리학은 인간학으로 '자기내재적 목적지향 체계(self-contained teleological system)'인 나눌 수 없는 개인(individual)을 연구하기 때문이다. 그리고 건강한 뿌리가 예쁜 꽃을 피우게 하듯, 개인이 타고난 내재적 요인을 바탕으로 건강한 성격을 형성하도록 바람직한 외재적 요인이 필요하다고 본다.

이제 성격심리학을 가르쳐온 지 10년째 접어드는 시점에서 그동안 축적된 지식과 자료를 바탕으로 이 책, '인간 이해 및 성장을 위한 성격심리학'이 탄생되었다. 이 책의 내용 및 구성과 관련한 나의 의도 및 독자들에 대한 나의 바람을 몇 가지로 나누어 제시하고자 한다.

첫째, 나는 응용심리학인 상담심리학을 공부한 사람으로서 이 책의 제목에 나타난 것처럼 독자들이 성격심리학을 통해 인간을 이해하고 더 나아가 자신의 성장에 도움이 됐으면 한다.

둘째, 나는 학생들이 성격심리학을 어려운 학문이 아니라 타인을 이해하고 자신의 성장에 필요한 흥미진진한 학문이라는 것을 터득했으면 하는 바람이다. 이런 점에서 각 장의 마지막에 있는 '자기이해와 성장을 위한 성격연습'은 학습자의 흥미를 돋우리라 확신한다.

셋째, 이 책은 다양한 성격이론들을 다섯 가지 관점, 즉 정신역동적 관점, 성향적 관점, 인본주의적 관점, 행동 및 사회적 학습 관점, 인지적 관점으로 구분하여 다루었다. 독자들이 이러한 관점을 바탕으로 성격심리학의 전체적인 조망 속에서 주요한 성격이론을 재미있게 학습했으면 한다.

넷째, 독자들이 파악할 수 있는 것처럼, 이 책은 성격이론가들이 인간을 이해하기 위해 제안했던 주요 개념에 초점이 많이 맞추어져 있다. 학습자는 이러한 개념에 대한 철저한 이해를 통해 성격이론가들이 강조하는 바를 보다 쉽게 이해할 수 있으리라 믿는다.

마지막으로, 무엇보다 독자들이 쉽게 이해할 수 있는 실용적인 성격심리학 책이 되기를 원한다. 학습의 방법으로 먼저 마지막 장인 '성격이론의 추세와 전망'을 읽고 나서 의구심을 갖고 이 책을 공부했으면 한다. 이 장이 심리학에 대한 지식이 많지 않는 학습자들에게 다소 어렵게 느껴질지 모르지만 성격심리학에 대한 종합적인 이해를 위해 도움이 되리라 믿는다. 아무튼 이 책이 독자들에게 학습하기에 쉽지 않는 것으로 여겨진다면 그것은 전적으로 저자들의 잘못이라고 생각한다.

내가 느끼는 남다른 감회는 역시 10년째 같이 해 온 제자인 강영신과 함께 공동저자로 이 책을 출판한 점이다. 그녀를 제자로 두었다는 것이 나에게는 큰 행운이며 무한한 즐거움이다. 그녀는 염화시중의 미소를 알아차리듯 나의 의도를 파악하고 책을 완성하는 데 헌신적인 노력을 기울였다. 그녀는 자신의 인생 여정 중 가장 소중하고 중요한 시점에서 거의 모든 일을 제치고 지난 한 달 반 동안 나와 같이 했다. 같이 작업을 하던 어느 날 밤 내가 그녀에게 "힘들지?"라고 물었을 때, "선생님이 저에게 'A person who is impatient remains a patient'라고 했잖아요."라고 그녀가 대꾸한 말이 생생하다. 이 책이 출판될 즈음이면 그녀가 먼 이국땅에 있을 것이라는 생각이 나의 마음을 허전하게 한다. 헤어짐이 나의 마음을 몹시 아프게 한다. 나는 그녀가 미국에서도 버티고 헤쳐 나갈 충분한 자질과 능력을 갖고 있다고 믿는다. 그렇기 때문에 이제 그녀의 선택과 용기를 격려하면서 멀리서나마 그녀의 성공을 위해 기도할 것이다.

이 책이 나오기까지 동학도로서 많은 격려를 해준 목포대학교 강만철 교수, 광주교육대학교 오익수 교수, 광주보건대학 김광운 교수, 여수대학교 송현종 교수에게도 깊은 감사의 마음을 전달하고 싶다. 특히 학지사에 근무하는 제자인 정승철 군에게 고마움을 느낀다. 그가 나를 볼 때마다 표현했던 "성격심리학 언제 써요?"라는 채찍질은 나에게 많은 도움이 되었다. 더불어 항상 좋은 책을 만들기 위해 노력하는 학지사 김진환 사장님 그리고 정채영 과장님 및 편집부 직원들에게도 감사의 마음을 전달한다.

2002년 8월

無等山이 보이는 연구실에서

저자대표 노 안 영

차례

제2부 성향적 관점

제3부 정신역동적 관점

제5부 인본주의적 관점

제6부 인지적 관점

제1부 성격의 이해 및 연구

사람들은 접하는 상황과 사건에 따라 다르게 행동한다. 2001년 9월 11일, 화요일 아침 8시 45분에 테러범에 의해 저질러진 뉴욕시의 세계무역센터(World Trade Center) 폭파 사건은 지구촌 사람들의 시선을 집중시켰다. CNN은 세계무역센터에 비행기의 충돌과 더불어 내뿜는 화염, 잠시 후의 건물 붕괴를 전 세계에 생중계 하였다. 마치 영화를 보는 장면처럼 그렇게 경악과 비극을 야기한 사건은 수많은 사람들의 목숨을 앗아갔다. 죽은 사람들은 말이 없지만 살아 있는 사람들은 이 엄청난 사건에 인지적, 정서적, 행동적으로 다른 반응을 보였으며, 아직도 인간이 저지른 비극적 장면을 간직하고 있다. 가까이에서 사건을 목격한 사람이나 희생자와 직접적으로 관계있는 가족의 대부분은 프로이트가 지적한 출생외상(birth trauma)과 같은 '외상 후 스트레스 장애(Post Traumatic Stress Disorder: PTSD)'로 고통을 받았으리라 본다.

자살 테러범들의 공격성은 어떻게 야기된 것인가? 당시에 미국의 대통령이었던 부시를 포함한 각료이 사건에 임하는 개인적 스타일은 어떠한가? 비극적 사건에 대한 개개인의 다양한 반응을 어떻게 볼 것인가? 외상 후 스트레스 장애를 쉽게 극복한 사람과 그렇지 못한 사람의 특성을 어떻게 규정할 것인가? 이러한 질문들이 내포한 내용은 부분적으로 이 책의 주제인 성격(personality)과 관련되어 있다.

이러한 내용을 좀 더 구체적으로 성격이란 용어를 사용하여 질문하여 보자. 테러범들의 공격적 성격은 타고난 것일까 아니면 후천적으로 학습된 것일까? 사건에 임하는 정치 각료들의 성격은 감성적인가 아니면 합리적인가? 사건의 직접적인 피해자들이 외상 후 스트레스 장애를 극복하는 데 있어 외적 통제의 성격과 내적 통제의 성격에는 차이가 있는가? 간접적으로 사건을 경험한 사람들이 갖는 개인적인 성격 특성, 즉 개인차(individual difference)에 따라 다양한 행동 반응을 할 것이다. 나아가 개인들이 갖는 성격을 어떤 성격 유형으로 분류할 수 있을 것이다. 여기서는 이러한 사건에 대한 인간의 다양한 반응에 따른 성격의 이해, 인간에 대한 이해, 인간성에 대한 다양한 관점을 살펴보고, 신심화 및 심신화 현상에 의한 건전한 성격에 대해 탐구하고자 한다. 그런 다음에 성격을 과학적으로 연구할 수 있는 방법들을 알아보고자 한다.

제1장

성격심리학의 이해

삶의 의미가 무엇인지 조사되지 않는 삶은 가치 없는 삶이다.

– 소크라테스 –

행복하고 성공적인 삶을 위해 우리는 인간으로서 자신의 인성에 대한 철저한 이해가 필요하다. 인간은 누구나 자신과 타인의 인성, 성격 이해에 관심을 가지며 살고 있다. 우리는 우리 자신과 다른 사람들을 어떻게 하면 보다 잘 이해할 수 있는가에 관심이 많다. 다른 친구들은 거리낌 없이 자기표현을 하는데 나는 왜 소극적이며 다른 사람들 앞에서 발표하는 데 불안해하는가? 나는 친구를 사귀는 것이 매우 어려운데 어떤 사람들은 쉽게 친구를 사귈까? 나는 어떤 일에 직면하여 결정을 내리는 것이 어려운데 어떤 사람들은 쉽게 결정을 내릴까? 우리는 이러한 질문을 하면서 자신이 하는 행동과 다른 사람들이 하는 행동을 관찰하면서 자신이 어떤 성격 특성을 가진 사람인가에 대한 의문과 더불어 인간 이해를 추구하며 살아간다.

우리는 관계 속에서 성격에 관련된 표현을 자주 한다. 예를 들면, 사람들은 많은 일상적인 대화에서 누군가를 지칭하면서 "그 친구는 굉장히 내성적이야." "내 직장 상사는 고집이 이만저만이 아니지." "내 남편의 성격은 칼 같아." "저 여학생은 속으로 호박씨 까는 게 이만저만이 아니지." "저 친구는 상당히 독선적인 게 많아." "저 친구는 정말 호탕해." "저 친구는 매우 꼼꼼해." 등 다른 사람들의 행동을 관찰하여 그 사람이 어떤 사람인가에 대한 평가를 내린다. 우리는 이러한 표현을 하며 직접·간접적으로 주변 사람들의 성격에 대해 얘기하며 삶을 영위한다. 즉, 우리는 일상인으로서 나름대로 다른 사람들의 행동 관찰을 통해 성격에 대한 견해를 갖고 있으며 더불어 타인의 성격에 견주어 자신의 성격이 어떻다는 견해를 가진다. 이런 점에서 우리 모두는 성격연구자라고 할 수 있다.

성격심리학자들은 일반 사람들이 함축적으로 성격을 생각하는 것과는 달리 체계적으로 인간 행동을 연구하여 성격이 무엇인가에 대한 정의를 하고 그러한 정의를 바탕으로 보다 과학적인 방법으로 성격을 탐구한다. 다음에서는 성격심리학자들이 성격을 어떻게 정의하는가에 대해서 살펴보자.

1. 성격의 이해

성격이 무엇인지 분명하게 이해하는 것은 쉽지 않는 일이다. 여기서는 먼저 성격이 무엇인지 성격에 대한 다양한 심리학자의 정의를 살펴보고, 성격연구의 역사와 현대 심리학의 역사를 통해 성격에 대한 이해가 어떻게 이루어져 왔는지를 살펴보고자 한다.

성격의 정의

우리는 도저히 믿기 힘든 사람들의 인간답지 못한 어떤 행동을 보고 "인간의 탈을 쓰고 어떻게 그런 짓을 할 수 있는가?"라고 말하곤 한다. 이것은 겉으로 나타난 모습과 다르게 표현된 인간 행동표현의 복잡성을 지적한 말이다. 뉴욕시의 세계무역센터 폭파 사건을 주도했던 테러리스트의 수장으로 지목된 수염을 기른 오사마 빈 라덴의 겉으로 나타난 인상은 매우 인자하게 보였다. 그의 인상은 테러리스트로서 적의성과 잔악한 행동을 저지른 것과 매우 대조적인 모습이다. 아무튼 사람들이 다른 사람의 성격을 평가할 때 겉으로 드러난 모습이나 얼굴 생김새가 중요한 요인으로 작용하는 것은 부인하기 힘들다. 정말 사람들은 다양한 탈 혹은 가면을 쓰고 세상을 살아간다. 성격(personality)이란 말은 어원적으로 탈 혹은 가면의 뜻을 함축한 라틴어 페르소나(persona)를 내포한 말로, 사람들에게 보이는 개인의 모습 및 특성을 나타낸다. 즉, 겉으로 드러난 얼굴 생김새를 통해 그 사람의 성격을 미루어 알 수 있다는 의미다. 융(Carl G. Jung)이 페르소나를 적응의 원형으로 지적한 것도 이러한 겉으로 드러난 얼굴 생김새가 개인의 성격을 함축하고 있다는 것을 말한다.

성격심리학은 기본적으로 인간성을 근거로 한 신비스런 존재인 인간에 대한 이해와 탐구를 하는 심리학의 하부영역이다. 먼저 상담심리학자로서 경험과 그리고 신체와 정신의 상호작용에 관한 신심화(somapsychotization) 및 심신화(psychosomatization) 현상에 관한 연구를 바탕으로 필자의 성격심리학에 대한 정의를 다음과 같이 내리고자 한다.

> 성격심리학은 개인이 자신의 환경에 독특한 적응을 결정하는 정신과 신체의 전체적 체계로서 자신 내부의 역동적 조직을 연구하는 인간학이다(Personality psychology is the personlogy of studying the dynamic organization within the individual as a holistic system of mind and body that determine his unique adjustment to his environment.).

이러한 성격심리학의 정의는 성격심리학자로서 특질이론을 제안한 올포트(G. Allport)와 성격심리학을 인간학으로 보고 성격에 따른 개인차를 강조한 머레이(Henry. A. Murray)의 입장을 반영해서 내려졌다.

성격이란 정말 무엇인가? 이러한 질문에 대한 견해는 성격심리학자가 성격을 연구하는 데 설정하는 가정에 따라 달라진다. 즉, 성격이론가들은 그들이 보는 인간에 대한 입장을 바탕으로 성격의 정의를 다양하게 내려왔다. 따라서 성격의 정의는 성격을 연구하는 이론가들만큼 무수히 많다고 볼 수 있다. 이런 점에서 성격이 무엇인가를 분명하게 정의한다는 것은 쉬운 일이 아니다. 따라서 여기서는 성격심리학자들이 제시한 몇 가지 성격의 정의를 제시하고자 한다.

> 성격은 개인의 특유한 행동과 사고를 결정하는 심리신체적 체계인 개인 내의 역동적 조직이다(Personality is the dynamic organization within the individual of those psychophysical systems that determine his characteristic behavior and thought.).
>
> (Allport, 1961, p. 28).

> 성격은 개인이 접하는 생활 상황에 대해 적응의 특성을 기술하는 사고와 감정을 포함하는 구별된 행동패턴을 의미한다[(Personality usually refers to the distinctive patterns of behavior(including thoughts and emotions) that characterize each individual's adaptation to the situation of his or her life.].
>
> (Mischel, 1976, p. 2).

> 성격은 사람들의 심리적 행동(사고, 감정, 행위)에 있어 공통성과 차이를 결정하는 일련의 안정된 경향성과 특성이다. 이러한 심리적 행동은 시간에 따른 연속성을 가지며 어떤 순간의 사회적 및 생물학적 압력의 단일한 결과로서 쉽게 이해될 수 없다[Personality is a stable set of tendencies and characteristics that determine those commonalities and differences in people's psychological behavior(thoughts, feelings, and actions) that have continuity in time and that may not be easily understood as the sole result of the social and biological pressures of the moment.].
>
> (Maddi, 1996, p. 8).

성격은 개인이 소유한 일련의 역동적이고 조직화된 특성으로서, 이러한 특성은 다양한 상황에서 개인의 인지, 동기, 행동에 독특하게 영향을 준다(Personality is the dynamic and organized set of characteristics possessed by a person that uniquely influences his or her cognitions, motivations, and behaviors in various situations.).

(Ryckman, 2000, p. 5).

성격은 인간의 행동, 사고, 감정의 특유한 패턴을 창조하는 심리신체적 체계인 인간 내부의 역동적 조직이다(Personality is a dynamic organization, inside the person, of psychophysical systems that create the person's characteristic patterns of behavior, thoughts, and feelings.).

(Carver & Scheier, 2000, p. 5).

성격은 일관된 행동패턴 및 개인 내부에서 일어나는 정신내적 과정이다(Personality is consistent behavior patterns and intrapersonal processes originating within the individual.).

(Burger, 2000, p. 4).

성격은 인간의 행동에 일관성과 개별성을 주는 상당히 영구한 특질과 독특한 특성의 패턴이다(Personality is a pattern of relatively permanent traits and unique characteristics that give both consistency and individuality to a person's behavior.).

(Feist & Feist, 2006, p. 4).

성격은 개인의 사고, 정서, 행동의 특성적 패턴이며, 그러한 패턴은 모두 패턴 이면에–감추어지거나 그렇지 않는–심리적 기제를 가지고 있다(Personality refers to an individual's characteristic patterns of thought, emotion, and behavior, together with the psychological mechanisms – hidden or not – behind those patterns.).

(Funder, 2010, p. 5).

이러한 다양한 성격의 정의를 바탕으로 성격이란 말이 함축하고 있는 여러 의미를 성격연구와 관련하여 몇 가지로 정리해 보면 다음과 같다.

- 성격은 인간의 사고, 감정, 행위를 포함한 표현된 행동과 관련하여 이해될 수 있다. 성격은 관찰할 수 있는 사람들의 행동을 바탕으로 판단되는 것을 의미한다.
- 성격은 인간 적응의 측면을 반영한다. 즉, 삶은 적응의 과정이며 사람들은 자신이 처한 상황에서 생존하기 위해 자신의 성격을 발달시키고 형성한다고 볼 수 있다.
- 성격은 사람들이 보편적으로 공유하는 공통성을 내포한다. 사람들을 어떤 성격의 유형으로 분류하는 것은 서로가 공유하는 행동적 특성을 바탕으로 이루어진다. 내향성 혹은 외향성으로 분류하는 것은 사람들이 보편적으로 갖는 성향을 의미한다.
- 성격은 사람들을 구별할 수 있는 개인의 독특성 혹은 개인차를 반영한다. 즉, 성격연구는 사람들의 공통성뿐 아니라 인간 개개인이 갖는 독특한 측면 혹은 개성에 대한 탐구에 관심을 둔다.
- 성격은 비교적 일관되고 안정적인 행동패턴과 관련된다. 성격을 통해 사람들의 행동을 이해하고 예언하는 것은 성격의 일관성이나 안정성을 반영한다.
- 성격은 개인 내부의 역동적이며 조직화된 특성을 반영한다. 사람들이 어떤 상황에 접해 비교적 일관성 있게 행동하는 이유는 개인의 조직화된 특성과 관련되기 때문이다.

요약하면, 성격은 사회적 · 생물학적 · 심리적 존재로서 인간이 이 세상을 살아가는 데 있어 인간으로서 공통성뿐만 아니라 개인의 독특성이 반영되어 나타나는 역동적이며 조직화된 특성이라고 말할 수 있다.

성격연구의 역사

성격에 대한 연구는 인간이 생각, 행동, 감정에서 서로 개인차가 있다는 자각이 들면서부터 시작되었다고 볼 수 있다. 고대인들은 이러한 개인차가 각자의 출생 당시 서로 다른 자연현상(예를 들어, 별자리, 계절)이 영향을 주었기 때문에 비롯되었다고 믿었다.

고대 그리스 의사인 히포크라테스(Hippocrates, 460~377 B. C.)는 인간 신체에 네 가지 체액인 혈액(blood), 흑담즙(black bile), 황담즙(yellow bile), 점액(phlegm)이 있다는 체액론을 제안하여 성격을 구분하였다. 서기 200년경에 갈렌(Galen)은 히포크라테스의 체액론에 근거하여 네 가지 체액에 일치하는 기질(temperament), 즉 다혈질(sanguine), 우울증(melancholic), 담즙질(choleric), 점액질(phlegmatic)이 있다고 주장하였다.

반면, 동양에서는 고대 인도의 유명한 의사인 샤라카(Charaka, 약 800 B. C.)가 성격 특징이 신체 안에 존재한다고 주장하였다. 예를 들어, 냉담함은 배 안에 있고, 열정은 가슴에 그리고 선함은 머리 안에 있다는 것이다. 그리고 기원전 500년 경에는 부처가 명상(meditation)이라는 심리적 기법을 개발하였다(Magnavita, 2002). 명상의 여러 단계를 거침으로써 열반의 상태에 이를 수 있고 속세의 모든 집착이나 갈망을 비우게 되어 절대적인 평상심을 얻게 된다는 것이다. 명상은 20세기에 들어와서 치유를 위한 방법으로 서양에 도입되어 많은 사람의 관심을 끌고 있다.

중세기에 들어와서는 개인차에 대한 광범위한 관심에도 불구하고 성격에 대한 창의적인 연구 노력들은 시도되지 않았다. 단지 셰익스피어(William Shakespeare)나 세르반테스(Miguel de Cervantes), 디킨스(Charles Dickens) 등의 극작가들의 작품에서 인간의 성격에 대한 묘사를 찾아볼 수 있을 따름이다. 중세기는 전통적인 교회의 교리에 따라 삶은 선악(good & evil)이 서로 싸우는 전쟁터와 같기 때문에 인간은 기본적으로 원죄가 있는 악한 존재로 태어난다고 보았다. 하지만 계몽주의와 낭만주의가 도래함에 따라 인간은 기본적으로 그리 악하지는 않다고 보는 관점이 등장했고, 경험론에 영향을 받은 로크(John Locke)나 볼테르(Voltaire) 등은 인간이 '백지와 같은 상태(tabula rasa)'로 태어난다고 주장하였다. 이러한 관점들은 후에 20세기에 이르러 발달심리학과 실험심리학의 여러 개념의 초석이 되기도 하였다.

철학적이며 체계적인 성격에 대한 연구에 기초를 둔 관점과는 상대적으로 출생 당시의 별자리, 머리뼈 형태, 손금, 필체, 얼굴 모양 등을 바탕으로 그 사람의 성격을 파악하고자 했던 노력들이 있었다. 이러한 것을 통틀어 사이비과학(pseudoscience)이라고 일컫는데, 점성학(astrology), 수비학(numerology), 수상술(palmistry), 골상학(phrenology), 관상학(physiognomy) 등이 포함된다. 비록 이러한 방법들이 오랜 옛날에 행해진 그릇된 추론과 편향된 관찰에 근거하였음에도 불구하고 현재에도 많은 사람이 신빙성 있게 받아들이고 있다. 이러한 사이비과학 접근은 개인의 성격이나 특성들을 파악함으로써 개인의 장래나 운명을 예측해 볼 수 있다는 점을 전제로 한다. 때문에 이러한 사이비과학이 성격연구 역사의 일부로 여겨지기도 한다.

국내에서는 조선 시대의 한의학자인 이제마(1837~1900)가 인간의 신체 연구를 통해 사상의학을 확립하였다. 그가 저술한 『동의수세보원』(1894)에서 주역(周易)을 근거로 태극설에 의한 태양, 소양, 태음, 소음의 사상원리를 인체의 기질과 성격에 따라 사상인인 태양인, 태음인, 소양인, 소음인으로 구분하였다. 이런 네 가지 체질에 따른 성격은 대략 다음과 같다.

태양인은 성격적으로는 리더쉽이 강하며 집단의 우두머리 성격이 강하고 적극적이며 결단력이 빠른 강점이 있다. 하지만 남의 말을 귀담아 듣지 않고 계획적이지 못하다. 대인관계에 적극적이며 자신의 성격을 잘 드러내는 편이다. 태음인은 성격적으로는 정직함이 강하고 도전적이며 진취적이지 못한 편이다. 행동이 올곧아 믿음직스러우나 보수적인 성향이 강해서 변화를 싫어하며 새로운 것을 시작하기를 좋아하지 않는다. 하지만 일단 시작하면 끝까지 가는 노력파가 많다. 소양인은 성격적으로 적극적이고 민첩해서 일처리가 능하다. 활동적이고 열성적이라서 의협심과 의리가 강하며 봉사하려는 성격이 강하다. 솔직담백한 성격에 다정다감한 면이 많아서 주위 사람에게 인기가 많은 편이다. 하지만 자신의 것을 잘 챙기지 못하며 대외적 활동에 열성적이나 집안의 일에는 소홀한 면이 있다. 시작은 빠르나 쉽게 포기하는 경향이 강하다. 소음인은 성격적으로 말수가 적은 편으로 내성적이고 수줍음이 많아서 표현을 많이 하지 않는 편이다. 자신의 성격을 잘 드러내지 않지만 질투심과 시기심이 강한 편이고 매사를 꼼꼼하게 확인하는 성향이 강한 체질이다.

크래츠머(Ernst Kretschmer, 1888~1964)는 신체유형에 따른 관찰을 바탕으로 성격 및 정신장애를 분류하였다. 그가 분류한 네 가지 신체유형은 쇠약형(asthenic or leptodomic), 단구 비만형(pyknic), 근육형(athletic), 이상신체형(dysplastic)이다. 크래츠머는 이러한 신체유형과 관련하여, 쇠약형은 내향적이며 정신분열 기질을 나타내며, 단구 비만형은 정서불안정성과 관련되며 조울장애를 보이는 경향이 높고, 근육형은 정신분열증 및 조울병을 나타내는 경향을 보인다고 주장하였다. 이러한 세 가지 범주에 부합하지 않는 신체유형을 이상신체형이라고 하였다. 크래츠머의 신체유형에 따른 체질론은 낮은 타당성 때문에 실제적 적용은 계속되지 않았다.

크래츠머의 신체유형에 따른 성격 분류와 유사한 맥락에서, 미국심리학자인 셀던(William Sheldon, 1899~1977)은 신체유형에 따른 체질론을 제안하였다. 그는 세 가지 신체유형, 즉 내배엽형(endomorphic type), 중배엽형(mesomorphic type), 외배엽형(ectomorphic type)으로 분류하였다. 셀던에 따르면, 비만 체격인 내배엽형의 성격 특성은 사교적이고, 온화하고, 애정적이고, 차분한 기질인 내장긴장형이다. 근육 체격인 중배엽형의 성격 특성은 힘이 넘치고, 경쟁적이고, 공격적이며, 대범한 기질인 신체긴장형이다. 쇠약 체격인 외배엽형의 성격 특성은 억제적이고, 지적이며, 내향적이며, 초조해하며, 자의식적 기질인 대뇌긴장형이다. 셀던이 제한했던 체형을 제시하면 〈그림 1-1〉과 같다.

성격연구가 과학적으로 연구된 것은 융이 단어연상검사를 개발하여 사용한 이후부터다. 또한 로르샤흐 잉크반점검사(rorschach inkbolt test)와 주제통각검사

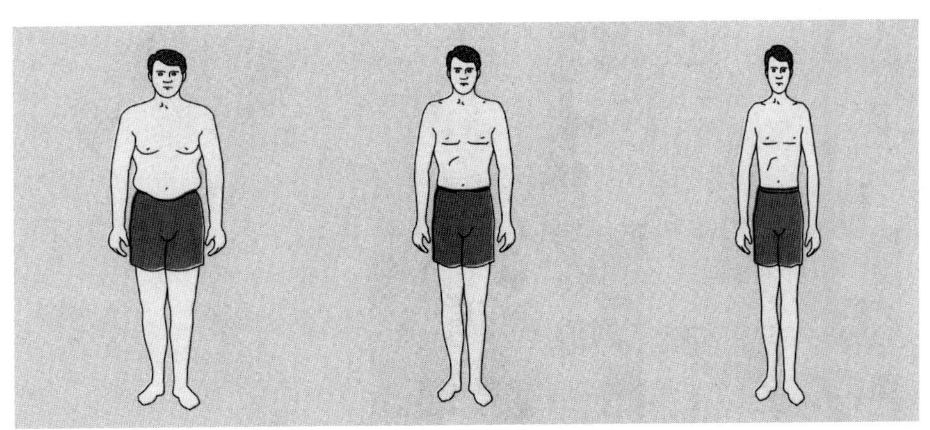

내장긴장형 신체긴장형 대뇌긴장형

그림 1-1 셀던의 세 가지 신체유형

(Thematic Apperception Test: TAT) 등이 개발되어 성격을 보다 과학적으로 이해하려는 노력이 이루어졌다. 1930년대 후반에는 성격심리학의 주요 저서인 올포트의 『성격: 심리학적 해석』이 출판되었으며, 1940년대에는 주요 성격 진단 도구인 미네소타 다중성격검사(Minnesota Multiphasic Personality Inventory: MMPI)가 경험적 연구를 바탕으로 개발되었다.

사회적 학습이론가로 잘 알려진 달라드(John Dollard)와 밀러(Neal Miller)가 1950년에 프로이트(Sigmund Freud)의 정신분석과 행동주의를 결합한 이론을 발표하였다. 이들은 개인의 행동이 추동(drive) - 단서(cue) - 반응(response) - 보상(reward)이라는 일련의 과정을 통해서 나타난다고 주장하였다. 즉, 이들은 성격이란 자극-반응의 수많은 고리로 구성되어 있으며, 내재된 추동이 강력한 자극의 원천이기 때문에 추동의 감소를 위해 반응하게 된다고 보았다. 이들의 주장은 당시에는 정신분석과 행동주의가 물과 기름처럼 결합될 수 없는 상황에서 호응을 받지 못했지만 현재는 새롭게 조명되어 각광을 받고 있다.

임상심리학자인 로저스(Carl Rogers)는 정신분석이 지나치게 치료자 중심임을 지적하고, 보다 내담자중심치료(client-centered therdpy)가 시도되어야 함을 주장하였다. 또한 윌리엄슨(Williamson)이 주장한 특질 요인 이론에서 강조하는 지시적 접근에 반대하여 비지시적 접근을 주장하였다. 미국정신의학회(American Psychiatric Association)가 1952년에 각종 정신장애를 분류하고 진단할 수 있는 편람(DSM-I: Diagnostic and Statistical Manual of Mental Disorders, 1st ed.)을 출판하였다. 이 편람에는 정신장애로서 성격장애를 진단하는 준거가 잘 다루어져 있으며 현재까지 여러 장애가 삭제 혹은 추가되면서 2013년에 5판(DSM-5)까지 출판되었다.

그리고 1950년 중반에는 매슬로(Abraham Maslow)가 실존주의와 현상학을 철학적 기반으로 인간의 자유의지를 강조하는 인본주의 관점을 형성하는 데 기여하였다. 1960년대 후반은 미첼(Walter Mischel)이 인간의 특성보다는 상황의 요구나 압력이 인간의 행동에 더 큰 영향을 미친다는 주장을 제기하여 인간 대 상황 논쟁을 불러일으켰다. 즉, 인간은 자신이 지닌 특질이나 본능에 따라 행동을하기보다는 상황에서 요구되는 행동을 하게 된다는 것이다.

이러한 성격연구의 개략적인 역사를 표로 요약하면 다음과 같다(〈표 1-1〉 참조).

표 1-1 성격연구의 역사

400 B.C.	히포크라테스가 체형(body types)과 성격 특징을 연관시킴
200 A.D.	갈렌이 체액에 대한 히포크라테스의 이론을 기질과 연관시킴
1800년 경	갈(Franz Gall)과 스퍼자임(Johann Spurzheim)이 골상학을 개발함
1884	갈튼(Francis Galton)이 단어 연상과 행동 표본 기법이 포함된 성격 측정 방법을 발표함
1900	프로이트가 『꿈의 해석』을 출간함
1905	융이 단어 연상 검사를 사용하여 정신의 복합적 측면을 탐지하고 분석하였음. 최초의 실용적 지능검사인 비네-시몬 검사가 출판됨
1920	로르샤흐의 잉크반점검사가 출판됨. 왓슨(John B. Watson)과 레이너(Rayner)의 어린 알버트(Little Albert)의 흰쥐에 대한 조건화된 공포에 관한 연구가 발표됨
1925	크래츠머(Ernst kretschmer)가 체격(body build)과 성격 그리고 정신장애와의 관련성을 발표함
1935	머레이와 모건(Christiana Morgan)이 TAT 검사를 개발함
1937	올포트가 『성격: 심리학적 해석』을 출판함
1942	셀돈과 스티븐스(S. S. Stevens)가 체격과 기질과의 관련성을 연구하여 발표함
1943	하싸웨이(Starke R. Hathaway)와 맥킨리(John. C. McKinley)가 MMPI를 출판함
1950	달라드와 밀러의 『성격과 심리치료』가 출판됨
1951	로저스의 『내담자중심치료』와 펄스(Frederick S. Perls)의 게슈탈트치료가 출판됨
1952	미국정신의학회가 『정신장애의 진단 및 통계 편람 I』을 출판함
1954	매슬로가 인본주의 관점을 도입함
1955	켈리(George Kelly)의 『개인 구성개념 심리학(Psychology of Personal Constructs)』이 출판됨
1961	반두라(Albert Bandura)가 사회적 학습 이론에 대한 개념들을 발표하면서 '인지혁명'이 시작됨
1968	미첼이 『성격과 평가(Personality and Assessment)』를 출판함
1970~현재	성격 평가 절차 및 도구들을 설계하고, 실시하고, 채점하고, 분석하고, 해석하는 데 컴퓨터의 사용이 증가함
1975~1980	행동 평가기법들에 대한 관심과 개발이 증대됨
2000	미국심리학회에서 새 천년을 맞이해 긍정심리학을 선포함
2013	DSM-5가 출판됨

현대 심리학사를 통한 성격 이해

성격은 인간성에 대한 이해에 초점을 두고 있기 때문에 인간의 정신과 행동이 주요한 연구주제인 심리학에 대한 포괄적 이해가 필요하다. 따라서 여기서는 성격심리학의 이해를 위해 간략하게 현대 심리학의 발달을 살펴보고자 한다.

과학으로서 현대 심리학은 인간의 정신에 초점을 둔 철학과 신체적 행동에 초점을 둔 생물학을 바탕으로 시작되었다. 일반적으로 독일의 심리학자인 분트(Wilhelm Wundt, 1832~1920)가 1879년 라이프치히(Leipzig)대학교에 심리학 실험실을 두어 인간의 의식에 대한 연구를 내관법(introspection)을 통해 실행한 것을 과학으로서 현대 심리학의 시작으로 본다. 따라서 분트를 현대 심리학의 아버지라고 호칭한다. 분트의 내관법에 따라 미국 심리학자인 티치너(Edward Bradford Titchener, 1867~1927)를 중심으로 정신 내용 및 과정을 연구한 입장을 구성주의 심리학(structuralism psychology)이라고 부른다. 구성주의 심리학은 주로 정신의 구성내용과 구성요소를 밝히는 데 초점을 두고 인간의 의식을 연구하였다.

이러한 구성주의 입장에 반해 미국 심리학의 아버지라고 불리는 제임스(William James, 1842~1910)의 입장을 반영한 심리학을 기능주의 심리학(functionalism psychology)이라 한다. 기능주의 심리학은 정신의 구성을 밝히는 것보다 정신이 어떤 목적으로 어떻게 기능하는가에 초점을 두었다. 따라서 기능주의 심리학은 유기체가 환경에 적응하기 위한 정신의 목적과 기능에 대한 강조를 바탕으로 정신 과정을 연구하였다.

과학으로서 심리학이 인간의 정신 혹은 의식에 치중한 입장에 반대하여, 왓슨(1878~1958)은 심리학의 연구대상은 관찰할 수 있는 행동이어야 한다고 주창하여 행동주의 심리학(behaviorism psychology)을 만들었다. 인간 행동을 주요한 연구대상으로 한 왓슨, 파블로프(Ivan P. Pavlov, 1894~1936), 스키너(Burrhus F. Skinner, 1904~1990) 등이 취한 행동주의 심리학은 객관적인 과학으로서 심리학의 입장에 따라 주로 동물 실험을 바탕으로 학습심리학에 지대한 영향을 끼쳐 왔다.

인간의 정신이나 행동을 세분화하여 연구하는 것보다 인간을 전체론(holism), 현상학(phenomenology), 생득설(nativism) 관점에서 연구하려는 입장을 게슈탈트 심리학(Gestalt psychology)이라 한다. 독일의 심리학자인 베르트하이머(Max

Wertheimer, 1880~1943), 쾰러(Wolfgang Köhler, 1887~1967), 코프카(Kurt Koffka, 1886~1941)에 의해 시작된 게슈탈트 심리학은 '전체는 부분의 합 이상이다'는 명제를 바탕으로 지각심리학에 기여하였다.

정신의 의식 차원을 확장하여 무의식 차원에 연구를 시작한 프로이트(1856~1939)의 심리학을 정신분석(psychoanalysis)이라 한다. 프로이트는 주로 신경증 환자들을 연구대상으로 정신분석을 발달시켰으며 인간이해를 위해 '무의식이 의식보다 중요하다'고 강조하였다. 프로이트는 인간의 성격구조를 원초아(id), 자아(ego), 초자아(superego)로 구분하였다. 그는 인간을 가장 강력한 힘을 가진 원초아의 쾌락 추구를 바탕으로 이러한 세 자아 간의 갈등에서 야기된 불안으로 고통 받는 존재로 보았다.

열등감 극복을 통해 자기완성 추구를 달성할 것을 강조한 아들러(Alfred Adler, 1870~1937)는 개인심리학(individual psychology)을 개발하였다. 아들러는 인간이 사회적 존재임을 강조하였으며, 개인심리학에서는 개인이 인생 초기에 형성한 생활양식, 즉 성격에 의해 삶을 영위한다고 생각하였다. 프로이트와 같은 입장에 있다가 결별한 융(1875~1961)은 분석심리학(analytical psychology)을 개발하여 집단무의식의 중요성을 강조하였다.

인간의 가치와 존엄성을 강조하면서 실존주의와 현상학을 바탕으로 제2차 세계대전 이후에 매슬로(Abraham Maslow, 1908~1970), 로저스(Carl R. Rogers, 1902~1987) 등이 강조한 입장을 인본주의 심리학(humanism psychology)이라 한다. 인본주의 심리학은 인간을 결정론적 · 기계론적 입장으로 보는 것에 반대하여 인간의 변화 가능성과 자유의지(free will)를 강조하였다.

심리학의 학문적 주류를 이루었던 미국심리학은 1920년대부터 1960년대까지 연구초점을 관찰할 수 있는 인간 행동, 즉 자극-반응에 두었던 행동주의 심리학이 지배적이었다. 이러한 행동주의 심리학의 입장에 반대하여 1960년대에 정체성을 나타낸 입장이 인지심리학(cognitive psychology)이다. 심리학에서 정신과정인 인지의 중요성은 여러 심리학자(예: 톨만의 인지도, 밀러의 기억연구, 피아제의 인지발달이론 등)에 의해 이전부터 강조되어 왔었다. 하지만 인지심리학은 행동주의 세력에 밀려 겉으로 입장을 분명하게 드러내지 못하다가 1966년 나이저(Ulric Neisser)가 『인지심리학(Cognitive Psychology)』이란 책을 출판함으로써 그 정체성이 분명해졌다. 인지심리학은 쿤(Thomas Khun)이 1962년에 발간한 『과학혁명의 구조(The Structure of Scientific Revolution)』란 책의 영향력으로 심리학의 새로운 패러다임(paradigm)이 인지에 맞춰졌다는 점에서 인지혁명으로 불리어지게 되면서 주요한 심리학의 세력이 되었다. 즉, 시대적 조류인 컴퓨터공학, 정보처리이론, 인공지능 등과 관련된 분야로서 인지심리학은 현대 심리학의 새로운 주류를 이루게 되었다.

지금까지 현대 심리학사의 개관을 통해 인간 탐구를 위한 다른 심리학의 입장에 따라 인간의 정신과 행동에 대한 연구가 어떻게 이루어져 왔는가를 살펴보았다. 이러한 다양한 심리학의 입장 속에서 오늘날 성격심리학의 학문적 범주에 속하는 인간 이해에 대한 탐구가 다양하게 이루어졌다고 볼 수 있다. 하지만 현대 심리학의 하부분야로서 성격심리학의 체계적인 등장은 1930년대 후반에 머레이와 올포트(Gordon Allport)의 업적을 통해서 이루어졌다. 이상에서 개관한 현대 심리학의 주요 학파와 강조점을 요약하여 제시하면 〈표 1-2〉와 같다.

표 1-2 현대 심리학의 주요 학파

학파명	주요 학자	주요 강조 내용
구성주의	W. Wundt E. B. Titchener	화학자가 복합물질을 분석하는 것처럼(예를 들어, 물=산소+수소) 의식 경험에 초점을 두면서 그 경험의 세부 구성 요소를 밝혀내는 것이 심리학의 목표다.
기능주의	W. James J. Dewey	인간의 정신은 고정된 것이 아니라 끊임없이 변화하는 것이라고 주장하면서, 일상생활 속에서 정신이 어떤 기능을 하는가를 심리학이 연구해야 한다.
행동주의	B. F. Skinner I. P. Pavlov C. L. Hull J. B. Watson	정신이나 의식 경험 등은 관찰할 수 없고, 유일하게 관찰 가능한 것은 외현 행동뿐이므로, 심리학이 과학의 한 분야가 되기 위해서는 관찰 가능하고, 측정 가능한 행동만이 연구대상이 되어야 한다.
정신분석	S. Freud	행동의 여러 측면은 인간의 성격 안에 내재된 무의식적이며 감춰진 힘에 기인한다.

개인심리학	A. Adler	인간의 주요한 동기는 우월성 혹은 성공 추구다. 개인은 자신의 생활양식에 따라 생활하며 사회적 관심의 개발이 중요하다.
분석심리학	C. G. Jung	인간은 생애를 통해 무의식의 자기실현인 개성화 과정에 있다. 집단무의식을 구성하고 있는 정신적 소인인 원형들을 이해하는 것이 중요하다.
신정신분석	K. Horney, E. Fromm, H. A. Murray, H. S. Sullivan, E. H. Erikson	인간의 주요 동기는 무의식이 아니라 의식적인 측면이다. 또한 성적인 힘보다는 사회적이며 문화적인 힘이 더욱 중요하다.
게슈탈트 심리학	M. Wertheimer, W. Köhler, K. Koffka	인간을 정신과 행동 등으로 세분화하여 따로 이해하는 것보다 전체적인 관점에서 이해하는 것이 더 중요하다.
인본주의	C. Rogers, A. H. Maslow, R. May, V. Frankl	인간은 환경이나 과거에 의해 결정적인 영향을 받는 것이 아니라 자유의지를 갖고 있으며 자아실현을 향해 나아가는 존재이다.
인지심리학	U. Neisser E. Tulving	정신활동은 정보의 습득, 표상, 저장, 인출, 사용 과정 등을 포함한다. 인간을 이해하기 위해서는 인지 과정(사고, 기억, 의사 결정 등)을 연구해야 한다.

2. 성격에 대한 관점

심리학자들은 동물 및 인간을 연구한 자료를 바탕으로 인간 행동을 설명하고 예언하기 위해 이론을 만든다. 이론은 자료들을 체계적으로 조직화하여 만들어진 일련의 원리들로 구성된다. 즉, 이론은 체계적이고 의미 있는 방법으로 발견된 경험적 자료를 구성하는 틀이라고 할 수 있다. 성격심리학자들은 인간 이해를 바탕으로 인간 행동을 설명하고 예언하기 위한 틀인 다양한 성격이론을 제안하였다. 인간 이해를 위한 이러한 다양한 성격이론을 좀 더 포괄적으로 묶어서 몇 가지 성격에 대한 관점으로 분류할 수 있다.

짐바르도와 베버(Zimbardo & Weber, 1998)는 심리학에서 인간 이해를 위한 주요한 관점을 생물학적 관점, 정신역동적 관점, 행동주의적 관점, 인지적 관점, 인본주의적 관점, 진화적 관점, 사회문화적 관점 등 일곱 가지 관점에서 설명하였다. 인간 이해를 위한 성격이론들을 펀더(Funder, 2010)는 다섯 가지 관점인 특질 관점, 생물학적 관점, 정신분석적 관점, 현상학적 관점, 학습 관점으로 구분하여 설명하였다. 또한 프리드먼과 슈트탁(Friedman & Schustack, 2012)는 성격이론들을 여덟 가지 관점인 정신분석적 관점, 신정신분석적 및 자아심리학 관점, 생물학적 관점, 행동주의적 관점, 인지적 관점, 특질 관점, 인본주의적 관점, 상호작용주의적 관점으로 분류하여 제시하였다. 이러한 인간 이해의 접근 분류는 최근의 심리학적 추세인 생물학적 존재로서 인간 및 문화적 존재로서 인간을 반영한다.

이 책에서는 성격이론들을 다섯 가지 관점인 성향적 관점, 정신역동적 관점, 행동 및 사회학습 관점, 인본주의적 관점, 인지적 관점으로 분류하여 살펴보고자 한다. 심리학의 하부분야로서 성격심리학의 분야에서 고유하게 발달해 온 성격이론으로서 특질(trait) 및 기질(temperament) 이론, 생물학적 입장을 포괄하는 입장이 성향적 관점(dispositional perspective)이다. 그리고 다른 네 가지 관점은 현대 심리학의 시대에 따른 큰 흐름 혹은 세력으로 여겨지는 네 가지 세력, 즉 제1세력인 정신역동주의(psychodynamism), 제2세력인 행동주의(behaviorism), 제3세력인 인본주의(humanism), 그리고 인지과학 및 인지심리학에 근거한 제4세력인 인지주의(cognitivism)에 따라 성격이론들을 분류하였다.

이러한 성격에 대한 다섯 가지 관점을 간략하게 살펴보자.

성향적 관점 이 관점에는 올포트, 커텔(Raymond B. Cattell) 등의 특질이론과 아이젱크(Hans Jurgen Eysenck)의 생물학적 입장과 5요인 모델을 포함하여 다루었다. 이 관점은 인간의 성격을 나타내는 비교적 안정적인 특질이 있으며, 이러한 특질은 문화에 따라 공통적인 특질 및 사람들을 구별해 주는 독특한 특질이 있다는 것을 가정한다.

정신역동적 관점 이 관점에는 프로이트의 정신분석, 아들러의 개인심리학, 융의 분석심리학, 그리고 신정신분석적 접근에 속하는 호나이(Karen Horney), 설리반(Harry Stack Sullivan), 머레이, 프롬(Erich Fromm), 에릭슨(Erik H. Erikson) 등의 성격이론을 다루었다. 이 관점은 정신의 에너지, 인간 행동이 결정되는 상황적 맥락, 정신과 환경의 상호작용 등에 따라 성격이 역동적으로 작용한다고 보는 입장이다.

행동 및 사회학습 관점 이 관점에는 스키너의 신행동주의, 로터(Julian Rotter)의 사회적 학습이론, 반두라의 사회적 인지이론을 포함하였다. 이 관점은 정신내부보다는 주로 관찰할 수 있는 행동 및 행동 변화에 초점을 둔 학습심리학에 가정한 입장이다. 하지만 현대 심리학의 추세에 따라 반두라, 로터, 그리고 미첼은 학습에서 인지의 중요성을 강조하였다. 인지의 중요성을 강조한 반두라, 로터의 성격이론을 인지적 관점에 넣지 않고 여기에 넣은 이유는 이론 형성의 뿌리가 학습에 초점을 둔 행동주의에 근거하기 때문이다.

인본주의적 관점 이 관점에는 매슬로의 자아실현이론, 로저스의 인간중심치료 접근, 펄스의 게슈탈트치료 접근, 실존주의적 이론을 포함하였다. 이 관점은 철학적 입장으로 현상학과 실존주의를 바탕으로 인간의 가치와 자유의지를 강조하는 입장이다.

인지적 관점 이 관점에는 켈리의 개인구성개념이론과 엘리스(Albert Ellis)와 벡(Aaron T. Beck)의 성격에 대한 인지적 접근을 포함하였다. 이 관점은 무엇보다 인지의 중요성을 강조하며 개개인이 갖는 인지에 따라 정서 및 행동이 영향을 받는다는 입장이다.

3. 성격이론에서 주요 문제

비교적 짧은 성격이론의 역사를 통해 수많은 논쟁점이 반복해서 제시되었다. 성격이론가들이 이러한 논쟁점들을 다루는 방식에 따라 각 이론이 자기마다의 독특한 입장을 형성해 왔다고 볼 수 있다. 따라서 다양한 성격이론을 개관할 때 각 성격이론가들이 여러 논쟁점에 얼마나 많은 관심과 주의를 기울이는지 그리고 어떻게 이러한 논쟁점에 대한 해답을 제시하는지를 반드시 살펴보아야 할 것이다.

이 책에서는 여러 성격이론에서 다루고 있는 주요 문제들을 다음 세 가지로 크게 구분해 보았다.

- 인간성에 대한 기본 가정은 무엇인가?
- 인간이 우선인가, 상황이 우선인가?
- 성격이론의 평가는 어떤 기준에 근거하는가?

인간성에 대한 관점

성격이론은 기본적으로 성격심리학자가 견지하는 인간성에 대한 가정, 즉 인간을 어떻게 보는가에 대한 철학적 견해를 바탕으로 형성된 틀이라고 할 수 있다. 사람들은 누구나 자신의 삶의 경험을 바탕으로 인간성에 대한 가정을 한다. 그리고 이러한 가정은 자신의 행동방식과 대인관계방식에 영향을 준다. 이런 점에서 다양한 성격이론을 전체적으로 조망하는 데 있어 인간성에 대한 기본 가정을 이해하는 것이 필요하다.

대부분의 성격심리학자는 성격이론을 조망하고 평가하기 위해 나름대로 인간성에 대한 여러 가지 준거를 제시한다. 여기서는 현재 성격 교재로 많이 사용되는 젤리와 지글러(Hjelle & Ziegler, 1992)와 슐츠와 슐츠(Schultz & Schultz, 1998), 그리고 매디(Maddi, 1996)가 제안한 인간성에 대한 준거 및 모델을 제시하고자 한다.

- 젤리와 지글러의 입장: 인간성에 대한 대립적인 연속선상에서 성격심리학자들을 분류하였는데 그들이 제시한 아홉 가지 준거는 ① 자유론 대 결정론, ② 합리성 대 비합리성, ③ 전체주의 대 요소주의, ④ 체질론 대 환경론, ⑤ 가변성 대 불변성, ⑥ 주관성 대 객관성, ⑦ 발생성 대 반응성, ⑧ 평형성 대 불평형성, ⑨ 가지성 대 불가지성 등이었다.
- 슐츠와 슐츠의 입장: 여섯 가지 인간성에 대한 준거, 즉 ① 자유의지 대 결정론, ② 유전 대 환경, ③ 과거 대 현재, ④ 독특성 대 보편성, ⑤ 평형 대 성장, ⑥ 낙관론 대 비관론에 따라 성격이론가들의 관점을 비교하였다.

이러한 인간성에 대한 준거는 제시하지 않았지만 매디(Salvatore R. Maddi)는 성격이론가의 인간관과 이론적 입장에 따른 성격이론 분류 모델을 포괄적으로 제안하였다. 그가 가정한 세 가지 모델, 즉 갈등 모델(conflict model), 충족 모델(fulfillment model), 일관성 모델(consistency model)과 여섯 가지 입장을 간략하게 설명하면 다음과 같다.

갈등 모델 이 모델은 인간을 필연적으로 서로 반대되는 두 가지 큰 힘 간에 마찰하는 존재로 보고 있다. 이 모델의 상반되는 두 가지 입장은 '심리사회적 입장(psychosocial version)'과 '정신내적 입장(intrapsychic version)'이다. 심리사회적 입장은 개인 내부의 힘과 외부의 힘인 사회적 힘 간의 갈등을 가정하는 입장으로 여기에 속하는 성격심리학자들은 프로이트, 머레이, 에릭슨(Erik H. Erickson)을 포함한 자아심리학자들, 대상관계이론가들이다. 정신내적 입장은 개인 내부에 있는 상반되는 두 가지 다른 측면 간의 갈등을 가정하는 입장으로 여기에 속하는 성격심리학자들은 융, 랭크(Otto Rank), 펄스 등이다.

충족 모델 이 모델에 따르면 인간은 내부에 한 가지 큰 힘을 가지고 있으며, 이러한 힘을 표현하려고 노력하는 존재이다. 이 모델의 상반되는 두 가지 입장은 '실현화 입장(actualization version)'과 '완성 입장(perfection version)'이다. 실현화 입장은 개인 내부의 큰 힘인 잠재력을 삶의 과정을 통해 끊임없이 실현시키려 한다는 가정으로 여기에 속하는 성격심리학자들은 로저스, 매슬로, 맥크래(Robert McCrae), 코스타(P. T. Costa) 등이다. 완성 입장은 개인 내부의 큰 힘이 완성의 이상을 추구하도록 한다는 입장으로 여기에 속하는 성격심리학자들은 아들러, 올포트, 프롬, 실존주의 상담자들, 엘리스 등이다.

일관성 모델 이 모델에 따르면 인간은 환경과 상호작용을 하면서 외부 세계로부터 그가 받은 피드백의 형식적 영향을 강조한다. 이러한 피드백은 그의 기대와 일관적이거나 비일관적일 수 있다. 이 모델의 상반되는 두 가지 입장은 '인지부조화 입장(cognitive dissonance version)'과 '활성화 입장(activation version)'이다. 인지부조화 입장은 일관성과 비일관성이 필연적으로 사고과정에 수반된다는 입장으로 여기에 속하는 성격심리학자들은 켈리, 엡스타인(Seymour Epstein), 맥클랜드(David C. McClelland) 등이다. 활성화 입장은 습관적인 신체적 긴장의 정도와 실제적으로 존재하는 긴장의 정도 간의 일관성을 강조하는 입장으로 여기에 속하는 성격심리학자들은 피스크(Donald W. Fiske)와 매디다.

필자는 이 책에서 성격이론가들이 갖는 인간성에 대한 주요한 준거의 주제로서 결정론 대 자유의지, 유전 대 환경, 독특성 대 보편성, 발생성(proactivity) 대 반응성(reactivity), 낙관론 대 비관론 등 다섯 가지에 초점을 두었다. 성격이론가들은 자신의 인간성에 대한 관점에 따라 이러한 준거의 상반되는 입장의 연속선상에서 어떤 위치를 차지하게 된다. 따라서 이러한 준거의 상반되는 관점이 어떻게 다른가에 대해서 간략하게 살펴보자.

결정론 대 자유의지 인간성에 대한 결정론 대 자유의지에 대한 논란은 오랫동안 진행되어 왔다. 이 주제와 관련한 질문은 "개인은 자신의 운명의 통제자인가? 아니면 개인은 과거 경험, 생물학적 요인의 희생자인가?" "인간은 의식적으로 자신의 행동을 결정하는가? 혹은 개인은 외부의 힘에 의해 지배되는가?" 등이다. 예를 들어, 프로이트는 과거를 중시하면서 아동기에 형성된 성격은 변하지 않는다는 결정론적인 입장을 취했으며, 반면에 인본주의 심리학자들은 자신의 운명을 스스로 선택할 수 있다는 자유의지를 강조하였다.

유전 대 환경 인간성을 결정하는 데 유전과 환경 논쟁도 오랜 역사를 가진다. "인간의 성격은 타고난 유전에 의해 결정되는가? 아니면 환경에 의해 성격이 형성되는 것인가?" 이러한 논쟁에 대해 현재 대부분의 심리학자가 대체로 유전과 환경의 상호작용 입장을 취한다. 하지만 성격이론가들에 따라 유전과 환경 중 어느 것이 성격을 결정하는 데 보다 중요한가에 대한 입장은 다르다. 예를 들면, 아이젱크와 같이 생물학적 입장을 취하는 성격이론가들은 유전을 보다 중요하게 여긴다고 볼 수 있다.

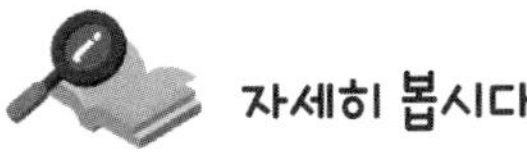

바넘효과

서커스 사업가로 유명한 바넘(Phineas. T. Barnum)은 "매 순간마다 바보 혹은 멍청이가 생긴다."(There is a sucker born every minute)라고 진술하였다. 멍청이가 되는 주요한 특징은 어리석음이고 자세한 탐색 없이 어떤 것을 기꺼이 받아들이는 것이다. 성격에서 바넘효과(The Barnum Effect)란 사람들이 보편적으로 가지고 있는 애매하고 일반화된 진술을 개인이 자신의 성격에 대한 독특하고 의미 있는 특징이라고 기꺼이 받아들이는 것을 말한다. 예를 들면, "당신은 변화와 다양함을 좋아하지만 당신의 결정에 항상 의문을 가진다."라는 성격해석은 다른 사람들에게도 다 포함되는 보편적 성격이다. 그래서 이러한 인간의 보편성을 바탕으로 한 당신에 대한 평가는 그리 크게 받아들일 필요가 없다.

왜냐하면 이러한 성격해석은 당신의 독특한 개성을 지적하지 않고 모든 사람에게 적용되는 일반적인 내용이기 때문이다. 만약 당신이 정기검진을 받으러 갔는데, 의사가 당신의 눈이 두 개이고 머리카락이 있고 뼈가 있다는 등의 말을 한다면, 당신은 그 검진에서 중요한 정보는 아무것도 얻을 것이 없다고 느낄 것이다. 사실 그러한 검진 내용은 모든 이에게 적용되는 것으로 틀린 것은 아니다.

어쨌든 성격해석을 하면, 많은 사람이 심리학자의 어떤 능력에 의문을 갖지 않고 애매한 해석을 받아들인다. 사실 심리학자들만이 사람들의 일반적 성격해석에 책임을 가지는 것은 아니다. 사람들은 21세기 첨단과학의 혜택을 누리며 살면서도 점성술, 수상학, 관상학, 골상학, 필적학, 수비학 등 사이비과학을 실천하는 사람들이 설명하는 말을 믿으며 살아가고 있다. 언론매체를 통해 수없이 인간의 운명을 예언하는 사이비과학 실천가들이 광고되는 것을 통해 많은 사람이 그러한 사람들을 찾는다는 것을 알 수 있다. 아무튼 시행되어 온 방대한 조사는 바넘효과가 믿을 만한 현상이라는 것을 확인해 준다. 왜냐하면 바넘효과는 인간의 보편성을 바탕으로 한 성격해석이기 때문이다.

독특성 대 보편성 인간성에 대한 독특성과 보편성은 성격에 대한 정의, 성격이론을 구별하는 주요한 준거로서 작용하여 왔다. 개개인의 성격은 독특한가? 사람들 간에 공통적인 보편성이 있는가? 인간의 독특성을 강조하는 입장은 개인을 유일무이한 존재로 보기 때문에 다른 사람들과 비교할 수 없다고 본다. 보편성을 강조하는 입장은 기본적으로 인간은 근본적으로 매우 유사하기 때문에 서로 간에 공통적인 보편성을 가진다고 본다. 이와 관련하여 성격을 해석할 때 인간의 보편성 혹은 일반성을 바탕으로 하는 것을 바넘효과라 한다('자세히 봅시다' 참조).

발생성 대 반응성 인간성에 대한 발생성과 반응성 준거의 주요한 초점은 인간의 주도성과 관련된다. 이 준거는 '인간 행동은 어떻게 결정되는가?' '인간은 자신의 주도하에 부딪히는 환경에 적응하며 살아가는가? 혹은 인간은 주어진 환경이 제공하는 자극에 반응하며 살아가는가?'란 질문과 관련된다. 발생성을 강조하는 입장은 개인이 자의적으로 행동한다는 입장을 강조하는 반면, 반응성을 강조하는 입장은 인간은 외부세계로부터 자극에 반응한다고 본다.

낙관론 대 비관론 인간성에 대한 성선설과 성악설이 오랜 철학적 주제인 것처럼, 낙관론과 비관론도 성격이론을 평가하는 주요한 준거다. 이러한 준거는 인간이 근본적으로 '인간은 악한가? 혹은 선한가?, 친절한가? 혹은 잔인한가?'와 같은 질문과 관련된다. 낙관론을 강조하는 입장은 인간을 긍정적이고 희망적으로 보는 반면, 비관론의 입장을 취하는 입장은 부정적이며 이기적으로 본다.

앞에 제시한 인간성의 주요 준거에 따라 주요 성격이론가들이 어느 입장에 속하는지를 대략 연속선상에서 제시하면 다음과 같다.

표 1-3 인간성에 대한 주요 준거와 각 성격이론가의 입장

결정론 프로이트, 스키너, 커텔	올포트	자유의지 켈리, 호나이, 로저스, 매슬로, 프랭클
독특성 아들러, 매슬로, 호나이, 올포트, 로터	로저스	보편성 왓슨, 아이젱크, 프롬, 맥크래, 코스타
유전 아이젱크, 커텔, 셀던, 프로이트, 융	아들러	환경 호나이, 왓슨, 스키너, 로터, 반두라, 로저스
발생성 아들러, 올포트	프로이트, 에릭슨	반응성 스키너
낙관론 올포트, 로저스, 매슬로, 융, 아들러, 호나이, 프롬, 머레이, 에릭슨, 커텔, 켈리		비관론 프로이트

인간 대 상황 논쟁

성격을 이야기할 때 사람들은 일반적으로 인간 자체에 초점을 두었다. 예를 들면, 히포크라테스를 기원으로 갈렌, 그리고 크래츠머와 셸던 등은 인간의 성격을 체액 및 체형과 관련지으려고 시도하였다. 이러한 인간에 초점을 둔 입장은 현대 심리학에서도 인간의 내적 에너지를 강조한 프로이트의 본능이론, 올포트, 커텔 등의 특질이론과 같이 성격이론의 주류를 이루어 왔다.

하지만 이러한 사람 중심의 성격이론에 대해 반기를 들고 상황의 중요성을 제기한 사람이 미첼이다. 일반적으로 상황에 대한 강조는 현대 심리학에서 행동주의 관점에 속하는 심리학자들(왓슨, 파블로프, 스키너 등)이라고 할 수 있다. 왜냐하면 행동주의 심리학자들은 자극이라고 하는 상황이 반응, 즉 행동을 결정하는 중요한 요인이라고 보기 때문이다.

미첼은 오스트리아 비엔나에서 출생하여 가족을 따라 1930년대에 미국에 이주하여 뉴욕시에 정착하였다. 미첼은 뉴욕시립대학교를 졸업한 후 사회사업가로서 일을 하다가 오하이오주립대학교에서 1956년 임상심리학 박사를 취득하였다. 미첼은 콜로라도대학교에서 그의 교수직을 시작하였으며, 하버드대학교에서 4년, 그리고 스탠포드대학교에서 20년 이상 근무한 후에 컬럼비아대학교 교수로서 뉴욕시에 돌아왔다.

미첼은 성격의 특질이론에 대한 비판 및 공격(Mischel, 1968)과 그러한 공격에서 비롯된 행동의 일관성 및 행동을 결정하는 데 있어 상황의 중요성에 관한 논란으로 가장 잘 알려지게 됐다. 그가 상황변인보다 사람변인을 강조했던 성격이론에 비판적이었지만, 최근에 그는 행동을 결정하는 데 두 가지 변인의 중요성을 인정하는 사람과 상황의 상호작용 관점을 나타냈다.

그는 사람변인과 상황변인의 역할을 인정하지만 사람에 대한 일반화된 예언을 강조하기보다 차라리 '상황 속에 있는 사람(person in the situation)'을 이해하고 예언하는 데 자신의 입장을 제한하였다.

미첼의 사람변인은 친절성, 양심성, 공격성, 협동성과 같은 형용사적 특질이 아니라 '구성능력(construction competencies)', '부호화 전략(encoding strategies)', 기대(expectancies), 목표와 주관적 가치(goals and subjective values), 자기조절 체계 및

계획(self-regulatory systems and plans)과 같은 인지 혹은 정보처리 개념이다. 특별한 상황에서 사람의 행동을 통제하는 기본적인 심리적 과정에 관련되는 이러한 다섯 가지 사람변인의 기술에서 미첼이 켈리, 로터, 반두라의 영향을 받았다는 것을 알 수 있다. 미첼이 제안했던 주요한 사람변인에 대해 간략하게 요약하면 다음과 같다.

구성능력 첫 번째 사람변인인 '구성능력'은 개인의 인지적 및 행동적 능력과 관련된다. 즉, 적절한 조건하에서 다양한 행동을 생성할 지적 · 사회적 · 신체적 능력을 말한다.

부호화 전략 두 번째 사람변인인 '부호화 전략'은 사람들이 사건 혹은 실체를 지각하고 조직화하고 이해하는 방법 및 상황을 범주화하는 방법과 관련된다. 예를 들면, 어떤 사람에게 두려움을 주는 상황이 다른 사람에게 흥분되는 혹은 권태로운 상황이 될 수 있다.

기대 세 번째 사람변인인 '기대'는 로터 이론의 핵심개념이다. 이 개념은 특별한 조건 하에서 무엇이 일어날 것인가에 대한 개인의 구체적 기대를 의미한다. 예를 들면, 만약 다른 직업보다 내가 이 직업을 택하면 어떻게 될까 같은 것을 들 수 있다. 기대에는 반두라의 주요개념인 자기효능감(self-efficacy) 기대가 포함되어 있다.

목표와 주관적 가치 네 번째 사람변인인 '목표와 주관적 가치'는 기대는 서로 유사하지만 서로 다른 목표 혹은 주관적 가치를 가진 사람들은 동일한 결과가 각 사람들에게 서로 다른 의미를 주기 때문에 서로 다른 행동을 보일 수 있다.

자기조절 체계 및 계획 마지막 사람변인인 '자기조절 체계 및 계획'은 사람들이 자신의 행동을 조절하기 위해 채택하는 서로 다른 규칙과 규준을 의미한다.

성격이론의 평가준거

이론은 인간에 대한 이해를 바탕으로 인간 행동을 설명하고 예언하도록 하는 틀이라는 것을 지적하였다. 따라서 어떤 성격이론이 얼마나 좋은지의 여부는 그 이론이 인간의 성격에 대해 얼마나 설명해 주고 예언해 줄 있는가에 달려 있다. 여기서는 성격이론이 과학적인 이론으로서 갖추어야 하는 평가 준거로 Ryckman(2000)과 Pervin 및 John(2001)이 제안한 포괄성(comprehensiveness), 검증성(testability), 경제성(parsimony), 경험적 타당성(empirical validity), 탐구성(heuristic value), 적용성(applied value) 등에 대해 살펴보고자 한다.

포괄성 훌륭한 성격이론은 인간성격에 대한 단편적 지식을 제공하기보다 광범위한 자료를 바탕으로 종합적으로 인간을 설명할 수 있어야 한다는 것이다. 즉, 성격이론이 다양한 심리적 현상, 행동, 그리고 행동 간의 관계 등을 포괄적으로 설명할 수 있어야 좋은 이론이라 할 수 있다.

검증성 좋은 이론은 명확하게 기술되고 측정될 수 있는 개념을 가져야 한다. 정확한 검증성을 기하기 위해 많은 연구에서 심리적 현상에 대한 조작적 정의(operational definition)를 내린다.

경제성 적절한 이론은 가능한 한 단순하고 경제적이어야 한다. 즉, 이론은 어떤 영역의 다양한 자료 및 현상을 경제적이고 일관적으로 설명할 수 있는 개념이나 가정을 가져야 한다.

경험적 타당성 적절한 이론은 지지해 주는 자료를 통해 경험적으로 타당하다는 것을 보여 줄 수 있어야 한다. 이론에 대한 경험적 타당성은 가설검증을 통해 결정된다.

탐구성 탐구성의 준거는 이론이 절대적이 아니라 도전 받을 수 있고 새로운 아이디어와 연구를 촉발하는 것을 의미한다. 예를 들면, 프로이트의 정신분석은 높은 탐구성을 가졌다고 볼 수 있다. 왜냐하면 그의 이론은 많은 도전을 받았으며 수없이 많은 다른 이론을 탄생시켰기 때문이다.

적용성 적절한 성격이론은 인간의 삶에 실제적으로 적용될 수 있어야 한다. 즉, 좋은 성격이론은 탁상공론에 그치지 않고 삶의 질을 높일 수 있도록 현실생활에 적용 가치를 갖는 게 필요하다.

이러한 여섯 가지 평가준거를 고려하면서 앞으로 이 책에서 다루어질 다양한 성격이론에 대한 평가를 나름대로 내려 보기를 권한다. 당신은 이러한 평가를 통해 성격이론의 과학적 이해 뿐 아니라 인간에 대한 다양한 측면을 탐구할 수 있다.

요약

1. 성격은 관찰할 수 있는 사람들의 행동을 바탕으로 판단되며, 개인이 처한 상황에서 적응하기 위해 성격을 발달시키고 형성한다. 성격은 사람들이 보편적으로 공유하는 공통적인 측면을 내포하고 있으며, 반면에 사람들을 구별할 수 있는 독특성 및 개인차를 반영한다. 성격은 비교적 일관되며 안정적인 행동패턴을 의미한다.
2. 성격연구의 역사를 통해 고대 그리스의 히포크라테스의 체액론을 기원으로 하여 크래츠머, 이제마, 셀던 등이 신체의 특징이나 유형에 따라 인간의 성격을 이해하고 구분하려고 시도하였다는 것을 알 수 있다.
3. 사이비과학이란 체계적이며 과학적인 연구에 기초를 두지 않고 사람의 성격을 파악하고자 했던 분야를 가리킨다. 예를 들어, 점성학, 수비학, 수상술, 골상학, 관상학 등이 이에 속한다.
4. 과학으로서의 현대 심리학은 분트가 심리학 실험실을 설립한 1879년을 시작으로 인간의 정신과 의식의 구성요소를 연구해야 한다는 구성주의와 구성요소들의 기능이 더 중요하다고 주장하는 기능주의 학파가 성립되었다. 반면, 정신과 의식이라는 측면을 부인하고 인간의 행동만을 연구해야 한다는 행동주의가 등장했으며, 인간에 대한 기계론적인 이해를 거부하고, 인간의 가치와 존엄성 등을 강조한 인본주의가 형성되었다. 1960년대에 이르러서는 과학의 발달, 특히 컴퓨터의 발달로 인해 인간의 정보처리 과정, 즉 인지 과정을 이해하고 연구하려는 움직임이 활발해져서 인지심리학의 형성으로 이어졌다.
5. 정신분석은 인간이 무의식적이며 성적인 동기에 의해 영향을 받는다고 주장한 프로이트에 의해 성립되었다. 프로이트의 정신분석학회를 이탈하여 아들러는 개인심리학을, 그리고 융은 분석심리학을 개발하였다. 그리고 무의식보다 의식적인 측면과 성적인 동기 이외의 다른 측면, 이를 테면 문화적이며 사회적인 동기들이 더 중요하다고 주장한 학자들이 신정신분석학파를 형성하게 되었다. 대

표적인 학자로는 호나이, 프롬, 에릭슨 등이 있다.

6. 인간 이해를 위한 성격에 대한 관점은 성향적 관점, 정신역동적 관점, 행동 및 사회학습 관점, 인본주의적 관점, 그리고 인지적 관점으로 분류될 수 있다.
7. 원래 성격심리학은 인간을 연구하는 데 초점을 두고 발달되어 왔으나, 미첼이 상황을 강조하면서 인간 대 상황 논쟁이 시작되었다. 하지만 현재는 인간의 행동을 설명하는 데 인간과 상황의 상호작용 입장이 지배적이다.
8. 성격이론가들은 결정론 대 자유의지, 유전 대 환경, 독특성 대 보편성, 발생성 대 반응성, 낙관론 대 비관론 등의 준거를 바탕으로 연속선상에서 인간성에 대한 관점을 취한다.
9. 과학적인 성격이론이 갖추어야 할 평가 준거로서 여섯 가지인 포괄성, 검증성, 경제성, 경험적 타당성, 탐구성, 적용성 등이 사용된다.

?! Review Questions

1. 여러 성격이론가가 제안한 성격에 대한 정의를 바탕으로 성격을 정의해 보라.

2. 골상학, 점성학, 수상술 등의 사이비과학이 과학적인 성격 이론의 형성에 기여한 바를 논의하라.

3. 바넘효과에 대해 설명하라.

4. 인간이해를 위한 현대 심리학사의 주요한 입장과 해당되는 대표 이론가를 설명하라.

5. 성격에 대한 다섯 가지 주요 관점에 따라 성격이론을 분류하라.

6. 인간과 상황 논쟁과 관련하여 당신의 입장은 무엇인가 설명하라.

7. 인간성에 관한 관점 여섯 가지를 바탕으로 연속선상에서 당신의 입장이 어느 위치에 있는지 설명하라.

8. 과학적인 성격이론이 갖춰야 할 여섯 가지 평가준거를 기술하라.

자기 이해와 성장을 위한 <성격 연습 1>

바넘 성격 해석

다음의 〈내용1〉은 당신에 대한 성격을 진술한 것입니다. 내용을 읽고 당신의 성격을 얼마만큼 설명하고 있는지 5점 척도로, 즉 '전혀 그렇지 않다'면 1번, '대체로 그렇지 않다'면 2번, '그저 그렇다'면 3번, '대체로 그렇다'면 4번, '매우 그렇다'면 5번으로 반응하십시오.

마찬가지로 당신의 친구에게 〈내용2〉를 가지고 마주 앉아서 천천히 읽어 가면서 친구 혹은 타인의 성격에 대해 해석을 해 주십시오. 그러고 나서 그러한 내용이 얼마나 친구의 성격을 나타내고 있는가를 5점 척도로 평가하게 해 보시기 바랍니다.

내용1 나는 규제와 제한에 휩싸여 있을 때에는 불만족해 하지만, 어느 정도의 변화와 다양성을 선호합니다. 나는 내가 독립적인 사색가인 것에 대해 자랑스러워하며, 만족스러운 증거 없이 타인의 견해를 수용하지 않습니다. 나는 다른 사람들에게 너무 솔직히 나를 드러낸 것이 현명하지 않다는 것을 깨닫곤 합니다. 어떤 경우에 나는 내향적이고, 경계하고, 과묵하지만, 때때로 외향적이고, 정적이고, 사교적입니다. 내가 갈망하는 어떤 것은 매우 비현실적인 경향이 있는 것입니다. 나는 다른 사람들이 나를 좋아하게 하고, 나를 존경하게 할 강한 욕구를 가지고 있습니다.

나는 나 자신에 대해 비판적인 경향성을 갖고 있습니다. 나는 사용되지 않은 많은 잠재력을 갖고 있으나, 그것을 나를 위해 이롭게 사용하지 못했습니다. 나는 나의 성격에 있어 어떤 약점을 갖고 있지만, 일반적으로 그러한 약점에 대해 보상할 수 있습니다. 나는 성적으로 적응을 하면서 어떤 문제를 야기해 왔습니다. 나는 외적으로 규칙을 따르고 통제적이지만, 내적으로는 걱정을 하고 불안해하는 경향이 있습니다. 나는 때때로 내가 옳은 결정을 했는가 혹은 올바른 행동을 했는가에 대한 강한 의구심에 휩싸입니다.

내용2 당신이 규제와 제한에 휩싸여 있을 때에는 불만족해 하지만, 당신은 어느 정도의 변화와 다양성을 선호합니다. 당신은 자신이 독립적인 사색가인 것에 대해 자랑스러워하며, 만족스러운 증거 없이 타인의 견해를 수용하지 않습니다. 당신은 다른 사람들에게 너무 솔직히 당신을 드러낸 것이 현명하지 않다는 것을 깨닫곤 합니다. 어떤 경우에는 당신이 내향적이고, 경계하고, 과묵하지만, 당신은 때때로 외향적이고, 정적이고, 사교적입니다. 당신이 갈망하는 어떤 것은 매우 비현실적인 경향이 있는 것입니다. 당신은 다른 사람들이 당신을 좋아하게 하고, 당신을 존경하게 할 강한 욕구를 갖고 있습니다.

당신은 당신 자신에 대해 비판적인 경향성을 갖고 있습니다. 당신은 사용되지 않은 많은 잠재력을 갖고 있으나, 당신을 위해 이롭게 사용하지 못했습니다. 당신은 당신의 성격에 있어 어떤 약점을 갖고 있지만, 당신은 일반적으로 그러한 약점에 대해 보상할 수 있습니다. 당신은 성적으로 적응을 하면서 어떤 문제를 야기해 왔습니다. 당신은 외적으로 규칙을 따르고 통제적이지만, 내적으로는 걱정을 하고 불안해하는 경향이 있습니다. 당신은 때때로 당신이 옳은 결정을 했는가, 혹은 올바른 행동을 했는가에 대한 강한 의구심에 휩싸입니다.

1. 내용1의 진술이 당신의 성격을 얼마나 진술한다고 반응했습니까?

2. 내용2의 진술에 대해 당신의 친구 혹은 타인은 그의 성격을 얼마만큼 기술하고 있다고 반응했습니까?

* 출처: Merrens, M. R., & Brannigan, G. G. (1998). Experiences in personality: Research, assessment, and change. New York: John Wiley & Sons.

자기 이해와 성장을 위한 <성격 연습 2>

개인의 성격이론

지시문 다음 내용은 당신이 갖는 인간성 및 성격에 대한 내용을 평가하기 위한 것입니다. 진술의 각각에 당신의 관점과 가장 가깝게 일치하는 숫자에 ○를 하시오.

1. 인간 행동은 일차적으로 유전, 즉 부모에 의해 유전적으로 물려받은 것에서 비롯된다. 아니면 인간 행동은 일차적으로 환경, 즉 임신이 된 후에 개인을 형성하는 외적 환경과 경험에서 비롯된다.

유전 1 2 3 4 5 6 7 환경

2. 모든 인간의 중요한 측면은 자기(self), 즉 '나' 혹은 '자신'에 대해 언급하는 성격의 어떤 중심적 측면이다. 아니면 성격에는 실제로 자기가 전혀 없다.

자기 1 2 3 4 5 6 7 자기가 없음

3. 성격은 각 개인이 생애를 통해 같은 행동을 보이는 것처럼 대체로 변하지 않는다. 아니면 성격은 각 개인이 생애를 통해 다른 행동을 보이는 것처럼 대체로 변한다.

불변함 1 2 3 4 5 6 7 변함

4. 행동에 미치는 가장 중요한 영향은 개인에게 이전에 일어났던 과거 사건이다. 아니면 각 개인이 어떤 목표를 달성하기 위해 노력하면서 발생하도록 추구하는 미래 사건이다.

과거 1 2 3 4 5 6 7 미래

5. 사람들에 대한 가장 중요한 특성은 일반적 특성, 즉 많은 사람이 흔히 공유하는 것이다. 아니면 독특한 특성, 즉 각 개인을 모든 다른 사람과 다르게 만드는 것이다.

일반성 1 2 3 4 5 6 7 독특성

6. 사람들은 대체로 자기중심적이기 때문에 어떤 개인적 이익을 기대하면서 다른 사람들과 협력하려고 동기화 된다. 아니면 사람들이 대체로 애타적이기 때문에 단지 다른 사람들과 함께 그리고 다른 사람들을 위해 일하는 이익을 위해 타인들과 일하는 것을 추구한다.

자기중심적	1	2	3	4	5	6	7	애타적

7. 사람들은 쾌락을 포함하는 보상에 의해 동기화 될 때 가장 잘 학습한다. 아니면 고통을 포함하는 처벌에 의해 동기화 될 때 가장 잘 학습한다.

보상	1	2	3	4	5	6	7	처벌

8. 당신이 하는 것(예: 대학을 다니는 것)처럼 행동하는 주요한 이유는 그렇게 하려는 의식적인 개인적 결정 때문이다. 아니면 당신의 통제밖에 있는 사회적 요인이 당신에게 그러한 문제에서 실제적인 선택의 여지를 거의 주지 않기 때문이다.

개인적	1	2	3	4	5	6	7	사회적

9. 인간성은 본질적으로 사람들이 긍정적인 개인적 성장을 보이며 다른 사람들이 그들의 잠재력을 실현하도록 돕는 욕망을 보이는 것처럼 건설적이다. 아니면 사람들이 궁극적으로 자기패배적인 행동을 보이며 다른 사람들이 그들 자신을 향상시키지 못하도록 하는 욕망을 보이는 것처럼 파괴적이다.

건설적	1	2	3	4	5	6	7	파괴적

10. 인간은 일상적으로 그들이 경험하는 것 이외에 자신의 존재를 위한 어떤 목적 혹은 이유를 전혀 갖지 않는다. 아니면 인간은 자기자신 이외의 삶에 대한 어떤 목적을 가진다.

목적 없음	1	2	3	4	5	6	7	목적 있음

해석요령 당신이 상기에서 완성한 내용을 다음 페이지에 있는 '성격에 대한 성격이론가들의 가정'과 비교하여 당신이 취하는 성격에 대한 입장을 확인하시오.

당신이 〈성격 연습 2〉에서 완성한 질문지는 Potkay와 Allen(1986)이 개발한 질문지입니다. 열 가지 준거에 따라 Potkay와 Allen이 성격이론가들을 분류하여 제시한 내용은 다음과 같습니다. 따라서 당신이 〈성격 연습 2〉에서 완성한 내용을 주요한 성격이론가들의 입장과 비교해 보시기 바랍니다.

성격에 대한 성격이론가들의 가정

1. 1 2 3 4 5 6 7
유전 ———————— 환경
아이젱크, 커텔, 셀던, 프로이트, 융 / 스키너, 왓슨, 로터 반두라, 로저스

2. 1 2 3 4 5 6 7
자기 ———————— 자기가 없음
로저스, 매슬로, 에릭슨 호나이, 융 / 왓슨, 스키너, 로터 미첼

3. 1 2 3 4 5 6 7
불변함 ———————— 변함
아이젱크, 커텔, 셀던, 프로이트, 융 / 스키너, 왓슨, 로터 반두라, 로저스

4. 1 2 3 4 5 6 7
과거 ———————— 미래
프로이트, 융, 프롬 / 아들러, 로저스, 매슬로

5. 1 2 3 4 5 6 7
보편성 ———————— 독특성
왓슨, 스키너, 아이젱크 프롬 / 아들러, 로저스, 반두라 로터

6. 1 2 3 4 5 6 7
자기중심적 ———————— 이타적
프로이트, 융 / 아들러, 프롬, 매슬로 로저스, 반두라

7. 1 2 3 4 5 6 7
보상 ———————— 처벌
스키너, 반두라, 프로이트 매슬로 / 왓슨

8. 1 2 3 4 5 6 7
개인적 ———————— 사회적
로저스, 매슬로, 프롬 / 스키너, 반두라, 미첼

9. 1 2 3 4 5 6 7

건설적 ———————————————— 파괴적

아들러, 로저스, 매슬로 　　　　　　　　　　프로이트

10. 1 2 3 4 5 6 7

목적 없음 ———————————————— 목적 있음

스키너, 왓슨, 반두라, 미첼 　　　　　　　　　　아들러, 프롬, 호나이 로저스, 매슬로, 융

* 출처: Merrens, M. R., & Brannigan, G. G. (1998). Experiences in personality: Research, assessment, and change. New York: John Wiley & Sons.

제2장

정신과 신체의 상호작용에 따른 건전한 성격

건전한 정신은 건전한 신체에서 비롯된다.

건전한 신체는 건전한 정신에서 비롯된다.

건전한 성격은 건전한 정신 활동과 건전한 신체 활동에서 비롯된다.

인류 역사를 통해 오랫동안 전해져 온 '건전한 정신은 건전한 신체에서 비롯된다(A sound mind in a sound body)'는 속담이 있다. 반면에 지금까지 현대 심리학자들은 '건전한 신체는 건전한 정신에서 비롯된다(A sound body in a sound mind)'는 것에 치중되어 왔다. 이 장에서 이러한 속담을 근거로 필자는 '건전한 성격은 건전한 신체 활동 및 건전한 정신 활동에서 비롯된다.'는 명제를 탐구하고자 한다.

인간의 모든 행동은 신체, 정신, 그리고 환경의 상호작용으로부터 비롯된다. 정신은 존재하는가? 정신은 존재한다. 그러면 정신은 어디에 존재하는가? 정신은 유기체의 부분으로서 신체 내에 그리고 신체와 함께 있다. 그러므로 유기체로서 인간은 신체와 정신을 가진다. 인간은 신체 없이 단지 정신만 가지고 생각할 수 없다. 인간은 정신없이 신체만 가지고 느낄 수 없다. 인간은 정신없이 신체만 가지고 행동할 수 없다. 인간은 그가 가진 신체와 정신의 상호작용에 의해 생각하고, 느끼고, 그리고 행동한다. 인간 행동은 전체로서 유기체에서 비롯된 생각하기, 느끼기, 그리고 행동하기의 표현이다.

심리학자들은 인간 행동을 연구한다. 인간 행동은 무엇인가? 인간 행동은 사람과 환경의 주고받은 상호작용에서 비롯된 현상이다. 그리고 인간은 신체와 정신을 가진다. 그러므로 인간 행동은 신체, 정신, 그리고 환경이 주고받는 상호작용에서 비롯된 현상이다. 신체, 정신, 그리고 환경의 세 가지 요인이 주고받는 상호작용에서 비롯된 두 가지 종류의 현상이 있다. 한 종류의 현상은 신심화(somapsychotization)로서 신체가 정신에 미친 영향에서 도출된 변형된 정신적 현상이다. 다른 종류의 현상은 심신화(psychosomatization)로서 정신이 신체에 미친 영향에서 도출된 변형된 신체적 현상이다.

언어학적 관점에서 명사로서 행동(behavior)은 'be + have(유추에 의해, have: havour, haviour)'에서 도출됐으며, 그것의 의미는 삶의 외적 관계에서 자신을 표현하는 방식이다. 그리고 동사인 '행동하다(behave: be + have)'는 '가지다(have)'의 어떤 자격화된 의미를 표현하기 위해, 특히 구체적 방식으로 처신하거나 행동한다는 의미로 재귀적인 방식으로 사용된다(Oxford university Press, 1978, pp. 771-772). 이런 점에서 볼 때, 인간 행동은 단순히 자극-반응이 아니라 환경 속에서 인간이 이미 가진 것의 신체적 및 정신적 표현이다. 톨만(Tolman, 1960)은 "행동은 전체로서 기본적으로 행동의 구별된 특징으로서 전체적인 유기체에서 비롯된다."고 지적하였다(p. 18). 그러므로 인간의 모든 행동은 신체, 정신, 그리고 환경의 세 가지 요인 주고받은 상호작용에서 도출된 신심화 및 심신화 현상이다.

대부분의 사람은 속담인 '건전한 정신은 건전한 신체에서 비롯된다(A sound mind in a sound body)'란 말을 수용한다. '건전한 신체에 건전한 정신'이란 말은 신체와 정신이 서로 영향을 준다는 것을 함축한다. '건전한 신체에 건전한 정신'은 신체와 정신의 상호작용에서 비롯된 현상이다. 이러한 현상의 논리적 추론에서 다른 일곱 가지 현상이 도출된다. 그러므로 신체와 정신의 상호작용으로부터 다음과 같은 여덟 가지 현상이 도출된다.

'건전한 정신은 건전한 신체에서 비롯된다.'(A sound mind in a sound body.)

'건전하지 않은 정신은 건전한 신체 활동에 영향을 받는다.'(An unsound mind in a sound body.)

'건전은 정신은 건전하지 않은 신체 활동에 영향을 받는다.'(A sound mind in an unsound body.)

'건전하지 않은 정신은 건전하지 않은 신체 활동에 영향을 받는다.'(An unsound mind in an unsound body.)

'건전한 신체는 건전한 정신에서 비롯된다.'(A sound body in a sound mind.)

'건전하지 않은 신체는 건전한 정신에 영향을 받는다.'(An unsound body in a sound mind.)

'건전한 신체는 건전하지 않은 정신에 영향을 받는다.'(A sound body in an unsound mind.)

'건전하지 않은 신체는 건전하지 않은 정신에 영향을 받는다.'(An unsound body in an unsound mind.)

개인은 누구나 환경 속에서 신체와 정신의 상호작용에서 비롯된 여덟 가지 현상인 행동을 하며 삶을 영위한다. 조력활동을 하고 있는 상담자들은 내담자가 앞의 여덟 가지 행동 중에서 어떤 행동을 많이 보이는가를 파악하여 내담자의 정신적 및 신체적 건강을 위한 적절한 상담기법을 적용할 수 있다.

1. 신체와 정신의 상호작용

사람들은 흔히 건전한 신체에 건전한 정신이 깃든다고 말한다. 또한 건강(신체적 건강을 함축)을 잃으면 모든 것을 잃는다고 한다. 유기체로서 인간은 신체와 정신으로 구성되어 있다. 정신의 실제는 인간의 신체 없이 가능한가? 정신은 단지 살아 있는 유기체 내에서만 존재하기 때문에 신체 없는 정신을 가정하는 것은 불가능하다. 심신이원론자들은 신체와 그것을 지배하는 정신과의 상호작용의 결과로서 경험과 행동을 설명한다(Leahey, 2000, p. 24). 철학자 및 심리학자들은 인간의 정신과 신체에 대한 이해를 끊임없이 확장해 왔다. 그들은 두 가지 주요한 서구철학의 토대인 이성론(rationalism)과 경험론(empiricism)을 근거로 그들의 이론적 및 철학적 관점을 발달시켜 왔다. 경험론보다 이성론을 선호했던 심리학자들은 플라톤(Plato), 데카르트(René Descartes), 그리고 촘스키(Noam Chomsky)의 심신이원론을 토대로 신체보다 정신의 중요성을 강조하였다. 반면에, 이성론보다 경험론을 선호했던 심리학자들은 아리스토텔레스(Aristotle)의 심신일원론과 로크(John Locke)의 백지설(tabula rasa)을 토대로 경험의 중요성을 강조하였다. 아리스토텔레스는 "정신은 신체 내에 잠재적으로 생명을 가진 자연적 신체 형태의 의미로 존재해야 한다."라고 주장하였다(Barnes, 1984, p. 656). 이렇듯 이성론자와 경험론자들 모두는 신체와 정신의 실체를 믿었다.

심리학자들은 그동안 경험과 관련하여 인간의 신체보다 정신을 더 강조해 왔다. 예외로 그리고 아이러니컬하게 20세기에 가장 영향력 있었던 심리학자인 스키너는 정신을 인정하지 않았으며 자극에 의해 발생된 신체적 반응인 행동만을 연구하였다. 그러나 왓슨에 의해 추방되었던 정신은 국외자인 촘스키에 의해 부활되었으며 심리학에 다시 돌아왔다(Leahey, 2000, p. 499). 심리학 전문성에서 인간의 신체를 무시해 온 주요한 이유는 현대 심리학이 그것의 모태인 철학으로부터 탄생했으며, 철학자들의 주요한 관심사는 신체보다 정신을 연구하는 것이었기 때문이다. 즉, 잘 알다시피 분트와 티치너의 구성주의와 제임스의 기능주의처럼 현대 심리학자들의 주요한 관심사는 그동안 철학자들이 형이상학적인 방법으로 정신을 연구해 왔던 것과 다르게 과학적 방법으로 인간의 정신 구조와 기능을 연구하는 것이었다. 특히 미국의 최초의 심리학자로 불리는 제임스는 심리학을 "정신생활의 현상 및 현상의 조건들을 다루는 정신생활의 과학" 이라고 정의하였다(James, 2007, p. 1).

데카르트의 심신이원론 유산으로부터 그동안 다른 학문 분야들, 즉 한편으로 신체를 설명하기 위해 신경학, 생물학이, 다른 한편으로 정신을 설명하기 위해 심리학, 정신의학이 출현하였다(Peterson, 2006, pp. 227-228). 대표적인 이성론자(rationalist) 및 심신이원론자이며 과학적으로 정신을 연구한 최초의 생리심리학자(Goodwin, 1999, p. 33)로도 여겨지는 데카르트는 정신이 송과선(pineal gland) 내부인 뇌의 중앙에서 신체를 만난다고 주장함으로써 신체와 정신 간의 문제를 해결하려고 시도하였다(Palmer, 1988, p. 156). 그러나 인간의 정신을 강조한 데카르트의 이성론(rationalism)과 인식론(epistemology) 입장에서 주장한 "나는 생각한다, 그러므로 나는 존재한다."는 '나'를 그 밖의 어떤 것과 구별하는 데 실패하였다. 칸트(Immanuel Kant)는 "인간 경험으로 시작한다는 것은 우리 자신 밖에 있는 대상의 경험으로 시작하는 것이다."고 말했다(Hundert, 1990, pp. 16-18). 존재론(ontology)의 관점에서 메이(Rollo May)는 역시 다음과 같이 주장하였다. "내가 데카르트에게 말하고자 하는 것은 '나는 존재한다, 그러므로 나는 생각하고, 느끼고, 행동한다.'라는 것이다." (May, 1958, p. 43). 메이는 '나-실존(I-am)' 경험을 강조하였다. 그러므로 만약 단지 신체 없이 정신만이 존재한다면, 유기체로서 인간의 '나-실존' 경험은 불가능하다는 것을 추론할 수 있다. 이러한 논쟁에 비추어 볼 때, 인간 경험의 원천은 인간의 정신이라기보다 신체다. 괴테(Johan W. Goethe)가 『파우스트』를 통해 "태초에 말씀(word), 감각(sense), 힘(force), 그리고 행위(deed)가 있었다."(Goethe, 1976, p. 30)고 언급했던 것처럼, 인간의 정신은 유기체로서 그의 신체 내에 존재한다.

경험의 원천은 신체이며, 관찰할 수 있는 행동은 신체에 의해 표현된다. 신체와 정신의 논쟁 때문에 정확히 경험을 정의하는 것은 쉽지 않다. 그러나 우리가 우리의 신체와 정신에 의해 어떤 것을 경험하고 있다는 사실을 부정할 수는 없다. 우리는 일반적으로 경험의 실체를 수용한다. 만약 경험이 존재한다면, 다음과 같은 질문들이 야기될 수 있다. 경험은 어디에서 오는가? 정말 경험의 원천은 무엇인가? 사람들은 유기체의 접촉에서 비롯된 자신의 경험 관찰을 토대로 경험의 원천은 신체라고 가정한다. 이러한 가정에 근거해서 우리는 인간의 신체가 경험의 원천이라는 것을 제안할 수 있다. 최근의 철학 추세인 체험주의(experientialism)는 인간의 신체(몸)의 중요성을 강조한다. 체험주의는 최근 급속히 성장하는 인지과학의 경험적 탐구 성과를 적극적으로 수용함으로써 우리의 사고와 이해에서 신체의 중심성을 매우 섬세한 방식으로 해명하고 있다(노양진, 2009, p. 213).

그동안 서구 심리학자들은 주로 정신이 신체에 미치는 영향을 강조해 온 반면에 신체가 정신에 미치는 영향의 중요성을 무시해 왔다. 따라서 심리학자들은 신체를 원래의 위치로 회복함은 물론 부정할 수 없는 신체와 정신의 상호작용 현상을 수용함으로써 심리학의 패러다임을 확장해야 한다.

2. 신체, 정신, 그리고 환경의 3요인을 주고받는 인과관계 이론

지금까지 심리학자들의 연구는 정신이 신체에 미치는 영향에 편중되어 이루어져 왔다. 데카르트의 유산이라 할 수 있는 '신체-정신 문제(body-mind puzzle)'를 해결하기 위해 먼저 다음과 같은 원론적인 질문을 야기하는 것이 필요하다. 심리학자들은 단지 정신이 신체에 영향을 주는 것만을 연구하는가? 심리학자들은 신체가 정신에 영향을 주는 것이 미미하거나 거의 주지 않는다고 믿는가? 아니면 신체와 정신의 상호작용을 믿지 않는가?

데카르트는 정신이 신체에 의해 영향을 받고 신체가 정신에 의해 영향을 받는다는 것과 정신과 신체가 어떤 면에서 단일체로 구성되어 있어야 한다는 것을 인식하였다(Copleston, 1985, p. 121). 그는 역시 정신이 신체에 직접적인 영향을 미칠 수 있고, 신체도 정신에 직접적인 영향을 미칠 수 있다고 믿었던 상호작용주의자였다(Goodwin, 1999, pp. 29-33). 데카르트가 심신이원론을 제기한 이후에 우리가 보아온 것은 신체와 정신의 상호적 영향을 설명하려고 시도한 다양한 과학 분야의 발달이다. 정신과 신체의 상호작용을 설명하는 것이 아무리 어렵다 할지라도 정신과 신체의 상호작용은 분명히 존재 한다(Peterson, 2006, p. 228). 또한 체험주의자인 존슨(Johnson)은 신체(몸)와 정신(마음)의 관계를 "신체는 정신 속에 있고, 정신은 신체 속에 있으며, 신체-정신은 세계의 일부다."라고 표현하였다(노양진 역, 2000, p. 13). 최근의 총체적 (신체적 및 심리적) 건강의 추세에 따라, 심리학자들은 그들의 연구에서 무시되어 온 인간의 신체를 원래의 위치로 회복시키는 것이 필요하다. 그러므로 우리는 인간의 모든 행동이 신체와 정신의 계속적인 상호작용에서 비롯된다는 것을 알 수 있다.

자신의 사회적 인지이론에서 반두라는 인간(human agency)은 세 가지 요인, 즉 '내적인 개인적 요인(internal personal factors)' '행동(behavior)', 그리고 '외적 환경(external environment)'이 서로 영향을 미치는 '3요인을 주고받는 인과관계(triadic reciprocal causation)' 이론을 제안하였다(Bandura, 1997, pp. 5-7). 반두라는 "내적인 개인적 요인이 인지적 · 정서적 · 생물학적 사건의 형태로 있다."고 정의하였다. 그러나 그는 '내적인 개인적 요인'과 '행동' 간에 명확한 차이를 구별하지 않았다. 왜냐하면 현재 심리학자들은 인지적 행동(인지)을 행동이라고 고려하기 때문에 명확한 구별이 아니다. 그리고 만약 그가 말한 행동이 내적인 개인적 요인과 환경의 주고받는 상호작용에서 비롯된 관찰할 수 있는 수행된 행동만을 의미한다면, 그의 이론은 틀리거나 모순된다. 그의 이러한 애매한 구별은 행동이 단지 관찰할 수 있는 행동으로 정의되는 행동주의적 관점에서 파생된 것임을 알 수 있다. 따라서 반두라의 '3요인을 주고받는 인과관계' 이론은 수정되어야 한다.

이미 지적한 것처럼, 유기체로서 인간은 신체와 정신을 가진다. 그리고 신체와 정신을 가진 인간은 끊임없이 환경과의 상호작용을 하며 존재한다. 따라서 환경 내에 있는 유기체로서 인간은 정신, 신체, 그리고 환경이 서로에게 주고받는 상호작용에 의해 작동한다. 그러므로 필자는 다음과 같은 '신체, 정신, 그리고 환경의 3요인을 주고받는 인과관계'(triadic reciprocal causation of body, mind, and environment) 이론을 제안한다([그림 2-1] 참조).

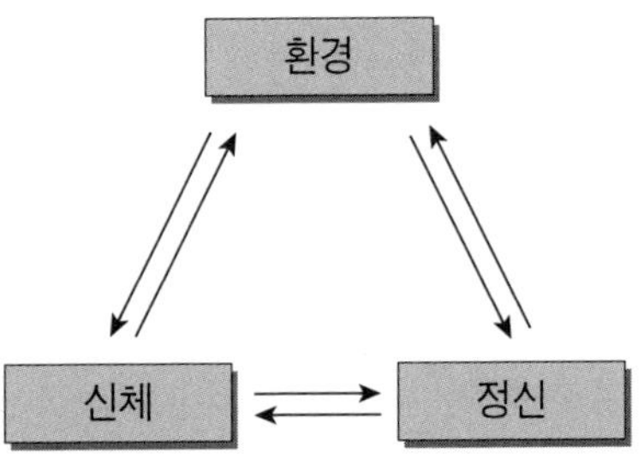

그림 2-1 **신체, 정신, 환경의 3요인을 주고받는 상호작용**

사람들은 신체가 정신에 미치는 영향에 대해 어떻게 생각하는가? 놀랍게도 대부분의 사람은 신체가 정신에 미치는 영향이 정신이 신체에 미치는 영향보다 덜 중요하다고 믿는 것 같다. 사람들이 그런 방식으로 생각하는 이유는 무엇일까? 사람들이 신체가 정신에 미치는 영향을 무시하는 현상에 대한 몇 가지 이유에 대해 조사해 볼 필요가 있다.

첫째, 단지 인간만이 정신을 가진다는 인간의 자만이 신체가 정신에 미치는 영향에 대한 고려를 도외시하게 해 왔다. 사람들이 흔히 "인간은 만물의 영장이다."라고 말하는 것은 인간만이 정신을 가지기 때문에서 비롯된 것이다. 파스칼(Blaise Pascal)은 "인간은 단지 연약한 갈대, 자연 속에서 가장 연약한 갈대이지만 그는 생각하는 갈대다."라고 하였다. 놀랍게도 인간이 모든 동물 중에서 정신을 가진 유일한 동물이라는 사실에 의해 사람들은 정신을 신체보다 훨씬 중요하게 여기는 것 같다. "전통은 없어지기가 힘들다."는 말처럼, 대부분의 사람은 여전히 신체가 정신에 영향을 주는 것보다 정신이 신체에 더 많은 영향을 준다고 믿고 있는 것 같다.

둘째, 인간의 신체보다 정신의 강조는 플라톤이 심신이원론을 근거로 정신을 강조한 이래로 계속되어 왔다. 서구에서 철학적으로 이성론은 경험론보다 훨씬 더 강조되어 왔다. 이러한 철학적 입장이 지배해 온 이유로 사람들은 신체보다 정신의 중요성을 강조하는 이성론을 믿어 왔다. 특히 심리학자들은 그들의 연구 영역이 신체보다 정신이라고 생각해 왔기 때문에 주로 정신이 신체에 미치는 영향에 초점을 두어 왔다고 가정할 수 있다. 사람들이 신체가 정신에 영향을 주는 것보다 정신이 신체에 미치는 영향이 중요하다고 생각하는 현상을 쉽게 발견할 수 있다. 예를 들면, 2010년 가을 학기에 상담심리학을 수강하는 대학생들(N=78)에게 "당신의 신체적 및 정신적 건강에 정신이 신체에 더 많은 영향을 주는가 아니면 신체가 정신에 더 많은 영향을 주는가?"라고 물었을 때, 대부분의 학생은(n=73) 정신이 신체에 더 많은 영향을 준다고 반응하였다. 그러한 학생들의 반응은 많은 사람이 현재 다양한 운동, 요가, 신체적 이완훈련, 댄스(춤)치료, 음악치료 등과 같은 신체적 활동을 강조하는 실제적 현상과 매우 대립된다.

셋째, 사람들은 심리학자들의 편향된 용어 사용에 영향을 받아 신체가 정신에 미치는 영향에 대한 중요성을 고려해 오지 못했다. 예를 들면, 영어 사전에 정신이 신체에 미치는 것을 반영하는 많은 용어(psychasthenia, psychobiology, psychogenesis, psychokick, psychokinesis, psychomancy, psychoneurosis, psychoneurotic, psychophysiology, psychosomatic, psychomotor, psychopaedic, psychopathology, psychosexual, 등등)가 사용되고 있다. 반면에 놀랍게도 신체가 정신에 영향을 주는 것을 설명하기 위한 용어는 단지 세 단어(somatopsychic, somatopsychology, 그리고 somatism)가 전부다(Oxford University Press, 2005; Pearson Education, 2006; Random House, 1987). 사전에는 없지만 최근에 인터넷 사용자가 만들어서 사용하는 단어로 somapsychotic이 있다는 것이 발견되었다(www.yahoo.com). 추가로 임상 및 상담심리학자나 정신과의사들이 사용하는 '신체화하다(somaticize)'와 '신체화(somatization)' 용어는 아이러니컬하게 정신의 영향에 의해 나타나는 신체적 증상을 설명하기 위해 사용되고 있다.

언어학자들뿐 아니라 대부분의 사람은 일반적으로 사용하는 언어 그 자체가 생각이라는 사실을 가정한다. 그러므로 심리학자들은 신체가 정신에 미치는 영향을 설명하기 위해 필요한 새로운 용어들을 만들어 사용하는 것이 필요하다. 그렇게 함으로써 심리학자들은 신체가 정신에 미치는 영향에 대해 발견된 부정할 수 없는 사실을 바탕으로 신체를 그것의 원래의 위치로 회복시켜야 한다.

3. 신체의 위상 회복을 위한 신조어의 필요성

실재하는 현상, 즉 신체가 정신에 미치는 영향을 설명하기 위해 심리학자들은 신조어(coinages)를 만들어 사용하는 것이 필요하다. 따라서 필자는 신심론(somapsychotism), 심신론(psychosomatism), 신심론자(somapsychotist), 심신론자(psychosomatist), 신심화(somapsychotization), 심신화(psychosomatization), 신심적 현상(somapsychotic phenomenon) 등의 용어를 새로 만들어서 사용할 것을 강력하게 제안한다. 왜냐하면 그러한 신조어들은 심리적 및 행동적 현상을 설명하기 위한 많은 심리학적 이론과 관련한 명확한 이해를 제공해 주기 때문이다.

필자가 신조어로서 제안한 용어들의 주요한 의미는 다음과 같이 쉽게 설명될 수 있다.

신심론(somapsychotism)은 정신이 신체에 미치는 영향보다 신체가 정신에 미치는 영향을 보다 중요한 것으로 강조하는 사람들이 신체와 정신에 관련하여 설명하는 이론적 입장을 의미한다.

신심화(somapsychotization)는 신체가 정신에 영향을 주어 나타나는 정신적 현상을 의미하며 다음과 같이 두 종류가 있다. '부정적 신심화(negative somapsychotization)'는 신체적 충격이나 활동이 정신에 부정적으로 영향을 주어 나타나는 정신적 현상을 말한다. 반대로 '긍정적 신심화(positive somapsychotization)'는 신체적 활동이나 건강이 정신에 긍정적으로 영향을 주어 나타나는 정신적 현상을 의미한다.

신심론자(somapsychotist)는 인간의 총체적 건강 원인에 신체가 영향을 주는 것으로, 정신보다 신체의 중요성을 강조하는 입장을 취하는 사람을 의미한다.

심신론(psychosomatism)은 신체가 정신에 미치는 영향보다 정신이 신체에 미치는 영향을 보다 중요한 것으로 강조하는 사람들이 정신과 신체에 관련하여 설명하는 이론적 입장이다.

심신화(psychosomatization)는 정신이 신체에 영향을 주어 나타나는 신체적 현상을 의미하며 역시 다음과 같이 두 종류가 있다. '부정적 심신화(negative psychosomatization)'는 정신이 신체에 부정적으로 영향을 주어 나타나는 신체적 현상을 의미한다. 반대로 '긍정적 심신화(positive psychosomatization)'는 정신이 신체에 긍정적으로 영향을 주어 나타나는 신체적 현상을 의미한다.

심신론자(psychosomatist)는 인간의 총체적 건강 원인에 정신이 영향을 주는 것으로, 신체보다 정신의 중요성을 강조하는 입장을 취하는 사람을 의미한다.

특히 신심론(身心論)과 심신론(心身論)으로부터 도출된 암묵적 의미와 개념을 이해함으로써 심리학자들은 신심적 현상(somapsychotic phenomenon)과 심신적 현상(psychosomatic phenomenon)을 이해하기 위한 종합적인 이론적 틀을 형성할 수 있다. 더 나아가, 심리학자들은 정신과 신체의 관계와 관련하여 오랫동안 지속되어 온 논쟁을 해결하기 위한 타당하고 합리적인 답을 발견할 수 있다.

신심론(身心論)과 심신론(心身論) 같은 신조어들이 필요한 주요한 이유는 인간의 신심적 현상과 심신적 현상을 보다 논리적이고 체계적으로 이해하기 위한 우리의 식견(mental horizon)을 확장시켜 주기 때문이다. 역시 그러한 신조어들은 프로이트, 스키너, 로저스, 반두라 등과 같이 잘 알려진 심리학자들이 창조해서 개발하고 그들의 추종자들이 수정해 왔던 많은 심리학적 이론을 신체와 정신에 관련한 관점에서 보다 명확히 설명하는 데 도움을 줄 뿐만 아니라 비판적으로 다시 평가하는 데 기여할 것이다. 더 나아가, 만들어진 신조어들은 신체와 정신의 상호 영향과 관련하여 중요성의 선호와 상호작용을 토대로 총체적 건강 및 긍정심리학의 개념적 의미를 이해하는 데 기여할 것이다.

심리학자들, 특히 상담심리학자 및 임상심리학자들은 모든 종류의 행동적 및 심리적 문제의 원천을 정신으로 가정해서 설명하고 진단해왔다. 그러한 이유로 정신이 신체에 영향을 주어 나타나는 심신적(psychosomatic) 징후, 증상, 그리고 장애란 용어만을 사용해 왔다. 그러나 지금까지 사용해 온 그러한 정의가 불명확한 측면을 가진다는 것이 신조어들을 통해서 보다 명료하게 이해될 수 있다. 예를 들면, 보다 명확한 의미를 제공하기 위해 '신체화하다(somaticize)'는 '심신화하다(psychosomaticize)'로, 그리고 신체화(somatization)는 심신화(pschosomatization)로 수정되어야 한다.

이러한 신조어들이 필요한 가장 중요한 이유는 지금까지 심리학자들이 정신이 신체에 미친 영향의 강조와 비교해서 상대적으로 신체의 중요성을 소홀히 취급하거나 무시해 왔고 평가절하해 왔기 때문이다. 신체가 정신에 미친 영향을 원래의 상태로 복귀시키기 위해 사람들의 사고를 바뀌게 할 신조어들이 절실하게 필요하다.

4. 신심화와 심신화 현상

신체, 정신, 그리고 환경의 '3요인을 주고받는 인과관계' 이론에 의해 '신심화(somapsychotization)와 심신화(psychosomatization) 현상'이 나타난다. 신심화와 심신화 현상에는 네 가지 정신적 현상 및 신체적 현상, 즉 긍정적 신심화, 부정적 신심화, 긍정적 심신화, 그리고 부정적 심신화 현상을 가정할 수 있다. 긍정적 심신화와 부정적 심신화는 정신이 신체에 영향을 주어 나타나는 신체적 현상, 즉 대체로 관찰할 수 있는 신체적 표현으로 심리학자들이 관찰할 수 있는 행동으로 여기는 것이다. 반면에, 긍정적 신심화와 부정적 신심화는 신체가 정신에 영향을 주어 나타나는 정신적 현상, 즉 대체로 관찰할 수 없는 정신적/심리적 상태, 인지를 의미한다.

이러한 네 가지 현상이 도출된 이유는 정신(mind)을 '건전한 정신(Sound Mind: SM)'과 '건전하지 않는 정신(Unsound Mind: UM)'으로 구분하고 역시 신체(body)를 '건전한 신체(Sound Body: SB)'와 '건전하지 않는 신체(Unsound Body: UB)'로 구분하면 정신(2) × 신체(2)가 되기 때문이다. 그리고 신체와 정신이 서로 영향을 주는 '인과관계의 우선순위(priority order of causation)'를 고려하면, 즉 정신(2) × 신체(2) × 인과관계의 우선순위(2)에 따라 여덟 가지 유형이 도출됨을 알 수 있다. [그림 2-2]에서 보여 주는 것처럼, 신체가 정신에 영향을 주어 나타나는 긍정적 신심화의 두 가지 유형(SBSM, SBUM)과 부정적 신심화의 두 가지 유형(UBSM, UBUM)이 있다. 마찬가지로 정신이 신체에 영향을 주어 나타나는 긍정적 심신화의 두 가지 유형(SMSB, SMUB)과 부정적 심신화의 두 가지 유형(UMSB, UMUB)이 있다.

[그림 2-2]의 이해를 돕기 위해 개략적으로 여덟 가지 유형을 주고받은 인과관계에 의해 설명하고자 한다. 긍정적 심신화의 한 유형인 SMSB는 건전한 정신(SM)이 건전한 신체(SB)에 영향을 주어 나타나는 긍정적인 신체적 현상이다. 다른 유형인 SMUB는 건전한 정신(SM)이 건전하지 않은 신체(UB)에 긍정적으로 영향을 주어 건전하지 않은 신체의 상태를 바람직한 상태로 개선시키는 현상이다. 부정적 심신화의 한 유형인 UMSB는 건전하지 않은 정신(UM)이 건전한 정신(SM)에 부정적으로 영향을 주어 나타나는 것으로 건전한 정신이 약화되는 현상이다. 다른 유형인 UMUB은 건전하지 않은 정신(UM)이 건전하지 않은 신체에 (UM)에 부정적으로 영

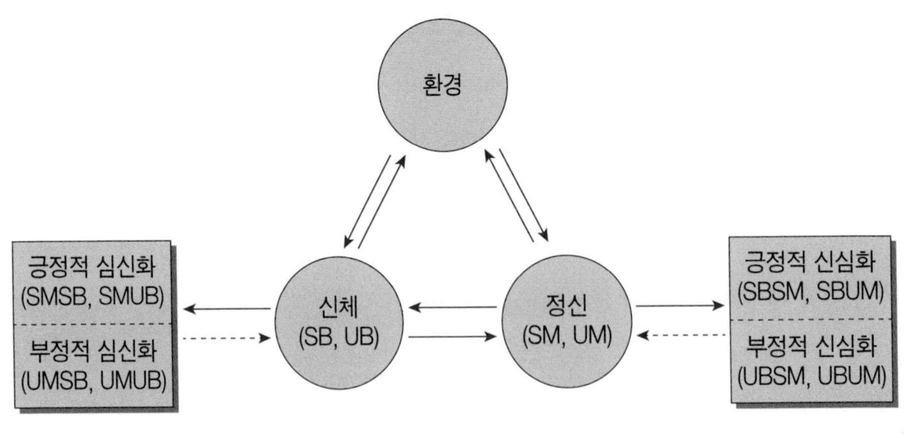

그림 2-2 신심화와 심신화 현상

향을 주어 신체적 현상이 더욱 나빠지는 것이다.

긍정적 신심화의 한 유형인 SBSM는 건전한 신체(SB)가 건전한 정신(SM)에 영향을 주어 나타나는 긍정적인 정신적 현상이다. 다른 유형인 SBUM는 건전한 신체(SB)가 건전하지 않은 정신(UM)에 긍정적으로 영향을 주어 건전하지 않은 신체의 상태가 바람직한 상태로 개선되는 현상이다. 부정적 신심화의 한 유형인 UBSM는 건전하지 않은 신체(UB)가 건전한 정신(SM)에 부정적으로 영향을 주어 나타나는 것으로 건전한 정신이 나빠지는 현상이다. 다른 유형인 UBUM은 건전하지 않은 신체(UB)가 건전하지 않은 정신(UM)에 부정적으로 영향을 주어 나타나는 것으로 건전하지 않은 정신이 더욱 나빠지는 현상이다.

[그림 2-2]는 신체, 정신, 그리고 환경의 3요인을 주고받는 인과관계 이론이 환경 속에서 신체와 정신을 가진 인간이 내재적 및 외재적으로 표현하는 현상을 일목요연하게 보여 준다. 우리는 신조어들이 신심화 현상에 대한 개념의 명료성과 타당성을 보여 준다는 것을 발견할 수 있다. 예를 들면, 현재 심리학자들이 신체화(somatization)로 사용하고 있는 것과 같은 의미를 나타내는 용어인 심신화(psychosomatization)에 대조되는 개념으로 신심화(somapsychotization) 현상을 설명해 보자. 즉, 만약 심리학자들이 정신이 신체에 미친 영향에서 비롯된 신체적 징후, 증상, 장애를 부정적 심신화(negative psychosomatization)란 용어를 사용하는 것보다 신체화(somatization)란 용어를 계속해서 사용하기를 원한다면, 그들은 역시 신체가 정신에 미친 영향에서 비롯된 정신적 징후, 증상, 장애로서 부정적 신심화(negative somapsychotization)를 의미하는 정신화(psychotization)란 용어를 만들어서 사용해야 한다. 그러나 심리학자들이 정신화란 용어를 만들어서 사용한다 하더라도 신체화와 정신화는 부정적 측면뿐만 아니라 긍정적 측면을 가지기 때문에 부적절하다. 왜냐하면 이미 지적한 것처럼, 신체화란 말은 현재 암묵적으로 정신이 신체에 미쳐 나타나는 증상 혹은 장애를 나타내는 부정적 의미로만 쓰이기 때문이다.

신심론과 심신론은 신체가 정신에 미치는 영향과 정신이 신체에 미치는 영향에 근거하여 나타나는 여덟 가지 현상에 대한 종합적 이해를 제공한다([그림 2-3] 참조).

	신심화	심신화
긍정적	긍정적 신심화 (SBSM, SBUM)	긍정적 심신화 (SMSB, SMUB)
부정적	부정적 신심화 (UBSM, UBUM)	부정적 심신화 (UMSB, UMUB)

그림 2-3 여덟 가지 유형의 신심화 및 심신화

환경 속에서 인간의 신체와 정신의 주고받는 인과관계에서 도출된 여덟 가지 신심화와 심신화 현상을 보여 주는 [그림 2-3]을 통해 다음과 같은 일반적인 일곱 가지 기본 원리가 도출된다.

원리 1: 신체(SB, UB)가 정신(SM, UM)에 영향을 주어 두 유형의 긍정적 신심화(SBSM, SBUM) 현상과 두 유형의 부정적 신심화(UBSM, UBUM) 현상이 나타난다.

원리 2: 정신(SM, UM)이 신체(SB, UB)에 영향을 주어 두 유형의 긍정적 심신화(SMSB, SMUB) 현상과 두 유형의 부정적 심신화(UMSB, UMUB) 현상이 나타난다.

원리 3: 개인은 누구나 여덟 가지 신심화 및 심신화 현상, 즉 두 유형의 긍정적 신심화(SBSM, SBUM), 두 유형의 부정적 신심화(UBSM, UBUM), 두 유형의 긍정적 심신화(SMSB, SMUB), 그리고 두 유형의 부정적 심신화(UMSB, UMUB)를 가진다.

원리 4: 건강한 개인은 긍정적 신심화(SBSM, SBUM)와 긍정적 심신화(SMSB, SMUB)를 야기하는 활동을 더 많이 하며, 부정적 신심화(UBSM, UBUM)와 부정적 심신화(UMSB, UMUB)를 야기하는 활동을 더 적게 한다.

원리 5: 건강하지 않은 개인은 부정적 신심화(UBSM, UBUM)와 부정적 심신화(UMSB, UMUB)를 야기하는 활동을 더 많이 하며, 긍정적 신심화(SBSM,

SBUM)와 긍정적 심신화(SMSB, SMUB)를 야기하는 활동을 더 적게 한다.

원리 6: 바람직한 방향으로 변화는 긍정적 신심화(SBSM, SBUM)와 긍정적 심신화(SMSB, SMUB)를 증가시키거나 부정적 신심화(UBSM, UBUM)와 부정적 심신화(UMSB, UMUB)를 감소시키는 것이다.

원리 7: 개인이 가장 두드러지게 보이는 신심화에 따른 네 가지 유형(SBSM, SBUM, UBSM, UBUM)과 심신화 현상에 따른 네 가지 유형(SMSB, SMUB, UMSB, UMUB)을 결합시킴으로써 모든 사람이 열여섯 가지 행동 패턴으로 분류될 수 있다.

이러한 원리를 구체적으로 이해하기 위해서 일반 사람들이 자신의 총체적 건강을 위해 사용하고 있는 구체적인 방법이나 조력활동을 하고 있는 전문가들이 제안한 원리나 기법을 적용해 보자. 개략적으로 제안된 여덟 가지 현상, 즉 긍정적 신심화(SBSM, SBUM), 부정적 신심화(UBSM, UBUM), 긍정적 심신화(SMSB, SMUB), 그리고 부정적 심신화(UMSB, UMUB)를 살펴보고자 한다.

긍정적 신심화(positive somapsychotization)는 건전한 신체활동, 신체적 건강, 신체적 이완훈련, 규칙적인 운동, 적절한 영양섭취, 운동요법, 춤이나 음악치료, 요가 등의 유익한 신체적 활동을 통해 형성된 신체에서 비롯된 자신감, 안정감, 격려, 평화로운 마음과 같은 신심적 현상을 의미한다. 긍정적 신심화의 한 유형인 SBSM은 건전한 신체(SB)가 건전한 정신(SM)에 영향을 주어 나타나는 현상으로, 그 반대 현상인 SMSB와 함께 개인에게 나타나는 가장 이상적인 현상이라 할 수 있다. 다른 유형인 SBUM은 건전한 신체(SB)가 건전하지 않은 정신(UM)에 영향을 나타나는 현상으로, 개인의 약화된 정신력, 자신감 상실과 같은 건전하지 않은 정신에서 벗어나도록 하는 것을 의미한다.

부정적 신심화(negative somapsychotization)는 갱년기 장애, 물질남용(흡연, 알코올중독, 약물남용 등), 불규칙인 생활, 운동 부족, 과로, 신체적 피로 혹은 질병, 신체적 열등감, 신체적 장애 등과 같은 해로운 활동을 통해 형성된 신체나 타고난 신체에서 비롯된 자신감 상실, 낙담, 열등감 콤플렉스, 우울, 건강염려증과 같은 신심적 현상을 의미한다. 부정적 신심화의 한 유형인 UBSM은 건전하지 않은 신체(UB)나 신체활동이 건전한 정신(SM)에 영향을 주어 나타나는 현상이다. 예를 들면, 개인이 약물남용, 불규칙적인 생활, 운동 부족 등에서 비롯된 건전하지 않는 신체가 건전한 정신에 부정적으로 영향을 미치는 경우다. 다른 유형인 UBUM은 건전하지 않은 신체(UB)가 건전하지 않은 정신(UM)에 영향을 미쳐 나타나는 현상이다. 이 유형은 그 반대 현상인 UMUB와 함께 가장 부적절한 현상이다. 이러한 현상이 강하게 나타나는 개인은 건전하지 않은 신체활동을 통해 피폐화된 정신을 더욱 부정적으로 악화시키는 악순환에 빠질 수 있다.

긍정적 심신화(positive psychosomatization)는 몰입, 지혜, 합리적 신념, 긍정적 사적 논리, 긍정적 자동적 사고, 평화로운 마음, 마음 챙기기, 명상훈련, 높은 자존감, 높은 자기효능감, 긍정적 자기대화 등과 같은 바람직한 정신활동에서 비롯된 신체적 균형, 신체적 활기, 규칙적 운동, 건강한 신체와 같은 심신적 현상을 의미한다. 긍정적 심신화의 한 유형인 SMSB은 건전한 정신(SM)이 건전한 신체(SB)에 영향을 주어 나타나는 현상으로, 현재 긍정심리학에서 추구하는 것으로 그 반대 현상인 SBSM과 함께 가장 이상적인 유형이다. 다른 유형인 SMUB는 건전한 정신(UM)이 건전하지 않은 신체(UB)에 영향을 주어 나타나는 현상으로, 개인의 약화된 신체적 건강, 불규칙인 신체활동, 갱년기 장애 등과 같은 건전하지 않은 신체에서 벗어나도록 긍정적인 영향을 주는 것을 의미한다.

부정적 심신화(negative psychosomatization)는 비합리적 신념, 부정적 자동적 사고, 부정적 사적 논리, 낮은 자존감, 낮은 자기효능감, 자신감 상실, 심한 스트레스, 학습된 무망감 등과 같은 바람직하지 않은 정신활동에서 비롯된 자기파괴 행동, 비만, 부적절한 신체적 증상이나 장애, 비정상적 신체활동과 같은 심신적 현상을 의미한다. 부정적 심신화의 한 유형인 UMSB는 건전하지 않은 정신(UM)이 건전한 신체(SB)에 부정적으로 영향을 주어 건전한 신체를 약화시키거나 피폐화 하는 현상이다. 다른 유형인 UMUB는 건전하지 않은 정신(UM)이 건전하지 않은 신체(UB)에 영향을 미쳐 신체적 건강을 더욱 악화시키는 현상이다. 이 유형은 지적한 것처럼, 그 반대 현상인 UBUM과 함께 가장 부적절한 현상이다. 이 현상이 강한 사람은 현재 임상심리학자나 정신과의사들이 진단하는 신체화 증상, 즉 심신화 증상(psychosomatic symptom)을 보일 가능성이 높다.

5. 5요인이 주고받는 인과관계 모델

인간 행동은 환경 속에서 매우 복잡한 과정을 거쳐 내재적 및 외재적으로 작동한다. 보다 명확한 이해를 위해 신심화와 심신화 현상이 복잡한 상호 주고받기 상호작용 과정에 의해 생성되는 것을 이해하는 것이 필요하다. 3요인을 주고받는 인과관계 이론에 따라 신심화 현상은 환경과 신체가 정신에 미치는 영향에서 도출된 변형된 정신적 현상이다. 마찬가지로, 심신화 현상은 환경과 정신이 신체에 미치는 영향에서 도출된 변형된 신체적 현상이다. 이러한 원리를 바탕으로 보다 복잡한 주고받는 순환적 상호작용으로부터 신심화 및 심신화 현상이 나타난다는 것을 알 수 있다([그림 2-4] 참조). [그림 2-4]에서 실선은 일차적 관계를, 그리고 점선은 이차적 관계를 의미한다. [그림 2-4]가 보여 주는 것처럼, 신심화와 심신화는 신체, 정신, 환경, 신심화, 그리고 심신화의 5요인이 주고받는 상호작용에 의해 작동해서 표현되는 외재적 신체 현상과 내재적 정신 현상이다. 따라서 필자는 지적한 5요인을 바탕으로 '신체, 정신, 환경, 신심화, 그리고 심신화의 5요인이 주고받는 인과관계 모

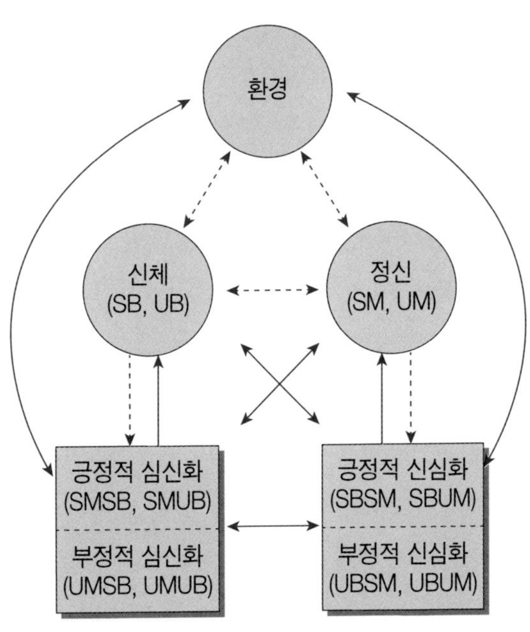

그림 2-4 **신심화와 심신화의 5요인이 주고받는 인과관계 모델**

델(quintet reciprocal causation model of body, mind, environment, somapsychotization, and psychosomatization)'을 제안하고자 한다.

6. 신심화와 심신화에 의한 성격이론 이해

환경 속에서 실존적 존재, 즉 유기체로서 인간은 신체, 정신, 그리고 환경의 삼요인 주고받는 인과관계로부터 파생된 신심화 및 심신화 현상을 보이며 살아간다. 이러한 현상을 보다 쉽게 이해하기 위해 심신화 현상을 엘리스가 제안했던 인지 · 정서 · 행동치료(Rational-Emotive Behavior Therapy: REBT)에 적용해서 설명할 수 있다. 엘리스의 REBT의 근본 원리는 ABC 이론에 근거한다. 즉, ABC 이론은 활성화된 사건(A: Activating events)이 신념체계(B: Belief systems)에 영향을 주어 정서적 및 행동적 결과(C: Consequences)로 나타난다는 것이다. 여기서 활성화된 사건은 유기체 밖에서 일어나는 외부적 환경이며, 신념체계는 인간의 정신활동에서 비롯된 사고다. 그리고 정서적 및 행동적 결과는 인간의 신체활동에서 비롯된 신체적 표현이다. 엘리스의 ABC이론과 심신화 현상을 비교해 보면 두 입장의 과정은 언어적 표현은 다르지만 같은 내용을 설명하고 있다는 것을 알 수 있다. 심신화 현상을 적용해서 보면 보다 쉽게 이해할 수 있다. 즉, 심신화는 외부적 환경이 정신에 영향을 주고 다시 정신이 신체에 영향을 주어 나타나는 신체적 현상이다. 엘리스의 REBT는 인간의 합리적 신념과 비합리적 신념 모두를 가정하고 있으므로 그의 이론적 입장은 긍정적 심신화와 부정적 심신화에 해당된다고 할 수 있다. 이러한 논리적 근거에서 볼 때, 엘리스의 ABC 이론은 단지 심신화 현상만을 설명하고 있으며 신심화 현상은 전혀 언급하지 않고 있다는 것을 알 수 있다.

다른 예로서 로저스의 인간중심치료를 신심화 현상과 비교함으로써 설명할 수 있다. 로저스는 그가 제안했던 인간 성격 및 행동에 대한 명제들을 바탕으로 "심리적 적응으로 건강한 개인은 그의 신체적 경험을 통해 계속적인 유기체적 가치화 과정에 의해 그의 현재의 가치체계를 대체한다."라고 하였다(Rogers, 1951, pp. 483-524). 그가 "경험은 나에게 최고의 권위다."라고 언급했던 것처럼, 그는 바람직한 유기체적 가치화 과정을 위해 신체 경험을 강조하였다. 즉, 우리는 신심화 현상이 환경으로부터 신체 경험이 정신에 미치는 영향에서 도출된 가치화 과정이라는 것을 알 수 있다. 그러므로 로저스의 유기체 경험에 의한 가치화 과정은 긍정적 신심화 현상이라 할 수 있으며, 유기체의 경험 없이 이루어진 내사된 가치로 인한 부적응적인 신체적 표현은 부정적 심신화 현상이란 것을 알 수 있다.

신심론과 심신론은 심리학자들이 신체와 정신을 가진 인간의 과학적 연구로부터 발견하고 개발해 왔던 심리학적 이론들에 대한 종합적 이해를 제공한다. 여기서는 주요한 상담이론을 창립해서 발전시켰던 유명한 상담이론가들을 그들의 이론적 관점과 주요개념을 근거로 신심론과 심신론에 의해 분류하고자 한다.

긍정심리학의 창시자들인 셀리그만(Martin E. P. Seligman)과 칙센트미하이(Mihaly Csikszentmihalyi)를 포함한 현재의 긍정심리학자들은 주로 건전한 정신이 건강한 신체적 활동을 포함한 개인의 주관적 안녕 혹은 삶의 질에 영향을 준다는 것을 강조한다. 그러므로 긍정심리학자들은 긍정적 심신론자들로 분류될 수 있다. 현재의 긍정심리학의 추세에 따르면, 이전의 심리학자들이 부정적인 심신화 현상과 같은 부정적 측면에 초점을 두고 그러한 것을 감소시키거나 개선하려는 연구를 해 왔기 때문에 부정심리학자들로 여겨졌다. 그러므로 그들은 행동적 문제의 원인으로서 정신과 신체 중 어느 것을 선호하는가를 근거로 부정적 신심론자 혹은 부정적 심신론자로 불려질 수 있다.

프로이트는 그 당시의 시대정신인 진화론에 부응하여 인간이 생물학적 존재라는 기본적 가정 하에 정신분석을 개발하였기 때문에 부정적 신심론자로 분류될 수 있다. 프로이트는 인간에 대한 생물학적 및 비관론적 관점을 바탕으로 정신분석을 개발하였으며, 주요한 원리로서 신체적 균형(homeostasis) 혹은 만족의 원리를 강조하였다. 역시 이러한 관점에서 비롯된 본능이론, 출생외상, 삶과 죽음의 본능과 같은 주요개념을 통해 프로이트가 부정적 신심론자라는 것을 유추할 수 있다.

개인심리학을 창시한 아들러는 전체로서 개인을 강조한 점에서 긍정적 심신론자 및 긍정적 신심론자로 분류될 수 있다. 왜냐하면 그의 개인심리학은 인간에 대한 총체론적 관점에서 비롯되었기 때문이다. 그리고 개인심리학 이론의 주요개념인 창조적 자기, 생활양식, 기관열등감, 우월성 추구, 사적 논리 등에서 아들러가 긍정적 심신론자 및 긍정적 신심론자라는 것을 유추할 수 있다.

분석심리학을 창시한 융은 그의 이론 성립을 위한 핵심개념인 집단무의식을 근거로 긍정적 심신론자로 분류될 수 있다. 왜냐하면 융은 그의 분석심리학을 통해 정신적 현상, 특히 정신적 소인인 원형으로 구성된 집단무의식을 강조했기 때문이다. 인간 행동을 설명하기 위한 분석심리학의 주요개념인 원형, 집단무의식, 꿈 분석, 개성화 혹은 자기실현 등을 통해 융이 긍정적 심신론자라는 것을 유추할 수 있다.

심리극을 창시한 모레노(Jacob L. Moreno)는 신체활동을 통한 역할을 강조한 점에서 긍정적 신심론자로 분류될 수 있다. 모레노는 "역할연기는 자기의 출현 이전에 존재한다. 역할은 자기로부터 출현하지 않지만, 자기는 역할에서 출현한다."라고 하였다. 심리극의 주요개념인 지금의 철학, 창조성, 자발성, 역할과 역할연기, 텔레와 참만남 등을 통해 모레노가 긍정적 신심론자라는 것을 유추할 수 있다.

게슈탈트치료의 발견자인 펄스는 전체로서 유기체의 지혜를 강조한 점에서 긍정적 신심론자 및 긍정적 심신론자로 분류될 수 있다. 펄스는 게슈탈트치료의 철학적 입장이 실존주의에 유기체로서 자각을 더한 것으로 보았다. 게슈탈트치료의 주요개념인 자각, 접촉, 유기체로서 인간의 경험 등을 통해 펄스가 긍정적 신심론자 및 긍정적 심신론자라는 것을 유추할 수 있다.

인간중심치료의 창시자인 로저스는 역시 전체로서 유기체의 지혜를 강조한 점에서 긍정적 신심론자 및 긍정적 심신론자로 분류될 수 있다. 로저스는 인본주의적 관점을 근거로 유기체의 지혜를 강조하였다. 그는 역시 유기체의 경험에 의한 유기체적 가치화 과정을 강조하였다. 인간중심치료의 주요개념인 경험, 가치의 조건화, 진솔성, 무조건적 긍정적 존중, 공감적 이해 등을 통해 로저스가 긍정적 신심론자 및 긍정적 심신론자라는 것을 유추할 수 있다.

행동치료의 이론적 토대를 제공한 급진적 행동주의자인 스키너는 인간의 정신을 부정하고 오직 관찰할 수 있는 행동만을 강조하였다. 그러 므로 그는 정신과 신체의 상호작용을 가정한 신심론과 심신론에 의해 분류될 수 없다.

현실치료를 창시한 글래서(William Glasser)는 그의 이론적 기반인 기본적 욕구와 지각의 통제 및 선택이론을 근거로 긍정적 신심론자 및 긍정적 심신론자로 분류할 수 있다. 글래서는 전체행동을 구성하고 있는 네 가지를 자동차의 네 바퀴에 비유해서 앞 두 바퀴를 생각하기와 행동하기로 강조하였다. 현실치료의 주요개념인 기본적 욕구, 전체행동, 선택이론 등을 통해 글래서가 긍정적 신심론자 및 긍정적 심신론자라는 것을 유추할 수 있다.

교류분석의 창시자인 버언(Eric Berne)은 인간 이해를 위해 심리적 욕구 및 세 가지 자아상태를 강조한 점에서 긍정적 심신론자로 분류될 수 있다. 교류분석의 주요개념인 세 가지 자아상태, 기본적인 심리적 욕구, 인생각본, 구조분석, 교류분석, 게임분석, 그리고 재결단 등을 통해 버언이 긍정적 심신론자라는 것을 유추할 수 있다.

실존주의 상담자들인 메이, 프랭클(Victor Frankl), 얄롬(Irvin Yalom) 등은 인간의 실존 및 궁극적 관심사를 강조한 점을 근거로 긍정적 신심론자 및 긍정적 심신론자로 분류할 수 있다. 실존주의 상담자들이 인간을 유기체로서 실존을 강조함과 더불어 궁극적 관심사인 자유, 의미, 고립 등을 강조한 점에 의해 긍정적 신심론자 및 긍정적 심신론자라는 것을 유추할 수 있다.

인지 · 정서 · 행동치료의 창시자인 엘리스와 인지치료의 창시자인 벡은 건전한 정신이 합리적 신념체계 및 긍정적 자동적 사고의 중요성을 강조한 점을 근거로 긍정적 심신론자로 분류될 수 있다.

요약

1. 신심화(somapsychotization)는 신체가 정신에 영향을 주어 나타나는 정신적 현상을 의미하며 다음과 같이 두 종류가 있다. '부정적 신심화(negative somapsychotization)'는 신체적 충격이나 활동이 정신에 부정적으로 영향을 주어 나타나는 정신적 현상을 말한다. 반대로 '긍정적 신심화(positive somapsychotization)'는 신체적 활동이나 건강이 정신에 긍정적으로 영향을 주어 나타나는 정신적 현상을 의미한다.
2. 심신화(psychosomatization)는 정신이 신체에 영향을 주어 나타나는 신체적 현상을 의미하며 역시 다음과 같이 두 종류가 있다. '부정적 심신화(negative psychosomatization)'는 정신이 신체에 부정적으로 영향을 주어 나타나는 신체적 현상을 의미한다. 반대로 '긍정적 심신화(positive psychosomatization)'는 정신이 신체에 긍정적으로 영향을 주어 나타나는 신체적 현상을 의미한다.
3. 환경 속에서 인간의 신체와 정신의 주고받는 인과관계에서 도출된 여덟 가지 신심화와 심신화 현상의 일반적인 일곱 가지 기본 원리는 다음과 같다.

원리 1 신체(SB, UB)가 정신(SM, UM)에 영향을 주어 두 유형의 긍정적 신심화(SBSM, SBUM) 현상과 두 유형의 부정적 신심화(UBSM, UBUM) 현상이 나타난다.

원리 2 정신(SM, UM)이 신체(SB, UB)에 영향을 주어 두 유형의 긍정적 심신화(SMSB, SMUB) 현상과 두 유형의 부정적 심신화(UMSB, UMUB) 현상이 나타난다.

원리 3 개인은 누구나 여덟 가지 신심화 및 심신화 현상, 즉 두 유형의 긍정적 신심화(SBSM, SBUM), 두 유형의 부정적 신심화(UBSM, UBUM), 두 유형의 긍정적 심신화(SMSB, SMUB), 그리고 두 유형의 부정적 심신화(UMSB, UMUB)를 가진다.

원리 4 건강한 개인은 긍정적 신심화(SBSM, SBUM)와 긍정적 심신화(SMSB, SMUB)를 야기하는 활동을 더 많이 하며, 부정적 신심화(UBSM, UBUM)와 부정적 심신화(UMSB, UMUB)를 야기하는 활동을 더 적게 한다.

원리 5 건강하지 않은 개인은 부정적 신심화(UBSM, UBUM)와 부정적 심신화(UMSB, UMUB)를 야기하는 활동을 더 많이 하며, 긍정적 신심화(SBSM, SBUM)와 긍정적 심신화(SMSB, SMUB)를 야기하는 활동을 더 적게 한다.

원리 6 바람직한 방향으로 변화는 긍정적 신심화(SBSM, SBUM)와 긍정적 심신화(SMSB, SMUB)를 증가시키거나 부정적 신심화(UBSM, UBUM)와 부정적 심신화(UMSB, UMUB)를 감소시키는 것이다.

원리 7 개인이 가장 두드러지게 보이는 신심화에 따른 네 가지 유형(SBSM, SBUM, UBSM, UBUM)과 심신화 현상에 따른 네 가지 유형(SMSB, SMUB, UMSB, UMUB)을 결합시킴으로써 모든 사람이 열여섯 가지 행동 패턴으로 분류될 수 있다.

?! Review Questions

1. 신체가 정신에 영향을 주는 신심화 현상으로 나타나는 긍정적 신심화 및 부정적 신심화를 구체적 예를 들어 설명하라.

2. 정신이 신체에 영향을 주는 심신화 현상으로 나타나는 긍정적 심신화 및 부정적 심신화를 구체적 예를 들어 설명하라.

3. 개인이 정신과 신체의 상호작용에 근거해서 나타나는 여덟 가지 신심화 및 심신화 현상이 무엇인지 설명하라.

4. 가장 건전한 성격을 가진 사람이 보이는 두드러진 신심화와 심신화 현상은 무엇인지 설명하라.

5. 가장 건전하지 않은 성격을 가진 사람이 보이는 두드러진 신심화와 심신화 현상은 무엇인지 설명하라.

자기 이해와 성장을 위한 <성격 연습 3>

신심화와 심신화에 의한 인간 행동 파악 및 변화

이 장의 서두에서 신체와 정신의 상호작용으로부터 다음과 같은 여덟 가지 현상이 도출됨을 제시하였다.

'건전한 신체에 건전한 정신'
'건전한 신체에 건전하지 않은 정신'
'건전하지 않은 신체에 건전한 정신'
'건전하지 않은 신체에 건전하지 않은 정신'
'건전한 정신에 건전한 신체'
'건전한 정신에 건전하지 않은 신체'
'건전하지 않은 정신에 건전한 신체'
'건전하지 않은 정신에 건전하지 않은 신체'

모든 개인은 환경 속에서 이러한 여덟 가지 현상인 행동을 하며 삶을 영위한다. 필자는 실제로 앞에 제시한 여덟 가지 현상이 개인의 행동으로 다음에 제시한 척도를 통해 나타남을 확인하였다. 신체와 정신의 상호작용에 근거한 당신의 총체적 건강을 위해 자신이 주로 하는 행동패턴을 발견해서 바람직한 방향으로 변화시키도록 노력했으면 한다.

신심화 및 심신화에 의한 행동파악 척도

1. 다음의 각 영역에 대해 자신이 경험했거나 경험해 왔던 모든 신체적 건강 및 행동이나 정신적 건강 및 행동을 최소 세 가지 이상 찾도록 하시오.

A. a1) 자신의 건전한 정신적 건강 및 활동이 건전한 신체적 건강 및 활동을 더욱 바람직한 방향으로 향상시킨 구체적 사건이나 습관을 찾아 기술하시오.

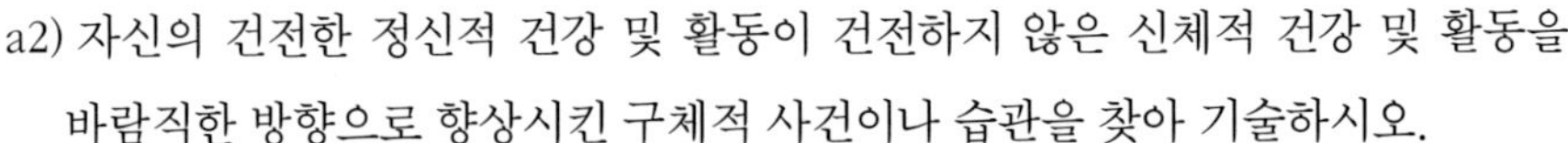

a2) 자신의 건전한 정신적 건강 및 활동이 건전하지 않은 신체적 건강 및 활동을 바람직한 방향으로 향상시킨 구체적 사건이나 습관을 찾아 기술하시오.

B. b1) 자신의 건전하지 않은 정신적 건강 및 활동이 건전한 신체적 건강 및 활동을 해친 구체적 사건이나 습관을 찾아 기술하시오.

b2) 자신의 건전하지 않은 정신적 건강 및 활동이 건전하지 않은 신체적 건강 및 활동을 더욱 부정적으로 악화시킨 구체적 사건이나 습관을 찾아 기술하시오.

C. c1) 자신의 건전한 신체적 건강 및 활동이 건전한 정신적 건강 및 활동을 더욱 바람직한 방향으로 향상시킨 구체적 사건이나 습관을 기술하시오.

c2) 자신의 건전한 신체적 건강 및 활동이 건전하지 않은 정신적 건강 및 활동을 바람직한 방향으로 향상시킨 사건이나 습관을 기술하시오.

D. d1) 자신의 건전하지 않은 신체적 건강 및 활동이 건전한 정신적 건강 및 활동을 해친 구체적 사건이나 습관을 기술하시오.

d2) 자신의 건전하지 않은 신체적 건강 및 활동이 건전하지 않은 정신적 건강 및 활동을 더욱 부정적으로 악화시킨 구체적 사건이나 습관을 기술하시오.

2. 1번 문항을 기술한 후 현재 자신이 가장 흔하게 사용하는 유형에 따라 첫 번째 유형범주(a1, a2, b1, b2)와 다른 유형범주(c1, c2, d1, d2)에서 각각 하나씩(예: a1, c1)을 찾아서 적으시오.

3. 1번과 2번 문항을 완성한 후 각 영역에 작성한 내용을 바탕으로 자신의 총체적 건강을 이루기 위해서 앞으로 6개월 동안 변화 계획을 구체적으로 작성하시오.

제3장

성격의 평가 및 연구

지식이 없는 실천적 지혜는 공허하지만, 실천적 지혜가 없는 지식은 맹목적이다.

– 번스타인 –

인간은 누구나 자신 및 타인에 대한 성격을 평가하며 삶을 영위한다. 이런 점에서 우리 모두는 나름대로 성격을 평가하기 위한 개인적인 방식을 가지고 있다고 볼 수 있다. 즉, 우리 모두는 사람들 사이의 차이점에 주목하고 개인의 일관되는 행동 양태를 관찰한다는 점에서 성격의 평가자 및 연구자라고 할 수 있다. 개인은 사회적 관계 속에서 자신을 반영하면서 자신이 성취하고자 하는 일들을 수행하기 때문에 자신의 성격에 대한 평가를 가능하면 정확하게 하는 게 요구된다. 더불어 개인은 타인의 성격에 대한 올바른 이해 및 평가를 바탕으로 바람직한 대인관계를 맺는 게 필요하다. 다시 말하면, 개인이 자신의 삶의 질을 향상시키기 위해 일상생활에서 성격에 대한 올바른 평가를 하는 것은 매우 중요하다.

현실 생활에서 성격 평가는 실제적으로 다양하게 적용되고 있다. 예를 들면, 기업체에서 직원을 채용할 때 입사 지망생들을 대상으로 업무를 수행하는 데 적절성을 고려하기 위해 그리고 채용 후에 담당 부서에 적절한 배정을 위해 성격을 평가한다. 또한 학교에서 학교상담자 혹은 학교심리학자는 학생들의 교육발달, 진로발달, 개인적 및 사회적 발달의 걸림돌이 되는 원인을 발견할 시도로서 학생들의 성격을 평가한다. 이렇게 성격 평가는 다양한 상황에서 필요한 목적을 위해 광범위하게 실시되고 있다.

일반 사람들과 다르게 성격심리학자는 좀 더 체계적이고 신뢰할 수 있는 방식으로 사람들의 성격을 평가하며, 객관적이고 과학적 방법을 통해 발견한 결과가 반복될 수 있도록 체계적으로 확립된 절차에 따라 성격에 대한 연구를 수행한다. 이 장에서는 체계적이고 과학적인 방법으로 성격심리학자들이 성격을 평가하고 연구하는 방법에 대해 살펴보고자 한다.

1. 성격 평가

성격심리학자 혹은 연구자들이 성격을 평가하는 방법은 자신들이 갖는 이론적 입장에 크게 의존한다. 즉, 성격심리학자가 제안하는 성격이론에 따라 성격을 보는 관점이 다르기 때문에 성격을 평가하는 기법도 성격이론과 밀접하게 관련된다. 예를 들면, 특질 및 생물학적 요인을 근거로 개인차를 조사하는 성향적 접근은 주로 자기보고 검사법을 통해 개인의 특질이나 성격유형을 탐구하며, 인간의 무의식을 강조하는 정신역동적 접근은 주로 투사법을 강조한다. 그리고 상황에 따른 행동을 강조하는 행동 및 사회적 학습접근은 행동평가 방법을 주로 사용하며, 인간의 사고 혹은 인지의 중요성을 강조한 인지적 접근은 인지평가 방법을 중요하게 여긴다.

평가도구의 준거

성격이론가들이 제안했던 다양한 성격 평가기법은 그것이 갖는 객관성 혹은 주관성의 정도에 있어 다르다. 즉, 어떤 기법은 매우 주관적이어서 편견에 개방적이다. 따라서 주관적인 성격 평가기법을 통해 얻어진 결과는 평가를 하는 사람의 성격특성에 의해 왜곡될 수 있다. 일반적으로 좋은 성격 평가기법 혹은 도구가 갖추어야 할 주요한 네 가지 준거는 표준화(standardization), 객관성(objectivity), 신뢰도(reliability), 타당도(validity)이다. 이러한 평가도구의 준거에 대해 간략하게 살펴보자.

표준화 표준화는 주로 평가도구가 갖추고 있는 규준(norms)에 대한 것으로, 검사를 시행하기 위해 갖는 절차 혹은 조건의 일관성 혹은 동일성을 갖추고 있는 것을 말한다. 따라서 검사시행자는 검사가 어떤 표준화의 과정을 거쳐 형성되어 규준이 결정되었는가를 이해하고 동일한 조건과 방식으로 검사를 시행하여 수검자를 평가하는 것이 필요하다.

객관성 객관성은 평가하는 사람의 주관적인 편견을 피하는 것으로, 평가자 혹은 채점자 간의 신뢰도가 높을 때 객관성이 높다고 할 수 있다. 따라서 평가자 간의 객관성을 높이기 위해 검사는 평가를 위한 객관적인 절차와 준거를 갖추는 것이 필요하다.

신뢰도 신뢰도는 평가도구가 시간의 경과에도 불구하고 반응의 일관성을 보이는 것을 말한다. 즉, 어떤 성격검사가 신뢰도가 높다고 말하는 것은 성격을 측정한 검사결과가 한 달 전이나 지금이나 일관성 있게 비슷하게 나오는 경우를 말한다. 검사의 신뢰도를 결정하는 주요한 방법으로 검사-재검사신뢰도(test-retest reliability), 동형검사신뢰도(equivalent-form reliability), 반분신뢰도(split-halves reliability) 등이 있다.

타당도 타당도는 평가도구가 측정하고자 하는 것을 충실히 재고 있는가에 관한 것으로, 검사를 구성하고 있는 내용이 평가자가 의도했던 내용을 얼마나 정확하게 측정하는가를 말한다. 검사의 타당도를 검증하는 주요한 방법으로는 내용타당도(content validity), 예언타당도(predictive validity), 공인타당도(concurrent validity), 구인타당도(construct validity) 등이 있다.

평가방법

성격심리학자들은 자신의 이론적 입장에 따라 성격 평가를 위한 다양하고 독특한 방법을 개발하여 인간 성격을 이해하려고 시도해 왔다. 지금까지 개발되어 사용되고 있는 성격 평가기법들은 이론적 근거, 자료수집의 방식, 평가절차, 평가내용 등에 따라 일반적으로 다음과 같은 세 가지 전략, 즉 심리검사법(자기보고검사, 투사검사), 면담법, 행동평가법으로 크게 구분된다. 그러면 이러한 성격 평가 전략에 대해 살펴보자.

심리검사법 성격을 측정하기 위해 가장 일반적으로 사용되는 것이 심리검사(psychological tests)를 이용하는 방법이다. 심리검사는 사람들의 생각, 감정, 행위를 표본 추출을 통해 얻어서 표준화시켜 비교하는 체계적 과정이다. 따라서 성격검사는 사람들로부터 성격과 관련된 심리적 변인을 보통 통계적인 방법을 사용하여 표준화한 규준과 비교하여 개인의 성격이 어떠한지를 평가하는 것이다. 성격 평가를 위한 심리검사는 크게 두 가지 유형, 즉 자기보고검사와 투사검사로 나누어진다.

- **자기보고검사** 자기보고검사(self-report inventories)는 수검자들이 다양한 상황에서 자신의 사고, 감정, 행동에 관해 묻는 질문에 대해 보고하는 것으로, 일반적으로 구조화된 지필검사로 수행된다. 수검자는 검사항목에 기술된 내

용과 자신의 성격특성이 얼마나 유사한지를 평가한다. 성격 평가를 위해 많이 사용되는 자기보고검사로는 미네소타 다중성격검사(Minnesota Multiphasic Personality Inventory: MMPI), 마이어스-브릭스 성격유형검사(Myers-Briggs Type Indicator: MBTI), 캘리포니아 심리검사(California Psychological Inventory: CPI), 16PF 등이 있다.

- **투사검사** 투사검사(projective tests)는 수검자에게 애매한 자극을 주어 반응하게 하는 것으로, 주로 성격의 관찰할 수 없는 측면을 탐색하려는 것이 목적이다. 투사검사의 주요한 이론적 가정은 프로이트가 강조한 성격의 무의식적 측면에 근거한다. 검사의 기본적 가정은 한 가지 이상으로 반응할 수 있는 애매한 자극에 수검자가 반응하도록 제시됐을 때 수검자는 자신의 욕구, 감정, 가치를 그러한 자극에 투사한다는 것이다. 널리 알려진 투사검사로는 로르샤흐 잉크반점검사(Rorschach inkblot test)와 주제통각검사(Thematic Apperception Test: TAT) 등이 있다([그림 3-1] 참조).

면담법 상담 및 심리치료 상황에서 상담자가 내담자의 성격을 평가하기 위해 자료를 수집하는 가장 중요한 수단이 면담(interview)이다. 실제적으로 면담자료가 없다면, 대부분의 심리검사 결과는 의미가 없다. 면담을 통해 상담자는 다른 평가수단을 통해 얻을 수 없는 가치 있는 행동관찰, 개인의 독특한 특성, 현실상황에 대한 반응과 같은 정보를 얻는다. 면담 진행 형식의 구조화의 정도에 따라 구조적

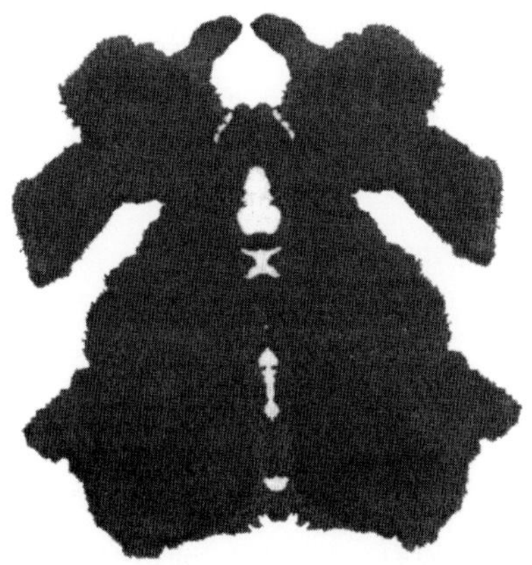

그림 3-1 로르샤흐의 잉크반점검사와 유사한 그림

면담(structured interview), 반구조적 면담(semistructured interview), 비구조적 면담(unstructured interview)으로 구분한다. 구조적 면담은 정해진 형식에 따라 목표 지향적으로 이루지는 반면에, 비구조적 면담은 형식에 제약 없이 자유롭게 진행된다.

행동평가법 성격 평가에서 행동평가(behavioral assessment)는 개인에게 주어진 환경에 상호작용하는 방식에서 명백히 관찰할 수 있는 행동에 관심을 둔다. 즉, 관찰자는 주어진 상황에서 개인의 행동을 평가한다. 행동평가는 주로 스키너의 입장에 의해 영향을 받았다. 전형적으로 행동평가는 세 가지 측면, 즉 표적반응 혹은 표적행동인 구체적 행동의 확인, 표적행동을 야기하거나 강화하는 구체적 환경요인의 확인, 행동을 바꾸기 위해 조작될 수 있는 구체적 환경요인의 확인을 강조한다. 행동평가는 ABC평가라고도 하는데, 그 이유는 평가자가 세 가지, 즉 행동의 선행조건(Antecedent conditions of behavior), 행동 그 자체(Behavior itself), 행동의 결과(Consequences of behavior)를 평가하기 때문이다.

최근에 인지행동의 수용과 신경과학의 발달로 행동평가는 훨씬 다양한 기법을 포괄하게 되었다. 주요한 행동평가 전략은 행동면담(behavioral interviewing), 행동관찰(behavioral observation), 인지행동평가(cognitive behavioral assessment), 정신생리평가(psychophysiological assessment), 자기보고검사(self-report inventories)로 범주화된다. 그러나 이러한 모든 기법은 사람과 환경 상호작용의 이해를 통해 행동의 기능분석을 할 것을 강조한다(Groth-Marnat, 1990). 행동평가의 유형으로는 자연관찰법(naturalistic observation), 유사관찰법(analogue observation), 자기관찰법(self-monitoring), 참여관찰법(participant observation) 등이 있다.

2. 성격 연구방법

성격 연구는 연구되는 방식과 연구대상의 수에 의해 범주화될 수 있다. 개체기술접근(idiographic approach)은 다양한 평가기법을 사용하여 단일 사례 혹은 소수의 연구대상을 집중적으로 조사하는 것이다. 개인의 독특성을 이해하는 데 적절한 기법들을 사용하는 개체기술접근은 전형적으로 상담 및 심리치료와 밀접하게 관련되는 경우가 많다. 왜냐하면 대부분 연구대상에 대해 얻어진 지식이 개인에 대한 이해를 바탕으로 치료를 돕는데 사용되기 때문이다. 이에 반해 법칙정립접근(nomothetic approach)은 일반적 변인들 및 보편적 원리들을 추론하기 위해 많은 연구대상 간에 통계적 차이를 비교하고 분석하는 것을 말한다. 법칙정립접근의 목표는 많은 사람을 통해 얻는 자료를 바탕으로 일반화할 수 있는 보편적인 법칙을 발견하고자 한다.

자료의 범주

성격심리학자들은 연구에 사용되는 정보 혹은 자료를 네 가지로 범주화하였다. 이러한 네 가지 범주는 생활기록자료(Life record data: L-data), 관찰자자료(Observer data: O-data), 검사자료(Test data: T-data), 자기보고자료(Self-report data: S-data)다. 이러한 네 가지 종류의 자료를 두문자로 LOTS로 불러질 수 있다. 각각의 자료원(data source)은 나름대로의 강점과 한계를 지니고 있다(Pervin & John, 2001, pp.29-33). 유사하게 펀더(2010)는 네 종류의 자료인 자기보고자료(Self-report data), 정보제공자자료(Informants' data), 생활자료(Life data), 행동자료(Behavior data)가 성격을 이해하는 데 사용된다는 것을 제시하였다. 여기서는 LOTS에 따른 네 종류의 자료에 대해 살펴보고자 한다.

L-data 생활기록자료는 개인의 전기와 생활기록으로부터 얻어질 수 있는 정보로 구성된다. 예를 들어, 어떤 사람이 지능과 학업 성적 간의 관계에 대하여 관심이 있다면, 학적부로부터 얻어진 성적을 사용할 수 있을 것이다. 또는 성격과 범죄간의 관계에 관심이 있다면, 범죄성의 기준으로서 판결과 구속기록을 사용할 수 있을 것이다.

O-data 관찰자자료는 부모, 친구 또는 선생님과 같은 알 수 있는 관찰자에 의해서 제공된 정보로 구성된다. 일반적으로 그러한 자료는 성격특성에 대한 평정의 형태로 제공된다. 즉, 친절함, 외향성, 성실성 등과 같은 성격특성에 대해서 평정을 하도록 친구에게 요구한다. 어떤 연구에서는 관찰자가 일상적 삶에서 개인을 관찰

하고, 관찰에 기초하여 성격 평가를 하도록 훈련된다. O-data는 행동의 특정한 부분에 대한 관찰, 행동의 관찰에 기초한 평가로 구성된다. 추가로 자료는 한 명의 관찰자 또는 여러 명의 관찰자로부터 얻을 수 있다. 후자의 경우에 연구자는 관찰자 간의 일치도와 신뢰도를 확인할 수 있다.

T-data 검사자료는 실험이나 표준화된 검사로부터 얻어진 정보로 구성된다. 예를 들어, 만족의 지연을 참을 수 있는 능력은 즉각적으로 이용될 수 있는 작은 보상보다는 보다 큰 보상을 얻기 위해서 아이들이 얼마나 오랫동안 일을 할 것인가에 대한 결정에 의해 측정될 것이다. 지능검사와 같은 표준화된 검사에서의 수행도 T-data의 실제적 예로 사용될 수 있다.

S-data 자기보고자료는 피험자 자신이 제공하는 정보로 구성된다. 전형적으로 그러한 자료는 질문에 대한 답변의 형태다. 이러한 경우에 개인은 관찰자로서 자신에 대해 평정을 한다(예: 나는 양심적인 사람이다). 성격 질문지는 단일한 성격특성에 대한 것이거나 성격의 전체 영역을 포괄할 수 있다.

많은 성격심리학자가 일차적으로 자기보고자료(S-data)에 의존하고 있지만, 다른 자료원 또한 사용되고 있다. 즉, L-data, O-data, T-data에 기초한 측정은 보다 쉽고 일반적으로 얻어진 자기보고 측정의 유용성을 평가하는 것을 도울 수 있다. 불행하게도 같은 성격 구성개념을 측정하기 위해서 다중 방법을 사용한 연구가 많지 않다. 전반적으로, 지금까지 성격연구에서 다중 방법을 사용하는 연구설계가 적게 사용되어 왔다. 성격연구자들은 어떻게 여러 자료원이 서로 관련이 되는지 이해하기 위한 보다 많은 노력을 해야 한다.

요약하면, 사람들의 성격을 이해하려는 데 있어서 우리는 다음과 같이 질문할 수 있다. 만일 당신이 사람들의 성격에 대해서 알고 싶다면, 그들로부터 어떠한 종류의 자료를 얻으려고 하는가?

- 그들의 특정 기록을 확인할 것인가?(L-data)
- 당신과 다른 사람이 그들을 주의 깊게 관찰할 것인가?(O-data)

- 그들에게 객관적 실험절차와 검사를 받게 할 것인가? (T-data)
- 그들에게 그들 자신에 대해서 보고하도록 묻고 싶은가?(S-data)

성격심리학자가 사용하는 연구방법은 그의 이론적 입장, 성격 평가방법, 그리고 밝히고자 하는 성격의 측면이 무엇인가에 따라 달라진다. 예를 들면, 정신분석적 입장을 취하는 성격심리학자는 개인의 무의식에 근거한 욕구, 동기 등을 밝히기 위해 개인에게 주제통각검사, 로르샤흐 잉크반점검사와 같은 투사법을 사용하여 임상방법으로 사용하는 사례연구(case study)를 할 것이다. 행동주의 입장을 취하는 성격심리학자는 주어진 상황에서 개인이 어떻게 반응하는가에 관심을 두고 행동평가를 통해 엄격히 통제된 상황에서 행동을 측정하는 실험방법(experimental method)을 통해 연구를 할 것이다. 성향적 관점을 취하는 성격심리학자는 사람들이 갖는 성격 특질이 다른 심리적 변인과 어떻게 관련되는가를 밝히기 위해 많은 사람을 대상으로 자기보고검사를 사용하여 상관방법(correlational method)을 통해 연구를 수행할 것이다. 여기서는 성격연구에서 사용되는 주요한 세 가지 방법인 사례연구, 상관연구, 실험연구에 대해 간략하게 알아보고자 한다.

사례연구

사례연구는 임상적 방법으로, 개인에 대한 심층적 연구를 말한다. 정신분석학자인 프로이트에 의해 모아진 자료는 이러한 접근을 설명해 준다. 환자에 대한 임상작업에 의해 이루어진 사례연구와 심층관찰은 성격의 중요한 이론을 발전시키는데 막대한 역할을 해 왔다. 이론의 등장과 그것이 발전하였을 때, 성격검사, 질문지 또는 실험 등을 통해서 보다 체계적으로 가설을 형성하려는 추가적 노력이 있었다. 그러나 이러한 이론가들의 초기의 초점은 환자에 대한 관찰에 있었으며, 그들에 의한 임상적 관찰과 그들의 추종자들은 이론의 발달에 중요한 역할을 계속하였다.

상관연구

상관연구에서 연구자는 변인들 간에 존재하는 관계를 조사한다. 변인을 조작하는 것보다 변인이 가진 특성을 다룬다. 성격검사와 질문지는 개인에 대한 심층적인 연구가 불가능하거나 바람직하지 않은 경우, 실험연구를 수행하기에 불가능한 경우에 사용된다. 성격질문지의 장점은 한 번에 많은 피험자로부터 많은 양의 정보를 얻을 수 있다는 것이다. 연구자는 다른 많은 사람의 다양한 성격특성을 연구할 수 있다. 비록 실험방법에서처럼 관심 있는 변인들을 통제하고 인과관계를 설명할 수는 없지만, 실험실에서 쉽게 만들 수 없는 변인을 연구할 수 있는 기회가 된다.

성격을 평가하기 위해 자기보고검사 사용은 개인차에 대한 관심과 관련이 있다. 예를 들어, 성격심리학자들은 불안, 친숙함, 우월성 등에서의 개인차에 관심이 있다. 이러한 심리학자들은 하나의 성격특성이 다른 성격특성과 어떤 관련이 있는지에 대해 연구하려는 경향이 있다. 상관연구에서 연구자들은 실험 조작과 통제를 할 수 없는 두 개 또는 그 이상의 변인들 간의 관계 확립을 추구한다. 예를 들어, 우리는 불안이 경직성을 증가시키기보다 불안은 경직성의 증가와 관련된다고 말할 수 있다. 개인차가 연구되고 한 번에 많은 변인이 연구되기 때문에 성격연구자들은 질문지를 통한 상관연구를 많이 수행한다.

실험연구

실험연구는 관심 있는 변인을 통제하여 다른 변인에 미치는 영향을 밝혀 변인들 간의 인과관계를 확립하기 위해 노력한다. 예를 들면, 실험접근에서 연구자는 높거나, 보통이거나, 낮은 불안의 조건을 만들고, 다양한 불안 정도가 사고과정과 대인행동에 어떠한 영향을 주는지 관찰할 수 있다. 성격연구자들은 한 실험에서 두 가지 종류의 변인을 구별한다. 즉, 실험자에 의해 조작되는 변인을 독립 혹은 자극변인(independent or stimulus variable)이라 한다. 반면에 그러한 조작에 따른 피험자의 행동 혹은 반응을 종속변인(dependent variable)이라 한다. 또한 실험처치가 주어지는 피험자들을 실험집단(experimental group)이라 하며, 독립변인인 실험처치가 전혀 가해지지 않은 피험자들을 통제집단(control group)이라고 한다.

실험연구의 목적은 인과관계에 대한 특정한 진술을 할 수 있게 하는 것이다. 즉, 하나의 변인을 변화시킴으로써 그것이 다른 변인에서의 변화를 유발할 수 있다. 실험은 이처럼 인과관계 연구를 위한 틀을 제공한다.

이상에서 설명한 성격 연구방법인 사례연구, 상관연구, 실험연구가 갖는 강점과 제한점을 정리하여 표로 제시하면 다음과 같다(〈표 3-1〉 참조).

표 3-1 사례연구, 상관연구, 실험연구의 비교

구분	강점	제한점
사례 연구	1. 실험의 인위성을 피할 수 있다. 2. 인간-환경 관계의 복잡성을 연구할 수 있다. 3. 개인에 대한 심층연구를 할 수 있다.	1. 체계적이지 않은 관찰을 하게 한다. 2. 자료에 대한 주관적 해석을 부추긴다. 3. 변인들 간의 복잡한 관계를 밝히기 어렵다.
상관 연구	1. 여러 가지 변인을 연구할 수 있다. 2. 많은 변인 간의 관계를 연구할 수 있다. 3. 많은 자료를 쉽게 얻을 수 있다.	1. 원인보다는 관계를 밝힐 뿐이다. 2. 자기보고질문지의 신뢰도와 타당도 문제가 있다. 3. 심층적으로 개인을 연구할 수 없다.
실험 연구	1. 특정 변인을 조작할 수 있다. 2. 자료를 개관적으로 기록할 수 있다. 3. 인과관계를 밝힐 수 있다.	1. 실험실에서 연구될 수 없는 현상을 배제한다. 2. 결과의 일반화를 제약하는 인위적 틀을 만든다. 3. 요구특성과 실험자의 기대효과를 야기한다.

* 출처: Pervin, L. A., & John, O. P. (2001). *Personality: theory and research* (8th ed.). New York: John Wiley & Sons.

요약

1. 성격이론에 따라 성격을 보는 관점이 다르기 때문에 그에 따른 성격 평가기법도 달라진다. 일반적으로 좋은 성격 평가기법 혹은 평가도구가 갖추어야 할 주요한 네 가지 준거로서 표준화, 객관성, 신뢰도, 타당도를 들 수 있다.

   표준화는 평가도구가 갖추고 있는 규준에 따라 일관성 있게 검사를 시행하는 것을 의미한다. 객관성은 평가자의 주관적인 편견을 배제하는 것으로, 객관적인 절차 및 준거에 따라 평가할 때 높은 객관성을 갖는다. 신뢰도는 시간의 경과에도 불구하고 일관된 반응성을 보이는 것을 의미한다. 타당도는 평가도구가 재고자 하는 내용을 정확하게 측정하고 있는지를 나타낸다.
2. 성격심리학자들은 자신의 입장에 따라 성격 평가를 위한 다양하고 독특한 방법을 개발하여 사용하여 왔다. 성격 평가기법들은 이론적 근거, 자료수집의 방식, 평가절차, 평가내용 등에 따라 세 가지 전략이 있다. 이러한 세 가지 평가 전략은 심리검사법, 면담법, 행동평가법이다.

   심리검사법은 크게 자기보고검사와 투사검사로 나뉜다. 자기보고검사는 주로 질문지를 사용하여 피검자가 자기 성격에 대해 보고하도록 하는 것이고, 투사검사는 애매한 자극을 주어 피검자가 자신의 욕구, 감정, 가치를 드러내도록 하는 검사다. 면담법은 성격을 평가하기 위한 중요한 수단으로 면담 진행 형식의 구조화의 정도에 따라 구조적 면담, 반구조적 면담, 비구조적 면담으로 구분된다. 행동평가법은 개인에게 주어진 환경에 상호작용하는 방식에서 관찰할 수 있는 행동에 관심을 두는 방식으로 행동면담, 행동관찰, 인지행동평가, 정신생리평가, 자기보고검사 등의 기법이 있다.
3. 성격심리학자들은 연구에 사용되는 정보 혹은 자료를 네 가지로 범주화하였는데, 생활기록자료(L-data), 관찰자자료(O-data), 검사자료(T-data) 그리고 자기보고자료(S-data) 등이다.
4. 성격을 연구하는 방법은 이론적 입장, 성격 평가방법, 밝히고자 하는 성격의 측

면에 따라 사례연구, 상관연구, 실험연구 등으로 구분된다. 사례연구는 임상적 방법으로 개인을 심층적으로 연구하는 것으로, 주로 상담이나 심리치료에 적용된다. 상관연구는 두 개 이상의 변인 간의 관계의 정도가 어떠한지를 알아보는 것이다. 실험연구는 변인 간의 인과관계를 밝히는 것으로, 독립변인의 수준에 따라 종속변인이 어떻게 달라지는가를 연구한다.

?! Review Questions

1. 성격 평가 도구가 갖춰야 할 네 가지 준거에 대해 설명하라.

2. 성격 평가방법으로 사용되는 세 가지 주요한 전략에 대해 기술하라.

3. 개체기술접근과 법칙정립접근의 차이를 설명하라.

4. 성격 연구의 자료원으로 사용되는 두문자 LOTS에 대해 설명하라.

5. 성격 연구방법인 사례연구, 상관연구, 실험연구의 장단점을 설명하라.

자기 이해와 성장을 위한 <성격 연습 4>

펀더의 법칙을 통한 성격의 탐구

펀더(2010)가 그의 저서 『성격 퍼즐』(personality puzzle)에서 제안한 다섯 가지 법칙은 그가 발견한 인간 이해에 대한 지혜라고 본다. 다음에 그가 제시한 다섯 가지 법칙을 바탕으로 당신은 이러한 법칙에 대해 어떻게 생각하는지 기술해 보라.

- 펀더의 첫 번째 법칙: 큰 강점은 보통 큰 약점이다. 그리고 놀랄만하게 그 반대인 큰 약점이 큰 강점이라는 것도 진실이다(Great strengths are usually great weaknesses, and surprisingly often the opposite is true as well.).

- 펀더의 두 번째 법칙: 성격에 대한 완전한 지시자는 없다. 단지 단서만 있으며, 단서는 언제나 애매하다(There are no perfect indicators of personality. There are only clues, and clues are always ambiguous.).

- 펀더의 세 번째 법칙: 어떤 단서이든 세 번 중에 두 번은 단서가 없는 것을 물리친다(Something beats nothing, two times out of three.).

- 펀더의 네 번째 법칙: 단지 두 종류의 자료가 있다. 첫 번째 종류는 굉장한 자료다. 애매한 자료이며, 잠재적으로 잘못 이끌고, 불완전하고, 부정확한 자료다. 두 번째 종류는 자료가 아니다(There are only two kinds of data. The first kind is Terrible Data. Data that are ambiguous, potentially misleading, incomplete, and imprecise. The second kind is No Data.).

- 펀더의 다섯 번째 법칙: 교육의 목적은 새로운 청크들을 수집하는 것이다(The purpose of education is to assemble new chunks.).

자기 이해와 성장을 위한
<성격 연습 5>

속담에 내포된 지혜의 힘

다음 내용은 성격에 대한 당신의 신념에 미치는 속담과 일상적 지혜의 영향을 탐색하기 위한 것입니다. 속담은 오랫동안 사람들이 믿어 왔던 것으로 객관적인 근거에 따른 옳고 그른 답이 없습니다. 다음의 잘 알려진 속담에 대해 당신이 생각할 때 옳으면 ( )에 ○표, 틀리면 X표를 하시오.

1. ( ) 돌다리도 두드리고 나서 건너라(Look before you leap.).
2. ( ) 만약 처음에 성공하지 못하면, 거듭해서 시도하라(If at first you don't succeed, try, try again.).
3. ( ) 당신은 늙은 개에게 새로운 기술을 가르칠 수 없다(You can't teach an old dog new tricks.).
4. ( ) 뜻이 있는 곳에 길이 있다(Where there's a will, there's a way.).
5. ( ) 보지 않으면 마음이 멀어진다(Out of sight, out of mind.).
6. ( ) 두 사람의 머리가 한 사람의 머리보다 낫다(Two heads are better than one.).
7. ( ) 받은 선물에 대해 결코 흠을 잡지 마라(Never look a gift horse in the mouth.).
8. ( ) 협동하면 일이 쉬워진다(Many hands make light work.).
9. ( ) 후회하는 것보다 안전한 것이 낫다(Better safe than sorry.).
10. ( ) 서로 반대되는 것은 매력을 끈다(Opposites attract.).
11. ( ) 주저하는 사람은 얻지 못한다(People who hesitate are lost.).
12. ( ) 한 번 실패하면, 두 배로 자숙하라(Once bitten, twice shy.).
13. ( ) 배우는 것은 결코 늦지 않다(It's never too late to learn.).
14. ( ) 시간은 누구도 기다려 주지 않는다(Time and tide wait for no one.).
15. ( ) 상대방이 없을 때 더 보고 싶고 좋게 느껴진다(Absence makes the heart grow fonder.).
16. ( ) 만약 당신이 어떤 일이 잘 이루어지길 원한다면, 당신 스스로 해라(If you want something done right, do it yourself.).

17. ( ) 반짝이는 모든 것은 금이 아니다(All that glitters is not gold.).
18. ( ) 요리사가 많으면 요리를 망친다(Too many cooks spoil the broth.).
19. ( ) 모험하지 않으면, 얻는 것이 없다(Nothing ventured, nothing gained.).
20. ( ) 끼리끼리 모인다(Birds of a feather flock together.).

당신이 '속담에 내포된 지혜의 힘' 질문지를 완성했으면, 1번과 11번, 2번과 12번, 3번과 13번 …… 10번과 20번 등 10개의 쌍이 논리적으로 서로 정확히 반대되는 내용으로 구성되어 있다는 것을 확인하십시오. 즉, 내용을 논리적으로 분석하여 정확히 답을 한다면 당신이 1번에 ○을 했으면 11번에 ×를 해야 하거나 반대로 1번에 ×를 했으면 11번에 ○을 해야 합니다.

1. 당신이 평가한 10쌍 중에 서로 모순되게 체크한 쌍, 즉 한 쌍(1번과 11번)을 동시에 ○으로 표시했거나 ×로 표시한 것이 몇 개나 됩니까?

2. 당신이 이렇게 모순되게 표시한 것을 어떻게 설명할 수 있습니까? 이러한 모순에 대해 다른 몇 사람과 함께 논의하십시오.

* 출처: Merrens, M. R., & Brannigan, G. G. (1998). *Experiences in personality: Research, assessment, and change*. New York: John Wiley & Sons.

제2부 성향적 관점

우리가 성격이라는 말을 사용할 때 전형적으로 마음에 떠오르는 것이 특질(trait)이다. 예를 들어, 한 친구의 성격에 대해 설명해 달라고 부탁했을 때 많은 학생은 상냥하고, 친절하고, 게으르고, 변덕스럽고, 수줍음을 잘 탄다 등의 이야기를 하게 된다. 이렇듯 우리 자신과 타인을 묘사할 때 시간의 변화나 상황의 다양성과는 상관없이 개인이 가진 안정적인 특성들을 이야기하게 된다. 달리 말하면, 사람들은 성격을 기술할 때 개인의 보다 영속적인 자질이나 특성을 확인하려고 한다.

성격연구자들 역시 특질을 성격의 주요 단위로 여긴다. 성격 특질이란 개인의 행동, 감정, 사고에서 일관되는 양식이라고 포괄적으로 정의할 수 있다. 때문에 특질은 사람의 미래 행동에 관해 예언할 수 있도록 해 주며, 한 개인의 행동은 상황보다 개인 자체에 더 많은 기초를 둔다는 점을 가정한다. 이렇게 개인의 특질이나 생물학적 특성을 바탕으로 성격을 설명하는 입장을 성향적 관점(dispositional perspective)이라고 한다.

성향적 관점을 취하는 성격이론가들은 인간 행동과 성격이 체계적으로 조직화될 수 있다고 주장하며, 사람들은 개인의 성향 때문에 개인차를 나타낸다고 생각한다. 여기서는 이런 성향적 관점에 속하는 입장으로서 올포트와 커텔의 특질이론, 아이젱크의 생물학적 유형론과 성격의 5요인 모델 등을 살펴보고자 한다.

제4장

올포트의 특질 이론

성격은 개인의 특유한 행동과 사고를 결정하는
심리신체적 체계인 개인 내의 역동적 조직이다.

– 올포트 –

올포트는 가장 뛰어난 특질 심리학자들 중의 한 사람이었으며, 특질에 대한 그의 개념들은 현재까지 성격연구에 중요한 영향을 끼쳐 왔다. 올포트에 의하면, 특질은 결정짓는 경향 혹은 반응에 기여하는 소인이다. 올포트의 성격이론이 성격연구에 기여한 주요한 세 가지는 첫째, 성격심리학을 과학적 심리학의 영역으로 포함시켰다는 점이다. 둘째, 특질의 중요성을 강조하는 성격이론을 형성시켰다는 점이다. 셋째, 성격을 바탕으로 인간이 갖는 편견에 대한 광범위한 연구라는 점이다.

올포트는 프로이트의 정신분석을 세 가지 측면에서 비판하였다. 첫째, 올포트는 무의식의 힘이 정상적이며 성숙된 성인의 성격을 지배한다는 프로이트의 입장을 수용하지 않았다. 대신에 정서적으로 건강한 사람은 합리적이며 의식적으로 기능하며 그를 동기화시키는 힘을 자각하고 통제한다는 것을 제안하였다. 올포트에 따르면 무의식은 신경증이나 혼란스러운 행동에만 단지 중요하다. 둘째, 올포트는 현재를 결정하는 데 과거의 중요성을 강조하는 정신분석의 결정론적인 입장에 동의하지 않았다. 올포트는 우리가 아동기의 갈등과 과거 경험에 매여 있는 존재가 아니라고 보았다. 셋째, 프로이트가 신경증 환자들을 대상으로 했던 것처럼 심리적 문제를 갖고 있는 피험자들로부터의 자료를 수집하는 것에 반대하였다. 프로이트가 정상 성격과 비정상 성격 간의 차이를 정도의 차이라고 제안한 반면에, 올포트는 두 성격이 분명히 구분된다고 생각하였다(Schultz & Schultz, 1998, p. 230).

올포트의 성격이론의 또 다른 두드러진 특징은 개인의 특질을 정의함으로써 성격의 독특성을 강조한 점이다. 올포트는 개인차의 중요성을 주창한 선구적인 대표자였으며, 그의 이론은 양적 연구라기보다는 생활과 경험에 대한 심층적인 연구라고 볼 수 있다. 이런 점에서 올포트는 성격연구의 방법으로 법칙정립접근보다 개체기술접근의 입장을 취하였다.

1. 올포트의 생애

올포트(Gordon Willard Allport, 1897~1967)는 미국 인디애나 주 몬테주마(Montezuma)에서 4형제 중 막내로 태어났다. 어렸을 때부터 수줍음이 많고 공부에만 열중했던 올포트는 이미 하버드대학교에서 심리학을 전공하고 있던 형(Floyd)의

권유로 하버드대학교에 입학하여, 형처럼 심리학을 전공하였다. 후에 형은 사회심리학자로서 명성을 떨치게 되었다. 1922년에 하버드대학교에서 박사학위를 취득하였다.

올포트가 22세 때 비엔나로 프로이트를 만나러 갔던 예화가 있다. 프로이트의 사무실에 들어갔던 올포트를 프로이트는 침묵으로 맞이하였고, 오랫동안의 침묵을 견디다 못한 올포트가 프로이트를 만나러 오던 길에 보았던 소년에 대한 이야기를 꺼냈다. 버스 안에서 한 소년이 더럽고 꾀죄죄한 할머니가 앉았던 자리에 제대로 앉지 못하고 안절부절 못하는 것을 보았다고 말하면서, 이 소년의 행동은 어머니의 영향 때문에 그런 것인지를 물었다. 프로이트는 이에 대한 대답 대신, "혹시 그 소년이 당신 자신이 아닙니까?"라고 물었다. 올포트는 이 경험을 통해 프로이트의 이론은 무의식을 강조하면서 인간을 너무 지나치게 깊이 파헤치려는 경향이 있는 반면, 그 당시의 주류였던 행동주의 이론은 인간의 관찰가능한 행동만을 강조하고 인간의 심층적인 측면을 파헤치지 않는 경향이 있다고 생각하게 되었다.

올포트는 대학원 과정에 다니면서 인간 행동에 대해 여타 학생들과는 다른 견해를 갖게 되었다. 대학원 세미나에서 저명한 심리학자인 티치너는 성격특질에 관한 올포트의 발표 내용을 무시했으나, 올포트는 이에 굴하지 않고 1937년에 『성격: 심리적 해석(Personality: A Psychological Interpretation)』이라는 저서를 통해 성격특질에 관한 자신의 이론을 발표하여 많은 심리학자로부터 공감을 얻었다. 올포트는 그의 생애 대부분을 하버드대학교에서 보냈으며, 1939년에는 미국 심리학회장으로 선출되기도 하였다.

올포트의 이론은 무의식에 관한 프로이트의 견해와는 매우 달랐으며, 아들러의 견해에 보다 더 가까웠다. 그는 인간 행동을 타고난 본능, 아동기의 경험 혹은 억압된 콤플렉스의 탓으로 돌리는 환원주의적 이론을 거부하였다. 성격이란 습관과 고착으로 뭉친 덩어리가 아니라 조직화된 전체이며, 과거가 아닌 미래를 지향하면서 현재에 뿌리를 둔다고 주장하였다. 올포트의 성격이론은 당시 행동주의적 경험주의를 지향하는 대다수의 미국 심리학자에게 낯설었지만, 그의 관점은 존중되었다. 그의 주요 저서로는 『편견의 본질(The nature of prejudice)』(1954), 『성격의 패턴과 성장(Pattern and growth in personality)』(1961)이 있다. 올포트는 1967년 매사추세츠 주 캠브리지(Cambridge)에서 사망하였다.

2. 주요 개념

여기서는 먼저 성격심리학자들에 의해 성격의 정의로 많이 인용되는 올포트의 성격에 대한 정의를 구체적으로 알아본 후에 성격의 원리, 특질, 성격과 편견, 기능적 자율성 등에 대해 살펴보고자 한다.

성격의 정의

성격이론가로서 올포트는 이전에 이루어진 많은 성격의 정의를 검토한 내용을 바탕으로 자신의 정의를 다음과 같이 제안하였다.

> 성격은 개인의 특유한 행동과 사고를 결정하는 심리신체적 체계인 개인 내의 역동적 조직이다(Personality is the dynamic organization within the individual of those psychophysical systems that determine his characteristic behavior and thought.)(Allport, 1961, p. 28).

성격에 대한 정의로서 가장 많이 인용되는 앞의 정의에서 나타난 핵심개념을 상세히 살펴봄으로써 올포트가 의미한 성격에 대해 살펴보자.

- 역동적 조직(dynamic organization) 역동적이란 성격이 끊임없이 변화하고 성장하는 것을 의미한다. 조직의 의미는 성격이 하나의 체계로서 성장에 따라 변화된 조직을 형성한다는 것이다. 조직의 형태가 변하는 것처럼, 성격의 구체적인 측면도 변한다.
- 심리신체적 체계(psychophysical system) 이 말은 성격이 정신과 신체의 체계로 구성된 인간에 대한 연구로 정신과 신체가 함께 작용함을 의미한다. 즉, 성격은 정신적이거나 혹은 생물학적이지 않고, 정신과 신체의 결합을 의미한다.
- 결정하는(determine) 이 말은 성격이 실체적인 '어떤 것이며 어떤 것을 하는 것(Personality is something and does something)'을 의미한다. 즉, 성격의 모든 측면

은 매우 구체적인 행동과 사고를 활성화하거나 인도한다.

- 특유한 행동과 사고(characteristic behavior and thought) 이 말은 개인이 행하거나 생각하는 모든 것이 그 사람에게 특유한 것임을 의미한다. 즉, 인간 개개인은 다른 사람과는 다른 독특성을 가지고 있음을 의미한다.

이상에서 설명한 내용을 바탕으로 올포트의 성격의 정의를 다음과 같이 네 가지로 요약할 수 있다.

- 성격은 계속적으로 변화하고 성장하는 조직이다.
- 성격은 정신(심리)과 신체의 결합에 따른 상호작용이다.
- 성격의 모든 측면은 구체적 행동과 생각을 활성화 혹은 방향 짓는다.
- 개인의 성격은 독특하다.

성격의 원리

올포트의 성격이론을 광범위하게 연구한 후에 Bischof(1970)는 일곱 가지 원리를 제안하였다(pp. 290-318). 이 일곱 가지 원리는 동기(motivation) 원리, 학습(learning) 원리, 현재성(contemporaneity) 원리, 독특성(uniqueness) 원리, 자아(ego or self) 원리, 연속성-비연속성(continuity-discontinuity) 원리, 특질(traits-trends-tendency-temperament) 원리다. 이러한 원리들을 간략하게 살펴보자.

동기 원리 올포트는 심리학에서 동기라는 주제보다 더 다루기 어려운 것은 없다고 생각하였다. 동기를 기술하는 것이 어려운 문제라고 하더라도, 동기의 문제가 성격연구에 핵심적임을 강조하였다. 올포트는 동기에 대한 이론이 갖춰야 할 네 가지 필수 조건을 다음과 같이 제안하였다. 이러한 조건은 첫째, 동기의 현재성에 대한 인식, 둘째, 다양한 유형에 속하는 동기들에 대한 고려, 셋째, 계획세우기와 의도 등과 같은 인지 과정의 역동적 힘에 대한 고려, 넷째, 동기의 구체적인 독특성에 대한 고려다.

학습 원리 올포트는 "성격이 어떻게 발달하는가는 기본적으로 학습의 문제다."라고 언급하였다. 따라서 인간은 학습에 의해서 자아를 형성해 나간다. 이중적인 방식인 기계론적 결정론과 자아실현이 모순되게 보일 수 있지만, 인간은 이러한 두 방식을 통해 어떤 일을 수행하고 성격을 형성하기 위하여 학습한다. 올포트가 언급한 기계론적 결정론은 학습의 자극-반응, 조건형성, 강화 이론을 의미한다. 자아실현은 인간이 심리적으로 목표지향적임을 의미한다. 인간은 학습함으로써 자아에 대한 의미를 획득한다.

인간이 성격을 어떻게 형성할 것인가와 어떻게 사용할 것인가를 학습할 뿐 아니라 자신에게 사회가 요구하는 역할과 자신이 사회에 부합하는 역할을 학습한다. 인간 성격은 인생의 여러 역할을 어떻게, 언제, 왜 수행하는가에 대한 학습을 통해 형성된다.

현재성 원리 올포트는 '인간이 과거가 아닌 현재에 살고 생각한다.'라고 굳게 믿었다. 동기는 항상 현재에 존재한다. 이 원리는 정상인은 과거의 노예가 아니며, 성숙한 성인은 합리적이고, 의식적이며, 적절한 특질을 갖고 발휘하는 사람이라는 점을 강조한다.

독특성 원리 개인의 독특성에 대한 강조는 올포트의 성격이론의 체계에서 초석이 되는 원리다. 성격은 특성상 절대로 보편적이 아니며 항상 한 개인에게만 국한되는 특정한 것이다. 따라서 행동주의 심리학자들이 쥐, 햄스터 혹은 원숭이들을 대상으로 연구한 결과는 결코 인간에게 적용될 수 없다라고 올포트는 생각하였다. 특히 성격의 정서적 영역은 한 개인에게만 특유한 것이다. 백분위점수, 표준편차 등의 개념은 인간의 성격을 제대로 기술하지 못한다고 보았다. 올포트는 특질이라는 개념을 인간의 성격을 기술하는 목적으로만 사용하였다. 또한 올포트는 두 사람이 똑같은 특질을 갖고 있지 않다는 입장을 취했다. 예를 들어, 나무, 동물, 구름 등에 같은 분자가 속해 있다고 하더라도 나무, 동물, 구름이 같은 것이라고 말할 수 없는 것과 같다.

자아 원리 성격연구에서 자아의 개념은 핵심적이라고 인정하였지만, 올포트는 사람들이 자아를 너무 지나치게 강조한다고 여겼다. 올포트는 자아(ego)라고 하는 개념이 역사적으로 어떻게 발달되어 왔는가를 설명하였다('자세히 봅시다' 참조). 프로이트의 자아에 대한 개념과는 달리, 올포트는 자아 자체 내부에 막강한 긍정적 힘을 지닌 역동적 과정이 존재한다고 보았다. 프로이트의 개념에서 자아는 원초아와 초자아라는 두 마리의 말을 잘 조정하는 마부와 같은 개념이다. 올포트는 자아가 인간의 모든 습관, 특질, 태도, 감정, 경향성 등을 통합하는 힘이라고 생각하였다. 올포트는 고유자아(proprium)라는 개념을 제안하였다. 고유자아는 한 개인의 성격의 총체적인 측면들의 합이며, 초기에는 학습의 보편적 원리들로 개발되기 시작한다고 보았다. 고유자아는 두 가지 주관적인 조건, 즉 열등감과 지나친 양심의 조건하에서는 효과적으로 발달되지 않을 수 있다.

자세히 봅시다

역사적 관점에서 본 자아의 정의

올포트는 현재의 자아라는 개념이 형성되기까지 자아에 대한 여러 정의들이 있었음을 상기시키면서 자아에 대한 정의를 여덟가지로 요약하여 정리하였다.

1. 자아는 인식자이다(Ego is the knower).
2. 자아는 인식의 대상이다(Ego as the object of knowledge).
3. 자아는 원초적인 이기심의 원천이다(Ego as a source of primitive selfishness).
4. 자아는 가장 중요한 지배적 추동이다(Ego as the prime dominant drive).
5. 자아는 정신과정의 수동적 조직자이다(Ego as the passive organizer of mental process).
6. 자아는 "목적을 성취하려는 투사"로서 목표의식이 뚜렷하며 추진력을 갖는다(Ego as "fighter for ends", is purposive and forceful).
7. 자아는 다양한 힘의 총합으로서 행동체계를 이끌어 나간다(Ego as the variable set of forces which lead to a behavioral system).
8. 자아는 문화, 혹은 사회적 가치의 주관적인 조직자이다(Ego as the subjective organizer of culture or social values).

올포트는 이러한 여덟 가지의 자아 정의가 공통적으로 다음과 같은 세 가지 특징을 갖는다고 설명하였다. 첫째, 자아는 결코 성격의 전부를 의미하지 않는다. 둘째, 인간은 누구나 항상 어느 정도 자아관련적인 활동을 한다. 셋째, 개인이 자아에 대해 뭔가를 생각할 때마다, 자아는 현재에서 작동하고 있으며 매우 미래에 집착되어 있다(Bischof, 1970, p. 302).

연속성-비연속성 원리 올포트는 삶의 여러 측면이 연속선상에 있는 것이 아니라고 보았다. 다시 말해서 우리의 행동은 정도의 문제가 아니라 종류의 문제다. 심리검사의 결과로 한 사람을 판단하려 할 때, 바깥으로 드러난 심리검사 결과는 연속선상에 있는 점수이지만, 이러한 결과를 도출하게 한 내면의 역동 혹은 과정은 연속적인 것이 아닐 수 있다. 올포트는 인간 각각의 삶은 매우 다르다고 보았다. 한 사람이 다른 사람과 연속선으로 이어지는 것이 아니라 분리된 개별적 실체이다. 프로이트가 성인의 모든 동기를 유아기의 생물학적 동기들과 연관시키려고 했던 것에 반대하며, 인간은 유아기의 생물학적 동기들로부터 성장한다고 보았다. 올포트는 유아기를 지배했던 생물학적·원초적 동기들은 성인기에 작용하는 동기들과 연속선상에 있지 않다고 생각하였다.

특질 원리 올포트는 특질을 '사람을 비교하고자 할 때 유일하게 사용할 수 있는 접근방식'이라고 말했다. 후에 경향성(tendency) 혹은 추세(trend)라는 개념은 개인적 성향으로 발전되었다. 올포트는 기질이라는 용어가 유전을 강조하는 뉘앙스를 준다고 생각하였다.

특질

올포트의 성격이론의 핵심개념은 특질(traits)이다. 그에게 주요한 성격연구 주제는 특질이었으며, 미국에서 처음으로 성격특질이란 주제로 박사 논문을 썼다. 올포트는 특질을 "다양한 종류의 자극에 같거나 유사한 방식으로 반응할 경향 혹은 사전성향(predisposition)"이라고 정의했다. 특질은 환경의 자극 측면에 반응하는 일관적이며 지속적인 방식이다.

올포트는 성격 특질의 특성을 다음과 같이 요약했다.

- 특질은 실제적이다. 특질은 인간의 행동을 설명하기 위해 만들어진 이론적인 구성개념 혹은 명칭이 아니다. 특질은 개인 안에 실제로 존재한다.
- 특질은 행동을 결정하거나 혹은 행동의 원인이 된다. 특질은 어떤 자극에 대한 반응으로만 생기는 것은 아니다. 특질은 적절한 자극을 찾도록 개인을 동기화

하고, 행동을 생성하기 위해 환경과 상호작용한다.

- 특질은 경험적으로 증명될 수 있다. 반복적으로 개인의 행동을 관찰함으로써 우리는 특질의 존재에 대한 증거를 추론할 수 있다. 즉, 특질은 실제적이기 때문에 눈으로 보이지 않을지라도 그들의 존재와 본질을 입증하는 것이 가능하다.
- 특질은 서로 관련되고 중복될 수 있다. 특질이 서로 다른 특성을 나타내지만 서로 밀접한 관계가 있다. 예를 들면, 공격성과 적의성은 분리된 특질이지만 서로 밀접하게 관련된다.
- 특질은 상황에 따라 변화한다. 개인은 어떤 상황에서는 청결의 특질을 나타낼 수 있고, 다른 상황에서는 그렇지 않을 수 있다.

특질의 유형 올포트는 처음에 두 가지 유형의 특질, 즉 개인특질(individual traits)과 공통특질(common traits)을 제안하였다. 개인특질은 개인에게 독특한 것이며 그의 성격을 나타낸다. 공통특질은 어떤 문화에 속해 있는 많은 사람이 공유하는 것이다. 그러므로 다른 문화에 있는 사람들은 다른 공통특질을 공유할 수 있다. 공동특질은 사회적 규범과 가치가 변화함으로써 변할 수 있다.

올포트는 나중에 특질 유형의 호칭에 따른 혼란을 피하기 위해 공통특질을 그냥 특질로, 그리고 개인특질을 '개인적 성향(personal dispositions)'으로 다시 명명하였다. 개인적 성향에는 주특질(cardinal traits), 중심특질(central traits), 이차적 특질(secondary traits) 등 세 가지 유형의 특질이 있다.

- **주특질** 주특질은 개인에게 매우 지배적이고 영향력이 있어 거의 모든 생활에 영향을 미친다. 주특질은 강렬해서 개인의 행동을 지배하게 된다. 올포트는 주특질을 '지배적 열정' '감정의 지배자'라고 불렀으며, 가학성과 맹목주의를 그 예로 들었다.
- **중심특질** 중심특질은 개인의 행동을 기술하는 5~10가지 정도의 두드러진 특질이다. 주특질에 비해 덜 일반적이고, 덜 지배적인 특질이다. 올포트는 중심특질의 예로서 개인이 갖는 공격성, 자기연민, 냉소주의 등을 들었다. 중심특질은 우리가 누군가의 추천서를 쓸 때 언급하는 개인의 특성이다.
- **이차적 특질** 이차적 특질은 개인에게 가장 적게 영향을 주는 개인특질로, 주

특질과 중심특질보다 덜 두드러지고, 덜 일관적으로 나타난다. 이차적 특질은 좀처럼 드러나지 않고 매우 약해서 매우 절친한 친구만이 그것을 알아챌 수 있는 특질이다.

특질, 습관, 태도의 차이 올포트는 개인의 행동을 야기하고 이끌 수 있는 것으로 개인이 자신의 특성으로 갖는 습관(habits)과 태도(attitudes)를 특질과 구별하였다.

- 습관 습관은 명백하게 행동을 결정하는 데 영향을 미친다. 습관이 당신이 행동하는 방식에 어떻게 영향을 주는가를 이해하기 위해 단지 당신 자신의 습관을 보아야 한다. 습관은 특질보다 훨씬 좁고 제한된 영향력을 가진다. 특질과 개인적 성향은 많은 개인적 습관의 통합으로부터 생기기 때문에 훨씬 광범위하다. 습관은 역시 유연성이 없어 특별한 자극에 대한 특별한 반응이다. 요약하면, 구체적 상황에 구체적으로 눈에 보이고 유연성이 없는 반응이 습관이다. 그리고 많은 습관이 모여서 하나의 특질을 구성할 수 있다.
- 태도 태도와 특질을 구별하기는 훨씬 어렵다. 하지만 다음과 같은 두 가지 방식으로 특질과 태도를 구별하는 것이 가능하다.
  - 첫째, 태도는 항상 구체적인 참조 대상이 있다. 즉, 개인은 어떤 것, 즉 동성애자, 교사, 학교, 도시 등에 대한 태도를 가진다. 그러나 특질은 그렇게 구체적으로 어떤 단일 대상 혹은 집단에 지향되지 않는다.
  - 둘째, 태도는 어떤 것에 대해 긍정적 혹은 부정적이다. 따라서 태도는 개인으로 하여금 어떤 대상을 좋아하거나 싫어하도록, 수용하거나 거절하도록, 접근하거나 회피하도록 이끈다. 태도는 찬반에 대한 평가 혹은 판단을 수반하지만 특질은 그렇지 않다. 특질은 긍정적 혹은 부정적 평가, 혹은 판단을 수반하지 않는다.

성격과 편견

사람들은 나름대로 편견을 가지고 생활한다. 올포트(1954)가 저술한 『편견의 본질(The Nature of Prejudice)』은 사람들이 보이는 편견이 특질과 어떻게 관련되어 나타나는가를 연구한 내용으로, 사람들의 편견된 성격에서 비롯된 행동에 관한 연구를 위한 초석이 되어 왔다. 올포트는 편견은 잘못되고 유연성이 없는 일반화를 근거로 느껴지거나 표현된 강한 반감으로, 전체로서 집단에 대해 혹은 집단에 속한 구성원이라는 것 때문에 개인에 대해 표현될 수 있다고 보았다. 그러므로 편견은 어떤 집단의 구성원들에 대한 때때로 단지 내적으로 느껴지고, 때때로 외적으로 표현된 부정적 감정이다.

올포트는 편견된 성격을 가진 사람들이 공통적으로 가지고 있는 몇 가지 구체적 특질들이 있다고 믿었다. 그가 제시한 이러한 특질들은 '부모에 대한 양가성(ambivalence about parents)', 도덕주의(moralism), 이분주의(dichotomization), 명확성을 위한 요구(need for definiteness), 외재화(externalization), 관습화(institutionalization), 권위주의(authoritarianism) 등이다. 이러한 일곱 가지 특질에 대해 간략하게 살펴보자.

부모에 대한 양가성 편견을 가진 학생들이 보이는 부모에 대한 적의성은 부모가 하는 복종, 처벌, 그리고 실제적 혹은 위협적 거절과 같은 자녀양육에서 비롯될 수 있다.

도덕주의 올포트는 매우 편견된 사람들은 청결과 훌륭한 매너에 높은 관심을 보이는 것처럼, 매우 높게 도덕적인 경향을 보인다는 것을 보고하였다.

이분주의 매우 편견된 사람들은 실제로 흑백논리로 모든 것을 본다. 즉 선이 아니면 악이다. 역시 옳지 않으면 틀리다. 이분주의에 의해 편견된 성격을 가진 사람은 모든 사람을 두 종류인 수용될 수 있거나 수용될 수 없는 사람으로 본다.

명확성을 위한 요구 편견된 사람은 모든 것을 이분주의에 의해 두 범주로 분류하는 것과 일관되게 애매함에 대한 인내가 거의 없다. 따라서 이렇게 편견된 사람의 인지적 지향은 모든 것이 그 밖의 것과 명확히 구별되어야 하고, 질문은 명확한 답을 가져야 하고, 문제는 단순한 해결을 가져야 하는 것을 요구한다.

외재화 올포트는 매우 편견된 사람들은 자기통찰이 결여된 사람으로 보았다. 이런 사람들은 자신의 잘못을 이해하지 못하고 타인에게 잘못을 투사한다. 그리고 모든 일은 외부에서 일어난다고 생각한다. 이런 사람은 자신의 능력을 사용해서 자신에게 일어난 일을 통제할 수 있다고 믿기보다 운명이 자신을 통제한다고 믿는다. 역시 편견된 사람들은 처벌을 '타인들을 미워하고 해치는 사람은 내가 아니고 나를 미워하고 해치는 사람이 그들이다.'라고 외재화한다.

관습화 높게 편견된 사람은 명령, 특히 사회적 명령을 선호한다. 이런 사람은 그가 속한 기관의 구성원으로서 안전과 명확성을 발견한다. 즉, 그가 속한 가정, 학교, 교회, 국가가 그의 개인적 삶을 불편하지 않게 하는 방어로서 기여할 수 있다. 이렇게 편견된 사람은 그렇지 않는 사람보다 기관에 더 헌신적이다.

권위주의 올포트는 높게 편견된 사람은 민주주의에 불편함을 느낀다고 믿었다. 이런 사람은 개인적 자유의 결과를 예측할 수 없다는 것을 발견한다. 한마디로 말해서, 매우 편견된 사람은 권위주의자다. 따라서 이런 사람은 권위적 인물에 높은 존경심을 보이고, 권위의 힘에 복종하고, 자신보다 힘의 위계가 낮다고 여기는 사람을 명령한다.

기능적 자율성

올포트의 성격이론에서 이해해야 할 중요한 개념은 그가 제안했던 기능적 자율성(functional autonomy)이란 개념이다. 그는 성격이론의 중심적 문제는 동기의 개념을 어떻게 기술하는가에 있다고 믿었다. 올포트는 개인의 현재 상황의 영향을 강조하였으며, 개인의 행동을 이해하는 데 과거보다 현재의 강조는 동기에 대한 그의 입장에 반영되었다. 그는 개인이 무엇을 원하고, 무엇을 추구하는가를 파악하는 것이 그의 현재 행동을 이해하는 데 가장 중요하다고 보았다. 따라서 올포트는 과거보다는 미래에 의해서 현재를 설명하려고 시도하였다.

기능적 자율성은 성숙하고 정서적으로 건강한 성인의 동기는 그러한 동기가 원래 나타났던 과거 경험에 기능적으로 관련이 없다는 것, 즉 성인의 동기는 아동기의 경험과 독립적이라고 보는 것이다. 어렸을 때 우리를 동기화했던 힘은 자율적이 된다. 즉, 그러한 힘은 원래의 환경과 독립적이 된다. 유사하게, 우리가 성숙하면 우리는 부모로부터 독립한다. 즉, 우리가 부모와 여전히 관계하지만, 우리는 기능적으로 부모에게 더 이상 의존적이지 않고 부모는 더 이상 우리의 삶을 통제하거나 인도하지 않는다는 것이다. 올포트는 기능적 자율성의 의미 이해를 위해 나무의 예를 들었다. 명백히, 나무의 성장과 발달은 그것의 씨앗으로 연유될 수 있다. 그러나 나무가 충분히 성장했을 때, 씨앗은 더 이상 영양의 원천으로서 필요하지 않다. 성장했을 때 나무는 이제 자기-결정적이고, 더 이상 기능적으로 씨앗과 관련이 없다.

올포트는 기능적 자율성의 두 가지 수준으로 '지속적 기능적 자율성(perseverative functional autonomy)'과 '고유자아의 기능적 자율성(propriate functional autonomy)'을 제안하였다.

지속적 기능적 자율성 지속적 기능적 자율성은 보다 기초적 수준으로 낮은 수준의 습관적 행동과 관련된다. 이것은 어떤 일상적 과업을 수행하는 습관적 방식을 말한다. 이러한 행동은 어떤 외적 보상이 없이도 계속되거나 지속된다.

고유자아의 기능적 자율성 고유자아의 기능적 자율성은 지속적 기능적 자율성보다 훨씬 중요하고 성인 동기의 이해에 필수적이다. 고유자아(proprium)는 올포트가 만든 용어로 자아(ego) 혹은 자기(self)를 나타내는 말이다. 고유자아의 동기는 개인에게 독특하다. 고유자아는 어떤 동기를 유지하고 버릴 것인가를 결정한다. 개인의 고유자아 기능은 자신의 정체감을 유지하는 조직화 과정이다. 우리는 이러한 조직화 과정을 통해 세계를 지각하는 방법, 경험으로부터 기억하는 것, 사고가 지향되는 방법을 결정한다. 우리의 지각 및 인지 과정은 선택적이어서 수많은 자극 중에서 우리가 관심과 가치를 두고 있는 자극만을 선택한다. 이러한 고유자아의 조직화 과정은 다음과 같은 세 가지 원리에 의해 지배된다.

- 에너지 수준 조직화 에너지 수준 조직화 원리는 새로운 동기의 획득을 설명하려고 시도한다. 이러한 동기는 우리가 파괴적이고 해로운 방식으로 표현할

수도 있는 과잉 에너지 소비를 처리할 필요성에서 발생한다.

- ■숙달과 능력 숙달과 능력 원리는 우리가 동기를 만족시키려고 선택하는 높은 수준을 의미한다. 적당한 수준으로 성취하는 것은 충분하지 않다. 성숙한 성인은 보다 훌륭하고 효율적으로 수행하고, 새로운 기술을 숙달하고, 자신의 능력수준을 향상시키려고 동기화 된다.
- ■고유자아 패턴화 고유자아 패턴화 원리는 성격의 일관성과 통합을 위한 추구를 의미한다. 우리는 자신의 자아상을 향상시키는 것을 유지하고 그렇지 않는 것을 버리면서 자기에 대한 지각 및 인지과정을 조직화하거나 패턴화한다. 그러므로 개인의 고유자아 동기는 자기의 구조 혹은 패턴에 따라 달라진다.

3. 성격 발달

올포트는 성격의 비연속성을 주장하였다. 즉, 출생하여 청소년기까지의 성격과 성인의 성격은 전혀 다르다고 생각하였다. 여기서는 청소년기까지 발달하는 고유자아의 발달단계와 건강한 성인의 성격을 살펴보고자 한다.

고유자아의 발달단계

올포트는 유아기, 아동기, 그리고 청소년기에 걸친 고유자아의 발달을 일곱 단계로 나누어 제시하였다. 출생 후 초기 유아기에는 자아감(sense of self)이 없다. 이러한 일곱 단계는 신체적 자아(bodily self), 자아정체감(self-identity), 자아존중감(self-esteem), 자기확장(self-extension), 자아상(self-image), 합리적 적응체로서 자아(self as a rational coper), 고유자아 추구(propriate striving)다. 나이에 따라 전반적인 발달단계를 보면, 1~3단계는 출생하여 3~4세까지에 나타나고, 4~5단계는 4~6세에 나타나며, 6단계는 6~12세에 나타나며, 7단계는 청소년기에 나타난다. 이러한 고유자아의 발달단계 내용을 구체적으로 살펴보면 다음과 같다.

■ 1단계: 신체적 자아 이 단계에서 아이는 자신의 존재를 인식하고 자신의 신체와 환경에 있는 대상을 구별하게 된다. 즉, 이 시기에 고유자아의 형성이 시작되며 아이는 신체적인 자기를 인식하기 시작한다. 예를 들면, 아이는 자기가 잡고 있거나 다루고 있는 물체와 자신의 손가락을 구별하기 시작한다.

■ 2단계: 자아정체감 이 단계는 아이가 정체감의 연속성을 느끼는 시기다. 즉, 아이는 일어나는 많은 변화에도 불구하고 자신이 같은 사람으로 유지됨을 깨달음으로써 자아정체감을 갖게 된다. 이러한 자아정체감은 아이가 자신의 이름을 알게 되고 자신을 다른 사람들과 구별되는 존재라는 것을 알게 될 때 향상된다.

■ 3단계: 자아존중감 이 단계에서 아이는 자기의 성취에 대해 자랑스러워하며 자존감을 느낀다. 올포트는 이 단계가 매우 중요하다고 보았다. 아이는 그가 접한 환경에 있는 대상을 탐구하고, 조작하고, 만들도록 동기화 된다. 만약 부모가 아이의 탐구할 욕구를 좌절시키면, 자아존중감의 형성이 위협받고 수치감과 분노로 대체된다.

■ 4단계: 자아확장 이 단계에서 아이는 주변에 있는 대상과 사람들이 자신의 세계에 속한 일부라는 것을 깨닫게 된다. 예를 들면, 아이는 '나의 집' '나의 부모' '나의 학교' 등을 말하기 시작한다.

■ 5단계: 자아상 이 단계에서 아이는 자신에 대한 실제적이며 이상화된 이미지를 발달시키며, 자신의 행동이 부모의 기대를 만족시키는지 여부를 인식하게 된다. 아이의 실제적 및 이상적 자아상은 부모와의 상호작용으로 발달된다.

■ 6단계: 합리적 적응체로서 자아 이 단계는 보통 아이가 초등학교에 다니는 시기에 해당된다. 이 시기에 아이는 일상적인 문제의 해결에 이성과 논리를 적용하기 시작한다. 즉, 아이는 자신의 합리적 및 논리적 능력을 문제해결에 적용할 수 있다는 것을 깨닫는다.

■ 7단계: 고유자아 추구 고유자아 발달의 마지막 단계는 청소년기에 해당된다. 이 시기에 청소년은 인생의 장기 목표 및 계획을 형성하기 시작한다. 즉, 청소년기에 있는 아이들은 미래에 하고자 하는 것과 그것을 실현하기 위한 계획을 형성하기 시작한다.

지금까지 설명한 올포트가 제안한 고유자아의 발달단계를 요약해서 표로 제시하면 다음과 같다(〈표 4-1〉 참조).

표 4-1 고유자아의 발달단계와 특징

단계	연령	특징
신체적 자아	6개월~1세	자신의 신체와 환경에 있는 대상을 구별
자아정체감	1~2세	아이가 정체감의 연속성을 느끼고, 자신이 같은 사람으로 유지됨을 깨달음
자아존중감	3~4세	자기의 성취에 대해 자랑스러워하며 자존감을 느낌
자아확장	4~6세	주변에 있는 대상과 사람들이 자신의 세계에 속한 일부라는 것을 깨달음
자아상	4~6세	아이가 자신의 실제적 자아와 이상적 자아상을 발달시킴
합리적 적응체로서 자아	6~12세	아이가 일상적인 문제 해결을 위해 이성과 논리를 적용하기 시작
고유자아 추구	청소년기	인생의 장기 목표 및 계획을 형성하기 시작

건강한 성인의 성격

인간은 이러한 아동기의 고유자아 발달단계를 거쳐 성인기로 들어간다. 올포트는 아동기와 성인기의 성격을 연속선상에서 보지 않았으며 두 가지 구별된 성격이 있다고 보았다. 즉, 아동기에 맞는 성격과 성인기에 맞는 성격이 있다고 생각하였다. 이러한 구별된 성격은 그가 제안한 개념인 기능적 자율성과 밀접하게 관련되어 있다. 따라서 여기서는 올포트가 제안한 건강한 성인의 성격의 준거를 제시하고자 한다. 성숙하고 정서적으로 건강한 성인의 성격은 다음과 같다.

- 성숙한 성인은 자기 외의 사람 및 활동에 자아감을 확장한다.
- 성숙한 성인은 친밀감, 애정, 인내를 보이면서 타인과 따뜻하게 관계한다.
- 성숙한 성인은 자기 수용을 보이고 정서적 안전감을 가진다.

- 성숙한 성인은 현실적 지각을 가지며, 개인적 기술을 개발하고, 하는 일에 매진한다.
- 성숙한 성인은 자기에 대한 이해와 통찰로 유머 감각 및 자기 객관화를 보인다.
- 성숙한 성인은 미래 목표로 성격을 지향하게 하는 통합된 철학이 있다.

4. 성격 평가기법

올포트는 다른 많은 성격이론가보다 성격 평가기법에 대해 많은 내용을 기술했다. 그는 인간의 성격은 너무 복잡해서 그것을 평가하기 위해 모든 적절한 기법을 이용해야 한다고 지적하였다. 올포트는 성격 연구를 위한 일반적인 틀을 제공하기 위해 과학의 기본적인 방법으로 가정하는 해석에 따른 관찰과 해석에 근거한 11가지 방법을 기술하였다. 그가 제안했던 이러한 방법을 소개하면 다음과 같다.

- 체질적 그리고 생리적인 진단
- 사회 문화적 환경, 구성원 의식, 역할
- 개인적 자료와 사례연구
- 자기평가
- 행동표본
- 등급평가
- 검사와 척도
- 투사기법
- 심층분석
- 표현적 행동
- 개요 절차 (개요에 있는 다양한 자료에서 정보를 종합)

올포트는 이러한 성격 평가기법을 통해 개인의 독특한 성격을 연구하는 데 있어 법칙정립접근보다 개체기술접근을 사용하였다.

5. 성격이론의 적용

올포트는 심리치료사가 아니었기 때문에 구체적인 치료 기법을 제안하지 않았다. 하지만 기능적 자율성, 고유자아 등의 개념은 임상가들에게 유용하게 적용된다. 올포트의 개념들은 심리측정학과 법칙정립적 연구를 강조하는 학문으로서의 심리학과 성격을 이해하는 데 사례연구를 보다 강조하는 임상심리학을 연결하는 다리역할을 하였다. 올포트가 성격을 이해하기 위해 실시한 언어에 대한 분석은 5요인 모델의 발달에 임상적이며 개념적인 영향을 끼쳤다.

올포트가 사람들이 보이는 편견이 특질과 어떻게 관련되어 나타나는가를 체계적으로 연구한 내용은 사람들의 편견된 성격에서 비롯된 행동에 관한 연구를 위한 초석이 되어 왔다. 그가 제시한 편견된 성격을 가진 사람들이 공통적으로 가지고 있는 몇 가지 구체적 특질들은 '부모에 대한 양가성', 도덕주의, 이분주의, 명확성을 위한 요구, 외재화, 관습화, 권위주의 등이다.

요약

1. 올포트는 성격을 개인의 특유한 행동과 사고를 결정하는 심리신체적 체계인 개인 내의 역동적 조직이라고 정의하였다.
2. 올포트의 성격이론을 일곱 가지 원리로 설명할 수 있다. 이 일곱 가지 원리는 동기 원리, 학습 원리, 현재성 원리, 독특성 원리, 자아 원리, 연속성-비연속성 원리, 특질 원리다.
3. 올포트의 이론적 개념 가운데 가장 중요한 것은 특질이다. 특질은 '다양한 종류의 자극에 같거나 유사한 방식으로 반응할 경향 혹은 사전성향'이다. 특질은 환경의 자극 측면에 반응하는 일관적이며 지속적인 방식이다.
4. 올포트는 특질의 유형을 개인특질과 공통특질로 구분하였다. 개인특질은 개인에게 독특한 것이며, 개인의 성격을 나타낸다. 공통특질은 어떤 문화에 속해 있는 많은 사람이 서로 공유하는 것이다. 후에 공통특질을 그냥 특질로, 개인특질을 개인적 성향으로 다시 명명하였다. 개인적 성향은 다시 주특질, 중심특질, 이차적 특질로 나뉜다.
5. 올포트가 제시한 편견된 성격을 가진 사람들의 주요한 특질들은 '부모에 대한 양가성', 도덕주의, 이분주의, 명확성을 위한 요구, 외재화, 관습화, 그리고 권위주의다.
6. 기능적 자율성이란 성숙하고 정서적으로 건강한 성인의 동기는 그러한 동기가 원래 나타났던 과거 경험과는 기능적으로 관련이 없다는 것이다. 기능적 자율성은 두 가지 수준을 포함하고 있는데, 지속적 기능적 자율성과 고유자아의 기능적 자율성이다.
7. 고유자아란 한 개인의 성격의 총체적인 측면들의 합으로서 자신의 정체감을 유지하는 조직화 과정이다. 고유자아의 조직화 과정은 에너지 수준 조직화, 숙달과 능력, 고유자아 패턴화 원리에 의해 지배된다.
8. 올포트는 아동기에서 청소년기에 걸친 고유자아의 발달을 일곱 단계로 제시하

였다. 고유자아의 발달단계를 각각 살펴보면, 신체적 자아, 자아정체감, 자아존중감, 자아확장, 자아상, 합리적 적응체로서 자아, 고유자아 추구다.

9. 올포트는 인간 이해를 위해 개인의 독특성을 중요하게 여겼으며, 성격연구를 위한 방법으로 법칙정립접근보다 개체기술접근을 사용하였다.

?! Review Questions

1. 다음은 올포트의 성격 정의다. 이 성격 정의를 구체적으로 설명하라.

> Personality is the dynamic organization within the individual of those psychophysical systems that determine his characteristic behavior and thought.

2. 개인적 성향에 속하는 세 가지 유형의 특질이 무엇인지 밝히고, 각각을 예를 들어 간략하게 설명하라.

3. 특질과 태도를 구별하는 두 가지 방식에 대해 기술하라.

4. 기능적 자율성의 의미를 설명하고, 두 가지 수준이 무엇인지 기술하라.

5. 올포트가 제안한 고유자아의 발달단계를 간략하게 설명하라.

6. 올포트가 제안한 건강한 성인의 성격에 대한 준거를 바탕으로 당신의 성격이 건강한지를 비교하라.

7. 올포트가 제안한 편견된 성격을 가진 사람들이 보이는 주요한 특질들에 대해 설명하라.

자기 이해와 성장을 위한
<성격 연습 6>

반응 경향성

다음 각 진술문에 당신이 동의하는 정도를 표시하시오.

〈보기〉

1	2	3	4	5	6	7
전혀 그렇지 않다			그저 그렇다			매우 그렇다

1. 나는 필요한 경우라면 때때로 거짓말을 한다. 1 2 3 4 5 6 7
2. 나는 절대로 내 실수를 감추지 않는다. 1 2 3 4 5 6 7
3. 다른 사람을 이용한 적이 있다. 1 2 3 4 5 6 7
4. 나는 절대로 욕을 하지 않는다. 1 2 3 4 5 6 7
5. 때때로 나는 용서하고 잊어버리기보다는 복수하려고 한다. 1 2 3 4 5 6 7
6. 나는 항상 법을 지키며, 심지어 들킬 가능성이 없을 때에도 법을 지킨다. 1 2 3 4 5 6 7
7. 나는 친구가 없는 곳에서 그 친구의 흉을 본 적이 있다. 1 2 3 4 5 6 7
8. 나는 사람들이 은밀하게 이야기를 나누는 것을 들으면, 일부러 듣지 않으려 한다. 1 2 3 4 5 6 7
9. 나는 거스름돈을 더 많이 받았으나 점원에게 말하지 않은 적이 있다. 1 2 3 4 5 6 7
10. 세무서에 세금을 신고할 때 나는 빼놓지 않고 모든 것을 신고한다. 1 2 3 4 5 6 7
11. 어렸을 때 물건을 훔친 적이 있다. 1 2 3 4 5 6 7
12. 나는 길거리에 쓰레기를 버린 적이 결코 없다. 1 2 3 4 5 6 7
13. 나는 제한속도를 초과해서 운전한 적이 있다. 1 2 3 4 5 6 7
14. 나는 야한 책이나 잡지를 읽은 적이 없다. 1 2 3 4 5 6 7
15. 다른 사람에게 말하지 않은 것을 한 적이 있다. 1 2 3 4 5 6 7
16. 내 것이 아닌 것을 내 것으로 한 적이 있다. 1 2 3 4 5 6 7

17. 아프지 않은데도 병가를 내거나 결석을 한 적이 있다.	1	2	3	4	5	6	7
18. 도서관에서 빌린 책을 찢거나 더럽혔거나 가게에서 상품을 손상시켰음에도 불구하고 모른 척한 적이 있다.	1	2	3	4	5	6	7
19. 매우 좋지 못한 습관이 있다.	1	2	3	4	5	6	7
20. 나는 내 일이 아닌 다른 사람의 일에 쑥덕거리지 않는다.	1	2	3	4	5	6	7

채점 방식 이 문항들은 바람직한 반응하기의 인상 관리 하위척도(Impression Management of the Balanced Inventory of Desirable Responding; Paulhus, 1984, 1991)입니다. 이 척도는 사회적으로 바람직한 반응 경향성을 탐지하고자 고안되었습니다. 총점을 구하는 방법은 다음과 같습니다. 만약 홀수번 항목에 1점이나 2점을 주었다면, 해당 항목의 개수를 셉니다. 또한 6점이나 7점을 준 짝수번 항목의 개수도 셉니다. 이 둘의 항목 개수를 더한 수가 총점이 됩니다.

해석 방식 검사 개발자가 보고한 바에 의하면, 여대생을 대상으로 한 결과는 평균 4.9, 표준편차 3.2이었으며, 남자 대학생을 대상으로 한 결과는 평균 4.3, 표준편차 3.1이었습니다. 높은 점수를 기록한 사람은 자신을 지나치게 좋은 쪽으로 보이려는 경향이 있음을 나타냅니다. 다른 사회적 바람직성을 측정하는 도구들로는 Edwards Social Desirability Scale(Edwards, 1957)과 Marlowe-Crowne Social Desirability Scale(Crowne & Marlowe, 1960) 등이 있습니다.

* 출처: Burger, J. M. (2000). Personality (5th ed.). Belmont, CA: Wadsworth/Thomson.

제5장

커텔의 특질 이론

성격은 개인이 어떤 환경에 있을 때
그가 어떤 행동을 할 것인가를 말해 주는 것이다.

– 커텔 –

성격의 특질이론을 통해 개인의 행동을 예언하려고 했던 성격심리학자가 커텔이다. 즉, 커텔의 성격연구의 목적은 행동을 예언하는 것이었다. 커텔에 따르면, 성격은 주어진 상황에서 어떤 사람이 무엇을 할 것인가를 예언하도록 해 준다. 커텔은 통계적 방법인 요인분석(factor analysis)을 통해 사람들이 갖는 특질들을 밝히는 데 초점을 두고 광범위한 연구를 수행하였다.

커텔은 부적응적인 사람이 아니라 정상인을 대상으로 성격을 연구하였다. 그는 성격이 무엇인지를 구체적으로 이해하지 못한 채 성격을 변화시킨다는 것은 불가능할뿐더러 어리석은 생각이라고 보았다. 커텔의 성격이론은 프로이트처럼 임상장면으로부터 비롯된 것이 아니었다. 그의 접근은 각 연구대상자에 대한 광범위한 행동의 관찰과 여러 종류의 자료에 바탕을 둔 과학적인 방식에 근거하였다. 한 연구대상자로부터 50여 개의 측정치를 수집하는 것이 그의 방식이었다.

커텔의 접근 방식에서 보다 두드러진 점은 그렇게 수집된 자료들을 통계적으로 처리하는 방식이었다. 그는 요인분석이라는 통계적 절차를 통해 일군의 사람들로부터 얻어진 자료들 간의 공통된 요인이 포함되어 있는지를 평가하였다. 예를 들어, 우선 두 개의 심리검사 점수 혹은 한 검사 내의 하위점수들이 상관관계를 지니고 있는지 확인한다. 두 개의 측정치가 높은 상관을 보이고 있다면, 두 개의 검사가 서로 비슷하거나 관련 있는 성격의 측면을 측정하고 있다고 결론을 내린다. 그리고 한 개인에 대한 두 개의 자료가 단일 차원 혹은 요인을 형성하게 되고, 이 요인은 두 개의 자료들에 의해 설명되는 성격의 측면을 나타내게 된다. 커텔은 이러한 요인들을 특질이라고 불렀다.

커텔에 따르면, 이러한 특질이 성격의 정신적 구성요소이며 행동의 규칙성 또는 일관성을 설명하는 근본적인 구성개념이다. 커텔은 다른 사람의 특질을 알게 된다면, 그 사람이 특정 상황에서 어떻게 행동하게 될지를 예언할 수 있다고 보았다. 따라서 한 개인을 온전히 이해한다는 것은 그 사람을 독특한 한 개인으로서 정의할 수 있는 특질의 전반적인 패턴을 정확한 용어를 사용하여 기술할 수 있어야만 한다.

1. 커텔의 생애

커텔(Raymond B. Cattell, 1905 ~ 1998)은 영국 스태퍼드셔(Staffordshire)에서 출생하여 행복한 아동기를 보냈다. 그의 부모는 자녀에게 기대했던 수행의 기준에 대해서는 엄격했지만 아이들이 어떻게 시간을 보내는가에 대해서는 허용적이었다.

캐털이 9살 때 제1차 세계대전이 일어났으며, 그것은 그에게 큰 영향을 주었다. 그는 전쟁으로 인해 죽거나 부상당한 수많은 일반인이나 군인을 목격하였다. 그러한 그의 경험은 대학교를 입학할 무렵, 과학을 인간에게 유용하게 사용할 수 있는 과학자가 되어야 한다는 강한 동기가 되었다. 그는 16살 때 물리학과 화학을 공부하기 위해 런던대학교에 입학하여 3년 후에 졸업하였다. 런던에 있는 동안 사회적 문제에 대한 그의 관심은 증폭되어, 1924년에 물리학보다 인간 정신을 연구하는 심리학을 공부하기로 결심하였다. 그러한 결심은 그 당시 영국에서는 쉬운 결정이 아니었다. 커텔은 런던대학교 대학원 과정을 시작하였으며, 거기서 요인분석 기법을 개발했던 유명한 심리학자이며 통계학자인 스피어만(Charles E. Spearman)의 영향을 받았다.

커텔은 1929년에 박사학위를 받고 나서 친구들이 예측했던 것처럼 심리학자로서 직업을 찾기가 어렵다는 것을 깨달았다. 그는 스피어만이 정신능력을 측정하기 위해 사용했던 요인분석 방법을 성격구조에 적용하기로 결심하였다. 이 기간 동안에 커텔은 과로, 영양 결핍, 차가운 다락 아파트에서 생활한 결과로서 만성소화장애를 갖게 되었다. 커텔의 첫 번째 부인은 생활고와 그의 일에 대한 몰입 때문에 그를 떠났다.

마침내, 1937년에 박사학위를 취득한 지 8년 만에 커텔은 심리학자로 고용되어 일할 기회를 갖게 되었다. 즉, 미국의 저명한 심리학자인 손다이크(Edward L. Thorndike)가 컬럼비아대학교에 있는 자신의 실험실에서 일하도록 그를 초빙하였다. 커텔이 영국을 떠나는 것이 쉽지 않았지만, 이러한 요청은 그에게 인생의 전환점이 된 믿기 힘든 기회였다. 커텔은 1939년에 클라크대학교의 교수가 됐다. 1941년에 하버드대학교로 옮겼으며, 마침내 그가 40세인 1945년에 일리노이대학교의 연구교수로 정착하였다. 커텔의 두 번째 부인은 수학자였으며 그의 연구에 많은 관심을 공유했다.

커텔은 오직 연구에 혼신의 힘을 기울였으며, 매일 저녁 적어도 11시까지 실험실에서 연구를 하였다. 커텔은 이렇게 자신이 연구에 몰두한 것을 반영하는 내용을 "나는 밤에 주차장에서 나의 차를 매우 쉽게 찾을 수 있었다. 왜냐하면 남아 있는 차가 나의 것밖에 없었기 때문이다."라고 농담하였다.

2. 주요 개념

여기서는 먼저 커텔의 성격에 대한 정의를 살펴보고, 특질의 종류를 세 가지 분류 방식인 공통특질 대 독특한 특질, 능력특질 대 기질특질 대 역동적 특질, 그리고 표면특질 대 원천특질로 구분하여 알아볼 것이다. 마지막으로, 역동적 특질 및 역동적 격자에 대해 살펴보자.

성격의 정의

커텔의 성격이론은 '구성에 근거한 체계이론(structure-based systems theory)'이다. 이 이론은 성격을 환경과 관계하는 체계로서 보고 인간의 변화와 성장을 생성하는 체계와 환경 간의 복잡한 교류를 설명하고자 하였다(Ryckman, 2000, pp. 302-303).

커텔은 성격을 '개인이 어떤 환경에 주어졌을 때 그가 무엇을 할 것인가를 말해 주는 것'(Cattell, 1965, pp. 117-118)이라고 정의하였다. 그는 성격에 대한 견해를 수학적 공식으로 다음과 같이 표현하였다.

$$R = f(P, S)$$

앞의 공식에서 R은 개인의 행동 반응(response or reaction)을, P는 성격(personality)을, 그리고 S는 주어진 상황(situation) 혹은 자극(stimulus)을 나타낸다. 다시 말하면, 앞의 공식은 반응 = f(성격, 상황)로, 개인의 행동 반응이 그의 성격과 주어진 상황에 의해 결정되는 함수관계에 있음을 보여 준다. 대부분의 특질 이론가들이 행동에 영향을 주는 상황의 역할을 강조하지 않았지만, 커텔은 상황이 성격특질과 결합하여 행동에 영향을 주는 방식을 설명하려고 하였다. 상황의 영향을 설명하기 위해 그는 상황을 분류하고 개인에게 미치는 상황의 영향을 평가하기 위한 모델을 구성하였다.

특질의 종류

특질은 개인이 갖는 상당히 지속적인 반응 경향성이며, 커텔의 성격구조의 기본 단위를 형성한다. 따라서 개인의 성격은 특질의 패턴으로서 설명될 수 있다. 특질을 개인 내에 실재하는 것으로 본 올포트와 다르게, 커텔은 특질을 행동의 객관적 관찰에서 추론되는 가설적 혹은 상상적 구성개념으로 보았다. 따라서 특질은 성격의 기본적 요소이며 행동을 예언하는 데 있어 매우 중요하다.

여기서는 특질을 분류하는 세 가지 방식에 의해 커텔이 제안한 특질의 종류를 알아보자.

공통특질 대 독특한 특질 첫 번째 분류는 크게 공통특질(common trait)과 독특한 특질 (unique trait)을 구별하는 것이다.

- **공통특질** 이것은 모든 사람이 어느 정도 소유한 특질이다. 예를 들면, 일반적인 정신능력 혹은 지능, 외향성, 군거성 등이 공통특질이다.
  모든 사람이 이러한 특질을 갖지만, 어떤 사람은 다른 사람보다 그것의 정도가 더 높거나 낮다. 공통특질이 사람들에게 보편성을 갖는 이유는 모든 사람이 거의 유사한 유전적인 잠재력을 가지며, 유사한 사회적 압력을 받고, 많은 공통점을 가진 문화 내에서 생활하기 때문이다.
- **독특한 특질** 이것은 인간의 개인차를 반영한 것으로 개인 혹은 소수의 사람들이 갖는 특질이다. 독특한 특질 때문에 사람들은 다르며, 각기 다른 관심과 태도를 보인다.

능력특질 대 기질특질 대 역동적 특질 두 번째 분류는 능력특질(ability trait), 기질특질(temperament trait), 역동적 특질(dynamic trait)의 세 가지로 구별하는 것이다.

- **능력특질** 이 특질은 개인이 얼마나 효과적으로 어떤 목표를 수행할 것인가를 결정한다. 즉, 능력특질은 주어진 상황의 복잡성을 처리하는 개인의 기술을 의미한다. 그러므로 지능은 능력특질이다. 개인의 지능 수준은 그가 목표를 어떻게 추구할 것인가를 도와준다.
- **기질특질** 이 특질은 개인의 행동에 대한 일반적 스타일과 정서적 상태를 의미한다. 예를 들면, 개인이 얼마나 자기표현적인가, 사교적인가, 대담한가, 혹은 초조한가를 기술하는 것이다. 기질특질은 개인이 행동하고 상황에 반응하는 방식에 영향을 준다.
- **역동적 특질** 이 특질은 행동의 추진력인 개인의 동기, 흥미, 야망을 의미한다. 예를 들면, 어떤 개인은 야망적이거나, 힘을 추구하거나, 혹은 스포츠 지향적인 특성을 가질 수 있다.

표면특질 대 원천특질 세 번째는 특질의 안정성과 영속성에 따른 분류로 표면특질(surface trait)과 원천특질(source trait)로 구별하는 것이다.

- **표면특질** 이 특질은 몇 가지의 원천특질 혹은 행동요소로 구성된 성격특성이다. 그러나 표면특질은 단일 원천에 의해 결정되지 않기 때문에 성격요인을 구성하지 못한다. 표면특질은 여러 가지 변인으로 구성되기 때문에 안정적이거나 지속적이지 못하다. 그러므로 성격을 이해하는데 훨씬 덜 중요하다.
- **원천특질** 이 특질은 훨씬 안정적이며 영속적인 단일 성격요인이다. 각각의 원천특질은 단일 요인으로서 행동을 야기한다. 원천특질은 요인분석으로부터 도출된 개별요인으로 표면특질을 설명하기 위해 조합된다. 커텔은 요인분석을 통해 인간 성격의 기본적 요인으로서 16가지 원천특질을 확인하였다. 이러한 요인은 객관적 성격검사로 잘 알려진 16PF(Sixteen Personality Factor)를 구성하고 있는 요인이다.

이러한 원천특질은 그것의 출처에 따라 체질특질(constitutional trait)과 환경조형특질(environmental-mold trait)로 구별된다.

• 체질특질은 생물학적 조건에 기원을 두고 있으나 반드시 타고난 것은 아니

자세히 봅시다

나르시즘: 과도한 자기애의 특질

고대 그리스 신화에 따르면, 나르시서스(Narcissus)라는 아름답게 생긴 소년이 있었다. 이 소년은 물에 비친 자기 모습을 보고 사랑에 빠져 물에 뛰어 들어 죽고 말았다. Christopher Lasch(1979)는 현대 미국 사회를 "나르시즘의 문화"라고 일컬으면서, "나 세대(me generation)"의 가치는 자신을 가장 우선적으로 사랑하며, 자아를 추구하고, 개발하고, 완성시키는 것이라고 하였다. 그 결과 많은 사람들이 타인을 위한 성숙하고 헌신적인 사랑을 할 수 없게 되었다. 저명한 정신분석가들이 나르시즘을 현대의 전형적인 병리증상이라고 여겼으며, "자기애적 성격장애"를 1980년대와 1990년대의 가장 보편적이며 회자에 오른 임상증후군으로 언급하였다. 또한 나르시즘은 성격특질의 관점으로도 설명될 수 있다. Raskin과 Hall(1979, 1981)은 나르시즘 특질을 측정하기 위해 NPI(The Narcissistic Personality Inventory)를 개발하였다. NPI는 네 가지 하위 차원을 포함하고 있는데, 착취/특권(exploitiveness/entitlement), 우월감(superiority), 리더쉽(leadership) 그리고 자기도취(self-absorption)이다. 착취/특권 차원은 심리적 부적응과 관련이 있는데, 특히 불안, 우울, 타인에 대한 공감 부족과 관련이 있다. 일반적으로 남자가 여자보다 네 가지 차원 모두에서 더 높은 점수를 보인다.

Wink(1991, 1992a, 1992b)는 종단적 연구를 통해 여성에게 관찰되어지는 세 가지 유형의 나르시즘을 제시하였다. 첫 번째 유형은 과민성(hypersensitive) 나르시즘으로, 보다 드러나지 않는 나르시즘의 특성을 보인다. 이를 테면 상처받기 쉬움, 적대감 그리고 우울감 등과 관련이 있다. 두 번째 유형은 자의성(willful) 나르시즘으로, 과민성 나르시즘과는 반대로 바깥으로 드러나는 특성을 보인다. 학창시절부터 중년기에 이르기까지, 이러한 유형의 사람들은 우쭐대길 좋아하며, 허풍이 심하고, 자기를 드러내는 것을 좋아한다는 평가를 받는다. 마지막 유형인 자율적(autonomous) 나르시즘은 나르시즘의 건강한 형태이다. 이 유형의 사람들이 43세가 되었을 때 수집된 자료에 따르면, 이들은 창의적이며, 공감적이고, 성취지향적이며 개성이 강한 것으로 묘사되었다.

과민성 나르시즘과 자의성 나르시즘은 아동기때 부모, 그 중에서도 특히 엄마와의 좋지 못한 관계와 관련이 있었다. 또한 자의성 나르시즘은 자의적인 아빠와의 동일시와 관련된다.

* 출처: McAdams, D. P.(2001). The person: An integrated introduction to personality psychology (3rd ed.). Orlando, FL: Harcourt.

다. 예를 들면, 너무 많은 술을 마셔서 나타나는 부주의, 수다스러움과 같은 행동을 의미한다.

- 환경조형 특질은 사회적 및 물리적 환경의 영향에서 파생된 것이다. 즉, 이러한 특질은 성격에 어떤 패턴을 강요하는 학습된 특성과 행동이다.

역동적 특질 및 역동적 격자

커텔의 체계에서 중요한 세 가지 역동적 특질은 에르그(erg), 감정(sentiment), 태도(attitude)다. 여기서는 먼저 이러한 세 가지 역동적 특질에 대해 살펴보고 나서 그 들간의 관계를 설명하는 역동적 격자(dynamic lattice)에 대해 알아보고자 한다.

이전에서 설명한 것처럼, 역동적 특질은 성격이론의 중요한 주제인 동기와 관련된 특질이다. 커텔은 두 가지의 역동적 동기특질로 에르그와 감정을 제안하였다.

에르그 이는 타고난 심리신체적 성향으로, 원천특질로서 체질특질에 해당된다. 단어 erg는 일 혹은 에너지를 의미하는 그리스어 ergon에서 파생된 것이다. 커텔은 에르그를 본능 혹은 추동을 나타내는 것으로 사용하였다. 즉, 에르그는 모든 행동을 위한 타고난 에너지 원천 혹은 추진력으로 구체적인 목표를 향해 행동하도록 하는 기본적 동기다. 에르그는 체질특질이기 때문에 성격의 영속적인 구성으로 그것이 강해지거나 약해질 수 있지만 사라지지는 않는다. 커텔이 요인분석을 통해 확인한 열한 가지 에르그는 다음과 같다.

- 분노
- 호소
- 호기심
- 혐오
- 군거성
- 배고픔
- 보호
- 안전
- 자기표현
- 자기굴복
- 성(sex)

감정 이는 삶의 중요한 측면에 맞춰진 학습된 태도의 패턴으로, 원천특질로서 환경조형특질이다. 감정이 환경조형특질인 이유는 그것이 외적인 사회적 및 물리적 영향에서 파생되기 때문이다. 학습에서 비롯된 감정은 환경조형특질로서 체질특질인 에르그의 특징과는 다르게 삶 속에서 그것이 더 이상 중요하지 않은 경우에 사라지거나 바뀔 수 있다.

태도 태도는 어떤 사건, 대상, 혹은 사람에 대해 갖는 관심, 정서, 행동이다. 태도는 정서, 행동, 견해를 수반한다. 태도는 역동적 표면특질로 숨어 있는 동기의 구체적 표현 혹은 조합이다. 즉, 태도는 분명한 역동적 변인으로 에르그와 감정 및 이들의 상호관계로 추론되는 숨은 동기의 관찰된 표현이다. 특별한 상황에서 어떤 개인의 태도는 어떤 대상과 관련한 행동과정으로 그의 높은 관심을 반영한다.

역동적 격자 커텔은 역동적 특질인 에르그, 감정, 태도가 도식으로 표현된 것을 역동적 격자라고 불렀다. 에르그, 감정, 태도는 보조(subsidiation)를 통해 서로 관련된다. 보조는 단순히 성격 내에서 어떤 요소가 다른 요소에 보조적이라는 것을 의미한다. 예를 들면, 태도는 감정에 보조적이고 감정은 에르그에 보조적이다. 그리고 같은 태도 수준에서 하나의 태도는 다른 태도에 보조적이 된다. 마찬가지로, 감정 및 에르그 수준에서도 하나의 감정은 다른 감정에, 하나의 에르그는 다른 에르그에 보조적이 되어 서로 관련된다. 이렇게 세 가지 역동적 특질과 각 특질의 요소 간의 관계를 도식으로 나타낸 것이 역동적 격자다. 이러한 에르그와 감정, 태도에 따른 역동적 격자를 그림으로 나타내면 다음과 같다([그림 5-1] 참조).

3. 성격 발달

커텔은 인생 전반에 걸친 성격 발달을 여섯 단계로 구분하였다. 그가 제안한 여섯 단계는 유아기(infancy), 아동기(childhood), 청소년기(adolescence), 성인기(maturity), 성인 후기(late maturity), 노년기(old age)다. 이러한 각 단계의 주요한 성격 발달의 내용을 살펴보자.

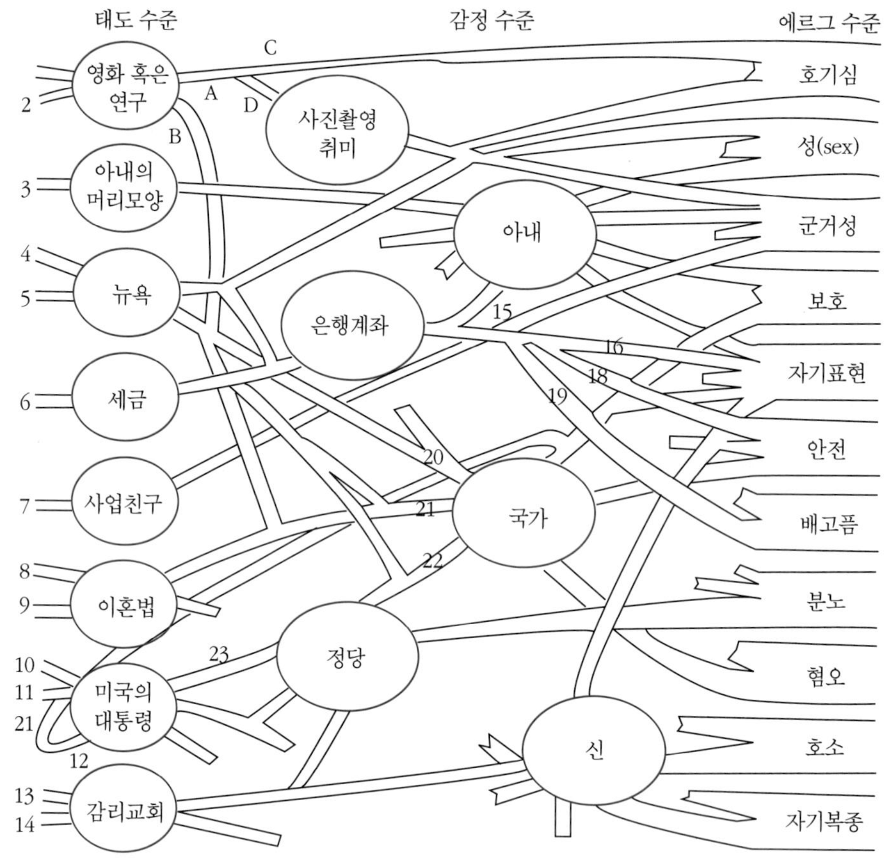

그림 5-1 역동적 격자의 한 예

*출처: Cattell R. B. (1950). Personality: A systematic theoretical and factual study. New York: McGraw-Hill.

유아기 이 시기는 출생하여 6세까지로 주요한 성격형성이 이루어지는 기간이다. 이 단계 중에 아이의 주요한 발달 내용은 이유, 대변훈련, 현실적 자아, 도덕적 자아, 그리고 사회적 태도의 형성이다. 아이는 주로 부모와 형제에 의해 영향을 받는다. 자아, 초자아, 안전감 또는 불안전감, 권위에 대한 태도, 신경증에 대한 가능 경향성 등의 발달과 함께 사회적 태도가 형성된다.

아동기 이 단계는 6~14세 사이로 거의 심리적 문제가 없다. 두드러진 성격 발달은 부모로부터 독립하려는 경향성의 시작과 또래와의 동일시다.

청소년기 이 단계는 14~23세 사이로 아동기보다 훨씬 많은 문제와 스트레스를 겪는 시기다. 즉, 청소년은 독립성, 성(sex), 자기표현 등에 대한 갈등을 겪는다. 역시 정서적 장애와 이탈행동이 이 시기에 나타난다.

성인기 이 단계는 23~50세까지로 일반적으로 직업, 결혼, 가족 등과 관련된 일이 수행되는 만족스럽고 생산적인 시기다. 성격은 이전 단계와 비교해 볼 때 더 안정적이며 감정적 안정성이 증가한다. 이 단계 동안 흥미와 태도의 변화는 거의 일어나지 않는다.

성인 후기 이 단계는 50~65세까지로 신체적 · 심리적 · 사회적 변화에 대한 반응으로 성격의 변화가 일어난다. 건강과 열정은 50세 이후에 신체적 매력의 감소와 더불어 줄어들 수 있다. 이 시기에 사람들은 자신의 가치를 재조사하고 새로운 자기를 찾아야 한다. 이런 점에서 융이 지적한 중년의 성격에 대한 견해와 유사하다.

노년기 이 단계는 65세 이후의 시기로 주요한 발달특징은 여러 종류의 상실에 대한 적응이다. 즉, 생의 마지막 단계에 있는 노인은 배우자, 친척, 친구의 죽음, 은퇴로 인한 직업상실, 젊음을 숭상하는 문화에서 지위의 상실, 그리고 엄습하는 고독과 불안전을 경험하면서 인생을 정리한다.

4. 성격 평가기법

커텔은 성격의 객관적 측정을 위해 세 가지 주요한 평가기법을 사용하였다. 이러한 세 가지는 생활기록법(Life records), 질문지법(Questionnaires), 검사법(Tests)이다. 이렇게 성격 평가를 위한 자료수집과 관련하여 영어의 첫 자를 따서 만들어진 세 가지 평가기법을 L-data, Q-data, T-data라고 부른다.

생활기록법 L-data 기법은 교실이나 사무실과 같은 현실생활 상황에서 피험자가 보이는 구체적 행동에 대해 관찰자가 평가하는 것을 말한다. 예를 들면, 관찰자는 결석빈도, 학업성적, 의무이행의 성실성, 경기장에서 감정의 안정성, 사무실에서 사교성 등을 기록할 수 있을 것이다. L-data은 심리학 연구실에서보다 오히려 자연적 상황에서 일어나는 행동을 관찰자가 관찰할 수 있다는 점에서 중요하다.

질문지법 Q-data 기법은 질문지에 의존한다. L-data 기법이 피험자를 평가하기 위해 관찰자가 필요한 반면에, Q-data는 피험자로 하여금 자신을 평가하도록 요청된다. 피험자로부터 Q-data을 얻기 위해 MMPI, 태도, 홍미, 의견을 측정하는 척도와 같은 표준화된 자기보고 성격검사를 포함한 다양한 질문지가 사용된다. 피험자의 어떤 행동이 조사되느냐에 의존하여 면담이 사용될 수도 있다.

검사법 T-data 기법은 피험자가 행동의 어떤 측면이 평가되고 있는지 알지 못하면서 반응하는 검사법이다. 만약 피험자가 실험자가 무엇을 발견하려고 하는지를 추측할 수 없다면, 피험자는 자신에 대한 어떤 것을 감추기 위해 반응을 왜곡할 수 없다. 커텔이 검사법으로 생각했던 것은 로르샤흐 잉크반점검사, 주제통각검사, 단어연상검사와 같은 성격검사이다. 따라서 우리가 일상적으로 말하는 투사법이 검사법에 속한다고 할 수 있다.

커텔이 개발한 대표적인 성격 평가로서 질문지법에 해당하는 16PF검사에 대해 살펴보자.

16PF검사 커텔이 성격을 평가하기 위한 개발한 검사 중에서 가장 잘 알려진 검사가 16PF검사다. 16PF란 요인분석에 의해 도출된 16가지 성격요인(personality factors)을 의미한다. 보다 정확히 말하면, 16PF검사는 요인분석으로 발견한 주요한 16가지 원천특질로 구성된 성격검사다. 16PF검사 결과는 낮은 점수와 높은 점수의 연속선상에서 16가지 요인에 대한 점수에 따라 프로파일로 나타난다([그림 5-2] 참조). 이러한 16PF의 내용을 기술하면 다음과 같다(〈표 5-1〉 참조).

표 5-1 16PF의 요인 및 내용

요인	낮은 점수	높은 점수
A	내성적인(reserved)	사교적인(outgoing)
B	지능이 낮은(less intelligent)	지능이 높은(more intelligent)
C	정서적 불안정(emotional)	정서적 안정(emotionally stable)
E	복종적인(submissive)	지배적인(dominant)
F	심각한(serious)	낙천적인(happy-go-lucky)
G	편의적인(expedient)	양심적인(conscientious)
H	소심한(timid)	모험적인(adventurous)
I	완고한(tough-minded)	부드러운(tender-minded)
L	신뢰하는(trusting)	의심 많은(suspicious)
M	실제적(practical)	상상적인(imaginative)
N	솔직한(forthright)	약삭빠른(shrewd)
O	자기-확신적(self-assured)	걱정하는(apprehensive)
Q_1	보수적인(conservative)	실험적인(experimenting)
Q_2	집단 의존적(group-dependent)	자족적인(self-sufficient)
Q_3	충동적인(impulsive)	통제적인(controlled)
Q_4	이완된(relaxed)	긴장한(tense)

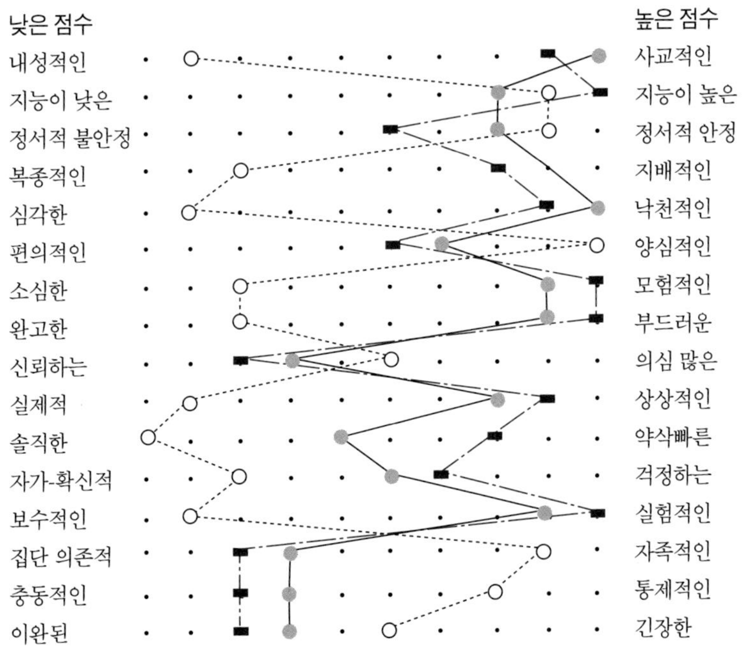

그림 5-2 16PF 프로파일의 한 예

* 출처: Ryckman, R. M. (2000). *Theories of personality* (7th ed.). Belmomt, CA: Wadsworth.

5. 성격이론의 적용

커텔의 특질이론은 엄청나게 수집된 수많은 자료에 통계적 방법인 요인분석을 적용하여 개발하였다. 그의 이론을 바탕으로 개발된 16PF검사는 현재도 사람들의 성격을 파악하는 데 광범위하게 적용되고 있다. 더불어 그가 성격의 특질연구에 사용했던 방식인 요인분석은 컴퓨터의 적용을 통해 보다 용이하게 다양한 심리검사를 개발하는 데 활용되고 있다.

커텔은 성격에 대한 조작적 정의를 바탕으로 엄격한 과학적 연구를 수행하였다. 다른 성격이론가들은 대부분 성격에 대한 개념들을 조작적으로 정확하게 정의하지 않았다. 연구방법론을 엄격하게 적용하여 다양한 양적 연구를 실시한 결과에서 비롯된 커텔의 이론은 성격을 연구하는 과학적 연구 방법의 대표적 사례라고 할 수 있다.

요약

1. 커텔은 성격을 '개인이 어떤 환경에 주어졌을 때 그가 무엇을 할 것인가를 말해 주는 것'이라고 정의하였다. 그는 성격에 대한 견해를 수학적 공식인 R = f(P, S)로 표현하였다. 이 공식은 반응 = f(성격, 상황)로, 개인의 행동 반응이 그의 성격과 주어진 상황에 의해 결정되는 함수관계에 있음을 보여 준다.
2. 커텔에게 있어 특질은 개인이 갖는 상당히 지속적인 반응 경향성이며, 그의 성격 구성의 기본단위를 형성한다. 따라서 개인의 성격은 특질의 패턴이라고 할 수 있다. 올포트는 특질을 개인 내에 실재하는 것으로 본 반면에, 커텔은 특질을 행동의 객관적 관찰에서 추론되는 가설적 혹은 상상적 구성개념으로 보았다.
3. 커텔은 크게 세 가지 방식에 의해 특질을 분류하였다. 첫 번째 분류는 공통특질 대 독특한 특질이며, 두 번째 분류는 능력특질 대 기질특질 대 역동적 특질이다. 세 번째는 특질의 안정성과 영속성에 따른 분류로 표면특질과 원천특질로 분류하는 것이다.
4. 커텔의 성격체계에서 중요한 세 가지 역동적 특질은 에르그, 감정, 태도다. 역동적 특질은 성격이론의 중요한 주제인 동기와 관련된 특질이다. 커텔은 두 가지 역동적 동기특질로 에르그와 감정을 제안하였다. 또한 역동적 특질인 에르그, 감정, 태도가 도식으로 표현된 것을 역동적 격자라고 불렀다.
5. 커텔은 인생 전반에 걸친 성격 발달을 여섯 단계로 구분하였다. 그가 제안한 여섯 단계는 유아기, 아동기, 청소년기, 성인기, 성인 후기, 노년기다.
6. 커텔은 성격의 객관적 측정을 위해 세 가지 주요한 평가기법을 사용하였다. 이러한 세 가지는 생활기록법, 질문지법, 검사법이다. 성격 평가를 위한 자료수집과 관련하여 영어 첫 글자를 따서 만든 세 가지 평가기법을 L-data, Q-data, T-data라고 부른다.
7. 커텔이 성격을 평가하기 위해 개발한 검사 중에서 가장 잘 알려진 검사가 16PF 검사다. 16PF란 요인분석에 의해 도출된 16가지 성격요인을 의미한다. 보다 정

확히 말하면, 16PF검사는 통계적 방법인 요인분석으로 발견한 주요한 16가지 원천특질로 구성된 성격검사다.

?! Review Questions

1. 커텔이 성격에 대한 정의를 함수관계로 표현한 공식, R = f(P, S)를 설명하라.

2. 표면특질과 원천특질의 내용과 차이점을 설명하라.

3. 체질특질과 환경조형특질의 내용과 차이점을 설명하라.

4. 에르그의 의미를 설명하고, 어떤 특질에 속하는지 밝혀라.

5. 역동적 격자를 구성하고 있는 세 가지 역동적 특질을 설명하라.

6. 세 가지 역동적 특질을 원천특질과 표면특질에 의해 구분하라.

7. 커텔이 제안한 성격 발달의 여섯 단계를 기술하라.

8. 커텔이 성격 평가를 위한 자료를 수집하는 데 사용한 세 가지 방법을 설명하라.

자기 이해와 성장을 위한 <성격 연습 7>

기질

다음은 Buss와 Plomin(1984)이 개발한 정서·활동·사교성 기질 검사(EAS Temperament Survey) 성인용이다. 다음 보기를 참고로 하여 응답하시오.

〈보기〉

1	2	3	4	5
전혀 그렇지 않다		그저 그렇다		매우 그렇다

1. 나는 사람들과 함께 있는 것이 좋다. (S)	1	2	3	4	5
2. 나는 대체로 서두르는 경향이 있다. (Ac)	1	2	3	4	5
3. 나는 쉽게 겁에 질린다. (F)	1	2	3	4	5
4. 나는 자주 괴로움에 시달린다. (D)	1	2	3	4	5
5. 기분이 나쁠 때, 다른 사람에게 직선적으로 표현한다. (An)	1	2	3	4	5
6. 나는 외로운 사람이다. (S)	1	2	3	4	5
7. 나는 항시 바쁜 것이 좋다. (Ac)	1	2	3	4	5
8. 나는 성질이 급하고 참지 못하는 사람으로 알려져 있다. (An)	1	2	3	4	5
9. 나는 종종 좌절감을 느낀다. (D)	1	2	3	4	5
10. 내 인생은 너무나 빨리 지나간다. (Ac)	1	2	3	4	5
11. 일상 속에서 일어나는 일들이 나를 힘겹게 하고 신경을 날카롭게 만든다. (D)	1	2	3	4	5
12. 나는 종종 위태로움을 느낀다. (F)	1	2	3	4	5
13. 나를 괴롭히는 것들이 많다. (An)	1	2	3	4	5
14. 두려움을 느끼게 되면, 공포에 질리게 된다. (F)	1	2	3	4	5
15. 혼자 일하는 것보다 다른 사람과 함께 일하는 것을 선호한다. (S)	1	2	3	4	5

16. 나는 쉽게 감정이 혼란스럽게 된다. (D)	1 2 3 4 5
17. 나는 에너지가 솟구치는 것처럼 느끼곤 한다. (Ac)	1 2 3 4 5
18. 나는 쉽게 화를 내지 않는다. (An)	1 2 3 4 5
19. 내 또래의 다른 사람들보다 두려움을 더 적게 느낀다. (F)	1 2 3 4 5
20. 나는 다른 것보다도 사람들로 인해 더 자극받는다. (S)	1 2 3 4 5

채점 방식 점수를 구하기 위해 우선 6번, 18번, 19번 문항의 점수를 역으로 계산합니다. 괄호 안에 있는 글자는 그 문항이 해당되는 하위척도를 가리킵니다.

해석 방식 척도 개발자들은 정서(Emotionality) 차원을 3부분으로 나누었습니다. 각 하위척도에 해당되는 문항들을 각각 합산합니다. 척도 개발자들이 성인을 대상으로 하여 구한 평균은 다음과 같습니다.

	여자	남자
정서(E)		
걱정(D)	10.08	9.72
두려움(F)	10.60	8.92
분노(An)	10.28	10.80
활동(Ac)	13.40	12.80
사교성(S)	15.24	14.60

제6장

아이젱크의 생물학적 유형론과 성격의 5요인 모델

인간 유기체의 행동은 생물학적 요인과 사회적 요인에 의해 결정되며, 이러한 두 요인 중 어느 한쪽의 강조는 과학의 발달을 방해한다.

– 아이젱크 –

최근에 행동유전학에 대한 연구를 통해 성격에 끼치는 유전 요인의 유의미한 영향력이 밝혀지고 있다. 인간 성격의 생물학적 영향력을 강조한 대표적인 성향적 관점으로 아이젱크의 생물학적 유형론, 맥크래(1949~)와 코스타(1942~)의 성격의 5요인 모델, 그리고 버스(Arnold Buss, 1924~)와 플로민(Robert Plomin, 1948~)의 기질이론 등을 들 수 있다.

영국의 심리학자인 아이젱크는 여러 가지 방법적 측면에서 미국의 특질이론가들의 연구를 보완하였다. 아이젱크는 성격 차원에 대한 탐색을 이상행동의 분야까지 확장시켜 신경증과 같은 특성들을 연구하였다. 융이 성격 유형으로 '내향성'과 '외향성'을 최초로 제안하였지만, 아이젱크는 히포크라테스의 체액론을 바탕으로 체계적으로 특질군으로 형성된 내향성과 외향성을 발견하였다. 아이젱크는 보다 정교하고 세련된 통계적 방법을 사용하여 성격 차원들을 탐구하였다.

성격특질 연구의 또 다른 추세는 요인분석을 통해 초요인(superfactors)을 밝히려는 시도에서 나타난 이론이 성격의 5요인 모델이다. 커텔과 아이젱크는 유사한 통계적 방법인 요인분석을 통해 성격특질의 목록을 도출하였다. 최근의 성격연구가들은 두 사람의 이론에 만족하지 않았다. 아이젱크의 이론은 너무 단순하고 차원의 수가 적다고 생각했으며, 커텔의 이론은 너무 복잡하고 차원의 수가 많다고 여겼다. 커텔의 연구를 반복하여 연구한 결과들에 따르면, 전형적으로 다섯 개의 요인을 얻을 수 있었다(Goldberg, 1990). 또한 성격에 대해 독자적으로 연구한 결과들도 마찬가지로 유사한 결론에 도달했다(Digman, 1990; Fiske, 1949; Norman, 1963). 메릴랜드의 볼티모어에 있는 보건국 산하 노년학 연구 센터에 근무하고 있던 맥크래와 코스타는 성격의 'Big Five'라 불리는 다섯 가지 요인을 확인하기 위한 연구를 실시하였다. 이들이 확인한 다섯 가지 요인은 신경증, 외향성, 개방성, 우호성, 성실성이다. 이를 바탕으로 NEO-PI(NEO Personality Inventory)를 개발하였는데, NEO는 세 가지 요인(신경증, 외향성, 개방성)의 첫 글자를 딴 머리글자다.

텍사스대학교의 버스와 펜실베이니아대학교의 플로민은 성격연구를 통해 세 가지 기질(temperaments), 즉 정서성(emotionality), 활동성(activity) 그리고 사회성(sociability)을 도출하였다. 이들은 이 세 가지 기질이야말로 성격을 구성하는 기본 구조라고 믿었다. 이들에 따르면, 한 개인의 성격은 각 기질의 양이 서로 다르게 구성되어 있다. 이 기질들이 내향성 혹은 외향성과 같은 성격의 패턴 혹은 '초특질

(supertraits)'을 구성한다(Buss & Plomin, 1984, 1986). 이들의 연구는 많은 후속 연구의 기초가 되었다(Bates, 1994). 이들은 유전적 영향뿐 아니라 환경적 영향에 대하여 관심을 가졌다. 우리의 유전적 성향, 즉 기질의 잠재력은 경험, 특히 아동기의 경험에 의해 결정된다고 보았다. 하지만 장기간 동안 타고난 기질적 경향에 반하는 환경에 노출되면, 우리는 갈등과 스트레스를 경험하게 된다.

이 장에서는 아이젱크의 생물학적 유형론과 성격의 5요인 모델을 좀 더 자세하게 살펴보고자 한다.

1. 아이젱크의 생물학적 유형론

아이젱크는 성격에 대한 단순한 기술적 접근이 아니라 검증될 수 있는 성격의 모델을 제공하고자 하였다. 아이젱크의 성격이론은 인간의 유전적인 성향을 바탕으로 한 생물학적 유형론이다. 각성과 흥분 등과 같은 인간의 생리적 특성을 요인분석을 통해 확인된 초요인들과 연결시키려고 하였다. 아이젱크가 제시한 모델은 실험절차에 의해 확인될 수 있는 수많은 검증 가능한 가설을 유발시켰다. 아이젱크는 성격에 대한 정신역동적, 인본주의적, 실존주의적 혹은 현상학적 관점이 엄격하게 검증될 수 없다는 점에서 이러한 접근을 비판하였다(Engler, 1999).

아이젱크의 생애

아이젱크(Hans Jurgen Eysenck, 1916~1997)는 독일 베를린에서 태어나 히틀러가 집권한 이후인 1934년에 영국으로 이주하였다. 런던대학교에서 물리학을 전공하려고 했으나, 필수과목에 대한 사전 공부가 부족하여 불가능하다는 말을 들었다. 낙담한 아이젱크는 자신이 전공할 수 있는 다른 과학 과목이 있는지 대학 관계자에게 문의하였다. "담당자에게서 '심리학밖에 없다'라는 말을 들었어요. 그래서 도대체 '심리학이 뭡니까?'라고 물었지요."라고 아이젱크가 그 당시를 회상하면서 말했다. 그때 담당자가 말한 "아마 마음에 들거요."라는 답을 듣고 심리학을 수강하기 시작했다(Eysenck, 1980, p. 156). 이후 40여 년 동안 심리학 분야에서 타고난 학자로 활동하면서 아이젱크는 75권이 넘는 저서와 700편이 넘는 논문을 발표하였다. 그는 아이젱크 성격검사(Eysenck Personality Inventory), 모드슬리 성격검사(The Maudsley Personality Inventory) 등을 포함한 성격평가 도구들도 개발하였다. 그는 일생의 연구를 통해 성격을 기술하고, 성격을 결정짓는 중요한 요인으로 유전을 강조하였다(Schultz & Schultz, 1998).

역사적 배경

역사적으로 성향의 관점에서 인간의 성격을 기술하려고 했던 최초의 시도는 히포크라테스와 갈렌으로 여겨진다. 그 후 18세기에 독일의 철학자인 칸트(1724~1804)가 그의 저서 『실용적 관점에서의 인간학(Anthropologie in Pragmatischer Hinsicht)』에서 히포크라테스의 네 가지 기질을 감정(feeling)과 활동성(activity)의 두

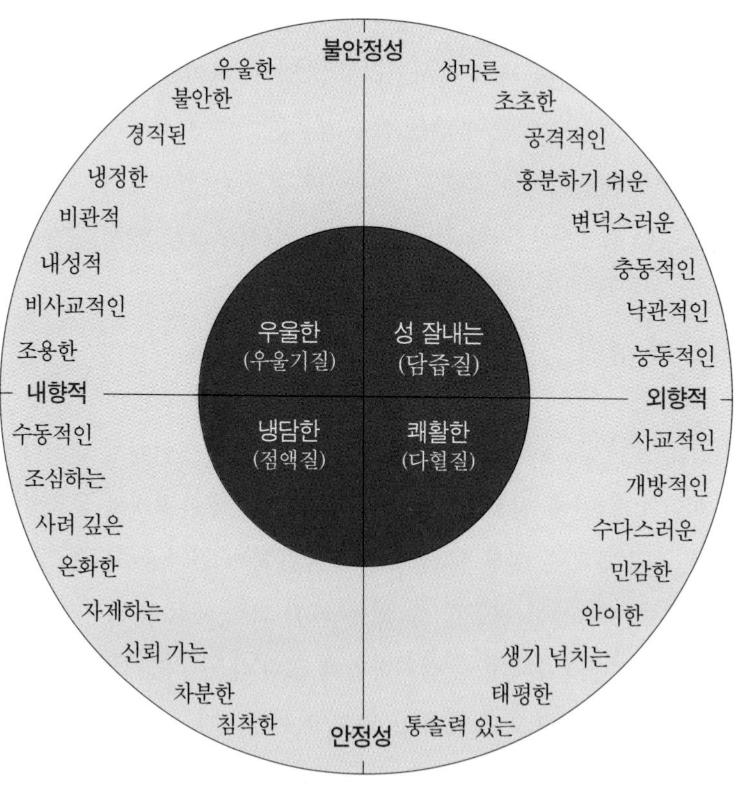

그림 6-1 히포크라테스의 체액론과 아이젱크의 유형론의 관계

차원에서 재조직하였다. 이를 테면, 우울한(melancholic) 사람은 연약한 감정을, 다혈질(sanguine)의 유형은 강한 감정을 가진 것으로 보았다. 점액질(phlegmatic)의 유형은 미약한 활동성을 보이며, 담즙질(choleric)의 유형은 강한 활동성을 갖고 있다고 여겼다.

히포크라테스, 갈렌 그리고 칸트의 관점과 현대 성격이론가들의 관점과의 차이는 전자는 유형(types)으로 설명했던 반면, 후자는 특질(traits)로 설명했다는 것뿐이다. 유형 혹은 유형론은 한 개인의 특성을 구별되고 분리된 범주로 분류하는 것이고, 특질은 한 개인이 연속되는 차원에서 정도의 차이를 보이는 것이다. 히포크라테스의 체액론과 아이젱크의 내향성/외향성 차원과 정서적 안정성/신경증 차원의 관계를 그림으로 표현하면 다음과 같다([그림 6-1] 참조).

최초로 심리학 실험실을 창설한 분트는 성격연구에서 범주적 유형을 연속된 차원으로 관심이 바뀌었다. 분트는 앞서 설명한 네 가지 기질이 두 차원, 즉 변화성(changeability)과 정서성(emotionality)에서의 정도의 차이로 다시 구분될 수 있다고 보았다. 후에 융은 기본적 태도로서 외향성과 내향성의 개념을 보편화시켰으며 정상 성격 유형과 연결시키고자 하였다.

독일 학자였던 크래츠머는 신체유형에 따라 인간의 성격을 설명하였다. 크래츠머의 제자였던 미국 학자 셀던은 신체형과 기질에 근거하여 특질이라는 용어를 사용하여 성격을 설명하였다. 셀던의 연구는 현대성격이론인 특질이론에 중요한 토대가 되었고, 후에 아이젱크와 커텔의 이론, 그리고 5요인 모델의 기초가 되었다.

성격의 정의

아이젱크는 성격을 환경에 대한 개인의 독특한 적응에 영향을 끼치는 인격(character), 기질(temperament), 지성(intellect), 그리고 신체(physique) 요소들이 다소 안정되고 영속적으로 조직화된 것이라고 정의하였다. 여기서 인격이란 의지와 관련되며, 기질은 정서와 관련되며, 지성은 지능과, 그리고 신체는 신체적인 외형 및 내분비적인 특성과 관련된다(Eysenck, 1970, p. 2).

성격 모델

아이젱크는 인간이 생물사회적 동물이라고 여겼다. 때문에 심리학이란 생물학적 접근들, 예를 들어 유전학, 생리학, 신경학, 해부학, 생물화학 그리고 약물학 등과 사회과학적 접근들, 이를 테면 역사, 사회학, 인류학, 경제학 등의 중간에 위치하는 학문이라고 보았다. 아이젱크에 따르면, 많은 심리학자가 단순히 문헌고찰을 통해서만 인간성에 대해 제안하고 있을 뿐이며, 보편적으로 동의할 수 있는 진실에 이르는 방법을 제시하지는 못하였다.

아이젱크는 성격의 과학적 모델이 갖추어야 할 두 가지 측면을 언급하였다. 첫 번째는 요인분석 방법을 통해 성격에 대한 기술이 이루어져야 하며, 두 번째는 연역법의 실험적 검증을 통해 인과분석이 이루어져야 한다는 것이다. 따라서 성격 모델은 개인차에 인간의 보편성이 함께 반영되어야 함을 주장하였다.

성격 모델을 구성하고 수정할 때 아이젱크가 취했던 단계들을 살펴보면 다음과 같다(Engler, 1999, p. 311).

첫째, 다양한 성격특질 간의 관계에 대해 가설을 세운다.

둘째, 후에 초요인으로 구분될 수 있는 일련의 특질군을 확인하기 위해 요인분석을 실시한다.

셋째, 초요인과 관련되는 행동을 설명할 수 있는 생물학적 이론을 구성한다.

넷째, 검증 가능한 심리생리학적·신경학적 호르몬 구성요소들에 관한 이론으로부터 가설을 도출한다.

다섯째, 이론적으로 예측한 것을 검증하기 위해 실험연구를 실시한다.

여섯째, 실험연구의 결과에 비추어 수정되어야 할 부분은 수정한다.

성격의 위계모델

아이젱크는 성격을 하나의 위계로 보았다([그림 6-2] 참조). 위계의 맨 아래에는 특정 반응들(specific responses), 예를 들어 전화를 받는 등의 실제로 관찰 가능한 행동들이 자리를 잡고 있으며, 다음 단계는 습관적 반응들(habitual responses)로서 파

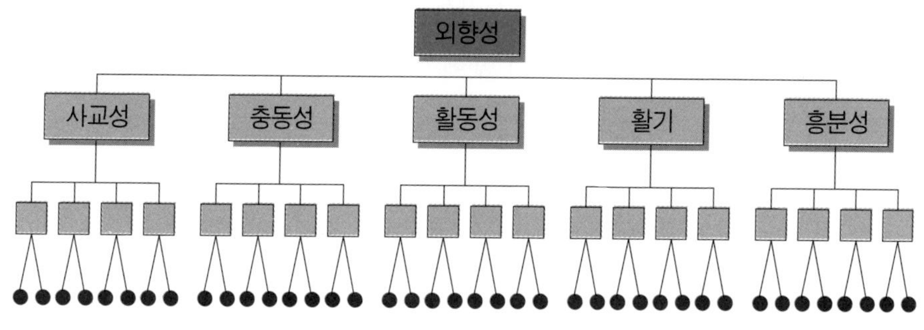

그림 6-2 아이젱크의 성격의 위계적 모델

티에 참석하는 등 유사한 상황에서 특징적으로 발생하는 구체적 행동군을 가리킨다. 그 다음에는 보다 보편적인 특질(generalized traits)로서 커텔이 확인한 원천특질처럼 습관적 반응들과 관련된 특질군이다. 위계의 맨 위에는 외향성이라든가 내향성 등의 특질군으로 보편적 차원(general dimensions) 혹은 기본적 유형(basic types)을 나타낸다.

성격의 세 가지 유형

전 세계의 각기 다른 피험자 집단으로부터 수집한 자료에 대한 요인분석을 바탕으로 아이젱크는 두 가지 유형(type)을 확인할 수 있었다. 두 가지 유형을 각각 내향성/외향성 그리고 안정성/신경증이라고 명명하였다. 후에 다른 통계기법을 사용하여 세 번째 유형인 충동 통제/정신증(Eysenck, 1982, p. 9) 유형을 제시하였다. 아이젱크에 따르면, 외향적인 사람은 사교성이 풍부하고, 파티를 좋아하며, 친구들이 많으며, 이야기를 나눌 사람들을 필요로 하며, 혼자서 책을 읽거나 공부하는 것을 그다지 좋아하지 않는다. 또한 흥분을 즐기고, 위험을 추구하기도 하며, 기분에 따라 행동하는 경향이 높아 일반적으로 충동적인 사람이다. 반대로 내향적인 사람은 조용하고, 사람보다는 책을 좋아한다. 미리 계획하여 실행에 옮기는 경향이 높고, 순간적인 충동을 탐탁하지 않게 생각한다. 일상의 문제를 보다 진지하게 처리하고, 질서 정연한 생활을 좋아한다.

정서적 안정성/신경증 차원은 변덕스럽고, 성미가 까다로우며, 불안하고, 침착성이 없는 사람들(신경증)에 대해 기술하고 있으며, 반대 극단의 안정적이고, 조용하며, 태평스럽고, 침착하고 신뢰성 있는 사람들(정서적 안정성)에 대해 기술하고 있다.

이 세 가지 기본적인 유형을 확인한 후에 아이젱크는 이를 측정하기 위한 지필 검사를 개발하였는데, 가장 최근 형태가 EPQ(Eysenck Personality Questionnaire)(Eysenck & Eysenck, 1975)다. 각 유형에 대한 몇 가지 항목이 〈표 6-1〉에 제시되어 있다.

표 6-1 아이젱크 성격 질문지(Eysenck Personality Questionnaire)의 각 유형별 해당 문항의 예

외향성	1. 사람들과 어울리는 것을 좋아합니까? 2. 외출하는 것을 매우 좋아합니까? 3. 자신을 태평스런 사람(happy-go-lucky)이라고 생각합니까?
신경증	1. 종종 기분이 올라갔다가 내려갔다가 합니까? 2. 종종 짜증날 때가 있습니까? 3. 대개 초조한 기분이 듭니까?
정신증	1. 다른 사람과 함께 일하는 것이 즐겁습니까? 2. 다른 사람에게 예의없이 행동하지 않기 위해 애씁니까? 3. 당신에게 예의 바름과 청결은 중요합니까?

* 출처: Eysenck, H. J., & Eysenck, S. B. G. (1975). *Manual of the Eysenck Personality Questionnaire*. San Diego: EdITS.

성격 발달

아이젱크는 성격은 거의가 유전에 의해 결정된다고 주장하였다. 이러한 주장은 5요인 모델에서도 강조되는 점이다. 아이젱크는 학습이론의 조건형성 개념을 사용하여 어떤 사람들은 생리적 기능, 특히 각성 수준의 유전적 차이 때문에 다른 사람들에 비해 보다 쉽게 조건형성이 된다고 주장하였다. 예를 들어, 일반적으로 외향적인 사람은 조건형성이 쉽게 되지 않고, 내향적인 사람은 그에 반해 쉽게 조건형성이 된다. 또한 내향적인 사람은 외향적인 사람에 비해 생리적 각성 수준이 높아 사회적 장면에서 더욱 부끄러워하고, 주저하고, 불편을 느낀다.

아이젱크는 동일한 생리적 기능이 타액분비 및 내향성-외향성 특징들과 관련된다고 보았다. Corcoran(1964)이 한 실험에서 레몬즙 없이 분비되는 침의 양을 조사해 보았더니, 내향적인 사람들이 외향적인 사람들보다 훨씬 더 많은 침을 분비하는 것으로 나타났다. 또한 내향적인 사람은 흥분제에 보다 더 민감하고, 외향적인 사람은 진정제에 더 민감한 것으로 나타났다. 한편, 아이젱크는 정신증이 호르몬의 차이와 신경전달물질 수준의 다양한 차이에 의해 유발된다고 보았다. 비록 아이젱크 스스로가 뇌의 실제 작용에 대해 기술하지는 않았지만 지난 25년간 뇌에 대한 생물화학적 연구가 광범위하게 실시되어 온 것을 보면, 성격의 주요한 차원들이 생물화학적인 기원을 두고 있다는 점을 알 수 있다(Engler, 1999).

성격이론의 적용

아이젱크의 성격이론은 증상의 종류나 심리적인 장애가 신경계 기능의 원리와 기초적 성격 특질과 관계가 있다는 가정에서 발전된 것이다. 아이젱크에 의하면, 생물학적 시스템의 공동 활동과 불안을 유발하는 자극에 대한 강한 정서적 반응의 학습으로 생긴 경험들 때문에 신경증이 악화된다. 신경증 환자의 대부분이 신경증 점수는 높고, 외향성 점수는 낮은 경향을 보인다(Eysenck, 1982, p. 25). 대조적으로 범죄자와 반사회적인 사람은 신경증, 외향성 그리고 정신증 모두의 점수가 높은 경향을 보인다.

아이젱크는 정신장애가 발달되고 지속되는 데 있어서 유전적인 요인을 강조했지만, 치료의 효과에 대해서는 긍정적인 견해를 보였다. 잠재적으로 정신적 외상을 줄 만한 사건을 피하거나, 학습된 공포 반응을 다시 탈학습시키거나, 사회적 규준을 습득하는 것이 가능하다고 보았다. 이런 점에서 아이젱크는 행동치료를 강조했으며 학습이론의 원리에 따라 이상행동이 체계적으로 치료될 수 있음을 주장하였다.

이에 반해, 아이젱크는 정신분석 이론과 치료기법을 비판하였다. 특히 그는 정신분석이 과학적 이론이 아니라고 주장하면서 신경증과 정신증이 억압을 바탕으로 한 무의식적 갈등의 결과라기보다는 독립된 여러 차원으로 구성된 것이라고 지적하였다. 또한 이상 행동이란 부적응적 반응을 학습하여 얻어진 것이지 무의식적인 갈등의 위장된 표출이라고 여기지 않았다. 따라서 신경증을 치료하는 것은 학습된 반응을 탈학습 혹은 소거시키는 것이라고 보았다(Pervin & John, 2001).

2. 성격의 5요인 모델

성격차원의 수를 가능한 줄이면서도 문화적으로 보편적인 특질군을 찾고자 노력했던 초창기의 노력들이 있다. 1949년 Fiske가 커텔의 16요인 모델을 대체할 수 있는 5요인 모델을 제시하였다. 이 연구는 1960년대 초반까지 잘 알려지지 않다가, Tupes와 Christal(1961)이 외향성(extroversion), 우호성(agreeableness), 성실성(conscientiousness), 정서적 안정성 대 정신증(emotional stability/psychotism), 문화(culture) 등의 차원을 포함한 5요인 모델을 제시하였다. 그 후 1963년에 Norman에 의해 다시 연구되었고, Borgatta(1964)와 Smith(1967) 등이 각기 다른 절차들을 사용하여 성격의 5요인 모델을 연구하였다. 1980년대와 1990년대에 들어와 5요인 모델에 대한 연구는 거의 폭발적으로 이루어졌다. 초기의 연구들로부터 수집된 자료를 새로운 방식으로 분석하려는 시도(Digman & Takemoto-Chock, 1981)가 이어졌고, 다양한 연령과 집단에 적용(McCrae & Costa, 1987; McCrae & Costa, 1997)되어 연구되었다.

성격의 5요인

성격의 차원들을 수렴해 가다 보면 다섯 가지의 요인으로 구분할 수 있다는 많은 연구자의 동의가 이루어졌지만, 여전히 다섯 가지 요인이 각각 무엇인가에 대해서는 이견이 많다(Briggs, 1989; John, 1990; Johnson & Ostendorf, 1993; Saucier, 1992). 이러한 원인으로 요인분석을 실시할 때 요인의 이름을 부여하는 것이 서로 상이하다는 점과 서로 다른 측정치들을 사용하여 분석하였다는 점이다(Carver & Scheier, 2000).

Goldberg가 1981년에 자신의 연구뿐 아니라 다른 여러 연구를 재검토한 결과, 여러 연구에서 일관되게 성격의 다섯 요인들을 밝혀내고 있음을 알게 되었다. 그리하여 이 다섯 가지 요인을 'Big Five'라고 부르기 시작하였다. 'Big'이란 각각의 요인이 수많은 특질을 포함하고 있다는 의미를 지니고 있다. 'Big Five'는 아이젱크의 '초요인'만큼이나 광범위하다. 이 다섯 가지 요인은 각각 신경증(Neuroticism: N),

진화론과 Big Five 성격차원 간의 관계

진화론적 시각이 근대의 특질이론과 관계가 있을까? 많은 특질이론가들은 5요인 모델과 특질을 보통 진화론적 관점으로 바라본다. 여기에는 크게 3가지 요인이 있다. 첫째, Goldberg(1990)는 특질에 대한 근본적이고 사전적(어의적)인 가정들을 제시했는데, 특질은 인간의 근본적인 행동을 분류할 수 있도록 해준다라고 생각하였다. 인간 상호작용의 어떤 측면이 특히 중요할까? Goldberg (1981)는 사람들이 다른 사람(X)과 상호작용할 때 다음과 같은 다섯 가지 근본적이며 보편적인 질문을 하게 된다고 언급하였다.

1. X는 적극적이며 지배적인가 아니면 수동적이고 복종적인가(내가 X를 제압할 수 있을까 아니면 X가 나를 제압할까)?
2. X는 우호적인 사람인가(따뜻하고 유쾌한) 아니면 적대적인 사람인가(냉정하고 거리감 있는)?
3. X는 믿을만한 사람인가(X는 책임감 있고 성실한가 아니면 신뢰할 수 없고 태만한 사람인가)?
4. X는 미치광이(예측하기 힘든)인가 아니면 제정신(안정된)인가?
5. X는 영리한가 아니면 바보인가(내가 X를 가르치는 것이 얼마나 쉬울 것인가)?

놀랄 것도 없이, 이 다섯 가지 질문은 Big Five 특질 요인들과 일치한다.

두 번째, 진화론적 관점에 따르면, 개인차가 자연도태에 의한 진화의 과정에서 어느 정도의 역할을 하기 때문에 개인차가 존재할 수 밖에 없다. 외향적이고 정서적 안정성같은 특질은 아마도 특히 배우자 선택에 있어서 중요한 것일 것이다. 그리고 성실성과 우호성은 특히 집단 생존에 중요한 역할을 할 것이다.

세 번째, 인간은 생리학적으로 유인원과 비슷하기 때문에 어떤 면에서는 공통된 특질을 갖고 있다는 견해가 있다. 어떤 관점에 따르면, 일곱 가지 특질을 인간과 영장류가 공유한다. 즉 활동수준, 두려움, 충동성, 사회성, 양육, 공격성, 지배성 등이다. 이런 특질 중 어떤 것들은 친사회적 행동과 관련되며, 다른 어떤 특질들은 갈등을 조정하거나 힘을 쟁취하려는 것과 관련된다. 다시 말해, 이러한 특질들과 Big Five의 특질들은 분명한 관련성이 있다.

* 출처: Pervin, L. A., & John, O. P. (2001). Personality: Theory and research (8th ed.). New York: John Wiley & Sons.

외향성(Extroversion: E), 개방성(Openness: O), 우호성(Agreeableness: A) 그리고 성실성(Conscientiousness: C)이며, 각 영어 단어의 앞글자만을 따면, OCEAN이 된다

(McAdams, 2001, p. 305). 각 요인의 의미를 이해하기 위해 〈표 6-2〉에 각 차원에서 높은 점수와 낮은 점수를 보이는 사람들의 특성을 제시하였다.

Costa와 McCrae(1985, 1989, 1992)는 성격의 5요인을 측정하기 위해 NEO-PI-R(NEO-Personality Inventory Revised)을 개발하였다. 초창기에는 신경증, 외향성 그

표 6-2 5요인과 각 특징

높은 점수	특질	낮은 점수
	신경증(N)	
걱정, 초조, 감정의 변덕, 불안정, 감정의 부적절, 심기증이 있음	적응 대 정서적 불안정을 측정. 심리적 디스트레스, 비현실적 생각, 과도한 열망과 충동, 부적응적인 대처 반응을 얼마나 나타내는지를 측정	침착, 이완, 안정, 강건함, 자족감
	외향성(E)	
사교적, 적극적, 말하기를 좋아함, 사람 중심, 낙관적, 즐거움 추구, 상냥함	대인관계에서의 상호작용 정도와 강도를 측정. 즉, 활동 수준, 자극에 대한 욕구, 즐거움, 능력 등을 측정	말수가 적음, 냉정함, 과업 중심, 조용, 활기가 없음
	개방성(O)	
호기심이 많음, 흥미의 영역이 광범위함, 창의적임, 독창적임, 상상력이 풍부함, 관습에 얽매이지 않음	자신의 경험을 주도적으로 추구하고 평가하는지의 여부를 측정. 즉, 낯선 것에 대한 인내와 탐색 정도를 측정	관습적임, 흥미를 갖는 영역이 제한됨, 예술적이지 않음, 분석적이지 않음
	우호성(A)	
마음이 여림, 성격이 좋음, 신뢰할 수 있음, 도움을 잘 줌, 관대함, 잘 속음, 솔직함	사고, 감정 그리고 행위적 측면에서 동정심부터 적대감까지의 연속선상에 따라 개인의 대인관계 오리엔테이션이 어느 위치에 있는지를 측정	냉소적임, 무례함, 의심이 많음, 비협조적임, 앙심을 품음, 무모함, 초조함, 조종적임
	성실성(C)	
체계적임, 믿음직함, 근면, 시간을 잘 지킴, 정돈됨, 야망이 큼	목표지향적 행동을 조직하고, 지속적으로 유지하며, 목표지향적 행동에 동기를 부여하는 정도를 측정	목적이 없음, 믿을 수 없음, 게으름, 부주의함, 의지가 약함, 쾌락에 탐닉함

* 출처: Costa, P. T., Jr., & McCrae, R. R. (1992). *NEO-PI-R: Professional manual*. Odessa, FL: Psychological Assessment Resources.

리고 개방성만을 강조하여 NEO-PI(NEO-Personality Inventory)라고 불렸다. 후에 우호성과 성실성을 추가하였다. 5요인 각각은 여섯 가지 하위요인으로 구성되어 있다(〈표 6-3〉 참조). NEO-PI-R은 총 240문항으로 구성되어 있으며, 5점 척도를 사용한다. McCrae와 Costa는 투사적 검사와 임상적 면담에 매우 부정적이었으며 구조화된 설문을 통해 성격을 파악해야 한다고 강력히 주장하였다.

표 6-3 5요인과 각각의 여섯 가지 하위 특질

외향성	사교성, 활동 수준, 주장성, 흥분 추구, 긍정적 정서, 따뜻함
우호성	솔직성, 신뢰성, 이타성, 겸손, 마음이 여림, 순응성
성실성	자제심, 의무감, 유능감, 질서, 신중함, 성취 노력
신경증	불안, 자의식적임, 우울, 상처를 잘 받음, 충동성, 분노 적대감
개방성	공상, 미를 추구함, 감정, 아이디어, 행위, 가치

*출처: Pervin, L. A., & John, O. P. (2001). *Personality: Theory and research* (8th ed.). New York: John Wiley & Sons.

요약

1. 아이젱크는 성격을 환경에 대한 개인의 독특한 적응에 영향을 끼치는 인격, 기질, 지성 그리고 신체 요소들이 다소 안정되고 영속적으로 조직화된 것이라고 정의하였다. 여기서 인격이란 의지와 관련되며, 기질은 정서와 관련되며, 지성은 지능과, 그리고 신체는 신체적인 외형 및 내분비적인 특성과 관련된다.
2. 아이젱크는 성격의 과학적 모델이 갖추어야 할 두 가지 측면을 언급하였다. 첫 번째는 요인분석 방법을 통해 성격에 대한 기술이 이루어져야 하며, 두 번째는 연역법의 실험적 검증을 통해 인과분석이 이루어져야 한다는 것이다. 따라서 성격의 모델은 개인차에 인간의 보편성이 함께 반영되어야 함을 주장하였다.
3. 아이젱크는 성격을 하나의 위계로 보았다. 위계의 맨 아래에는 특정 반응들이 자리 잡고 있으며, 다음 단계는 습관적 반응들이, 다음에는 보다 보편적인 특질들이 위치해 있다. 위계의 맨 위에는 외향성이라든가 내향성 등의 특질군으로 보편적 차원(general dimensions) 혹은 기본적 유형(basic types)을 나타낸다.
4. 수많은 각기 다른 피험자 집단으로부터 수집한 자료에 대한 요인분석을 바탕으로 아이젱크가 두 가지 유형을 초기에 확인하였다. 이러한 두 가지 유형을 각각 내향성/외향성 그리고 안정성/신경증이라고 명명하였다. 후에 추가된 세 번째 유형은 충동 통제/정신증 유형이다.
5. 아이젱크는 성격은 거의가 유전에 의해 결정된다고 주장하였다. 아이젱크는 학습이론의 조건형성 개념을 사용하여 어떤 사람들은 생리적 기능, 특히 각성 수준의 유전적 차이 때문에 다른 사람들에 비해 보다 쉽게 조건형성이 된다고 주장하였다. 이 '조건형성 능력'의 차이가 성격특질에 영향을 주어 어떤 사람은 내향적인 사람으로, 반면에 어떤 사람은 외향적인 사람으로 성격이 발달된다고 보았다.
6. Goldberg는 여러 연구에서 일관되게 성격의 다섯 요인들을 밝혀내고 있음을 확인한 후, 이 다섯 가지 요인을 'Big Five'라고 부르기 시작하였다. 이 다섯 가지

요인은 각각 신경증(Neuroticism: N), 외향성(Extroversion: E), 개방성(Openness: O), 우호성(Agreeableness: A) 그리고 성실성(Conscientiousness: C)이다.

?! Review Questions

1. 아이젱크가 제안한 세 가지 성격 유형에 대하여 설명하라.

2. 아이젱크의 성격의 위계모델을 구성하는 네 가지 위계 내용을 설명하라.

3. 아이젱크가 초기에 확인한 두 가지 유형과 히포크라테스의 체액론과의 관계를 설명하라.

4. 맥크래와 코스타가 제안한 성격의 5요인을 기술하라.

5. 버스와 플로민의 기질이론에서 제안한 세 가지 기질은 무엇인가?

6. 아이젱크의 세 가지 유형 혹은 5요인 모델처럼 성격을 몇 가지의 특질 혹은 요인으로 설명하는 입장에 대해 당신의 견해를 밝혀라.

자기 이해와 성장을 위한 <성격 연습 8>

자극 추구

주커만(Marvin Zuckerman)에 의하면, 자극추구의 생물학적 근거는 아이젱크가 외향성인 사람들에서 발견했던 것과 비슷합니다. 자극추구 성향이란 새로운 체험의 추구, 스릴과 모험의 추구, 그리고 권태에 대한 과민성 등을 의미합니다. 다음 문항을 읽고 해당하는 곳에 ○표를 하시오.

1. A. 나는 여행을 많이 하는 직업을 좋아한다.
   B. 나는 한 곳에 머물러 있는 직업을 좋아한다.
2. A. 나는 추운 날 기운이 난다.
   B. 나는 추운 날 밖에 머무르는 것을 참을 수 없다.
3. A. 나는 친숙한 사람을 만나는 것에 싫증이 난다.
   B. 나는 친구들과의 편안한 친숙함이 좋다.
4. A. 나는 모든 것이 안전하고 행복한 이상적 사회에서 살고 싶다.
   B. 나는 과거 역사에서 불안정했던 시기에 살고 싶다.
5. A. 나는 때때로 다소 놀라운 일을 하고 싶다.
   B. 지각 있는 사람은 위험한 활동을 피한다.
6. A. 최면 경험을 하고 싶지 않다.
   B. 최면 경험을 하고 싶다.
7. A. 인생의 가장 중요한 목적은 풍부하고 많은 경험을 하는 것이다.
   B. 인생의 가장 중요한 목적은 평화와 행복이다.
8. A. 나는 낙하산 점프를 해 보고 싶다.
   B. 나는 결코 낙하산 점프를 하고 싶지 않다.
9. A. 나는 차가운 물에 익숙해지도록 조금씩 들어간다.
   B. 나는 바다나 차가운 물에 바로 뛰어드는 것을 좋아한다.
10. A. 나는 휴가를 갈 때, 좋은 방과 침대가 주는 편안함을 좋아한다.
    B. 나는 휴가를 갈 때, 캠핑을 좋아한다.
11. A. 나는 약간 불안정하더라도 정서적 표현을 잘하는 사람이 좋다.

B. 나는 침착하고 안정된 사람이 좋다.

12. A. 좋은 그림은 오감을 강렬하게 자극할 수 있어야 하는 것이다.
    B. 좋은 그림은 평온함과 안정감을 주어야 한다.

13. A. 오토바이를 타는 사람은 자신을 해치고 싶은 무의식을 갖고 있음이 분명하다.
    B. 나는 오토바이 타는 것을 좋아한다.

채점 방식 다음 문항에 1점씩을 줍니다. 1A, 2A, 3A, 4B, 5A, 6B, 7A, 8A, 9B, 10B, 11A, 12A, 13B의 점수를 총합합니다.

해석 방식 총합을 기준으로 다음 기준과 비교해 보시오.

1~3점: 매우 낮은 자극 추구　　10~11점: 높은 자극 추구

4~5점: 낮은 자극 추구　　12~13점: 매우 높은 자극 추구

6~9점: 평균

* 출처: Zuckerman, M. (1978). The search for high sensation. *Psychology Today*, 11.

자기 이해와 성장을 위한 <성격 연습 9>

성실성

다음 단어가 당신에 대해 얼마나 설명하고 있는지 표시해 보시오.

〈보기〉

1	2	3	4	5	6	7	8	9
전혀 그렇지 않다								매우 그렇다

조심스러운	________	태만한	________
부주의한*	________	정돈된	________
양심적인	________	실제적인	________
정돈되지 않은*	________	기민한	________
능률적인	________	너저분한*	________
무계획적인*	________	꾸준한	________
일관되지 않은*	________	체계적인	________
비능률적인*	________	철저한	________
비실제적인*	________	신뢰할 수 없는*	________
단정한	________	비체계적인*	________

채점 방식 이 척도는 Big Five 성격 차원 중 하나인 성실성을 측정하기 위해 Goldberg(1992)가 개발한 것입니다. 여러 다른 채점 절차가 있지만, 가장 수월한 방법은 다음과 같습니다. 첫째, *가 붙은 10개의 항목에 표시한 점수를 역으로 계산합니다(1=9, 2=8, 3=7, 4=6, 5=5, 6=4, 7=3, 8=2, 9=1). 다음으로, 전체 20문항의 점수를 모두 합산합니다.

해석 방식 Arthur와 Graziano(1996)는 대학생을 대상으로 하여 123.11의 평균(표준편차 23.99)을 구하였습니다. 당신의 점수와 비교하여 보십시오.

제3부

정신역동적 관점

성격의 체계적 연구는 19세기 말에서 20세기 초에 프로이트의 정신분석의 발달과 함께 시작되었다고 볼 수 있다. 여기서는 성격에 대한 프로이트의 정신분석 접근과 신정신분석(neopsychoanalytic) 접근을 포괄하여 정신역동적 관점으로 묶어 살펴보고자 한다. 정신역동적 관점은 20세기에 인간의 가치, 사고, 행동에 가장 영향을 끼쳤던 위대한 인물들 중의 한 사람이 프로이트를 축으로 한 입장이라 할 수 있다. 정신분석 이론을 확장, 비판, 이탈하여 각각의 성격이론가들은 자신의 성격이론을 확립하였다. 프로이트가 창조한 정신분석을 기점으로 각각의 성격이론가들이 세운 이론 및 인간 이해를 위해 내세운 입장을 바탕으로 각 장의 제목을 정하였다. 다루어질 내용은 프로이트의 정신분석, 아들러의 개인심리학, 융의 분석심리학, 호나이의 신경증적 성격이론, 설리반의 대인관계 이론, 머레이의 욕구 및 동기 이론, 프롬의 성격유형, 에릭슨의 심리사회적 발달 등이다.

제7장

프로이트의 정신분석

정신분석자는 발굴작업을 수행하고 있는 고고학자처럼,
가장 깊숙이 감추어진 값진 보물을 찾을 때까지
환자의 정신을 한 층 한 층 벗겨 가야 한다.

– 프로이트 –

현대 성격심리학에 가장 많은 영향을 끼친 사람이 프로이트라고 말을 해도 지나치지 않을 정도로 그의 정신분석 이론은 광범위하게 영향을 끼쳐 왔다. 감추어진 무의식의 중요성을 강조한 정신분석은 인간에 대한 이해를 포괄적이고 체계적인 틀에 따라 설명한 성격이론이다. 성격심리학을 이해하고 평가하는 데 있어 프로이트의 정신분석을 이해함이 없이는 불가능할 정도로 그의 인간에 대한 설명은 많은 영향력을 발휘해 왔다고 할 수 있다.

프로이트는 인간의 성격형성에 당시의 시대정신(zeitgeist)이었던 다윈(Charles Robert Darwin)의 진화론에 근거한 생물학과 초기 아동기 경험의 중요성을 바탕으로 정신분석을 개발하였다. 그는 인간이 생물학적 존재이기 때문에 심리사회 발달단계를 통해 성숙하면서 자신의 강한 성적 추동과 사회적으로 수용될 수 있는 방식으로 행동하려는 욕구 간의 균형을 이루려고 노력한다고 믿었다.

프로이트는 인간이 생물학적 존재라는 점과 더불어 대략 5세까지의 초기 경험의 중요성을 강조함으로써 결정론적 입장을 취했다. 지금까지 많은 성격이론가는 인간의 성격형성에 비합리적인 본능적 힘을 강조한 프로이트의 결정론적 입장을 비판해 왔다. 분명히 프로이트가 본능적 힘을 매우 중요하게 여긴 것은 사실이지만, 정신분석을 통한 그의 본질적 메시지는 인간이 생물학의 희생자가 될 필요가 없다는 것이었다(Seligman, 2001, p. 56).

프로이트는 "정신분석은 나의 창작물이다"라고 하였다. 정신분석은 심리학 및 정신의학 내에서 성격심리학에 대한 영향뿐 아니라, 일반 사람들의 인간과 세계를 보는 관점에도 막대한 영향을 끼쳐 왔다. 따라서 오늘날에도 프로이트가 만든 정신분석에 대한 이해는 역사적인 이유에서뿐만 아니라 계속되는 영향 때문에도 필요하다. 프로이트의 기여 때문에 인간의 심리적 성숙을 향상시키고 정서적 어려움을 가진 사람들을 조력하려는 상담 및 임상심리학자들의 노력은 훨씬 성공적이게 되었다고 할 수 있다.

1. 프로이트의 생애

프로이트(Sigmund Freud, 1856~1939)는 1856년 모라비아(현재는 체코슬로바키아의 일부)의 프라이베르크(Freiberg)에서 태어났다. 프로이트가 네 살 때인 1860년에 그의 가족은 모라비아에서 비엔나로 이주하였으며, 프로이트는 비엔나에서 삶의 대부분을 보냈다. 프로이트는 어려서부터 뛰어난 재능을 보였으며 가족, 특히 어머니로부터 많은 격려를 받았다. 그는 17세에 김나지움을 우수한 성적으로 졸업한 후 의학 및 과학적 연구를 위해 비엔나대학교에 입학하였다. 의학 외에 생물학, 생리학, 교육 등에 대한 다양한 관심 때문에 그는 대학교에서 8년을 보내게 되었다. 마침내 프로이트는 의사자격시험을 치르고, 1881년 임상신경학자로서 개업을 하였다. 프로이트는 사랑에 빠졌던 베르나이스(Martha Bernays)와 약혼한 지 4년이 지난 1886년에 결혼하였다.

프로이트는 1884년에 브로이어(Josef Breuer)와 관계를 맺으면서 정신분석에 대한 관심을 갖게 되었다. 프로이트는 브로이어로부터 히스테리적 신경증을 위한 '담화치료(talking cure)'와 최면의 사용에 대해 배웠다. 1885년, 프로이트는 프랑스에 가서 샤르코(Jean Charcot)와 함께 최면을 연구하며 4개월 반을 보내면서 샤르코에게서 환자들의 문제가 성적 근거를 갖는다는 얘기를 듣게 되었다. 신경증이 성적 근거를 갖는다는 아이디어를 마음속에 간직하다가, 1890년대 중반에서야 프로이트는 신경증을 지배하는 문제가 부적절한 성적 발달이라고 확신하였다.

브로이어와 프로이트는 1895년에 공동연구로서 흔히 정신분석의 시작으로 지적되는 '신경증에 관한 연구(Studies on hysteria)'를 발표하였다. 프로이트는 1897년에 자기분석을 착수하였으며, 자신의 신경증 문제를 불안 신경증으로 진단하였다. 그리고 이러한 문제가 성적 긴장의 누적에 의해 기인한다고 주장하였다. 프로이트가 사용한 자기분석의 방법은 '꿈 분석(dream analysis)'이었다. 꿈 분석은 약 2년 동안 계속되었으며, 그러한 결과가 누적되어 그의 주요 저서인『꿈의 해석(The Interpretation of Dreams)』으로 1900년에 발표되었다.

프로이트는 1902년까지 정신분석의 이론과 실제를 향상시키는 데 관심을 기울였으며, 이 무렵에 아들러를 포함한 소집단이 프로이트 집에서 열린 주말 토의집단에 참여하였다. 신경증의 문제에 대한 이러한 초기 논의는 심층심리학의 네 주역이라 할 수 있는 프로이트, 아들러, 랭크, 융의 다른 이론적 신념과 응용기법의 발달에 중요하게 기여하였다. 프로이트는 1905년에『성 이론에 관한 세 편의 에세이(Three essays on the theory of sexuality)』를 발표하였고, 1909년에 홀(Stanley Hall)에 의해 미국에 초빙되어 클라크대학교에서 강연한 후 그의 명성이 국제적으로 알려지게 되었다.

아들러, 융, 랭크가 각각 자신의 이론과 스타일을 발달시킴으로써 초기 정신분석 집단은 갈등과 반목으로 붕괴되었다. 아들러는 1911년, 융은 1914년에 정신분석 집단에서 이탈하였다. 하지만 프로이트의 명성은 1919년부터 그가 죽은 해인 1939년까지 최고조에 달했다. 1920년대에 프로이트는 인간의 동기에 근거한 성격 이론과 체계를 발달시켰으며, 이러한 이론의 영향은 장애를 가진 사람들의 치료기법 이상으로 확장되었다.

정신분석을 통해 프로이트는 저항(resistance)을 자신의 고통에 직면하지 않으려는 보호형태이며, 억압(repression)을 의식적 자각에서 그러한 고통을 제거하는 방식이란 것을 확인하였다. 억압은 정신분석의 근본적 원리가 되었다. 즉, 억압된 자료는 장기간의 정신분석에서 사용되는 기법인 꿈 분석과 자유연상(free association)을 통해 밝혀지게 되었다. 정신분석에서 효과적인 치료 작업은 환자와 치료자의 인간적 관계 혹은 전이(transference)에 따라 결정된다. 프로이트는 환자가 치료자에 대해 갖는 정서적 태도인 전이가 신경증 치료를 위해 필수적이라고 믿었다.

2. 주요 개념

여기서는 프로이트 정신분석의 주요 개념인 자각의 수준, 본능이론, 성격의 구조이론, 불안, 방어기제 등을 살펴보고자 한다.

자각의 수준

무의식하면 프로이트란 이름을 떠올리는 것이 일반적인 현상이다. 프로이트 정신분석의 핵심은 사람들이 억압하여 무의식에 숨겨 버린 내용을 이해하는 것이다. 프로이트는 지형학적 모델(topographical model)을 통해 자각 수준을 구분하였다. 그가 제안한 자각의 세 수준은 의식(conscious), 전의식(preconscious), 무의식(unconscious)이다. 프로이트는 이러한 자각 수준을 빙산에 비유하기를 좋아했다([그림 7-1] 참조).

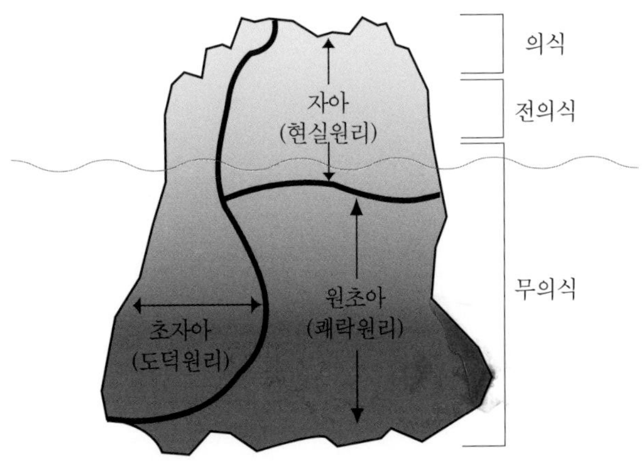

그림 7-1 프로이트의 자각 수준 및 성격의 구조

의식 의식은 개인이 현재 자각하고 있는 생각을 포함한다. 의식의 내용은 새로운 생각이 정신에 들어오고, 오래된 생각은 정신에서 물러나면서 계속적으로 변한다. 당신이 생각하여 현재 어떤 것을 얘기할 때, 당신은 아마도 의식의 일부분을 표현하고 있다고 할 수 있다. 프로이트는 우리가 자각하고 있는 의식은 빙산의 일각에 불과하다고 하여 우리가 자각하지 못한 부분이 많다는 것을 강조하였다.

전의식 전의식은 의식과 무의식의 중간에 있는 자각으로서 꽤 용이하게 의식으로 가져올 수 있는 정신의 부분이다. 엄격히 말하면, 전의식은 무의식의 부분이지만 쉽게 거기에 저장된 기억, 지각, 생각이 의식으로 변화될 수 있는 의식의 아래 부분이다.

무의식 무의식은 프로이트가 가장 중요하게 생각했던 자각의 수준이다. 무의식은 정신의 가장 깊은 수준에서 작동되는 것으로, 우리가 자각하지 못하는 경험과 기억으로 구성된다. 무의식은 정신분석의 초점이 되는 부분이다. 프로이트에 따르면, 무의식은 본능에 의해 지배되며 모든 행동의 배후에서 작동하는 주요한 추진력으로, 우리의 행동을 방향 짓는 소망과 욕망이 자리 잡고 있는 곳이다.

본능이론

프로이트의 성격이론은 성격의 주요한 추진력을 추동(drive) 혹은 충동(impulse)으로 보는 본능이론이다. 본능은 성격의 기본적 요소이며, 행동을 추진하고 방향 짓는 동기다. 프로이트는 본능을 에너지의 형태로 보았으며, 이러한 에너지가 신체적 욕구와 정신의 소망을 연결한다고 보았다. 프로이트는 본능을 두 가지 범주, 즉 삶 본능(life instincts)과 죽음 본능(death instincts)으로 나누었다.

삶 본능 삶 본능은 인간의 생존을 위해 식욕, 성욕 등과 같은 생물학적인 욕구를 충족시키는 데 기여하며 성장과 발달 지향적이다. 프로이트는 삶 본능에 의해 나타난 정신에너지를 리비도(libido)라고 하였다. 이러한 리비도가 어떤 한 가지 대상이나 사람에 집중되어 나타나는 것을 '리비도의 집중(cathexis)'이라고 하였다. 프로이트가 성격에 있어 가장 중요한 것으로 여겼던 삶 본능은 성(sex)과 관련되며, 그것은 단순히 남녀 간의 성욕을 의미하는 것이 아니라 인간에게 쾌락을 주는 모든 행동이나 생각을 포함한다.

죽음 본능 프로이트는 삶 본능과 상반된 개념으로서 죽음 본능이 있다고 가정하였다. 그는 사람들이 죽는 것에 대한 무의식적인 소망을 가지고 있다고 보았다. 이러한 죽음 본능의 주요한 구성요소가 공격성이다. 즉, 개인의 죽음 본능은 공격성으로 표출되어 자신이 아닌 타인이나 대상을 죽이고자 하는 소망으로 파괴하고, 정복하고, 죽이도록 하는 추동이다. 프로이트가 인생 후반에 제안한 죽음 본능은 그의 이론 중에서 많은 성격이론가에게 가장 비판을 받은 개념이기도 하다.

성격의 구조이론

프로이트는 성격이 세 가지 구조적 구성요소인 원초아(id), 자아(ego), 초자아(superego)에 의해 작동한다고 보았다. 이러한 구성요소는 각각 독특한 속성을 가지면서 상호 간에 영향을 주며, 기본적으로 만족 혹은 쾌락을 추구한다([그림 7-1] 참조).

원초아 원초아는 성격의 가장 원시적인 부분으로 모든 본능의 저장소다. 이것은 인간 성격의 생물학적 구성요소다. 따라서 원초아는 본능적 추동에 의해 충동적으로 작동하며 성격의 다른 두 부분인 자아, 초자아에 쾌락을 위한 압력을 가한다. 원초아는 직접적인 신체적 욕구만족과 관련되며, 작동하는 주요한 원리는 쾌락원리(pleasure principle)다. 즉, 원초아는 쾌락원리에 의해 작동하기 때문에 현실이나 도덕성에 대한 고려 없이 쾌락을 추구한다.

자아 자아는 인간 성격의 심리적 구성요소다. 자아는 성격의 합리적 측면으로 실제적인 면에서 개인이 접하는 현실을 인지하고 조정하면서 현실원리(reality principle)에 따라 작동한다. 자아는 원초아의 요구를 고려하면서 현실 요구에 맞춰 쾌락을 지연시키거나 충족시키는 적절한 방법을 찾는다. 더불어 자아는 초자아가 주도하는 도덕적인 측면을 고려하여 합리적이고 규범적인 행동을 위한 조정역할을 수행한다. 이런 점에서 자아의 세 가지 지배자는 원초아, 현실, 초자아라고 할 수 있다.

초자아 초자아는 인간 성격의 사회적 구성요소로서 주로 개인의 내적 도덕성인 양심(conscience)과 개인이 추구하고자 하는 자아이상(ego-ideal)에 의해 작동한다. 따라서 초자아가 작동하는 주요한 원리는 도덕원리(morality principle)다.

프로이트는 성기기(phallic stage)에 남자아이는 오이디푸스 콤플렉스(Oedipus complex)를, 그리고 여자아이는 엘렉트라 콤플렉스(Electra complex)를 겪는다고 보았다. 초자아는 아이들이 자신과 같은 성의 부모와 동일시, 즉 사회적 실체를 받아들임으로써 사회화를 통해 이러한 콤플렉스를 해결하면서 발달한다고 보았다. 다시 말하면, 아이들은 보통 5~6세 정도가 되면 부모의 규칙과 훈계에 의해 성격의 도덕적 측면을 형성하고 콤플렉스를 해결하면서 성격의 사회적 구성요소인 초자아를 발달시키게 된다. 초자아의 주요한 목적은 도덕적 완성을 추구하는 것으로, 원초아가 반사적 행동 및 정신의 일차적 과정에 따라 쾌락을 추구하는 것을 억제시키면서 사회적 요구에 부합하는 측면에서 만족을 추구하는 것이다.

불안

프로이트는 원인에 대한 명확한 대상이 없이 두려움을 느끼는 것을 불안으로 보았으며, 모든 불안의 원형이 출생외상(birth trauma)이라고 생각하였다. 그가 제안했던 세 가지 유형의 불안은 현실 불안(reality anxiety), 신경증 불안(neurotic anxiety), 도덕 불안(moral anxiety)이다. 이러한 불안은 앞에서 설명한 성격의 세 가지 구조와 관련해서 이해할 수 있다. 즉, 현실 및 세 가지 자아 간의 갈등에 의해 불안이 야기된다.

현실 불안 현실 불안은 자아가 현실을 지각하여 두려움을 느끼는 불안으로, 실제적 위험에서 우리를 보호하는 데 기여한다.

신경증 불안 신경증 불안은 현실을 고려하여 작동하는 자아와 본능에 의해 작동되는 원초아 간의 갈등에서 비롯된 불안이다. 이러한 불안은 막대한 힘을 가진 원초아에 의해 충동적으로 표출된 행동이 처벌되지 않을까 하는 무의식적 두려움이다.

도덕 불안 도덕 불안은 원초아와 초자아 간의 갈등에서 비롯된 불안으로 본질적으로 자신의 양심에 대한 두려움이다. 만약 당신이 자신의 도덕적 원칙에 위배되는 본능적 충동을 표현하도록 동기화 되면, 초자아는 당신으로 하여금 수치와 죄의식을 느끼도록 한다.

방어기제

불안은 자아에게 닥친 위험을 알리는 신호다. 불안은 세 가지 자아 간의 갈등으로 끊임없이 야기된다. 자아는 충동적으로 쾌락을 추구하는 원초아와 완벽성을 추구하는 초자아와의 갈등을 감소시키려고 노력한다. 프로이트는 모든 행동이 본능에 의해 동기화되는 것처럼 역시 불안을 피하려고 한다는 점에서 방어적이라고 보았다. 인간은 기본적으로 불안을 원치 않으며 불안으로부터 벗어나기를 원한다. 따

표 7-1 방어기제의 종류 및 내용

종류	내용	예
억압 (repression)	억압은 프로이트가 "정신분석의 전체적 구조가 의존하는 주춧돌"이라고 부를 정도로 가장 중요한 방어기제다. 억압은 자아가 위협적인 내용을 의식 밖으로 밀어내거나 혹은 그러한 자료를 의식하지 않으려는 적극적 노력이다. 본질적으로 억압은 우리에게 불편함이나 고통을 가져다주는 존재에 대한 무의식적 부정이다.	자신을 학대하는 부모에 대한 뿌리 깊은 적대감을 알아차리지 못하는 것
부정 (denial)	부정은 현실에서 일어났던 위협적이거나 외상적인 사건을 받아들이지 않고 거절하는 것이다.	부모가 사랑하는 자녀의 죽음을 계속해서 믿지 않으려 하는 것
반동형성 (reaction formation)	반동형성은 개인의 내면에서 수용할 수 없는 충동을 정반대로 적극적으로 표현하는 것이다.	위협적인 성적 충동에 사로잡혀 있던 사람이 정반대로 포르노그라피를 맹렬하게 비판하는 것
투사 (projection)	투사는 자신이 갖고 있는 좋지 않은 충동을 다른 사람이 가지고 있다고 원인을 돌리는 것이다.	내가 그를 미워하는 것이 아니라, 그가 나를 미워한다고 표현하는 것
퇴행 (regression)	퇴행은 위협적인 현실에 직면하여 덜 불안을 느꼈던, 그리고 책임감이 적었던 이전의 발달단계의 행동을 하는 것이다.	아이가 학교에 가야 한다는 위협에 직면하여 잠자리에 오줌을 싸는 행동
전위 (displacement)	전위는 어떤 대상에게 원초아의 충동을 표현하기가 부적절하면, 그러한 충동을 다른 대상으로 대체하는 것이다.	아빠에게 꾸중을 들은 아이가 적대감을 아빠에게 표현하지 못하고 동생을 때리거나 개를 발로 차는 경우
승화 (sublimation)	승화는 전위의 한 형태로서 수용될 수 없는 충동이 사회적으로 받아들여질 수 있는 충동으로 대체되는 것이다.	타인에 대한 공격성이 권투 선수가 되어 훌륭한 시합을 하는 것으로 대체되는 것
합리화 (rationalization)	합리화는 자신의 행동을 그럴듯한 그러나 부정확한 핑계를 사용하여 받아들여질 수 있게끔 행동을 재해석하는 것이다.	『이솝우화』에서 포도를 딸 수 없었던 여우가 포도가 실 것이라고 결론 내렸던 것은 합리화의 고전적 예

라서 인간은 갈등에서 비롯된 불안으로부터 자신을 보호하기 위해 다양한 방어기제(defense mechanisms)를 사용한다. 방어기제는 고통에서 우리를 보호한다는 점에서 유용한 목적에 기여하지만, 그것이 무분별하고, 충동적으로 사용될 때에는 병리적이 된다. 다양한 방어기제가 작동되는 구체적 내용은 서로 다르지만 공통적인 두 가지 특성을 가진다. 첫째는 현실의 부정 혹은 왜곡이다. 둘째는 방어기제는 무의식적으로 작동된다는 점이다. 몇 가지 주요한 방어기제의 내용 및 예를 표로 제시하면 다음과 같다(〈표 7-1〉 참조).

3. 성격 발달

프로이트는 성격이 심리성적 발달단계에 따라 형성된다고 보았다. 심리성적 발달단계의 주요한 특징은 정신에너지인 리비도가 신체 부위의 어디에 집중되느냐에 따라 다섯 단계로 구분된다. 이러한 다섯 단계는 구강기, 항문기, 성기기, 잠복기, 생식기다. 인간이 출생하여 이러한 다섯 단계에 따라 성격을 형성하지만, 때로 어떤 사람은 지나친 좌절 혹은 만족 때문에 심리성적 발달단계의 어떤 단계에 머물러 있는 경우가 있다. 이렇게 리비도가 신체의 다른 부위로 이동하지 않는 것을 고착(fixation)이라고 한다.

여기서는 프로이트가 제안한 심리성적 발달단계의 주요한 특징을 살펴보고자 한다.

구강기 유아가 출생하여 1세까지에 해당하는 심리성적 발달의 첫 단계가 구강기(oral stage)다. 이 시기에 유아의 리비도는 입에 집중되어 있다. 유아는 입을 통해 빨고, 먹고, 깨무는 행위에서 긴장 감소와 쾌락을 경험한다. 유아는 리비도의 일차적 대상인 어머니의 젖을 빨면서 어머니에게 전적으로 의존한 상태에서 이 세상에 대한 지각을 배우게 된다. 구강기 동안에 나타나는 두 가지 행동방식은 구강 수용적 행동(oral receptive behavior)과 구강 공격적 행동(oral aggressive behavior)이다. 유아로서 구강 욕구가 지나치게 만족되면, 성인이 되어 세상에 대하여 지나치게 낙관론을 갖거나 의존적인 성격을 갖는 경향성이 있다. 구강 공격적 행동에 고착된 사람은 지나친 비관론, 적의성, 공격성을 보이는 경향이 있다.

항문기 심리성적 발달단계의 두 번째는 보통 1~3세까지 진행되는 것으로, 리비도가 항문에 집중되는 항문기(anal stage)다. 이 시기의 성격형성은 본능적 충동인 배설과 외부적 현실인 배변훈련과 관련되어 결정된다. 배설물을 방출하는 것은 아이에게 쾌락이지만, 배변훈련의 시작과 함께 아이는 이 쾌락을 지연시키는 방법을 배우게 된다. 만약 배변훈련이 순조롭게 진행되지 않으면, 아이는 두 가지 방식으로 반응할 수 있다. 한 가지 방식은 부모가 하지 말라고 한 시간과 장소에 배변을 함으로써 부모의 요구를 거절하는 행동을 한다. 아이가 이러한 행동을 좌절을 감소하기 위한 만족스런 행동으로 여기고 자주 하면, 항문 공격 성격(anal aggressive personality)을 발달시킬 수 있다. 아이가 배변훈련의 좌절에 반응할 수 있는 두 번째 방식은 배설해야 할 변을 보유하는 것이다. 변을 보유하면서 만족을 느끼고 부모를 조작하는 아이는 고집이 세고 구두쇠로 특징되는 항문 보유 성격(anal retentive personality) 발달을 형성할 수 있다.

성기기 프로이트의 심리성적 발달단계 중 성격형성에 가장 중요한 시기가 4~5세 중에 나타나는 성기기(phallic stage)다. 필자가 이 단계를 남근기로 쓰지 않는 이유는 남근기라고 하면 프로이트의 심리성적 발달단계가 여성을 배제한 것으로 여겨지기 때문이다. 아이의 리비도의 초점, 즉 쾌락의 초점이 항문에서 성기로 옮겨진다. 이 단계에서 아이는 성기를 만지거나 환상을 통해서 쾌락을 느낀다. 성기기의 갈등은 아이의 반대 성인 부모와 관련한 근친상간 욕망에 대한 환상과 관련되어 있다(프로이트의 초기 이론은 성적 유혹 이론이었으나 후기 이론은 성적 환상 이론이다).

남자아이가 반대 성인 어머니에 대한 무의식적 욕망에서 비롯된 갈등이 오이디푸스 콤플렉스(Oedipus complex)다. 프로이트는 이 용어를 아들과 어머니와 성 관계와 그 결과를 비극적으로 묘사한 그리스 신화로부터 따왔다. 이 단계에서 어머니는 남자아이의 사랑의 대상이 된다. 남자아이는 환상과 행동을 통해 어머니에 대한 성적 소망을 나타낸다. 그러나 남자아이는 아버지를 어머니에 대한 경쟁자이며 위협적 존재로 여긴다. 또한 그는 아버지와 어머니가 특별한 관계에 있음을 지각하고, 아버지에 대해 질투심과 적대심을 가지게 된다. 연약한 아이가 힘 있는 적대자인 아버지로부터 자신의 성기가 잘려지지 않을까 하는 두려움을 갖게 되는 것을 거세불안(castration anxiety)이라고 한다. 남자아이는 자신을 아버지와 동일시(identification)함으로써 이러한 오이디푸스 콤플렉스를 극복한다. 더불어 사회적 규범, 도덕적 실체라고 할 수 있는 아버지에 대한 동일시를 통해 초자아를 형성하게 된다.

여자아이가 성기기에 겪는 갈등을 프로이트는 엘렉트라 콤플렉스(Electra complex)라고 하였다. 그리스 신화에서 엘렉트라는 동생을 설득해서 아버지를 살해했던 어머니와 어머니의 정부를 살해케 했다. 성기기 중에 아버지는 여자아이의 애정의 대상이 된다. 프로이트는 남자아이의 거세불안과 상반되게 여자아이는 남근선망(penis envy)을 갖는다고 보았다. 즉, 여자아이는 자신의 성기를 잃었다고 믿고, 남자아이는 자신의 성기를 잃을까 두려워한다. 여자아이는 어머니와 동일시를 통해 엘렉트라 콤플렉스를 해결하고 초자아를 형성하게 된다.

잠복기 네 번째인 잠복기(latency period)는 6세에서 사춘기까지로 실제로는 심리성적 단계가 아니다. 이 시기에 성적 본능은 휴면을 취한다. 아이들은 이 기간 동안 학교 활동, 취미, 스포츠, 우정관계 등을 통해 성적 충동을 승화시킨다.

생식기 심리성적 발달의 마지막 단계인 생식기(genital stage)는 사춘기에 시작한다. 이 단계에 청소년의 두드러진 발달 특징은 급격한 신체적 성장과 더불어 호르몬의 변화다. 이러한 신체적 변화에 따라 오랫동안 휴면에 있었던 리비도가 성기에 집중되면서 청소년은 이성에 대한 관심과 함께 성행위를 추구하기 시작한다. 소년과 소녀는 서로 다른 성적 정체감을 인식하면서 성 및 대인관계 욕구를 충족할 방법을 찾는다. 생식할 능력을 갖춘 존재로서 인간은 타인과의 관계를 통해 만족을 추구하며, 직접적으로 성행위를 충족시키지 못할 경우 자위 행위를 통해 긴장을 해소하면서 쾌락을 경험한다.

지금까지 설명한 프로이트의 심리성적 발달단계를 요약하면 〈표 7-2〉와 같다.

표 7-2 심리성적 발달단계와 특징

단계	연령	특징
구강기	0~1세	리비도가 입에 집중되어 있으며, 주로 빨기를 통해 쾌락을 얻음. 원초아가 지배적임.
항문기	1~3세	배변훈련(외부 현실)이 배변으로 인해 얻어지는 만족을 방해함
성기기	4~5세	근친상간에 관한 환상; 오이디푸스 콤플렉스, 불안, 초자아가 발달됨
잠복기	6세~사춘기	성적본능의 승화 단계
생식기	청소년기~성인기	성역할 정체감과 성인으로서의 사회적 관계가 발달됨

4. 성격 평가기법

성격을 이해하기 위해 프로이트는 사례연구 방법을 사용하였다. 환자들의 증상이나 호소하는 문제 이면에서 심층적으로 작동하는 무의식의 내용을 밝히는 작업이 집중적으로 사용되었다. 프로이트가 성격을 이해하기 위해 사용한 주요한 기법은 자유연상(free association), 꿈 분석(dream analysis), 전이분석(transference analysis)이다.

자유연상 자유연상은 환자가 전혀 자기검열 없이 마음에 떠오르는 모든 생각이나 기억을 치료자에게 보고하는 기법이다. 환자는 자기의 마음속에 떠오르는 생각이 아무리 사소하고, 중요하지 않고, 당황하게 하고, 비논리적인 것일지라도 있는 그대로 모든 생각을 치료자에게 보고한다. 프로이트는 자유연상을 통해 검열 없이 보고가 이루어지는 시도를 정신분석의 기본원리라고 하였다. 치료자는 자유연상을 사용하여 환자의 문제가 인생 초기에 경험했던 외상 경험과 관련된 것을 발견한다.

꿈 분석 꿈 분석은 프로이트가 환자의 무의식의 비밀을 벗기기 위해 사용했던 다른 주요한 기법이다. 프로이트는 꿈을 소망충족을 위한 위장된 시도라고 보았다.

이러한 소망은 개인에게 수용될 수 없는 무의식적 동기로 위장되거나 상징적인 형태로 인간의 억압된 욕망, 공포, 갈등을 나타낸다. 이런 점에서 "꿈은 무의식에 이르는 왕도다"(Dream is the royal road to the unconscious)라고 했다. 프로이트는 꿈의 내용을 꿈에서의 실제 사건(명시된 내용)과 그런 사건들의 숨겨진 상징적 의미(잠재한 내용)의 두 측면으로 구분했다. 또한 그는 꿈에서 나타난 상징의 숨겨진 의미를 성적 충동과 관련하여 찾으려고 했다. 예를 들어, 계단, 사다리는 성 관계를 나타내고, 양초, 뱀, 나무 밑 등은 음경을 나타낸다. 그리고 상자, 문은 여성의 몸을 상징한다.

전이분석 정신분석 과정에서 내담자는 인생 초기의 의미 있는 대상(주로 부모)과의 관계에서 발생했으나 억압되어 무의식에 묻어 두었던 감정, 신념, 욕망을 자기도 모르게 치료자에게 표현하는 현상이다. 파인(Pine, 1998)은 성격에 확고하게 형성된 오래된 관계 패턴이 현재에서 반복되어 나타나는 것을 전이라고 하였다. 전이는 아동기에 정서적으로 의미 있는 대상에 밀접하게 관련된 감정이 치료자에게 이동되어 나타나는 것으로 정의될 수 있다. 즉, 전이는 내담자가 어린 시절에 부모에 관련된 그의 환상적 소망의 반복을 치료자에게 나타내는 고도의 정서적 태도다. 내담자는 치료자에게 감정을 전이함으로써 현재의 어려움을 야기시키는 초기의 인생 갈등을 정서적으로 다시 경험할 수 있다.

정신분석에서 치료자의 주된 업무의 하나는 전이를 유도하고 해석하는 것이다. 전이는 내담자가 치료자에게 부여하는 모든 투사의 총합이다. 실제 심리치료 관계에서 전이현상이 일어나면 치료자에 대한 지각이 왜곡되고 상황에 걸맞지 않은 체험과 행동양식이 일어난다. 즉, 이전에 관계양상이 활성화되는 성향으로 많은 옛 체험이 과거에 지나간 것이 아니라 심리치료자라는 한 인간과의 실제 관계에서 다시 생생해진다.

전이는 이전의 반복일 뿐만 아니라 이전에는 결코 체험하지 못했던, 생각할 수조차 없었던 동경과 감행하지 못한 행동 등을 이제야 처음으로 체험해 볼 수 있는 새로운 관계체험이다. 치료자의 분석은 내담자가 이전의 의미 있는 사람으로부터 치료자에게 전이되는 감정의 실제와 환상 사이를 구별하는 것을 돕는다. 또한 내담자는 자신이 얼마나 잘못 인식하고 있고, 잘못 해석하고 있으며, 과거에서 현재와 관련되어 있는지를 이해하도록 돕는다. 대부분의 전이의 감정은 무의식적이며 치료자의 기술은 내담자가 이러한 왜곡된 관계를 재편성하도록 돕는다.

5. 성격이론의 적용

프로이트가 개발한 정신분석 이론은 광범위하게 인간에 대한 이해 및 심리치료 방법으로 적용되어 심리적 문제해결에 사용되어 왔다. 정신분석의 목표는 일차적으로 중요한 무의식적 자료를 의식으로 가져오는 것이다. 정신분석자의 과업은 환자가 무의식적 자료를 회상하여 재해석하도록 하여 그의 현재 생활이 보다 만족스럽게 될 수 있도록 조력하는 것이다. 치료자는 정신분석을 통해 내담자에게 불안을 야기하는 무의식에 억압된 충동을 의식할 수 있도록 한다. 프로이트가 말한 정신분석의 목적을 세 가지로 요약해 볼 수 있다. 첫째, 신경증적 고통을 인생살이에서 흔히 만나는 현실적 고통으로 변하게 하는 것이다. 둘째, '원초아가 있었던 곳에 자아가 있어야 할 것이다(Where Id was, there Ego shall be)'. 이 말은 원초아가 있던 자리에 자아로 대체함으로써 자각과 함께 갈등의 해결이 이루어지는 것을 말한다. 즉 현실 원리를 따르는 자아가 무의식에 억압된 충동을 이해하고 원초아와의 갈등을 해결하여 본능적 충동에 의해 지배되지 않고 현실적이고 합리적으로 적응하게 하는 것을 의미한다. 셋째, 정신건강을 회복시켜 사랑과 일을 할 수 있는 능력을 갖게 하는 것이다(이무석, 1995, pp. 47-50; Wolitzky, 1995, pp. 24-25).

이러한 정신분석의 목표 달성을 위해 정신분석자는 정신분석의 일반적 단계인 ① 시작 단계, ② 전이 발달단계(development of transference), ③ 훈습(working through), ④ 전이 해결(resolution of transference)을 통해 환자의 문제를 해결한다. 이러한 정신분석 단계에서 치료자의 주요한 역할이 전이를 유도하고 해결하는 것임을 알 수 있다. 전이는 내담자가 인생 초기의 의미 있는 대상(주로 부모)과의 관계에서 발생했으나 의식화되지 못하고 억압되어 무의식에 묻혀 있었던 생각, 감정, 욕망을 치료자에게 자신도 모르게 표현하는 것을 의미한다.

치료자의 전이 유도 및 해결은 궁극적으로 내담자로 하여금 자신이 무의식에 억압해 버린 자료를 이해하도록 하는 과정이다. 이러한 치료과정에서 저항(resistance)

이 출현한다. 저항은 환자가 무의식에 묻어 두었던 자신에게 고통스러운 기억을 드러내기를 꺼려하는 것이다. 환자가 저항하는 주요한 이유는 변화에 대한 두려움, 무의식적 소망과 욕구의 충족 유지, 그리고 무의식적 갈등에 직면하기를 피하는 것이다. 프로이트는 "저항의 해결이 치료의 법칙이다"라고 하였다. 즉, 무의식에 숨겨둔 자료를 내담자로 하여금 철저히 이해하도록 하는 과정에서 필연적으로 나타나는 저항을 해결하는 것이 필요하다는 것이다.

요약

1. 프로이트는 본능을 신체 내에서 발생하는 자극들의 정신적 표상으로 보고 이러한 본능을 바탕으로 그의 정신분석 이론을 체계화하였다. 삶의 본능은 생존의 목적에 기여하며, 정신에너지인 리비도로 나타난다. 대립되는 죽음 혹은 공격성 본능은 쇠퇴, 파괴, 공격 지향적인 무의식적 추동이다.
2. 프로이트는 자각의 수준을 지형학적 모델을 통해 의식, 전의식, 무의식의 세 수준으로 구분하였다. 무의식은 정신의 가장 깊은 수준에서 작동되는 것으로, 정신분석의 초점이 되는 부분이다.
3. 성격의 세 가지 구조적 구성요소인 원초아, 자아, 초자아에 의해 정신이 작동된다. 기본적으로 세 가지 자아가 쾌락을 추구하지만, 원초아는 쾌락원리에 의해, 자아는 현실원리에 의해, 초자아는 도덕원리에 의해 작동된다.
4. 불안은 세 가지 자아가 크게 위협을 받을 때 나타난다. 현실 불안은 현실세계에서 위험에 대해 자아가 느끼는 두려움이다. 신경증 불안은 쾌락을 추구하는 원초아와 현실 간의 갈등이다. 도덕 불안은 원초아와 초자아 간의 갈등이다.
5. 방어기제는 무의식적으로 작동되며, 불안의 위협으로부터 자아를 보호하는 현실왜곡이다. 방어기제에는 억압, 부정, 반동형성, 투사, 퇴행, 합리화, 전위, 승화 등이 있다.
6. 정신분석 이론의 성격 발달은 정신에너지인 리비도가 신체 부위의 어디에 집중되느냐에 따라 구강기, 항문기, 성기기, 잠복기, 생식기로 구분된다.
7. 프로이트의 정신분석은 무의식의 중요성을 강조하기 때문에 성격 평가를 위해 꿈의 분석을 중요한 도구로 사용하였으며, 더불어 자유연상 기법을 통해 환자의 모든 생각이나 기억을 파악하려고 시도하였다.
8. 프로이트가 말한 정신분석의 세 가지 목표는 첫째, 신경증적 고통을 인생살이에서 흔히 만나는 현실적 고통으로 변하게 하는 것이다. 둘째, '원초아가 있었던 곳에 자아가 있어야 할 것이다(Where Id was, there Ego shall be)'. 셋째, 정신건강을 회복시켜 사랑과 일을 할 수 있는 능력을 갖게 하는 것이다.

?! Review Questions

1. 자각의 수준과 성격의 구조를 그림을 통해 설명하라.

2. 프로이트가 가정한 두 가지 본능에 대한 당신의 의견을 기술하라.

3. 성격의 세 가지 구성요소의 특징 및 차이를 설명하라.

4. 불안을 프로이트가 가정한 성격의 구조이론과 관련지어 설명하라.

5. 방어기제의 공통적 특성을 기술하고, 억압과 반동형성 기제를 예를 들어 설명하라.

6. 오이디푸스 콤플렉스와 엘렉트라 콤플렉스가 무엇인지 설명하고, 어떻게 해야 극복되는지를 설명하라.

7. 프로이트가 제안한 주요한 성격 평가 기법 두 가지를 기술하라.

8. 프로이트가 말한 정신분석의 세 가지 목표에 대해 설명하라.

자기 이해와 성장을 위한 <성격 연습 10>

일상생활 속에 묻어 있는 프로이트의 원리

다음 활동은 당신의 일상적인 행동에 대해 사람들이 어떤 믿음을 갖고 있는지를 알아보는 것입니다. 문장 하나하나를 잘 읽어 보고, 해당되는 곳에 ○표 하시오. 옳고 그른 답은 없습니다.

전혀 그렇지 않다(1)
대개 그렇지 않다(2)
중간이다(3)
대개 그렇다(4)
매우 그렇다(5)

1. 어렸을 때 일어난 사건들은 성인이 되어서 성격을 형성하는 데 아무런 영향을 미치지 않는다.	1	2	3	4	5
2. 성욕을 조절하는 것은 대부분의 사람에게 쉬운 일이다.	1	2	3	4	5
3. 문화와 사회는 인간의 자연스러운 공격성을 억제하기 위한 하나의 방법으로서 발전되어 왔다.	1	2	3	4	5
4. 남자아이는 자신의 엄마에게 매우 강한 애착을 보일 것이다.	1	2	3	4	5
5. 기억하기에 너무 고통스러운 것을 일부러 잊는 것은 가능한 일이다.	1	2	3	4	5
6. 만성적으로 담배를 피고, 식사를 하고, 껌을 씹는 사람들은 깊은 심리적 문제를 가지고 있다.	1	2	3	4	5
7. 경쟁적인 사람은 비경쟁적인 사람보다 더 공격적이지 않다.	1	2	3	4	5
8. 아버지는 자신의 딸과 어느 정도의 거리를 두어야 한다.	1	2	3	4	5
9. 배변훈련은 자연스러운 것이며, 대부분의 아이에게 그렇게 심한 정신적 충격을 남기는 것은 아니다.	1	2	3	4	5
10. 남성의 성기는 힘의 상징이다.	1	2	3	4	5

11. 엄마 나이 또래의 여성과 데이트를 하는 남자는 문제가 있다.	1	2	3	4	5
12. '남자의 성기를 잘라 버리고도 남을 만한 여우같은 여자'로 묘사될 수 있는 어떤 여자가 있다.	1	2	3	4	5
13. 꿈은 일상생활에서 일어난 사건을 단지 재연하는 것이지, 그 이상의 깊은 의미를 갖는 것은 아니다.	1	2	3	4	5
14. 아빠 나이 또래의 남자와 데이트를 하는 여자는 뭔가가 잘못되었다.	1	2	3	4	5
15. 시험을 치루지 못한 학생이 "저의 할머니가 거짓말해서, 아니 돌아가셔서…….."라고 말한다면 필시 거짓말을 하고 있는 것이다.	1	2	3	4	5

채점 방식 각 문장마다 자신이 체크한 점수가 해당 문장의 점수가 됩니다. 3, 4, 5, 6, 8, 10, 11, 12, 14번 문항은 '전혀 그렇지 않다'에 표시를 했다면 1점, '대개 그렇지 않다'는 2점, '중간이다'는 3점, '대개 그렇다'는 4점, '매우 그렇다'는 5점을 줍니다. 1, 2, 7, 9, 13, 15번 문항은 역으로 계산합니다. 예를 들어 1번 문항에 '전혀 그렇지 않다'에 표시를 했다면 5점, '대개 그렇지 않다'는 4점, '중간이다'는 3점, '대개 그렇다'는 2점, '매우 그렇다'는 1점을 줍니다.

해석 방식 15문항의 총점을 계산하십시오. 점수의 범위는 15~75입니다. 높은 점수는 프로이트의 입장에 동의하는 경향이 높음을 의미하며, 낮은 점수는 프로이트의 입장에 동의하지 않음을 의미합니다.

1. 당신의 결과에 대해 어떻게 생각합니까?

2. 당신의 결과에 비추어 프로이트의 입장에 대해 찬성하는지의 여부를 옆 사람과 논의하시오.

3. 앞의 항목 중에서 가장 동의하는 항목과 가장 동의하지 않는 항목은 어느 것입니까? 그리고 그 이유는 무엇입니까?

* 출처: Miserandino, M. (1994). Freudian principles in everyday life. *Teaching of Psychology*, 21(2), pp. 93-95.

제8장

아들러의 개인심리학

사람이 된다는 것은 자신이 열등하다는 것을 느끼는 것을 의미한다.

– 아들러 –

열등감과 보상은 아들러가 만든 개인심리학의 주요 개념이다. 아들러는 대략 9년 동안(1902~1911) 프로이트와 교류하다가 관점의 차이로 정신분석학회에서 이탈하여 그의 추종자들과 함께 1912년에 개인심리학회를 만들었다. 아들러는 인간의 기본적 동기로서 우월성 추구 혹은 자기완성 추구를 가정하였다. 아들러는 프로이트가 지나치게 강조한 생물학적 결정론에 따른 심리사회적 발달에 동조하지 않았다. 즉, 아들러는 프로이트 정신분석 이론의 핵심개념인 성 추동(sex drive)을 남성성 추구(masculine protest)로 대체하고 프로이트의 생물학적 · 외적 · 객관적 원인 설명을 심리적 · 내적 · 주관적 원인 설명으로 대체시켰다(Ansbacher & Ansbacher, 1956, p. 9).

아들러는 인간을 사회적 존재, 목적론적인 존재, 전체적 존재, 현상학적 존재로 보고 이해하려고 시도하였다. 이런 점에서 아들러는 사회적 관심을 강조하였으며, "인간의 모든 행동은 목적이 있다"라고 하였다. 아들러는 상담을 통해 개인이 보다 나은 생활양식을 개발하고, 잘못된 생활양식을 긍정적인 관점으로 대치하고, 또한 사회적 관심을 발달시킬 것을 강조하였다.

1. 아들러의 생애

아들러(Alfred Adler, 1870~1937)는 1870년 비엔나에서 6형제 중 둘째로 태어났다. 그는 형의 그늘에 가려 어린 시절을 보냈다. 아들러는 어렸을 때 구루병(골연화증)을 앓아서 형제나 친구들에 비해 신체적으로 열등했을 뿐만 아니라 4살 때 폐렴으로 죽음을 경험했으며, 길거리에서 손수레에 치여 2번이나 죽을 고비를 넘겼다. 아들러는 이러한 신체적 열등감 때문에 엄마로부터 특별한 보호를 받아 왔지만 동생들의 출생으로 그런 보호는 더 이상 받지 못하게 됐다. 아들러는 학교에서 수학성적이 매우 낮아 그 과정을 반복해야 했고, 그의 선생님이 아들러의 아버지에게 학교를 그만두고 구두제조자로 일하도록 종용할 정도로 심한 열등감을 경험했다. 이러한 일련의 사건들이 아들러에게 특별한 동기부여가 되어 그가 열심히 공부한 결과, 학급에서 수학성적이 가장 높은 학생이 되었다.

1897년에 아들러는 모스코의 기독교 집안에서 자란 급진적 사회주의 학생인 라

이사 엡스타인(Raissa Timofeyewna Epstein)과 결혼하여 3명의 딸과 1명의 아들을 두었다.

1895년에 아들러는 비엔나의과대학을 졸업한 후 일반의가 되었다. 아들러는 프로이트 밑에서 공부해 본 적이 전혀 없었으며 정신분석자가 되는 데 필요한 정신분석을 결코 받지 않았다. 프로이트와의 관계의 시작은 1902년, 아들러가 지역신문에서 프로이트의 꿈 분석 이론을 공격하는 것을 방어한 것이 계기가 되었다. 프로이트는 아들러의 논박에 감명을 받아 자신의 집에서 수요일마다 열리는 토론에 아들러를 초청하게 되었다.

1907년 아들러는 『기관열등감과 정신적 보상(Organ inferiority and its psychical compensation)』을 출판하였고, 1908년에 '공격성 추동'에 대한 글에서 성 대신에 공격성을 일차적 추동으로 대체시켰다.

1910년에 아들러는 정신분석학회의 초대 회장으로 임명되었지만 프로이트와 계속 마찰이 일어나자 1911년에 사표를 냈다. 같이 탈퇴한 몇몇의 사람들이 아들러와 합류하여 '자유 정신분석학회' 라는 모임을 결성하였다. 이 명칭은 프로이트의 이론을 고수하려는 집단에 반대한다는 표시로 명명되었다. 1912년에 아들러는 '개인심리학회'라고 명칭을 변경하고 저널을 발간하기 시작하였으며, 프로이트식 이론의 대안적인 해석을 광범위하게 받아들었다.

1912년에 아들러는 『신경증 체제(The neurotic constitution)』란 책에서 자신의 새로운 심리학을 제시했는데, 이 책에 사회적 관심을 제외한 그의 주요 개념들이 포함되어 있다. 아들러는 자신의 개념 중 가장 중요한 우월성 추구와 열등감이라는 개념을 정신건강에 도입하기 시작했다. 아들러식 심리치료자들은 격려를 통해서 환자들의 자존감을 올릴 수 있으며, 개인의 사회적 관심을 강화시키는 방법을 사용했다. 아들러식 치료자들은 사회적으로 유용한 행동을 하게 하고 올바른 방향으로 재정향(reorientation)을 하도록 촉구했다. 특히, 초기회상과 출생순위, 꿈 등은 내담자의 생활양식을 이해하는 데 도움을 주는 개념들이다.

아들러는 1920년대에는 주로 예방에 관심을 갖게 되었다. 그래서 1922년에 아마도 최초라고 할 수 있을 아동생활지도 클리닉을 창설하였다. 더불어 비엔나 아동기관에서 교사들에게 아동생활지도 훈련을 실시하였고, 그 후로 공립학교에 수많은 아동생활지도센터가 설립되었다. 1926년부터 아들러는 미국을 정기적으로 드나들면서 폭넓은 청중을 대상으로 강의를 한 훌륭한 연설가였다. 1932년에는 뉴욕의 롱 아일랜드의과대학의 교수로 임명되었으며, 1934년에 뉴욕시에 영구적으로 정착하게 되었다. 아들러는 순회강연 중에 스코틀랜드의 에버딘에서 1937년 5월에 심장마비로 사망하였다.

2. 주요 개념

여기서는 아들러 개인심리학의 주요 개념인 우월성 추구, 사회적 관심, 허구적 최종목적론, 열등감, 용기와 격려, 생활양식, 인생과제, 가족구도 및 출생순위 등에 대해서 살펴보고자 한다.

우월성 추구

아들러는 '우월성 추구(striving for superiority)'란 개념을 자기완성 추구, 성공 추구, 혹은 의미 추구란 의미로 사용하였다. 아들러는 우월성 추구를 인간의 기본적 추동이라고 보았다. 아들러는 인간의 자기 신장, 성장, 능력을 위한 모든 노력의 근원이 열등감이라고 말했다. 그러나 '인간이 추구하는 궁극적인 목적은 무엇인가?' '삶의 일관성과 통일성을 부여하는 것은 무엇인가?' '인간은 단지 열등감의 해소만을 추구하는가?' '인간은 단지 타인을 능가하기 위해서만 동기화 되는가?'라는 질문들에 대해 아들러는 1908년까지는 '공격성'으로, 1910년경에는 '힘에 대한 의지(will to power)'로, 그 후부터는 '우월성 추구'의 개념으로 설명하였다.

우월성 추구는 삶의 기초적인 사실로, 모든 인간이 문제에 직면하였을 때 부족한 것은 보충하며, 낮은 것은 높이고, 미완성의 것은 완성하며, 무능한 것은 유능한 것으로 만드는 경향성이다. 즉, 우월성 추구는 모든 사람의 선천적 경향성으로 일생을 통해 환경을 적절히 다스리며 동기의 지침이 되어 심리적인 활동은 물론 행동을 안내한다. 아들러는 우월성 추구를 인생의 문제 해결의 기초에서 볼 수 있으며, 사람들이 인생의 문제에 부딪히는 양식에서 나타난다고 하였다. 출생에서 사망에 이르기까지 우월성 추구의 노력은 인간을 현 단계에서 보다 넓은 다음 단계의 발달로 이끌어 준다. 모든 욕구는 완성(perfection)을 위한 노력에서 비롯되기 때문에 분리된 욕구란 존재하지 않는다.

아들러는 우월성 추구는 그 자체가 수천 가지 방법으로 나타날 수 있으며, 모든 사람은 자신의 성취나 성숙을 추구하는 노력의 일정한 형태를 가지고 있다는 것을 말하고 있다. 우월성 추구는 다음과 같은 특징들로 설명된다.

- 우월성 추구는 유아기의 무능과 열등에 뿌리를 두고 있는 기초적 동기다.
- 이 동기는 정상인과 비정상인에게 공통적으로 존재한다.
- 추구의 목표는 긍정적 또는 부정적 방향이 있다. 긍정적 방향은 개인의 우월성을 넘어서 사회적 관심, 즉 타인의 복지를 추구하며, 건강한 성격이다. 부정적 방향은 개인적 우월성, 즉 이기적 목표만을 추구하며, 이를 신경증적 증상으로 본다.
- 우월성 추구는 많은 힘과 노력을 소모하는 것이므로 긴장이 해소되기보다는 오히려 증가한다.
- 우월성 추구는 개인 및 사회 수준에서 동시에 일어난다. 즉, 개인의 완성을 넘어서 문화의 완성도 도모한다는 것이다. 이러한 관점에서 아들러는 개인과 사회의 관계를 갈등하는 관계가 아니라 조화할 수 있는 관계로 파악하였다.

아들러는 우월성 추구가 건전하게 이루어진 성격에 사회적 관심을 가미하고 있음을 이해할 수 있다. 즉, 사회적 관심을 가진 바람직한 생활양식을 바탕으로 한 우월성 추구가 건강한 삶이라고 할 수 있다.

사회적 관심

개인심리학에서 개인의 적응과 부적응 여부를 결정하는 중요한 준거는 사회적 관심(social interest)이 높음과 낮음의 정도다. 사회적 관심은 독일어 gemeinschaftgefühl을 번역한 것이다. 독일어 gemeinschaftgefühl이 영어로는 social feeling, community feeling, communal intention, community interest, social interest 등 다양하게 번역되었다. 지적한 것처럼, 사회적 관심은 인간이 사회적 존재로서 사회를 위해 활동함을 말한다. 즉, 우리 자신이 사회를 위해, 좀 더 구체적으로 말하면 타인에 대한 관심이나 이익을 위해 활동하는 존재라는 점이다. 사회적 관심은 인간의 사회적 본능을 강조해서 비롯된 개념이다.

[그림 8-1]에서 설명하는 것처럼, 사회적 관심의 높고 낮은 정도에 따라 타인과의 관계와 자신의 행동에 대한 평가가 달라짐을 볼 수 있다.

아들러학파는 '사회적 관심은 사회로의 자기 확장'이라고 본다. 또한 사회적 관심은 타고난 것이지만, 단지 잠재적인 것이기 때문에 사회적 맥락 속에서 개발되어

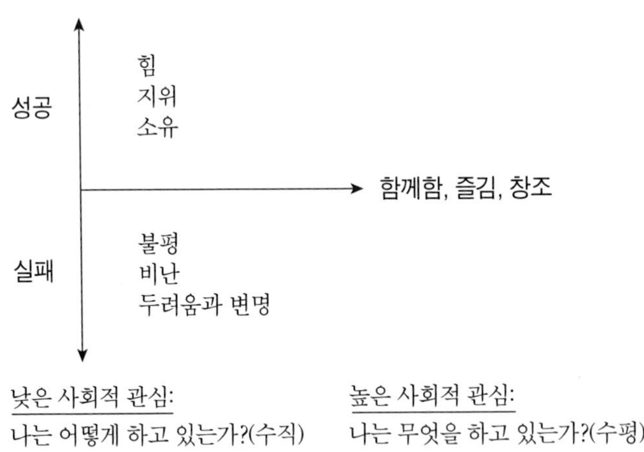

그림 8-1 **사회적 관심의 높고 낮음에 따른 결과**

야 한다고 생각한다.

허구적 최종목적론

아들러는 인간을 현재를 바탕으로 미래지향적인 삶의 목적을 향해 노력하는 존재로 보았으며, 이러한 삶의 목적은 최소한 사회에 기여할 수 있는 유용한 생활양식을 바탕으로 설정되는 것이 필요하다고 주장하였다. 개인심리학에서는 모든 인간의 행동은 목적을 갖는다고 가정한다. 아들러는 목적론으로 프로이트의 결정론적인 설명을 대신하였다. 아들러는 인간의 행동을 유도하는 상상된 중심 목표를 설명하기 위해 허구적 최종목적론(fictional finalism)이란 용어를 사용하였다.

허구적 최종목적론이란 허구 또는 이상(理想)이 현실을 보다 더 효과적으로 움직

인다는 바이힝거(Hans Vaihinger)의 말에서 영향을 받은 개념이다. 그는 1911년 그의 책『The psychology of as if』에서 인간은 현실적으로 전혀 실현 불가능한 많은 가공적인 생각에 의해서 살아가고 있다는 색다르고 흥미 있는 견해를 제시하였다. 예를 들면, '모든 사람은 동등하게 만들어졌다' '정직이 최선의 길이다' '목적이 수단을 정당화 한다'와 같은 허구는 현실보다도 더 효과적으로 사람들을 움직이게 한다는 것이다. 아들러는 인간의 행동이 과거 경험에 의해 좌우되기보다는 미래에 대한 기대에 의해서 더 좌우된다는 생각을 하였다. 허구적 최종목적론은 미래에 실재하는 것이기 보다 주관적으로 또는 정신적으로 현재의 행동에 영향을 주는 이상으로 여기-지금 존재하는 것을 의미한다.

아들러는 인간의 모든 심리현상은 그의 허구적 최종목적론을 이해함으로써 설명될 수 있다고 주장하였다. 인간의 궁극적 목적은 허구로서 실현이 불가능할지도 모르나 행동의 원인, 충동, 본능, 힘 등을 넘어서 행위의 최종 설명이 될 수 있다는 것이다. 즉, 최종의 목적만이 인간의 행동을 설명할 수 있다는 것이다. 이 최종의 목적 때문에 인간은 무엇을 진실로서 수용하게 될 것인가, 어떻게 행동할 것인가, 그리고 사건들을 어떻게 해석할 것인가를 위한 창조적 힘을 갖는다.

개인심리학은 모든 심리적 현상의 이해를 위해 목적론의 불가역성을 절대적으로 주장하고 있으며, 최종 목표에 대한 개인의 관점만이 인간의 행동을 설명할 수 있다고 본다.

열등감

인간은 누구나 어떤 측면에서 열등감을 느끼고 있다. 왜냐하면 인간은 현재보다 나은 상태인 완전성을 실현하기 위해 노력하는 존재이기 때문이다. 그리고 사회적 존재로서 다른 사람들과 비교하여 자신을 평가하기 때문이다. 더불어 아들러는 우리 각자가 자기완성을 이루기 위해 자신이 느끼는 열등감을 극복해야 한다는 것을 강조하였다. 아들러는 자기완성을 위한 필수요인으로서 열등감을 들었는데, 열등감을 긍정적인 측면에서 보았다.

좀 더 구체적으로, 열등감이 심리적 건강 혹은 신경증에 이르는 과정을 살펴보자. 개인이 열등감을 극복하고 완성에 도달하기 위한 우월성 추구를 하면 건설적 생활양식을 갖게 되어 심리적 건강을 달성한다. 이러한 사람은 자신의 부족한 점을 스스로 인정하고 그것을 극복하려는 의지와 노력을 통해 자기완성을 이루기 위해 매진한다. 즉, 심리적 건강을 위해 우리가 열등감을 지배하는 게 필요하다. 반면에 개인이 열등감을 개인적 우월성 추구에 집착하면 파괴적 생활양식을 갖게 되어 신경증에 빠지게 된다(Ryckman, 2000, p. 119-120). 열등감에 사로잡혀 열등감의 노예가 된다면 열등감이 우리를 지배하게 된다. 이렇게 된다면 우리의 삶은 열등감 콤플렉스에 빠져 버리게 된다.

아들러는 열등감 콤플렉스를 "주어진 문제를 사회적으로 유용한 방식으로 해결하기에 충분히 강하지 않은 사람"이 갖는 특성이라고 말했다. 이러한 콤플렉스는 아동기에 어른들이 그들의 아이들을 다루는 방식에 의해 나타나는 것임을 발견했다. 아들러는 열등감 콤플렉스의 세 가지 원천을 기관열등감(organ inferiority), 과잉보호(spoiling), 양육태만(neglect)이라고 하였다.

기관열등감 이 열등감 원천은 개인의 신체와 관련된 것이다. 즉, 개인이 부모에게서 물려받은 자신의 신체에 대하여 어떻게 생각하는가와 관련된 것이다. 외모에 대해서 어떻게 생각하는가? 신체적으로 건강한가? 아니면 자주 아픈가? 신체적으로 불완전하거나 만성적으로 아픈 아이들은 다른 아이들과 성공적으로 경쟁할 수 없다. 그래서 이런 아이는 열등감이라는 소라 껍데기 속에 움츠러든다.

과잉보호 이 원천은 부모의 자녀교육과 관련된 것이다. 자녀를 얼마나 독립적으로 키우느냐, 의존적으로 키우느냐는 부모의 교육방식에 따라 달라진다. 가족이 핵가족화 됨으로써 '내 자식 위주'의 사고를 가진 부모들이 많아졌다. 아이가 학교나 사회에서 어떤 문제를 일으켰을 때, 아이 스스로 해결할 수 있도록 기회를 주기보다는 부모들이 먼저 나서서 모든 일을 해결해 버리는 경우가 많다. 과거 한참 유행이었던 '마마보이'라는 말은 부모의 과잉보호로 인해 부모 없이는 아동 스스로 아무것도 결정할 수 없다는 것을 비꼬는 말이었다. 과잉보호로 자란 아이들은 다른 사람들이 항상 그를 위해 모든 것을 해 주기 때문에 자신감이 부족하게 되어 그들 자신이 인생의 어려운 고비에 부딪혔을 경우에 해결할 능력이 없다고 믿고 깊은 열등감에 젖게 된다.

양육태만 이 원천은 부모가 자녀에 대한 최소한의 도리를 하지 않는 것과 관련된다. 아이들의 성장에 있어서 부모의 사랑과 관심은 매우 중요한 요소다. 아이들은 부모와의 신체접촉, 놀이를 통해 안정된 정서를 갖게 되며 자신의 존재 가치를 느끼게 된다. 사회의 급격한 변화와 더불어 이혼율과 여성의 사회참여가 증가하면서 자녀에 대한 사랑과 관심이 줄어들고 있다. 특히, 가정에서 비디오 교육이라는 명목 하에 아이들에게 홀로 비디오를 보게 함으로써 부모의 역할을 태만히 하는 경우가 많다. 이렇게 양육태만된 아이들은 근본적으로 자신이 필요하지 않다고 느끼고 있기 때문에 열등감을 극복하기보다는 오히려 문제에 대해 회피하거나 도피한다. 즉 이러한 아이들은 자신의 능력을 인정받고 애정을 얻거나 남으로부터 존경을 받을 수 있다는 자신감을 잃고 세상을 살아간다.

이처럼 부모역할이 아동, 즉 인간의 생활양식에 강력한 영향을 준다는 것을 아들러 개념을 통해 이해할 수 있다. 최근에 부모역할훈련에 활발하게 사용되고 있는 아들러 상담이론에 근거한 '효과적 부모역할 수행을 위한 체계적 훈련(Systematic Training for Effective Parenting: STEP)'이나 '현대의 적극적 부모역할(Active Parenting Today: APT)'에서 강조하는 민주적 부모역할도 아동의 생활양식의 형성과 밀접하게 관련되어 있다. 즉, 독재형이나 허용형의 부모역할로 양육된 아동은 부정적인 생활양식을 형성하게 된다는 것을 쉽게 이해할 수 있다. 현대의 적극적 부모역할에서 부모가 자녀를 훈육하면서 심어 주어야 할 것으로 강조하는 다섯 가지는 상호존중, 용기, 자기존중감, 책임감, 협동심이다.

용기와 격려

아들러의 개인심리학을 '용기의 심리학'이라 부를 정도로 아들러는 용기의 중요성과 더불어 낙담된 사람들에게 용기를 불어넣는 격려를 강조하였다. 아들러는 사회적으로 부적응적이거나 심리적으로 문제가 있는 대부분의 사람은 용기를 잃고 낙담된 상태에 있다고 보았다. 특히, 아들러학파는 인간이 불완전한 존재로 자신의 열등감을 극복하는 데 불완전할 용기를 갖고 자기완성 추구 혹은 성공 추구를 할 것을 강조한다. 드레이커스(Rudolf Dreikurs)는 '식물에게 물과 태양이 필요하듯 격려가 필요하다.'고 강조하면서 낙담된 사람에게 격려를 통해 용기를 심어 줄 것을 강조하였다. 삶의 도전에 맞서지 못하고 열등감 콤플렉스나 우월감 콤플렉스에 사로잡힌 사람들은 있는 그대로 자신이 되려고 하는 불완전한 용기가 결여되어 있다고 본다. 즉, 이런 사람들은 용기의 결여인 두려움으로 자신이 가진 열등감을 극복하지 못하고 회피와 도피적인 생활양식으로 살아간다고 본다.

생활양식

생활양식(life style)은 삶을 영위하는 근거가 되는 기본적 전제와 가정을 의미한다. 생활양식은 삼단논법에 의해 "나는 ~이다, 세상은 ~다, 그러므로 ~다"로 표현될 수 있다. 우리는 생활양식에 따라 생각하고, 느끼고, 행동한다.

인간은 우월성 추구나 자기완성 추구와 같은 한 가지 궁극적인 목표를 가지고 있지만 이러한 목표를 향한 개인들의 구체적인 행동들은 다양하다. 사람들은 자신에게 의미를 주는 삶의 목표를 추구하기 위해 각기 독특한 생활양식을 발달시킨다. 다시 말해, 모든 사람은 구별되는 생활양식을 발달시킨다. 생활양식은 한 개인이 어떻게 그의 인생의 장애물을 극복하고, 문제의 해결점을 찾아내고, 어떠한 방법으로 목표를 추구하는지에 대한 방식을 결정해 주는 것이다(Sharf, 2000).

생활양식이 어떻게 발달하는가를 이해하기 위해서는 열등감과 보상의 개념을 이해하는 것이 필요하다. 왜냐하면 이 개념들이 생활양식의 근본을 결정하기 때문이다. 아들러는 우리가 어릴 때 모두 상상이든 실제로든 열등감을 경험하고, 이것은 우리로 하여금 어떤 방법으로 보상을 하게끔 만든다고 가정하였다. 구체적으로 말하면, 신체적으로 허약한 어린이는 체력을 보다 훌륭하게 발달시키는 쪽으로 보상하려고 애쓸 것이다. 개인의 행동은 자기의 신체적 한계점을 의식함으로써 형성되는 것이므로 이것은 차츰 그의 생활양식, 즉 열등감을 보상하기 위한 행동이 되어버린다. 따라서 우리의 생활양식은 우리의 독특한 열등감을 극복하기 위한 노력을 나타낸다.

아들러의 견해에 따르면, 생활양식은 대부분 네 살부터 다섯 살 때 형성되며, 이 시기 이후에 개인의 생활양식은 거의 변하지 않는다. 물론 사람들은 계속 그들의 독특한 생활양식을 새로운 방식으로 나타내는 것을 배우지만, 그것은 단순히 어릴 때 정착된 기본 구조의 확대일 뿐이다. 개인이 이렇게 인생 초기에 형성한 생활양식은 계속 유지되어 그 후의 행동방식의 뼈대를 이룬다.

개인의 독특한 생활양식은 그가 생각하고 느끼고 행하는 모든 것의 기반이 된다. 일단 생활양식이 형성되면, 이것은 우리의 외부 세계에 대한 전반적인 태도를 결정할 뿐 아니라 기본 성격구조를 일생에 걸쳐 일관성 있게 유지되게 한다. 이런 점에서 아들러는 서로 연관되어 있는 주요한 세 가지 인생과제에 대해 개인들이 어떻게 접근하는지를 관찰함으로써 생활양식이 이해될 수 있다고 하였다. 세 가지 인생과제는 직업(occupation), 사회(society), 사랑(love)이다. 아들러는 이러한 인생과제가 개별적인 문제로 존재하는 것이 아니라 항상 상호 관련되어 있으며, 그 해결 방법 또한 생활양식에 달려 있다는 것을 강조했다. 한 문제의 해결은 다른 문제의 해결을 도우며, 실제로 여러 인생과제는 모두 같은 상황이나 같은 문제의 여러 면을 나타낸다. 그리고 인생과제는 우리가 삶을 유지하고 진전시키는 이유인 것이며, 인간은 그 속에서 자신을 발견하게 된다.

아들러는 직업, 사회, 사랑을 다루는 방식에 있어서 지나치게 단순화시켰다는 점을 인식하고, 생활양식을 일반적인 유형으로 범주화시켰다. 이러한 생활양식은 사회적 관심(social interest)과 활동수준(degree of activity)으로 구분되는 이차원적인 모형이다. 사회적 관심은 인간 각 개인에 대한 공감을 말하며, 이는 개인의 이익보다는 사회발전을 위해 다른 사람과 협력하는 것을 뜻한다. 아들러 이론에 있어서 사회적 관심은 심리적 성숙의 주요 기준이 되며 이기주의적인 것과 상반된다. 활동수준이란 인생문제를 다루는데 있어서 개인이 보여 주는 에너지의 양을 말한다(Sharf, 2000). 이 활동수준은 보통 어릴 때 형성되는데, 아주 무기력하고 우유부단한 사람에서부터 끊임없이 왕성하게 활동하는 사람까지 다양하다. 그러나 활동수준이 건설적으로 되는지 또는 파괴적으로 되는지의 여부는 그것이 사회적 관심과 결합될 때다.

아들러는 사회적 관심과 활동수준에 따른 생활양식을 네 가지, 즉 지배형(the ruling type), 기생형(the getting type), 회피형(the avoiding type), 사회적 유용형(the socially useful type)으로 설명하였다. 지배형, 기생형, 회피형은 바람직하지 않은 유형으로, 사회적 관심이 부족하다는 공통점이 있으나 활동수준에는 차이가 있다. 사회적 유용형은 바람직한 유형으로 사회적 관심과 아울러 활동수준도 높다. 아들러는 이러한 생활양식 유형은 가정에서 어린 시절에 부모의 영향 하에서 주로 형성된다고 보았다(노안영, 1998). 이러한 내용을 그림으로 제시하면 다음과 같다([그림 8-2] 참조).

		사회적 관심	
		고	저
활동수준	고	사회적 유용형	지배형
	저		기생형 회피형

그림 8-2 생활양식 유형

지배형 지배형은 부모가 지배하고 통제하는 독재형으로 자녀를 양육할 때 나타나는 생활양식이다. 민주사회에서 요구하는 바람직한 시민상을 고려할 때 상대방에게 지배와 복종을 강요하는 생활양식이 적절하지 않다는 것을 쉽게 알 수 있다. 우리 사회가 오랫동안 가부장적 가족문화, 유교문화로 권위를 중시한 문화였기 때문에 아직도 아버지가 가정에서 힘을 휘두르는 경우가 많다고 여겨진다. 부모가 막무가내로 힘을 통해 자녀를 지배하고 통제할 때 자녀의 생활양식은 지배형으로 형성된다.

기생형 기생형의 생활양식의 주요한 특징은 의존성이다. 이러한 생활양식은 부모가 자녀를 지나치게 과잉보호할 때 나타나는 태도다. 부모가 자식사랑이란 미명 아래 자녀를 지나치게 보호하여 독립심을 길러 주지 못할 때 생기는 생활태도다. 우리는 누구도 자녀가 사회의 기생충이 되기를 원하지 않는다. 스스로 자신의 문제를 해결하고 자신의 인생을 개척해 갈 수 있는 사람이길 원한다. 자신이 노력하여 떳떳하게 성취할 수 있는 사람이길 원한다. 사랑하는 자녀가 원한다 하여 무엇이나 들어줄 때 자녀는 이러한 기생형의 생활양식을 배운다는 것을 명심할 필요가 있다. 새가 알을 깨는 아픔을 겪고 태어나 많은 시련을 통해 나는 것을 배우는 것처럼, 자녀가 스스로 어떤 일을 할 수 있도록 조력하는 것이 필요하다. 자본주의 사회에서 부모의 재산을 보고 빈둥대는 많은 사람이 기생형의 한 예라고 할 수 있다.

회피형 회피형의 생활양식을 가진 사람은 매사에 소극적이며 부정적인 태도를 가진다. 이러한 생활양식을 가진 사람은 자신감이 없기 때문에 적극적으로 직면하는 것을 피한다. 토인비가 인류 역사를 도전과 응전의 역사라고 얘기했던 것처럼, 각 개인에게 있어서도 보다 나은 삶을 위해서는 과감하게 도전하는 자세가 필요하다. 그러나 회피형의 사람은 마냥 시도하지도 않고 불평만 하기 때문에 사회적 관심이 떨어져 고립된다. 부모가 자녀교육을 할 때 자녀의 용기를 꺾어 버리는 것이 이러한 회피형 생활양식을 갖게 할 수 있다. 기를 살려 주는 자녀교육이 필요하다. 부모로서 사회적 관심을 갖고 매사에 적극적으로 참여하는 태도를 자녀에게 보여 주는 것이 또한 필요하다.

사회적 유용형 이러한 유형은 높은 사회적 관심과 높은 활동성을 가지고 있다. 아들러 이론에서 이 유형의 사람은 긍정적 태도를 가진 성숙한 사람으로서 심리적으로 건강한 사람의 표본이 된다. 이들은 사회적인 관심이 높아서 자신과 타인의 욕구를 동시에 충족시키는 한편, 인생과제를 완수하기 위해 기꺼이 다른 사람들과 협동한다. 이들은 또한 사회문제를 해결하기 위해서는 협동, 개인적인 용기, 그리고 타인의 안녕에 공헌하려는 의지가 필수적임을 인식하고 있다.

인생과제

아들러는 사람이면 누구나 적어도 세 가지 주요 인생과제인 일과 여가(work & leisure), 우정(friendship), 사랑(love)에 직면하게 된다고 믿었다. 그 후 수십 년간의 연구들을 통해 이 세 가지 주요 인생과제야말로 건강과 안녕에 있어 핵심이라는 입장을 더욱 공고히 해 왔다. 모삭과 드라이커스(Mosak & Dreikurs, 1967)는 아들러에 의해 암시되기만 했던 네 번째, 다섯 번째 인생과제를 확인하였다. 네 번째 인생과제는 영성(spirituality)으로서 우주, 신과 관련된 개인의 영적 자아(spiritual self)를 다루는 것이며, 다섯 번째 과제는 자기지향성(self-direction) 과제로서 주체로서의 나와 객체로서의 나를 다루는 데 있어 개인의 성공을 다루고 있다. 다음에 제시된 [그림 8-3]은 Witmer, Sweeney 그리고 Myers 등이 아들러의 인생과제를 바탕으로 구성한 안녕(wellness)의 여러 차원에 관한 것이다. '안녕의 바퀴'는 다섯 가지 인생과제(life tasks), 생활세력(life forces), 지구촌 차원의 사건(global events) 등으로 구성되어 있다. 각 차원에 해당되는 구성 요소들을 간략하게 살펴보면 다음과 같다.

다섯 가지 인생과제

- 인생과제 1: 영성
- 인생과제 2: 자기지향성
- 자기지향성 과제에는 가치감, 통제감, 현실적 신념, 정서적 자각 및 대처, 문제해결 및 창의성, 유머감, 영양, 운동, 자기 보살핌, 스트레스 관리, 성정체감, 문화정체감 등의 열두 가지 구성 요소가 포함된다.
- 인생과제 3: 일과 여가
- 인생과제 4: 우정
- 인생과제 5: 사랑

생활세력 생활세력은 개인의 안녕에 영향을 주는 사회 제도적 측면을 의미하는 것으로서, 가정, 종교, 교육, 지역사회, 매체, 정부, 경제/산업 등의 영역이 포함된다. 아들러와 드레이커스는 일생에 걸쳐 이 생활세력들의 중요성을 교육하였다. 생활세력들이 개인의 안녕에 지대한 영향을 미치므로 사회 제도의 개선을 위한 관심과 노력이 지속적으로 이루어져야 함을 강조하였다.

지구촌 차원 사건 일상생활과 삶의 질에 영향을 미치는 더 큰 차원으로 지구촌 차원의 사건을 들 수 있다. 전쟁, 기아, 질병, 가난, 환경오염, 인구 폭발, 인권 침해, 경제 착취, 실업 등은 한 지역에만 국한되는 것이 아니라 전 세계적인 문제가 되었다. 교통수단, 대중 미디어, 인터넷 등의 급속한 증가로 더 이상 지구촌 곳곳에서 일어나는 이러한 문제를 무시할 수 없게 되었다. 때문에 이제는 지구 반대편 나라에서 벌어지는 일이 한 개인의 안녕에 많은 영향을 끼친다고 볼 수 있다.

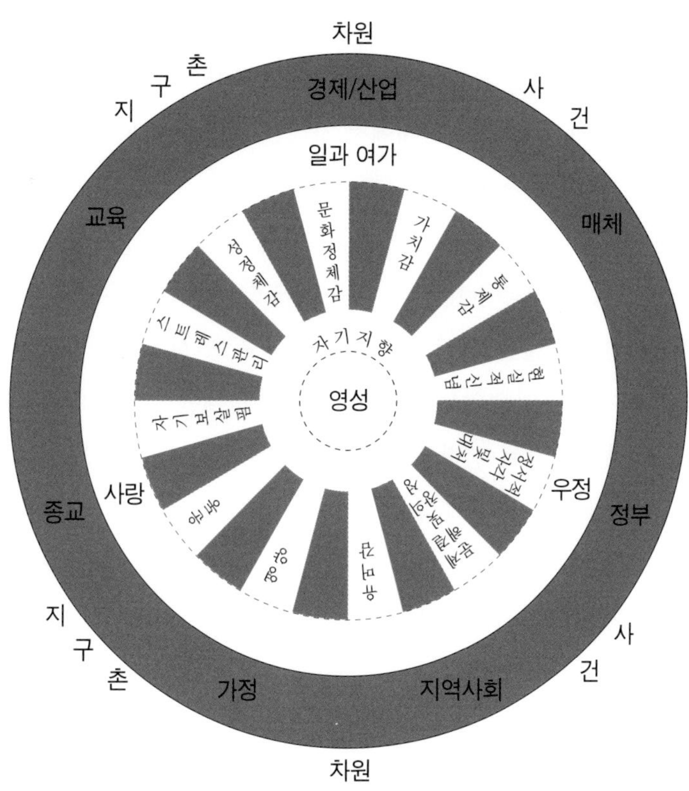

그림 8-3 안녕의 바퀴

* 출처: Sweeney, T. J. (1998). *Adlerian counseling: A practitioner's approach*(4th ed.). Castelton, NY: Hamilton Printing Company.

가족구도 및 출생순위

아들러는 가족구도(family constellation)와 출생순위(birth order)가 우리의 생활양식 형성에 중요하다는 것을 강조하였다. 가정에서 부모를 중심으로 자녀와의 가족관계가 어떠한 가족구도를 형성하고 있는가는 자녀의 생활양식을 형성하는 데 중요하다. 역시 자녀의 수가 몇 명인가와 출생순위도 성격형성에 영향을 준다. 결혼을 해서 낳은 첫째 아이가 부부가 정말 원해서 출생하였는가의 여부, 첫째 아이가 남자인 경우 혹은 여자인 경우, 독자인 경우 등에 따라 부모가 자녀에게 대하는 심리적 태도가 다를 수 있다. 우리나라는 유교문화의 전통 속에서 오랫동안 부모들이 아들을 선호해 왔다. 요즘에는 자녀들이 하나 아니면 둘이지 세 명 이상인 경우는 많지 않다. 하지만 세 명 이상인 경우에는 자녀가 딸, 딸, 그리고 아들이거나 딸, 딸,

딸, 다음에 아들일 확률이 대부분이다. 이것은 꼭 아들이 있어야 한다는 우리의 문화적 풍토를 반영한 것이라 본다. 부모를 중심으로 한 가족구도 속에서 부모가 민주적으로 모든 자녀에게 대등한 관계에서 자녀를 양육하지 못할 경우 어떤 자녀는 심리적 상처를 받을 수 있다.

출생순위(birth order)와 가족 내 위치에 대한 해석은 어른이 되었을 때 세상과 상호작용 하는 방식에 큰 영향을 미친다. 아동기에 타인과 관계하는 독특한 스타일을 배워서 익히게 되며, 그들은 성인이 되었을 때에도 그 상호작용 양식을 답습한다. 아들러학파 치료에서는 가족역동, 특히 형제간의 관계를 다루는 것을 매우 중요시한다. 개인을 어떤 유목으로 전형화하는 것은 피해야 할 일이지만 아동기에 형제간의 경쟁의 결과로 생겨난 성격 경향이 개인의 남은 삶을 통해서 재현되는가를 살피는 것도 도움이 될 것이다. 아들러가 제시한 출생순위에 따른 성격의 특징을 요약해 보면 다음과 같다(〈표 8-1〉 참조)

표 8-1 출생순위와 성격 특징

출생순위	성격 특징
첫째 아이	집안에서 매우 독특한 위치를 갖는다. 첫 번째 아이로서 부모의 모든 사랑과 관심을 받는다. 그러나 둘째 아이가 태어나면 '폐위된 왕'이 된다. 이러한 위치의 변화는 보통 열등감을 심화시킨다. 둘째의 출생에 대해 아무런 준비를 하지 않는 것은 첫째 아이를 후에 신경증, 알콜 중독, 범죄 또는 성적 일탈자로 이끈다. 좀 더 긍정적인 측면에서 보면, 어린 동생이 더 약하기 때문에 첫째 아이는 리더가 되기도 한다. 생애 초기에 권력을 가졌고, 이후 이를 잃어 버렸다가 다시 권력을 되찾으려고 노력하여야 하기 때문에 첫째 아이는 권위의 중요성을 동생보다 더 잘 이해한다. 상실로 고통 받았기 때문에 동생들에 대해 더 동정적이다. 맏아이는 경쟁자 없는 '왕'이나 '여왕'이었을 때를 생각나게 하는 과거에 더 큰 관심이 있다. 아들러에 따르면, 첫째 아이는 사회적 유용형이 되지 않으면 지배형이 될 가능성이 높다.
둘째 아이 또는 중간 아이	둘째 아이의 가장 큰 특성은 '경쟁'이다. 이들에게 삶은 따라잡으려는 끊임없는 경주다. 아들러는 이들이 공통적으로 달리는 꿈을 꾼다고 하였다. 어떤 경우에는 '적을 이길 수 없다면, 한편이 되어라'라는 강한 협력의 태도를 발전시킬 수 있다. 반면에 경쟁의 태도가 너무 강하여 혁명가가 될 수도 있다.

막내 아이	막내는 과잉보호될 가능성이 가장 크다. 많은 경우에 부모는 이 아이를 마지막 자녀로 여긴다. 과잉보호될 가능성이 크기 때문에 아들러는 막내가 문제아가 된다고 생각하였다. 과잉보호 때문에 막내는 과도하게 의존적이 된다. 긍정적인 측면에서 아들러는 막내가 정상에 서는 영웅이 되는 우화와 사례들을 인용하였다.
독자	독자는 가족 내에서 경쟁할 사람이 없기 때문에 경쟁자가 될 가능성은 적다. 독자로서 이들은 관심의 중심이 되고 자신의 중요성에 대해 과장된 견해를 갖고 있다. 아들러는 독자가 전형적으로 소심하고 의존적이라는 데 동의한다. 부모가 또 다른 아이를 갖거나 독자를 잃어버릴까 봐 일반적으로 불안해한다는 점이 아들러의 생각이었는데, 이러한 태도는 자식에게 전달된다.

* 출처: Ludin, R. W.(2001). Alfred Adler's concepts and implication.(애들러 상담이론: 기본 개념 및 시사점). 서울: 학지사(원저는 1989년에 출간).

3. 성격 평가기법

아들러 개인심리학에 있어 성격 평가는 개인의 생활양식을 파악하는 것이다. 여기서는 생활양식을 파악하는 주요한 내용에 대해 살펴보자. 드레이커스 등 아들러학파는 생활양식에 대한 정보를 수집하고 파악하기 위한 다양한 방법과 질문지를 발달시켰다. 예를 들면, 최근에는 Kern(1997)과 Kern, Wheeler, 그리고 Curlette(1993)는 다섯 가지 요인으로 나누어 생활양식을 측정하였다. 이러한 절차의 대부분은 가족의 역동성과 초기회상에 대한 정보를 포함하고 있다. 비공식적인 평가로부터 나온 다른 정보는 꿈에 대한 자료를 포함하고 있다. 부가적으로, 아들러학파는 개인이 경험한 문제뿐만 아니라 자질까지도 평가하고자 한다. 전형적인 생활양식 조사에 들어가는 주요한 다섯 가지 내용으로는 초기회상(early recollection), 꿈 분석(dream analysis), 출생순위(birth order), 기본적 오류(basic mistakes), 자질(assets) 등이 있다. 이러한 내용에 대해 살펴보면 다음과 같다.

초기회상 초기회상에 대한 정보는 개인의 생활양식을 결정하는 것을 도와주는데 필수적이다. 초기회상은 내담자가 회상하는 실제적인 사건에 대한 기억이다. 초기회상에 대한 정보를 수집하는 데 있어서 아들러학파에게는 가능하면 세부적인 많은 것을 얻는 것이 중요하며, 이것에 대해 몇 가지 질문을 한다. 아들러에 따르면, 기억은 우연히 발생하는 것이 아니다. 사람들은 자신의 삶 속에서 내재되어 있는 사건들을 기억하고 있다. 우리가 삶 속에서 어떻게 살 것인가와 관련된 어린 시절에 경험한 수많은 사건의 적지 않은 기억들이 현재 생활양식의 모태로서 가능하다. 이것들은 우리의 기본적인 인생관들을 강화하거나 반영한다.

꿈 분석 생활양식을 평가하는 데 있어서 아들러학파는 어린 시절의 꿈과 더 최근에 재현한 꿈에 대해 반응한다. 치료과정 동안, 상담자는 내담자에게 꿈에 대해 말하도록 격려한다. 아들러는 꿈은 목적을 가지고 있고 개인의 생활양식을 보여 준다고 믿었다. 또한, 꿈은 개인이 자신의 미래에 대해 좋아하거나 두려워하는지를 결정하는 데 유용할 수 있다. 아들러학파는 치료에 있어서 상징은 꿈에서 고정된 의미를 가지고 있지 않다(Mosak, 1989). 꿈은 현재의 변화와 발달을 평가하는 데 사용될 수 있다. 생활양식의 평가에 있어서 꿈은 가족구도와 초기회상의 부수적 자료로 사용된다.

출생순위 분석 개인의 생활양식을 평가하기 위해서는 내담자의 초기 가족관계인 형제자매 그리고 부모뿐만 아니라 친구와 선생님과의 관계를 파악하는 것이 매우 중요하다. 가정은 사회의 축소판이다. 그래서 가정에서 사회적 관심이 발달되고, 좌절되거나 방해 받는다. 비록 아들러학파가 출생순위에 대해 강조하였다 할지라도, 가정 내에서 부모-자녀 간의 상호작용의 역동성, 내담자와 형제자매간의 역동성에 더 흥미를 가졌다. 자신의 아동발달에 대한 내담자의 지각은 내담자가 목표에 도달하도록 도와주는 과정에서 일어나는 치료적인 해석과 중재에 기초하여 형성된다. 출생순위에 관해 몇 가지 상이한 유형의 질문이 요구된다. 내담자는 형제자매에 대한 기억을 기술하도록 요구된다. 그 후에 치료자는 내담자가 가정에서 다른 구성원들을 어떻게 보고 있는지, 그리고 가정 내에서 내담자의 생활양식이 어떻게 발달되는지를 알게 된다. 만약 남자 내담자가 자신의 형이 자신보다 훨씬 똑똑하고 남자답다고 말한다면, 아들러학파는 내담자가 자신의 특별한 강점에 대해 어떻게 느끼는지, 그리고 자신의 열등감을 어떻게 처리하는지를 조사한다.

부모의 가치관, 상호작용, 아이들과의 관계는 아들러학파에게 매우 중요한 정보다. 자신의 어머니와 아버지는 어떤 유형의 사람인가, 또한 부모가 자녀를 훈육할 때 차이를 얼마나 보였는가에 대한 질문을 하게 된다. 또한 부모 간에 서로 얼마나 잘 지내는가, 어떻게 이러한 관계가 변화되었는가와 같은 질문은 가치 있는 질문이다. 즉, 만약 부모가 이혼했다거나, 한 분이 돌아가셨거나, 할아버지와 함께 산다면, 내담자의 생활양식의 발달에 있어서 이러한 정보를 이해하는 적응이 필요하다. 이것은 내담자가 자기 자신에 대한 지각과 자신의 지각에 영향을 받은 형제자매와 가족간에 어떻게 상호작용 하는가를 보여 준다.

기본적 오류 초기회상으로부터 이끌어 낸 기본적 오류는 개인의 생활양식의 자기 패배적인 측면에 관한 것이다. 이들은 흔히 다른 사람으로부터의 철회나 회피, 이기심, 또는 권력에 대한 열망을 반영한다. 이들은 모두 아들러의 사회적 관심의 개념과 대립된다(Dinkmeyer, Dinkmeyer, & Sperry, 1987).

비록 기본적 오류는 각 개인에게 다양하게 나타난다 할지라도, Mosak(1989, p. 87)은 오류에 대한 유용한 범주를 다음과 같이 다섯 가지로 구분하였다.

- 과일반화
- 안전 추구를 위한 그릇되었거나 불가능한 목표
- 인생과 인생의 요구들에 대한 잘못된 지각
- 개인가치의 최소화 또는 부인
- 그릇된 가치

이러한 내용이 기본적 오류를 확인하는 데 도움이 된다 하더라도, 개인들은 많은 방어를 가지고 있으므로 정확한 오류는 다소 차이가 있다. Manaster와 Corsini(1982)에 따르면, 사람들은 자신들이 이러한 기본적 오류를 가지고 있다는 것을 잘 알지 못한다. 비록 사람들이 기본적 오류들 때문에 상담을 받으러 온다 할지라도, 그들은 몇 가지 상호 관련된 오류들을 가지고 있다. 상담자는 내담자가 이해할 수 있도록 현재의 기본적 오류를 명료하게 해 주려고 노력하면 내담자는 그가 기본적 오류를 범하는 미래의 상황을 인식하게 된다.

기본적 오류와 관련하여 아들러는 자신만의 개인적 상식을 '사적 논리(private

logic)'라고 언급하였다. 사적 논리란 나는 누구인가, 세계는 무엇인가, 나는 어떻게 그리고 어디에 적응해야 하는가 등에 관한 질문에 답하기 위해, 그리고 삶에 적응하기 위해 한 개인이 사용하는 것이다. 사적 논리는 적응적인 것일 수도 있고, 부적응적인 것일 수도 있다. 반대로 상식(common sense)은 개인이 소속된 지역사회가 공유하는 가치, 지식 등을 가리킨다. 사적 논리와 상식이 항상 일치하는 것은 아니기 때문에 사적 논리와 상식 간의 일치 정도에 의해서 여러 도전거리(예를 들어, 직업 선택)에 성공적으로 적응할 가능성이 점쳐지기도 한다. 아들러에 따르면, 사적 논리에는 보다 완벽하고 안전한 느낌을 갖기 위해 개인이 지니는 결론적 생각이 포함된다.

자질 가족구도, 초기회상, 꿈, 그리고 기본적 오류는 문제를 가진 개인을 발견하도록 이끈다. 개인의 생활양식의 분석은 몇 시간이 걸리며, 환자의 자질에 관해서 토론하면서 낙담과 직면하는 것은 유용한 것이다. 일부 상담사례에서 자질은 명백하게 드러난다. 다른 상담사례에서 내담자는 자신의 자질을 알지 못한다. 자질은 정직, 학문적이거나 직업적인 기술, 대인관계 기술, 또는 가족에 대한 배려와 같은 많은 특성을 포함하고 있다. 자질의 예를 들어보면 다음과 같다(김정희, 이장호 역, 1998).

- 그는 추진자(driver)다. 그는 어떤 일에 생각이 미치면 그 일을 해내고 만다.
- 그는 창조적으로 문제 해결을 하고 있다.
- 그는 자신이 원하는 것을 어떻게 얻어야 할지를 알고 있다.
- 그는 바쁘게 사는 방법을 알고 있다.
- 그는 여자에게 '기분 좋게' 요청하는 법을 알고 있다.

4. 성격이론의 적용

아들러의 개인심리학은 아동지도, 부모교육 분야에서 그리고 파괴적 생활양식을 가진 사람들을 돕는 데 광범위하게 적용되고 있다. 상담자들은 상담을 통해 내담자의 생활양식을 파악하여 바람직한 방향으로 생활양식을 바꾸도록 재교육 혹은 재정향을 위해 노력한다.

아들러 상담이론을 체계화한 드레이커스(1967)는 상담은 생활양식의 변화를 목표로 하는 것이고, 상담의 목표는 현존하는 생활양식 내에서 행동이 변화하는 것이라고 믿었다. 그는 또한 상담의 초기와 종결에 있어서 초기회상에 대한 의미 있는 변화가 일어난다면, 이것은 생활양식의 변화를 반영하는 것이라고 느꼈다.

아들러학파의 상담을 설명하기 위해 드레이커스(1967), 딩크마이어와 스페리(Dinkmeyer & Sperry, 2000)가 제안한 상담 과정을 다음과 같이 네 가지 단계로 설명할 수 있다.

첫째, 좋은 상담관계 형성: 관계 형성(relationship)은 협동적인 관계의 유지가 필수일 뿐만 아니라 상담자들의 주의집중이 요구된다. 즉, 공감적 관계를 형성한다.

둘째, 평가 및 분석: 내담자에 대한 평가(assessment) 및 분석(analysis)은 초기회상, 가족구도, 기본적 오류, 자질 그리고 꿈을 통해 이루어진다. 즉, 내담자의 역동성을 탐색하여 신념과 감정, 동기와 목표를 이해한다.

셋째, 내담자의 진술에 대한 해석(interpretations)을 한다. 이를 통해 자기이해와 통찰을 촉진한다. 아들러학파의 해석은 생활양식과 관련된다. 이것은 개인의 삶의 방향과 목표에 대한 자각을 일깨우고, 개인적 논리를 각성시키며, 그것이 어떻게 현재 행동에 작용하는지를 알게 해 준다. 즉, 해석을 바탕으로 내담자로 하여금 자신의 잘못된 목표와 자기패배적 행동에 대한 통찰을 발달시킨다.

넷째, 재정향: 내담자가 새로운 방향을 갖도록 조력한다. 즉, 상담자는 재정향(reorientation)을 통해 내담자가 목표를 성취할 신념과 행동에 있어 변화를 만들도록 한다. 초기회상, 가족역동성, 꿈에서 도출된 통찰을 바탕으로 이전에 가졌던 비효율적인 신념과 행동에 대해 대안적인 방안을 찾도록 도와준다. 아들러학파는 재정향 기법을 다양하게 사용한다.

이러한 네 단계의 핵심 내용은 내담자의 잘못된 생활양식을 바꾸어 새로운 생활방식을 갖도록 하는 과정이라고 할 수 있다. 이러한 재정향은 에릭슨(Milton Erickson)이 사용한 '틀 바꾸기(reframing)'와 바츨라비크, 비클란드, 그리고 피쉬(Watzlawick, Weakland, & Fisch, 1974)가 강조한 '이차원적 변화'를 의미한다고 볼 수 있다. '일차원적 변화'는 같은 틀 안에서의 변화를 의미하고, '이차원적 변화'는 새로운 틀로의 변화를 의미한다.

아들러는 사회적으로나 심리적으로 부적응한 사람들은 '용기'가 결여되어 있거나, '사회적 관심'이 부족하거나, '상식'이 부족한 것에서 비롯된다고 보았다. 간단히 말하면, 문제가 있는 사람은 첫째, 용기가 결여되어 낙담한 사람이다. 둘째, 사회적 관심이 낮아 사회적으로 유용하지 않은 생활양식을 가진 사람이다. 셋째, 상식이 결여되어 흔히 비정상적인 행동, 즉 이상행동을 하는 사람이다. 따라서 상담자로서 이러한 세 가지 중 무엇이 결여되어 있는가를 파악하는 것이 중요하다.

아들러식 상담은 용기가 부족하여 낙담하고 있는 사람에게 용기를 불어넣은 격려치료를 강조한다. 또한 개인이 사회적으로 유용한 행동을 하는 것을 강조하는 것은 사회적 관심과 관련된다. 이것은 개인심리학이 인간을 사회적 존재로 보고 타인과 더불어 살려는 능력을 중요하게 간주하기 때문이다. 대부분의 사람이 수용하기 힘든 극단적이고 이상한 행동은 상식에 벗어난 행동이다.

요약

1. 아들러는 생활양식을 삶을 영위하는 근거가 되는 기본적 전제와 가정으로 정의하였다. 생활양식은 아동이 지닌 열등감과 그 열등감을 극복하려는 방식에 의해 결정되며, 일단 생활양식이 형성되면 외부 세계에 대한 전반적인 태도가 결정되며, 기본 성격 구조가 일생을 통해 일관성 있게 유지된다. 아들러는 사회적 관심과 활동수준에 따라 생활양식을 지배형, 기생형, 회피형, 사회적 유용형으로 분류하였다.
2. 아들러는 사람은 누구나 세 가지 주요 인생과제인 일, 우정, 사랑에 직면하게 된다고 믿었다.
3. 아들러는 인간을 현재를 바탕으로 미래지향적인 삶의 목적을 향해 노력하는 존재로 보았다. 때문에 허구적 최종목적론이란 미래의 삶에 대해 가지고 있는 허구 또는 이상이 현실을 보다 더 효과적으로 움직인다는 의미를 지닌다. 인간의 모든 심리현상은 그가 갖는 허구적 목적을 이해함으로써 파악될 수 있다.
4. 인간은 현재보다 나은 상태인 완전성을 실현하기 위해 노력하는 존재이므로 어떤 측면에서는 모두 열등감을 갖고 있다. 하지만 이 열등감을 어떻게 극복하고 지배하느냐에 따라 심리적 건강이 달라질 수 있다. 만약 열등감을 극복하지 못하고 사로잡히게 되면 열등감 콤플렉스에 빠지게 되는데, 아들러는 이의 원인으로 기관열등감, 과잉보호, 양육태만을 제시하였다.
5. 아들러는 가족구도와 출생순위가 성격형성에 많은 영향을 주었다고 생각하였다. 아동기에 부모와의 상호작용의 질과 가족관계를 통해서 타인과 관계하는 독특한 스타일을 배워서 익히게 되며, 성인이 되었을 때에도 상호작용 양식을 답습하게 된다.
6. 아들러의 개인심리학에 있어서 성격 평가는 개인의 생활양식을 파악하는 것이다. 전형적인 생활양식 조사에 들어가는 주요 내용으로는 초기회상, 꿈분석, 출생순위, 기본적 오류, 자질 등이 있다.

7. 아들러의 개인심리학의 개념들은 현재 광범위하게 적용되고 있다. 특히, 자녀지도를 위한 부모교육을 통해 아들러의 개념들이 널리 보급되면서 격려를 통한 상담 방법이 각광받고 있다.
8. 아들러는 사회적으로 부적응한 사람들은 '용기'가 결여되어 있거나, '사회적 관심'이 부족하거나, '상식'이 부족한 것에서 비롯된다고 보았다.

?! Review Questions

1. 아들러의 개념에서 열등감과 열등감 콤플렉스의 차이점은 무엇인가?

2. 아들러에 따르면, 인간이 행동하는 주요 동기는 자기완성 추구라고 하였다. 인간의 동기에 대한 프로이트의 입장과 비교하라.

3. 허구적 최종목적론에 대해 설명하라.

4. 사회적 관심과 활동수준에 근거해서 네 가지 생활유형을 설명하라.

5. 아동의 사회적 관심을 개발시킬 수 있는 부모의 행동에 대해 논의하라.

6. 큰 아이, 둘째 아이, 그리고 막내 아이의 성격 특징에 대해 설명하라.

7. 인간성에 대한 아들러와 프로이트의 관점을 비교하라.

8. 아들러 심리학의 주요 개념인 우월성 추구와 사회적 관심에 대해 설명하라.

9. 아들러가 지적한 사회적으로 부적응한 사람이 가진 세 가지 특성은 무엇인가?

자기 이해와 성장을 위한
<성격 연습 11>

사회적 관심

- 다음은 성격 특성에 대하여 열거되어 있습니다. 두 개씩 짝지어진 것들 중에서 여러분 자신의 특성이라고 생각되는 것을 하나 선택하여 주십시오. 선택하신 번호에 ○표 하시면 됩니다.
- 어떤 특성들은 두 번 나타납니다. 그러나 다른 특성들과 짝지어져 있으므로 중복되는 문항은 없습니다. 표기 하기 전에 선택한 번호가 맞는지 다시 한 번 확인해 주시기 바랍니다.

1. 나는 상상력이 풍부한 사람이다.
2. 나는 합리적인 사람이다.

1. 나는 도움을 주는 사람이다.*
2. 나는 재치 있는 사람이다.

1. 나는 고지식한 사람이다.
2. 나는 동정심을 가진 사람이다.*

1. 나는 공정한 사람이다.
2. 나는 능률적인 사람이다.

1. 나는 지적인 사람이다.
2. 나는 이해심이 많은 사람이다.*

1. 나는 자립적인 사람이다.

1. 나는 고지식한 사람이다.
2. 나는 논리적인 사람이다.

1. 나는 관용을 베푸는 사람이다.*
2. 나는 점잖은 사람이다.

1. 나는 능률적인 사람이다.
2. 나는 존경받는 사람이다.*

1. 나는 실용적인 사람이다.
2. 나는 자신 있는 사람이다.

1. 나는 빈틈없는 사람이다.
2. 나는 협동적인 사람이다.*

1. 나는 상상력이 풍부한 사람이다.

2. 나는 야심 있는 사람이다.

1. 나는 존경받는 사람이다.*
2. 나는 독창적인 사람이다.

1. 나는 창의적인 사람이다.
2. 나는 분별 있는 사람이다.

1. 나는 관대한 사람이다.*
2. 나는 개성이 강한 사람이다.

1. 나는 책임감 있는 사람이다.
2. 나는 친근감 있는 사람이다.

1. 나는 유능한 사람이다.
2. 나는 아량이 넓은 사람이다.*

1. 나는 믿을 만한 사람이다.*
2. 나는 현명한 사람이다.

2. 나는 도움을 주는 사람이다.*

1. 나는 현실적인 사람이다.
2. 나는 도덕적인 사람이다.*

1. 나는 인기 있는 사람이다.
2. 나는 양심적인 사람이다.

1. 나는 이해심이 많은 사람이다.*
2. 나는 현명한 사람이다.

1. 나는 합리적인 사람이다.
2. 나는 재치 있는 사람이다.

1. 나는 동정심 있는 사람이다.*
2. 나는 개성이 강한 사람이다.

1. 나는 야심 있는 사람이다.
2. 나는 인내심 있는 사람이다.*

채점 방식 답안에 표시를 했으면, *가 표시된 문항에 답을 한 수를 셉니다. *가 표시된 문항과 자신의 답이 일치하는 문항 수가 9개 이상이면 사회적 관심이 높다라고 볼 수 있습니다.

* 출처: 정민(2001). 생활양식과 대학생활 적응과의 관계. 전남대학교 석사학위논문.

자기 이해와 성장을 위한 <성격 연습 12>

자기격려

자기격려 평가하기

다음은 자기격려와 관련된 문항입니다. 다음에 제시된 각 문항들을 잘 읽고, 최근 스스로에게 다음과 같은 생각이나 말들을 얼마나 자주 하는지 해당하는 번호에 ○표 해 주세요.

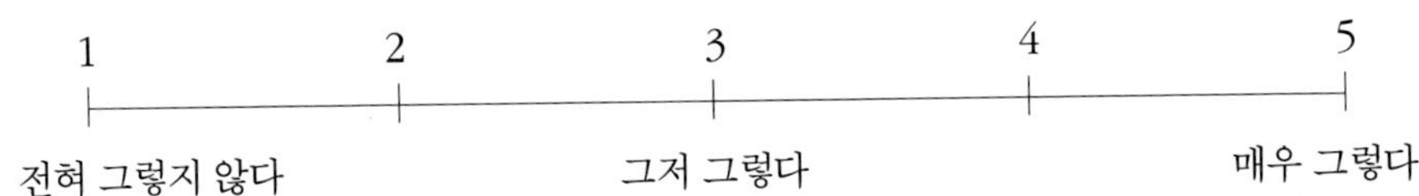

번호	문항	전혀 그렇지 않다	← 그저 그렇다 →			매우 그렇다
1	나는 성공할 수 있다고 생각한다.	1	2	3	4	5
2	일을 시작할 때 두렵지만 잘 해내리라고 생각한다.	1	2	3	4	5
3	실수했을 때 '나도 때때로 실수할 수 있어' 라고 생각하며 실수를 인정한다.	1	2	3	4	5
4	나는 어떤 문제가 생기든지 적극적이고 긍정적으로 생각한다.	1	2	3	4	5
5	새로운 일을 시작할 때 '실패할 수도 있지만 도전하지 않는 것보다 나아.' 라고 격려한다.	1	2	3	4	5
6	나는 이 세상에서 없어서는 안 되는 꼭 필요한 존재라고 생각한다.	1	2	3	4	5
7	힘든 상황에 처했을 때 '해결책은 있어.' 라고 생각하며 포기하지 않는다.	1	2	3	4	5
8	일을 성공했을 때 '잘했어, 역시 해낼 줄 알았어.' 라고 생각한다.	1	2	3	4	5

9	일을 실패했을 때 '이 일은 실패했지만 다른 일은 성공할 수 있어.' 라고 스스로 위로한다.	1	2	3	4	5
10	나는 포기하고 싶을 때 '조금만 더 하면 잘할 수 있어.'라고 생각하며 참는다.	1	2	3	4	5
11	다른 사람들과 함께 해야 하는 일에 적극적으로 참여한다.	1	2	3	4	5
12	나는 모임에서 새로운 사람들과 어울리기 위해 먼저 다가선다.	1	2	3	4	5
13	나는 새로운 변화에 적응하기 위해 적극적으로 행동한다.	1	2	3	4	5
14	사람들 앞에서 나의 의견을 이야기하곤 한다.	1	2	3	4	5
15	나는 부당하다고 생각되는 일에 적절하게 대응한다.	1	2	3	4	5
16	나는 유머감각과 재치로 주위 사람들을 웃게 하곤 한다.	1	2	3	4	5
17	나는 사람들 앞에서 당당하게 행동하려고 노력한다.	1	2	3	4	5
18	질문에 대해 맞는지 확신이 없더라고 대답을 하곤 한다.	1	2	3	4	5
19	나는 어려움이 있을 때 적극적으로 해결하고자 한다.	1	2	3	4	5
20	새로운 일에 도전하는 것이 주저되기는 하지만 그래도 도전한다.	1	2	3	4	5
21	힘들 때 나는 어떤 일이든 해낼 수 있다고 생각하며 자신감을 얻는다.	1	2	3	4	5
22	일을 실패했을 때 좌절되기도 하지만 기분을 전환하려고 노력한다.	1	2	3	4	5
23	일을 맡으면 자신감을 가지고 일을 시작할 수 있다고 느낀다.	1	2	3	4	5
24	일을 실패했을 때 일은 실패했지만 그래도 나는 가치 있는 존재라고 느낀다.	1	2	3	4	5
25	실패에 대한 두려움이 느껴질 때 '한발 한발 천천히 나아가면 해 낼 수 있어.' 라고 용기를 북돋운다.	1	2	3	4	5

26	오늘 하루가 엉망이 되어 마음이 심란할 때 '내일은 잘 될 거야.' 라며 위로한다.	1	2	3	4	5
27	힘들 때 나의 미래를 생각하며 행복감을 느끼곤 한다.	1	2	3	4	5
28	외로울 때 소중한 사람들을 생각하며 따뜻함을 느낀다.	1	2	3	4	5
29	나에게는 단점도 있지만 그런 나 자신도 소중하다고 느낀다.	1	2	3	4	5
30	잘하지 못할 때도 있지만 열심히 노력하고 있는 내 모습을 보며 뿌듯함을 느낀다.	1	2	3	4	5

※자기격려 평가하기(노안영, 정민, 2007)의 문항 구성은 인지적 요인은 1~10번, 행동적 요인은 11~20번, 정서적 요인은 21~30번이다. 채점 방법은 대학생 집단을 기준으로 평균(표준편차)은 인지요인은 3.54(.52), 행동요인은 3.21(.54), 정서요인은 3.41(.54)이므로 이를 참고하여 평균으로부터 1SD이상이면 전체의 16% 상위에, 2SD 이상이면 2.5% 상위에 존재한다.

자기 이해와 성장을 위한 <성격 연습 13>

자기지향성 알아보기

다음의 내용들은 당신이 지향하는 목표달성을 위해 필요한 사항들을 알아보기 위한 것입니다. 문항 내용을 파악한 후 당신 자신에 대한 설명의 적절성에 따라 〈보기〉에 근거하여 각 문항의 오른 쪽에 있는 숫자에 ○를 하시기 바랍니다.

〈보기〉

1	2	3	4	5
전혀 그렇지 않다		그저 그렇다		매우 그렇다

1	나는 가치 있는 사람이다.	1	2	3	4	5
2	나의 일처리 능력에 만족하지 못한다.	1	2	3	4	5
3	평소에 현실과 동떨어진 생각을 한다.	1	2	3	4	5
4	나의 정서 상태를 잘 이해하고 있으며 이를 적절하게 표현한다.	1	2	3	4	5
5	새로운 문제 상황에서 적절하게 대처하지 못한다.	1	2	3	4	5
6	주위 사람들로부터 유머감각이 풍부하다는 말을 자주 듣는다.	1	2	3	4	5
7	건강과 관련하여 음식조절 능력이 부족하다.	1	2	3	4	5
8	건강과 관련하여 신체적 활동에 관심이 없다.	1	2	3	4	5
9	나는 나 자신을 돌보는 데 소홀하다.	1	2	3	4	5
10	스트레스에 효과적으로 대처하고 있다.	1	2	3	4	5
11	남성 혹은 여성으로서 나의 역할에 만족하고 있다.	1	2	3	4	5
12	나에게 영향을 끼친 문화를 긍정적으로 생각한다.	1	2	3	4	5
13	나 자신이 불만족스럽다.	1	2	3	4	5
14	내가 종사하고 있는 영역에서 성공할 수 있는 충분한 능력을 가지고 있다.	1	2	3	4	5
15	나는 합리적이고 현실적으로 느끼며 행동한다.	1	2	3	4	5

16	나는 정서 상태에 대한 이해나 표현이 부족하다.	1	2	3	4	5
17	나는 평소에 창의적으로 생각하며 문제를 해결한다.	1	2	3	4	5
18	유머감각이 풍부한 사람을 보면 부러움을 느낀다.	1	2	3	4	5
19	나는 영양섭취에 관심이 많다.	1	2	3	4	5
20	나는 규칙적으로 운동을 한다.	1	2	3	4	5
21	철저한 안전 습관, 건강 검진 등을 통하여 나 스스로를 보살핀다.	1	2	3	4	5
22	내가 겪는 스트레스를 잘 처리하지 못한다.	1	2	3	4	5
23	나는 남성(여성)으로서 나의 역할에 불만이 많다.	1	2	3	4	5
24	내가 소속한 집단의 문화에 이질감을 느낀다.	1	2	3	4	5
25	나는 중요한 사람이라고 생각한다.	1	2	3	4	5
26	나의 감정이나 행동을 조절할 수 있다.	1	2	3	4	5
27	나는 비합리적인 사고나 행동 때문에 자주 비난을 받는다.	1	2	3	4	5
28	나의 분노 감정을 조절할 수 있다.	1	2	3	4	5
29	다른 사람들로부터 창의적이라는 말을 듣는다.	1	2	3	4	5
30	나는 주위 사람들을 잘 웃기는 편이다.	1	2	3	4	5
31	영양소나 칼로리 등을 고려하여 음식물을 선택한다.	1	2	3	4	5
32	신체 건강을 위해 운동에 관심을 갖고 실천한다.	1	2	3	4	5
33	평소에 안전 수칙을 지켜서 생활한다.	1	2	3	4	5
34	나름대로 적절한 스트레스 해소책을 가지고 있다.	1	2	3	4	5
35	나의 성(남성 혹은 여성)에 만족한다.	1	2	3	4	5
36	내가 속한 문화를 자랑스럽게 여긴다.	1	2	3	4	5
37	나는 사회적으로 유용한 사람이라고 믿는다.	1	2	3	4	5
38	내가 원하는 대로 행동하기가 힘들다.	1	2	3	4	5
39	주위 사람들로부터 비현실적이라는 말을 듣는다.	1	2	3	4	5
40	나는 심리적 불안으로 고통을 받는다.	1	2	3	4	5
41	당면한 문제를 슬기롭게 해결한다.	1	2	3	4	5
42	친구들로부터 유머가 있다는 말을 듣는다.	1	2	3	4	5
43	식생활 습관이 불규칙하다.	1	2	3	4	5
44	몸의 균형유지를 위해 적절한 운동을 한다.	1	2	3	4	5
45	원하는 목표를 위해 스스로를 관리한다.	1	2	3	4	5
46	스트레스 때문에 힘들다고 느낀다.	1	2	3	4	5
47	다시 태어난다면 다른 성(남성 혹은 여성)이 되고 싶다.	1	2	3	4	5
48	내가 속한 문화는 독특하며 장점이 있다.	1	2	3	4	5

채점 방식 문항 번호 2, 3, 5, 7, 8, 9, 13, 16, 18, 22, 23, 24, 27, 38, 39, 40, 43, 46, 47번은 도치 문항들입니다. 이러한 문항들은 바꾸어서 채점하시기 바랍니다(예: 1→5, 4→2). 자기지향성의 12가지 영역에 해당하는 내용과 문항들은 다음과 같습니다.
가치감: 1, 13, 25, 37; 통제감: 2, 14, 26, 38; 현실적 신념: 3, 15, 27, 39;
정서적 자각 및 대처: 4, 16, 28, 40; 문제 해결 및 창의성: 5, 17, 29, 41;
유머감: 6, 18, 30, 42; 영양: 7, 19, 31, 43; 운동: 8, 20, 32, 44;
자기 보살핌: 9, 21, 33, 45; 스트레스 관리: 10, 22, 34, 46;
성정체감: 11, 23, 35, 47; 문화정체감: 12, 24, 36, 48.

해석 방식 자기지향성의 12가지 영역 중에서 가장 높은 점수부터 3~4개의 영역은 당신이 자기지향을 위해 잘하고 있는 측면들입니다. 반대로 가장 낮게 나온 점수부터 3~4개의 영역은 당신이 잘못하고 있는 영역들입니다. 그러한 영역이 무엇인지 확인하여 그러한 측면을 보완하도록 노력하시기 바랍니다. 특히 12점 이하로 나온 영역에 대해서는 관심을 갖고 보완하시기 바랍니다.

제9장

융의 분석심리학

나의 삶은 무의식의 자기실현에 대한 이야기다.

– 융 –

융은 프로이트가 자신의 후계자로 지목할 정도로 정신분석에 심취했었으나 프로이트와 결별하고 난 후 보다 새롭고 정교한 성격이론을 만들었다. 그의 이론을 분석심리학(analytical psychology)이라고 한다. 분석심리학은 정신의 두 측면인 의식과 무의식 간의 관계를 확립하고 이해하는 데 초점이 맞춰져 있다. 프로이트로부터 무의식의 중요성에 대해 영향을 받은 융은 집단무의식의 도입으로 무의식의 개념을 확장하여 자신의 체계적 이론을 형성하였다고 볼 수 있다. 융은 인류 역사를 통해 발달해 온 정신과 개인이 속한 문화적 영향을 바탕으로 형성된 타고난 정신적 소인의 중요성을 강조하였다. 융은 "나의 인생은 무의식의 자기실현의 역사다. 무의식에 있는 모든 것은 표현되려고 노력한다. 그리고 성격은 무의식의 조건에서 발현되기를 갈망한다."고 지적하였다.

지난 20세기에 신화학(mythology)을 확립한 캠벨(Joseph Campbell, 1904~1987)은 "신화는 집단무의식의 표현이다."라고 주장하면서 융을 프로이트보다 높게 평가하였다.

아무튼 융의 분석심리학을 이해하기 위해 융과 프로이트의 주요한 견해 차이를 아는 것이 필요하다(Schultz & Schultz, 1998, p. 84).

첫째, 리비도의 역할에서 다르다. 프로이트는 리비도를 인간의 생물학적 성에 제한한 에너지로 본 반면, 융은 리비도를 성뿐만 아니라 다른 삶에 에너지를 포함한 정신에너지로 보았다. 즉, 융은 프로이트의 리비도의 개념을 확장하였다.

둘째, 성격에 영향을 미치는 힘의 방향에서 다르다. 프로이트는 인간의 성격이 주로 과거의 사건이나 과정들에 의해 결정된다고 본 반면, 융은 인간은 과거의 사건들뿐만 아니라 미래에 무엇을 하기를 열망하는가에 의해 결정된다고 보았다.

셋째, 무의식의 개념 정립이 다르다. 프로이트는 인간 정신의 자각 수준에 초점을 맞추어 무의식의 중요성을 강조한 반면, 융은 인류의 정신문화의 발달에 초점을 두고 집단무의식이란 개념을 도입하여 무의식의 범위를 확장하였다.

1. 융의 생애

융(Carl Gustav Jung, 1875~1961)은 스위스의 정신분석자였으며, 분석심리학의 창시자였다. 융은 1875년에 스위스의 작은 마을인 케스빌에서 태어났다. 그는 내적 경험과 그가 몰두하게 된 생각을 아무도 이해할 수 없다고 느꼈기 때문에 주로 혼자서 지내는 상당히 내성적인 아이였다. 스위스의 행복치 못한 가정에서 태어나 자랐고, 자신의 내부적 자원에 의지하는 법을 일찍부터 배웠다. 융은 아동기의 많은 시간을 꿈의 의미와 그가 경험했던 초자연적인 환상에 깊이 빠져서 보냈다. 그가 10살이 되었을 때 나무로 2인치 정도 되는 인간의 형상을 조각했다. 그는 그 형상을 숨겨 놓고 혼자 있을 때 그 형상과 이야기하고 때때로 얘기한 내용을 비밀스런 부호로 기록했다.

자신을 이해하려는 융의 열망은 그를 정신의학의 새로운 분야로 이끌었다. 그는 1900년에 바젤대학교에서 의학학위를 받았다. 취리히대학교의 정신병 진료소에 임명되어 정신분열증 연구로 유명한 블로일러(Eugen Bleuler) 밑에서 일했다. 융은 역시 히스테리아와 다중성격으로 잘 알려진 프랑스 심리학자인 자네(Pierre Janet)와 함께 공부했다. 1905년에 융은 바젤대학교에서 정신병리학을 강연했다.

인간 마음에 대한 융의 호기심은 곧 프로이트의 연구와 연관되었다. 융은 1900년에 프로이트가 출판한 『꿈의 해석(The interpretation of dream)』을 읽은 후에 프로이트와 서신왕래를 시작했다. 1907년에 프로이트를 만나 13시간 동안 두 사람은 대화를 나눴다. 1909년에 프로이트를 따라 미국에 갔으며, 클라크대학교에서 강연을 하였다. 1911년에 융은 프로이트의 완전한 지지로 국제정신분석학회장이 되었다. 그러나 정신분석, 무의식, 리비도에 대한 융의 해석과 이론은 프로이트의 입장과 달랐다. 융이 『무의식의 심리학(Psychology of unconscious)』을 발간한 후에 그와 프로이트 사이에 불화가 생기게 되었고, 1914년에 그들은 결별하였다. 그런 후에 융의 이론과 실제는 분석심리학으로 알려지게 되었다.

1913년에 융은 내적 혼란으로 고통을 받았으며, 그것은 약 3년 동안 지속되었다. 프로이트처럼 그는 자신의 정서적 혼란을 해결하기 위해 꿈 해석을 통한 자기분석을 하였다. 이 기간은 융으로 하여금 성격이론에 대한 독특한 접근으로 이끈 창조력과 성장의 시간이었다. 융은 역사를 통해 전해 내려온 인류의 상징과 신화를 평가했다.

융의 분석심리학과 프로이트의 정신분석의 기본적인 차이는 리비도와 연관된다. 프로이트는 리비도를 성적 에너지라고 주장한 반면에, 융은 일반적인 생활에너지로 간주했다. 두 번째 차이는 성격에 있어서 어린 시절의 영향에 대한 프로이트의 결정론적 견해에 있다. 융은 성격은 생활 속에서 후천적으로 변할 수 있고, 미래의 목표와 열망에 의해 형성된다고 믿었다.

집단무의식의 요소를 융은 원형(archetypes)이라고 불렀다. 원형에는 영웅, 부모, 죽음, 탄생과 부활, 일관성, 아이들, 신, 악마 등을 포함한다. 어떤 원형은 성격과 분리된 체계로 확인되었다. 잘 알려진 대표적 원형으로 페르소나 혹은 외부로 드러난 적응 성격, 아니마(anima)와 아니무스(animus) 혹은 양성적 성격, 그림자(shadow) 혹은 인간 본성의 동물적인 부분, 무의식의 모든 부분으로 구성된 자기(self) 등이 있다. 자기는 만다라라는 원의 상징으로 표현되며 일관성과 평정을 위해 노력한다. 자기는 성격의 통합, 자기실현, 조화를 위한 노력을 한다.

융은『심리적 유형(Psychological types, 1921)』이라는 책에서 보여 준 내향성과 외향성이라는 성격 지향성에 대한 설명으로 잘 알려졌다. 그는 또한 네 가지 심리적 기능으로 사고와 감정, 감각과 직관을 제안하였다. 과학적인 심리학이 융의 이론에서는 무시되었을지라도, 융의 연구는 이러한 성격 특징의 일반화에 기여하였다.

융은 생애 마지막을 개인치료, 여행, 독서, 공부를 위해 바쳤다. 이러한 경험을 통해 그의 관찰은 자신의 계속적인 자기반성과 결합되었고, 막대한 양의 책과 강연을 낳은 결과를 초래했다. 융의 많은 저술은 반유대인적 기질을 암시하는 발언들을 포함하여 논쟁의 대상이 되어 왔다. 그럼에도 불구하고, 인간의 성격에 대한 그의 생각은 세계의 독자를 계속해서 매혹시키고 있고 흥분시킨다.

2. 주요 개념

여기서는 융이 제안한 주요 개념인 정신의 구조, 정신에너지의 원리, 원형 등을 살펴보고자 한다.

정신의 구조

융은 전체적 성격을 정신으로 보았다. 융은 인간이 전체적 성격을 갖고 태어나며 일생을 통해 이러한 타고난 전체성을 분화하고 통합해 간다고 보았다. 전체적 성격인 정신의 수준을 크게 의식(conscious)과 무의식(unconscious)으로 구분하였다. 더 나아가 무의식을 개인무의식(personal unconscious)과 집단무의식(collective unconscious)으로 세분화 한 후 집단무의식을 중심으로 그의 분석심리학을 확립하였다.

의식 우리가 직접 알고 있는 정신의 부분이 의식이다. 의식은 자아(ego)에 의해 지배된다. 자아는 비록 정신 전체 속에서는 작은 부분을 차지하고 있지만 의식에 이르는 문지기라는 대단히 중요한 역할을 하고 있다. 인간은 자아를 통해 자신을 외부에 표현하고 외부 현실을 인식한다. 의식과 관련하여 중요한 내용인 태도와 기능을 이해하는 것이 필요하다.

첫째, 태도는 의식의 주인인 자아가 갖는 정신적 에너지의 방향이다. 즉, 자아가 외부 대상에 지향하는 방향이 수동적인가, 능동적인가에 따라 성격 태도가 결정된다. 능동적인 태도를 외향성(extroversion)이라 한다. 외향성은 의식을 외적 세계 및 타인에게 향하게 하는 성격태도다. 내향성(introversion)은 의식을 자신의 내적 주관적 세계로 향하게 하는 성격태도다. 융은 우리 모두가 이러한 두 가지 성격태도를 가지고 있으며, 둘 중 어느 태도가 지배적이냐에 따라 태도가 결정된다고 보았다.

둘째, 의식의 기능은 주관적 세계와 외부 세계를 지각하고 이해하는 서로 다른 방식을 의미한다. 융이 제안한 정신적 기능의 구성요소는 사고, 감정, 감각, 직관이다. 이러한 구성요소는 그가 제안한 정신의 대립 원리에 따라 합리적 차원(사고-감정)과 비합리적 차원(감각-직관)으로 구분된다. 이러한 기능 중 어느 것을 우선적으로 사용하는가에 따라 기본적인 성격이 달라진다고 하였다. 융은 심리적 태도와 기능을 조합하여 여덟 가지 심리적 유형인 외향적 사고형, 외향적 감정형, 외향적 감각형, 외향적 직관형, 내향적 사고형, 내향적 감정형, 내향적 감각형, 내향적 직관형이 결정된다고 보았다. 인간의 타고난 성격유형을 검사하는 데 현재 많이 쓰이는 MBTI(Myers-Briggs Type Indicator)는 이러한 융의 이론에 기초하고 있다.

개인무의식 개인무의식은 의식에 인접해 있는 부분으로 쉽게 의식화될 수 있는 망각된 경험이나 감각경험으로 구성된다. 개인무의식의 자료는 개인의 과거 경험으로부터 비롯된 내용이다. 이런 점에서 개인무의식은 프로이트의 전의식과 유사한 개념이지만 무의식까지 포함한 개념이라고 할 수 있다. 개인무의식은 의식되었지만 그 내용이 중요하지 않거나 고통스러운 것이기 때문에 망각되었거나 억제된 자료의 저장소다. 즉, 너무 약하기 때문에 의식에 도달할 수 없거나 또는 의식에 머물 수 없는 경험은 모두 개인무의식에 저장된다.

집단무의식 융이 제안한 독창적 개념으로 분석심리학의 이론 체계에서 가장 핵심적인 개념이다. 집단무의식은 개인적 경험이 아니라 사람들이 역사와 문화를 통해 공유해 온 모든 정신적 자료의 저장소다. 융은 인간의 정신적 소인이 유전된 것으로 생각하였다. 따라서 집단무의식은 인류 역사를 통해 선조로부터 물려받은 우리의 행동에 영향을 주는 정신적 소인인 수없이 많은 원형(archetypes)으로 구성되어 있다. 집단무의식은 직접적으로 의식화되지는 않지만 인류 역사의 산물인 신화, 민속, 예술 등이 지니고 있는 영원한 주제의 현시를 통해 간접적으로 관찰될 수 있다.

정신에너지의 원리

융은 전체적 성격을 정신이라고 불렀으며, 정신에너지인 리비도(libido)를 통해 지각하고, 생각하고, 느끼고, 소망하는 심리적 활동이 수행된다고 보았다. 융에게 리비도는 전반적인 '인생 과정 에너지(life process energy)'로, 프로이트의 성적 충동은 그러한 에너지의 한 측면이었다. 여기서는 융이 제안했던 정신에너지가 기능하는 세 가지 원리인 대립(opposition), 등가(equivalence), 균형(entropy)에 대해서 살펴보자.

대립 원리 융은 정신을 대립 원리(opposition principle)에 의해 작동하는 실체로서 생각하였다. 대립 원리는 신체에너지(physical energy) 내에 반대되는 힘이 대립 혹은 양극성으로 존재하여 갈등을 야기하며, 이러한 갈등이 정신에너지(psychic energy)를 생성하는 데 필요하다는 것이 융의 생각이다. 즉, 융의 체계에서 정신에너지는 성격 내에 있는 힘들 간의 갈등의 결과로 여겨졌다. 갈등이 없으면 에너지가 없으며 인생도 없다고 보았다. 즉, 개인의 사랑과 증오는 정신 내에 존재하면서 행동으로 표현을 추구하는 긴장과 새로운 에너지를 창조한다. 이러한 대립 혹은 양극성의 갈등이 모든 행동의 일차적 동인이며, 모든 에너지를 창조한다. 따라서 양극성들 간에 갈등이 커질수록 에너지는 더 많이 생성된다.

등가 원리 융은 물리학의 열역학 법칙인 에너지 보존 원리를 정신적 기능에 적용하여 등가 원리(equivalence principle)를 가정하였다. 등가 원리는 어떤 조건을 생성하는 데 사용된 에너지는 상실되지 않고 성격의 다른 부분으로 전환되어 성격 내에서 에너지의 계속되는 재분배가 이루어진다는 것이다. 그러므로 어떤 특별한 영역에서 정신가치가 약해지거나 사라지면, 그러한 에너지는 정신 내에 다른 영역으로 전환된다. 예를 들면, 우리가 어떤 취미활동(당구)에 관심을 상실하면, 그러한 활동에 쏟았던 정신에너지가 새로운 취미활동(골프)으로 전환된다. 또한 우리가 깨어 있는 동안에 의식 활동을 위해 사용하는 정신에너지는 잠자는 동안에는 꿈으로 전환된다. 여기서 등가(equivalence)란 말은 에너지가 변환된 새로운 영역이 동등한 정신가치를 가져야 한다는 것을 함축한다. 에너지가 어떤 방향이나 방식으로 이동하든지 간에 등가 원리는 그러한 에너지가 계속적으로 성격 내에서 재분배된다는 것을 제안한다.

균형 원리 물리학에서 균형 원리(entropy principle)는 에너지 차이의 평형을 의미한다. 예를 들면, 뜨거운 대상과 차가운 대상이 접촉하면 열은 같은 온도로 평형상태가 될 때까지 뜨거운 대상에서 차가운 대상으로 이동한다. 융은 이러한 열역학 원리를 정신에너지에 적용하여 성격 내에 균형 혹은 평형에 대한 경향성이 있다는 균형 원리를 제안하였다. 만약 두 가지 욕망이 정신가치에서 크게 다르다면, 에너지는 보다 강한 욕망에서 약한 욕망으로 흐를 것이다. 이상적으로, 성격은 모든 측면에서 정신에너지의 동등한 분배를 가지지만, 이러한 이상적 상태는 결코 성취되지 않는다. 만약 완전한 균형 혹은 평형이 달성되면, 성격은 전혀 정신에너지를 갖지 못할 것이다. 왜냐하면 이미 지적한 것처럼, 대립 원리가 정신에너지를 생성하기 위해서 갈등을 요구하기 때문이다.

원형

집단무의식을 구성하고 있는 인류 역사를 통해 물려받은 정신적 소인이 원형(archetypes)이다. 원형은 형태(form)를 가진 이미지 혹은 심상이지 내용(content)은 아니다. 상징은 원형의 내용이며 원형의 외적 표현이다. 원형은 꿈, 신화, 동화, 예술 등에서 나타나는 상징을 통해서만 표현된다(Sharf, 2000, p. 94). 원형은 인간이 갖는 보편적 · 집단적 · 선험적 심상들로 융의 분석심리학에서 성격의 주요한 구성요소다. 지적한 것처럼 원형의 수는 무수히 많다. 예를 들면, 신, 악마, 부모, 대모, 현자, 사기꾼, 영웅, 지도자 등 사람들이 삶을 영위하면서 형성해 온 수없이 많은 원초적 이미지가 원형이다. 여기서는 융이 언급한 대표적인 원형인 페르소나(persona), 아니마(anima)와 아니무스(animus), 그림자(shadow), 자기(self)에 대해서 알아보자.

페르소나 페르소나(persona)는 환경의 요구에 조화를 이루려고 하는 적응의 원형이다. 즉, 페르소나는 개인이 사회에 대한 이해를 바탕으로 사회에서 가정하는 자신의 역할을 의미한다. 페르소나는 가면을 뜻하는 희랍어로, 개인이 사회적 요구들에 대한 반응으로서 밖으로 내놓는 공적 얼굴이다. 우리는 페르소나를 통해 다른 사람과 관계하면서 좋은 인상을 주거나 자신을 은폐시킨다. 겉으로 표현된 페르소나와 내면의 자기가 너무 불일치하면 표리부동한 이중적인 성격으로 사회적 적응에 곤란을 겪게 된다.

아니마와 아니무스 융은 인간이 태어날 때 본질적으로 양성을 가지고 태어났다는 양성론 입장을 취했다. 이러한 이론적 입장을 반영한 개념이 아니마와 아니무스다. 즉, 남성의 내부에 있는 여성성을 아니마(anima)라고 하고, 여성의 내부에 있는 남성성을 아니무스(animus)라고 한다. 남성성의 속성은 이성(logos)이고, 여성성의 속성은 사랑(eros)이다. 인간은 누구나 양성성을 갖고 태어나기 때문에 이성과 사랑을 겸비하고 있다고 볼 수 있다. 따라서 성숙된 인간이 되기 위해서 남자는 내부에

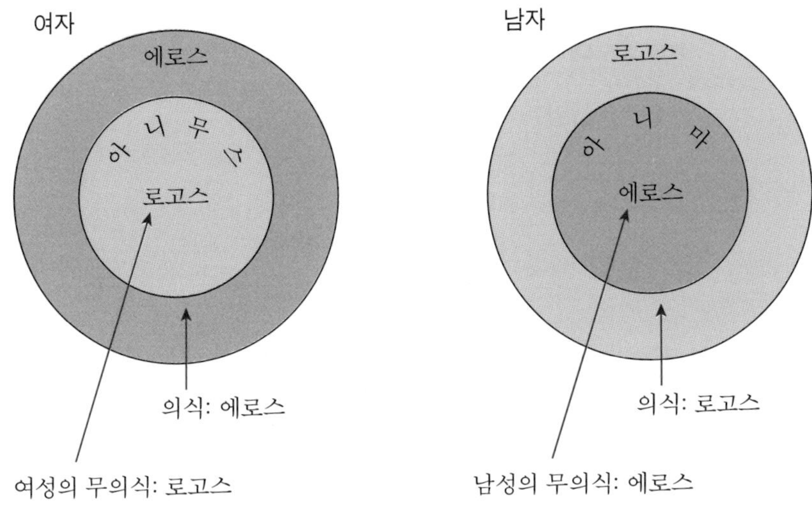

그림 9-1 아나마-아니무스: 남성성과 여성성의 원형

잠재해 있는 여성성, 즉 사랑을 이해하고 개발해야 하며, 여자는 내부에 있는 남성성, 즉 이성을 이해하고 개발하는 것이 필요하다. 즉, 현명한 여자가 되기 위해서는 사랑뿐만 아니라 이성을 갖추는 게 요구된다. 남성과 여성의 서로 상반되는 원형인 아니마와 아니무스를 그림으로 표현하면 다음과 같다([그림 9-1] 및 '자세히 봅시다' 참조)

그림자 그림자(shadow)는 인간의 어둡거나 사악한 측면을 나타내는 원형이다. 즉, 인류 역사를 통해 의식에서 억압되어 어두운 무의식에 있는 자료 및 인간의 원초적인 동물적 욕망에 기여하는 원형이다. 그림자는 사회가 나쁘다고 생각하는 측면이 있기는 하지만, 어떤 면에서는 생명력, 자발성, 창조성의 원천이 되기도 하여 이로움을 주기도 한다. 그림자는 인간의 양면성, 밝고 긍정적인 면과 어둡고 부정적인 면을 반영한 원형이다. 빛이 없이 그림자를 상정할 수 없다. 사회에서 부정되거나 부도덕하고 악하다고 생각되는 것은 그림자 원형과 관련되어 있다. 따라서 상담 및 심리치료에서 가장 장애가 되는 원형이 그림자다. 상담자는 인간의 이러한 부정적인 측면을 내담자가 조절할 수 있도록 돕는 게 필요하다.

자기 자기(self)는 모든 의식과 무의식의 주인이다. 융은 인간이 실현하기 위해

자세히 봅시다

남자와 여자 관계는 왜 복잡할까?

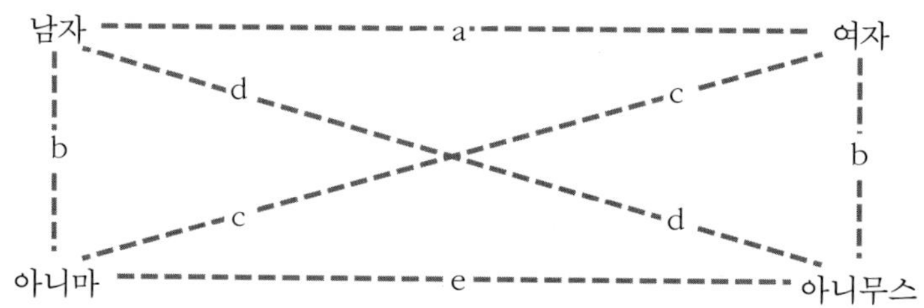

a = 개인 대 개인과의 관계
b = 개인 대 개인의 원형과의 관계
c = 여성 대 아니마 원형과의 관계
d = 남성 대 아니무스 원형과의 관계
e = 무의식의 원형들끼리의 관계

융의 원형(archetypes)에 대한 개념 가운데 아니마와 아니무스의 개념을 살펴보면, 남녀 관계가 왜 그리 복잡하고 알쏭달쏭한지 어느 정도 이해할 수 있을 것이다. 여성이 지닌 성격의 의식적 측면은 사랑(Eros)이다. 반면에, 무의식적인 측면은 이성(Logos)이다. 이와는 반대로 남성이 지닌 성격의 의식적 측면은 이성이지만, 무의식적인 측면은 사랑이다. 앞의 그림을 보면, 두 사람이 만나게 되면 자기 자신의 의식적인 측면과 무의식적인 측면과의 만남뿐 아니라, 남녀의 의식적인 측면과 의식적인 측면끼리의 만남, 여성의 의식적 측면과 남성의 무의식적 측면과 만남, 여성의 무의식적 측면과 남성의 의식적 측면과의 만남, 여성의 무의식적 측면과 남성의 무의식적인 측면의 만남이 동시에 이루어지는 것이다. 이렇다 보니 복잡한 상호작용 속에서 부딪히는 부분도 많다.

우리는 대부분 의식적인 측면끼리의 만남만을 가정하지만, 잠재되어 있는 아니마와 아니무스도 보이지 않게 동시에 관련을 맺는 것이다. 융은 남녀 관계에서의 갈등과 긴장은 주로 무의식적인 측면들끼리의 충돌에 의해 야기된다고 믿었다. 때문에 사랑이 넘치는 관계를 유지하기 위해서는 무의식적인 측면이 서로 잘 소통하고 이해되어야 한다고 볼 수 있겠다.

개인의 무의식적인 측면에 대한 이해도 힘든데 다른 사람의 무의식적인 측면에 대한 이해도 잘 되어야지 남녀 관계가 잘 된다고 볼 때, 두 남녀가 서로 사랑하고 이해하는 것은 멀고도 어려운, 두 사람의 많은 노력이 필요한 일일 것이다.

타고난 청사진을 자기로 보았다. 자기는 전체로서 인간 성격의 조화와 통합을 위해 노력하는 원형이다. 다양한 문화에서 발달된 상징이 이 원형에서 나타난다. 자기는 정신의 중심인 의식과 무의식의 양극성 사이의 평형점이다. 자기는 다른 정신 체계가 충분히 발달할 때까지 나타나지 않는다. 융의 이론에 따르면, 자기는 인생의 가장 결정적인 변화의 시기인 중년의 시기에 나타난다. 개인의 자기실현은 자신에 대한 정확한 지각과 미래의 계획 및 목표를 수반한다.

3. 성격 발달

융에 있어 성격 발달은 자기를 실현하는 과정이다. 타고난 인간의 잠재력인 자기를 실현하기 위해 인생 전반기에는 자기(self)의 방향이 외부로 지향되어 분화된 자아(ego)를 통해 현실 속에서 자기를 찾으려고 노력한다. 이런 점에서 인생의 전반기는 보다 활동적이고 환경과 상호작용이 활발하게 이루어진다. 그러나 대략 40세인 중년기를 전환점으로 인생 후반기에는 자기의 방향이 내부로 지향되어 자아는

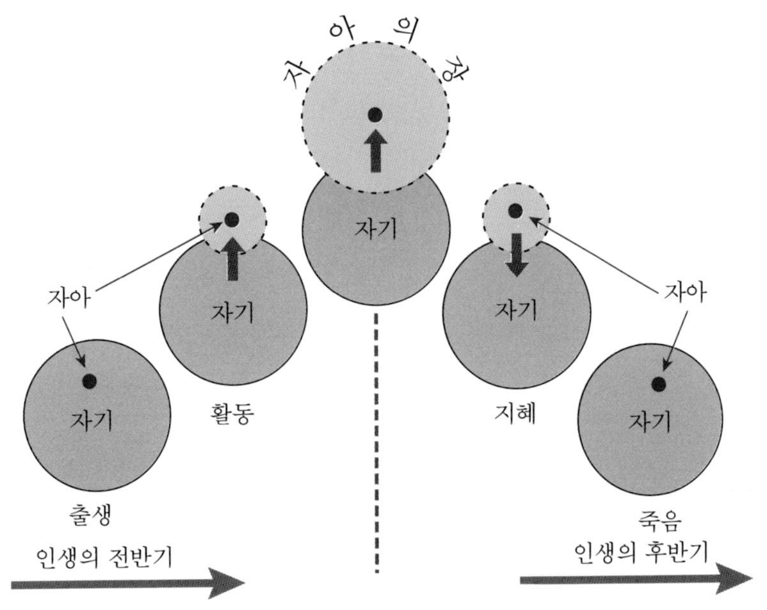

그림 9-2 융의 자기실현 단계

다시 자기에 통합되면서 성격 발달이 이루어진다. 융은 이렇게 분화와 통합을 통해 자기가 발달하는 과정을 개성화(individuation)라고 하였다. 이러한 성격 발달을 그림으로 나타내면 다음과 같다([그림 9-2] 참조).

4. 성격 평가기법

분석심리학자들이 개인을 이해하기 위해 사용하는 평가기법은 객관적 검사 및 투사법에서 꿈 분석의 사용에 걸쳐 다양하다. 융 자신은 거의 표준화된 성격검사를 가지지 않았지만, 자신의 환자들을 이해하는 다양한 방법을 사용하였다. 융이 개인을 이해하는 데 사용한 주요한 네 가지 평가기법은 단어연상검사(word association test), 증상분석(symptom analysis), 사례사(case history), 꿈 분석(dream analysis)이었다. 또한 융은 개인의 성격 태도와 기능을 바탕으로 한 심리유형을 분류하였다. 이러한 융의 이론을 기초로 하여 만들어진 표준화된 성격검사로, 현재 광범위하게 적용되는 성격유형검사인 MBTI(Myers-Briggs Type Indicator)가 있다. 여기서는 이러한 성격 평가기법에 대해 간단하게 살펴보고자 한다.

단어연상검사 이 검사는 개인이 어떤 자극단어에 즉각적으로 마음에 떠오르는 어떤 단어로 반응하는 투사 기법이다. 1900년대 초에 융은 정서를 야기하리라고 믿었던 100개의 단어 목록을 가진 단어연상검사로 그의 환자들이 갖는 콤플렉스를 밝히는데 사용하였다. 융은 각 자극단어에 환자가 반응하는 데 걸리는 시간 및 자극단어의 정서적 효과를 결정하기 위해 생리적 반응을 측정하였다. 융에 의해 시작된 이래로, 피험자가 자극단어에 즉각적으로 마음에 떠오르는 어떤 단어로 반응하는 단어연상검사는 실험적 및 임상적 도구로 심리학 연구에 적용되어 왔다.

증상분석 이 기법은 환자가 보고하는 증상에 초점을 둔다. 즉, 분석자는 환자로 하여금 증상에 대한 자유연상을 하도록 하여 그러한 내용을 해석하는 것으로 프로이트의 정화 방법과 유사하다. 환자의 증상은 분석자의 증상 원인에 대한 해석을 통해 감소되거나 사라지게 된다. 융은 이 기법이 단지 '외상 후 스트레스 장애

(posttraumatic stress disorder)'에 도움이 된다고 생각하였다(Sharf, 2000, p. 100-101).

사례사 이 방법은 심리적 장애의 발달사를 추적하는 데 사용된다. 융은 이 방법이 자주 환자로 하여금 태도 변화를 야기하는 데 도움이 된다는 것을 발견하였다. 융은 자신의 사례연구를 '생애사 재구성(life-history reconstruction)'이라고 불렀다. 융은 환자로 하여금 과거 경험에 대해 회상하도록 하여 조사함으로써 현재의 신경증을 설명할 수 있는 발달패턴을 확인하여 생애사 재구성을 하도록 하였다.

꿈 분석 이 기법은 융의 분석심리학에서 가장 중요한 방법으로, 환자의 무의식을 이해하는 데 사용된다. 융은 '꿈이 무의식에 이르는 왕도(royal road)'라는 점에서 프로이트의 견해에 동의하였다. 하지만 융의 꿈 분석은 꿈의 원인 이상에 관심을 두었다는 점에서 프로이트의 관점과 달랐다. 융은 꿈이 무의식적 소망 이상의 의미를 가지고 있다고 믿었다. 프로이트와 달리, 첫째 융은 꿈이 미래를 예견해 준다고 보았다. 따라서 꿈은 개인으로 하여금 그가 일어나리라고 기대하는 경험과 사건을 준비하도록 도와준다고 믿었다.

융이 제안했던 자기실현으로 이끄는 주요한 개념인 동시성(synchronicity)은 꿈의 예견성을 뒷받침해 주는 것이다. 동시성은 두 사건이 동시에 혹은 근접한 시간에 독립적으로 일어나지만 서로 밀접하게 관련된 의미를 가지는 현상이다. 즉, 동시성은 두 사건이 논리적으로 인과관계가 없이 독립적으로 일어나지만 서로 밀접하게 관련된 의미를 가지는 현상을 의미한다. 예를 들면, 당신이 오랫동안 보지 못했던 친구를 꿈에서 보았는데, 다음날 당신이 그 친구가 전날 밤에 죽었다는 소식을 듣는 것이다. 둘째, 융은 꿈이 보상적이라고 믿었다. 즉, 꿈은 어떤 정신구조의 지나친 발달을 보상함으로써 상반되는 정신과의 균형을 유지하도록 도와준다고 보았다. 이런 점에서 꿈은 적응을 위한 노력이며, 성격의 결함을 교정하려는 시도다(Ryckman, 2000, p. 102). 예를 들면, 몹시 수줍어하는 사람은 자신이 파티에서 매우 활동적인 역할을 하는 꿈을 꿀 수 있다. 또한 사업에 실패한 사람이 벤처기업을 창업하여 성공하는 꿈을 꿀 수 있다('자세히 봅시다' 참조).

동시성

융은 사람들이 꿈에 일어난 사건이 외부 세계에서 동시에 일어나는 현상을 설명하기 위해 동시성(synchronicity)이란 개념을 사용하였다. 융이 제안한 동시성 원리는 가능한 인과관계가 전혀 없이 내적으로 지각된 정신적 사건에 일치하는 물리적인 외적 사건이 동시에 일어난다는 것이다. 즉, 인간 정신 내의 주관적 경험과 외부 현실에서 같은 시간에 다른 장소에서 일어나는 객관적 사건 간의 의미 있는 관계가 있음을 주장하는 것이 동시성이다.

"날 찾아다오", 亡者의 하소연

'숨진 어머니가 아들의 꿈에 나타나 전해 준 메시지' 차 모 씨(45세, 공무원)와 그의 동생 등 6남매는 8일 "지방공사 진주의료원의 관리 소홀로 어머니의 시신이 없어져 버렸다"며 이 병원을 상대로 5억 원의 손해배상 청구소송을 창원지법 진주지원에 냈다.

차 씨는 지난 1월에 74세에 노환으로 숨진 어머니의 시신을 진주의료원 영안실에 안치했다가 경남 합천군 용주면에 있는 선영으로 운구해 갔다. 차 씨는 관을 묻기 직전에 "어젯밤 너무 이상한 꿈을 꿨다. 예감이 불길하다"며 지관(地官)에게 시신 확인을 요구했다. 친인척들은 "슬픔 때문에 실성했느냐, 관을 다시 여는 것은 유교의 장례 예법에 어긋난다"라고 반대했으나 상주(喪主)의 굳은 뜻을 꺾을 수는 없었다.

놀랍게도 관 안에는 차 씨의 어머니 대신 웬 남자의 시신이 있었다. 유족들과 진주의료원 측은 같은 날 영안실에서 나가 매장된 시신 4구를 다시 파헤쳤으나 차 씨 어머니의 시신을 찾지 못했다. 그날 화장된 시신 2구 중 하나가 차 씨 어머니라는 어이없는 사실만 확인됐다.

진주의료원은 자체 조사 결과, 발인 과정에서 관 위에 덮는 명정(銘旌)이 뒤바뀌었다는 것을 알게 됐다. 차 씨 측은 "'먼저 돌아가신 너희 아버지 곁에 나를 묻어 달라'는 어머니의 유언을 영원히 지킬 수 없게 됐다"라며 의료원 측에 거세게 항의했고, 결국 소송을 냈다(동아일보, 2000년 4월 9일 14면).

융은 꿈을 해석하는 데 있어 프로이트처럼 각각의 꿈을 따로따로 해석하지 않고 일정한 기간에 걸쳐 환자가 보고하는 일련의 꿈들을 함께 분석하였다. 이러한 방식으로 융은 환자의 무의식에 지속적으로 반복되는 주제, 문제를 발견할 수 있다고 믿었다. 또한 융은 꿈이 보여 주려고 하는 가능한 의미를 밝히기 위해 확충법(method of amplification)을 사용하였다. 특별한 상징으로 시작하여 그것에서 점점 발전해 가는 자유연상과 다르게, 확충법은 환자와 분석자가 상징들의 이해를 확장하려는 시도로 어떤 주제가 탐색될 때까지 같은 상징들을 계속해서 재평가하고 재해석하는 치료기법이다. 융은 단일 꿈의 분석은 잘못된 해석으로 이끌 수 있지만, 일련의 꿈들의 분석은 환자가 직면하는 문제에 대한 보다 정확한 해석을 달성하는 수단으로서 기여할 수 있다고 믿었다.

MBTI 성격유형을 측정하는 검사로서 MBTI(Myers-Briggs Type Indicator)가 광범위하게 사용되고 있다. MBTI는 융의 심리유형론을 근거로 하여 브릭스(Katharine Cook Briggs)와 마이어(Isabel Briggs Myers)가 보다 쉽고 일상생활에 유용하게 활용할 수 있도록 고안한 자기보고식 성격유형지표다. 융의 심리유형론은 인간 행동이 그 다양성으로 인해 종잡을 수 없는 것 같이 보여도, 사실은 아주 질서정연하고 일관된 경향이 있다는 데에서 출발하였다. 그리고 인간 행동의 다양성은 개인이 지각하고 판단하는 특징이 다르기 때문이라고 보았다.

MBTI의 바탕이 되는 융의 심리유형론의 요점은 각 개인이 외부로부터 정보를 수집하고(지각기능), 자신이 수집한 정보에 근거해서 행동을 위한 결정을 내리는 데(판단기능) 있어서 각 개인이 선호하는 방법이 근본적으로 다르다는 것이다. 융의 심리유형론을 경험적으로 검증하여 실생활에 적용하기 위해 만들어진 MBTI에서는 지각 과정을 감각(sensing)과 직관(intuition)으로 구분하여 사물, 사람, 사건, 생각들을 지각하게 될 때 나타나는 차이점을 이해할 수 있도록 해 주며, 판단 과정은 사고(thinking)와 감정(feeling)으로 구분하여 우리가 인식한 바에 의거해서 결론을 이끌어 내는 방법들 간의 차이점을 알 수 있도록 해 준다. 그리고 이러한 기능을 사용할 때 어떤 태도를 취하는가에 따라 외향성(extroversion)과 내향성(introversion) 및 판단(judging)과 지각(perceiving)으로 구분하여 심리적으로 흐르는 에너지의 방향 및 생활양식들을 이해할 수 있도록 해 준다.

요약하면, MBTI는 융의 이론에 바탕을 둔 성격유형 검사로서 네 가지 차원을 조합한 것이다. 이러한 네 가지 차원은 다음과 같다.

- 자아(ego)와 대상(object)과의 관계에서 자아가 주체가 되어 반응하는 외향성과 외부 자극이 왔을 때에만 반응을 나타내는 내향성이다(내향성-외향성).

- 자아와 관련된 정신적 기능에서 합리적 차원인 사고-감정이다.
- 자아와 관련된 정신적 기능에서 비합리적 차원인 직관-감각이다.
- 감각과 직관을 통한 지각과 사고와 감정을 통한 판단으로 이루어진 지각-판단 차원이다.

이러한 네 가지 차원을 조합하여 MBTI는 $2^4 = 16$가지 성격유형으로 나타낼 수 있다. MBTI는 대인관계나 부부관계의 갈등에서 서로 다른 성격유형을 서로가 이해하게 됨으로써 상대방의 독특성을 수용하고 인정함에 따라 갈등 해결의 실마리를 제공할 수 있게 한다.

5. 성격이론의 적용

융은 신경증이란 자기실현을 향한 개인의 성장이 멈춘 심각한 질환이라고 믿었다. 융은 중년의 문제를 다루는 데 자신의 노력을 기울였다. 때문에 융의 분석심리학이 '생애 후반기 심리학(psychology of the afternoon)'으로 불려졌다. 심리치료는 내담자가 자신의 내면의 삶을 탐색함으로써 성격을 확장시켜 나갈 수 있으며, 자신의 존재에 대한 영적 혹은 종교적인 태도를 개발해 나가는 과정이라고 여겼다. 융은 자신의 치료 과정을 고백(confession), 명료화(elucidation), 교육(education), 그리고 변형(transformation)의 단계로 각각 나누었다. 이러한 네 단계를 구체적으로 살펴보면 다음과 같다.

- **고백 단계** 이 단계는 치유 과정의 필수적인 단계다. 자신의 제한점을 다른 사람과 나누는 단계이면서, 모든 사람이 약점을 가지고 있다는 점에서 인류와의 유대감을 자각할 수 있게 된다. 카타르시스 과정을 통해 치료자에 대한 신뢰가 형성되기도 한다. 다시 말해, 전이가 일어난다.
- **명료화 단계** 전이를 이해하는 과정에서 내담자는 치료자가 명료화하는 무의식적인 내용을 표면으로 이끌어 낼 수 있게 된다. 이 과정이 설명 단계다. 이 단계에서는 문제의 기원(origin)에 대해 알게 된다.

- **교육 단계** 이 단계에서는 사회적 환경에 적응하기 위해 자신의 성격에 대한 통찰을 한다.
- **변형 단계** 내담자와 치료 간의 역동적인 상호작용을 통해 단순히 사회에 대한 적응을 넘어서 자아실현으로의 변화가 도모된다.

요약

1. 융은 프로이트의 리비도에 관한 개념을 확장하여 리비도를 성뿐만 아니라 다른 삶의 에너지를 포함한 정신에너지로 보았다. 프로이트는 인간의 성격이 주로 과거의 사건에 의해 결정된다고 본 반면, 융은 과거 사건뿐 아니라 미래에 대한 기대에 의해서도 결정된다고 보았다. 또한 융이 프로이트와 다르게 강조한 주요한 개념은 집단무의식이다.
2. 융은 전체적인 성격을 정신으로 보았으며, 정신의 수준을 크게 의식과 무의식으로 나누었다. 나아가 무의식을 개인무의식과 집단무의식으로 세분화하였다.
3. 융은 정신에너지가 기능하는 세 가지 원리로서 대립 원리, 등가 원리, 균형 원리를 제안하였다.
4. 인류 역사를 통해 전해 내려오는 정신적 소인으로서 집단무의식을 구성하고 있는 것이 원형이다. 원형이란 형태를 가진 이미지 혹은 심상을 가리킨다. 원형은 꿈, 신화, 동화, 예술 등에서 나타나는 상징을 통해서만 표현되며, 융의 분석심리학에서 성격의 주요한 구성요소다. 원형의 종류로는 페르소나, 아니마와 아니무스, 그림자, 자기 등이 있다.
5. 융에 있어 성격 발달은 자기를 실현하는 과정이다. 타고난 인간의 잠재력인 자기를 실현하기 위해 인생 전반기에는 자기의 방향이 외부로 지향되어 분화된 자아를 통해 현실 속에서 자기를 찾으려고 노력하는 반면, 중년기를 전환점으로 인생의 후반기에는 자기의 방향이 내부로 지향되어 자아는 자기에 통합되면서 성격 발달이 이루어진다.
6. 융이 개인을 이해하는 데 사용한 주요 평가기법으로는 단어연상검사, 증상분석, 사례사, 꿈 분석 등이 있다. 융의 이론을 기초로 하여 만들어진 표준화된 성격검사로는 MBTI가 있다.

?! Review Questions

1. 융이 제안한 정신에너지의 세 가지 원리를 설명하라.

2. 개인무의식과 집단무의식은 어떻게 다른가?

3. 융이 제안한 이론에 근거하여 남녀 관계의 복잡성을 설명하라.

4. 융이 제안한 개념인 자아(ego)와 자기(self)에 의해 성격 발달을 설명하라.

5. 융의 주요한 개념인 개성화를 설명하라.

6. 동시성을 예를 들어 설명하라.

7. 성격유형검사인 MBTI의 이론적 배경을 설명하라.

자기 이해와 성장을 위한
<성격 연습 14>

타인 속의 나

당신이 가장 사랑하고 존경하는 사람들이 지니고 있는 특성(qualities) 중에서 당신이 가장 숭배하는 특성을 적어 보십시오. 그런 다음에 당신이 싫어하는 사람들이 지니고 있는 특성 가운데 좋아하지 않는 특성을 적어 보십시오.

■ 좋아하는 특성:

■ 싫어하는 특성:

채점 방식 첫 번째는 당신의 아니마 혹은 아니무스의 투사 내용일 수 있습니다. 이 내용은 당신이 발달시킬 수 있는 내면의 자질일 수 있습니다.
두 번째는 그림자의 투사 내용일 수 있습니다. 이 내용은 당신 스스로 직면해야만 하는 특성일 수 있습니다.

* 출처: Fadiman, J. & Frager, R. (1998). *Personality and personal growth*(4th ed.), p. 76. New York: Longman.

제10장

호나이의 신경증적 성격이론

정신분석의 목표는 본능을 다룰 수 있도록 환자를 돕는 것이 아니라
신경증 경향성 없이 지낼 수 있을 정도로 불안을
감소시키도록 돕는 것이다.

– 호나이 –

호나이는 생물학적인 본능이론을 강조하는 정통적인 프로이트의 관점에서 이탈하여 여성으로서 자신의 경험과 개인의 성격 형성에 사회적 · 문화적 영향력에 대한 인식을 바탕으로 이론을 발전시켰다. 호나이는 초기 여성주의자로 프로이트의 정신분석이 여성보다 남성 발달에 더 초점이 맞추어졌다고 비판하였다. 그녀는 여자들이 남근선망(penis envy)을 가진다는 프로이트의 주장에 맞서, 남자들이 출생을 줄 능력을 가진 여성을 부러워한다는 점에서 자궁선망(womb envy)을 가진다고 주장하였다.

호나이는 "신경증은 우리 문화의 의붓자식이다"라고 지적하면서 개인의 성격에 미치는 문화의 중요성을 강조하였다. 그리고 그녀는 아들러처럼 성격 형성에 의미있는 요인으로서 사회적 관계를 강조하였다. 그녀는 "기본적인 악은 불변적으로 진솔한 온화함과 애정의 결핍이다"라고 하였다. 호나이는 인간은 성적 혹은 공격적 힘(Eros & Thanatos)에 의해서가 아니라 안전과 사랑(safety & love)의 욕구에 의해 동기화 된다고 보았다.

1. 호나이의 생애

호나이(Karen Horney, 1885~1952)는 독일 함부르크에서 1885년에 아버지의 두 번째 부인의 둘째 아이로 태어났다. 아버지(선장)는 종교적이고 남성 우월적 사고를 가진 엄격한 권위주의자였다. 반면에 어머니는 매력적이고, 영적이며, 생각이 자유로운 사람이었다. 어린 시절부터 호나이는 남성 위주의 세계에서 부당함과 거절을 경험하면서 반항적인 여성으로 변모해 갔다. 일찍부터 그녀는 매력적인 오빠를 부러워했으며, 여자로서 자신이 인정받기 위해서 열심히 공부를 하였다. 그녀는 "내가 아름다울 수 없다면, 나는 영리해야 한다."고 자신에게 다짐하면서 성장하였다. 아무튼 호나이의 사랑과 안전 추구는 자주 위협을 받았지만, 자신의 진로탐색은 성공적이었다.

호나이는 12세 때 의과대학에 가서 의사가 되어야겠다고 결정을 하였다. 그 당시에 여성에 대한 차별과 아버지의 강한 반대에도 불구하고, 호나이는 고등학교에서 열심히 공부하여 1906년에 프라이부르크대학교 의대에 입학하였다. 의과대학 시절에 그녀는 오스카 호나이(Oskar Horney)와 사랑에 빠져 1909년에 결혼했으며, 당시에 여성들의 입학이 힘들었던 베를린대학교에서 1915년에 의학박사 학위를 받았다. 결혼 초기부터 많은 스트레스를 받았으며, 우울증에 빠져 자살하려고 결심하기도 했다. 남편과 17년간의 불행한 결혼 생활을 마감하고, 1927년에 이혼하였다.

호나이는 원래 베를린 정신분석기관에서 프로이트식 정신분석 훈련을 받았다. 그러나 그녀는 여성의 성(sexuality)에 관한 문제로 결국 정통적인 정신분석과 결별하였다. 그녀가 쓴 『정신분석의 새로운 방식((New Ways in Psychoanalysis)』에서 프로이트의 리비도 이론이 성 본능을 지나치게 강조한 점을 강하게 비판하였다. 1932년에 그녀는 미국으로 이주하여 시카고와 뉴욕에서 자신의 방식에 근거하여 정신분석을 실시하였다. 그녀는 미국에서도 프로이트의 정신분석 입장을 비판하였고, 학회의 다른 사람들에게도 공개적 질문을 통해 큰 긴장을 주었으며, 급기야 1941년에 교수로서의 자격을 박탈당했다. 그녀는 미국정신분석기관을 세웠고, 그녀가 죽은 1952년까지 남성 지배적이고 가부장적인 정신분석에 대해 투쟁하면서 자신의 입장을 발전시켰다.

호나이는 다른 분석자들(아들러, 프롬, 설리반 등)처럼 프로이트의 많은 기본개념을 그대로 유지했지만, 성격 형성에서 사회 및 환경 조건의 중요성을 강조하였다. 그녀는 자신의 첫 저서인 『우리 시대의 신경증 성격(The Neurotic Personality of Our Times)』(1937)에서 그녀의 중요한 개념 중 하나인 기본적 불안(basic anxiety)을 강조하였다. 아이의 기본적 불안은 잠재적으로 적대적인 세계에서 고립되고 무기력한 존재에서 비롯된다. 그러므로 기본적 불안은 유전적인 것이 아닌 우리 문화와 양육의 산물이다. 또한 프로이트와 다르게 호나이는 사랑과 안전 추구에서 비롯된 기본적 불안을 추진력으로 보았다.

2. 주요 개념

여기서는 호나이의 주요 개념인 기본적 불안, 신경증 욕구, 신경증 경향성, 자아의 구분, 여성심리학 등에 대하여 살펴보고자 한다.

기본적 불안

호나이는 사회적 힘에 의해 창조되는 불안을 우리가 처리해야 하는 기본적 인간 조건이라고 하였다. 인간으로서 우리의 본질적 도전은 타인과 효과적으로 관계하는 것이다. 개인이 맺는 이러한 관계의 불안전감(feelings of insecurity)에서 비롯되는 기본적 불안(basic anxiety)은 호나이의 기본적 개념으로 신경증의 토대가 된다. 호나이는 기본적 불안을 "적대적 세계에서 자신도 모르게 증가하는 모든 측면에 파고드는 고독과 무력감(Horney, 1937, p. 89)'이라고 정의했다. 적대적 환경에서 아이들은 자신의 에너지를 사용하고 자존감 및 신뢰를 발달시킬 능력이 위협됨을 느낀다. 아이들은 환경 자체를 자신의 발달과 내적 소망에 대한 위협으로 느낀다. 아이들은 자신의 욕구만족을 위해 부모 혹은 돌보는 사람에게 의존적이다. 그러나 어떤 부모는 아이의 욕구를 만족스럽게 충족시키지 못한다.

호나이는 아이로부터 불안전을 야기할 수 있는 환경 내의 모든 부정적 요인을 '기본적 악(basic evil)'이라고 불렀다. 이런 부정적 조건은 지배, 고립, 과보호, 적의, 무관심, 일관되지 않는 행동, 무시, 부모 불화, 돌봄과 지도의 결여, 격려와 애정의 결여일 수 있다. 아이는 전체로서 환경을 비현실적이며, 위험하며, 부당하며, 위협적으로 지각하기 때문에 두려움을 느낀다. 아동기에 아이는 네 가지 방식, 즉 애정과 사랑 확보, 복종, 힘 성취, 철회로 기본적 불안에 대해 자신을 보호하려고 시도한다. 이러한 기본적 불안에 대한 자아보호 기제에 대해 살펴보자.

애정과 사랑 확보 아이들은 타인으로부터 '애정과 사랑을 확보(securing affection and love)'함으로써 기본적 불안으로부터 자신을 보호하려고 한다. 즉, 이러한 기제를 사용하는 아이들은 '만약 당신이 나를 사랑하면, 당신은 나를 해치지 않을 것이다(If you love me, you'll not hurt me)'라고 생각한다. 아이들은 애정과 사랑을 확보하기 위해 타인이 원하는 것은 무엇이든 하려고 노력하거나, 타인에게 잘 보이기 위해 아부하려고 노력하거나, 바라는 애정을 제공하도록 타인을 위협하는 방법을 사용할 수 있다

복종 아이들이 자아보호의 수단으로서 복종(submissiveness)을 사용하여 위협적

인 사회적 환경에서 그에게 영향을 미치는 누군가의 소망에 순응한다. 복종적인 아이들은 타인에게 반감을 사는 행위를 피한다. 복종의 기제를 사용하는 아이들은 타인을 비판하거나 공격하지 않고 자신이 갖는 욕망이나 감정을 억압한다. 또한 이들은 학대하는 사람에 대한 두려움으로 인해 그가 받았던 학대에 반해 자신을 방어하려고 하지 않는다. 복종적으로 행동하는 대부분의 사람은 자신을 이기적이지 않고 희생적이라고 믿는다. 복종 기제를 통해 기본적 불안을 피하는 아이들은 '만약 내가 당신에게 복종하면, 당신은 나를 해치지 않을 것이다(If I give in, I won't be hurt)'라고 생각하고 그에게 위협적인 사회적 환경에 순응한다.

힘 성취 타인을 능가하는 '힘 성취(attaining power)', 즉 성공, 우월성 확보를 통해 개인은 자신의 무력감을 보상하고 안전을 성취할 수 있다. 호나이 자신은 기본적 불안을 해결하는 수단으로 힘 성취를 위해 아동기에 학업에 열중하였다. 이러한 방식으로 행동하는 사람은 '만약 내가 힘을 가지면, 누구도 나를 해칠 수 없다(If I have power, no one can hurt me)'고 생각한다.

철회 기본적 불안에 대해 자신을 보호하는 마지막 방법이 철회(withdrawal)다. 이러한 방식을 사용하는 사람은 신체적으로나 심리적으로 타인들과 관계를 하지 않는 것을 의미한다. 즉, 개인은 자신의 욕구만족을 위해 타인에게 의존하지 않고 독립적이 되려고 시도한다.

이러한 네 가지 자아보호 기제가 갖는 유일한 목적은 기본적 불안에 대해 방어하는 것이다. 개인은 기제를 통해 행복이나 쾌락을 추구하기보다 안전과 만족을 추구한다. 그러므로 이러한 기제는 안녕의 추구가 아니라 고통에 대한 방어다. 이러한 자아보호 기제는 각기 그것의 힘과 강도에 따라 작동한다. 호나이는 자아보호 기제가 성적 혹은 생리적 욕구보다 강력할 수 있다고 믿었다. 개인은 이러한 기제를 통해 자신의 불안을 감소시킬 수 있지만, 보통 부정적인 성격을 발달시키게 된다.

흔히 신경증을 가진 사람은 한 가지 이상의 자아보호 기제를 사용하여 안전을 추구하며, 기제들 간의 마찰을 통해 추가적인 문제를 야기하게 된다. 예를 들면, 어떤 개인은 힘 성취 및 복종 욕구에 의해 행동할 수 있다. 이러한 욕구 간의 불협화음은 해결될 수 없으며 더 심각한 갈등을 초래한다.

신경증 욕구

호나이는 개인이 사용하는 어떤 자아보호 기제는 지속적인 성격의 부분이 되어 개인의 행동을 결정하는 추동 혹은 욕구의 특성을 갖게 된다고 믿었다. 호나이는 이렇게 개인이 안전을 얻기 위해 기본적 불안을 처리하는 데 사용하는 방어적 태도를 신경증 욕구(neurotic needs)라 보았다(Ryckman, 2000, p. 150). 그녀는 열 가지 욕구를 가정하였으며, 이러한 욕구가 문제를 해결하는 데 비합리적으로 작용하기 때문에 신경증 욕구라고 불렀다. 즉, 신경증을 가진 사람에게 있어 이러한 욕구는 너무 강렬하거나, 너무 비현실적으로, 너무 무분별하게, 그리고 너무 불안이 내재되어 나타난다. 호나이가 제안한 열 가지 신경증 욕구는 애정(affection)과 인정(approval) 욕구, 지배적 파트너(a dominant partner) 욕구, 힘(power) 욕구, 착취 욕구(exploitation), 특권(prestige)에 대한 욕구, 존경(admiration)에 대한 욕구, 성취(achievement) 혹은 야망(ambition) 욕구, 자아충족(self-sufficiency) 욕구, 완전(perfection) 욕구, 생의 편협한 제한(narrow limits to life) 욕구다. 이를 간략하게 살펴보면 다음과 같다.

애정과 인정 욕구 일반적으로 사람들은 자신이 좋아하는 사람들로부터 인정을 받고 싶어 하지만, 신경증을 가진 사람은 상대에 대한 고려 없이 애정과 인정을 위한 무분별한 강한 욕구를 보인다. 이런 사람은 타인의 비판이나 관심에 매우 민감하기 때문에 건전한 관계를 형성하기가 어렵다. 예를 들면, 이런 사람은 누군가가 사소한 문제에 대해 그에게 동의하지 않으면 관계를 끊어 버릴 수 있다. 역시 이러한 사람은 자신의 소망을 표현하거나 요청하는 것을 억제하며, 타인의 요구에 거절하지도 못한다. 요약하면, 지나치게 애정과 인정 욕구에 매여 행동하는 사람은 인간관계에서 주체적이고 성숙된 관계를 발전시키지 못한다.

지배적 파트너 욕구 신경증을 가진 많은 사람은 타인에게 매우 의존적이다. 지배적 파트너를 찾는 사람은 파트너의 자비, 사랑, 우정이 없으면 고독과 부적절한 감정을 느낀다. 진솔하고 성숙된 관계가 상호적인 배려, 공유, 사랑을 수반하는 반면에, 지배적 파트너를 추구하는 신경증 욕구를 가진 사람은 너무 의존적이기 때문에 그러한 상호적인 행동을 할 수 없다.

힘 욕구 정상적인 개인에 있어 힘 욕구는 자신의 성숙, 가치 있는 원인, 적절한 현실평가 등과 관련하여 표현된다. 그러나 신경증적 힘 욕구를 추구하는 사람은 자신의 불안, 약함, 열등감을 보호하기 위해 힘을 추구한다. 즉, 신경증적으로 힘 욕구를 추구함으로써 자신의 기본적 불안의 핵심요소인 무력감을 보호하려고 시도한다.

착취 욕구 착취적인 신경증 환자들은 자신들의 안전감을 위하여 다른 사람을 착취할 필요를 느끼는 적대적이며 의심이 많은 사람들이다. 이들은 다른 사람의 아이디어나, 직업 혹은 파트너까지 빼앗으면서 불안전감으로부터 벗어나려고 한다. 또한 다른 사람들이 항시 자신들에게 유리한 일을 해 주기를 기대하며 좋지 못한 일이 생기면 타인을 비난한다. 타인을 착취하고자 하는 이들의 욕구는 타인들이 자신들을 속이거나 착취할 것이라는 두려움과 관련된다. 그 결과 이들은 타인들이 자신을 이용할 것이라는 끊임없는 두려움 속에서 생활한다. 따라서 이웃이 물건을 빌려가서 늦게 되돌려 주거나 가게 점원이 실수로 돈을 더 많이 물리는 경우에는 거의 분노에 가까운 화를 낸다.

특권에 대한 욕구 건강한 사람은 자신이 이룩한 성취로 인해 인정받고 유명해지는 것에 자부심을 느낀다. 하지만 모든 에너지를 인정과 특권을 얻기 위해 쏟아 붇지는 않는다. 건강하지 못한 사람은 타인에 의해 존경받고 인정받고자 하는 욕구에 몰입한다. 이들은 모든 것을 어느 정도 특권을 부여할 수 있는가에 따라 평가한다. 이들에게는 친구가 유명인사인가, 특권층에 속해 있는가, 최신 유행을 따라 가고 있는가, 특권을 강화시켜 줄 수 있는 배우자가 있는가 등이 매우 절박한 문제다. 이들의 주된 두려움은 지위의 상실이다.

존경에 대한 욕구 신경증 환자는 자기혐오와 자기경멸로 가득 차 있다. 이러한 고통스러운 감정을 피하기 위한 수단으로 이상화된 자아를 창조한다. 비현실적인 자아상은 무의식적인 수준에서 작용하며, 그 사람의 이전 경험이나 성격 구조에 따라 다양해진다. 이들은 자신들이 착함과 똑똑함의 전형(paragon)인 것처럼 행동하며 항상 관대하고, 사랑스럽고, 똑똑하지만은 않다는 사실을 받아들이지 못한다. 사회적인 지위나 물질적인 소유물보다 자신들의 이상적 자아가 얼마나 존경받는지가 더 중요하다. 이들은 자신들이 성인(saint)이나 천재로 여겨지는 것을 바란다.

성취 혹은 야망 욕구 위신과 명성, 그리고 존경에 대한 욕구는 성취 욕구와 관련이 있다. 정상적인 사람은 자신이 선택한 직업에서 최선을 다하지만, 신경증 환자는 너무나 많은 분야에서 최고가 되고자 하는 욕구를 지닌다. 예를 들어, 훌륭한 화가뿐 아니라 뛰어난 의사, 저명한 음악가, 그리고 세계적으로 유명한 건축가가 되기를 바란다. 기대치가 너무나 크기 때문에 그에 따라 에너지가 분산되며, 이는 결과적으로 실패와 실망으로 이어진다. 이들은 "나 이외에는 어느 누구도 아름답고, 유능하고, 성공해서는 안 된다."라는 적대적인 태도를 지니고 있다. 어떤 경우에는 성공하는 것보다 다른 사람에게 실패를 맛보게 하는 것이 더 중요한 것처럼 보이기도 한다. 이들에게 성공이 최고의 가치이긴 하지만, 실제로는 이들이 큰 성공을 성취하기가 힘들기 때문에 다른 사람을 짓밟음으로써 우월감을 얻는다.

자아충족 욕구 때때로 우리는 혼자 있고 싶거나 고독을 만끽하고 싶을 때가 있다. 대인관계로부터 심한 스트레스를 받다 보면 휴가를 내거나, 자기 방에서 혼자 조용히 있거나, 다른 건설적인 방법들, 이를테면 운동을 하거나 독서를 하면서 스트레스를 해소하기도 한다. 다시 원기를 회복하면 일상의 생활로 돌아가게 된다. 반대로 신경증 환자는 지속적으로 다른 사람들로부터 자기 자신을 고립시키려 한다. 정서적인 거리를 둠으로써 자신이 다른 사람보다 우월하다는 환상을 유지시켜 나간다. 다른 사람과 거리를 둠으로써 타인과의 경쟁과 비교로부터 자신을 보호할 수 있기 때문에 이러한 환상이 깨질 염려는 없다.

완전 욕구 호나이는 완전에 대한 욕구가 전형적으로 아동기 초기에 시작된다고 믿었다. 완전 욕구를 추구하는 신경증 환자의 부모는 독선적이며 권위적이다. 이러한 부모는 과도한 기준을 설정하여 요구하는데, 비현실적인 기준을 자녀가 충족시키지 못할 때에는 비난하거나 비웃곤 한다. 자녀는 부모의 이러한 가치를 받아들이게 되고 비난과 비판을 허용하지 않도록 노력하는 데 일생을 보낸다. 이들은 자신들이 공정하고, 올바르며, 책임감이 있다고 믿기 때문에 자신들에게 흠이 있다거나 단점이 있다는 기미만 보여도 매우 민감해진다.

생의 편협한 제한 욕구 신경증 환자는 대체로 모험을 즐기지 않는다. 이들은 다른 사람이 인정해 주지 않고 비웃을까 봐 자신들의 소망을 표현하기를 꺼린다. 잔치나 운동 경기와 같이 자발성이나 개방성이 요구되는 상황에서도 자기 자신을 드러내지 않는다. 때문에 이러한 상황을 피하려고 한다. 이들은 실패할까 봐 혹은 공공연한 창피를 당할까 봐 두려워서 교사나 사업가 같은 직업을 가지려 하지 않는다. 그 결과로 단조롭고 정돈된 삶 속에 안주하려고 한다.

신경증 경향성

신경증 경향성은 신경증 욕구에 따라 강박적으로 나타나는 태도와 행동이다. 이러한 경향성은 모든 상황에서 변별 없이 나타난다. 호나이는 그녀가 제안한 욕구와 관련하여 세 가지 신경증 경향성을 제시하였다. 첫째는 '타인을 향해 움직이기(movement toward other people)'로서 순응형 성격이며, 둘째는 '타인에 반해 움직이기(movement against other people)'로서 공격형 성격을 가리킨다. 셋째는 '타인으로부터 멀어지기(movement away from other people)', 즉 고립형 성격이다.

순응형 성격 순응형 성격은 타인에게 향하고자 하는 욕구를 반영하는 태도와 행동을 보인다. 애정과 인정에 대한 강하고 지속적인 욕구를 지닌다. 이 유형은 사랑받고자 하고 보호받고자 한다. 대개는 자신의 삶을 떠맡아 주거나 보호해 주고 인도해 주는 한 사람(예를 들어, 배우자나 친구)에게 이러한 욕구를 지니는 경우가 대부분이지만, 모든 사람에게 이러한 욕구를 표현한다. 이 유형의 사람은 자신의 목표를 달성하기 위해 타인, 특히 배우자를 조종하는 경향이 있다. 타인의 관심과 애정을 유발할 수 있는 방식을 잘 알고 행동한다. 이들은 남다르게 사려 깊고, 이해심이 많고, 반응적이며, 타인의 욕구에 민감한 듯이 보인다. 다른 사람과 교류할 때에도 이들은 타인의 욕구를 항상 자신의 욕구보다 먼저 앞세운다. 애정, 인정, 그리고 사랑을 얻기 위해 상황이 요구하는 것은 무엇이든지 하려고 한다.

호나이는 이 유형의 사람들은 항상 "저를 보세요. 저는 당신이 보호해 주고 사랑해 주어야만 하는 연약하고 무기력한 사람이랍니다."라는 메시지를 전달한다고 하였다. 자신들의 안전이 자신을 대하는 타인의 태도나 행동에 의해 좌우되기 때문에 과도하게 의존적이며, 타인의 인정과 확신을 끊임없이 확인해야 한다는 것이다. 호나이는 이러한 행동의 원천을 억압된 적대감으로 보았다. 순응형의 사람들은 억압된 뿌리 깊은 반항심과 복수심을 지니고 있어서 바깥으로 드러나는 행동과 태도와는 상반되게 타인을 통제하고, 착취하고, 조종하려는 욕구를 지니고 있다는 것이다.

공격형 성격 이 유형의 사람들은 타인에 반하는 행동을 한다. 이들에게 있어 타인은 모두 적대적이다. 오로지 적자생존의 원칙만이 있으며, 삶이란 정글과 같아서 우월함, 강함, 사나움 등만이 최고의 가치다. 이들의 동기(기본적 불안을 완화시키는 것)는 순응형과 같지만, 타인의 거부를 두려워한다는 표시를 절대로 하지 않는다. 이들은 타인을 고려하지 않고 거칠고 지배적인 방식으로 행동한다. 타인으로부터 인정을 받음으로써 자신들이 우월하다는 만족을 얻는다.

공격형의 사람은 타인을 능가하고자 하는 욕구가 강하기 때문에 타인과의 관계를 통해 자신이 얻을 수 있는 이익으로 타인을 평가한다. 다른 사람에게 양보하기는커녕 논쟁을 즐기고, 비판하고, 이것저것을 끊임없이 요구한다. 최고가 되기 위해 많은 노력을 기울이므로 실제로 직업적인 성공을 하는 경우가 많다. 하지만 직업 자체가 본질적인 만족을 주는 것은 아니다. 다른 것과 마찬가지로, 직업은 목표를 위한 수단에 불과하다. 비록 공격형의 사람들이 자신들의 능력에 자신감을 보이고, 자신들을 주장하고 변호하는 데 있어서 거침이 없다고 하더라도, 순응형과 마찬가지로 불안전, 불안, 그리고 적대감이 행동의 원천이 된다('자세히 봅시다' 참조).

자세히 봅시다

타인에 반해 움직이기

호나이는 신경증의 3가지 유형을 제시하고 있다. 3가지 유형은 각각 타인을 향해 움직이기, 타인에 반해 움직이기, 타인으로부터 멀어지기이다. 이러한 유형의 삶은 아동기에 불안감을 다루기 위해 발달되며 성인기의 행동에도 끊임없이 영향을 끼치게 된다. 카스피(Avahalom Caspi), 엘더(Glen Elder) 그리고 벰(Daryl Bem)은 '성미가 까다로운 아이는 커서도 성미가 까다로운 어른이 되는가?'라는 질문에 대한 연구를 위해 '타인에 반해 행동하는 삶'에 대해 조사하였다.

버클리 가이던스 연구(Berkeley Guidance Study)에서 수집된 자료를 가지고 그 당시 아동기때 신경질을 잘 내는 아동들을 구분해냈다. 버클리 연구가 50년에 걸쳐 실시되었기 때문에 50년이 지나 이미 성인이 된 사람들에 대한 추수연구가 실시되었다. 아동기에 관한 자료는 해당 아동들의 어머니들로부터 수집되었다. 아동들은 신경질을 부리는 빈도와 정도에 따라 까다로운 아이와 안정된 아이로 구분되었다. 이 아동들이 약 30세와 40세가 되었을 때 2번에 걸쳐 면담이 실시되었다. 교육수준, 직업, 결혼, 부모양육태도 등에 관한 자료가 수집되었고, 특히 배우자와 부모로서의 역할에 대한 자료는 배우자와 십대의 자녀들과의 면담을 통해 얻었다. 연구 결과 아동기때 까다로웠던 남성은 그렇지 않은 남성보다 어른이 되어서도 지배적이고, 화를 잘 내고, 분위기에 쉽게 좌우되고, 야망이 적었다. 또한 덜 건설적이었으며 보다 더 의존적이었다. 또한 이들은 직업적으로 덜 성공해 있었으며, 오히려 자신의 아버지보다 더 낮은 수준의 직업을 갖고 있었다. 직업 이동도 더 많았으며, 완전고용보다는 부분고용 상태의 직업을 갖고 있었다. 이들은 결혼생활도 덜 안정적이어서 이혼율이 더 높았다.

여성의 경우 아동기와 성인기간의 관계는 유의미하지 않았다. 그러나 면담 자료를 세부적으로 살펴 보면, 까다로운 아이가 커서도 까다로운 여성이 된다는 것을 보여 주었다. 까다로운 여성은 온순한 여성들에 비해 직업수준이 낮은 남성과 결혼하는 빈도가 더 높게 나타났으며, 이혼율도 더 높게 나타났다. 설령 이혼하지 않았더라도 부부갈등을 더 많이 경험하고, 결혼만족도도 더 낮은 것으로 보고되었다. 또한 까다로운 여성은 자신의 남편이나 자녀들에게 부적절하고 더 까다로운 엄마라는 평가를 받았다.

* 출처: Caspi, A., Elder, G. H., Jr., & Bem, D. J. (1987). Moving against the world: Life-course pattern of explosive children. *Developmental Psychology, 23*, pp. 308-313.

고립형 성격 고립형 성격은 타인으로부터 멀어지려는 행동을 보이며, 정서적인 거리를 유지하려고 한다. 타인과의 사랑, 증오, 혹은 협동심도 없으며, 어떤 식으로든 타인과 연관되지 않으려 한다. 이들은 개인의 사생활을 매우 중요하게 생각하며, 가능한 한 혼자 있으려고 한다. 이들은 독립심에 대한 욕구 때문에 자신들에게 영향을 끼치려 하거나, 강요하려 하거나, 규제하려고 하는 것들에 예민해진다. 심지어는 시간표나 일정표 등을 싫어하며, 결혼이나 저당 등과 같이 장기적으로 얽매이는 것을 피하려고 한다.

고립형 성격을 가진 사람들은 우월하다는 느낌을 갖고 있지만 공격형 성격의 우월감과는 다르다. 우월해지기 위해 타인들과 경쟁하는 것을 좋아하지 않으므로(경쟁도 어떻게 보면 타인과 연관되는 것일 수 있기 때문에) 이들의 우월감은 자신들이 비길 바 없이 독특하고, 남다르며, 초연하다는 점에서 비롯한다. 고립형 성격의 소유자에게 있어 친밀감은 갈등의 원인이 되므로 반드시 피해야 한다. 이렇듯 감정에 많은 제한을 두기 때문에 이들은 이성, 논리, 그리고 지능 등에 더 많은 강조를 둔다.

호나이의 세 가지 성격유형은 아들러가 제시한 성격유형과 비슷하다. 호나이의 순응형은 아들러의 기생형과 유사하며, 공격형은 지배형과 비슷하며, 고립형은 회피형과 비슷하다. 이 또한 아들러가 후대의 심리학자들에게 영향을 미친 하나의 예라고 볼 수 있겠다.

호나이의 신경증 욕구와 신경증 경향성을 요약하여 제시하면 〈표 10-1〉과 같다.

표 10-1 신경증 욕구와 신경증 경향성

욕구	경향
애정과 인정 욕구 지배적 파트너 욕구	타인을 향해 움직이기(순응형 성격)
힘 욕구 착취 욕구 특권에 대한 욕구 존경에 대한 욕구 성취 혹은 야망 욕구	타인에 반해 움직이기(공격형 성격)
자아충족 욕구 완전 욕구 생의 편협한 제한 욕구	타인으로부터 멀어지기(고립형 성격)

자아의 구분

성격의 역사에서 보면 호나이는 자아에 관한 개념을 처음으로 정립하여 자아존중감(self-esteem)이라는 용어와 자아심리학(ego psychology)의 형성에 영향을 준 인물이다. 호나이는 자아를 크게 주관적 현실 자아(real self), 객관적 실제 자아(actual self), 이상적 자아(idealized self)로 구분하였다. 특히, 이상적 자아와 관련하여 부적응적인 성격을 체계적으로 설명하였다.

주관적 현실 자아 부모에 대해 무력감과 표현할 수 없는 적대감 사이에서 심각한 갈등에 직면하는 아동은 점차로 자신을 지각하는 데 방어적인 방식을 개발해 나간다. 아동의 '현실적 자아'는 사랑받지 못하고 무가치한 것으로 여겨진다. 내부에 억압된 부모에 대한 적대감은 자신에게로 향하게 되어 자신은 사랑스럽지 못하고 무가치하다는 확고부동한 결론을 내리게 된다. 이때의 '현실 자아'는 전혀 현실적이지 못하다. 아동이 자신에 대해 갖는 상(image)은 타인에 의한 그릇된 평가에 근거한다. 아동의 '현실 자아'가 이처럼 부정적일 때, '혐오적 자아(despised self)'가 된다. 아동은 적대적인 세상을 살아가기 위해, 그리고 필요한 사랑과 인정을 얻기 위해 이 같은 자신의 혐오적 자아상을 반드시 되어야 하는 이상적 자아로 재구조화하기 시작한다.

본래 '현실 자아'는 아동의 무력감을 부모가 강화시킴으로써 형성되는 손상된 자아상(damaged self-image)을 가리켰다. 하지만 나중에 호나이는 존재의 중심 혹은 핵심을 가리키는 말로 '현실 자아'를 사용하였다. 부모에 의해 상처를 받아 손상된 자아상인 현실 자아가 형성된다는 것이다. 현실 자아의 목표는 자아실현을 추구하는 것인데, 이는 자신만의 가치와 삶의 목표를 달성하는 것이다. 이런 의미에서 호나이는 '현실 자아'를 '가능한 자아(possible self)'를 가리키기 위해 사용하기 시작하였다. '가능한 자아'는 현실적으로 표출할 수 있는 자아를 의미한다(Monte, 1977, p. 218).

객관적 실제 자아 넓은 의미로, 현실 자아는 자신에 대한 지각의 산물이며, 자신이 누군가에 대한 자신 스스로의 해석이다. 현실 자아와는 구별되게, 호나이는 타인에 의해 관찰된 그 사람에 대한 객관적 총합을 가리켜 '실제 자아(actual self)'라고 하였다. '실제 자아'는 자신의 지각 내용과는 상관없이 '있는 그대로의' 신체적 그리고, 정신적인 모든 것을 의미한다.

이상적 자아 이상적 자아는 '자신이 되어야만 하는 자아(self what we should be)'를 가리킨다. 이상적 자아는 잠재력을 개발하고 자아실현을 성취하도록 돕는 모델의 역할을 한다. 자아실현을 도모하기 위해 이상적 자아를 형성하는 것은 인간의 보편적인 특징이다. 유능한 의사가 되고 싶은 사람은 유능한 의사가 어떠한 사람인지에 대한 이상적인 모습을 형성할 줄 알아야 한다. 정상적인 사람에게는 이상적 자아와 현실 자아가 대체로 일치한다. 왜냐하면 이상적 자아가 자신의 능력과 잠재력에 대한 현실적인 평가에 근거하여 형성되기 때문이다. 하지만 신경증 환자에게는 현실 자아와 이상적 자아의 괴리가 심하거나 분리되어 있다. '유능한 의사는 어떤 경우에도 자기가 치료하는 환자를 죽게 해서는 안 된다.'라는 이상적 자아를 형성한 사람은 비현실적인 사람일 것이다. 이러한 상황을 그림으로 제시하면 [그림 10-1]과 같다.

그림 10-1 정상적인 자아와 신경증적인 자아

■ 이상적 자아상 정상적인 사람에 있어 자아상(self-image)은 자신의 능력, 잠재력, 약점, 목표, 타인과의 관계 등에 관한 현실적 평가에 근거하여 형성된다. 그러나 신경증을 가진 사람에 있어 자아상은 유연성이 없고, 비현실적 자아 평가에 근거하여 나타난다. 이러한 사람들에게 자아 이상화(self-idealization)는 자만체계(pride system)를 생성하게 된다. 자만체계를 형성하는 구성요소로는 신경증적 자만(neurotic pride), 신경증적 주장(neurotic claims), 당위성의 횡포(the tyranny of the shoulds), 자아증오(self-hate) 등이다. 신경증적 자만은 현

실적인 자신감과 자아존중감을 형성하기 위한 이상적 자아의 요건인 자부심이 대체된 것이다. 자부심에 위협이 되는 것들은 불안과 적대감을 유발한다. 이러한 자만심을 바탕으로 과장된 자아에 걸맞은 대접을 요구하면서 세상에 대해 신경증적 주장을 내세운다. 이상적 자아는 자만심과 주장뿐 아니라 당위성의 횡포를 야기한다. 당위의 기능은 과장된 자아에 맞춰 살 수 있도록 해 주는 것이다. 자아증오는 본질적으로 실제적 자아의 모습이 '당위적' 자아의 모습과 일치하지 않을 때 이상적 자아가 느끼는 분노다. 호나이는 자아증오가 "인류의 가장 큰 비극이며, 무한과 절대를 추구하는 인간은 먼저 자신을 파괴한다. 영광을 약속하는 악마와 계약을 맺자마자, 인간은 자아 내부에 있는 지옥으로 떨어지게 된다"라고 말하였다(Horney, 1950, p. 154).

- **당위성의 횡포** 호나이는 신경증 환자가 자신이 반드시 되어야만 하거나 해야만 한다고 느끼는 것들을 '당위성의 횡포'라고 불렀다. 이러한 것들은 특성상 비타협적이어서 이상적 자아상을 만드는 성격의 왜곡 과정을 불러일으킨다. 시간이 지남에 따라 이상화된 자아상은 이상적 자아로 변화되고, 마치 진짜인 것처럼 느껴진다. 그럼에도 불구하고, 신경증 환자는 다다를 수 없는 이상을 향해 노력하고자 매진하는데, 호나이는 이를 '영광의 추구(search for glory)'라고 불렀다(Horney, 1950, p. 23).

요약해 보면, 주관적 현실 자아는 개인이 지각하는 존재의 핵심이며, 이상적 자아는 달성하기 불가능한 상(image)인, 반드시 그래야만 하는 '영광스런 자아(glorified self)'다. 주관적 현실 자아로부터 멀어지는 것은 신경증적 갈등을 야기하므로 호나이에게 있어 상담의 목표는 내담자의 주관적 현실 자아를 자유롭게 하여 수용할 수 있는 방법들을 찾는 것이었다.

여성심리학

여성심리학(feminine psychology)에 대한 호나이의 관심은 프로이트의 리비도 이론과는 상반되는 임상적 관찰로부터 비롯되었다. 프로이트는 남근선망이 여성의 발달에 있어 큰 역할을 한다고 주장하였는데, 호나이는 남성과 여성 모두 오이디푸스적인 상황을 대처하기 위한 노력으로 환상을 발달시킨다고 지적하였다. 또한 인류학 분야의 여러 연구와 임상적 사례들을 통해 많은 남성이 자녀를 출산하고 양육하는 여성의 능력에 질투하고 있다는 점을 발견하고는 이러한 점을 강조하였다. 호나이는 이러한 현상을 자궁선망(womb envy)이라고 불렀다.

호나이는 성적인 삶에 있어서 가장 중요한 본질은 생물학적인 창조 능력에 있다고 주장하였다. 이러한 능력은 여성에게만 있기 때문에 남성은 여성을 매우 시기하며, 이러한 시기는 공개적인 형태가 아닌 월경과 출산 등과 관련된 금기, 여성의 성취를 폄하하는 것, 동등한 권리를 부여하지 않는 것 등의 형태로 표출된다고 보았다. 호나이는 남성과 여성 모두 창조적이며, 생산적이고자 하는 충동이 있음을 주장하였다. 여성은 임신과 출산을 통해 자연스럽고 내부적으로 이러한 욕구를 충족시키는 반면, 남성은 외부 세계에서의 성취를 통해서만 이 욕구를 충족시킬 수 있다. 때문에 직장이나 기타 창의적인 분야에서 성공하는 남성은 아이를 출산할 수 없는 자신의 능력을 보상하기 위해 노력하는 것으로 여겨진다(Engler, 1999).

여성의 열등감은 본래적인 것이 아니라 습득된 것이라고 호나이는 주장하였다. 가부장적인 사회 속에서 여성의 개성을 펼쳐 나가는 것은 쉬운 일이 아니기 때문에 여성들은 자신의 여성성을 억제하여 성적으로 냉랭한 사람이 된다. 이러한 여성들은 자신이 남자이길 바란다. 이러한 '여성스러움의 탈출(flight from womanhood)' 현상은 본능적인 발달이 아니라 사회와 문화적인 불이익을 경험한 것으로 부터 기인한다.

호나이는 남성에게만 치우쳐 적용되는 이론들에 반하여, 여성의 정체성을 여성의 입장에서 정립하고자 노력하였다는 측면에서 인간 행동의 보다 포괄적인 스펙트럼을 제공한 최초의 정신분석자였다.

3. 성격 발달

호나이는 연령에 따른 성격 발달을 제시하지는 않았지만, 아동기에 발달되는 적개심의 억압이 지속적인 영향을 미친다고 보았다. 여기서는 이러한 적개심의 원인을 살펴보자.

아동기는 안전 욕구에 의해 지배된다. 때문에 자녀의 안전을 해치는 부모의 행동은 아동에게 적개심을 야기시킨다. 그러나 아동은 적개심을 부모에게 표현하지 못하고 억압할 필요를 느낀다. 호나이는 아동이 부모에 대한 적개심을 억압하는 네 가지 이유로 무기력(helplessness), 두려움(fear), 사랑(love), 죄의식(guilt)을 제안하였다. 이러한 네 가지 이유를 간략히 살펴보면 다음과 같다.

무기력 호나이는 유아의 무기력을 매우 강조하였다. 아들러와는 달리, 모든 유아가 반드시 무기력을 느끼는 것은 아니라고 생각했지만, 일단 무기력을 느끼기 시작하면 신경증적인 행동으로 발전할 수 있다고 보았다. 아동의 무기력감은 부모의 행동에 달려 있다. 아동이 의존적인 상태에서 과도하게 보호받거나 응석을 부리도록 내버려지면 무기력은 점차로 커지게 된다. 무기력을 느끼면 느낄수록 아동은 부모에 반하는 행동이 줄어들게 된다. 즉, '나는 당신이 필요하기 때문에 나의 적대감을 억압할 수밖에 없어요.'라는 의미가 된다.

두려움 아동은 부모로부터의 처벌, 신체적 학대, 혹은 여러 유형의 위협 등을 통해 부모를 두려워한다. 두려움이 커지면 커질수록 적대감은 억압된다. 이 경우에는 '당신이 두렵기 때문에 나의 적대감을 억압할 수밖에 없어요.'라는 의미가 된다.

사랑 역설적으로 사랑은 부모에 대한 적대감을 억압하기 위한 또 다른 목적이 된다. 이 경우의 부모들은 자신들이 얼마나 아이를 사랑하는지, 그리고 아이를 위해 얼마나 많은 것을 희생하는지를 말하지만, 실제로 보이는 사랑과 따뜻함은 그리 진솔하지 못하다. 아동은 부모의 이러한 말과 행동이 진정한 사랑과 보호를 제공하기에는 충분치 않다는 것을 알지만 선택의 여지가 없기 때문에 그나마 애정도 잃어버릴까 봐 적대감을 억압하게 된다.

죄의식 아동은 종종 자신이 느끼는 적대감과 반항심에 죄의식을 느끼곤 한다. 부모에 대한 분노나, 악한 마음을 품거나 표현하는 것에 자신이 무가치하고, 사악하며, 죄를 짓는 일이라고 여긴다. 이러한 죄의식을 느끼면 느낄수록 적대감은 더욱 더 억압된다.

이렇게 부모의 행동에 의해 야기된 억압된 적대감은 안전에 대한 아동의 욕구를 해치게 되고 기본적 불안 상태를 유발하게 된다.

4. 성격 평가기법

성격을 평가하는 데 있어서, 호나이는 주로 자유연상과 꿈 분석 기법을 사용하였다. 또한 자아분석(self-analysis)을 통해 정상적인 성격 발달을 도모할 수 있다고 제안하였다. 호나이가 사용한 성격 평가기법들을 살펴보면 다음과 같다.

자유연상 호나이는 자유연상을 사용할 때 프로이트의 방식을 따르지 않았다. 내담자들이 내면의 여러 측면을 쉽게 왜곡하고 감출 수 있으며, 자신이 기억하고 있는 사건에 대한 감정도 속일 수 있다고 믿었다. 호나이는 내담자가 상담자에게 보이는 관찰가능한 정서적 반응들을 강조하였는데, 이러한 반응들이 타인에 대한 내담자의 태도를 나타내기 때문이라고 믿었다. 또한 호나이는 치료의 초기에 유아기의 성적인 공상들을 탐색하지 않았으며, 현재의 태도, 방어기제, 갈등 등을 먼저 평가한 후에 아동기적 경험을 탐색하였다.

꿈 분석 호나이가 사용하였던 또 다른 방법은 꿈 분석이었다. 꿈 분석을 통해 개인의 진정한 자아(true self)를 발견할 수 있다고 믿었으며, 꿈은 건설적인 방식이든 신경증적인 방식이든 문제를 해결하고자 하는 노력을 표출한다고 여겼다. 꿈은 자아상(self-image)과는 사뭇 다른 개인의 태도를 보여 줄 수 있다. 비록 호나이가 프로이트처럼 꿈의 보편적인 상징들을 제시하지는 않았지만, 꿈은 개인이 처해 있는 갈등의 맥락에서 설명될 수 있다고 주장하였다. 꿈속에 담긴 정서적 내용물에 초점을 맞추면서 "꿈을 이해하는 가장 안전한 방식은 꿈을 꿀 때 내담자가 느낀 감정이다"라고 주장하였다(Horney, 1987, p. 61)

자아분석 우리는 자신의 행동 동기를 발견하고자 할 때 자아분석을 한다. 예를 들어, 시험에 낙제한 학생이 스스로에게 시험을 제대로 잘 준비했는지를 질문해 볼 수 있다. 또한 다른 사람의 의견에 동의한 사람은 상대방의 의견이 더 타당했기 때문이라든지, 아니면 논쟁을 피하고 싶어서인지를 알고자 할 것이다. 이러한 분석은 일상생활에서도 흔하게 이루어진다. 하지만 체계적인 자아분석은 일상적인 자아분석과는 정도의 차이가 있다. 체계적인 자아분석은 자아이해를 위해 보다 진지하고 장기간의 노력이 요구되며, 자유연상 기법을 통해 이루어진다.

5. 성격이론의 적용

신경증 환자들은 자신의 현실 자아와 타인으로부터 고립되어 있다. 이들은 이상화된 자아와 동일시하여 자신의 단점들이 타인에게 드러나는 것을 두려워한다. 호나이는 자신에 대한 환상과 비현실적인 목표를 버릴 때 비로소 자신이 지닌 잠재력을 발견할 수 있다고 믿었다. 호나이에게 있어서 치료는 또 하나의 인간관계이므로 신경증 환자들이 타인과의 관계에서 경험하는 어려움들이 치료 과정에서도 나타날 수 있다고 보았다. 이들은 치료 시 논쟁적이며, 냉소적이며, 공격적이다. 이들은 하나의 주제를 논의하기를 꺼려하며, 주제의 핵심을 말하려 하지 않는다. 마치 자신들의 문제가 그다지 중요하지 않은 것처럼 문제에 대해 감정은 생략하고 이야기하는 경우가 많다. 어떤 경우에는 치료자에게 분노를 표출하며 독설을 퍼붓기도 한다. 하지만 이러한 행동들이 모두 치료자에게는 갈등의 표시로 여겨진다.

호나이에 따르면, 치료자의 질문이 내담자의 내면에서 작용하고 있는 장애물들을 자각하는 데 도움이 된다. 하지만 지적인 수준에서의 통찰만이 아니라 정서적인 경험도 중요하다고 주장하였다. 지적인 통찰만으로는 변화를 가져오기가 불충분하다는 것이다. 자신의 내면에서 작용하고 있는 무의식적인 힘들을 느끼게 되면 자신이 지닌 환상들을 포기할 수 있는 동기가 생긴다고 보았다.

내담자가 일단 환상을 포기하게 되면 치료자는 환자의 현실 자아를 발견하도록 조력한다. 자유연상과 꿈의 분석을 통해 내담자의 현실 자아가 드러난다. 또한 치료 장면 외에서는 자아분석을 통해 자신의 정체성을 발견하도록 한다. 치료자는 타인과의 관계에서 내담자가 어느 정도 발전되고 있는지에 주목한다. 미미한 성장일지라도 내담자에게는 매우 긍정적인 영향을 줄 수 있으며, 내담자는 이전과는 다른 경험의 충족감을 느끼게 된다. 이는 자아실현을 위한 동기를 유발시킨다. 나아가 자신 이외의 사람들, 가족, 지역사회, 국가, 그리고 세계에 자신을 확장시켜 나간다. 자신 뿐 아니라 타인에 대한 책임감도 수용하게 되며, 적극적이며, 이타적인 참여를 통해 소속감이 비롯될 수 있다는 내면의 확신도 갖기 시작한다(Horney, 1950, pp. 333-365).

요약

1. 호나이는 사회적 힘에 의해 야기되는 불안을 인간의 기본적 조건이라고 하였다. 개인이 타인과의 관계 속에서 불안전감을 느끼게 되고, 이는 기본적 불안으로 발전하여 신경증의 토대가 된다. 호나이는 기본적 불안을 "적대적 세계에서 자신도 모르게 증가하는 모든 측면에 파고드는 고독과 무력감"이라고 정의했다.
2. 기본적 불안을 방어하는 목적으로 사용되는 자아보호 기제가 지속적인 성격의 일부분이 되어 형성되는 방어적 태도를 신경증 욕구라 한다. 호나이는 열 가지 신경증 욕구를 가정하였다.
3. 호나이는 신경증 욕구에 따라 강박적으로 나타나는 태도와 행동을 신경증 경향성이라고 불렀다. 호나이가 제시한 세 가지 신경증 경향성은 타인을 향해 움직이기, 타인에 반해 움직이기, 타인으로부터 멀어지기 등으로 각각 순응형, 공격형, 고립형의 성격유형을 형성하게 된다.
4. 호나이는 자아를 크게 주관적 현실 자아, 객관적 실제 자아, 이상적 자아로 구분하였다. 주관적 현실 자아는 자신에 대한 지각의 산물이며, 자신이 누군가에 대한 자신 스스로의 해석이다. 객관적 실제 자아란 자신의 지각 내용과는 상관없이 '있는 그대로의' 신체적, 그리고 정신적인 모든 것을 의미한다. 이상적 자아는 자신이 되고 싶은, 혹은 반드시 되어야만 하는 자아상을 가리킨다.
5. 호나이는 프로이트의 남근선망의 개념과는 달리, 자궁선망의 개념을 제안하였는데, 자궁선망이란 여성의 생물학적인 창조 능력을 남성들이 시기하여 여성을 불평등하게 대우하는 것을 가리킨다.
6. 호나이는 아동기에 발달되는 적개심의 억압에 대해 관심을 가졌으며, 적개심이 억압되는 이유로 무기력, 두려움, 사랑, 죄의식을 제안하였다.
7. 성격을 평가하는 데 있어서 호나이는 자유연상과 꿈 분석을 사용하였다. 또한 자아분석을 통해 정상적인 성격 발달을 도모할 수 있다고 제안하였다.

?! Review Questions

1. 호나이의 아동기적 경험이 후에 자신의 성격에 관한 이론을 형성하는 데 어떤 영향을 끼쳤는지 논의하라.

2. 아동이 부모에 대한 적개심을 억압하는 네 가지 이유를 설명하라.

3. 기본적 불안은 어떻게 형성되는가? 기본적 불안에 대한 네 가지 자아보호 기제에 대해 설명하라.

4. 정상인의 이상화된 자아상과 신경증 환자의 이상화된 자아상의 차이점을 설명하라.

5. 성격의 부적응과 관련하여 '당위성의 횡포'가 미치는 영향을 설명하라.

6. 자궁선망에 대해 설명하고, 프로이트의 남근선망과의 차이점을 설명하라.

7. 프로이트의 자유연상 기법과 호나이의 자유연상 기법이 어떻게 다른지 설명하라.

자기 이해와 성장을 위한 <성격 연습 15>

주관적 현실 자아

호나이는 아동이 기본적 불안을 통해 자신의 자발성(spontaneity)이 손상되고, 자아를 고립시키는 방어기제를 발달시키기 때문에 자신의 현실 자아로부터 점점 멀어진다고 보았습니다. 이러한 개념을 자신의 삶에 직접 적용해 봅시다.

1. 눈을 감고, 마음을 편히 갖으십시오. 그리고 열세 살 때나 열네 살 때의 어느 하루를 떠올리십시오. 그 날 아침, 잠자리에서 일어날 때부터 학교에 가서 공부하고 놀았던 경험들, 그리고 오후나 저녁에 가족과 친구들과 함께했던 경험들의 질을 한번 회상해 보십시오. 그 당시의 기분뿐 아니라 생각과 감정 등을 적어 보시기 바랍니다.

2. 이제 네 살 때나 다섯 살 때의 어느 하루를 회상해 보고, 앞의 사항을 그대로 따라해 보십시오.

3. 두 시기를 비교해 보십시오. 자발성의 정도에 어떤 차이가 있습니까? 자라면서 관심거리들이 당신 자신만의 고유한 것입니까? 자신의 삶이 당위성(예를 들어, ~해야 만 한다. 반드시…….)들로 제한받지는 않았습니까? 혹은 자신에게 올바른 것이 무엇인지 잘 자각하고 있습니까? 자신과 타인들에 대한 사랑이 어떻게 변하였습니까?

4. 6명 정도 집단을 만든 후, 두 시기에 대한 각자의 비교 내용을 서로 나누어 보십시오.

* 출처: Fadiman, J. & Frager, R. (1998). *Personality and personal growth*(4th ed.), p. 171. New York: Longman.

자기 이해와 성장을 위한
<성격 연습 16>

나는 신경증적 주장을 하고 있는가?

호나이는 타인에게서 혐오스러운 특성을 발견할 때나 다른 사람에게 앙갚음하고 싶은 충동이 생길 때 자신의 반응을 살펴보면, 자신의 신경증적 패턴을 알 수 있다고 하였습니다. 다음 질문에 답해 보면서 자신만의 패턴을 발견해 보시기 바랍니다.

1. 비현실적인 것을 요구했을 때나 당신이 원했던 뭔가를 얻지 못했을 때 마음이 상한 적이 있습니까? 그때의 상황을 기술해 보십시오.

2. 자신이 실제로는 하고 싶지 않았던 것을 하기로 동의했던 적이 있습니까? 그때의 상황을 기술해 보십시오.

3. 자신이 지닌 옳고 그름의 판단 기준에 맞지 않는다고 해서 다른 사람을 심하게 비난했던 적이 있습니까? 그때의 상황을 기술해 보십시오.

4. 자신의 자존심이 상했던 적이 있습니까? 그때의 상황을 기술해 보십시오.

* 출처: Fadiman, J. & Frager, R. (1998). *Personality and personal growth*(4th ed.), p. 175. New York: Longman.

제11장

설리반의 대인관계 이론

성격은 개인이 대인관계에서 타인을 다루는
특징적인 방식들로 구성된다.

– 설리반 –

성격은 개인이 대인관계에서 다른 사람들을 다루는 특징적 방식으로 구성된다고 설리반(Sullivan)은 기술하였다. 그는 또한 정신의학을 대인관계이론으로 정의하였다. 즉, 정신의학은 정신과의사가 관찰자로서 치료적 관계에 참여하여 진행되는 사건 혹은 과정에 관여하는 학문으로 보았다. 이러한 자신의 대인관계이론은 세 가지 입장, 즉 개인 연구에 초점을 둔 메이어(Adolf Meyer)의 정신생물학(psychobiology), 사회 속에서 자아(self)의 발달에 초점을 둔 미드(George Herbert Mead)의 사회심리학, 그리고 인간의 사회적 유산 연구에 관심을 둔 말리노우스키(Bronislaw Malinowski)의 문화인류학의 영향을 바탕으로 형성되었음을 지적하였다(Sullivan, 1953, pp. 15-20). 여기서 우리는 호나이, 프롬처럼 설리반의 대인관계이론이 성격의 발달에 영향을 주는 사회적 및 문화적 요인에 초점을 두고 있음을 알 수 있다.

설리반은 성격에 대한 논의에 있어 경험(experience)이란 용어를 사용해야 함을 강조하며, 경험을 욕구와 불안의 긴장 경험과 에너지 변형 경험으로 구분하였다. 개인은 욕구와 불안의 긴장을 경험하며, 은밀하거나 공개적인 에너지 변형을 경험한다고 보았다. 그리고 경험이 세 가지 양식, 즉 원형적(prototaxic), 병렬적(parataxic), 통합적(syntaxic)으로 일어난다고 가정하였다.

설리반은 경험에 대한 강조를 바탕으로 성격의 대인관계 이론의 일차적 중요성을 개인이 유아기, 아동기, 청소년기를 거쳐 발달해 가는 방식에 두었다. 그리고 프로이트와 아들러처럼, 인생초기의 대인관계 패턴이 성격 형성에 매우 중요하며 개인의 행동에 계속해서 막대한 영향을 발휘한다는 것을 지적하였다.

1. 설리반의 생애

설리반(Harry Stack Sullivan, 1892~1949)은 정신의학의 대인관계 이론으로 유명하다. 그는 정신의학을 '대인관계의 연구'라고 정의했다. 그는 정신의학은 사회심리학의 영역에 속하며, 건전한 성격은 건강한 대인관계로부터 파생된다고 보았다. 따라서 성격은 대인관계에 의해 정의된다.

설리반은 1892년 2월에 뉴욕주 노리치(Norwich)에서 농부의 아들로 태어났다.

그와 결코 가까운 관계를 맺지 못했던 아버지는 정서적으로 고립되고 말이 없는 사람이었다. 아마 어느 다른 이론가보다도 설리반의 성격 발달에 대한 기술은 특히 자서전적인 것 같다. 설리반의 대인관계의 중요성에 대한 강조는 자신의 어려움과 외상을 어느 정도 반영한 것일 수 있다. 예를 들어, 설리반이 어머니의 불안이 아이에게 전달된다고 제안했을 때, 그는 아마도 자신이 가졌던 어머니와의 문제 있는 관계를 반영하였다. 설리반의 어머니는 우울증을 겪고 있었던 것으로 여겨진다. 외아들로서 설리반의 아동기는 외롭고 고립된 것이었다.

설리반의 청소년기의 대인관계의 중요성에 대한 강조는 아마도 그의 거친 10대를 반영한다. 설리반이 8살 때, 그는 13살의 베링거(Clarence Bellinger)와 깊은 우정을 나누었다. 설리반의 전기 작가들은 일반적으로 그들의 관계가 동성애 관계였다고 생각한다(Chapman, 1976; Perry, 1984) 그리고 베링거 또한 정신과의사가 되었다는 것은 흥미로운 일이다. 그러나 그들의 관계는 설리반의 청소년기에 끝이 났다.

설리반의 대학 배경은 위대한 학자들의 배경과는 달랐다. 그는 16세에 코넬대학교에 입학했으나 모든 과목에서 낙제한 후 일 년 후에 그만두었다. 1911년에 입학자격이 어떻게 이루어졌는가에 의구심이 제기되지만 어쨌든 대학교의 학위 없이 시카고대학교 의과대학에 입학하였다.

제1차 세계대전 중에 군에 복역한 후, 1922년까지 정부를 위해 일을 하였다. 설리반은 1922년에 워싱턴에 있는 장애인들을 위한 연방병원인 성 엘리자베스 병원에서 근무하면서 유명한 정신의학자 화이트(William Alanson White)의 영향을 받았다. 설리반의 정신의학 영역에서 정신적 아버지라 할 수 있는 화이트는 설리반의 정신의학에 대한 관심과 프로이트의 정신분석에 대한 비판을 자극하였다. 설리반은 밀리노우스키, 쿨리(Charles Cooley), 미드, 사피어(Edward Sapir) 등을 통해 사회심리학과 인류학에 대해 알게 되었다. 그는 또한 사회심리학자 멕도걸(Willam McDougall)과 영국의 심리학자 리버스(W. H. R. Rivers)의 영향을 받았다. 1927년에 설리반은 비공식적으로 자신의 정신분열증 환자들 가운데 한 명인 15살의 제임스(James)를 양자로 들였다. 제임스는 그의 여생을 설리반과 함께 지냈고, 설리반은 한 번도 결혼하지 않고 독신으로 지냈다.

정신의학의 사회적 특성은 설리반의 생각에 영향을 주었다. 설리반에 따르면, 개인은 대인관계에서 자신의 성격을 드러낼 뿐만 아니라 심리치료 중에도 환자-치료자 간의 대인관계가 성공적인 치료에 결정적이라고 믿었다. 참여적 관찰자로서 치료자는 환자가 하는 문제탐색에 참여한다. 설리반은 모든 정서적 문제에 근본이 되는 불안은 개인을 잘 기능하지 못하게 하는 요인이므로 안전감이나 정서적 편안함으로 대체되어야 한다고 믿었다.

1939년에 설리반은 여러 달 동안 조지타운대학교 의대의 정신과 교수 및 주임으로 있었다. 이것을 제외하고는 어느 대학, 어떤 직책에도 머물러 있었던 적이 없었다.

1949년에 설리반은 프랑스 파리에서 개최된 정신건강세계연방(The World Federation of Mental Health) 회의 집행자 모임에 참석한 후 호텔에 머물면서 뇌출혈로 갑작스럽게 사망하였다. 이때가 그의 나이 56세였다. 설리반은 그가 제안했던 주요한 정신의학의 개념의 중요성이 인식되면서 그의 사후에 명성을 얻었다.

2. 주요 개념

설리반의 대인관계 이론에서 강조하는 개념들 가운데 여기서는 성격의 본질, 불안, 자아체계, 성격의 양상, 성격의 방어 등에 관해 살펴보고자 한다.

성격의 본질

설리반은 "성격은 인간의 삶을 특징짓는 되풀이되는 대인관계 상황의 비교적 지속적인 패턴"(Personality is the relatively enduring pattern of recurrent interpersonal situations which characterize a human life)이라고 정의하였다(Sullivan, 1953, pp. 110-111).

설리반은 성격의 본질이 생리적 욕구와 사회적 · 심리적 욕구에서 야기되는 긴장에 의해 결정된다고 믿었다. 따라서 행동의 일차적 목적은 이러한 긴장을 감소시키거나 최소화하는 것이다. 긴장의 두 원천인 생리적 욕구와 사회적 불안전(social insecurity)에 대해 알아보자.

첫 번째 긴장 원천인 생리적 욕구는 생존에 필요한 욕구로서 음식, 물, 휴식, 공기, 섹스 등의 필요를 의미한다. 이러한 욕구가 작동될 때, 그러한 욕구가 생성하는 긴장은 만족(satisfaction)을 성취하려는 활동을 야기하며, 만족은 긴장을 해소시킨다. 따라서 욕구-활동-만족-해소의 순환이 계속된다.

두 번째 긴장 원천인 사회적 불안전은 문화적 및 대인관계적 원인에서 비롯된다. 이러한 긴장 원천의 목적은 안전을 성취하는 것이다. 아동의 안전감은 그에 대한 어머니의 행동과 태도에 의존한다. 만약 어머니가 아동의 생리적 욕구를 만족시키면서 긴장하거나, 화를 내고, 불행해 하면, 아동은 어머니의 이러한 감정을 안전에 대한 위협으로서 지각한다. 이러한 감정이 불안이다. 불안은 언제나 대인관계에 원천을 두고 있다. 설리반은 불안이 아동의 자신감 혹은 효율성을 감소시키고 대인관계에 문제를 야기한다고 보았다. 불안은 개인이 속한 전체적 문화와 관련되어 있다.

긴장을 해소하면서 성취하는 두 가지 목적인 만족과 안전은 성격의 기반을 형성하며, 모든 인간에게 보편적이다. 아동에게 있어 생리적 욕구의 만족은 보다 많은 일관된 추진력이 되며 나중에 발달되는 안전을 위한 욕구는 성격의 전체적 영향에 있어 훨씬 중요하다.

설리반이 가정한 유아기에 나타나는 두 가지 추가적 욕구가 힘 동기(power motive)와 신체적 친밀감(physical closeness)이다. 이러한 욕구는 안전 욕구에서 파생되거나 통합된 부분이다. 힘 동기가 얼마만큼 충족되는가에 따라 성격의 방향과 형태를 결정하는 데 영향을 준다. 힘 동기의 위협은 불안전으로 이끌 수 있다. 유아의 최초의 발견 중의 하나는 자신의 무기력이다. 유아는 대인관계에서 어느 정도의 힘을 성취할 때까지 스스로 할 수 있는 것이 없다. 유아는 이러한 힘이 없이 만족 혹은 안전을 얻을 수 없다. 설리반은 다른 사람들에 대한 신체적 친밀감 욕구를 타고난 것으로 보았다. 이러한 욕구는 안전 욕구와 밀접하게 관련되어 있다. 왜냐하면 신체적 친밀감에 대한 욕구 좌절의 일차적 결과가 불안전의 주요한 특성인 고독이기 때문이다.

불안

불안은 설리반의 대인관계 이론에서 핵심 개념이다. 설리반에 따르면, 불안은 모든 종류의 정서적 고통과 관련되어 있다. 초조함, 죄책감, 수줍음, 두려움, 무가치함, 혐오감 등 고통스러운 감정들과 관련된다. 불안은 정도의 차이가 있을 뿐이며, 단순한 불편함과 같은 미미한 수준에서부터 숨쉬기조차 힘든 공황상태까지 다양하다. 불안은 경고 신호와 같다. 신체적 고통도 마찬가지의 역할을 하는데, 뭔가가 잘못되었기 때문에 치료가 필요하다는 신호를 준다. 한 사람이 자신의 내부에서 일어나는 어떤 불안을 경험하면, 그 불만은 뭔가가 잘못되고 있다는 신호다. 예를 들면, 불안은 결혼생활이 위태해졌다든가, 자녀와의 관계가 원만하지 못하다든가 아니면 직장 동료와 사이가 좋지 못하다든가 등의 문제가 발생했음을 알려 주는 신호다.

설리반은 불안이 항상 대인관계에서부터 비롯된다고 믿었다. 사람 간의 장기적 혹은 단기적인 건강치 못한 관계로부터 불안이 야기된다는 것이다. 불안을 유발하는 여러 원인은 개인의 자기가치감과 유능감을 위협하여 자아존중감(self-esteem)을 손상시키게 된다.

자아체계

설리반은 20년이 넘게 자아(self), 자아역동(self-dynamism), 자아체계(self-system)를 같은 의미로 종종 사용하곤 하였다. 하지만 생애 마지막 2년 동안 자아체계라는 용어로 통일하여 사용하였다. 자아체계는 자아보호체계(self-protecting system)라는 용어로 보다 더 잘 설명될 수 있는데, 불안으로부터 자신을 보호하고 정서적 안전감을 얻기 위해 사용하는 안전 기제(security operations)다. 다시 말하면, 자아보호체계란 정서적인 괴로움으로부터 자신을 보호하고 보다 정서적인 안락함을 추구하기 위하여 개인이 대인관계에서 습관적으로 사용하는 자신만의 독특한 전략이다. 자아체계는 추상적인 개념이지만 안전 기제는 매우 구체적이다. 왜냐하면 대인관계에서 나타나는 행동, 태도, 그리고 과정들은 모두가 관찰가능하기 때문이다. 자아체계는 불안한 아동기로부터 형성되기 시작한다. 즉, 아동이 부모의 규칙에 순응하면 부모로부터의 처벌이나 비난을 면할 수 있기 때문에 순응하기 위한 자아체계를 형성하게 된다. 하지만 아동이 부모의 요구에 무조건적으로 따르는 이러한 순응은 불안을 피하게는 해 줄지언정 진정한 자아의 발달은 저해한다. 자아체계와 진정한 자아와의 간격이 커질수록 정신분열적인 상황이 유발될 수 있다고 설리반은 주장하였다.

성격의 양상

설리반은 개인의 성격을 정의하는 대인관계 상호작용에서 관찰되는 주요한 세 가지 양상을 역동성(dynamism), 인간상 형성(personification), 경험양식(mode of experience)이라고 하였다. 이러한 세 가지 양상에 대해 간략하게 살펴보고자 한다.

역동성 역동성은 개인의 연구에 적용될 수 있는 가장 작은 단위다. 설리반은 역동성을 개인의 대인관계와 정서적 기능을 특징짓는 비교적 지속되는 에너지 변형의 패턴으로 정의하였다. 역동성의 에너지 원천은 개인의 신체적 욕구에 있다. 이러한 에너지 변형이 어떤 형태의 행동이다. 즉, 이것은 습관처럼 반복되고 지속되는 신체적 혹은 정신적으로 어떤 종류의 행동이 역동성이라는 것을 의미한다. 이런 점에서 설리반은 역동성이 성격을 연구하고 기술하는 데 있어 가장 작은 요소라고 생각하였다.

에너지 흐름의 과정은 유아와 어머니와의 대인관계 접촉을 야기한다. 즉, 역동성은 다른 사람과의 경험에서 비롯된다. 개인이 경험의 질과 양을 많이 가질수록 그가 보이는 역동성의 수도 더 많아진다. 넓은 의미에서, 역동성은 개인이 다른 사람들과의 상호작용에서 행동 및 태도가 밖으로 드러난다는 점에서 아들러의 생활양식과 유사하다.

인간상 형성 인간상 형성은 개인이 자신 혹은 다른 사람에 대해 어떤 이미지를 형성하는 것이다. 이런 이미지는 욕구만족 및 불안의 경험에서 비롯되는 감정, 태도, 개념의 복합이다. 그리고 이러한 이미지는 우리의 지각과 마찬가지로 개인의 자기체계의 본질에 의해 영향을 받기 때문에 반드시 정확한 표상은 아니다. 역동성처럼, 인간상 형성은 유아기에 시작되며 불안으로부터 자신을 보호하려는 것과 관련되어 있다. 특정한 사람들에 대해 일관된 지각을 형성함으로써 개인은 일관된 방식으로 그들에게 반응한다. 예를 들면, 아이가 어머니와 아버지를 권위적이고 엄격한 것으로 지각하면, 아이는 힘을 행사하는 위치에 있는 모든 성인을 같은 방식으로 지각할 수 있다. 그리고 성인이 되어서도 그가 아버지에게 했던 것과 유사한 방식으로 다른 권위 있는 사람들에게 행동하게 된다.

■ **자아상 형성** 설리반은 자아에 대한 상을 형성하는 개념으로 자아상 형성(personification of self)을 제안하였다. 발달의 주요한 결정요인은 상황에 따른 불안의 수준(gradient of anxiety)이다. 유아는 엄마의 양육에 따라 다른 수준의 불안을 경험하면서 세 가지 자아상인 좋은 나(good-me), 나쁜 나(bad-me), 나 아닌 나(not-me)를 형성하게 된다.

많은 사람이 공유하는 인간상 형성이 스테레오타입(stereotype)이다. 스테레오타입은 개인이 특별한 집단에 속한 구성원이라는 근거로 그의 행동과 태도에 대해 갖는 선입관이다. 이러한 스테레오타입은 어떤 사회의 구성원들이 수용하고 세대를 통해 전달되는 일상적으로 타당화된 개념 혹은 아이디어다. 스테레오타입에 대한 예는 예술가는 인습적이지 않고 창의적이라고 보는 것, 사업가는 냉정하며 교수는 권위적이라고 보는 것 등이다. 이러한 범주화와 편견은 인간상 형성과 관련된 내용이다.

- 좋은 나 자아상: 엄마가 양육하면서 유아의 반응에 온화하게 대하고, 칭찬해 주고, 신체적으로 보상을 해 주면, 아이는 좋은 나의 자기 지각을 형성하게 된다. 설리반은 유아의 좋은 나의 자아상은 의미 있는 대상인 어머니와의 만족스럽고 기쁨을 주는 대인관계의 산물이라고 보았다.
- 나쁜 나 자아상: 엄마가 양육하면서 불안과 긴장을 느끼게 되면 엄마는 유아의 특정 행동, 예를 들어 신체의 특정 부분을 만지거나, 울음을 그치지 않거나, 특정 음식을 거부하거나, 목욕하지 않으려 하는 행동에 더 과민하게 반응한다. 즉, 이런 엄마의 긴장으로 인해 유아는 불안을 경험하게 된다. 시간이 지남에 따라 바람직하지 못하고 불안을 야기시키는 엄마의 행동들로 인해 유아는 나쁜 나 자아상을 형성되게 된다.
- 나 아닌 나 자아상: 이 자아상은 정상적인 사람이 꿈꾸는 동안을 제외하고는 의식적으로 거의 경험하지 못하는 성격 부분이다. 반면에 정신분열증 환자는 나 아닌 나 자아상 경험을 자주 한다. 나 아닌 나는 강렬한 불안을 경험하면서 형성되기 시작되는데, 불안이 크면 현실과 접촉이 잘 이루어지지 않게 되고, 이에 따라 유아는 자신이 경험하는 것을 제대로 조직화시키지 못하게 된다. 때문에 인과관계의 추론 등이 어려워지게 되고, 경험 내용과 경험에 대한 감정이 분리되게 된다. 이는 다음에 설명할 병렬적 경험양식에 해당된다.

경험양식 설리반은 개인이 세계를 경험하는 세 가지 다른 방식, 즉 개인이 다른 사람들과 관계하는 세 가지 인지 혹은 사고의 수준이 있다고 지적하였다. 이러한 세 가지 경험양식인 원형적(prototaxic), 병렬적(parataxic), 통합적(syntaxic) 경험에 대해 알아 보자.

- **원형적 경험양식** 이는 조잡한 감각 단계의 사고를 가리킨다. 원형적이란 그리스어로 첫 번째 배열(first arrangements)을 의미한다(Chapman, 1976, p. 166). 인생의 가장 초기의 원초 경험으로 생후 몇 개월 동안에만 유아에게 나타난다. 이러한 경험은 단순하고 직접적으로 지각하는 감각, 생각, 감정을 수반하며, 서로 간에 어떤 관련성을 끌어내거나 해석함이 없이 즉각적으로 일어난다. 원형적 경험은 고립되고, 관련이 없으며, 무선적이고, 비조직적이며, 보통 아주 순간적이며, 새로운 경험의 영향으로 묻혀 버린다.
- **병렬적 경험양식** 이는 사물끼리의 연관성을 잘 맺지 못하는 경험 단계의 사고 다. 병렬적이란 사물을 나란히 놓지만 서로 간에 관련을 짓지 못하는 배열을 의미한다. 유아가 이전에는 그에게 독립적이고 무의미한 자극에서 어떤 의미를 도출하기 시작하는 것으로, 이러한 사고 양식은 대략 동시에 발생하지만 논리적 관련이 없는 사건들을 연결시키려고 한다. 즉, 다양한 경험 간에 관련을 짓지만 이러한 관련은 논리적인 인과관계의 규칙을 따르지 않는다. 병렬적 사고를 통해 유아는 자신과 자신이 아닌 것을 구별하기 시작하며, 초보적 단계이지만 의사소통하는 데 언어를 사용한다.
- **통합적 경험양식** 이는 현실적인 평가 단계의 사고다. 통합적이란 조화로운 방식으로 연결되도록 사물들을 배열하는 것을 의미한다. 현실의 통합적 경험이란 물리적이며 공간적인 인과관계를 이해하는 능력과 결과에 대한 지식으로부터 원인을 예언할 수 있는 능력을 가정한다. 설리반은 현재, 과거, 그리고 미래의 논리적인 통합을 통합적 양식이라고 불렀다. 아이는 같은 문화에 있는 사람들이 공유하는 의미를 전달하는 데 언어를 사용한다. 통합적 사고를 통해 논리적 관계를 학습하고 비논리적인 것에 대한 자신의 지각을 검증할 수 있다.

성격의 방어

불안에 대해서 성격을 방어하는 세 가지 방식이 있다. 설리반이 제안했던 불안에 대한 세 가지 주요한 방어는 해리(dissociation), 병렬적 왜곡(parataxic distortion), 승화(sublimation)다.

해리 이 방어양식은 프로이트의 부정(denial) 및 억압(repression)과 매우 유사한 개념으로, 자기 역동성과 부합하지 않는 행동, 태도, 욕망을 의식적 자각으로부터 배제시키는 것이다. 해리의 기제는 자기를 보호하고 자기에 위협적인 것에 민감하게 작동한다. 억압에서처럼, 개인은 단순히 사회적으로 수용할 수 없고 불쾌한 경험을 보거나 듣지 않으며 회상할 수 없다. 불안을 야기하는 모든 현실적 측면을 배제시키는 이러한 '선택적 부주의(selective inattention)'를 해리라고 한다.

병렬적 왜곡 이 방어양식은 타인에 대한 개인의 반응이 자신이 경험해 왔던 나쁜 관계에 의해 편향되거나 왜곡되는 것을 의미한다. 설리반은 이러한 왜곡이 우리의 대인관계에 영향을 준다고 믿었다. 예를 들면, 아버지와 아들 간에 권위적으로 형성된 초기 대인관계가 고용주와 피고용인 간의 현재 관계를 왜곡시킨다.

승화 이 방어양식은 프로이트가 사용한 승화의 개념과 유사하다. 승화를 통해 개인은 자신에게 혼란을 주고 위협적인 충동을 사회적으로 수용되고 자기향상적인 충동으로 변화시킨다.

3. 성격 발달

설리반에 따르면, 성격은 개인의 대인관계, 특히 친밀한 사람들에 의해 일생에 걸쳐 형성된다. 설리반은 성격이 고정불변하다고 여기지 않았다. 대인관계의 양상이 성장 과정에서 달라지기 때문에 성격도 수정된다는 것이다. 하지만 성격 발달의 가장 토대가 되는 시기는 유아기에서 청소년 초기까지이며, 이때 발달된 성격이 광범위하고 보편적인 틀을 제공한다고 믿었다. 20세 때 이기적이며 지배적인 사람은 60세가 되어도 이기적이며 지배적일 수 있지만, 40세 때 어떤 유의미한 대인관계 경험이 있었느냐에 따라 성격의 변화가 이루어질 수 있다.

설리반은 성격 발달을 자기(self)의 진화로 생각하였다. 그는 제안했던 성격 발달의 일곱 단계는 유아기(infancy), 아동기(childhood), 소년기(juvenile era), 청소년 전기(preadolescence), 청소년 중기(midadolescence), 청소년 후기(late adolescence) 그리고 성인기(adulthood)다. 이러한 단계에 대해서 살펴보자.

유아기 이 시기는 출생하여 아이가 말을 통해 의사소통을 할 능력을 획득할 때까지를 말한다. 이 시기에 주요한 경험의 양식은 원형적(prototaxic)이다. 이 시기가 끝날 무렵에 아이는 자기와 객관적 세계와의 구별을 인식하기 시작하며, 신체적 욕구와 관련된 긴장을 다루는 것을 학습한다. 그리고 유아는 어머니의 행동에 근거하여 자신을 독립된 개체로 인식하기 시작한다. 가장 중요한 자아역동성은 이 시기에 형성되기 시작한다.

아동기 아동기는 언어능력의 발달과 더불어 시작하여 5~6세까지 지속된다. 이 시기에 주요한 경험의 양식은 병렬적(parataxic)이며, 언어능력이 증가함에 따라 통합적(syntaxic)으로 변해 간다. 아이는 자신의 행동에 대하여 타인이 언어적으로 인정하거나 거부하는 여러 표현 방식을 인식한다. 따라서 부모의 언어적 표현은 아이의 자기에 대한 결정에 매우 중요하다. 즉, 부모가 지나치게 자신의 행동을 인정하지 않는다고 아이가 지각하면 아이는 악의적 변형, 즉 부정적이거나 적의적으로 세계를 보기 시작한다. 그 결과로 아이는 타인의 좋은 점을 보지 못하고 부정적인 측면만을 지각하게 될 것이다. 이 시기 동안에 아이에게 영향을 주는 사람들은 부모에서 또래까지 확장된다. 아이는 자신의 안전을 증가시키기 위해 정확히 타인을 지각하고 조작할 능력이 보다 정교하게 된다.

소년기 이 시기는 아이가 학교에 들어갈 때 시작하여 대략 5년 동안 지속된다. 이 시기에 주요한 경험의 양식은 통합적(syntaxic)이다. 아이는 많은 사람(예: 또래, 선후배, 교사, 다른 성인)과 관계를 하며 그들의 평가를 받게 되고, 이러한 평가는 계속해서 자아역동성에 통합된다. 이때에는 사회적 수용에 대한 욕구가 아동에게 영향을 준다. 이 시기에 아동은 보다 높은 사회화의 수준에 노출되며, 점차 타인과 협동적이며 경쟁적인 활동에 참여한다.

청소년 전기 이 시기는 보통 10세 혹은 11~13세까지를 말한다. 이 시기의 청소년은 같은 성의 또래와 친근한 관계(예: 단짝 혹은 짝꿍)를 위한 강한 욕구를 갖게 된다. 설리반은 이러한 관계를 매우 중요하게 생각하였다. 왜냐하면 이러한 관계가 인생에서 처음 나타나는 상호적 사랑이기 때문이다. 다시 말하면, 누군가의 안전과 만족이 적어도 자신의 안전과 만족처럼 중요하게 되는 첫 번째 관계이기 때문이다. 설리반은 청소년 전기가 더 빨리 시작할 수도 있다고 지적하였다. 예를 들면, 그가 동성애 관계를 시작한 나이가 여덟 살 반이었다. 설리반은 이러한 자신의 경험을 바탕으로 자아의 발달에 친구관계의 중요성을 강조했다. 그는 건전한 관계에서는 친구 간에 성적 활동이 전혀 없다고 지적하였다.

청소년 중기 이 시기는 대략 17세까지 지속된다. 이 시기에 성적 욕망이 나타난다. 성적 참여를 위한 강하고 압도적인 욕구가 나타나곤 한다. 동시에, 동성의 누군가와 친밀감을 위한 지속적이며 강한 욕구도 있다. 설리반에 따르면, 이 시기에 가장 지배적인 문제는 동성의 친구에 대한 친밀감 욕구로부터 이성의 친구에 대한 애정욕구의 분리다. 이러한 두 욕구가 제대로 분리되지 못하면, 이성애보다 동성애 경향성이 초래된다.

청소년 후기 17세에서 20대 초반까지의 시기를 가리킨다. 이 시기에 친밀감과 애정욕구의 통합으로 이성의 한 사람에게 초점이 맞춰진다. 이 시기에 자아역동성이 전체적으로 발달하고 결정된다. 만약 이 시기에 모든 것이 잘 진행되고 사회화된 인간 발달이 이루어지면, 개인은 사회의 성원으로서 책임감을 발휘할 준비를 갖추게 된다.

성인기 이는 20세에서 30세까지의 시기다. 이 시기는 결혼을 통해 부모로서의 역할을 하는 시기다. 이 시기의 경험양식은 통합적이며 상징적이다. 이때 온전하게 사회화된 인간 발달이 이루어지게 된다.

이상에서 설명된 내용을 바탕으로 설리반의 성격 발달 단계를 표로 제시하면 다음과 같다.

표 11-1 설리반의 성격 발달 7단계

기간	연령	자아 체계	경험양식	관련 대인관계 경험
유아기	0~18개월	거의 발달되지 않음	주로 원형적	1. 수유 - 모유 혹은 우유; 젖을 먹는 스트레스 2. 선-악의 양면을 지닌 엄마에 대한 두려움 3. 엄마와는 별개로 자신을 만족시키는 대로 가끔 성공함 4. 부모의 돌봄에 완전히 의존적임
아동기	18개월~5, 6세	성역할 인지	주로 병렬적이지만 통합적 양식이 발달되기 시작	1. 인간상 형성 2. 극화 - 성인 역할 놀이 3. 악의가 드러남 - 세상은 내 뜻대로 되는 것은 아니다 - 고립이 시작됨 4. 의존적
소년기	5, 6~11세	욕구 통합-내적 통제	주로 통합적이지만, 상징에 매료되기 시작	1. 사회화 - 협동과 경쟁 2. 통제하는 법을 배움 3. 삶에 대한 지향 4. 의존적
청소년 전기	11~13세	다소 안정적	통합적	1. 동성의 또래에 대한 강한 욕구 2. 순수한 인간관계 시작 3. 평등한 기회에 대한 욕구 4. 독립심이 나타나지만 혼란감을 느낌
청소년 중기	13~17세	혼란스럽지만 여전히 안정적	통합적 (성적인 것에 끌림)	1. 강한 성욕 2. 이중 사회성 욕구: 이성에 대한 성욕과 또래에 대한 친근감(혼란감은 동성애로 이어짐) 3. 매우 독립적임

청소년 후기	17~19, 20대 초반	통합되고 안정됨	완전히 통합적	1. 불안에 대한 강한 안전 욕구 2. 연장된 시기 3. 집단의 일원이 됨 4. 완전히 독립적임
성인기	20~30세	완전히 안정됨	통합적이며 완전히 상징적	1. 사회화가 완전히 이루어짐 2. 부모의 통제로부터 완전히 독립함

4. 성격 평가기법

설리반이 성격을 평가하기 위해 환자로부터 자료를 얻는 데 사용한 두 가지 방법은 면담(interview)과 꿈 분석(dream analysis)이었다.

면담 면담은 설리반이 사용한 주요한 기법이다. 그의 정신과적 면담은 심리치료의 실제에 막대한 영향을 끼쳐 왔다. 설리반은 면담을 치료자와 환자 간의 의미 있는 대인관계 상호작용으로 보았으며, 치료자가 참여자이면서 관찰자여야 한다는 것을 강조하였다. 즉, '참여적 관찰자(participant-observer)'로서 치료자는 면담상황에서 환자와 상호작용을 해야 한다고 보았다. 그가 제안했던 면담의 네 단계는 개시(inception), 정찰(reconnaissance), 정밀탐색(detailed inquiry), 종결(termination) 단계다.

- **개시 단계** 면담은 치료자와 환자가 서로를 소개하는 것으로 시작된다. 치료자는 너무 많은 질문을 하지 말아야 하며, 조용한 관찰자의 태도를 유지해야 한다. 이 단계에서 주요한 치료자의 의도는 환자가 정신과적 조력을 찾는 이유와 그의 문제의 본질에 대한 중요한 내용을 결정하는 것이다.
- **정찰 단계** 이 단계에서 치료자는 환자의 생활 사례사를 개발하면서 보다 구체적으로 그에게 질문을 한다. 지금까지 얻은 정보를 바탕으로 치료자는 환자의 장애와 장애의 원인에 대한 많은 가설을 형성한다.

■ **정밀탐색 단계** 이 단계에서는 정찰 단계에서 세운 가설 중에서 어떤 가설이 가장 타당하고 유용한가를 결정하려고 시도한다. 치료자는 선택된 가설을 바탕으로 환자의 과거 및 현재의 대인관계에 대해 탐색한다.

■ **종결 단계** 치료자는 환자를 위해 수집한 방대한 자료를 요약하고 해석하며 환자가 이행할 행동 처방을 설정한다.

꿈 분석 설리반은 상징을 사용하는 것을 피했다. 즉, 그는 꿈에는 전혀 숨겨진 의미가 없다고 믿었다. 차라리 꿈은 우리의 일상적인 의식생활에 존재하지 않는 어떤 상으로서, 있는 그대로 받아들여야 한다고 믿었다. 대인관계에 관한 꿈은 일상적인 의식생활에서처럼 꿈에 나타나는 다른 사람과의 대인관계를 보여 준다. 꿈은 개인이 현실생활에서 달성할 수 없는 어떤 만족을 얻으려는 시도를 나타낸다.

5. 성격이론의 적용

설리반은 미국 정신의학 분야에 커다란 영향을 미친 심리치료 기법을 개발하였다. 설리반은 자신의 치료 기법을 '대인관계 심리치료(interpersonal psychotherapy)'라고 불렀는데, 일생에 걸쳐 교사, 강연자, 그리고 작가로서 그의 심리치료 기법을 보급하였다. 설리반의 심리치료 체계의 많은 부분은 수정된 프로이트식 정신분석 기법을 포함하여 다른 심리치료 접근에 많은 영향을 끼쳤다.

설리반은 심리치료 또한 대인관계 과정이라고 여겼기 때문에 치료자는 대인관계 문제와 정서적 기능에 관하여 전문가이어야 하며, 관련 문제를 해결할 수 있도록 조력할 수 있어야 한다고 여겼다. 특히, 치료자의 기본적 역할은 '참여적 관찰자(participant observer)'로서의 역할임을 강조하였다. 치료자는 내담자가 겪는 특정 대인관계 문제에 참여하는 잘 훈련된 관찰자다.

설리반이 제시한 다섯 단계의 기본적 심리치료 과정은 다음과 같다.

첫째, 현재 혹은 최근의 대인관계, 특히 내담자가 오랫동안 관계를 맺어 온 대인관계를 탐색한다.

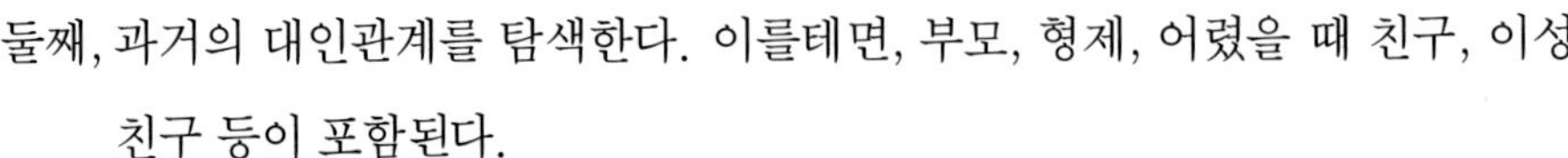

둘째, 과거의 대인관계를 탐색한다. 이를테면, 부모, 형제, 어렸을 때 친구, 이성 친구 등이 포함된다.

셋째, 내담자의 직접적인 대인관계에서의 위기 경험에 초점을 맞춘다.

넷째, 장래의 대인관계에 대해 논의한다.

다섯째, 내담자-치료자 관계를 탐색한다.

요약

1. 설리반은 성격의 본질이 생리적 욕구와 사회적·심리적 욕구에서 야기되는 긴장에 의해 결정된다고 보았다. 때문에 행동의 일차적 목적은 이러한 긴장을 감소하거나 최소화하는 것이다.
2. 설리반의 대인관계 이론에서 핵심 개념인 불안은 모든 종류의 정서적 고통과 관련된 정서로서 경고 신호의 역할을 한다. 설리반은 불안이 대인관계에서부터 비롯된다고 믿었다.
3. 자아체계는 불안으로부터 자신을 보호하고 정서적 안전감을 얻기 위해 사용하는 안전 기제다. 자아체계와 진정한 자아와의 간격이 커지면 정신분열적인 상황을 유발한다.
4. 설리반은 개인의 성격을 정의하는 대인관계 상호작용에서 관찰되는 주요한 세 가지 양상을 역동성, 인간상 형성, 경험양식이라고 하였다. 역동성은 개인의 대인관계와 정서적 기능을 특징짓는 비교적 지속되는 에너지 변형의 패턴으로 정의하였다. 인간상 형성은 개인이 자신 혹은 타인에 대해 어떤 이미지를 형성하는 것이다. 경험양식의 세 가지는 원형적, 병렬적, 통합적 경험이다.
5. 설리반은 불안에 대한 세 가지 주요한 방어로 해리, 병렬적 왜곡, 승화를 제안하였다. 해리는 불안을 야기하는 모든 현실적 측면을 배제시키는 선택적 부주의다. 병렬적 왜곡은 타인에 대한 개인의 반응이 자신이 경험해 왔던 나쁜 관계에 의해 편향되거나 왜곡되는 것이다. 승화는 위협적인 충동을 사회적으로 수용될 수 있는 방식으로 해소시키는 것이다.
6. 설리반에 따르면, 성격은 개인의 대인관계, 특히 친밀한 사람들에 의해 일생에 걸쳐 형성되며, 유아기에서 청소년 초기까지 형성되는 성격의 틀이 일생 전반에 걸쳐 보편적인 틀을 제공한다고 보았다. 설리반은 성격 발달을 자기의 진화로 생각하였으며, 발달단계를 일곱 단계로 구분하여, 특히 경험양식과 관련하여 설명하였다.

7. 설리반이 성격을 평가하기 위해 사용한 방법은 면담과 꿈 분석이었다. 특히 설리반은 참여적 관찰자로서 치료자의 역할을 강조하였다. 설리반이 제안한 면담의 네 단계는 개시, 정찰, 정밀 탐색, 그리고 종결로 구성되어 있다.

?! Review Questions

1. 설리반이 제안한 자아체계의 개념을 설명하라.

2. 자아상 형성의 세 가지 종류를 양육의 중요성과 관련하여 설명하라.

3. 대인관계 상호작용에서 나타나는 주요 세 가지 양상을 설명하라.

4. 개인이 세계를 경험하는 세 가지 다른 방식은 무엇인가?

5. 설리반이 제안한 불안에 대해 방어인 해리와 병렬적 왜곡을 설명하라.

6. 설리반이 제안한 성격 발달의 일곱 단계를 자아체계와 경험양식에 따라 간략하게 설명하라.

7. 성격을 평가하는 기법으로서 설리반이 제안한 면담의 네 단계를 간략하게 설명하라.

자기 이해와 성장을 위한 <성격 연습 17>

사회적 불안

다음 보기를 참고로 하여 자신에게 해당되는 진술문에 표시하시오.

〈보기〉

1	2	3	4	5
전혀 그렇지 않다		그저 그렇다		매우 그렇다

1. 나는 격의 없는 모임에서조차 종종 안절부절 못한다.	1	2	3	4	5
2. 모르는 사람들과 함께 있는 경우 대부분 마음이 편치 못하다.	1	2	3	4	5
3. 나는 이성에게 말할 때 대체로 마음이 편하다.*	1	2	3	4	5
4. 학교 선생님이나 직장 상사에게 먼저 말을 해야만 하는 경우에는 안절부절못한다.	1	2	3	4	5
5. 파티에 참석하는 것은 나를 불안하고 불편하게 만든다.	1	2	3	4	5
6. 나는 아마도 대부분의 사람보다 사교적인 상호작용에 덜 수줍어하는 편이다.	1	2	3	4	5
7. 내가 그 사람에 대해 잘 알지 못하는 경우라면 동성의 사람에게 말을 건넬 때조차 긴장하곤 한다.	1	2	3	4	5
8. 취직하기 위해 면접받고 있다면 안절부절 못할 것이다.	1	2	3	4	5
9. 나는 사교적인 상황에서 좀 더 자신감이 있었으면 좋겠다.*	1	2	3	4	5
10. 나는 사교적인 상황에 거의 불안해하지 않는다.	1	2	3	4	5
11. 대체로 나는 수줍음을 타는 사람이다.	1	2	3	4	5
12. 나는 매력적인 이성에게 말을 걸 때 안절부절 못한다.	1	2	3	4	5
13. 나는 내가 잘 알지 못하는 사람에게 전화로 이야기할 때 안절부절 못한다.	1	2	3	4	5
14. 나는 권위를 지닌 사람에게 말을 하는 경우에 안절부절못한다.	1	2	3	4	5
15. 나는 나와 매우 상반된 사람들과 함께 있을 때조차도 마음이 편하다.*	1	2	3	4	5

채점 방식 점수를 구하려면, 우선적으로 *표가 되어 있는 문항에 표시한 점수를 역으로 계산한다(이를테면, 5점은 1점으로, 2점은 4점으로). 그런 다음에 15문항의 모든 점수를 합산한다.

해석 방식 앞의 척도는 Leary(1983)가 개발한 상호작용 불안 척도(Interaction Anxiousness Scale)다. 이 척도는 Schlenker와 Leary(1982)가 명명한 우연적 상호작용 상황에서의 사회적 불안을 측정하기 위해 개발되었다. 낯선 사람을 만날 때 혹은 데이트를 할 때와 같은 연습하지 못한 사교적인 만남을 통해서 경험하게 되는 불안을 가리킨다. 이러한 불안은 군중 앞에서 준비된 연설을 할 때 경험하는 불안의 종류와 비교될 수 있다. 상호작용 불안은 일반적으로 수줍음과 데이트 불안이라고 일컫는 것들이 포함된다. 이 척도에서 높은 점수를 보인 사람은 낮은 점수의 사람들보다 사회적 불안을 더욱 자주, 그리고 더욱 강도 있게 경험하는 경향이 있다. 대학생을 대상으로 하여 얻은 평균은 39, 표준편차는 10이었다(Leary, 1986).

* 출처: Burger, J. M. (2000). *Personality*(5th ed.). Belmont, CA: Wadsworth/Thomson.

제12장

머레이의 욕구 및 동기 이론

개인의 성격은 이상적으로 개인의 생애에 걸친
일련의 사건들을 의미하며, 성격의 역사가 성격이다.

– 머레이 –

머레이는 생화학 및 의학적 배경에 근거한 다양한 경험을 바탕으로 인간에 대한 체계적 연구를 통해 성격심리학을 발전시켰다. 그는 "나에게 성격은 경계선 없는 아프리카 정글이다."라고 하였다. 특히, 인간학(personology)이라는 용어를 만들었는데, 인간학이란 인간의 삶에 대한 연구와 삶에 영향을 미치는 요인들에 관한 연구를 가리킨다. 머레이는 타당성 있는 과학적인 방법을 통해 성격연구를 확립시켜야 할 필요성을 느끼고, 일생에 걸쳐 수많은 사람으로부터 수집한 자료를 일관성 있는 이론적 구성개념(constructs)으로 조직화하는 일에 몰두하였다. 이러한 결과로 성격을 평가하는 주요한 기법으로 여겨지는 주제통각검사(Thematic Apperception Test: TAT)를 개발하였다.

머레이의 인간학 이론의 몇몇 측면은 프로이트의 이론으로부터 도입되었다. 하지만 프로이트의 개념들을 보다 정교화시키고, 새롭게 부각시켰다. 프로이트의 개념이 임상적으로는 타당하다고 여겨지더라도 과학적으로 연구가 어렵다는 단점이 있었지만, 머레이는 프로이트의 여러 개념에 조작적 정의를 부여하고 구체적 자료를 수집하여 과학적인 성격 구성개념을 찾으려고 노력하였다.

머레이는 프로이트가 사용한 개념인 원초아, 자아, 초자아로 성격을 구분하였다. 머레이는 기본적인 추동과 욕구의 원천이 원초아라는 점에서는 프로이트와 의견을 같이했지만, 원초아가 부정적인 충동만을 포함하고 있는 것은 아니라고 주장하였다. 또한 초자아는 어떤 욕구가 언제, 어디서, 어떻게 표출되어야 하는가를 알려 주는 사회적 환경의 내재화된 표상이라고 주장하였다. 그리고 자아는 조직화된 성격의 자의식적(self-conscious)인 부분으로서 변별력, 경험전달능력, 추론능력, 그리고 문제해결 능력을 갖고 있다고 보았다(Murray, 1938). 머레이는 프로이트보다 자아의 역할과 기능을 더 강조하였다.

1. 머레이의 생애

머레이(Henry A. Murray, 1893~1988)는 전문분야로 성격심리학을 정착시켰을 뿐만 아니라, 가장 영향력 있는 성격이론가 중의 한 사람으로 인식된다. 머레이는 뉴욕시의 부유한 집안에서 태어났다. 그는 인생 초기부터 사시로 알려진 시각결함으로 시달렸으며, 9살 때 교정을 위해 수술을 하였으나 수술이 잘못되어 평생 시각결함을 가지고 살았다. 1915년에 머레이는 하버드대학교 학부에서 역사학을 전공한 후, 1919년에 컬럼비아대학교에서 의학박사 학위를 받았다. 더불어 그는 컬럼비아대학교에서 생물학 석사학위를 받았으며, 1927년에 영국 캠브리지대학교에서 생화학으로 박사학위를 취득하였다.

머레이는 콜럼비아 장로교회 병원에서 외과 전문의 실습기간을 마쳤다. 레지던트 기간 동안 그는 후일 미국의 대통령이 될 프랭클린 루즈벨트를 돌보는 특별한 경험을 하였다. 그 후 발생학을 연구하는 록펠러 기관(Rockefeller Institute)에서 4년을 보냈다. 영국에 머무는 동안에 영어로 번역된 융의 '심리유형(Psychological Types)'을 접하게 되었다. 이것은 생물학에서 심리학으로 머레이의 관심을 변화하게 하는 데 큰 영향을 주었다. 미국에 돌아오자마자 그는 하버드대학교에 새로 만들어진 심리클리닉에서 프린스(Morton Prince)의 조수로 일하게 되었다. 그는 프로이트의 정신분석 접근에 관심을 갖기 시작하였으며, 1928년에 보스턴 정신분석학회를 만드는 데 기여하였으며, 1933년에는 미국정신분석학회의 회원이 되었다.

성격에 대한 그의 관심은 지속되었으며, 1938년에 머레이는 『성격 탐색(Explorations in Personality)』이란 책을 발간하면서 연구의 절정에 이르렀다. 이러한 작업을 통해 머레이는 사람들의 행동 방향에 영향을 주는 욕구(needs)와 압력(press)에 대한 개념을 제안하였다. 즉, 그는 성격에 대한 체계적이고 역동적인 접근을 발전시켰다. 이러한 연구를 바탕으로 모호한 그림으로 구성되어 피험자들에게 각 그림에 대한 이야기를 만들어 낼 것을 요청하는 투사검사인 주제통각검사(TAT)를 발달시켰다. 수검자의 반응들은 머레이의 체계에 의해서 분석되었다. 이 검사는 임상적 진단도구로서 아직까지 널리 사용되고 있다.

제2차 세계대전 동안 머레이는 군대 의료기관에서 일하였다. 전쟁 후 그는 하버드로 돌아와 사회관계 분야 연구소를 설립했다. 클러크혼(Clyde Kluckhohn)과 슈나이더(David Schneider)와 함께 『자연, 사회, 그리고 문화에서 성격(Personality in Nature, Society, and Culture)』이라는 책을 발간하였다. 1961년에 머레이는 미국 심리학회로부터 공로상을 수상하는 영예를 가졌다. 1969년에는 미국 심리학재단으로부터 심리학에 대한 주요한 공로를 인정받아 금상을 수여받았다. 머레이는 멜빌(Herman Melville)의 저서를 분석했던 것처럼, 성격에 대해 좀 더 포괄적이고 체계적인 접근을 발전시킬 수 있기를 희망했다. 그러나 건강의 악화로 그의 노력은 완성되지 못하였으며, 1988년 95세의 나이에 폐렴으로 사망했다. 머레이는 20세기에 가장 뛰어난 성격이론가 중의 한 사람으로 역사에 기록될 정도로 많은 업적을 남겼다.

2. 주요 개념

여기서는 머레이의 성격의 원리, 성격의 구분, 성격 체계에 관하여 살펴보고자 한다.

성격의 원리

머레이는 자신이 확립한 인간학을 통해 성격이론을 체계화하였다. 그의 성격이론에서 나타나는 성격의 본질을 다음과 같은 다섯 가지 원리로 설명할 수 있다.

첫째, 성격은 뇌에 근거를 둔다. 이것은 개인의 심리적 과정이 생리적 과정에 의존한다는 것을 강조한 내용이다. 개인의 대뇌 생리적 현상은 성격의 모든 양상을 좌우한다. 예를 들면, 특정한 약은 뇌의 기능과 성격까지도 바꿀 수 있다. 성격을 좌우하는 모든 것, 즉 느낌의 상태, 의식과 무의식의 기억, 신념, 태도, 가치, 공포 등은 뇌의 기능에서 비롯된다.

둘째, 성격은 유기체의 욕구로 유도된 긴장 감소와 관련된다. 머레이는 인간이 생리적 및 심리적 긴장을 감소시키는 행동을 하지만, 이것은 긴장이 없는 상태가 되려고 애쓰는 것을 의미하는 것은 아니다라는 프로이트의 견해에 동의했다. 머레이에게서 긴장 감소는 긴장이 완전히 해소된 상태보다는 긴장을 감소하기 위한 행동 과정이 만족을 준다는 것이다. 머레이는 긴장이 없는 상태를 고통의 원인이라고 생각했다. 인간은 흥분, 활동, 진전, 움직임, 열정에 대한 지속적인 욕구를 가진다. 인간은 긴장 감소를 통한 만족감을 얻기 위하여 긴장을 생성한다. 머레이는 인간의 이상적 상태는 일정 수준의 긴장을 수반한다고 믿었다.

셋째, 성격의 시간에 따른 종단적 본질이다. 즉 개인의 성격은 계속해서 발달하고 생애 과정 중에 일어나는 모든 사건으로 구성된다. 머레이는 '유기체의 역사가 유기체'라고 보았다. 그러므로 그는 인간의 과거 사건에 대한 연구가 성격에서 매우 중요하다고 생각하였다.

넷째, 성격은 변화하고 발달한다. 성격은 진행되고 있는 현상으로, 고정되고 정적인 것이 아니라는 관점이다.

다섯째, 성격은 사람들의 유사성뿐만 아니라 각 개인의 독특성을 내포한다. 머레이가 이해했던 것처럼, '한 개인은 다른 모든 사람과 유사하며, 몇몇 사람들과 유사하며, 다른 모든 사람과 전혀 같지 않다(An individual human being is like every other person, like some other people, and like no other person)'.

성격의 구분

머레이는 프로이트가 사용했던 용어인 원초아, 초자아, 자아 개념을 사용하여 성격을 세 부분으로 나누었다. 그러나 그가 사용한 개념의 의미는 프로이트가 생각한 것과는 다소 다르다.

원초아 프로이트처럼, 머레이는 원초아가 모든 타고난 충동적인 성향의 저장소라고 제안했다. 또한 그것은 행동의 힘과 방향을 제시해주고 동기의 개념과 관계가 있다. 원초아는 프로이트가 설명한 원시적이고 도덕성이 없으며 탐욕스러운 충동을 포함한다. 그러나 머레이의 인간학(personology) 체계에서, 원초아는 사회에서 용인되고 바람직한 충동도 포함한다. 여기서 융의 좋고 나쁜 양 측면을 가진 그림자 원형에 대한 개념의 영향을 확인할 수 있다. 즉, 원초아는 공감, 모방, 동일시하는 경향성, 쾌락만의 사랑이 아닌 다양한 형태의 사랑을 추구하는 경향성, 그리고 환경을 지배하는 경향성 등을 갖는다.

성격 안의 원초아의 격렬함은 매우 다양하다. 예를 들어, 어떤 사람은 다른 사람들보다 더 격렬한 욕구나 정서를 가질 수 있다. 그러므로 원초아의 힘을 통제하고 방향을 부여하는 문제는 모든 사람에게 동일하지 않다. 왜냐하면 어떤 사람은 다른 사람들보다 훨씬 더 큰 원초아의 에너지를 갖기 때문이다.

초자아 머레이는 초자아를 문화의 가치와 규범의 내재화로서 정의하였다. 초자아는 부모나 권위적 인물뿐만 아니라 또래집단과 문화에 의해서 형성된다. 초자아의 형성에 영향을 주는 다른 요인으로 한 문화 내에서 공유하는 전래 동화나 신화 등이다. 그러므로 이러한 머레이의 생각은 부모-자식 간의 상호작용 이상의 다른 영향을 강조한 점에서 프로이트의 생각과 달랐다. 머레이는 프로이트와 달리 초자아가 5세까지 결정되지 않고, 전생애에 걸쳐 계속해서 발달된다고 보았다. 즉, 나이가 들어감에 따라 개인은 복잡하고 세련된 경험을 하게 되므로 초자아도 그에 따라 계속해서 발달한다는 것이다.

머레이는 프로이트가 제안했던 것처럼, 초자아와 원초아와 항상 갈등관계에 있는 것은 아니라고 보았다. 왜냐하면 원초아는 긍정적인 측면과 부정적인 측면을 동시에 갖고 있기 때문이다. 원초아의 긍정적인 힘은 억제될 필요가 없다. 초자아는 사회적으로 용인될 수 없는 부분을 차단해야 하지만, 한편으로는 사회적으로 용인될 수 있는 욕구가 언제, 어디서, 어떻게 표현되고 만족되어야 하는가를 결정하는 기능도 갖고 있다. 초자아가 발달되는 동안에 자아이상(ego-ideal)도 발달한다. 자아이상은 개인이 달성하려고 하는 도덕적이거나 이상적인 행동을 포함하는 초자아의 구성요인이다. 이러한 자아이상은 개인이 추구해야 할 장기적 목표를 제공한다. 자아이상은 자신의 최상의 모습을 나타내며 야망과 포부의 총합이다.

자아 자아는 성격의 합리적 지배자이며, 모든 행동의 의식적 조직자다. 자아는 원초아의 수용할 수 없는 충동을 수정하고 지연시키려고 한다. 머레이는 자아가 모든 행동의 중심적 조직자라고 제안함으로써 프로이트가 제안한 자아의 개념을 확장하였다. 그러므로 자아는 프로이트가 믿었던 것보다 행동을 결정하는 데 보다 적극적이다. 단순히 원초아의 충동을 따르는 충복이 아니라 자아는 의식적으로 일련의 행동을 계획한다. 자아는 원초아의 쾌락을 억제하는 기능뿐 아니라 수용할 수 있는 원초아의 충동 표현을 조직화하고 방향을 부여함으로써 만족을 얻는다.

또한 자아는 원초아와 초자아 간의 조정자이며, 둘 중의 어느 한 쪽을 선호할 수도 있다. 예를 들면, 자아가 초자아보다 원초아를 선호하면 양심의 가책 없이 행동을 할 수 있다. 또한 자아는 사회가 개인에게 기대하는 것과 자신이 원하는 것을 조화롭게 유지하도록 성격의 두 측면인 원초아와 초자아를 통합할 수 있다.

성격 체계

머레이는 성격의 체계를 개인적 욕구(needs)와 환경적 영향인 압력(press)의 상호작용을 통해 나타난 행동인 주제(thema)의 개념으로 설명하려고 하였다.

욕구 머레이의 성격이론과 연구에 대한 가장 중요한 공헌은 행동의 동기와 방향을 설명하는 욕구에 대한 개념이다. 그의 성격이론은 인간 본성에 관한 심리학이다. 머레이는 "동기는 모든 일의 핵심이다. 그리고 동기는 언제나 유기체 안에 내재하는 어떤 것이다."라고 했다(Robinson, 1992, p. 220).

욕구는 지적 능력과 지각 능력을 조직하고 방향을 부여하는 두뇌의 생리화학적 힘을 의미한다. 욕구는 배고픔이나 갈증과 같은 내부적 과정 혹은 환경에서 일어나는 사건에서 비롯된다. 욕구는 일정 수준의 긴장을 야기시키는데, 유기체는 이러한 욕구를 충족시킴으로써 야기된 긴장을 감소시키려고 한다. 욕구는 행동을 활성화시키고 방향을 결정한다. 즉, 욕구는 적절한 방향으로 행동을 활성화시킨다.

머레이는 연구를 통해 스무 가지의 욕구를 제안하였다(Murray, 1938, pp. 144-145). 하지만 모든 사람이 이러한 욕구를 다 가지고 있는 것은 아니다. 일생 동안 이 모든 욕구를 경험할 수도 있고, 결코 경험하지 못할 욕구도 있다. 어떤 욕구는 다른 욕구에 영향을 주기도 하고, 어떤 욕구는 다른 욕구와 대립된다. 머레이가 제안한 스무 가지 욕구를 대략 정리하면 〈표 12-1〉과 같다.

표 12-1 머레이의 욕구 목록

욕구	내용
굴욕 (abasement)	외부적인 힘에 수동적으로 복종하는 것. 손해, 죄, 비난, 벌을 감수한다. 운명에 순종하게 된다. 열세, 실수, 비행이나 좌절을 받아들인다. 스스로를 비난하고, 경시하거나, 망쳐 놓는다. 고통과 벌, 질병, 불행을 추구하여 즐긴다.
성취 (achievement)	어떤 어려운 일을 해내는 것. 물체, 인간, 관념을 지배하고 잘 다루거나 조작한다. 장애를 극복하고 높은 수준에 이른다. 다른 이들과 경쟁하여 능가한다.

소속 (affiliation)	우정과 유대관계를 형성하는 것. 닮았거나 좋아하는 이웃과 즐겁게 협력하거나 서로 주고받으며 가까이 다가간다. 친구, 의리 있는 사이로 남아서 그 관계를 유지한다.
공격 (aggression)	힘으로 상대편을 이기려고 하는 것. 상대방과 싸우고, 공격하고, 상처를 입히거나 죽인다. 비난하고, 중상하고, 깎아내리거나 악의에 찬 비웃음을 보낸다.
자율 (autonomy)	강압과 간섭에 저항하는 것. 억압을 버리고 자유를 추구하거나, 억제에서 벗어난다. 충동에 따라 행동하여 자유롭고 독립적이다. 인습에 반항한다.
반작용 (counteraction)	재도전을 통해 실패를 극복하거나 보상하는 것. 행위를 다시 함으로써 수치감을 구속한다. 나약함을 극복하고 두려움을 억누른다. 극복할 어려움과 장애를 찾는다. 높은 수준에 이르렀다는 자존심과 자부심을 유지한다.
방어 (defendance)	공격, 비난, 질책으로부터 자신을 방어하는 것. 나쁜 짓, 실패, 수치를 숨기거나 정당화한다.
존경 (deference)	자기보다 월등한 사람을 존경하거나 지지하는 것. 관계 맺은 사람의 영향력에 열심히 응한다. 관습에 따른다.
지배 (dominance)	자신의 환경을 통제하는 것. 암시, 유혹, 설득, 명령을 통해 다른 사람의 행동에 영향을 주거나 방향을 제시한다. 서로가 협력하게 한다. 자신의 견해의 정당함을 납득시킨다.
과시 (exhibition)	자신에 대한 좋은 인상을 남기려는 것. 자신에게 시선을 집중시키거나 말에 귀 기울이게 만든다. 다른 이들을 흥분시키고, 놀라게 하고, 매혹시키며, 즐겁게 해 주고, 충격을 주며, 호기심을 자극하거나 유혹한다.
위해회피 (harmavoidance)	고통, 신체적 부상, 질병, 그리고 죽음을 피하려는 것. 위험한 상황에서 벗어나려 한다. 예방책을 강구한다.
열등회피 (infavoidance)	모욕감을 피하는 것. 곤란한 상황을 그만두려 하거나 다른 이의 경멸, 비웃음, 무관심을 야기할지도 모르는 상황을 피하려 한다. 실패의 두려움 때문에 행동을 억제한다.
양육 (nurturance)	무기력한 타인을 돕고 보호하는 것. 동정을 베풀고, 유아와 나약하고 무능력하여 지쳐 버린, 그리고 경험이 부족하고 쇠약한, 굴욕감을 가졌고, 외롭고, 기가 죽었거나 정신적으로 혼란스러운 사람처럼 의지할 곳 없는 이의 욕구를 만족시킨다.
질서 (order)	일이나 사물 등을 정돈하는 것. 물건을 순서대로 놓는다. 깨끗함, 정렬, 조직화, 균형, 단정함, 정확함을 추구한다.

유희 (play)	편안함과 즐거움을 추구하며 일탈과 흥밋거리를 찾는 것. 목적 없이 흥미를 위한 행동을 한다.
거절 (rejection)	자신보다 열등한 사람을 배제시키고, 무시하고, 냉대하는 것. 포기하거나 쫓아 버리고 무관심하게 대한다. 다른 이를 무시하거나 차 버린다.
감각 (sentience)	감각적인 느낌을 추구하고 즐기는 것.
성욕 (sex)	성욕을 자극하는 관계를 형성하고 추진하는 것. 성적 관계를 갖는다.
의존 (succorance)	도움, 보호, 그리고 동정심을 구하는 것. 보살핌을 받고, 지지를 받으며, 격려를 받고, 둘러싸여 보호받고, 사랑 받으며, 인도, 조언, 용서받거나 응석을 부리며 위로 받는다. 헌신적인 보호자와 밀접한 관계를 유지한다.
이해 (understanding)	보편적인 문제들을 제기하거나 답을 구하려는 것. 사건을 분석하고 개괄하는 경향이 있다. 분석하여 논박하고 이유와 논리를 강조한다. 꼼꼼하게 견해를 진술한다. 과학, 수학, 철학에서 이론적인 공식화에 흥미를 보인다.

■ **욕구의 유형** 머레이는 욕구를 일차적 욕구와 이차적 욕구 그리고 반응적 욕구와 발생적 욕구로 세분화하였다.

- 일차적 및 이차적 욕구: 일차적 욕구인 생리적 욕구는 신체 내부의 상태에서 기인하고, 성욕과 감각 욕구뿐만 아니라 음식, 물, 공기와 위험회피 같은 생존에 필요한 욕구도 포함한다. 이차적 욕구인 심리적 욕구는 일차적 욕구에서 부차적으로 발생한다. 이차적이라 불리는 까닭은 그것이 덜 중요해서가 아니라 일차적 욕구로부터 파생되기 때문이다. 이차적 욕구는 정서적 만족과 관련되고, 머레이의 초기 욕구 목록에 있는 대부분의 욕구가 이에 해당된다.
- 반응적 및 발생적 욕구: 반응적 욕구는 환경에서 특별한 사물에 반응하는 것을 의미하고, 오직 그 대상이 존재할 때에만 발생한다. 예를 들면, 위험회피 욕구는 위험이 존재할 때에만 나타난다. 발생적 욕구는 특별한 대상의 존재와는 상관이 없다. 이는 환경으로부터 독립되어 욕구가 발생될 때마다 적절한 행동을 이끌어 내는 자발적인 욕구다. 예를 들어, 배고픈 사람들은 그들

의 욕구를 만족시키기 위해 음식을 찾는다. 그들은 음식을 구하는 행동을 하기 전에 TV의 햄버거 광고 같은 자극을 기다리지 않는다. 반응적 욕구는 특별한 사물에 대한 반응을 수반하는 반면에, 발생적 욕구는 자발적으로 생긴다.

- **욕구의 특성** 욕구는 행동을 유발하는 긴급성의 정도에 따라 서로 다르다. 이러한 특징을 머레이는 욕구의 우세성(prepotence)이라 불렀다. 예를 들어, 공기와 물에 대한 욕구 충족이 더 급박하기 때문에 이러한 욕구가 다른 어떤 욕구들 보다 선행되어 행동을 지배하게 된다.

어떤 욕구들은 서로 보완적이고, 단일 행동을 통해 충족될 수도 있고, 일련의 여러 행동에 의해 충족될 수 있다. 머레이는 이를 욕구의 융합(fusion)이라 했다. 예를 들면, 부와 명예를 획득함으로써 우리는 지배욕, 성취욕, 자율성의 욕구를 만족시킬 수 있다.

보조(subsidiation)의 개념은 어떤 욕구를 충족시키기 위해서 다른 욕구를 활성화하는 상태를 말한다. 예를 들면, 다른 사람들과의 소속 욕구를 충족하기 위해서는 존경 욕구를 불러일으켜 공손하게 행동하는 것이 필요할 수 있다. 이러한 경우에 존경 욕구는 소속 욕구에 보조적이다. 보조 욕구는 다른 욕구에 기여하는 욕구다.

압력 인간의 행동은 욕구와 환경에 의해서 결정된다. 기술한 것처럼, 머레이의 성격이론과 연구의 가장 중요한 공헌은 행동의 동기와 방향을 설명하는 데 욕구의 개념을 사용한 것이다. 머레이는 욕구에 따른 동기는 성격이론의 핵심이며, 동기는 항상 유기체 내에서 작동한다고 보았다. 더불어 인간 행동에 영향을 미치는 것이 외부환경, 즉 압력(press)이라고 보았다. 머레이는 아동기의 사건들이 욕구 발달단계에 영향을 줄 수 있고, 이후의 삶에서 그 욕구가 활성화될 수 있다고 생각했다. 이러한 외부적 영향을 압력이라고 부른다. 왜냐하면 주위의 사건이나 사물은 개인이 특정한 방법으로 행동하도록 압력을 가하거나 재촉하기 때문이다.

- **압력의 유형** 머레이는 개인이 환경 영향인 압력을 어떻게 지각하는가에 따라 α압력과 β압력으로 구분하였다.

- α압력: 이 압력은 객관적으로 지각된 압력으로서 직접적으로 현실을 반영한 것이다. 즉, 환경의 객관적 혹은 실제적 측면을 나타낸다.
- β압력: 이것은 개인이 주관적으로 지각하고 해석해서 나타나는 압력이다. 같은 사건을 보고 개인이 어떻게 느끼고 해석하는가에 따라 그 수준이 달라진다.

주제 인간 행동을 야기하는 데 욕구와 압력의 관계성 때문에 머레이는 주제(thema)라는 개념을 도입했다. 주제는 개인적인 요인인 욕구(needs)와 개인의 행동에 요구하고 강요하는 환경적 요인인 압력을 결합시킨다. 즉, 욕구와 압력이 결합하고, 융화하고, 상호작용하여 주제를 형성한다. 주제는 초기 아동기 경험을 통해 형성되고 성격을 결정하는 데 엄청난 영향력을 가지게 된다. 이러한 머레이의 주제 개념이 현재 투사검사로서 많이 활용되고 있는 주제통각검사의 이론적 근거가 되었다.

앞에서 설명한 욕구, 압력, 주제를 바탕으로 머레이의 성격이론 체계를 간략하게 그림으로 제시하면 다음과 같다([그림 12-1] 참조).

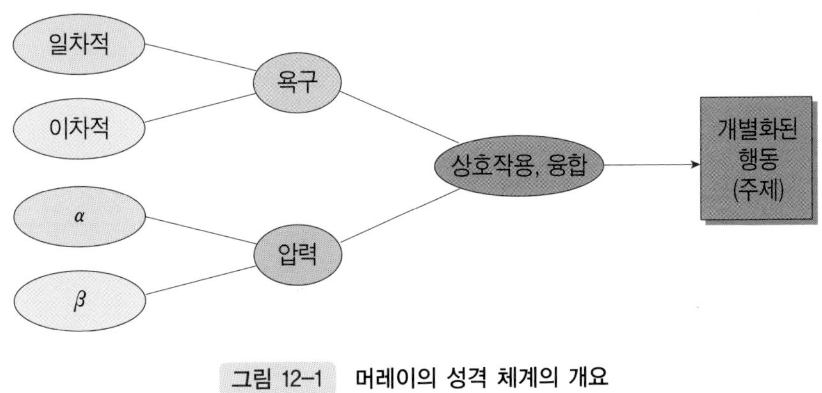

그림 12-1 머레이의 성격 체계의 개요

3. 성격 발달

머레이는 아동기의 발달을 다섯 단계로 나누어 각 단계에 따라 나타나는 콤플렉스에 의해 성격 발달을 설명하였다.

콤플렉스

머레이는 프로이트의 성격 발달단계를 바탕으로 아동기를 다섯 단계로 나누었다. 그는 모든 사람이 다섯 단계의 콤플렉스를 경험한다고 보았다. 각 단계의 특징은 사회의 요구에 의해 필연적으로 종결되는 즐거움의 종류다(Murray, 1938). 각 단계는 이후의 발달을 지배할 무의식적 콤플렉스의 형태로 우리의 성격에 남아 있다.

머레이에 의하면, 모든 사람은 똑같은 발달단계를 거치기 때문에 이러한 다섯 가지 콤플렉스를 모두 경험한다. 이러한 콤플렉스가 문제가 되는 경우는 개인이 어떤 단계에 고착되어 있는 상태가 극히 명백한 경우다. 자아와 초자아의 형성을 방해하는 상황에서 성격은 자발성과 유연성을 발달시킬 수 없다. 이러한 상황에서는 자아와 초자아가 제대로 형성될 수 없다. 아동기 발달단계와 각 단계에 상응하는 콤플렉스는 〈표 12-2〉에서 볼 수 있다.

표 12-2 아동기 발달단계와 콤플렉스

단계	콤플렉스
자궁 안에서와 같이 안전한 상태	폐소 콤플렉스
영양을 얻기 위해 젖을 빠는 감각적 즐거움	구강 콤플렉스
배설하는 즐거움	항문 콤플렉스
배뇨하는 즐거움	요도 콤플렉스
생식기에서 오는 즐거움	거세 콤플렉스

발달단계

머레이는 성격 발달단계를 다섯 단계로 구분하였다. 이러한 단계는 폐소(claustral) 단계, 구강(oral) 단계, 항문(anal) 단계, 요도(urethral) 단계, 그리고 마지막으로 성기(genital) 혹은 거세(castration) 단계의 순서다.

- **폐소 단계** 자궁 안은 안전하고 조용하고 의존적인 공간이어서 우리는 가끔 다시 자궁 안으로 되돌아가기를 소망한다. 단순 폐소(simple claustral) 콤플렉스

는 안전하고 격리된 작고 따뜻하고 어두운 장소를 원할 때 경험된다. 예를 들어, 아침에 침대에서 일어나는 것보다는 담요 안에 머물러 있길 바랄 수 있다. 이 콤플렉스가 있는 사람들은 다른 사람들에게 의존하려 하고, 수동적이며, 과거의 친숙하고 안전한 행동을 지향한다. 폐소 콤플렉스의 수용될 수 없는 형태(insupport form)는 불안전과 무기력의 감정에 집중되는데, 이러한 감정은 개인으로 하여금 개방된 장소, 떨어지는 것, 익사, 화재, 지진, 새로움과 변화에 관련된 상황을 두려워하게 한다. 폐소 콤플렉스의 반대 형태(anticlaustral)는 자궁과 같이 제한된 조건으로부터 도피하려는 욕구에 근거한다. 이러한 형태는 질식과 감금에 대한 두려움, 새로움과 변화, 개방된 공간, 상쾌한 공기, 여행, 움직임 등을 선호하는 것이다.

■ **구강 단계** 구강 단계에는 구강의존(oral succorance), 구강공격(oral aggression), 구강거부(oral rejection) 단계가 있다. 구강의존 콤플렉스는 기운을 지지받고 보호받길 원하는 욕구와 구강 활동, 수동적인 경향성의 조합이 특징이다. 보이는 행동은 빨기, 입맞춤, 먹기, 마시기, 동정심, 보호, 사랑에 대한 갈망을 포함한다. 구강공격 콤플렉스는 구강을 통한 공격적 행동을 의미하며, 나타나는 행동은 물어뜯기, 침뱉기, 소리치기, 비웃기와 같은 언어적 공격을 포함한다. 구강거부 콤플렉스의 특징적 행동은 토하기, 음식을 가려 먹기, 적게 먹기, 입맞춤에서 오는 구강 감염을 두려워하기, 다른 이에게 의존하는 것을 꺼리는 것이다.

■ **항문 단계** 항문 단계에는 항문거부(anal rejection) 콤플렉스와 항문보유(anal retention) 콤플렉스가 있다. 항문거부 콤플렉스를 가진 사람은 배변, 항문에 관한 유머, 변, 점성, 석고 반죽, 진흙과 같은 배설물과 비슷한 물질 등에 대해 지나친 관심을 보인다. 공격성은 이 콤플렉스에 속하고, 구체적인 행동으로는 물건을 아래로 떨어뜨리거나 던지고, 총을 쏘거나, 폭발물을 터트리는 것 등이다. 이 콤플렉스를 가진 사람은 아마도 지저분하고 무계획적일 것이다. 항문보유 콤플렉스와 관련된 행동 특성은 물건을 모으고, 아끼고, 축적하는, 그리고 청결, 단정, 질서 등이다.

■ **요도 단계** 머레이의 이론체계에서 독특한 개념인 요도 콤플렉스는 지나친 야망, 왜곡된 자부심, 과시벽, 야뇨증, 성적 갈망, 이기주의와 관련되어 있다.

이카로스(Icarus) 콤플렉스라고도 하는데, 이는 태양에 너무 가까이 날아가서 그의 날개를 지탱하던 밀랍이 녹아 버린 그리스 신화의 한 인물의 이름을 딴 것이다. 이카로스처럼 이 콤플렉스를 가진 사람은 지나치게 높은 목적을 추구하지만 꿈을 이루지는 못한다.

- **성기 또는 거세 단계** 머레이는 거세에 대한 두려움이 성인 남자의 주요한 불안이라는 프로이트의 주장에 동의하지 않았다. 그는 거세 콤플렉스가 좀 더 제한된 의미에서 문자 그대로 '성기가 잘릴지도 모른다는 환상에서 야기된 불안'이라고 설명했다(Murray, 1938, p. 385). 머레이는 그러한 두려움이 아동기의 자위 행위와 그에 대한 부모의 처벌에서 생겨난다고 믿었다.

4. 성격 평가기법

머레이는 성격 평가 영역의 선구자다. 머레이의 성격 평가의 기본 원리는 한 개인의 수행 정도를 적절히 평가하기 위해서는 다양한 지표가 필요하다는 것이다. 다시 말하면, 하나의 검사를 통해서 한 개인을 충분히 알 수 없다는 의미다. 하버드 대학교에서 학제 간 연구를 통해 머레이는 6개월에 걸쳐 서로 다른 전공의 전문가 28명과 더불어 52명의 남학생들을 연구하였다. 정신분석적, 실험적, 생리학적 그리고 생애사(life history) 접근 등을 망라하여 면담, 검사, 설문지, 관찰 등을 통해 엄청난 자료를 수집하였다. 몇 명의 전문 연구자가 한 개인을 동시에 관찰함으로써 평가에서의 오류를 줄일 수 있었다. 이 같은 학제 간 연구는 그 당시에는 전례가 없던 것이었다.

머레이의 욕구이론을 바탕으로 개발되어 사용되는 기법으로 주제통각검사(TAT), 에드워드 개인선호도 검사(Edwards Personal Preference Schedule: EPPS), 성격탐색검사(Personality Research Form: PRF) 등이 있다.

주제통각검사(TAT) 머레이는 성격을 평가하는 몇 가지 기법을 개발하였는데, 그 중 모건과 함께 개발한 욕구 측정과 관련하여 가장 잘 알려진 평가기법이 TAT다(Smith, 1992; Winter, 1996). TAT는 30장의 그림으로 구성되어 있다([그림 12-2] 참조).

그림 12-2 TAT 카드의 한 예

수검자는 각 그림을 보고 이야기를 만들게 되는데, 그림의 주인공이 누구인지, 그림에서 벌어지고 있는 일이 무엇인지, 그림 속의 인물들이 어떤 생각을 하고 어떤 느낌을 갖고 있는지, 그리고 그 이야기의 결말은 어떻게 될 것인지 등을 이야기하게 된다. 이 검사에 대한 반응들은 물리적 및 사회적인 환경과 관련된 수검자의 생각을 암시한다. 얻어진 자료를 통해 검사자는 수검자가 타인들과 어떤 관계를 맺고 있으며, 개인의 욕구를 충족시키기 위해 환경에 어떻게 자신을 적응시키는지를 추론할 수 있다.

제시되는 그림들이 모호하기 때문에 수검자는 어떤 방식으로든지 자유롭게 반응할 수 있다. 따라서 수검자가 만든 이야기는 수검자의 내면에서 투사된 내용이라고 본다. 이러한 이유로 TAT를 투사검사라고 부른다. TAT를 통해 얻어진 수검자의 이야기는 욕구와 압력의 개념으로 해석된다. 욕구와 압력의 상호작용을 통해 하나의 단순 주제(simple thema)를 이끌어 낼 수 있게 된다. 여러 이야기 속에 공통으로 포함되는 단순 주제는 복합 주제(complex thema)가 된다. 이 복합 주제가 수검자의 기능 양식을 드러낸다고 볼 수 있다. 주제들은 상징적이기 때문에 있는 그대로의 해석은 바람직하지 않으며, 수검자의 성격 역동을 평가하는 데 있어 임상가가 지침으로 여길 수 있는 가설적 구성개념(hypothetical construcst)으로 다루어야 한다.

에드워드 개인선호도 검사(Edwards Personal Preference Schedule: EPPS) 이 검사는 에드워드(Allen L. Edwards)가 1959년에 개발한 비투사적 검사로서 머레이의 스무 가지 욕구 가운데 15개의 욕구를 측정할 수 있다. 이 검사는 225문항으로 구성되어 있으며 성격의 프로파일을 손쉽게 구할 수 있다는 점에서 광범위하게 사용되고 있다.

성격탐색검사(Personality Research Form: PRF) 잭슨(Douglas N. Jackson)이 1964년에 개발한 검사다. 에드워드 개인선호도 검사와 마찬가지로 정상인의 성격 특성을 측정하기 위한 검사다. 특히, 검사E는 일반인을 대상으로 실시하는 검사로서 머레이의 욕구 가운데 세부 욕구를 포함한 22개의 욕구를 측정한다.

5. 성격이론의 적용

머레이는 인간의 신체적 요소와 환경적 요소 모두를 강조함으로써 성격에 대한 치우친 입장을 피하려고 했다. 또한 과거와 미래 사건 모두 인간에게 중요한 영향을 미친다고 믿었다. 머레이의 이론은 실험적이면서 경험적인 면을 모두 포괄하고 있다. 특히, 욕구에 대한 머레이의 분류법은 그 어떤 성격 유형 분류법보다 더 유용한 것으로 알려져 있다.

힘과 성취에 대한 욕구에 관한 여러 연구는 모두 머레이의 욕구 이론에 기초를 한 것이라고 볼 수 있다. 머레이가 뇌의 생리적 과정을 강조한 것은 후에 생물학적이며 화학적 요인의 중요성에 대한 관심의 전조가 되었다. 마지막으로, 머레이의 성격이론을 바탕으로 개발된 투사검사인 TAT는 성격 평가기법 발달에 지대한 영향을 미쳐 왔으며, 현재에도 성격을 탐색하고 진단하는 주요 도구로 사용되고 있다.

요약

1. 머레이는 성격의 원리를 다섯 가지로 제안하였다. 성격이 뇌에 근거를 둔다는 것이며, 성격은 유기체의 욕구로 유도된 긴장 감소와 관련되며, 성격은 시간이 경과함에 따라 계속해서 발달된다는 것과 변화한다는 것이다. 또한 성격은 사람들 간의 공통적인 면을 포함하기도 하지만 각각의 독특한 측면도 포함한다는 것이다.
2. 머레이는 프로이트가 사용했던 원초아, 자아, 초자아의 개념을 도입하여 성격을 설명하려고 하였다. 하지만 프로이트와는 달리 원초아가 부정적인 측면만을 갖고 있지는 않다고 주장하며, 원초아의 긍정적인 기능을 강조하였다. 머레이는 자아를 성격의 합리적 지배자이며, 모든 행동의 의식적 조직자로 정의하였다. 자아는 원초아의 수용할 수 없는 충동을 수정하고 지연시키려고 한다. 머레이는 자아가 모든 행동의 중심적 조직자라고 제안함으로써 프로이트가 제안한 자아의 개념을 확장하였다. 초자아는 원초아와 대립되는 역할로서만 존재하는 것이 아니라 사회적으로 용인될 수 있는 욕구가 언제, 어디서, 어떻게 표출될 것인지를 결정하는 기능도 지닌다.
3. 머레이는 성격의 체계를 욕구와 압력, 그리고 주제의 개념으로 설명하였다. 주제는 개인적인 욕구와 개인의 행동에 영향을 미치는 환경 요인인 압력의 결합을 통해 나타난 구별된 행동이다. 머레이는 스무 가지 욕구를 제안하였으며, 욕구의 유형을 일차적 그리고 이차적 욕구, 반응적 및 발생적 욕구로 나누었다. 압력은 개인이 환경 영향을 어떻게 지각하느냐에 따라 α압력과 β압력으로 구분하였다.
4. 머레이는 프로이트의 성격 발달단계를 바탕으로 아동기를 다섯 단계로 나누었으며, 모든 사람이 다섯 단계의 콤플렉스, 즉 폐소 콤플렉스, 구강 콤플렉스, 항문 콤플렉스, 요도 콤플렉스, 그리고 거세 콤플렉스를 경험한다고 보았다.
5. 머레이가 개발한 성격 평가기법 가운데 가장 유명한 기법이 주제통각검사(TAT)

다. 또한 머레이의 욕구이론을 바탕으로 개발된 검사들로는 에드워드 개인 선호도 검사(EPPS)와 성격탐색검사(PRF) 등이 있다.

Review Questions

1. 머레이가 제안한 성격의 다섯 가지 원리는 무엇인가?

2. 프로이트의 성격의 구성요소인 원초아, 자아, 초자아의 개념을 머레이는 어떻게 달리 설명했는지 설명하라.

3. 머레이의 성격이론 체계를 그의 주요한 개념을 사용하여 도식으로 설명하라.

4. α압력과 β압력의 차이점을 설명하라.

5. 머레이가 제안했던 아동기 발달단계의 순서와 각 단계의 특징을 간략하게 서술하라.

6. 머레이의 성격이론을 바탕으로 개발된 TAT에 대해 설명하라.

자기 이해와 성장을 위한 <성격 연습 18>

성취동기

자신의 성취동기 수준을 알아보기 위한 척도다. 보기를 참고로 하여 응답하시오.

〈보기〉

1	2	3	4	5
전혀 그렇지 않다		그저 그렇다		매우 그렇다

일

1. 비록 동료들은 그렇지 않더라도 내가 맡은 일을 할 수 있는 한 잘 해내는 것이 중요하다. 1 2 3 4 5
2. 나는 내가 할 수 있는 한 최상으로 일하는 데에서 만족감을 찾는다. 1 2 3 4 5
3. 일이 훌륭하게 수행되면 만족감을 느낀다. 1 2 3 4 5
4. 다른 사람을 능가하지는 못했을지언정, 이전에 내가 했던 것보다 더 잘 해내는 것에 만족감을 찾는다. 1 2 3 4 5
5. 나는 열심히 일하는 것을 좋아한다. 1 2 3 4 5
6. 내가 즐거움을 느끼는 것 중의 하나는 이전에 내가 했던 것보다 더 잘 해내는 것이다. 1 2 3 4 5

숙달

1. 나는 힘들고 까다로운 것보다는 자신 있고 편안한 것을 하는 편이다. * 1 2 3 4 5
2. 내가 속한 집단에서 어떤 활동을 계획할 때면, 단지 옆에서 보조를 하거나 다른 사람에게 시키는 것보다는 나 스스로 앞장서는 편이다. 1 2 3 4 5
3. 나는 까다로운 생각을 요하는 게임보다는 쉽고 재미있는 게임을 배우는 편이다. * 1 2 3 4 5

4. 뭔가 서투른 것이 있다면, 내가 잘할 수 있는 다른 것으로 건너뛰기 보다는 서투른 것을 통달할 때까지 계속 노력한다. 1 2 3 4 5
5. 일단 하나의 일을 맡게 되면, 끈기 있게 매달린다. 1 2 3 4 5
6. 나는 높은 수준의 기술이 요구되는 상황에서 일하는 것을 선호한다. 1 2 3 4 5
7. 나는 내가 잘할 수 있을 것이라고 믿는 일보다는 잘할 수 있을지 확신이 없는 일을 종종 시도하곤 한다. 1 2 3 4 5
8. 나는 내내 바쁜 것을 좋아한다. 1 2 3 4 5

경쟁

1. 나는 다른 사람들과 경쟁하는 상황에서 일하는 것을 즐긴다. 1 2 3 4 5
2. 다른 사람보다 일을 더 잘 해내는 것이 중요하다. 1 2 3 4 5
3. 나는 업무에서나 게임에서나 이기는 것이 중요하다고 생각한다. 1 2 3 4 5
4. 다른 사람이 나보다 더 잘하는 경우에는 마음이 편치 않다. 1 2 3 4 5
5. 다른 사람과 경쟁하게 되면 다른 때보다 더 열심히 노력한다. 1 2 3 4 5

채점 방식 *표 된 항목은 점수를 역으로 계산한다. (예: 5점은 1점으로)

해석 방식 앞의 척도는 일과 가족지향질문지(Work & Family Orientation Questionnaire, Spence & Helmreich, 1983)다. WOFO는 3가지 하위요인으로 분류된다. 일요인은 '열심히 일하고 싶은 욕망과 잘 해내고 싶은 욕망'을 나타낸다. 숙달요인은 '까다롭고 힘든 일을 더 선호하고 탁월하게 일을 수행해야 한다는 내적 기준을 충족시키려는 것'을 나타낸다. 경쟁요인은 '대인 간 경쟁을 즐기는 것과 이기려는 욕망'을 나타낸다. 3가지 하위요인에 대한 각 점수는 해당 하위요인의 항목들에 표시한 점수들의 합을 구하면 된다. Spence와 Helmreich가 상이한 네 집단을 통해서 구한 평균은 다음과 같다.

	일		숙달		경쟁	
	남	여	남	여	남	여
대학생	19.8	20.3	19.3	18.0	13.6	12.2
대학 대표선수	21.2	21.9	20.4	20.9	15.7	14.3
실업가	21.1	20.7	22.3	22.1	14.6	13.8
심리학자	21.1	21.9	21.5	22.4	11.7	11.1

* 출처: Burger, J. M. (2000). *Personality*(5th ed.). Belmont, CA: Wadsworth/Thomson.

제13장

프롬의 성격유형

인간 정신의 이해는 존재의 조건에서 비롯되는
인간 욕구의 분석에 근거해야 한다.

– 프롬 –

프롬은 성격의 개인차가 사회적 과정에 기인한다고 보았다. 프롬은 인간이 본능적인 생물학적 요인에 의해서만 영향을 받는다는 프로이트의 견해에 찬성하지 않았다. "인간은 자신이 해결해야 할 문제를 가지며, 그러한 문제에서 도피할 수 없다는 것을 이해하는 유일한 동물이다. 같은 의미에서 인간은 자신이 죽음을 피할 수 없다는 것을 아는 유일한 동물이다"(Fromm, 1955, pp. 23-24)라고 언급하였다. 프롬은 개인행동이 사회에 의해 형성된다는 관점에서 인간의 성격이 생물학적 요인뿐 아니라, 사회적이며 문화적인 요인에 의해 영향을 받는다고 주장하였다. 프롬은 아들러나 호나이보다 성격의 사회적 결정인자를 더욱 강조했다고 볼 수 있다.

프롬 자신이 역사학에 대한 관심이 지대했기 때문에 현대인의 고독, 소외감, 그리고 무가치함 등의 기원을 역사적 사건에서 찾으려고 하였다. 삶의 의미를 찾기 위해 인간은 소외감으로부터 벗어나서 소속감을 구하려고 한다는 것이다. 프롬은 인간이 여러 세기에 걸쳐 자연으로부터 혹은 사회 제도로부터 더욱더 많은 자유를 얻었음에도 불구하고, 역설적으로 인간의 고독감과 소외감은 더욱 심해졌다고 생각하였다. 너무나 많은 자유가 또 다른 덫이 되어서 벗어나고자 하는 부정적 조건이 되어 버렸다고 프롬은 주장하였다.

프롬은 인간이 겪는 갈등이 자신이 속한 사회의 유형에 따라 달라진다고 믿었지만, 고통 자체가 불가피한 것이라고는 보지 않았다. 사회는 인간이 만든 것이므로 해결할 수 있는 능력도 인간이 가지고 있다고 보았다. 즉, 인간을 비관적으로 본 프로이트와 달리, 프롬은 인간이 자신의 문제를 해결할 능력을 가지고 있기 때문에 희망이 있다고 믿었다.

프롬은 정신분석가였으며, 철학자, 역사가, 인류학자, 그리고 사회학자였기 때문에 다양한 학문의 영역에서 수집된 자료들을 통해 인간과 사회의 상호작용에 자신만의 독특한 해석을 내릴 수 있었다.

1. 프롬의 생애

프롬(Erich Fromm, 1900~1980)은 독일 프랑크푸르트의 독실한 정통 유대교의 가정에서 태어났다. 아버지는 사업가였지만 할아버지는 랍비였고, 삼촌은 탈무드 학자였다. 아동기에 프롬은 구약성서를 열심히 공부하여 도덕적 열정을 가진 젊은이가 되었다. 프로이트처럼, 청년 프롬은 유대교의 전통사상과 지적 활동이 주입되었으며 독일에서 푸대접받는 소수집단의 구성원으로서 정서적 영향을 받았다. 나중에 프롬은 종교 활동을 중지하고 무신론적 신비론자가 되었지만, 그에게 끼친 초기의 종교적 영향을 결코 부정할 수 없다. 프롬이 자신의 어렸을 때의 가정생활을 긴장과 불안으로 가득 찬 상황으로 기술한 것처럼, 프롬은 불행한 아동기를 보냈다. 아버지는 기분 변화가 심하고 초조하고 시무룩한 편이었고, 어머니는 자주 심한 우울 증상을 보였다. 따라서 어린 프롬은 부모가 보이는 이상행동의 영향을 받았다.

프롬은 12세 때 이해하기 힘든 충격적인 경험을 했다. 그것은 홀아버지를 돌보면서 헌신적으로 살았던 미모의 여자 예술가가 아버지의 사망 후에 곧바로 자살을 한 사건이었다. 그리고 그녀의 유언은 같은 무덤에 아버지와 함께 묻어 달라는 것이었다. 프롬은 그녀가 아버지에게 강한 애착을 갖는 이유와 삶을 영위하는 데 지장이 없을 정도로 모든 것을 갖췄음에도 자살을 한 이유에 대한 생각으로 진통을 겪었다. 프롬은 후에 프로이트가 제안했던 오이디푸스 콤플렉스가 이러한 비극에 대한 해답을 준다는 것을 발견했다.

14세 때 프롬은 제1차 세계대전에서 사람들이 비이성적으로 행동하는 모습을 보면서 "왜 관대하고 이성적인 사람들이 갑작스럽게 미친 행동을 하는가?"라는 것으로 고민하였다.

이런 혼란스러운 경험을 통해 프롬은 인간의 비합리성의 원인을 이해하고자 하는 강한 욕구를 갖게 되었다. 프롬은 "나의 주요한 관심 분야는 명확해졌다. 나는 개인의 생활을 지배하는 법칙과 사회의 법칙을 이해하기를 원했다"라고 기술하였다. 그는 하이델베르크대학교에서 심리학, 철학, 사회학 등을 공부하면서 인간의 이상행동 원인에 대한 탐구를 시작하였으며, 1922년에 철학박사 학위를 받았다. 여전히 인간동기에 관한 수수께끼에 답을 찾으면서 프롬은 뮌헨과 베를린에서 정통적인 프로이트 입장에 따른 정신분석 훈련을 받았다. 이 당시에 프롬은 프로이트의 견해가 자신이 겪은 수수께끼 같은 그리고 놀라운 경험에 대한 해답인 것으로 느꼈다.

그러나 1930년대에 프롬은 프로이트에 대해 비판적인 논문을 쓰기 시작하였다. 특히, 프로이트가 성격에 미치는 사회경제적 영향력을 인정하지 않는 점에 대해 비판적이었다. 나치의 위협을 피하기 위해 1934년에 프롬은 미국으로 이주하여 많은 대학에서 강의를 하였다. 미국에서 그는 호나이 및 설리반과 교류를 하였다.

프롬은 그의 성격 체계에서 인간의 생물학적 원인의 중요성을 인정하면서 더불어 사회성을 강조하였다. 그는 우리에게 잘 알려진 그의 첫 저서『자유로부터의 도피(Escape from Freedom』(1941)에서 성격의 사회적 영향력을 강조함으로써 정통적인 프로이트 이론에서 이탈하였다. 그는 인간의 고독에 관심을 두었다.

프롬은 멕시코대학교 교수 및 멕시코 정신분석연구소의 소장으로도 있었다. 그의 많은 업적과 경력을 통해 그가 정신분석자, 철학자, 역사학자, 인류학자, 사회학자로서 역할을 수행했음을 알 수 있다. 프롬은 1980년에 스위스에서 숨을 거두었다.

2. 주요 개념

여기서는 프롬의 주요 개념 가운데 도피기제, 기본적 욕구, 그리고 성격 유형에 대하여 살펴보고자 한다.

도피기제

프롬은 그의 책『자유로부터의 도피』를 통해 서구 문명의 역사에서 사람들이 보다 많은 자유를 성취함으로써 그들이 보다 많은 고독, 무의미성, 고립을 느끼게 된다고 지적하였다. 역으로 사람들이 보다 적은 자유를 가질수록 그들이 보다 많은 소속 및 안전의 감정을 느낀다고 주장하였다. 이처럼 프롬은 자유 대 안전에 대한 개념을 바탕으로 인간의 기본적 딜레마를 설명하였다. 여기서는 프롬이 제시한 자유의 부정적인 측면으로부터 도피하기 위해, 그리고 잃어버린 안전을 되찾기 위해 사용하는 세 가지 정신적 기제를 살펴보고자 한다. 이러한 세 가지 정신적 도피기제는 권위주의(authoritarianism), 파괴성(destructiveness), 자동적 동조(automaton conformity)다.

권위주의 권위주의에서 인간은 지배 혹은 복종의 새로운 형태에 집착함으로써 자유의 문제를 도피하려고 추구한다. 개인은 타인이 자신을 지배하도록 허용하거나 타인의 행동을 지배하고 통제하려고 한다. 권위주의의 특징은 자신의 삶이 자신 이외의 힘에 의해 결정되고, 행복의 유일한 방법은 그러한 힘에 복종하는 것이라는 믿음이다. 이러한 권위주의는 가학적(sadistic) 혹은 피학적(masochistic) 추구로 나타난다.

파괴성 파괴성을 통해 인간은 타인 혹은 외부 세계를 제거함으로써 자유의 문제를 해결하려고 추구한다. 프롬은 “세계의 파괴는 자신을 보호하려는 최후의 결사적인 시도”라고 하였다. 그는 또한 파괴성이 자주 사랑, 의무, 양심, 애국주의로서 합리화되고 위장되지만 파괴성의 징후는 도처에 만연되어 있다고 믿었다.

자동적 동조 대다수의 개인은 자동적 동조를 통해 자유의 문제를 도피하려고 추구한다. 사람들은 자신의 본연의 모습을 포기하고 사회, 문화에 의해 지배되고 선호된 성격 유형을 채택한다. 사람들은 자동적 동조를 통해 ‘자기의 상실’이란 높은 대가를 치르면서 시대적 유행에 동조함으로써 고독과 불안을 느끼지 않으려고 한다.

기본적 욕구

인간은 보편적으로 안전을 얻고 고독을 도피하려는 추동과 자유를 추구하고 자기 창조를 위한 추동을 가진다. 인간의 모든 갈망은 이러한 두 가지 추동의 대립에 의해 결정된다. 이러한 대립은 인간의 여섯 가지 기본적 심리적 욕구로 나타난다. 이러한 여섯 가지 욕구는 관계성(relatedness), 초월(transcendence), 소속감(rootedness), 정체감(identity), 지향 틀(frame of orientation), 흥분과 자극(excitement & stimulation)이다. 각 욕구를 개략적으로 살펴보면 다음과 같다.

관계성 이것은 타인과 관계를 맺고 생산적으로 사랑하려는 욕구다. 관계성 욕구는 인간과 자연과의 일차적 관계가 분열됨으로써 나타난다. 이성 및 상상력 덕분에 개인은 자연과의 분리, 자신의 무기력, 삶과 죽음의 자의성을 인식한다. 사람들은 자연과의 본능적 관계를 상실했기 때문에 타인과의 새로운 관계성을 창조하기 위해 이성과 상상력을 사용해야 한다. 이러한 관계성을 성취하는 이상적 방법은 배려, 책임감, 존경, 지식을 수반하는 생산적 사랑을 통해서다. 사랑을 느끼는 사람은 다른 사람의 성장과 행복에 대해 관심을 가지며, 타인의 욕구에 반응하고, 있는 그대로 사랑하는 사람을 존경하고 알게 된다.

관계성 욕구의 실패로 자기애(narcissism)가 나타난다. 자기애를 가진 개인은 객관적으로 세계를 지각하지 못한다. 자기애에 빠진 사람의 현실은 자신의 생각, 감정, 욕구에 대한 주관적 세계다.

초월 초월은 인간이 이성과 상상력을 통해 만족할 수 없는 수동적인 동물 상태를 뛰어넘으려는 욕구를 의미한다. 우리 각자가 창조적이고 생산적인 개인이 되려고 한다. 만약 개인의 창조적 욕구가 봉쇄되면, 그는 파괴적이 될 것이다. 파괴성과 창조성은 초월의 욕구를 만족시키는 타고난 경향성이다. 그러나 창조성이 더 우세한 경향성이다.

소속감 이것은 인간이 자신의 뿌리를 찾으려는 것으로 가족, 집단, 지역사회에서 애착을 형성하려는 욕구다. 소속감은 자연과의 일차적 관계의 상실에서 비롯된다. 우리는 분리되어 홀로 있기 때문에 초기에 가진 소속을 대체하기 위해 타인과의 관계를 통해 새로운 소속감을 확립해야 한다. 개인은 혈연관계를 통해 가장 만족스런 소속감을 갖게 된다. 소속감을 성취하는 방법 가운데 가장 만족스럽지 못한 방식은 유아기의 안전감에 집착함으로써 자신의 엄마와 아동기적 유대관계를 그대로 유지하려는 것이다. 프롬은 민족주의를 근친상간의 한 유형이라고 지적하였다. 즉, 민족주의는 특정한 집단에 소속감이 제한됨으로써 세계 인류로부터 고립되게 한다.

정체감 이것은 개인이 자신의 독특한 능력과 특성을 자각하려는 욕구다. 개인은 자신의 독특한 재능과 능력을 개발하거나 특정 집단과의 동일시를 통해 정체감 욕구를 만족시킨다. 동조(conformity)는 정체감 욕구를 만족시키는 건전한 방법이 아니라고 프롬은 지적하였다. 왜냐하면 개인이 자기의 특성보다 집단의 특성을 따르는 동조에 의해 정체감을 형성하기 때문이다. 그러므로 이러한 자기는 빌려온 자기이지 진실한 자기가 아니다.

지향 틀 이것은 안정적이고 일관된 참조 틀 혹은 헌신할 대상에 대한 욕구다. 개인은 지향 틀에 의해 자신의 지각을 조직화하고 환경을 이해한다. 개인은 자기 주변에서 진행되는 현상을 지각하고 이해하기 위해 환경에 대한 일관된 견해를 발달시켜야 한다. 지향 틀은 합리적 혹은 비합리적 참조에 의해 결정될 수 있다. 합리적 참조는 객관적인 현실 지각을 제공한다. 비합리적 참조는 주관적 견해에 따라 현실 지각을 하게 한다.

인간은 헌신할 궁극적 목표 혹은 대상을 필요로 하며, 이러한 목표를 통해 방향감과 의미를 발견할 수 있다.

흥분과 자극 이것은 인간이 단순하게 반응하기보다 적극적으로 목표를 추구하는 욕구다. 즉, 개인이 일상생활의 요구에 적응할 최고의 민감성과 에너지를 유지할 수 있도록 자극하는 환경에 대한 욕구다. 인간의 뇌는 최적 수행을 유지하기 위해 어떤 수준의 자극을 요구한다. 그러한 흥분이 없다면, 개인은 일상생활을 유지하는 것이 어려울 것이다.

이상에서 설명한 프롬의 기본적 욕구의 종류와 특징을 표로 제시하면 다음과 같다(〈표 13-1〉 참조).

표 13-1 프롬의 심리적 기본 욕구

욕구	특징
관계성	다른 사람과 관계를 형성하고, 타인의 안녕에 관심을 갖고자 하는 욕구
초월	상상력과 사고력을 이용하여 창의적인 활동을 하고자 하는 욕구
소속감	가족, 집단 혹은 지역사회와의 유대관계를 배양하고자 하는 욕구
정체감	자신만의 독특한 자질과 능력을 개발하고자 하는 욕구
지향 틀	자신의 경험을 조직화하고 자신이 전념할 수 있는 의미 있는 대상이나 목표를 찾기 위해 일관된 관점을 발달시키고자 하는 욕구

흥분과 자극	활동 수준과 기민성의 최고 수준에서 뇌가 잘 기능할 수 있도록 자극적인 외부 환경을 얻고자 하는 욕구

성격 유형

프롬은 모든 행동의 기초가 되고 우리 자신이 실제 세계에 어떻게 관계하고 적응하는지를 설명하는 성격 유형을 제시하였다. 그는 성격 유형을 크게 비생산 성격 유형과 생산 성격 유형으로 구분하였다. 비생산 성격 유형은 적절하지 않은 방식으로 세계와 관계하는 것으로, 수용(receptive), 착취(exploitative), 저장(hoarding), 시장(marketing) 지향이 여기에 속한다. 생산 성격 유형은 건강한 유형으로, 자신의 잠재력을 최대로 발휘하려고 노력하는 인간발달의 이상적 상태다.

비생산 성격 유형

- 수용 지향: 이러한 성격을 가진 사람은 자신이 원하는 것, 즉 사랑, 지식, 만족 등을 외부적 원천인 타인에게서 얻기를 기대한다. 이런 유형의 사람은 다른 사람과의 관계에서 수용자다. 즉, 사랑하기보다 사랑 받기를, 창조하기보다 받기를 원하는 사람이다. 또한 다른 사람에게 매우 의존적이며, 홀로 있을 때에는 무력감을 느낀다. 외부적인 지원이 없이는 아주 작은 일도 할 수 없다고 느낀다.
- 착취 지향: 착취 지향적인 사람도 수용 지향형처럼 자신이 원하는 것에 대해 타인 지향적이다. 그러나 착취 지향적인 사람은 수용 지향에서처럼 타인에게서 수용하는 것을 기대하기보다 힘 혹은 책략으로 탈취한다. 이런 사람은 단지 타인이 갖고 있는 가치 있는 것을 착취하기를 원한다. 즉, 이런 유형의 사람에게는 타인이 가지고 있는 것을 탈취한 것이 그냥 주어진 것보다 훨씬 가치가 있다.
- 저장 지향: 이런 성격 유형을 가진 사람은 자신이 저장하여 자기수중에 가지고 있는 것에서 안전을 느낀다. 이러한 구두쇠 행동은 돈과 물질 소유뿐만 아니라 정서와 생각에도 적용된다. 이러한 사람은 자신의 둘레에 장벽을 쌓고 내부에만 많은 것을 축적하며, 외부 침입자로부터 그것을 보호하고 가능한 한 지키려고 한다.
- 시장 지향: 피상적 품질에 가치를 두는 성격 유형으로, 이러한 유형은 프롬이

현대 자본주의 사회에서 확인한 현상이다. 상품에 근거한 시장문화에서 개인의 성공 혹은 실패는 자신을 얼마나 잘 파는가에 의존한다. 개인의 성격은 단순히 팔려는 상품이 된다. 그러므로 중요하게 여겨지는 것은 개인의 인간적 자질, 기술, 성실이 아니라 그가 얼마나 훌륭하게 포장되어 있는가다. 웃음, 우호성, 직장상사의 농담에 웃는 것과 같은 피상적 품질이 개인의 내적 특성과 능력보다 더 중요하게 된다.

생산 성격 유형

• 생산 지향: 생산적 성격을 지닌 사람은 자신과 타인을 있는 그대로 존중한다. 외부 환경과의 교류 시에도 정확한 지각 능력을 바탕으로 주변 환경을 왜곡하지 않는다. 또한 지각된 내용에 자신의 창의력을 덧붙여 풍요롭게 만든다.

이외에도 프롬은 삶(biophilous) 지향 대 죽음(necrophilous) 지향과 실존(being) 지향 대 소유(having) 지향의 성격 유형을 제안하였다. 이러한 성격 유형의 내용에 대해 간략하게 살펴보자.

삶 지향 대 죽음 지향

• 삶 지향: 이러한 성격은 삶을 사랑하는 생산적 지향형이다. 이러한 사람은 삶 자체에 사랑이 있으며 성장, 창조, 건설에 매력을 느낀다. 또한 힘에 의해서가 아니라 사랑, 이성, 솔선수범에 의해 타인에게 영향을 주려고 한다. 삶 지향적인 사람들은 자기와 타인의 발달에 관심을 가지며 그들의 견해는 미래 지향적이다. 이 개념은 프로이트의 삶의 본능과 유사하다.

• 죽음 지향: 이러한 성격은 죽음에 매력을 느끼는 비생산적 지향형이다. 이런 성격을 가진 사람은 병, 죽음, 시체, 매장 등에 대해 얘기할 때 행복을 느끼며 과거에 집착하고 냉정하다. 이러한 사람이 꾸는 꿈은 주로 자살, 피, 해골과 같은 것이다. 이 개념은 프로이트의 죽음의 본능과 유사하다(Fromm, 1973).

실존 지향 대 소유 지향

• 실존 지향: 이 성격 유형을 가진 사람은 있는 그대로의 자신에 의해 자기를 정

자세히 봅시다

인간 존재의 마지막 해결책은 사랑이다!

프롬은 인류 존재의 황폐성을 분석하면서 이 문제를 해결할 수 있는 유일한 해답은 인간의 사랑할 수 있는 능력이라고 열렬히 주장하였다. 모든 인간은 사랑에 굶주려 하지만 사랑받는 것은 누군가를 사랑하는 것과 같은 것이라고 믿었다. 사랑은 소유하는 대상이 아니라 기능이며 능력이다. 때문에 사랑의 기술을 익히기 위해서는 연습과 훈련이 필요하다.

프롬은 사랑의 네 가지 요소를 언급하였는데, 네 가지 요소는 돌봄(care), 책임감(responsibility), 존중(respect) 그리고 지식(knowledge)이다. 이 네 가지는 서로 상호작용을 하며, 어떤 것이 어떤 것보다 더 중요하지는 않다. 그의 유명한 저서인『사랑의 기술(The Art of loving)』에서 프롬은 다섯 가지 사랑의 유형을 제시하였다.

첫 번째 유형은 형제애(brotherly love)다. 이는 사랑의 가장 근본적이며, 가장 강력하며, 가장 포괄적인 종류의 사랑이다. 이는 동등한 사람들 간의 사랑이다.

두 번째 유형은 모성애(motherly love)다. 이 사랑은 무기력한 사람에 대한 사랑과 돌봄을 의미한다. 단순한 돌봄이 아니라 무기력을 극복하여 강하고 독립적이 되도록 해 주는 것이다. 모성애적 사랑을 보여 주는 가장 강력한 증거는 젖을 떼는 것이다. 이 유형은 동등하지 못한 사람들 간의 사랑이다.

세 번째 유형은 이성애(erotic love)다. 이 사랑은 성적 관계, 즉 '완전한 결합에 대한 갈망(craving for complete fusion)'과 관련된다. 대부분의 사람은 이 유형의 사랑만이 사랑이라고 여긴다. 이 사랑은 배타적이며 질투심을 내포하고 있다. 프롬은 이 유형의 사랑이 진정한 사랑일까 의문을 제기하였다. 왜냐하면 사랑이란 기본적으로 성적인 만족이나 분출이 아니라 친밀감이기 때문이라고 생각했기 때문이다. 이 유형의 사랑은 동등한 사람들 간의 사랑이다.

네 번째 유형은 신의 사랑(love of God)이다. 이 유형의 사랑은 사랑의 네 가지 요소를 모두 갖추고 있다. 사랑은 대상이 아니라 행위이며 기능이라는 점을 기억할 필요가 있다. 인간은 경외할 만한 뭔가 완전한 것을 원하기 때문에 이러한 사랑은 인간 존재에 필수적이다. 프롬은 에크하르트(Meister Eckhart)의 다음과 같은 말을 인용했다. "신을 앎으로써 신이 나를 알게 했고, 신을 사랑함으로써 신을 감동시킬 수 있었다."(By knowing God I take him to myself. By loving God, I penetrate him)『사랑의 기술(The Art of Loving』(p. 81)

의하고 타인과 비교한 가치보다 자기 내부에서 비롯된 가치를 존중한다. 이러한 사람은 타인과 협동적이고, 사랑하며, 생산적으로 삶을 살아간다.

또한 타인과의 공유가 자신의 삶을 즐겁게 한다고 생각한다. 프롬은 그의 주요 저서인 『사랑의 기술(The Art of Loving)』(1956)을 통해 서로 존중하고 책임지는 사랑을 강조하였다('자세히 봅시다' 참조).

- 소유 지향: 이러한 유형이 지배적인 사람은 자신의 의미를 그가 가진 소유물에 의해 정의한다. 이러한 사람은 자신이 가진 것과 소비하는 것이 자기라고 생각한다. 즉, 자신의 소유물이 자신과 자기의 정체감을 구성한다고 믿는다. 이런 유형의 사람은 매우 경쟁적이고 고립적이며 자신의 소유가 타인의 것과 비교하여 얼마나 좋고 많은가에 가치를 둔다.

3. 성격이론의 적용

프롬은 자신의 성격이론을 바탕으로 한 심리치료의 기법을 그다지 자세하게 제시하지 않았다. 프롬은 자신이 프로이트보다 더 적극적인 치료자임을 주장하며 치료를 촉진시키기 위한 치료자의 개입을 설명하기 위하여 '활성화(activating)'라는 용어를 도입하였다. 프롬은 치료자가 반드시 내담자가 무엇에 대해 이야기하고 있는가를 느낄 줄 알아야 하며, 치료자와 내담자가 같은 인간으로서 공통되게 경험하는 바를 인식할 줄 알아야 한다고 강조하였다. 이러한 공감을 통해 내담자는 자신의 내면 감정이 다른 사람과 공유될 수 있다는 자각을 하게 된다고 보았다(Engler, 1999).

프롬의 이론은 문화와 사회의 중요성이 강조되던 20세기에 제시되었다. 하지만 최근에 신경생리학과 생물학에 대한 새로운 관심이 증가되는 시점에서도 프롬의 개념들은 사회적 힘의 영향력을 이해하고, 사랑하며, 생산적이며, 삶에 책임을 지는 인간 존재에 대한 중요성을 이해하는 데 많은 시사점을 안겨 주고 있다(Spiegel, 1994).

요약

1. 프롬은 인간이 보다 많은 자유를 얻으면 얻을수록 보다 많은 고독과 소외감을 느끼게 된다고 보았다. 자유의 부정적인 측면으로부터 도피하기 위해, 그리고 잃어버린 안전을 되찾기 위해 사람들이 부적절하게 사용하는 세 가지 정신적 기제를 제안하였다. 이러한 세 가지 정신적 기제는 권위주의, 파괴성, 자동적 동조다.

2. 인간은 안전을 얻으려 하고 고독을 도피하려는 추동을 가지며 자유와 자기 창조를 위한 갈등적 추동을 가진다. 인간의 모든 갈망은 이러한 추동의 대립에 의해 결정된다. 이러한 대립은 인간의 여섯 가지 기본적 심리적 욕구로 나타난다. 이러한 욕구는 관계성, 초월, 소속감, 정체감, 지향 틀, 흥분과 자극이다.

3. 프롬은 모든 행동의 기초가 되고 우리 자신이 실제 세계에 어떻게 관계하고 적응하는지를 설명하는 성격 유형을 제안하였다. 프롬은 성격 유형을 크게 비생산 성격 유형과 생산 성격 유형으로 구분하였다. 비생산 성격 유형에는 수용, 착취, 저장, 시장 지향이 있다. 이외에도 프롬은 삶 지향 대 죽음 지향, 실존 지향 대 소유 지향을 제안하였다.

?! Review Questions

1. 인간이 잃어버린 안전을 되찾기 위해 부적절하게 사용하는 프롬이 제안한 세 가지 정신적 기제를 설명하라.

2. 프롬이 제안한 인간이 느끼는 기본적 심리적 욕구 여섯 가지가 무엇인지 간략하게 설명하라.

3. 비생산적 성격의 네 가지 유형에 관해 설명하라.

4. 당신의 대인관계 방식을 바탕으로 실존 지향 대 소유 지향을 논의하라.

5. 프롬이 강조한 사랑의 요소와 종류를 바탕으로 당신의 사랑에 대한 입장을 정리해 보라.

6. 프롬이 언급한 '사람들이 보다 많은 자유를 가짐으로써 보다 많은 고독, 소외감을 느낀다'는 견해에 대해 당신은 어떻게 생각하는가?

자기 이해와 성장을 위한 <성격 연습 19>

당신의 현재 사랑의 형태는?

Sternberg(1988)는 세 가지 사랑의 요인으로 친밀감, 열정, 다짐/언약을 제안하였으며 그들의 조합을 바탕으로 일곱 가지 사랑의 형태를 다음과 같이 분류하였다([그림 13-1]).

(1) 진정한 우정(liking or friendship) – 오직 친밀감 요인만이 있는 경우다.
(2) 열정적 사랑(infatuated love) – 오직 열정 요인만이 있는 경우다.
(3) 공허한 사랑(empty love) – 관계에서 오직 결정/언약 요인만이 있는 경우다.
(4) 낭만적 사랑(romantic love) – 친밀감과 열정 요인이 조합된 경우다.
(5) 우애적 사랑(companionate love) – 친밀감과 결정/언약 요인이 조합된 경우다.
(6) 얼빠진 사랑(fatuous love) – 열정과 결정/언약 요인이 조합된 경우다.
(7) 완전한 사랑(consummate love) – 친밀감, 열정, 결정/언약 요인이 조합된 경우다.

다음의 그림을 보고 현재 당신의 사랑의 형태가 무엇인지 파악해 보고, 완전한 사랑을 위해 무엇을 보완해야 하는가를 생각해 보라.

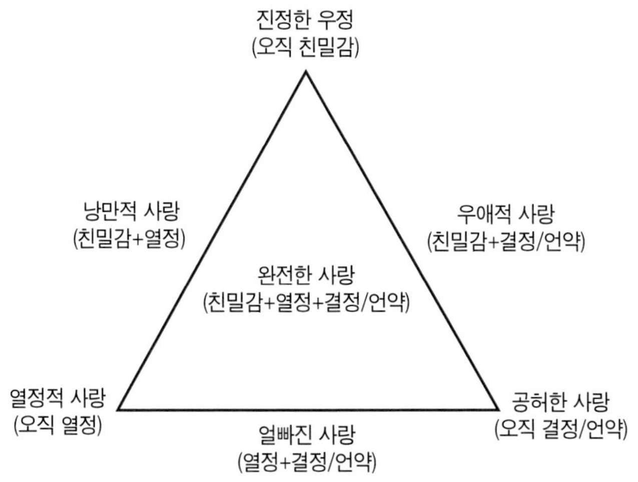

그림 13-1 사랑의 세 가지 구성요소를 조합한 사랑의 유형

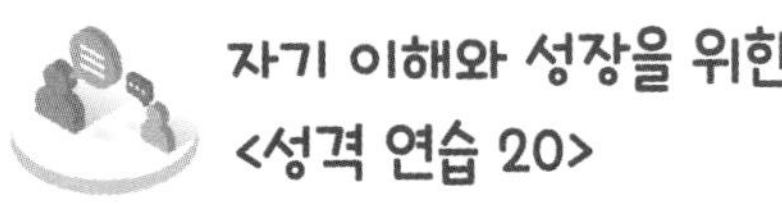

나의 사랑은 어떤 모양일까?

Sternberg(1990)는 사랑의 세 구성요소, 즉 친밀감(intimacy), 열정(passion) 그리고 투신(commitment)을 측정하기 위해 '사랑의 삼각형이론 척도(The Triangle Theory of Love Scale)'를 제작하였다. 현재 이성 친구가 있고 이성친구에 대한 자신의 사랑을 삼각형 이론에 비추어 살펴 보고자 한다면, 아래의 척도를 활용하여 사랑의 삼각형 모양을 만들어 볼 수 있다.

아래의 문장들은 현재 당신이 사귀고 있는 이성친구에 대한 당신의 심리상태를 기술한 것입니다. ○○는 이성친구의 이름을 뜻합니다. 각 문장이 ○○에 대한 당신의 상태를 잘 나타내는 정도를 아래와 같이 적절한 숫자에 ○표해 주십시오.

1	2	3	4	5	6	7	8	9
전혀 아니다				그저 그렇다				극히 그렇다

1. 나는 ○○의 행복을 위해서 적극적으로 지원한다.	1	2	3	4	5	6	7	8	9
2. 나는 ○○와 따뜻한 관계를 맺고 있다.	1	2	3	4	5	6	7	8	9
3. 나는 힘들 때 ○○에게 의지할 수 있다.	1	2	3	4	5	6	7	8	9
4. ○○는 힘들 때 나에게 의지할 수 있다	1	2	3	4	5	6	7	8	9
5. 나는 ○○와 나의 모든 것을 공유할 의향이 있다.	1	2	3	4	5	6	7	8	9
6. 나는 ○○로부터 상당한 정서적 지지를 받고 있다.	1	2	3	4	5	6	7	8	9
7. 나는 ○○에게 상당한 정서적 지지를 주고 있다.	1	2	3	4	5	6	7	8	9
8. 나는 ○○와 말이 잘 통한다.	1	2	3	4	5	6	7	8	9
9. 나는 내 인생에서 ○○를 매우 중요시한다.	1	2	3	4	5	6	7	8	9
10. 나는 ○○와 친밀감을 느낀다.	1	2	3	4	5	6	7	8	9
11. 나는 ○○와 편안한 관계를 느끼고 있다.	1	2	3	4	5	6	7	8	9

12. 나는 ○○를 정말 이해하고 있다고 느낀다. 1 2 3 4 5 6 7 8 9
13. 나는 ○○가 나를 정말 이해하고 있다고 느낀다. 1 2 3 4 5 6 7 8 9
14. 나는 내가 ○○를 정말 신뢰한다고 느낀다. 1 2 3 4 5 6 7 8 9
15. 나에 관한 매우 개인적인 정보를 ○○와 공유하고 있다. 1 2 3 4 5 6 7 8 9

---

16. ○○를 보기만 해도 나는 흥분된다. 1 2 3 4 5 6 7 8 9
17. 나는 낮에도 ○○에 대해서 생각하는 나 자신을 자주 발견한다. 1 2 3 4 5 6 7 8 9
18. ○○와 나의 관계는 정말 낭만적이다. 1 2 3 4 5 6 7 8 9
19. 나는 ○○가 매우 매력적이라고 느낀다. 1 2 3 4 5 6 7 8 9
20. 나는 ○○를 이상화하고 있다. 1 2 3 4 5 6 7 8 9

---

21. 나는 ○○처럼 나를 행복하게 만드는 사람을 상상할 수 없다. 1 2 3 4 5 6 7 8 9
22. 나는 다른 어떤 사람보다도 ○○와 함께 있고 싶다. 1 2 3 4 5 6 7 8 9
23. ○○와의 관계보다 더 중요한 것은 이 세상에 없다. 1 2 3 4 5 6 7 8 9
24. 나는 ○○와 신체적으로 접촉하는 것을 특히 좋아한다. 1 2 3 4 5 6 7 8 9
25. ○○와의 관계에는 '마술적'인 점이 있다. 1 2 3 4 5 6 7 8 9

---

26. 나는 ○○를 찬미한다. 1 2 3 4 5 6 7 8 9
27. 나는 ○○없는 인생을 생각할 수 없다. 1 2 3 4 5 6 7 8 9
28. ○○와 나의 관계는 열정적이다. 1 2 3 4 5 6 7 8 9
29. 낭만적인 영화나 책을 볼 때면 ○○를 생각하게 된다. 1 2 3 4 5 6 7 8 9
30. 나는 ○○에 대해서 공상을 하곤 한다. 1 2 3 4 5 6 7 8 9

---

31. 내가 ○○에 대해서 염려하고 있다는 것을 알고 있다. 1 2 3 4 5 6 7 8 9
32. 나는 ○○와의 관계를 지속시키기 위해 최선을 다하고 있다. 1 2 3 4 5 6 7 8 9
33. 다른 사람이 우리 사이에 끼어들지 않도록 나는 ○○에 대해 헌신할 것이다. 1 2 3 4 5 6 7 8 9

34. 나는 ○○와의 관계가 흔들리지 않을 것이라는 점에 대해 자신감을 가지고 있다.	1 2 3 4 5 6 7 8 9
35. 나는 어떤 난관에도 불구하고 ○○에게 헌신할 것이다.	1 2 3 4 5 6 7 8 9
36. ○○에 대한 나의 사랑은 남은 인생 동안 계속되리라고 예상한다.	1 2 3 4 5 6 7 8 9
37. 나는 ○○를 위해서 항상 강한 책임감을 느낄 것이다.	1 2 3 4 5 6 7 8 9
38. ○○에 대한 나의 사랑은 확고한 것이다.	1 2 3 4 5 6 7 8 9
39. 나는 ○○와의 관계가 끝나는 것을 상상할 수 없다.	1 2 3 4 5 6 7 8 9
40. 나는 ○○에 대한 나의 사랑을 확신한다.	1 2 3 4 5 6 7 8 9
41. 나는 ○○와의 관계가 영원히 지속될 것이라고 생각한다.	1 2 3 4 5 6 7 8 9
42. 나는 ○○와 사귀는 것을 잘 한 결정이라고 생각한다.	1 2 3 4 5 6 7 8 9
43. 나는 ○○에 대한 책임의식을 느낀다.	1 2 3 4 5 6 7 8 9
44. 나는 ○○와의 관계를 계속 유지할 작정이다.	1 2 3 4 5 6 7 8 9
45. 설혹 ○○와 갈등이 생긴다해도, 나는 여전히 우리 관계를 유지할 것이다.	1 2 3 4 5 6 7 8 9

채점 방식 1번에서 15번까지의 점수를 합산하시오. 이 점수가 당신의 친밀감 점수입니다. 16번에서 30번까지의 점수를 합산한 것이 당신의 열정 점수입니다. 31번에서 45번까지의 점수를 합산한 것은 당신의 투신 점수입니다.

해석 방식 세 구성요소의 점수를 각각 세 변의 길이로 하여 삼각형을 구성해 보시오. 당신의 사랑 삼각형은 어떤 모양을 하고 있습니까? 어떤 구성요소가 가장 크고 어떤 구성요소가 가장 작습니까? 이것은 당신의 사랑에 대해 무엇을 의미합니까? 당신의 이성친구도 이 척도에 응답을 했다면 이성친구의 사랑 삼각형은 어떤 모양입니까? 당신의 사랑삼각형과 비교할 때, 어떤 차이가 있습니까? 이러한 차이는 어떻게 해소되어 서로 일치하는 사랑의 삼각형을 만들 수 있겠습니까?

* 출처: 권석만(1997). 젊은이를 위한 인간관계 심리학. 서울: 학지사.

제14장

에릭슨의 심리사회적 발달

성격은 인간 유기체의 준비성 내에서 사전에
결정된 단계에 따라 발달된다.

– 에릭슨 –

에릭슨은 인간의 성격이 평생을 통해 발달한다는 것을 강조하였다. 그는 성격은 계속적으로 존재의 위기 때, 심지어 신체의 신진대사가 쇠퇴해 갈 때에도 관여한다고 하였다. 에릭슨이 제안한 심리사회적 발달단계는 세계적으로 널리 알려졌으며, 특히 청소년기의 갈등으로 나타나는 정체감(identity) 대 역할 혼돈 혹은 자아정체감이란 용어는 에릭슨의 대명사처럼 사용되고 있다.

에릭슨은 아들러나 융과 다르게 프로이트의 정신분석 체계를 이탈하지 않고 프로이트의 이론을 확장하였다. 에릭슨이 프로이트 이론을 확장한 내용을 네 가지 방식으로 살펴보면 다음과 같다(Pervin & John, 2001; Schultz & Schultz, 1998).

첫째, 에릭슨은 성격 발달의 본능적 측면뿐만 아니라, 심리사회적 측면을 강조하였다. 프로이트는 성격이 인생 초기에 형성된다는 점을 바탕으로 한 심리성적 단계 이론을 강조한 반면, 에릭슨은 평생에 걸쳐 여덟 단계를 통해 계속해서 발달한다고 믿었다.

둘째, 에릭슨은 원초아(id)보다 자아(ego)를 더 강조하였다. 에릭슨은 이런 연유로 자아심리학(ego psychology)의 아버지로 불리기도 한다. 그는 자아를 프로이트처럼 원초아에 종속되거나 보조적인 것이 아니라, 성격의 독립적인 부분으로 보았다. 개인의 자아는 부모와 사회적 및 역사적 환경의 영향을 받으며 평생을 통해 성장하고 발달한다고 믿었다.

셋째, 프로이트가 본능을 주로 강조한 반면, 에릭슨은 전체 성격의 형성에 문화, 사회, 역사의 영향을 인식하였다. 인간은 생물학적 힘인 본능에 전적으로 지배되지 않으며, 이러한 힘이 아동기에 중요하기는 하지만 전체적인 성격 발달을 본능만으로 설명할 수 없다고 보았다.

넷째, 에릭슨은 성격 형성에 과거뿐 아니라 미래도 중요하다고 보았다. 즉, 에릭슨은 사람들이 자신의 과거를 어떻게 해석하는가와 더불어 미래에 대한 해석도 성격 형성에 의미가 있다는 것을 인식하였다.

1. 에릭슨의 생애

정체감 위기란 개념으로 유명한 에릭슨(Erik H. Erikson, 1902~1994)은 자기 자신이 인생 초기에 여러 위기를 거치면서 성장하였다. 즉, 그의 이론은 자신의 경험을 반영한 것이라고 말할 수 있다. 에릭슨은 1902년에 독일의 프랑크푸르트에서 태어났다. 그의 부모는 덴마크인이었다. 그의 아버지는 에릭슨이 태어나기 전에 이혼을 하였다. 3년 후 어머니는 에릭슨의 소아과의사였던 유대인 홈부르거(Theodore Homburger)와 결혼하였으며, 에릭슨에게는 계부의 성이 주어졌다. 어머니는 에릭슨에게 홈부르거가 친아버지가 아니라는 사실을 여러 해 동안 말해 주지 않았다. 에릭슨은 후에 이러한 어머니의 행위를 '사랑의 속임수'라고 불렀다. 에릭슨은 37세까지 홈부르거란 이름을 사용하였으며, 미국 시민이 됐던 1939년에 에릭슨으로 개명하였다. 이러한 사실을 통해 우리는 에릭슨 자신이 실제적으로 갈등을 겪으면서 심리적 정체감을 형성했다는 것을 이해할 수 있다.

에릭슨의 다른 정체감 위기는 학교생활에서 그의 신체적 특성 때문에 비롯되었다. 에릭슨은 덴마크 혈통임에도 불구하고, 자신을 독일인이라고 생각했다. 그의 급우들은 그의 아버지가 유대인이기 때문에 에릭슨을 가까이 하지 않았으며, 동시에 유대인 또래들은 그의 신체적인 특성 때문에 유대인이 아니라고 그를 따돌렸다. 이러한 사실에 대해 에릭슨은 "오래 전에 나의 급우들은 나를 유대인이라고 했지만, 유대인 집단에서는 나를 이방인으로 취급하였다"라고 기술하였다(Erikson, 1975, p. 27). 에릭슨은 역시 청소년기에 제1차 세계대전이 일어나 독일에 대한 충성심과 덴마크인으로서의 정체감 간에 심한 정서적 갈등을 경험하였다. 자신의 성장기를 회고하면서 에릭슨은 "너무나 명백히 인생 초기에 개인은 심각한 정체감 위기를 겪는다."(Erikson, 1975, p. 31)라고 진술하였다. 실제로 에릭슨의 정체감을 위한 몸부림은 후에 심리적 문제를 유발하였다. 그리고 이러한 몸부림을 통해 에릭슨은 정체감 위기에 대한 예리한 통찰력을 획득하였다.

에릭슨의 학교성적은 중간 정도였으나 예술적 재능은 뛰어났다. 자신의 정체감을 찾고자 하는 욕구는 고등학교를 졸업했을 때 최고조에 이르렀다. 에릭슨은 의사가 되라는 계부의 독려가 있었지만 이를 거절하고 대신에 예술가가 되고자 결심했고, 몇 년 동안 여행하면서 방황했다. 그러다가 여행 중 비엔나를 가게 되었고, 거기서 정신분석학자인 프로이트의 딸 안나 프로이트(Anna Freud)를 만나게 되었다.

에릭슨이 25살이었던 1927년에 프로이트의 환자들과 프로이트 친구들의 자녀 교육을 위해 설립된 비엔나의 작은 학교에서 가르칠 기회를 갖게 되었다. 에릭슨은 자신이 결코 알지 못했던 아버지에 대한 탐구를 하면서 부분적으로 프로이트에게 매력을 느껴 정신분석에 관심을 갖게 되었다. 그 후에 그는 정식으로 정신분석 훈련을 받았고, 안나 프로이트에게서 자기분석을 받았다. 1933년, 정신분석 훈련을 마친 후 그 당시에 유명한 비엔나 정신분석연구소의 회원이 되었다. 집을 떠난 후에 몬테소리 교사 자격증을 획득한 것과 안나 프로이트와 함께한 정신분석 훈련이 그가 받았던 유일한 정규교육이었다.

에릭슨은 나치의 위협을 피해 1933년에 미국 보스턴에 정착해서 생산적인 활동을 수행하였다. 하버드대학교 심리학 박사과정을 시작했지만 정규적 학문연구 프로그램에 만족하지 못하고 몇 달 후에 그만두었다. 그 후 예일대학교, 버클리대학교, 펜실베니아대학교 등 많은 대학교에 초빙되어 가르치고 연구를 하였다. 그의 첫 번째 저서인 『아동기와 사회(Childhood and Society)』(1950)는 에릭슨이 거의 50세에 가까웠을 때 출판되었다. 에릭슨은 1960년에 다시 하버드대학교로 와서 대학원 학생들과 학부생들을 대상으로 '인생주기(life cycle)'란 과목을 가르치다가 1970년에 은퇴하였다. 1994년 5월 12일, 92세의 나이로 그가 사망했을 때, 국내신문에서도 크게 보도될 정도로 에릭슨은 20세기의 훌륭한 심리학자로서 인간 이해를 위해 기여하였다. 그리고 그가 심리사회적 발달이론을 통해 기술했던 '성숙한 성인'의 모습처럼, 에릭슨은 자신의 개인적 및 전문적 발달을 위한 노력을 삶의 후반기까지 계속하였다.

2. 주요 개념

여기서는 에릭슨의 주요 개념들로 자아심리학(ego psychology), 점성설(epigenesis)의 원리, 위기(crisis)에 대해 알아보고자 한다.

자아심리학

에릭슨의 이론은 자아 발달과 매우 관련이 깊다. 에릭슨은 자신의 이론을 프로이트의 심리성적 발달단계를 체계적으로 확장한 것에 불과하다고 주장하곤 하였다.

정신분석의 현대적 추세는 대상관계 이론 등에서처럼 자아의 중요성을 강조한다. 이러한 흐름에 기여를 한 초기 인물이 바로 에릭슨이라고 할 수 있다. 에릭슨은 원초아에 대한 전통적인 강조에서 자아에로의 관심을 도모하였으며, 자아야말로 인간 행동과 기능의 기초가 된다고 여겼다. 이러한 견해를 자아심리학이라고 불렀다.

자아심리학에 따르면, 인간은 의사결정을 하고 문제를 해결하는 데 합리적이고 의식적인 존재다. 프로이트는 자아의 역할을 본능적 충동과 도덕적 규제 간의 갈등을 해결하는 것으로 여긴 반면, 에릭슨은 자아가 지각, 사고, 주의, 기억 등을 통해 현실을 다루어 나가는 자율적인 체제라고 보았다. 또한 에릭슨은 아동의 자아가 형성되는 역사적 환경을 강조하였다. 자아의 발달은 사회적 제도와 가치 체계의 특성에 따라 상호적으로 관련된다고 보았다. 더불어 에릭슨의 자아 발달에 대한 이론은 개인의 전 생애를 포괄하는 것이다. 마지막으로, 에릭슨은 인생의 심리사회적 위기를 극복할 수 있는 인간의 능력에 대해 관심을 두었다. 때문에 에릭슨은 다양한 발달단계에서 출현하는 자아의 특성(덕목)에 초점을 두었다.

점성설의 원리

에릭슨의 인간 발달단계 모델은 점성적 모델(epigenetic model)이라고 불린다. 점성적이란 용어는 Epi(의존해서)와 genetic(유전)을 합성한 말로 발달이 유전에 의존한다는 뜻이다. 따라서 점성적 원리는 인간 발달이 유전적 요인에 의존한 일련의 단계에 의해 지배된다는 생각이다. 이 모델은 유아기에서 성인기, 그리고 노인기에 이르기까지 인간의 전 생애에 대한 발달단계를 제시한 최초의 심리학적 이론이다. 에릭슨에 따르면, 심리적 성장은 태아의 성장과 유사한 방식으로 진행된다. 각각의 연속된 단계의 출현이 앞 단계의 발달에 의해 예측될 수 있다는 점에서 구조적으로 태아의 발달과 유사하다. 신체의 각 기관은 성장과 발달의 결정 시기가 존재하며 미리 정해진 시간표에 따라 성장하고 발달한다. 에릭슨은 이러한 점성설의 원리를 "발달하는 모든 것은 생물학적으로 타고난 '기본 계획(ground plan)'과 같은 원래의 계획이 존재하며, 이 기본 계획을 바탕으로 각 부분들이 저마다 적절한 시기에 형성된다. 그리하여 각 부분들은 전체적인 유기체적 기능을 수행할 수 있게 된다."(Erikson, 1980, p. 53)라고 설명하였다.

위기

에릭슨에 따르면, 각 심리사회적 단계에는 위기가 발생하는데, 위기란 해당 단계의 개인에게 부과된 생리적 성숙과 사회적 요구로부터 발생된 인생의 전환점이다 (Hjelle & Ziegler, 1992, p. 190). 인생주기의 여덟 단계마다 사회적 발달 과정에서 다루어져야 하지만 반드시 그 단계에서 해결되어야 하는 것은 아닌 '각 단계에 특유한' 발달 과제를 갖고 있다. 한 개인의 특징적인 행동 패턴은 이러한 과제 혹은 위기가 궁극적으로 어떻게 해결되는가에 의해 결정된다. 에릭슨의 이론에서 갈등은 핵심적이며 절대적이다. 왜냐하면 개인의 성장과 경험의 폭이 각 단계에서의 자아의 힘과 관련되기 때문이다. 에릭슨은 위기가 "재앙의 조짐이 아니라 전환점이기 때문에 개인의 발달 과정에서 겪는 어려운 상황에서 극복해야 할 생존을 위한 원천"이라고 보았다.

3. 성격 발달

여기서는 먼저 에릭슨이 강조한 성격 발달의 특성과 원리를 알아보고, 그의 주요한 업적인 심리사회적 발달의 여덟 단계를 적응 대 부적응 방식으로 나누어 살펴본 후, 각 단계의 주요한 덕목에 대해서 알아보고자 한다.

성격 발달의 특성과 원리

에릭슨이 제안한 심리사회적 발달의 주요한 특성과 원리는 다음과 같다.

- 성숙은 점성적 원리(epigenetic principle)에 따라 일어난다.
- 심리사회적 발달의 각 단계에는 위기가 있다. 즉, 각 단계에는 개인의 행동과 성격에 있어 어떤 변화를 위해 필요한 전환점이 있다는 것이다.
- 자아는 적절하거나 부적절한 적응 방법을 통합해야 한다. 에릭슨은 개인이 심리사회적 각 단계의 위기에 적응 방식과 부적응 방식으로 반응할 수 있다고 보

았다.

- 심리사회적 발달의 각 단계는 개인에게 기본적 강점 혹은 덕목(virtue)을 발달할 기회를 제공한다.

심리사회적 발달단계

에릭슨은 심리사회적 발달의 여덟 단계를 제안하였다. 여덟 단계의 적응 대 부적응 방식과 각 단계에 해당되는 연령과 해당 시기에 획득되는 주요 덕목 혹은 강점을 표로 제시하면 다음과 같다(〈표 14-1〉 참조).

표 14-1 에릭슨의 심리사회적 발달단계

대략적 연령	적응 대 부적응 방식	덕목
0~1세	신뢰감 대 불신감	희망
1~3세	자율성 대 의심 및 수치심	의지
3~5세	주도성 대 죄의식	목적성
6~11세(아동기)	근면성 대 열등감	능력
12~18세(청소년기)	자아정체성 대 역할 혼돈	충실성
18~35세(성인 초기)	친밀감 대 고립감	사랑
35~55세(중년기)	생산성 대 침체감	돌봄
55세 이상(노년기)	자아통합 대 절망감	지혜

여기서는 에릭슨의 심리사회적 발달이론의 핵심 내용인 여덟 단계에서 대립적으로 나타나는 적응 대 부적응 방식에 대해 구체적으로 살펴보자.

신뢰감 대 불신감 에릭슨의 심리사회적 단계의 첫 번째 적응 대 부적응 방식의 특성은 신뢰감 대 불신감(trust vs. mistrust)이다. 프로이트의 구강기와 유사한 단계로, 인간이 가장 무력한 시기인 출생 후 일 년 이내에 나타난다. 유아는 생존, 안전, 애정을 위해 일차적 돌봄을 주는 어머니에게 전적으로 의존하게 된다. 이 단계에서 신체 부위 중에서 입이 매우 중요하다. 에릭슨은 "유아는 입을 통해 살고, 입으로 사랑한다."라고 언급했다. 유아는 입을 통해 세상과 생물학적 그리고 사회적 관계를 맺는다. 특히 사회적 관계인 유아와 어머니의 상호작용은 유아가 신뢰 혹은 불신의 태도로 세상을 보는 것에 대한 여부를 결정한다.

신뢰감 대 불신감 갈등의 해결을 위한 지속적 패턴을 확립하는 것이 자아의 최초 과업이다. 어머니가 충분한 사랑과 안정감을 주면서 유아의 신체적인 필요에 적극 반응하며 사랑하면, 유아는 자신의 주위에 있는 세상을 신뢰하게 된다. 이렇게 생성된 기본적 신뢰는 유아의 자신에 대한 태도와 타인에 대한 태도의 주요한 특징이 된다. 어머니의 적절하고도 애정이 넘치는 반응의 결과로 유아는 세상으로부터 일관성, 지속성, 그리고 동일성의 정도를 기대하는 것을 배운다. 그리고 이러한 기대는 적어도 자아정체감에 대한 태동이 된다. 이러한 초기 자아와 기본적 신뢰는 자기 자신에 대한 만족감 및 안정감, 그리고 자신 및 다른 사람에 대한 신뢰로 발달한다.

반대로 어머니가 자신의 행동에 있어 거부적이고 무뚝뚝하고 일관성이 없으면, 유아는 세상에 대해 불신의 태도를 발달시킨다. 이런 사람은 나중에 모든 사람과의 관계에서 의심이 많고 두려워하며 늘 걱정하는 사람이 될 것이다.

에릭슨은 엄마가 전적으로 아이에게 초점을 맞추지 않으면 불신이 발달한다고 보았다. 즉, 아이가 태어난 지 얼마 되지 않아 엄마가 아이를 보모나 유아원에 맡기고 직장에 나가게 되면 아이에게 불신을 발생시킬 수 있는 위험의 소지가 있다. 그러므로 성격의 차원으로서 신뢰감 혹은 불신감의 패턴은 유아기에 형성되나, 신뢰감 대 불신감의 문제는 인생의 나중 단계에서 다시 나타날 수 있다. 예를 들면, 어떤 이상적인 엄마와 아이와의 관계가 아이에게 높은 수준의 신뢰를 형성시켜 줄 수 있다. 그러나 이러한 신뢰감이 어머니가 죽음이나 이혼으로 갑자기 떠난다면 파괴될 수도 있다. 이런 경우, 처음에는 신뢰를 형성했다가도 후에 불신감이 발달될 수 있다. 이와 유사하게 교사나 친구의 사랑과 인내로 인해 나중에 불신감이 극복될 수도 있다.

자율성 대 의심 및 수치심 에릭슨의 심리사회적 단계의 두 번째 적응 대 부적응 방식의 특성은 자율성 대 의심 및 수치심(autonomy vs. doubt, shame)이다. 프로이트의 항문기에 해당되는 2~3세 동안에 아이들은 다양한 신체적 및 정신적 능력을 빠르게 발달시킨다. 처음에 아이들은 자신의 성장을 위한 많은 활동을 한다. 즉, 걷고, 기어오르고, 밀고 당기며, 사물을 관찰하고, 소유하려 하며, 보다 효과적으로 의사소통하기 시작한다. 아이들은 이처럼 새롭게 개발되는 기능과 능력들에 대해 대단한 자부심을 갖게 되고, 가능하면 스스로를 위해 많은 것을 하려고 한다.

이러한 새로운 능력들 중에서, 에릭슨은 집착(hold on) 및 해방(let go)과 관련된 능력을 특히 강조하였다. 그는 이러한 능력과 관련된 행동이 나중의 모순되는 행동과 태도의 원인이 된다고 생각했다. 왜냐하면 집착과 해방이 모두 긍정적인 면과 부정적인 면을 가지고 있기 때문이다. 예를 들면, 집착은 적대적이고 파괴적인 방법으로 혹은 사랑스럽고 온유한 방법으로 행해질 수 있다. 유사하게 해방은 파괴적인 분노의 발산 혹은 유유자적의 상태를 의미할 수 있다. 여기서 중요한 점은 아이가 처음으로 긍정적인 면과 부정적인 측면에서 선택을 하는 연습을 한다는 것이다. 이리하여 아이들은 그들의 자율적인 의지를 경험하게 된다.

부모와 아이 간에 의지의 마찰이 있게 되는데, 이것이 바로 본능적인 욕구에 대한 사회적 규칙의 첫 사례인 배변훈련(toilet training)이다. 아이들은 적절한 시간과 장소에서만 배설하도록 배운다. 어떤 부모는 아이들의 자율적인 성숙을 지지해 주며, 또 다른 부모는 훈련을 강요하고 원하는 대로 아이가 행동하지 않을 때 화를 낸다. 이러한 상황이 이 시기의 부모와 아동 간의 수많은 의지충돌에 대한 실례다.

에릭슨은 아이가 자신의 의지를 연습하도록 허용되지 않을 때, 아이는 다른 사람과의 관계에서 수치심을 느끼고 자신의 능력에 대한 의심을 발달시킨다고 믿었다. 자기 자신이고자 하는 의지는 좌절되고 위협받는다. 그러므로 항문 부위가 이 단계의 초점일 수 있지만, 잠재적 갈등의 형태와 구조는 생물학적이기보다 훨씬 심리사회적이다.

주도성 대 죄의식 에릭슨의 심리사회적 단계의 세 번째 적응 대 부적응 방식의 특성은 주도성 대 죄의식(initiative vs. guilt)이다. 세 살에서 다섯 살 사이에 발생하는 세 번째 발달 단계는 프로이트의 성기기와 유사하다. 이 단계에 아이의 운동 및 정신적 능력은 충분히 개발된 상태다. 아이는 보다 많은 일을 할 수 있고, 스스로 하기를 원한다. 즉, 아이의 주도성이 강해졌다. 이 단계에 나타나는 주도성 발달의 환상적 형태는 반대 성의 부모를 소유하고자 하는 욕망이다.

중요한 점은 부모가 어떻게 이러한 아이의 새로운 자기 주도적인 활동과 환상에 반응할 것인가다. 만약 부모가 아이를 처벌하거나, 이러한 주도성을 금지시키거나, 아이에게 이 새로운 주도성을 나쁜 것으로 느끼게 한다면, 아이는 죄의식을 발달시킬 것이다. 이러한 죄의식은 나중에 모든 자기 주도적인 활동에 지속적으로 영향을 미치게 된다.

오이디푸스적 관계와 관련해서 본다면, 아이가 실패하는 것이 당연하다. 그러나 부모가 주도성에 있어서의 아이의 이러한 특별한 실패를 사랑과 이해심으로 지도하면, 아이는 어떤 것이 용납된 행위이고 어떤 것이 그렇지 아니한가에 대한 도덕적인 감각을 획득할 수 있을 것이다. 아이의 주도성은 보다 현실적이고 사회적으로 허용된 목표를 달성할 수 있게 발달된다. 따라서 아이는 어른들이 갖는 책임감과 도덕성을 발달시킨다. 즉 아이는 같은 성의 부모와의 동일시를 통해서 사회를 대표하는 부모를 수용함으로써 초자아를 형성하고 발달시킨다.

근면성 대 열등감 에릭슨의 심리사회적 단계의 네 번째 적응 대 부적응 방식의 특성은 근면성 대 열등감(industry vs. inferiority)이다. 프로이트의 잠복기와 유사한 네 번째 단계는 학교에 입학할 때부터 대략 11살까지 지속된다. 아이의 세계는 집 밖에서의 새로운 영향과 압력에 노출되면서 상당히 확장된다. 가정에서와 학교에서 아이는 주어진 일을 완성함으로써 얻어지는 기쁨을 얻거나 인정을 받기 위해 부지런히 활동한다. 가정이나 학교에서 아이는 자신의 논리적 능력을 바탕으로 사물을 보다 정교한 방식으로 이해하고 조작하기 시작한다. 보통 이 시기의 남자아이들은 나무 집을 만들거나 모형 비행기를 만들고, 여자아이들은 요리를 하거나 바느질을 하게 되는데, 이러한 작업들은 주의집중, 부지런함, 끈기가 요구된다.

이 시기에 아이는 어른들이 사용하는 가정용품, 연장, 기계를 다룰 수 있게 됨으로써 공학적 능력의 기초를 발달시키게 된다. 아이들이 이러한 새로운 기술의 발달을 스스로가 얼마나 잘 지각하고 있는가는 대부분 부모나 교사들의 행동과 자세에 의해 결정된다. 만약 아이가 자신이 노력한 것에 대해 조롱받고, 야단맞고, 거절당하면, 아이는 자신을 부적절하게 생각하고 열등감을 발달시키게 된다. 반대로, 건설적이고 교육적인 칭찬과 강화는 아이들의 근면성을 촉진시킨다. 이러한 근면성을 바탕으로 아이는 보다 나은 발달을 이루게 된다.

자아정체감 대 역할 혼돈 에릭슨의 심리사회적 단계의 다섯 번째 적응 대 부적응 방식의 특성은 자아정체감 대 역할 혼돈(identity vs. role confusion)이다. 에릭슨은 12세부터 18세까지의 청소년기가 자신의 기본적인 자아정체성에 대한 의문을 갖고 심사숙고하는 시기라는 점에서 특히 중요하다고 생각했다. 주관적인 인지적 해석과 공고화 능력을 통해 개인은 자신에 대해 느끼고 아는 모든 것을 전체로 융화시킨다. 개인은 의미 있는 과거를 바탕으로 미래에 대한 지향을 제공하는 자아상을 형성해야 한다. 개인은 자기에 대한 타인의 견해와 자신에 대한 견해를 통합하여 일관된 자아상을 가져야 한다. 이러한 이미지 혹은 자아상을 통해 개인은 자아정체감을 형성한다.

에릭슨은 개인이 자신의 정체감을 형성하고 받아들이는 것은 매우 어렵고 불안한 과업이라고 여겼다. 왜냐하면 청소년은 자신에게 가장 적합한 것을 결정하기 위해 여러 가지 다른 역할이나 신념을 시험해 보아야 하기 때문이다. 그는 청소년기를 아동기와 성인기 사이에 있는 시기, 즉 역할과 자아상 형성을 위해 절대적으로 필요한 심리적 유예 기간이라고 보았다.

분명한 정체감을 가지고 이러한 어려운 시기를 거친 사람은 자신감을 가지고 다가오는 성인기를 맞이할 준비를 하게 된다. 정체감을 성취하는 데 실패하고 정체감 위기를 경험한 사람은 역할 혼돈을 보인다. 역할 혼돈에 있는 사람은 스스로가 누구이며, 어디에 속해 있고, 어디로 향하는지 모른다. 그 결과로서 이런 사람은 정상적인 삶의 과정인 교육, 직업, 결혼에서 낙오될 수 있으며 부정적 정체감을 추구하게 된다. 이러한 청소년은 범법자가 되거나, 마약을 탐닉하거나, 중독상태에 빠질 수 있다. 이러한 청소년의 부적절한 방식도 여전히 정체감이다. 부정적 정체감이 긍정적 정체감처럼 만족스럽지 못하지만, 정체감이 전혀 없는 것보다는 오히려 더 낫다.

에릭슨은 청소년이 동일시하기 위해 선택한 사회 집단이 적절한 자아정체감의 발달에 끼칠 수 있는 영향을 강조하였다. 즉, 청소년이 학교중퇴자 혹은 마약중독자들과 같은 비행청소년들과 어울리는 것은 건전한 자아형성을 방해할 수 있기 때문이다.

친밀감 대 고립감 에릭슨의 심리사회적 단계의 여섯 번째 적응 대 부적응 방식의 특성은 친밀감 대 고립감(intimacy vs. isolation)이다. 이 단계는 성인 초기로서 청소년 말기에서부터 성인 중기가 시작할 때까지의 기간에 해당된다. 이 시기에 개인은 부모로부터 독립하게 되고 책임감 있는 성숙한 성인으로서 기능하기 시작한다.

개인은 어떤 종류의 생산적인 일을 수행하는 것은 물론 우정과 성적인 결합으로 다른 사람들과 친밀한 관계를 형성하기도 한다. 친밀감은 성적인 관계에 국한되지 않는다. 성인 초기에 개인은 자기상실에 대한 두려움 없이 자신의 정체감을 누군가의 정체감과 융합시킬 수 있어야 한다. 친밀한 관계에서 개인이 자신의 자아정체감을 융합하는 것은 종속되는 것이 아니다. 자신의 자아정체감이 혼합되어야 하지만 상실되어서는 안 된다. 우리는 개인으로서 내가 누구이고 어떤 사람인가를 확실히 알고 있어야 한다.

친밀감을 형성할 수 없는 사람은 고립의 상태에 빠진다. 이러한 사람은 다른 사람들과의 가까운 접촉을 피하며 자신의 자아를 위협하는 것으로 생각되는 사람들을 공격하거나 거부하게 된다. 이러한 사람들은 친밀감을 두려워하기 때문에 홀로 있기를 더 좋아한다.

생산성 대 침체감 에릭슨의 심리사회적 단계의 일곱 번째 적응 대 부적응 방식의 특성은 생산성 대 침체감(generativity vs. stagnation)이다. 이 단계는 중년기로 대충 35~50세까지이며, 인간의 완전한 성숙기에 해당된다. 개인은 다음 세대를 가르치고 인도하는 데 적극적이고 직접적으로 참여하는 것이 필요하다. 에릭슨은 모든 단체 혹은 조직이 인간의 생산성 표현을 보호하고 강화시킨다고 느꼈다. 인간은 자신이 속한 어떤 조직에서 다음 세대에게 영향을 끼치고 이끌고자 하는 욕구를 만족시킬 수 있다. 그러한 행동이 중년기의 개인에게서 나타나지 않으면, 그 사람은 침체감, 권태, 대인관계 악화 상태에 빠지게 된다. 개인은 친밀감의 단계로 퇴행하여 어린애처럼 마음대로 행동하게 된다. 이러한 사람은 자신의 욕구와 만족에 완전히 빠져 버리기 때문에 신체적 혹은 심리적인 문제를 가질 수 있다.

자아통합 대 절망감 에릭슨의 심리사회적 단계의 여덟 번째 적응 대 부적응 방식의 특성은 자아통합 대 절망감(ego integrity vs. despair)이다. 개인은 인생의 황혼기에 자아통합이나 절망의 상태에 있는 자신을 발견한다. 이것은 자신의 전체적인 삶을 바라보는 방법을 좌우하게 된다. 이 시기에 개인의 주요한 노력은 자아완성 혹은 완성에 가까워지려는 데 있다. 이 시기는 자신의 삶을 되돌아보거나 검토해보며 마지막 평가를 하는 숙고의 시간이다. 만약 개인이 충족감과 만족감으로 자신의 삶을 되돌아보고, 그가 인생의 성공과 실패에 잘 적응해 왔다면, 그는 자아통합을 하게 된다. 자아통합을 한 개인은 자신의 현재 상황과 과거를 수용한다. 반대로, 만약 개인이 이제는 고칠 수 없는 실수에 대해 후회하고, 놓쳐 버린 기회에 대해 분노하고, 좌절감과 증오로 자신의 삶을 바라본다면, 그는 절망의 상태에 있게 된다. 그는 삶을 혐오하며 타인들을 경멸하고 '만약 ~만 했더라면'이라는 식으로 생각하면서 매우 고통스러워한다.

기본적 덕목

인생의 여덟 단계는 각각의 정체성 위기를 가지며, 각 단계는 특별한 강점을 발달할 새로운 기회를 제공한다. 에릭슨은 이러한 강점을 기본적 덕목이라고 불렀다. 각 개인이 각 발달단계에서 적응 대 부적응 방식을 다루어 나가면서 긍정적으로 적응적인 방식을 통해 이러한 강점이 비롯되며, 모든 세대에 걸쳐, 공통적으로 나타난다. 이러한 기본적인 인간의 강점은 개인의 인생의 과정에 걸쳐 그리고 전 인류사에 걸쳐 자연스럽게 진화된 것이다. 각각의 덕목은 매우 중요하며 삶에 생기를 준다. 이러한 덕목은 타고난 것이 아니며, 개발되어야 하고, 한 개인의 삶에 걸쳐 끊임없이 재확인되어야 한다.

발달단계에 대응하는 여덟 가지 기본적 덕목이 있다. 이러한 덕목은 각 단계에서 위기를 직면하여 만족스럽게 해결되었을 때에만 나타난다. 아동기에 나타나는 네 가지 덕목은 희망(hope), 의지(will), 목적(purpose), 그리고 유능성(competence)이다. 그리고 충실성(fidelity)은 청소년기에, 사랑(love), 배려(care), 지혜(wisdom)는 성인기에 나타난다. 덕목들은 매우 상호 의존적이어서 선행되는 덕목이 완전하게 확립되지 않으면 이후의 덕목은 발달되기가 어렵다. 이러한 각 발달단계의 덕목에 대해 간단히 살펴보자.

희망 희망은 기본적인 신뢰에서 비롯된다. 희망은 바라는 것이 충족될 것이라는 견고한 믿음이다. 즉, 일시적인 후퇴나 어려움에도 불구하고 계속 유지되는 자신감이다.

의지 의지는 자율성으로부터 나온다. 의지는 선택의 자유와 자기통제를 실천하기 위한 거부할 수 없는 확고한 자기결심이다. 그리고 의지는 사회의 규칙을 수용하고 따르기 위해서 없어서는 안 될 기본적 요인이다.

목적 목적은 주도성에서 비롯된다. 목적은 중요한 목표를 계획하고 수행하려는 용기를 수반한다.

유능성 유능성은 근면성에서 비롯된다. 유능성은 장인 정신이라고 불릴 수 있는데, 그것은 주어진 임무를 수행하고 완성하는 데 있어서 기술과 지혜를 가지고 힘쓰는 것을 의미한다.

충실성 충실성은 자아정체감에서 비롯된다. 충실성은 타인과의 관계에서의 기본적인 성실함이나 의무감, 그리고 정직, 순수함을 유지하는 것을 의미한다.

사랑 사랑은 친밀감에서 나온다. 에릭슨은 사랑이 가장 위대하고, 인간에게 가장 지배적인 덕목이라고 여겼다. 그는 사랑을 "공유된 정체감을 가진 배우자와 파트너의 상호성"이라고 정의하면서 다른 사람에게서 자신을 찾기도 하고 잃기도 하는 것이라고 하였다.

배려 배려는 생산성으로부터 생겨난다. 배려는 다른 사람을 향한 폭넓은 관심과 염려로 가르치고 지도하고자 하는 욕구에서 나타난다. 즉, 그것은 가르침을 받는 사람들을 위해서 뿐만 아니라, 자신의 정체감을 실현시키도록 돕는 것이기도 하다.

지혜 지혜는 자아통합에서 나온다. 지혜는 삶의 문제에 의연한 방식으로 표현된다. 지혜는 아마도 '유산'이라는 단어로 가장 잘 기술된다. 왜냐하면 인간은 통합된 경험인 지혜를 다음 세대에 전달해 주기 때문이다.

4. 성격 평가기법

에릭슨도 프로이트처럼 전이, 자유연상, 꿈 분석을 사용하였다. 하지만 꿈에 대한 견해는 프로이트와 달랐다. 프로이트가 꿈을 성적인 욕구에 대한 소망 충족이라고 보았던 반면, 에릭슨은 정체감을 유지하고 고양시키려는 시도로 보았다. 또한 잠재몽의 내용과 의미를 중요하게 여겼던 프로이트와는 달리, 에릭슨은 현재몽을 이해하는 것이 더 중요하다고 주장하였다. 에릭슨에 따르면, 현재몽은 현재의 생활 문제에 관한 중요한 정보를 제공할 뿐 아니라 치료자와의 관계에 대한 내담자의 의견도 제공한다.

프로이트는 성인 신경증 환자들을 주로 다루었던 반면, 에릭슨은 아동 정신분석가였다. 따라서 아동에 맞는 기법들을 고려할 수밖에 없었다. 이런 까닭에 에릭슨은 놀이치료(play therapy)에 관한 기법을 개발하였다(Ryckman, 2000).

또한 에릭슨은 성격의 이해 및 평가를 위해 주로 '심리역사적 분석(psycho-historical analysis)'을 사용하였다. 자아정체감 검사는 그의 이론을 반영한 검사다. 여기서는 이러한 두 가지 방식을 살펴보자.

심리역사적 분석 에릭슨은 역사가는 역사적 사건을 설명하기 위해 개인의 발달사에 관한 부분을 무시하는 경향이 있으며, 반면 정신분석가는 개인의 행동을 기술하기 위해 보다 포괄적인 역사적 과정을 경시하는 경향이 있다고 보았다. 심리역사적 분석은 이러한 두 가지 단점을 보완한 것이다. 에릭슨은 자아 발달에 대한 그의 이론을 유명 인사들의 삶에 적용시키기 위해 심리역사적 분석을 사용하였다. 따라서 이 분석법은 개인에 대한 전기적 연구(biographical study)에 관한 것으로서, 에릭슨이 역사적으로 유명한 인사들, 예를 들어 마하트마 간디(Mahatma Gandhi), 마틴 루터(Martin Luther), 아돌프 히틀러(Adolf Hitler), 버나드 쇼(George Bernard Shaw) 등 종교인 혹은 정치가들이 겪었던 삶의 위기와 위기 대처 방식을 묘사하는 데 자신의 성격 발달이론을 적용하였다.

자아정체감 검사 에릭슨은 성격 평가를 위해 심리검사를 사용하지 않았지만 에릭슨의 이론에 바탕을 둔 몇 가지 도구들이 후에 개발되었는데, 그 중 대표적인 것은 청소년기의 자아정체감 발달 정도를 측정하기 위해 개발된 자아정체감 척도(The Ego-Identity Scale)다.

5. 성격이론의 적용

에릭슨에게 있어서 신경증 환자와 정신증 환자는 자신이 경험하는 것에 대해 통제감이 부족한 혼란스런 정체감을 지닌 사람들이다. 이들의 자아는 미약하거나 부적절하여 타인들과 잘 관계를 맺을 수 없고, 사회 내에서도 자신의 자리를 지키기가 힘들다. 에릭슨은 인생의 첫 단계에서 기본적 신뢰를 형성하지 못하면 후의 삶에서 정신분열증 같은 심각한 정신병리를 유발할 수 있다고 보았다. 타인에 대한 신뢰감이 형성되지 못하면 외부 현실과 단절이 되어 현실 검증이 되지 않고 자신만의 세계에 머무르게 된다는 것이다. 편집증의 경우에는 '희망과 의지상태 간의 어느 지점'에서 고착되어 있는 경우를 의미하며(Evans, 1967, p. 56), 강박충동장애는 항문기 고착의 결과라고 보았다. 특히, 신경증은 성인기 초기에 타인과 친밀감을 형성하지 못하는 경우에 발달된다고 보았으며, 신경증 환자들은 친밀한 관계에서 비롯되는 여러 위험요소와 책임을 수용할 수 없는 외롭고 소외된 사람들이라고 보았다.

에릭슨은 이러한 내담자들을 치료하는 것은 정체감을 강화시키는 치료적 경험을 하게 하는 것이라고 믿었다. 왜냐하면 자아가 강한 사람은 자신을 다른 사람에게 드러냄으로 인해 생기는 실망, 상처, 혹은 타인의 거부 등을 잘 대처해 나갈 수 있기 때문이다.

요약

1. 에릭슨은 프로이트의 이론을 확장시켰다고 볼 수 있는데, 성격 발달의 본능적 측면뿐만 아니라 심리사회적 측면을 강조하였다. 또한 원초아보다 자아를 더 강조하였다. 프로이트가 본능을 주로 강조한 반면, 에릭슨은 전체 성격의 형성에 문화, 사회, 역사의 영향을 인식하였다. 에릭슨은 성격 형성에 과거뿐 아니라 미래도 중요하다고 보았다.
2. 에릭슨은 자아의 중요성을 강조한 자아심리학의 발달에 기여하였으며, 적응 대 부적응 방식의 위기를 통해 인간이 성숙한다는 것을 강조하였다.
3. 에릭슨이 제안한 심리사회적 발달의 주요한 특성과 원리를 살펴보면, 성숙은 점성적 원리에 따라 일어나며, 발달의 각 단계에는 위기가 있다. 또한 자아는 적절하거나 부적절한 적응 방법을 통합해야 하며, 각 발달단계는 개인에게 기본적인 덕목을 발달할 기회를 제공한다.
4. 에릭슨은 심리사회적 발달단계를 여덟 단계로 구분하였다. 여덟 단계에서 적응 대 부적응 방식은 각각 신뢰감 대 불신감, 자율성 대 의심 및 수치심, 주도성 대 죄의식, 근면성 대 열등감, 자아정체감 대 역할 혼돈, 친밀감 대 고립감, 생산성 대 침체감, 자아통합 대 절망감이다.
5. 인생의 여덟 단계는 각각의 정체성 위기를 가지며, 각 단계는 특별한 강점을 발달할 새로운 기회를 제공한다. 이러한 강점 혹은 덕목은 각 발달단계별로 희망, 의지, 목적, 유능성, 충실성, 사랑, 배려, 지혜 등이다. 덕목들은 상호의존적이어서 선행되는 덕목이 완전하게 확립되지 않으면 이후의 덕목은 발달되기가 어렵다.
6. 에릭슨은 성격이론을 개발할 때 주로 심리역사적 분석을 사용하였다. 심리역사적 분석이란 개인에 대한 전기적 연구에 관한 것으로서, 역사적으로 저명한 인사들이 겪었던 삶의 위기와 위기 대처 방식을 자신의 성격 발달이론을 접목하여 설명한 것이다. 그의 이론에 입각하여 청소년기의 자아정체감 발달 정도를 측정하기 위한 자아정체감 척도가 개발되어 사용하고 있다.

?! Review Questions

1. 에릭슨의 인간 발달과 관련하여 제안한 점성적 원리가 무엇인지 설명하라.

2. 에릭슨이 제안한 심리사회적 발달단계를 적응 대 부적응 방식의 특성을 바탕으로 설명하라.

3. 성격 발달에 대한 프로이트의 관점과 에릭슨의 관점을 비교하여 설명하라.

4. 프로이트의 심리성적 발달단계와 에릭슨의 심리사회적 발달단계를 비교하여 설명하라.

5. 심리사회적 발달단계의 주요한 덕목에 대해 기술하라.

6. 에릭슨이 개인의 성격을 연구하기 위해 사용한 심리역사적 분석에 대해 설명하라.

자기 이해와 성장을 위한 <성격 연습 21>

개인 정체감

에릭슨에 의하면, 10대들과 20대 초반의 성인들은 개인 정체감을 형성하는 과업에 직면한다고 합니다. 발달의 다른 단계에서와 마찬가지로 이러한 위기를 어떻게 잘 해결하느냐가 장래의 성격 발달과 적응 패턴을 결정짓는다고 볼 수 있습니다. Ochse와 Plug(1986)는 에릭슨이 제시한 발달의 여덟 단계를 각각 어떻게 성공적으로 밟아 나가는지를 측정할 수 있는 성인용 척도를 개발하였습니다. 정체감 형성 대 역할 혼미에 관한 항목들이 다음에 제시되어 있습니다. 다음 보기를 참고하여 각 진술문들을 읽고 해당 번호를 적으시오.

〈보기〉

1 = 전혀 그렇지 않다.

2 = 거의 그렇지 않다.

3 = 자주 그렇다.

4 = 매우 그렇다.

1. 내가 진정 어떤 사람인지 궁금하다.	1	2	3	4
2. 사람들의 나에 관한 생각들이 바뀌는 것 같다.	1	2	3	4
3. 내 인생에서 내가 무엇을 해야 할지 확신한다.	1	2	3	4
4. 어떤 것이 도덕적으로 옳고 그른지 불확실하다.	1	2	3	4
5. 내가 어떤 사람인지에 대한 대부분의 사람의 의견이 비슷하다.	1	2	3	4
6. 내 방식의 삶이 내게 어울린다고 느낀다.	1	2	3	4
7. 다른 사람들은 나의 가치를 인정한다.	1	2	3	4
8. 나를 아주 잘 아는 사람들과 떨어져 있을 때 진정한 나 자신이 되는 자유로움을 더 느낀다.	1	2	3	4
9. 내가 하고 있는 일이 진정 가치로운 것은 아니라고 느낀다.	1	2	3	4
10. 내가 살고 있는 지역사회에 나는 잘 적응하고 있다.	1	2	3	4
11. 나 자신에 자부심을 느낀다.	1	2	3	4

12. 내가 나를 바라보는 것과 타인이 나를 바라보는 것이 매우 다르다.	1	2	3	4
13. 무시되는 느낌이다.	1	2	3	4
14. 사람들은 나를 인정하지 않는다.	1	2	3	4
15. 삶으로부터 얻고자 하는 것에 대한 생각이 바뀐다.	1	2	3	4
16. 사람들이 나에 대해 어떻게 느끼는지 확실하지 않다.	1	2	3	4
17. 나 자신에 대한 느낌이 변한다.	1	2	3	4
18. 마치 연극을 하고 있거나 남들 눈에 띄기 위해 뭔가를 하는 듯한 느낌이 든다.	1	2	3	4
19. 내가 살고 있는 사회의 구성원인 것이 자랑스럽다.	1	2	3	4

채점 방식 점수를 계산하기 위해 첫 번째로 해야 할 것은 1, 2, 4, 8, 9, 12, 13, 14, 15, 16, 17, 18번 문항에 표시한 점수를 역으로 환산한다. 이를테면, 앞의 문항들에 4로 표시했다면 1로, 2는 3으로, 3은 2로, 4는 1로 바꾼다. 나머지 문항은 그대로 두고, 전체 점수를 합산한다.

해석 방식 Ochse와 Plug(1986)는 남아프리카 공화국의 시민들(15~60세)을 대상으로 조사한 결과, 이 척도의 평균 점수는 56~58이었으며, 표준편차는 7~8이었다. 이 평균 범위보다 훨씬 더 높은 점수는 정체감이 잘 발달되어 있다고 볼 수 있으며, 유의미하게 더 낮은 점수는 아직 정체감 발달단계에 있다고 할 수 있다.

* 출처: Burger, J. M. (2000). *Personality*(5th ed.). Belmont, CA: Wadsworth/Thomson.

제4부 행동 및 사회적 학습 관점

심리학의 제2세력인 행동주의는 인간 행동을 연구하는 심리학의 주요한 세력으로서 20세기 후반을 지배해 왔다. 논리적 실증주의의 영향을 받은 행동주의자들은 인간의 관찰될 수 있는 행동만이 과학적 심리학의 연구주제가 된다고 주장하였다. 특히, 행동주의는 실용주의가 지배하는 미국의 학문적 토양에 부합하여 1930년대부터 1960년대까지 미국에서 전성기를 이루어 그 꽃을 피웠다고 할 수 있다.

행동주의 접근은 인간 행동의 원리나 법칙을 설명하는 학습심리학에 근거한다. 즉, 개인의 모든 행동은 주어진 환경에 의해 결정된다고 본다. 따라서 행동치료자는 당신의 바람직한 행동뿐만 아니라 당신의 잘못된 행동도 학습되었다고 믿는다. 정신역동주의나 인본주의 관점과는 달리 행동주의 관점은 학습원리를 도출하는 실험적인 장면에서 관찰가능한 행동만을 분석할 것을 강조한다. 행동주의 모델에 의한 대부분의 연구는 개, 쥐, 비둘기 같은 동물의 수행에 기초한다. 이것은 실험동물의 수행을 인간에게 일반화시키는 것에 대한 이슈를 불러일으켰다. 그럼에도 불구하고, 행동주의 심리학자들은 행동이 어떻게 형성되었는가를 구체적으로 보여 줌으로써 문제행동을 변화시키기 위한 상담의 이론적 체계에 공헌하였다.

행동주의 접근의 기초가 되는 중요한 학습이론으로 파블로프의 '고전적 조건형성'과 스키너의 '조작적 조건형성'을 들 수 있다. 초기에 행동치료는 이러한 학습원리를 인간 행동에 논리적으로 확장한 것으로 간주되었다. 그러나 오늘날 행동치료는 더 이상 고전적 조건형성과 조작적 조건형성 이론의 임상적 적용이라고 단순히 정의할 수 없을 정도로 다양한 발전을 이룩하였다.

행동주의의 학습이론 전통을 이어 받은 반두라와 로터는 급진적 행동주의의 단점을 보완하고자 하였다. 이들은 인지의 중요성을 내포한 사회적 행동과 학습이론을 행동주의의 원리를 따르면서 심리학의 다른 개념들을 행동주의에 통합시키려고 노력하였다. 이들의 이론은 매우 단순한 실험실 상황에서 벗어나 보다 복잡한 사회적 맥락에서 인간 행동이 연구되어야 함을 강조하였다. 또한 동물을 연구하기보다는 인간을 대상으로 연구하여 행동의 원리를 밝혀야 한다고 주장하였다.

요약하면, 행동주의자들은 인간이 조건형성의 산물이라고 보며 인간 학습의 기본적 유형으로 자극-반응의 패러다임을 주장하였다. 행동주의의 주요한 변화는 1960년대 학습에 인지에 대한 중요성을 점차 수용하면서 사회적 학습이론으로 발전되었다.

여기서는 성격에 대한 행동 및 사회적 학습 관점으로 지난 20세기에 행동주의의 권위라고 할 수 있는 스키너의 조작적 조건형성, 로터의 사회적 학습이론, 반두라의 사회적 인지이론을 살펴보고자 한다.

제15장

스키너의 조작적 조건형성

자유는 강화 수반성의 문제이지 수반성이 생성하는
감정의 문제가 아니다.

– 스키너 –

파블로프와 왓슨의 고전적 조건형성에서 유기체는 조건형성되는 동안 수동적이다. 스키너의 조작적 조건형성(operant conditioning)의 전조는 손다이크(1874~1949)가 확립한 도구적 조건형성(instrumental conditioning)이었다. 손다이크는 유기체가 시행착오학습을 통해 반응경향성을 갖게 되거나 상실하는 효과의 법칙에 따라 학습한다는 것을 발견하였다. 스키너의 조작적 조건형성은 당신이 하는 행동에 따라 보상을 받거나 처벌된다는 기본적 가정에 입각한다. 따라서 당신이 하는 능동적인 자세 또는 행동 결과의 중요성을 정교화한 것이다. 스키너가 강조하는 기본적인 원칙은 "행동은 그것의 결과에 의해 조성되고 유지된다"는 것이다.

스키너는 동물이 보이는 반응이 환경에 어떤 조작을 가하여 강화물을 초래한다는 의미에서 이런 반응을 '조작행동'이라고 불렀다. 스키너는 행동의 조성과 유지에서 환경의 역할을 강조하였다.

스키너는 인간에 대해 기계론적 입장을 취했다. 그는 "인간을 원리나 법칙에 따라 행동하는 복잡한 체계인 유기체"로 여겼다(Schultz & Schultz, 1998). 스키너는 행동을 유발하는 원인 혹은 추동이 외부 요인의 영향이라고 생각하였다. 무의식, 방어기제, 특질 등의 개념은 관찰될 수 없기 때문에 과학으로서의 심리학의 영역에 포함될 수 없다고 스키너는 주장하였다. 이러한 내적 추동은 가설적인 개념이기 때문에 철학이나 신학에서 다루어야 할 개념으로 여겼다. 스키너는 인간을 '비어 있는 유기체'로 보았다. 이는 우리의 행동을 과학적으로 설명하기 위해 살펴볼 수 있는 것은 우리 내부에는 존재하지 않는다는 의미다.

이러한 맥락에서 인간은 오랜 과거 경험에서 비롯된 강화의 산물이라고 보았다. 다시 말하여 보상을 받은 행동은 지속될 것이고, 보상받지 못한 행동 혹은 처벌 받은 행동은 사라질 것이다. 우리의 행동은 강화와 처벌의 법칙에 따르고 통제된다.

스키너는 다른 성격이론가들과는 달리, 개인차에 대해 관심을 두지 않았다. 그는 인간 행동의 보편적 법칙을 발견하는 것이 목적이었다. 그는 자극과 반응 간의 관계를 설명하는 고정불변하는 경험적 진술을 원하였다. 사람들 간에 개인차가 존재한다면, 반응을 유발하는 자극이 서로 다르기 때문이라고 여겼다. 자극을 반응과 연관시키는 규칙은 변하지 않는다.

자신의 이러한 입장을 주장하기 위해 스키너가 연구한 대상은 사람이 아니라 동물이었다. 몇몇 성격이론가들은 정서적으로 문제가 있는 사람들을 대상으로 이론을 발달시켰고, 다른 이론가들은 평균적인 정상인들을 대상으로, 어떤 이론가는 가장 영리하고 성공한 사람들을 대상으로 이론을 발달시켰다. 스키너는 보편적인 법칙을 발견하기 위해서는 통제하기 쉽고 행동의 기제가 단순한 동물들을 연구하여 인간 행동을 설명하는 것이 보다 많은 이점이 있다고 생각하였다.

비록 스키너의 이러한 주장들이 많은 사람의 논란을 불러일으켰지만, 오늘날 심리학 분야에서 그의 중요도와 영향력은 매우 크다고 볼 수 있다.

1. 스키너의 생애

행동주의의 대표적 인물은 스키너다. 20세기에 가장 영향력 있는 심리학자 대열에 있었던 것으로 평가받고 있는 스키너(Fredrick B. Skinner, 1904~1990)는 1904년 펜실베이니아 주 서스퀘해나(Susquehanna)의 부유한 가정에서 두 명의 아들 중 큰 아들로 출생하였다. 변호사인 아버지는 스키너의 출생을 지역신문을 통해 알렸다. 그의 부모는 아들들에게 적절한 행동규칙을 주입했던 열심히 일하는 사람들이었다. 스키너를 법학도로서 만들려 했던 아버지의 모든 노력은 수포로 돌아가고, 스키너는 영어를 공부하기 위해 해밀턴대학교에 입학하였다. 그는 직업으로 변호사가 아니라 작가가 되기를 희망했다. 졸업 후 2년 동안 글을 쓰는 데 기여했으나 자신에게 작가로서의 소질이 없음을 발견하고는 작가의 꿈을 포기하였다.

스키너는 소설보다는 과학적 방법으로 인간을 연구하기로 결정하고, 1928년에 심리학을 공부하기 위해 하버드대학교 대학원에 입학하였다. 스키너는 심리학으로 관심분야를 바꿀 때 "인간 행동에 대한 나의 관심은 여전하지만, 문학적 방법에 있어서는 실패하였다. 나는 과학으로 바꾸었으며, 비록 잘 알지는 못하지만 관련된 과학이 심리학인 것 같다."라고 적었다(Skinner, 1967, p. 395). 그로부터 3년 후인 1931년에 박사학위를 받았다. 그의 행동주의의 선택은 작가로서 묘사하려고 했던 모든 감정 및 정서적 힘을 배제하도록 이끌었다.

1936년까지 하버드대학교에 머물러 연구를 한 후, 미네소타대학교와 인디애나대학교에 재직했으며, 그 뒤 다시 1947년에 하버드대학교로 돌아와서 교직생활을 마감하였다.

1930년대 중에 스키너는 실험연구를 통해 흰쥐를 이용하여 학습원리를 개발하는 데 노력하였다. 흰쥐를 이용한 그의 연구결과는『유기체의 행동(The Behavior of Organisms)』이라는 책으로 출판되었다. 실험심리학에 있어서 그의 가장 중요한 기여는 아마도 일반적으로 '스키너 상자(the Skinner box)'라고 불리는 장치의 발명이었다. 스키너 상자는 동물(주로 쥐와 비둘기)의 자발적 행동을 분석하기 위한 실험장치로, 이 실험에 의해 새로운 학습실험의 형식이 생겨났다고 할 수 있다. 이 실험장치는 스키너가 강화를 입증하기 위해 동물이 새장에 붙어 있는 지렛대를 누르도록 고안된 장치다. 나중에 스키너와 다른 연구자들은 이 장치를 비둘기, 원숭이, 인간, 그리고 다른 다양한 유기체에 적용하였으며, 이 장치는 지금도 다양한 학습 원리를 실험하는 데 사용되고 있다.

스키너는 1940년대 중에 작가로서 실패한 정체감으로 중년의 위기를 경험하였는데, 1948년에 그의 인간행동에 대한 강화 원리에 근거하여 이상사회를 묘사한『월덴 투(Walden Two)』라는 소설을 통해 자기치료를 하였다. 1953년 초에, 스키너는 인간행동에 그의 생각을 적용하였는데, 이 내용을 담고 있는 것이『과학과 인간행동(Science and Human Behavior)』이라는 책이다.

스키너는 1957년에 페스터(Charles Ferster)와의 공동 작업에서『강화계획(Schedules of reinforcement)』이라는 책을 출판했는데, 이것은 강화가 모든 반응에 주어질 필요가 없으며, 시간과 비율에 의해 프로그램 될 수 있다는 것을 보여 준다. 같은 해에 그는『언어행동(Verbal Behavior)』을 출판했으며,『자유와 존엄을 넘어서(Beyond Freedom and Dignity)』라는 책은 베스트셀러가 되었다. 그러나 그는 문학과 관련하여서는 별다른 평을 받지 못했다. 1970년대 후반과 1980년대 초에 걸쳐 그는 세 권의 자서전, 즉『나의 삶에서 특별한 일들(Particulars of My Life』(1976),『행동주의자의 조성(The Shaping of a Behaviorist)』(1979),『결과의 문제(A Matter of Consequences)』(1983)를 출간하였다. 그는 1990년에 죽을 때까지 자기가 발견한 강화원리를 강조하면서 타임지에 "노병은 아직 죽지 않았다."란 표현으로 그의 입장을 기술하였다. 아무튼 스키너는 죽기 바로 직전까지 글을 쓰고 강연을 계속하였다.

행동주의의 창시자인 왓슨처럼, 스키너의 생각도 논란의 대상이 되어 왔다. 스키너는 죽을 때까지 급진적인 행동주의자의 입장을 고수하였다. 그의 입장에 동감하는 사람들은 누구보다도 그가 과학으로서의 심리학을 발전시켰다고 믿었다. 그는 인간행동의 연구에 철저하게 객관적인 접근을 주장했으며, 관찰할 수 없는 무의식, 자유의지, 인지 등을 강조하는 정신분석, 인본주의, 인지심리학의 입장에 반대하였다.

2. 주요 개념

여기서는 스키너의 주요 개념으로 성격 없는 성격이론, 조작적 조건형성, 강화계획, 변별과 일반화, 소거, 조성 등을 살펴보고자 한다.

성격 없는 성격이론

스키너는 인간이 아니라 단지 인간에게 영향을 주는 환경 내의 변인과 힘에 초점을 두고 직접적으로 관찰될 수 있는 행동을 연구하였다. 그는 개인의 행동을 결정하고 유지시키는 환경적 결과에 집중해야 한다고 제안했다. 관찰할 수 있는 행동은 환경에 있는 요인에 대한 반응에 의해서 충분히 이해될 수 있다는 것을 강조했다. 따라서 스키너에게 '성격'이란 용어는 필요 없는 말이었다. 그에게 성격 혹은 자아와 같은 내적 구조에 의해서 행동을 이해하거나 설명하려는 노력은 과학이 아니라 허구를 얘기하는 것이었다.

스키너는 성격을 행동패턴의 집합이라고 정의하였다. 이런 점에서 일반적으로 다른 성격이론에서 가정하는 관찰할 수 없는 '자아' '특질' 등의 개념은 행동의 과학적 분석을 강조하는 스키너의 이론적 체계에서 연구대상이 아니었다. 다른 상황은 다른 반응패턴을 야기한다. 개인의 반응은 단지 이전 경험에 근거한다. 스키너는 정신적 상태를 찾는 것은 잘못된 것이라고 기술하면서 프로이트가 연구주제로서 내적 정신을 강조함으로써 과학을 50년 퇴보시켰다고 지적하였다(Skinner, 1953).

이처럼 스키너의 행동적 접근은 지금까지 논의해 온 다른 성격이론의 가정과는 매우 다르다. 즉, 그는 인간이 갖는 어떤 경향성을 무시하고 오직 어떤 상황에서 비롯되는 행동과 그것의 결과를 강조함으로써 실제로 성격이론을 구성하는 것을 거부하는 입장을 취했다. 이런 점에서 그의 입장을 아이러니컬한 제목인 '성격 없는 성격이론'으로 여기에 제시하는 이유는 그가 과학적으로 인간 행동을 설명하는 데 막대한 영향을 끼쳤기 때문이다.

조작적 조건형성

스키너는 행동을 두 가지 유형인 반응행동(respondent behavior)과 조작행동(operant behavior)으로 구분하였다. 반응행동은 자극에 의해서 야기되는 반사 혹은 자동적 반응을 의미한다. 예를 들면, 밝은 불빛에 눈의 동공 수축, 무릎 정수리를 두들기면 나타나는 무릎반사 혹은 뜨거운 냄비에 모르고 손가락을 댔다가 반사적으로 손을 끌어당기는 행동을 말한다. 이러한 행동은 학습된 것이 아니라 불수의적 및 자동적으로 야기된다. 이러한 반응행동은 학습을 통해서 조건형성되거나 변화될 수 있다. 파블로프는 무조건자극(고깃덩어리)과 조건자극(중립자극; 종소리)을 연합시켜 개에게 반복적으로 제시한 후에 무조건자극 없이 단지 조건자극에 의해 조건반응(타액분비)을 유발하게 하는 고전적 조건형성을 확립하였다.

조작행동은 제시되는 자극이 없이 방출되는 반응이다. 즉, 자발적으로 나타나는 행동이다. 조작행동은 반응에 따르는 사건에 의해 강해지거나 약해진다. 반응행동이 선행사건에 의해 통제되는 반면에, 조작행동은 그것의 결과에 의해 통제된다. 즉, 조작행동은 행동이 완성된 후에 일어나는 결과에 의존해서 일어나는 조건형성된 행동이다. 스키너는 이렇게 행동의 결과에 의해 특별한 행동을 조성하고 유지시키는 과정을 조작적 조건형성이라 불렀다. 다시 말하면, 조작적 조건형성은 행동과 그것의 결과의 연합을 통해 조작행동을 형성하는 절차다. 많은 행동이 고전적 조건형성에 의해 설명될 수 없기 때문에 스키너는 조작적 조건형성의 과정이 단순한 고전적 조건형성보다 훨씬 의미가 있고 중요하다고 믿었다.

요약하면, 반응행동은 어떤 자극에 의해 야기되거나 유발되는 반응을 말한다. 반면에 조작행동은 유기체가 자유롭게 자발적으로 하는 반응을 말한다. 강화(reinforcement)의 본질도 역시 두 조건형성에서 다르다. 고전적 조건형성에서는 자극이 강화이며, 그것은 행동에 선행한다. 이에 반해, 조작적 조건형성에서는 행동의 효과가 강화다. 그러므로 강화는 행동에 뒤이어 나타난다.

수반성 반응과 그것의 결과 간에 확립될 수 있는 특별한 관계를 강화 혹은 처벌의 수반성(contingency)이라고 한다(Catania, 1988, p. 5). 수반성은 어떤 사건(A)이 만약 다른 사건(B)이 일어나면 야기될 것이라는 것을 진술하는 규칙이다. 예를 들면, 자녀가 방을 깨끗이 치우면(B), 그는 용돈을 받을 것이다(A). 세 가지 용어인 자극, 반응, 결과 간의 관계에 의존하는 행동이 변별화된 조작행동이다. 그러므로 변별화된 조작행동은 일반적으로 '세 가지 용어 수반성(three-term contingency)'에 의해 정의된다. 부연 설명하면, 조작적 조건형성에서 수반성에 필요한 세 가지 중요한 구성요소가 있다. 첫째 구성요소는 자극(stimulus)이다. 여기서 자극은 반응 혹은 행동이 일어나는 환경적 혹은 상황적 사건을 말한다. 둘째 구성요소는 행동(behavior) 그 자체다. 셋째 구성요소는 결과(consequence)다. 여기서 결과는 행동에 뒤따르는 환경적 자극이다(Skinner, 1953, pp. 108-109).

강화 스키너의 조작적 조건형성의 핵심개념이 강화(reinforcement)다. 강화는 어떤 행동에 뒤따르는 사건(결과)이 그 행동을 다시 야기할 가능성을 증가시킬 때마다 일어난다. 즉, 반응의 빈도를 증가시키는 것을 강화라 한다. 그렇게 반응을 증가시키는 결과를 강화물(reinforcer)이라 한다.

강화는 정적 강화(positive reinforcement)와 부적 강화(negative reinforcement)가 있다. 정적 강화는 행동이 정적 강화물에 의해 뒤따를 때 반응의 빈도가 증가하는 것을 말한다. 부적 강화는 행동에 뒤따르는 혐오자극을 제거함으로써 반응의 빈도가 증가하는 것을 말한다. 요약하면, 강화의 원리는 정적 강화물의 제시나 부적 강화물인 혐오자극의 제거가 행동에 뒤따를 때 반응의 빈도가 증가하는 것을 말한다.

처벌 처벌은 어떤 행동에 뒤따르는 결과가 그 행동을 다시 야기할 가능성을 감소시킬 때마다 일어난다. 즉, 반응의 결과가 뒤따르는 반응의 빈도를 감소시키는 것을 처벌(punishment)이라 한다. 체벌, 전기쇼크, 큰 소리 등과 같이 반응을 감소시키는 자극을 처벌물(punisher)이라 한다.

강화처럼 처벌에도 정적 처벌(positive punishment)과 부적 처벌(negative punishment)이 있다. 정적 처벌은 행동이 혐오자극에 의해 뒤따를 때 반응의 빈도가 감소하는 것을 말한다. 행동에 뒤따르는 긍정적 자극을 제거함으로써 반응의 빈도가 감소하는 것을 부적 처벌이라 한다. 거짓말의 대가를 치르게 하기 위해 아이가 좋아하는 장난감을 빼어 버리는 것과 같은 부적 처벌을 반응대가(response cost)라고 한다. 또한, 일정 기간 동안 모든 긍정적 자극을 제거해 버리는 부적 처벌을 '강화로부터 타임아웃(time out from reinforcement)'이라고 한다. 요약하면, 처벌의 원리는 혐오자극 제시나 긍정자극의 제거가 행동에 뒤따를 때 반응의 빈도가 감소하는 것을 말한다.

이상에서 설명한 정적 강화, 부적 강화, 정적 처벌, 부적 처벌의 차이를 요약해서 설명하면 다음과 같다([그림 15-1] 참조).

	과정 \ 결과	강화(reinforcement) 반응 혹은 행동의 증가	처벌(punishment) 반응 혹은 행동의 감소
정적 (positive)	제공	정적 강화물: 음식, 고깃덩어리, 칭찬, 상, 안아주기 등	정적 처벌물: 전기쇼크, 신체적 고통, 야단치기 등
부적 (negative)	제거	부적 강화물: 고통스러운 결과를 줄 수 있는 것을 없애 줌	부적 처벌물: 기쁨이나 만족을 주는 것을 제거시킴

그림 15-1 강화와 처벌의 차이

신체에 가하는 처벌이 체벌이다. 체벌의 역사는 정말 오래됐다. 학교에서 학생들에게 가하는 체벌에 대한 금지가 내려진 뒤로 적지 않는 교사들이 학생들을 지도하기가 힘들다고 주장한다. 자녀를 지도하는 부모 혹은 학생들을 지도하는 교사는 그들을 체벌하지 않고 훈육(discipline)하는 게 필요하다. 물론 훈육의 방법으로서 강화 혹은 처벌을 사용할 수 있다. 신체적 혹은 심리적으로 상처를 주는 정적 처벌의 네 가지 부정적인 결과는 다음과 같다(Nemeroff & Karoly, 1991).

- 처벌은 부적절한 행동을 제거하기보다 단지 일시적으로 부적절한 행동을 억압한다.
- 처벌하는 사람과 처벌되는 상황 그 자체가 고전적으로 조건화된 혐오 자극이

되도록 처벌하는 자극은 공포를 유발할 수 있다.

- 처벌은 문제를 다루는 방법으로서 폭력을 사용하는 것을 입증하거나 본보기에 기여할 수 있다.
- 처벌 절차가 하지 말아야 하는 것을 단순히 보여 준다는 점에서 유익하지 않다.

이러한 이유 때문에 바람직한 행동을 증가시키는 것에는 처벌보다 강화가 효과적이다. 그러나 부적절한 행동의 감소를 위해서는 처벌을 사용하되 앞에서 언급한 부정적 결과를 고려하면서 사용하는 것이 바람직하다.

강화계획

아주 드문 반응이 강화되었을 때조차 그러한 행동이 유지될 수 있다는 발견을 통해 강화계획에 대한 탐구가 이루어졌다. 강화가 주어지는 수반성에 대한 진술이 강화계획(schedules of reinforcement)이다. 즉, 행동을 통제하기 위해 어떤 반응을 어떻게 강화할 것인가에 대한 계획이 강화계획이다. 강화계획은 크게 계속강화(continuous reinforcement)와 간헐적 혹은 부분강화(intermittent or partial reinforcement)로 구분된다. 계속강화는 발생한 모든 반응에 강화물을 제공하는 경우로, 일반적으로 실제적인 생활 상황에서 발견되는 경험이 아니다. 반면에, 간헐적 강화는 행동을 통제하기 위해 정해진 계획에 따라 강화물이 제공되는 것으로, 강화계획은 명확한 시간 간격 혹은 명확한 반응 비율에 근거할 수 있다. 간헐적 강화에는 시간과 비율을 바탕으로 효과적인 행동 통제를 위해 사용되는 네 가지 강화계획, 즉 고정간격계획(fixed-interval schedule), 변동간격계획(variable-interval schedule), 고정비율계획(fixed-ratio schedule), 변동비율계획(varialble-ratio schedule)이 있다. 이러한 강화계획에 대해 간략하게 살펴보자.

- 고정간격계획: 일정한 시간 간격마다 강화물이 주어지는 경우로, 피험자가 하는 반응의 수는 관계가 없다. 예를 들면, 노동자가 얼마나 많이 일했는가에 관계없이 주급이나 월급으로 봉급이 주어지는 경우다.
- 변동간격계획: 일정한 시간 간격 없이 우선적으로 강화물이 주어지는 것으로,

역시 피험자가 하는 반응의 비율과는 관계가 없이 변동된 시간에 따라 강화물이 제공된다. 예를 들면, 낚시꾼이 던진 낚시 밥을 고기가 변동된 시간 간격으로 간헐적으로 건드리는 경우다.

- 고정비율계획: 일정한 반응비율에 따라 강화물이 주어지는 것으로, 시간과는 관계없이 피험자가 하는 반응의 수에 근거한 강화계획이다. 예를 들면, 노동자가 만든 생산품의 개수에 따라 일정한 보수가 지불되는 경우다.
- 변동비율계획: 변동된 반응비율에 따라 강화물이 불규칙적으로 주어지지만, 평균적으로는 일정한 횟수의 반응 뒤에 강화가 주어지는 강화계획이다. 예를 들면, 도박꾼이 카지노의 슬롯머신에 동전을 넣는 경우로 언젠가는 대박이 터지겠지 하면서 그만 두지 못하고 계속해서 도박을 하는 경우다. 스키너는 이 강화계획이 높고 안정적인 반응비율을 야기하는 데 효과적이라는 것을 발견했다.

현대 산업사회에서 많은 사람이 생산성을 높이는 데 관심이 많다. 이상의 강화계획을 반응률이 가장 높게 일어나는 것부터 순서대로 나열하면, 변동비율계획, 고정비율계획, 변동간격계획, 고정간격계획, 계속강화계획이다.

변별과 일반화

조작적 조건형성에서 중요한 '세 가지 용어 수반성'에 따라 행동에 선행되는 자극은 행동이 수행되면 강화가 일어날 것인가에 원인을 제공하기 때문에 매우 중요하다. 자신이 이전에 학습한 것을 바탕으로 사람들은 자극변별(stimulus discrimination)을 학습한다. 즉, 우리는 어떤 상황(자극)에서 우리의 행동이 강화될 것 같은가 혹은 다른 상황(자극)에서 같은 행동이 강화되지 않을 것인가에 대한 변별을 학습한다. 또는 어떤 상황에서 우리의 행동이 처벌될 것 같은가 혹은 다른 상황에서 같은 행동이 처벌되지 않을 것인가에 대한 변별을 학습한다. 예를 들면, 교통신호등은 우리에게 변별된 자극으로 행동한다. 우리는 신호등의 불빛에 따라 어떻게 행동해야 하는가에 대한 변별을 학습하였다. 만약 개인이 적절한 자극변별을 하지 못한 경우에 그는 교통신호(자극)를 위반하여(행동) 벌금을 물거나 사고(결과)를 내 어려움에 처할 것이다.

특별한 상황에서 반복적으로 강화된 반응은 그러한 상황에서 반복될 가능성이 높다. 그러나 상황들은 흔히 공통적 속성을 공유하는 복잡한 자극들의 집합으로 구성되어 있다. 스키너는 주어진 자극에서 발휘된 통제는 다른 유사한 자극들에서 공유된다는 것을 지적하였다(Skinner, 1953, p. 132). 어떤 상황(자극)에서 강화된 행동이 역시 유사한 다른 상황들(자극)에서 일어나는 것을 자극일반화(stimulus generalization)라고 한다.

일반화는 변별과 대립되는 개념이다. 즉, 개인이 다른 두 상황을 변별할 때 그것은 그의 반응이 한 상황과 다른 상황을 일반화하는 것을 실패했다는 것을 의미한다. 역시 그의 반응이 다른 두 상황에 일반화 됐을 때, 그것은 그가 두 상황을 변별하는 것을 실패했으며 두 상황에서 같은 반응을 한다는 것을 의미한다.

소거

반응이 강화를 통해 그것의 빈도가 증가된 이후에 그러한 반응이 강화되는 것이 완전히 중단되면, 그 반응이 일어날 빈도는 감소될 것이다. 이렇게 형성된 조작행동이 줄어들거나 나타나지 않는 것을 소거(extinction)라고 한다. 즉, 소거의 원리는 주어진 상황에서 개인이 이전에 강화된 반응을 방출하고 그러한 반응이 강화되지 않으면, 그는 다음에 유사한 상황에 직면할 때 다시 같은 반응을 하지 않을 가능성이 높은 것을 말한다(Martin & Pear, 1992, p. 49).

사람들은 자신이나 타인의 학습된 바람직하지 않은 행동을 어떻게 제거할 것인가에 관심이 많다. 이러한 관심은 행동의 소거와 관련된다. 우리는 타인의 행동을 강화하지 않음으로써 그의 행동을 통제하며, 바람직하지 않게 생각되는 타인의 행동을 제거하기 위해 그의 행동을 무시할 수 있다. 그러나 만약 바람직하지 않은 행동이 과거에 여러 번 강화되었으면, 그러한 행동은 소거에 매우 저항적이다. "세 살 버릇 여든까지 간다."는 말이 있다. 한 번 배운 행동을 완전하게 없애기가 힘들다는 것을 강조한 말이다. 소거를 통해 완전히 감소된 어떤 행동이 다음에 발생할 기회가 주어졌을 때 다시 나타날 수 있다. 이렇게 일정한 기간이 지난 후에 소거된 행동이 다시 나타나는 것을 '자발적 회복(spontaneous recovery)'이라 한다. 전형적으로, 자발적으로 회복된 행동의 양은 이전의 소거 기간 중에 나타났던 행동의 양보다 적다.

조성

돌고래가 재주를 부리는 행동, 서커스 단원이 보이는 절묘한 행동기술은 어떻게 형성되었을까? 이렇게 보다 정교화되고 복잡한 행동을 이해하는 데 조성(shaping) 혹은 계기적 근사법(successive approximation)이란 개념을 이해하는 게 필요하다. 목표행동이 너무 복잡하기 때문에 그것이 개인의 목록에 없을 수 있다. 조성은 그러한 목표행동에 접근하는 반응들을 강화함으로써 새로운 행동을 가르치는 것을 말한다. 우리는 처음부터 기교를 부리는 행동을 수행하기가 힘들다. 그리고 어떤 상황에서 자발적으로 도출되는 단순한 행동의 결과에 따라 강화된 행동들의 집합을 가지고는 삶을 영위할 수 없다. 다시 말하면, 우리는 단계적으로 쉬운 행동부터 학습하여 많은 기술을 갖게 되었다. 이렇게 처음에는 서툴고 투박한 행동에서 단계적으로 차근차근 학습하여 정교한 기술을 갖는 절차가 조성이다. 기교를 부리는 행동을 보다 단순한 여러 반응으로 나눌 수 있다. 이렇게 논리적으로 구성된 반응들이 단계적으로 바람직한 행동에 도달할 때까지 강화되는 절차가 계기적 근사법이다.

요약하면, 복잡한 행동은 계기적 근사법에 의해 조성된다. 즉, 당신의 복잡한 행동 혹은 기술은 당신이 생성하기 원하는 바람직한 행동의 마지막 형태를 닮은 행동의 부분들을 강화시킴으로써 달성된다.

3. 성격이론의 적용

스키너는 조작적 조건형성의 원리를 적용하여 부적응적인 행동이 부적응적 학습의 결과라고 생각하면서 보다 바람직한 학습을 통해 부적응적 행동을 수정하려는 시도를 하였다. 이러한 치료적 접근을 행동수정(behavior modification)이라고 부르며, 심리치료에 광범위하게 적용되고 있다. 스키너의 조작적 조건형성의 원리를 이용하여 행동을 수정하기 위해 사용되는 방법으로서 행동평가와 토큰경제(token economy)가 있다.

행동평가 수반성에서 설명한 것처럼, 세 가지 용어 수반성, 즉 선행사건(Antecedent events) 혹은 자극, 행동(Behavior), 결과(Consequences)를 분석하는 것으로 첫 글자를 따서 ABC 분석 혹은 행동평가라고도 한다. 스키너의 이론에 큰 영향을 받은 행동주의 접근은 행동평가를 위해 다음과 같은 세 가지를 강조한다. 첫째, 목표행동 혹은 목표반응이라고 불리는 특정 행동을 확인한다. 둘째, 목표행동을 도출하거나 강화하는 특정 환경 요인을 확인한다. 셋째, 행동을 바꾸기 위해 조작될 수 있는 특정 환경 요인을 확인한다. 다시 말하여, 행동을 변화시키기 위한 효과적인 보상을 발견하는 것이다. 행동평가는 일반적으로 치료의 목적과 밀접하게 관련된다.

토큰경제 규칙적 행동을 형성하기 위해 사용되는 조작적 조건형성의 원리는 토큰경제로 볼 수 있다. 내담자가 적절한 행동을 했을 경우에는 치료자가 토큰을 제공하고, 토큰이 일정량 모여지면 내담자가 원하는 특권, 예를 들어 화장실 청소를 안 하는 것, 휴가를 가는 것이나, 옷이나 용돈 등의 물건과 교환할 수 있다. 특히, 토큰경제의 기법은 학교장면이나 산업장면 혹은 병원장면 등에서 정확한 피드백과 정적 강화를 제공함으로써 효과적인 행동의 증진을 위해 포괄적으로 적용되고 있다.

요약

1. 스키너는 인간이 갖는 어떤 경향성을 무시하고 오직 어떤 상황에서 비롯되는 행동과 그것의 결과를 강조함으로써 실제로 성격이론을 구성하는 것을 거부하는 입장을 취했다. 이런 점에서 그의 입장을 아이러니컬한 제목인 '성격 없는 성격이론'으로 부른다.
2. 스키너는 손다이크의 효과의 법칙을 바탕으로 한 도구적 조건형성을 발전시켜 조작적 조건형성이론을 확립하였다. 스키너 이전에 파블로프는 무조건자극과 조건자극을 연합시켜 개에게 반복적으로 제시한 후에 무조건자극 없이 단지 조건자극에 의해 조건반응을 유발하게 하는 고전적 조건형성을 확립하였다. 반면에 스키너의 조작적 조건형성은 행동과 그것의 결과의 연합을 통해 조작행동을 형성하는 절차다. 많은 행동이 고전적 조건형성에 의해 설명될 수 없기 때문에 스키너는 조작적 조건형성의 과정이 단순한 고전적 조건형성보다 훨씬 의미가 있고 중요하다고 믿었다.
3. 반응과 그것의 결과 간에 확립될 수 있는 특별한 관계를 강화 혹은 처벌의 수반성이라고 한다. 수반성은 어떤 사건(A)이 만약 다른 사건(B)이 일어나면 야기될 것이라는 것을 진술하는 규칙이다.
4. 강화의 원리는 정적 강화물의 제시나 부적 강화물인 혐오자극의 제거가 행동에 뒤따를 때 반응의 빈도가 증가하는 것을 말한다. 처벌의 원리는 혐오자극 제시나 긍정자극의 제거가 행동에 뒤따를 때 반응의 빈도가 감소하는 것을 말한다.
5. 강화계획은 계속강화와 간헐적 혹은 부분강화로 구분된다. 계속강화는 발생한 모든 반응에 강화물을 제공하는 경우이고, 반면에 간헐적 강화는 행동을 통제하기 위해 정해진 계획에 따라 강화물이 제공되는 것이다. 간헐적 강화의 네 가지 강화계획은 고정간격계획, 변동간격계획, 고정비율계획, 변동비율계획이다.
6. 자극변별은 자신이 이전에 학습한 것을 바탕으로 어떤 상황(자극)에서 자신이 한 행동이 강화될 것 같은가 혹은 다른 상황(자극)에서 같은 행동이 강화되지 않을

것인가에 대한 변별을 의미하며, 자극일반화는 어떤 상황(자극)에서 강화된 행동이 역시 유사한 다른 상황들(자극)에서 일어나는 것을 의미한다.

7. 형성된 조작행동이 줄어들거나 나타나지 않는 것을 소거라 하며, 소거의 원리는 주어진 상황에서 개인이 이전에 강화된 반응을 방출하고 그러한 반응이 강화되지 않으면, 그는 다음에 유사한 상황에 직면할 때 다시 같은 반응을 하지 않을 가능성이 높은 것을 말한다.
8. 조성은 보다 정교화되고 복잡한 행동을 이해하는 데 필요한 개념으로서, 목표행동이 너무 복잡하기 때문에 한 번에 목표행동을 할 수가 없는 경우, 목표행동에 접근하는 반응들을 강화함으로써 새로운 행동을 가르치는 것을 말한다.
9. 스키너의 조작적 조건형성의 원리를 이용하여 행동을 수정하기 위해 사용되는 방법으로서 ABC분석 혹은 행동평가와 토큰경제가 있다.

?! Review Questions

1. 고전적 조건형성을 실험적 절차에 의해 설명하라.

2. 고전적 조건형성과 조작적 조건형성의 차이를 비교 설명하라.

3. 정적 처벌과 부적 강화의 차이를 비교 설명하라.

4. 강화계획의 종류를 설명하고, 반응률이 가장 높게 일어나는 순서대로 나열하라.

5. 자극변별과 자극일반화의 차이를 비교 설명하라.

6. 소거의 원리를 설명하라.

7. 고난이도의 기교를 보이는 돌고래 행동을 조작적 조건형성의 개념을 통해 설명하라.

8. 조작적 조건형성의 핵심 개념인 세 가지 용어 수반성을 통해 행동평가를 설명하라.

자기 이해와 성장을 위한 <성격 연습 22>

처벌 대 강화

1. 처벌

당신이 수정하고 싶은 행동을 적으십시오. 지각하는 것, 수업시간에 편지 쓰는 것, 과식하는 것, 늦게 자는 것, 무례한 것 등을 고를 수 있습니다. 만일 당신이 결혼하였다면, 당신이 누군가와 함께 살고 있다면, 또는 방 친구가 있다면, 하나의 습관을 골라서 서로 도와줄 수 있습니다.

그 행동이 나타났을 때 스스로 처벌하거나 당신의 친구로부터 자신을 처벌하도록 하십시오. 처벌은 모욕("어이 돼지, 또 먹는군!")이나 약간의 벌금, 박탈 등이 될 수 있습니다. 쉬운 처벌은 그러한 행동이 나타났을 때마다 돈을 조금씩 떼어놓는 것입니다. 그래서 모아진 돈은 자선할 수 있습니다(이것의 다른 형태는 항상 당신을 처벌해 준 것에 대한 보상으로 당신의 짝에게 그 돈을 줄 수도 있습니다. 이것은 당신의 짝을 더욱 방심하지 않게 만들 것입니다.).

2. 정적 강화

운동과 같이 자주 할 수 있는 행동을 골라 보십시오. 바라던 행동을 당신이 행할 때마다 당신 스스로를 강화하기 시작하십시오. 스스로 또는 당신의 친구로부터 작은 선물, 칭찬, 우수 스티커 또는 다른 상을 주도록 하십시오. 가장 효과적인 보상 중 하나는 주의를 받는 것입니다. 그러므로 당신과 당신의 친구 모두 바라던 행동이 일어났을 때 바로 기록을 해야 합니다.

일주일 후, 당신의 행동 형태를 보십시오. 거기에 어떤 변화가 있습니까? 이렇게 당신의 행동을 변화시키는 것에 대해서 어떻게 느낍니까? 처벌과 보상이 당신의 삶에 줄 수 있는 다른 영향들을 생각해 보십시오.

* 출처: Frager, R., & Fadiman, J. (1998). *Personality and personal growth* (4th ed.). New York: Longman.

자기 이해와 성장을 위한 <성격 연습 23>

자기표현성

많은 사람이 자신의 권리를 주장하는 데 어려움을 겪고 있습니다. 불공정하게 대우받고 있음에도 불구하고, 식당의 종업원이나 직장의 상사에게 부당함을 말하지 못합니다. 행동심리학적 용어로 이와 같은 사람들은 적절한 상황 하에서 자기표현적인 행동의 빈도를 증가시킬 필요가 있습니다. 이러한 사람들 중 몇몇은 자기표현훈련이라고 불리는 행동수정 치료를 통해 도움을 받기도 합니다. 훈련에 참가한 사람들은 적절한 방식으로 자신을 잘 표현하는 모델들을 관찰하고, 자신만의 자기표현적인 반응들을 역할 연습해 보고 치료자와 다른 내담자들로부터 자기표현적 행동에 대한 즉각적 강화를 받습니다(Alberti & Emmons, 1986). 다음의 자기 보고식 척도는 자기표현 행동을 측정하기 위해 행동치료자들이 사용하는 것입니다.

지시사항: 보기를 참고로 하여 다음의 진술문 앞의 ( )에 표시하시오.

〈보기〉
+3: 매우 그렇다
+2: 거의 그렇다
+1: 조금 그렇다
−1: 조금 그렇지 않다
−2: 거의 그렇지 않다
−3: 전혀 그렇지 않다

( ) 1. 대부분의 사람들이 나보다 더 공격적이고 주장적인 것 같다.
( ) 2. 나는 '수줍음' 때문에 데이트를 신청하거나 받기를 주저한다.
( ) 3. 식당에서 주문한 음식이 만족스럽지 않을 때, 종업원에게 불만을 표시한다.
( ) 4. 평소 다른 사람의 감정을 상하지 않기 위해 조심하며, 심지어는 나 자신이 상처받았다고 느낄 때에도 다른 사람의 감정을 상하지 않기 위해 조심한다.
( ) 5. 내게 맞지 않는 물건을 보여 주며 나를 심한 곤경에 빠뜨리는 영업사원에게 "싫다"라고 말하는 것이 어렵다.

( ) 6. 어떤 것을 하도록 요구받았을 때, 나는 왜 그 일을 해야 하는지 강력하게 주장한다.

( ) 7. 유익하고 활발한 논쟁을 기대하곤 한다.

( ) 8. 내 지위에 있는 대부분의 사람들이 그렇듯 나도 출세하기 위해 힘쓴다.

( ) 9. 솔직히 말해 사람들은 나를 이용하곤 한다.

( ) 10. 나는 낯선 사람들과 이야기하는 것을 즐겨 한다.

( ) 11. 이성의 매력적인 사람에게 어떻게 말을 건네야 할지 종종 잘 모르겠다.

( ) 12. 나는 사업체나 기관에 전화거는 것을 꺼려한다.

( ) 13. 나는 개인적 면접을 하는 것보다 편지를 써서 일자리를 구하거나 혹은 대학에 지원하는 것을 더 좋아한다.

( ) 14. 물건을 환불받아야 하는 상황이 곤혹스럽다.

( ) 15. 주위의 존경을 받는 친한 친척이 나를 괴롭히면, 나의 불편함을 표현하기보다는 내 감정을 억누른다.

( ) 16. 바보 같다는 소리를 들을까 봐 궁금한 것이 있어도 잘 질문하지 않는다.

( ) 17. 논쟁을 하다가 너무나 화가 나서 폭발해 버릴까 봐 두려운 적이 가끔 있다.

( ) 18. 존경받는 유명한 강사가 내 생각에는 옳지 않다라고 여기는 이야기를 하는 경우에는 청중들에게 나의 견해를 피력할 것이다.

( ) 19. 점원이나 판매원들과 가격 실랑이를 벌이지 않는다.

( ) 20. 내가 중요하거나 가치 있는 일을 해냈을 경우에는 다른 사람에게 알리기 위한 시도를 한다.

( ) 21. 나는 나의 감정에 솔직하고 개방적이다.

( ) 22. 누군가가 나에 대한 그릇되고 나쁜 이야기를 퍼뜨린다면, 만나서 그 사람과 '이야기'를 나눌 것이다.

( ) 23. 나는 종종 "싫다"라고 말하기가 힘들다.

( ) 24. 나는 울며불며 야단법석을 떠는 것보다 내 감정을 감추는 경향이 있다.

( ) 25. 나는 식당이나 그 밖의 다른 곳에서 제공되는 서비스가 좋지 않을 경우 불만을 제기한다.

( ) 26. 칭찬을 받았을 때, 때때로 나는 무슨 말을 해야 할지 잘 모르겠다.

( ) 27. 극장이나 강연회에서 옆자리에 앉은 사람들이 큰소리로 이야기를 하면, 조용히 하거나 다른 곳에서 이야기하라고 부탁한다.

( ) 28. 나는 새치기를 시도하는 사람에게 줄을 지키라고 이야기한다.

( ) 29. 나는 의견을 즉각적으로 표현한다.

( ) 30. 아무 말도 하지 못하는 때가 가끔 있다.

채점 방식 이 척도는 라써스의 자기표현검사(Rathus Assertiveness Inventory, Rathus, 1973)입니다. 1, 2, 4, 5, 9, 11, 12, 13, 14, 15, 16, 17, 19, 23, 24, 26, 30번 문항은 점수를 역으로 계산합니다. 그러고 나서 30문항에 대한 총점을 구합니다.

해석 방식 + 점수가 높을수록 자기표현성이 높고, - 점수가 높을수록 자기표현성이 낮음을 의미합니다. 여대생의 평균점수는 대략 8이고, 남대생의 평균점수는 대략 10입니다(Nevid & Spencer, 1978). 여대생의 2/3가 31점에서 -17점 사이에 분포되고, 남대생의 2/3는 33점에서 -11점 사이에 분포되는 것으로 나타났습니다. 자기의 점수를 이러한 결과에 맞추어 비교해 보시기 바랍니다.

* 출처: Burger, J. M. (2000). *Personality* (5th ed.). Belmont, CA: Wadsworth/Thomson.

제16장

로터의 사회적 학습이론

행동잠재력은 기대와 강화가치의 함수다.

– 로터 –

로터는 행동이 학습된다는 점에는 동의하였지만, 오로지 외적 변인들에 의해서만 형성된다는 스키너의 견해에는 찬성하지 않았다. 로터는 "행동은 진공상태에서 발생하지 않는다. 인간은 외적, 그리고 내적 환경의 여러 측면에 끊임없이 반응한다."라고 언급하였다(Schultz, 1981). 이러한 언급에서 알 수 있는 것처럼, 행동을 설명하기 위해서는 유기체의 외적 그리고 내적 측면, 즉 외적인 강화와 내적인 인지 과정을 모두 살펴보아야 한다고 주장했다. 로터를 사회학습이론가로 부르는 이유는 인간 행동이 주로 사회적 경험을 통해 학습된다는 로터의 믿음에 근거한다.

로터는 하위동물의 행동을 설명하기 위해 사용된 원리로 복잡한 인간 행동을 설명하는 것은 너무 제한적이라고 주장하면서 급진적 행동주의자의 입장을 비판하였다. 동물 대상의 연구는 보다 복잡한 인간의 사회적 행동을 이해하는 단지 시발점에 불과하다고 보았다. 때문에 로터는 인간을 대상으로 연구하였지만, 여전히 잘 통제된 실험실 상황의 연구를 통해 개념들을 발전시켰다. 로터는 반두라보다 내부의 의식 과정을 보다 광범위하게 다루었다. 외부의 강화가 중요한 역할을 하지만, 강화의 효과는 내부적인 인지적 요인에 달려 있다고 보았다. 따라서 그는 사람들이 어떤 상황에서 할 행동을 예언하기 위해 지각, 기대, 가치와 같은 변인을 고려해야 한다고 보았다. 성격에 대한 로터의 접근은 강화이론과 인지이론이라는 절대로 만날 수 없을 것 같은 평행선을 달리는 두 이론을 통합시키려고 했다는 점에서 의의를 찾아볼 수 있다.

1. 로터의 생애

로터(Julian Rotter, 1916~2014)는 뉴욕 브루클린에서 세 형제 중 막내로 태어났다. 로터의 가족은 1929년 대공황이 일어나기 전까지 큰 어려움 없이 살았다. 대공황으로 아버지가 직업을 잃고 가족은 어려움에 처했으며, 그러한 급작스런 변화는 로터의 삶에도 큰 영향을 끼쳤다. 로터는 아동기 및 청소년기의 대부분을 지역 공공도서관에서 많은 책을 읽으면서 보냈다. 고등학교 시절 어느 날 그가 처음으로 접한 책인 아들러의 『인간성 이해(Understanding Human Nature)』와 프로이트의 『일상생활의 정신병리(Psychopathology of Every Life)』는 그를 사로잡았다. 로터는 그들의 업적에 너무 감명을 받아 친구들의 꿈을 해석하면서 심리학 영역의 진로를 계획했다. 그는 아들러의 견해가 자신의 생각과 자신, 가족, 친구들을 포함해서 인간을 이해하는 데 막대한 영향과 통찰을 준다고 믿었다.

그러나 대공황의 경제적 상황 때문에 로터는 그가 생각했던 심리학 영역의 진로 계획을 실현하기가 힘들었다. 현실적으로 실용적인 선택을 해야 했기 때문에 로터는 브루클린대학교에 입학하여 화학을 전공하기로 결정하였다. 그 당시에 심리학으로 직업을 구한다는 것은 매우 제한적이었다. 졸업할 무렵에 로터는 화학보다 심리학 영역에서 더 많은 학점을 이수하였다.

하지만 상황은 곧 변했다. 대학교 3학년이던 어느 날, 로터는 아들러가 롱아일랜드의과대학에서 강의를 한다는 것을 알고 그것을 듣기 위해 참석하기 시작했다. 결국, 아들러는 자신의 집에서 매달 열리는 개인심리학회 모임에 로터를 초대했다. 불행하게도 아들러는 다음 해에 죽고 말았다. 그럼에도 불구하고, 로터의 심리학에 대한 열정은 학교를 졸업하고서도 계속되었다.

교수들의 권유로 심리학을 공부하기 위해 로터는 아이오와주립대학교 대학원에 입학하였다. 단지 몇 주만 지탱할 수 있는 돈으로 아이오와에 도착했지만 다행스럽게 연구조교직을 얻어 지탱할 수 있었다. 거기서 게슈탈트 심리학자로 유명한 레빈(Kurt Lewin)과 함께 공부할 수 있었다. 1938년에 석사학위를 받은 후에, 매사추세츠 주 우스터(Worcester)주립병원에서 임상심리학 인턴십을 받았다. 다시 1939년에 인디애나대학교 대학원 박사과정에 입학하여 1941년에 박사학위를 받았다. 그는 교수직을 원했지만 졸업한 로터가 갈 곳은 거의 없었다. 로터는 제2차 세계대전 중에 군대에서 심리학자로 봉사하였다. 전쟁 후에 로터의 인생행로는 변하게 되었다. 임상심리학자의 수요는 갑자기 증가했지만 그 수요를 충족할 임상심리학자는 매우 부족하였다. 로터는 오하이오주립대학교에서 교수직을 얻어, 결국 심리학자로서 대학교수가 되려는 그의 야망을 성취하게 되었다. 그 당시 오하이오주립대학교의 임상심리학 프로그램의 디렉터는 켈리였다. 1963년에 오하이오를 떠나 코네티컷(Connecticut)대학교로 이동하여 임상심리학 훈련프로그램 디렉터로 활동한 후 1987년에 은퇴하였다.

2. 주요 개념

여기서는 로터의 사회적 학습이론의 주요 개념인 기대-강화가치 모델, 심리적 욕구, 통제 소재에 대해서 살펴보고자 한다.

기대-강화가치 모델

로터의 기대-강화가치 모델은 두 가지 기본가정에 근거한다. 첫째는 성격은 학습된다는 것이고, 둘째는 성격은 구체적 목적으로 동기화된다는 것이다. 성격의 기능을 설명하기 위해 로터는 네 가지 개념, 즉 행동잠재력(behavior potential), 기대(expectancy), 강화가치(reinforcement value), 심리적 상황(psychological situation)을 제안하였다. 그는 이러한 개념들 간의 관계를 다음과 같이 진술하였다(Rotter, 1975, p. 57).

행동이 어떤 특별한 상황에서 일어날 잠재력은 그러한 행동이 그러한 상황에서 특별한 강화로 이끌 기대와 그러한 강화가치의 함수다(The potential for a behavior to occur in any specific situation is a function of the expectancy that the behavior will lead to a particular reinforcement in that situation and the value of that reinforcement).

로터의 이러한 진술을 바탕으로 한 기대-강화가치 모델의 공식은 다음과 같다.

Behavior Potential(BP) = f[Expectancy(E), Reinforcement Value(RV)]
행동잠재력(BP) = f[기대(E), 강화가치(RV)]

로터의 성격이론은 기본적으로 학습 개념 및 원리에 근거한다. 즉, 개인의 대부분의 행동은 학습되며, 행동은 다른 사람들과의 경험을 통해 획득된다는 것을 가정한다. 로터는 행동을 예언하기 위해서 개인의 과거 경험을 심층적으로 탐색할 필요가 없다고 믿었다. 대신에 그는 우리가 현재 행동을 예언하는 데 도움이 되는 정도로만 과거 사건에 초점을 두어야 한다고 주장하였다.

로터는 개인의 경험과 상호작용은 계속적으로 서로 영향을 준다는 점에서 성격의 통합성 혹은 상호의존성을 강조하였다. 과거 경험은 현재 경험에 영향을 주고, 현재 경험은 과거에 학습된 것들을 변화시킨다. 그는 성격은 개인이 계속적으로 새로운 경험에 노출되기 때문에 변화하고, 이전 경험이 새로운 학습에 영향을 주기 때문에 안정적이라고 보았다. 성격의 통합성 혹은 상호의존성인 다른 측면은 다른 행동들이 기능적으로 관련된다는 점이다. 강화 역시 기능적으로 관련될 수 있다.

로터는 역시 우리의 많은 행동이 목표지향적임을 가정하였다. 즉, 그는 인간 행동이 보상을 최대화하고 처벌을 최소화하거나 피하기 위해 동기화된다고 가정하였다. 동기에 대한 두 가지 측면을 고려하는 것이 중요하다. 첫째, 사회학습이론가들이 행동의 방향을 결정하는 환경조건에 초점을 둘 때, 그들은 목표 혹은 강화에 대해 이야기하고 있다. 그러나 그들이 행동의 방향을 결정하는 사람에게 초점을 둘 때, 그들은 욕구에 대해 이야기하고 있다. 로터에게 목표와 욕구의 구별은 단순히 편리를 위한 것이었다. 둘째, 사회학습이론가들은 초기 목표들이 가족상황 내에서 학습된다는 것을 가정하였다.

행동잠재력 행동잠재력은 주어진 상황에서 우리가 할 수 있는 모든 행동 중에서 특별한 행동 혹은 반응을 할 가능성을 의미한다. 로터의 공식에서 행동잠재력은 "어떤 단일 강화 혹은 일련의 강화 관계에서 계산된 것으로서 어떤 단일 상황 혹은 많은 상황에서 어떤 행동이 발생할 잠재력"이다(Rotter, Chance, & Phares, 1972, p. 2). 우리가 다른 행동보다 우선해서 어떤 행동을 선택하는 것은 상황에 대한 우리의 지각에 근거한다. 그러므로 행동잠재력은 자극상황뿐 아니라 우리에게 이용될 수 있는 대안행동들에 대한 의식적 지각의 영향을 받는다. 즉, 로터는 행동잠재력은 개인이 주어진 상황에서 그에게 이용될 수 있는 다른 행동에 대해 갖는 지각에 의해 영향 받는다는 것을 가정하였다. 따라서 개인의 인지적 요인은 행동을 예언하는 데 매우 중요하다.

스키너처럼 로터는 어떤 환경조건에서 개인이 반응할 가능성에 대해 이야기하였다. 하지만 관찰할 수 있는 행동만을 강조했던 스키너와 다르게, 로터는 행동에 표현된 동작, 언어적 표현, 인지적 및 정서적 반응을 포함시켰다. 개인은 자신이 직면한 사건에 대한 주관적 해석을 바탕으로 행동한다는 점을 강조함으로써 로터는 인지요인의 역할을 훨씬 강조하였다. 그는 인지과정이 간접적 수단을 통해서 객관적으로 관찰되고 측정될 수 있다고 주장했다.

기대 기대는 만약 우리가 주어진 상황에서 어떤 행동을 하면, 어떤 보상이 따를 것인가를 예언할 수 있다는 신념으로 개인이 자신의 행동결과에 대해 갖는 주관적 기대를 의미한다. 즉, 기대는 개인이 주어진 상황에서 어떤 방식으로 행동하면 특별한 강화가 일어날 것이라는 가능성의 평가다. 로터는 기대를 어떤 대상 혹은 사건의 속성에 대한 신념, 혹은 인지라고 정의하였다(Rotter, 1982, p. 13).

로터는 세 가지 다른 종류의 기대를 가정하였다. 첫째는 단순한 인지 혹은 자극의 명명이다. 예를 들면, "나는 저 그림이 피카소가 그린 그림이라고 생각한다"라고 말하는 것처럼 단순한 인식을 말한다. 둘째는 행동강화 결과에 대한 기대다. 예를 들면, "만약 내가 동생의 옷을 입으면, 동생이 나에게 화를 낼 것이다"라고 예견하는 것이다. 셋째는 강화순서에 대한 기대다. 예를 들면, "내가 서울대학교를 합격해서 졸업하면, 나는 좋은 직장에 취업하게 될 것이고, 경제적으로 어려움이 없을 것이고, 그리고 사회적으로 존경을 받을 것이다"라고 단계적인 예견을 하는 것을 말한다.

우리는 자신이 하는 행동의 대가, 즉 강화물이 나타날 가능성에 대한 기대를 가진다. 이러한 기대의 정도는 크게 과거경험과 일반화에 의해 결정된다. 과거에 강화와 관련되었던 어떤 행동은 기대를 야기한다. 그러므로 각각의 기대는 과거경험에 근거한다. 역시 기대는 유사하지만 동일하지 않은 상황으로 일반화되는 정도에 따라 다르다. 우리는 어떤 주어진 상황에 일반화된 기대 혹은 구체적 기대를 획득할 수 있다. 일반화된 기대는 다양한 상황에 적용되는 기대다. 일반화된 기대는 우리가 새로운 상황에 직면할 때 특히 중요하다. 왜냐하면 우리가 이전에 전혀 유사한 상황에 대한 경험이 없다면 우리의 행동이 강화물을 가져올 것인가에 대해 예언할 수 없기 때문이다.

강화가치 로터는 강화가치를 우리가 어떤 강화를 다른 강화물보다 선호하는 정도라고 정의하였다. 즉, 강화가치는 개인이 여러 강화 중에서 특정 강화에 대해 중요성 혹은 선호도를 부여하는 것을 의미한다. 우리가 어떤 보상을 배정하는 강화가치는 상황 및 시간에 따라 변한다. 예를 들면, 개인이 몹시 고독을 느끼면, 그에게 사회적 접촉은 고독하지 않을 때보다 높은 강화가치를 가진다. 역시 특별한 보상에 대한 강화가치는 사람에 따라 다르다. 예를 들면, 휴일에 가족구성원 중에 어떤 사람은 영화관람을 선호하는가 하면, 다른 사람은 음악회를 가는 것을 선호할 수 있다.

로터는 강화가치는 기대와 독립적이라는 것을 주장하였다. 즉, 어떤 것이 당신에게 높은 혹은 낮은 강화가치를 가진다는 것은 그러한 강화물을 얻기 위한 당신의 기대에 대해 우리에게 아무런 정보를 제공하지 못한다는 것이다.

심리적 상황 심리적 상황은 개인의 자극에 대한 지각 및 반응에 영향을 주는 내적 및 외적 요인의 조합, 즉 개인이 반응하는 심리적 맥락을 말한다. 우리는 계속적으로 우리의 내적 및 외적 환경에 반응하며, 이러한 환경은 서로 상호작용한다. 다시 말하면, 우리는 외적 자극상황에 대한 심리적 지각에 따라 반응한다. 따라서 행동은 단지 심리적 상황에 대한 이해를 통해 예언될 수 있다.

상황은 개인의 관점에 따라 다르게 지각된다. 즉, 어떤 주어진 상황은 사람에 따라 다른 의미를 가지며, 이렇게 다른 의미는 개인의 반응에 다르게 영향을 준다. 로터의 심리적 상황은 성향영향(dispositional influence)과 상황영향(situational influence)을 가정한다. 즉, 개인은 공격에 대한 강한 욕구를 가질 수 있지만 강화기대에 따라 특별한 상황에서 공격적으로 행동하거나 안 할 수 있다. 이렇게 로터는 사람변인과 상황변인의 상호적 영향을 강조하는 상호작용주의자의 관점을 취하고 있다.

심리적 욕구

로터는 모든 행동은 방향성을 가지고 있다고 믿었다. 즉, 행동은 어떤 목표에 지향되어 있다고 보았다. 행동의 방향성은 강화의 효과로부터 추론되며 선택적으로 환경단서에 반응할 능력을 설명해 준다. 인간의 주요한 동기는 모든 상황에서 정적 강화는 최대화하고, 부적 처벌은 최소화하는 것이다. 이미 지적한 것처럼, 로터는 행동의 내적 및 외적 요인 간의 상호작용을 강조하였다. 즉, 외적 조건을 기술할 때에는 강화물에 초점을 두며, 내적인 인지요인을 언급할 때에는 욕구에 초점을 두었다.

로터는 또한 우리의 모든 심리적 욕구는 학습된다고 보았다. 유아기와 아동기 초기에 심리적 욕구는 배고픔, 갈증, 감각자극, 고통의 탈피와 같은 생리적 욕구만족과 관련된 경험에서 발생한다. 아이가 자라고 언어와 인지 능력이 발달함에 따라 그의 욕구는 생리적 욕구와의 관련성은 줄어들고, 학습되고, 습득된 심리적 욕구와의 관련성이 더 커지게 된다. 사회적 환경으로부터의 단서가 내적인 생리적 상태보다 더 중요하게 된다.

학습된 욕구는 타인에 의존하기 때문에 그 기원에서는 사회적이다. 유아나 아동이 욕구의 만족과 강화를 위해서 다른 사람, 특히 부모에게 의존하는 것이 분명하다. 자라면서 강화는 선생님이나 친구를 포함한 좀 더 넓은 범위의 사람들에게 의존하게 된다. 어른이 되어 가면서 사랑, 감정, 인정 같은 욕구들에 대한 만족은 타인에게 의존하게 된다.

로터가 인간의 동기와 관련하여 제안한 개념이 욕구잠재력(need potential)이다. 개인의 행동, 욕구, 목표는 서로 관련되며 기능적으로 관련된 체계 내에 있다. 이러한 체계 내에서, 같거나 유사한 강화를 야기할 수 있는 관련된 행동이 동시에 일어날 수 있는 가능성이 욕구잠재력이다. 기능적으로 묶어질 수 있는 행동의 유형은 관찰할 수 있는 행동에서부터 내현적인 인지에까지 걸쳐 있다.

로터가 제안했던 욕구의 여섯 가지 범주는 다음과 같다(Rotter, Chance, & Phares, 1972).

- **인정/지위욕구** 이 욕구는 전문적, 사회적, 직업적 혹은 여가 활동에 있어 유능하다는 평가를 받고 싶은 욕구다. 즉, 다른 사람들보다 좀 더 유능하고 훌륭하게 보이기를 원하는 욕구다.
- **보호/의존욕구** 이 욕구는 타인으로 하여금 좌절 혹은 처벌을 예방하도록 하거나 자신의 욕구만족을 위해 타인에게 의존하는 욕구다.
- **지배욕구** 가족 구성원이나 친구를 포함한 다른 사람들의 행동을 이끌고 통제하려는 욕구다. 즉, 자신이 제안한 대로 타인이 어떤 행동을 하도록 하는 욕

구다.

- **독립욕구** 자신이 결정을 하고 자기 자신에게 의존하고자 하는 욕구다. 즉, 타인의 중재 없이 직접적으로 만족을 얻기 위한 기술을 개발하고자 하는 욕구다.
- **사랑과 애정욕구** 이 욕구는 타인에게 수용되고 좋아함을 받고자 하는 욕구다.
- **신체적 안락욕구** 안전 달성과 관련 있는 신체적 만족에 대한 욕구다.

통제소재

로터를 심리학자로서 유명하게 만든 개념이 통제소재(locus of control)다. 그는 강화의 원천에 대한 우리의 신념에서 성격 차이를 설명하기 위해 통제소재라는 개념을 제안하였다. 사람들이 갖는 일종의 일반화된 기대가 통제소재다. 로터는 연구를 통해 어떤 사람들은 강화물이 자신의 행동에 의존한다고 믿는다. 반면에, 다른 사람들은 자신의 행동이 외부의 힘에 의해 통제된다고 믿는다는 것을 보여 주었다. 즉, 성격변인으로서 내적 통제소재(internal locus of control)에 의존하는 사람은 그가 받는 강화가 자신의 행동과 특성의 통제 하에 있다고 믿는다. 반면에, 외적 통제소재(external locus of control)를 가진 사람은 강화가 타인, 운명, 혹은 운에 의해 통제된다고 생각한다.

통제소재는 우리의 행동에 막대한 영향을 끼친다. 외적 통제소재를 가진 사람, 즉 자신의 행동과 능력이 그가 받는 강화에 전혀 영향을 미치지 못한다고 믿는 사람은 상황을 개선하려는 노력에 거의 가치를 부여하지 않는다. 대조적으로, 내적 통제소재를 가진 사람은 자신의 삶은 자신의 통제 하에 있다고 믿으며 그러한 신념에 따라 행동한다.

3. 성격 평가기법

통제소재척도 개인마다 강화로 여기는 사건들은 서로 다르다. 로터는 우리들 중 일부는 강화를 자신의 행동과 관련시키고, 다른 일부는 외부의 요인에 의해 강화가 통제된다고 여긴다는 점을 밝혔다. 외적 통제를 하는 사람과 내적 통제를 하는 사람은 서로 다르기 때문에 로터는 이러한 성격변인을 측정하기 위해 자기보고식 검사인 통제소재척도(Internal versus External Locus of Control Scale: I-E Scale)를 개발하였다. 수검자는 각 문항마다 자기 자신을 가장 잘 설명하는 항목을 선택하여 기입한다.

4. 성격이론의 적용

로터는 부적응을 보이는 인간은 낮은 성공기대수준(freedom of movement)과 높은 수준의 욕구가치(need value)를 지니는 것으로 여겼다. 성공기대수준은 일련의 특정 반응들이 자신이 바라는 강화를 유도할 것이라는 개인의 기대를 의미한다. 욕구가치는 목표의 중요성을 의미한다. 적응적인 사람은 높은 성공기대수준과 현실적인 목표 수준을 지니고 있다. 부적응적인 사람은 자신의 노력을 통해 자신이 원하는 바를 이루지 못할 것이라고 믿는다. 목표를 향해 현실적으로 노력하는 대신에 이들은 환상을 통해 얻으려 하거나, 실패를 회피하려 하거나, 방어적으로 행동하게 된다. 약물남용과 비행행동과 같은 문제행동은 욕구가치와 성공기대수준과의 격차가 크기 때문에 발생된다고 여긴다.

낮은 성공기대수준은 목표를 달성하기 위해 필요한 행동을 개발하는 데 지식이나 능력이 부족한 상태다. 정신지체를 갖고 있는 사람은 기본적인 기술을 습득할 수 없기 때문에 낮은 기대치를 갖는다. 또한 낮은 성공기대수준은 목표 자체의 특성 때문에 기인될 수 있다. 목표가 반사회적인 특성을 지닌다면, 그 목표를 달성하기 위해 취하는 행동은 처벌을 야기할 수 있다.

사회학습 치료자는 욕구가치와 성공기대수준과의 간격을 줄임으로써 부적응을 보이는 사람들을 조력하고자 한다. 이를 위해 문제해결 지향적인 접근을 취하는데, 목표를 달성하기 위해 대안적인 방법들을 찾아보기, 행동의 결과를 분석하기, 그리고 여러 상황을 변별해 보기 등을 포함한다. 이때 치료자는 매우 적극적이며 지시적인 역할을 취하게 된다.

요약

1. 로터의 사회적 학습이론은 성격은 학습되며, 구체적 목적으로 동기화된다는 가정에 근거한다. 로터는 성격의 기능을 행동잠재력, 기대, 강화가치, 심리적 상황으로 설명하였다.
2. 행동잠재력은 주어진 상황에서 우리가 할 수 있는 모든 행동 중에서 특별한 행동 혹은 반응을 할 가능성을 의미하며, 기대는 만약 우리가 주어진 상황에서 어떤 행동을 하면, 어떤 보상이 따를 것인가를 예언할 수 있다는 신념으로 개인이 자신의 행동 결과에 대해 갖는 주관적 기대를 의미한다.
3. 강화가치는 여러 강화 가운데 특정 강화에 대해 개인이 중요성 혹은 선호도를 부여하는 것을 의미하며, 심리적 상황은 개인의 자극에 대한 지각 및 반응에 영향을 주는 내적 및 외적 요인의 조합, 즉 개인이 반응하는 심리적 맥락을 말한다.
4. 로터는 행동의 내적 및 외적 요인 간의 상호작용을 강조하였으며, 내적인 인지 요인은 욕구와 관련된다. 로터는 모든 심리적 욕구는 학습된다고 보았으며, 인간의 동기와 관련하여 욕구잠재력이라는 개념을 제안하였다.
5. 로터가 제안했던 욕구의 여섯 가지 범주는 인정/지위욕구, 보호/의존욕구, 지배욕구, 독립욕구, 사랑과 애정욕구, 신체적 안락욕구 등이다.
6. 로터는 강화의 원천에 대한 우리의 신념에서 성격 차이를 설명하는 데 통제소재란 개념을 사용하였다. 내적 통제소재에 의존하는 사람은 그가 받는 강화가 자신의 행동과 특성의 통제 하에 있다고 믿고, 반면에 외적 통제소재를 가진 사람은 강화가 타인, 운명, 혹은 운에 의해 통제된다고 생각한다.

Review Questions

1. 다음은 로터가 제안한 기대-강화가치 모델의 공식이다. 이 공식을 설명하라.

> Behavior Potential(BP) = f[Expectancy(E), Reinforcement Value(RV)]
> 행동잠재력(BP) = f[기대(E), 강화가치(RV)]

2. 로터는 상황변인과 사람변인의 상호적 영향을 강조하였다. 그의 주요 개념인 심리적 상황을 바탕으로 그 이유를 설명하라.

3. 로터가 제안했던 욕구의 범주에 대해 설명하라.

4. 성격변인으로서 내적 통제소재와 외적 통제소재의 개념을 설명하고, 각각의 입장을 취하는 사람들의 특징을 설명하라.

5. 로터가 제안했던 개념인 욕구가치와 성공기대수준에 의해서 적응적인 사람과 부적응적인 사람의 차이를 설명하라.

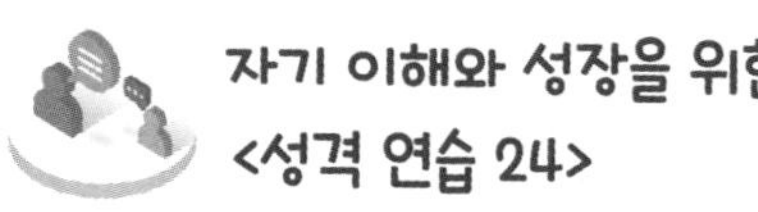

자기 이해와 성장을 위한 <성격 연습 24>

통제소재

자신의 통제소재 수준을 알아보기 위해 다음 보기를 참고로 하여 각 진술문에 답하시오.

〈보기〉

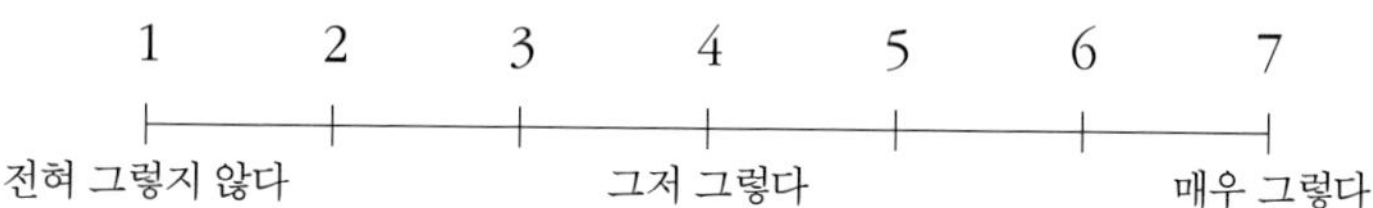

1. 내가 원하는 것을 얻었다면, 그것은 내가 열심히 노력했기 때문이다.
2. 나는 계획을 세울 때에는 실행가능하고 효율적인 계획을 세운다.
3. 나는 기술이 요구되는 게임보다는 어느 정도의 운이 작용하는 게임을 더 좋아한다.
4. 마음만 먹으면 무엇이든지 배울 수 있다.
5. 내가 이제까지 성취한 것들은 전적으로 내가 열심히 노력하고 내 능력이 뛰어났기 때문이다.
6. 나는 대체로 목표를 세우지 않는 편인데, 그 이유는 설정한 목표를 달성하는 것이 어렵기 때문이다.
7. 경쟁을 하면 덜 잘하게 된다.
8. 사람들은 종종 운이 따라서 출세하기도 한다.
9. 어떤 종류의 시험 혹은 경쟁에서 상대적으로 내가 다른 사람들에 비해 어느 정도의 수준인가를 알고 싶다.
10. 나에게 너무 어려운 것을 계속해 나가는 것은 무의미하다.

이 척도는 Paulhus(1983)가 개발한 개인적 효능감 척도의 통제 소재를 측정하는 하위척도입니다. 이 척도는 세 가지 상이한 통제소재의 영역을 측정하는데, 각각 개인적인 성취 상황, 대인 관계, 그리고 사회적이며 정치적인 문제 등입니다. 여기서는 개인적인

성취 상황에 관한 문항들만 제시되어 있습니다. 연구자들에 따르면, 사람들이 한두 가지 영역에서 강한 통제력을 갖고 있다고 지각하는 것으로 보고하고 있습니다(Paulhus & Christie, 1981).

채점 방식 3, 6, 7, 8, 10번 문항을 역으로 채점합니다(즉, 1=7, 2=6, 3=5, 4=4, 5=3, 6=2, 7=1). 그리고 점수를 합산합니다. 최근에 대학생들을 대상으로 한 연구결과, 평균이 남녀 각각 51.8과 52.2, 표준편차가 각 6으로 보고되었습니다.

해석 방식 점수가 높을수록 성취 상황에서 자신에게 일어난 일에 대해 책임감의 소재가 자신에게 있다고 지각하는 경향이 높습니다.

제17장

반두라의 사회적 인지이론

인간행동은 인지, 환경, 행동 요인을 수반하는 상호결정론에 기인한다.

– 반두라 –

반두라의 성격이론은 전통적 행동주의 관점에 인지적 접근을 추가하여 형성되었다. 반두라는 행동이 단지 내적 힘이나 환경적 영향에 의해서 결정되지 않는다고 보았다. 로터처럼 그는 행동이 내적 과정과 환경적 영향 간의 복잡한 상호작용의 결과로서 발생된다고 믿었다.

그의 학습모델에 따르면, 내적 과정은 개인의 이전 경험에 근거한 것으로서 측정할 수 있고, 조작될 수 있는 내현적 사건이다. 이러한 중재적 사건(인지적 과정)은 외적 자극에 의해 통제되며, 외현적 반응을 결정한다. 스키너와 달리, 이처럼 반두라는 행동의 실제적 원인으로서 인지적 역할의 중요성을 매우 강조하였다. 청소년들을 대상으로 그의 모델링 원리를 적용한 많은 연구는 대중매체에서 보여 주는 폭력적인 공격성을 청소년들이 대리적 학습을 통해 모방한다는 것을 입증해 왔다. 하지만 그는 인간의 인지를 통한 관찰학습에서 학습과 수행 간의 차이를 구별하였다.

반두라는 세 가지 용어 수반성(자극-행동-결과)에 근거한 스키너의 급진적 행동주의가 인간을 수동적 수용자로 본다는 점에서 비판적이었다. 그는 인간이 성장하고 변화하는 과정을 동물이 음식을 먹기 위해 지렛대를 누르는 방식으로 감소시킴으로써 급진적 행동주의자들이 인간 행동의 가장 중요한 원인 및 인간 성격의 원천을 간과한 것으로 보았다. 이러한 간과된 원인을 정보의 사고 및 상징적 과정이라고 보았다. 1993년에 반두라는 원래는 사회적 학습이론이라고 불렀던 자신의 접근방식을 사회적 인지이론(social cognitive theory)이라고 수정하였다.

반두라는 개인이 환경에 어떤 영향을 미칠 수 있다는 믿음인 자기효능감이 성공, 문제해결, 적응을 위해 필요한 주요 심리적 변인이라고 주장하였다. 많은 연구자는 다양한 심리적 문제를 내담자가 다루어 나가는 능력에 있어 자기효능감이 매우 중요한 역할을 한다고 밝혔다.

1. 반두라의 생애

사회적 인지이론의 제안자인 반두라(Albert Bandura, 1925 ~)는 캐나다 앨버타(Alberta)의 밀밭 사이에 위치한 작은 농촌지역에서 태어났다. 그는 지역의 유일한 학교로서 학생 20명과 두 명의 교사가 전부인 초등학교부터 고등학교까지의 통합

과정인 학교를 다녔다. 졸업 후에 유콘 지역의 고속도로 건설현장에서 웅덩이를 메우는 일을 하기도 했다. 1949년에 반두라는 캐나다 밴쿠버에 있는 브리티시컬럼비아(British Columbia)대학교에서 학사학위를 받았다.

반두라는 대학원 공부를 위해 학습이론 분야에서 오랜 전통을 가지고 있는 미국 아이오와주립대학교에 입학하여 1952년에 박사학위를 받았다. 아이오와대학교 교수들 중 반두라에게 영향을 준 사람은 학습이론가인 스펜스(Kenneth Spence)였다. 아이오와대학교의 교수들은 실험적 연구의 필요를 강조했다. 이러한 훈련을 통해 반두라는 심리학자들이 실험적 검증이 될 수 있는 방식으로 임상적 현상을 개념화해야 한다는 것을 배웠다.

캔자스주 위치토(Wichita)에 있는 생활지도센터에서 1년 동안 인턴십을 한 후, 1953년부터 지금까지 스탠퍼드대학교에 재직하고 있다. 스탠퍼드에 있는 동안 반두라는 전통적 학습이론과 인지성격이론, 임상심리학과 성격을 이해하기 위한 경험 지향적인 접근 간에 가교를 만드는 것을 계속해 왔다. 반두라는 1974년에 미국심리학회의 회장으로 선출되는 것을 포함하여 수많은 상을 받았다.

2. 주요 개념

여기서는 반두라의 사회적 인지이론을 이해하는 데 필요한 개념인 상호결정론, 학습모델, 관찰학습, 관찰학습의 과정, 그리고 자기효능감에 대해 살펴보고자 한다.

상호결정론

반두라는 행동의 내적 및 외적 결정요인이 있지만, 행동은 배타적으로 내적 요인이나 외적 요인에 의해, 혹은 단순한 둘의 조합에 의해 결정되지 않는다고 주장하였다. 대신에 그는 인간 행동이 행동, 인지, 환경 요인을 수반하는 상호결정론(reciprocal determinism)에 기인한다는 입장을 취했다(Bandura, 1978). 그는 이전 장에서 소개한 로터처럼, 행동이 내적 과정과 환경 영향 간의 복잡한 상호작

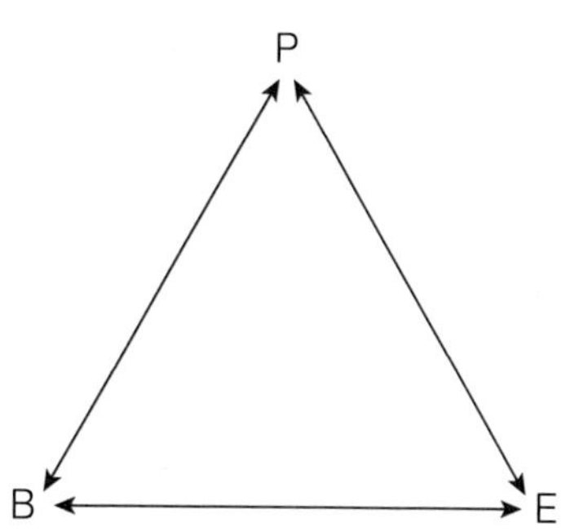

그림 17-1 반두라의 상호결정론 모델
*B: 행동(behavior), P: 사람(person), E: 환경(environment)

용의 결과로써 일어난다고 믿었다. 상호결정론은 환경자극이 인간 행동에 영향을 주지만, 신념, 기대와 같은 사람요인 역시 인간의 행동 방식에 영향을 준다는 가정이다. 반두라가 제안한 상호결정론 모델을 그림으로 제시하면 다음과 같다(Burger, 2000, p. 396)([그림 17-1] 참조).

반두라는 특히 세 가지 요인, 즉 인지 및 다른 사람요인, 행동, 환경 영향이 서로의 결정요인으로서 상호작용한다는 점에서 '세 요인 상호결정론(triadic reciprocal determinism)'을 가정하였다(Bandura, 1986, pp. 23-24). 이러한 입장에 따르면, 사람들은 단순히 환경 사건에 반응하지 않고, 적극적으로 자신의 환경을 창조하고 변화시키기 위해 행동한다. 인지요인은 어떤 환경사건이 지각될 것인가와 어떻게 해석되고, 조직화되고, 다루어질 것인가를 결정한다. 행동으로부터 정적 혹은 부적 피드백은 역으로 사람들의 생각(인지)과 그들이 환경을 변화시키려고 행동하는 방식에 영향을 준다. 반두라는 세 요인 간의 상호작용의 상호적 본질을 강조하기 때문에 상호결정론이 의미가 있다고 믿었다. 역시 많은 심리학자가 행동이 사람과 환경의 상호작용에서 비롯된다는 반두라의 입장에 동의하고 있다.

학습모델

반두라의 사회적 인지이론은 행동주의적 학습이론의 확장이다. 사회적 인지이론은 정적 그리고 부적 강화, 소거, 일반화, 고전적 그리고 조작적 조건형성을 포함한 자극-반응 심리학의 원리를 통합해서 이루어졌다. 반두라는 인간 행동을 설명하는 데 선행되는 조건형성에 인지적 중재를 포함시켜 체계적이고 통합적인 개념 모델을 제안하였다.

반두라는 인지적 중재 혹은 내현적 상징행동, 자기강화, 본보기, 강화와 처벌을 포함한 대리적 조건형성, 그리고 행동과 환경의 상호적 영향을 강조하였다. 인지적 중재는 인간의 사고과정에서 나타나는 실제적 상황과 행동의 상징적 표상을 의미한다. 반두라가 강조한 개념에 근거해서 그의 사회적 인지이론은 본보기 학습, 관찰학습, 대리적 학습과 같은 다양한 명칭으로 불려진다.

반두라의 사회적 인지학습모델은 다음과 같은 여섯 단계로 설명된다(〈표 17-1〉 참조).

표 17-1 반두라의 사회적 인지학습모델

단계	내용	설명
1	자극(S1)	이러한 자극은 피험자의 과거사와 경험에서 비롯된 기대된 강화를 품고 있다.
2	주의	피험자는 자신에게 관련된 것들에 선택적으로 주의를 기울인다.
3	자극(S2)	이러한 자극은 피험자가 모델을 관찰하는 본보기 자극이다.
4	인지적 과정	이러한 인지적 과정에는 상징적 부호화, 인지적 재구조화, 인지적 연습이 포함된다.
5	반응	인지적 과정에 따른 반응이다.
6	자극(S3)	이러한 자극은 반응에 따라 비롯되는 강화하는 자극이다.

앞의 표에서 나타난 것처럼, 반두라는 네 번째 단계에서 일어나는 인지적 과정을 통한 상징적 부호화, 인지적 재구조화, 인지적 연습을 그의 사회적 인지학습에 중요한 요인으로 생각하였다.

관찰학습

아마도 반두라의 인간 행동 및 성격의 이해에 가장 큰 기여는 그가 제시한 관찰학습(observational learning) 혹은 대리적 학습(vicarious learning)일 것이다. 그는 인간 행동이 고전적 및 조작적 조건형성 과정을 통해서보다는 모델이 하는 행동을 따라함으로써 학습된다는 것을 발견하였다. 즉, 그는 행동에 미치는 모델링(modeling) 영향에 대한 실험적 분석을 바탕으로 행동이 의도적 혹은 우연한 관찰을 통해서 학습된다는 것을 발견하였다. 예를 들면, 반두라가 보보(Bobo)인형을 사용하여 유치원 아이들을 실험집단과 통제집단으로 나눈 다음 성인이 보보인형에게 공격적으로 행동하는 것을 아이들이 관찰하게 한 결과, 그들이 보보인형과 놀게 할 기회가 주어졌을 때 실험집단이 통제집단보다 2배나 공격적이었다. 이러한 결과는 인간이 모델링을 통해 학습한다는 것, 즉 관찰학습을 한다는 것을 입증한 것이다.

반두라는 학습(learning) 혹은 획득(acquisition)과 수행(performance) 간의 차이를 구별하였다. 관찰방법을 통해 학습된 행동은 모두 수행될 필요가 없다. 이러한 생각은 역시 우리가 실제로 행동에 참여하지 않고서는 어떤 것을 학습할 수 없다는 것을 주장하는 급진적 행동주의자들의 입장과 다르다. 우리는 관찰을 통해서 학습한 어떤 행동은 수행하고, 다른 행동은 수행하지 않는다. 왜냐하면 우리는 인지적으로 수행의 결과에 대한 기대를 하기 때문이다. 만약 당신이 학습한 행동을 수행하지 않는다면, 당신은 아마도 모델 혹은 타인을 관찰함으로써 결과에 대한 부정적 기대를 얻었기 때문이다. 어떤 결과가 일어날 것인가에 대한 당신의 지각은 당신의 모델이 행동에 참여한 후에 보상되었는가 아니면 처벌되었는가에 근거한다(Burger, 2000, pp. 397-398).

우리는 다른 사람들의 행동을 관찰해서 모방한다. 디지털 시대에 사는 현대인에게 모델을 통한 모방은 일상적인 생활이 되어버렸다. 특히 청소년들은 그들이 좋아하는 유명배우나 가수의 행동을 모방하여 행동한다. 반두라(Bandura, 1977)는 관찰학습에서 모델링에 영향을 주는 세 가지 요인을 확인하였다. 이러한 세 요인은 모델의 특성, 관찰자의 특성, 행동과 관련된 보상결과다.

첫째, 모델의 특성은 모델을 모방할 경향성에 영향을 준다. 실생활에서 사람들은 자신과 매우 다른 사람보다는 자신과 유사하다고 믿는 사람에게서 영향을 받을 경향이 많음을 보여 준다. 모방에 영향을 주는 특성으로 모델의 나이, 성, 지위, 명예, 행동의 유형 등을 들 수 있다.

둘째, 관찰자의 특성은 역시 모델링에 영향을 준다. 자존감 및 자신감이 낮은 사람들이 특히 모델을 모방할 경향성이 높다. 역시 매우 의존적인 사람이나 이전에 동조 행동을 해서 보상받은 경험이 있는 사람은 모방할 가능성이 높다.

셋째, 행동과 관련된 보상결과는 모델링의 효과에 영향을 준다. 사람들은 행동이 정적 강화를 가져온다고 믿으면 행동을 모방할 가능성이 높다는 것을 의미한다. 즉, 모델의 특별한 행동이 보상되거나 처벌되는 것에 대한 관찰은 그러한 행동이 모방될 것인가에 대해 영향을 준다.

관찰학습의 과정

반두라는 모델이 일차적으로 정보기능을 통해서 학습에 영향을 준다고 믿었다. 관찰을 통한 학습은 단순한 모방의 문제가 아니라 적극적인 판단과 이해 과정이다. 반두라는 관찰학습의 본질을 분석한 결과, 네 가지 서로 관련된 과정에 의해 관찰학습이 이루어진다는 것을 발견하였다. 이러한 네 가지 과정은 주의과정(attentional processes), 파지과정(retention processes), 재현과정(reproduction processes), 동기과정(motivational processes)이다.

주의과정 학습자가 모델에 주의 혹은 관심을 기울이지 않으면 관찰학습 혹은 모델링이 일어나지 않을 것이다. 단순히 학습자에게 모델을 노출하는 것이 학습자가 관련된 단서 및 자극사건에 주의를 기울일 것이라는 것을 보장하지는 않는다. 학습을 위해 단순히 모델을 보는 것만으로는 부족하며, 학습자는 모델을 모방하기 위해서 필요한 정보 획득을 위해 정확하게 모델을 지각해야 한다. 우리가 모델의 행동에 보다 면밀한 주의를 기울일수록, 그러한 행동을 모방할 가능성이 더 크다.

여러 변인이 주의과정에 영향을 준다. 모델의 특성, 즉 모델의 나이, 성별, 지위, 학습자와 모델 간의 유사성과 같은 요인은 학습자가 모델에게 얼마나 세밀하게 주의를 기울이는가를 결정하는 데 도움이 된다. 능력이 뛰어난 사람, 전문가라고 일컬어지는 사람, 또는 연예인들은 이러한 습성이 부족한 모델들보다 훨씬 더 큰 관심을 끄는 모델들이다. 일반적으로, 관심을 끌게 하는 특성을 많이 지녔다고 여겨지는 모델들이 주의를 더 얻게 될 확률이 높고, 결과적으로 모방될 확률도 높아진다. 매스컴 시대에 살고 있는 오늘날 가장 영향력 있는 모델은 TV와 같은 매체에 나오는 사람들이다.

모방되는 행동에 대한 주의는 관찰자의 인지 및 지각 기술의 기능, 모방되는 행동의 가치에 따라 다양하다. 관찰자는 자신과 관계없는 모델의 행동보다 관심 있는 모델의 행동에 훨씬 주의를 많이 기울인다.

파지과정 관찰자는 모델의 행동을 나중에 모방하여 반복하기 위해서 모델의 행동을 기억하거나 유지해야 한다. 주의를 기울여 관찰했던 행동을 유지하기 위해서 관찰자는 관찰했던 내용을 어떤 식으로라도 부호화하고 상징적으로 마음에 새겨야 한다. 이러한 상징표상과 심상형성의 내적 파지과정은 인지과정이다. 반두라는 행동을 발달시키고 수정하는 데 인지과정의 막대한 영향을 인식하였다.

인간은 모델의 행동에 대한 정보를 두 가지 방법, 즉 심상체계와 언어체계를 통해서 유지한다. 심상체계를 통해 우리는 모델을 관찰하는 동안에 보고 있는 내용에 대한 생생한, 쉽게 기억해 낼 수 있는 심상을 형성한다. 언어체계를 통해 개인은 관찰했던 내용을 언어로 부호화하여 저장하는 것이다. 이러한 심상 및 언어 상징은 관찰된 행동을 저장하고 유지해 주는 수단으로서 작동한다.

재현과정 우리는 모델을 모방하기 위해 심상 및 언어로 저장된 상징표상을 적절한 행동으로 전환해야 한다. 이러한 전환과정을 재현과정이라 한다. 개인이 모델의 행동을 주의 깊게 관찰하고, 유지하고, 상징표상으로 여러 번 예행연습을 해 보았어도, 그는 여전히 그러한 행동을 정확하게 수행하지 못할 수도 있다. 누구나 모방한 행동을 처음 행동으로 옮길 때에는 매우 서투르다는 것을 경험한다. 연습은 완전하게 만든다는 말처럼 반복적인 연습을 통해 완숙한 수행을 하게 된다. 재현과정은 네 가지 하부단계, 즉 반응의 인지조직화(cognitive organization of response), 반응시작(initiation of response), 반응조정(monitoring of response), 반응정교화(refinement of response)로 구성되어 있다. 요약하면, 우리는 재현과정을 통해 시행착오를 거치면서 서투른 행동을 조정하여 정교한 행동으로 재현한다.

동기과정 이미 지적한 것처럼, 반두라는 학습 혹은 획득과 수행을 구별하였다. 우리는 배웠던 모든 것을 수행하지 않는다. 우리가 행동을 주의 깊게 관찰하고, 잘 유지하고, 수행할 충분한 능력을 가진다 해도 동기과정이 없으면 그렇게 하지 못할 것이다. 행동은 충분한 동기가 없으면 일어나지 않는다. 적절한 동기는 행동의 실제적 수행을 야기할 뿐만 아니라 관찰학습의 다른 과정에 영향을 준다. 즉, 동기가 작동될 때, 관찰은 훨씬 빠르게 행동으로 옮겨진다. 동기는 또한 주의과정과 파지과정에 영향을 준다. 동기가 없으면 우리는 주의 혹은 관심을 덜 가지게 되고, 관심이 적으면 그만큼 유지도 줄어든다.

이상에서 설명한 관찰학습의 과정을 그림으로 요약해서 설명하면 다음과 같다([그림 17-2] 참조).

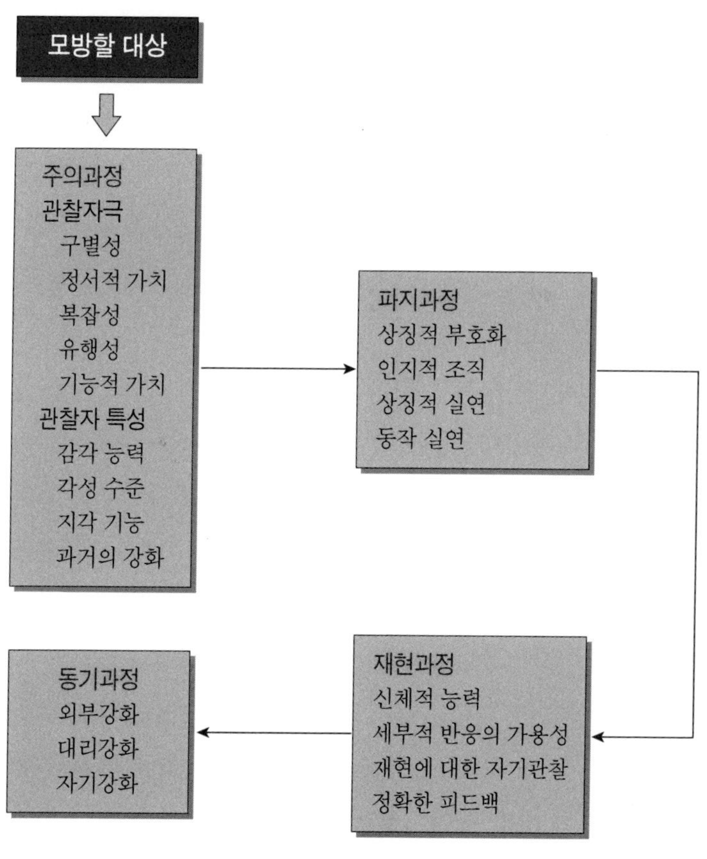

그림 17-2 관찰학습의 과정

*출처: Bandura, A. (1977). *Social learning theory*(2nd ed.). Englewood Cliffs, NJ: Prentice-Hall.

자기효능감

반두라는 자기효능감(self-efficacy)의 개념을 발달시키고 정교화시켰다. 자기효능감이란 바람직한 효과를 산출하는 행동을 성공적으로 수행할 수 있다는 개인의 신념을 가리킨다. 다시 말하면, 자기효능감은 개인이 특별한 상황에서 자신의 행동능력에 대한 믿음을 말한다. 따라서 높은 자기효능감은 개인이 특별한 행동을 수행할 수 있는 강한 신념을 반영하는 반면에, 낮은 자기효능감은 개인이 그러한 행동을 수행할 수 없다는 신념을 반영한다.

자기효능감을 자아존중감(self-esteem)과 혼동해서는 안 된다. 자아존중감은 자기가치에 대한 판단을 포함하지만, 자기효능감은 개인의 능력에 대한 판단을 수반한다. 자기효능감은 수행과는 별도로 발달되며, 한 개인의 행동을 예측할 수 있는 근거를 제시하기도 한다. 대부분의 사람은 자신이 잘할 수 있다는 생각이 없으면 행동으로 옮기지 않는다. 자기효능감은 통제소재와도 다른 의미를 지니는데, 로터의 통제소재는 행동이 결과에 영향을 줄 것인가의 여부를 기대하는 것이고, 자기효능감은 개인이 특정 행동을 할 것인가를 예측하게 한다. 자기효능감은 사회적 인지이론의 중요한 개념 중의 하나로서, 인간의 사고, 동기, 행위를 관장하는 데 있어 핵심적인 역할을 한다.

자기효능감의 원천 자기효능감은 한 개인의 능력의 지표라고 여겨지는 과거의 성취경험, 타인과의 비교를 통해 자신이 지닌 신념을 변화시키는 대리경험, 그리고 신체적 및 정서적 상태뿐 아니라 사회적 영향력(예를 들면, 언어적 설득)으로부터 비롯된다. 자기효능감의 네 가지 주요한 원천인 성취경험, 대리경험, 언어적 설득, 정서적 각성에 대해 간략하게 살펴보자.

- 성취경험 목표를 달성하기 위한 시도에서 비롯된 성공/실패에 대한 과거 경험은 자기효능감의 가장 중요한 결정요인이다.
- 대리경험 타인의 성공/실패를 목격하는 것은 유사한 상황에서 개인의 유능감을 평가하기 위한 비교 근거를 제공한다. 다시 말하면, 개인의 관찰경험이 자기효능감의 중요한 결정요인이 된다는 것이다.

- **언어적 설득** 타인으로부터 어떤 과제를 숙달할 수 있는지 혹은 숙달할 수 없는지에 관해 듣는 것은 역시 자기효능감을 증가 혹은 감소시킬 수 있다. 비록 그러한 언어적 설득의 효과가 약하지만 자기효능감의 결정요인으로서 작용한다.
- **정서적 각성** 개인의 자기효능감은 어떤 주어진 수행상황에서 개인이 느끼는 정서적 각성의 정도와 질에 의해 영향을 받는다. 개인이 느끼는 불안의 정도는 어려움, 스트레스, 그리고 어떤 과제가 나타내는 지속성의 지각된 정도에 대한 중요한 정보를 제공한다. 매우 높은 불안 수준은 개인이 매우 잘한다고 느끼지 못하는 것을 그에게 알려 준다.

자기효능감은 개인 자기효능감뿐 아니라 집단 자기효능감도 있다. 집단 자기효능감은 집단의 목표를 달성하기 위한 행동을 조직하고 수행할 수 있는 능력에 대한 집단의 공유된 믿음을 가리킨다. 집단 자기효능감의 원천과 기능은 개인 자기효능감의 원천 및 기능과 서로 유사하다.

3. 성격이론의 적용

반두라에 따르면, 부적응적 행동은 기능장애적 학습의 결과다. 모든 종류의 학습처럼, 부적응적 반응은 직접적 경험의 결과로써 학습되거나 부적절하거나 '좋지 못한' 모델에 노출되어 학습될 수 있다. 즉, 반두라는 부모의 비정상적인 행동의 모델형성이 정신병리학적 발달에 있어서 유의미한 인과 요인임을 제안하였다. 행동은 관찰학습을 통해 학습되고, 직접적이고 대리적인 강화물 때문에 유지되는 경향이 있다(Pervin & John, 2001).

관찰이 행동의 학습에 중요한 역할을 하는 것과 마찬가지로, 바람직하지 못한 행동을 수정하는 데에도 유용한 역할을 한다. 반두라는 행동의 변화를 도모하는 데 모델링을 체계적으로 사용하였다. 모델링은 아동 및 성인에게 있어 공포증을 감소시키는 데 사용되어 왔으며, 지배적이고 과잉공격적인 아동들을 보다 협조적인 아이로 교육시키거나, 자폐아에게 언어기술을 가르치거나, 반사회적인 환자에게 의

사소통의 기술을 가르치는 데 사용되어 왔다.

반두라는 이상행동을 하는 사람들은 대체로 자기효능감의 수준이 낮음을 발견하였다. 반두라는 자신들이 상황에 잘 대처하지 못할 것이라는 믿음이 이들의 문제를 야기시켰다고 보았다. 따라서 반두라의 사회적 인지이론을 이용한 치료 목적은 자기효능감을 높임으로써 행동수행에 대한 자신감을 유발하고 강화시키는 것이다 (Engler, 1999).

요약

1. 반두라는 인간 행동이 행동, 인지, 환경 요인을 수반하는 상호결정론에 기인한다는 견해를 주장하였다. 상호결정론은 환경자극이 인간 행동에 영향을 주지만, 신념, 기대와 같은 사람요인 또한 인간의 행동 방식에 영향을 준다는 가정이다. 인지 및 다른 사람요인, 행동, 환경 영향이 서로의 결정요인으로서 상호작용한다는 점에서 '세 가지 요인 상호결정론'을 가정하였다.
2. 반두라의 사회적 인지학습모델은 자극(S1) → 주의 → 자극(S2) → 인지적 과정 → 반응 → 자극(S3)의 여섯 단계로 설명된다.
3. 반두라는 인간 행동이 고전적 및 조작적 조건형성 과정을 통해서보다는 모델이 하는 행동을 따라함으로써 학습된다는 것을 발견하였으며, 이를 관찰학습이라 명명하였다.
4. 반두라는 관찰학습에서 모델링에 영향을 주는 세 가지 요인을 확인하였다. 이러한 세 요인은 모델의 특성, 관찰자의 특성, 행동과 관련된 보상결과다.
5. 반두라는 관찰학습의 본질을 분석한 결과, 주의과정, 파지과정, 재현과정, 동기과정을 거쳐 관찰학습이 이루어짐을 밝혔다.
6. 반두라는 자기효능감의 개념을 발달시키고 정교화시켰다. 자기효능감이란 바람직한 효과를 산출하는 행동을 성공적으로 수행할 수 있다는 개인의 신념을 가리킨다. 자기효능감은 사회적 인지이론의 중요한 개념 중의 하나로서, 인간의 사고, 동기, 행위를 관장하는 데 있어 핵심적인 역할을 한다.
7. 반두라가 제안했던 자기효능감의 주요한 원천으로 성취경험, 대리경험, 언어적 설득, 정서적 각성이 있다.

?! Review Questions

1. 반두라가 제안한 세 가지 상호결정론에 대해 설명하라.

2. 반두라는 학습 혹은 획득과 수행을 구별하였다. 이런 반두라의 학습에 대한 관점을 바탕으로 스키너의 조작적 조건형성을 논리적으로 비판해 보라.

3. 반두라의 사회적 인지학습모델의 단계를 설명하라.

4. 반두라가 제안했던 관찰학습의 네 가지 과정을 간략하게 설명하라.

5. 자기효능감이 무엇인지 정의하고, 성공적인 적응과 어떤 관련이 있는지 설명하라.

6. 자기효능감의 네 가지 원천에 대하여 설명하라.

자기 이해와 성장을 위한
<성격 연습 25>

자기효능감

다음의 문항들은 당신의 태도와 특성에 대해 알아보고자 하는 진술문입니다. 각 문항은 일반적으로 갖고 있는 신념을 나타냅니다. 각 문항을 읽고 그것이 당신에 대해 어느 정도로 설명하고 있는지 결정하십시오. 옳고 그른 답은 없습니다. 당신은 아마도 어떤 문항들에는 동의하지만, 다른 문항들에는 동의하지 않을 것입니다. 각 문항의 왼쪽에 당신의 태도 혹은 감정을 가장 잘 설명할 수 있는 숫자를 써서 각 문항에 대한 당신의 감정을 표시하시기 바랍니다. 가능한 있는 그대로의 당신의 모습을 솔직하게 기술하십시오.

〈보기〉

1 = 매우 그렇지 않다

2 = 대체로 그렇지 않다

3 = 그저 그렇다

4 = 대체로 그렇다

5 = 매우 그렇다

_______ 1. 나는 집에서 식물을 가꾸기를 좋아한다.

_______ 2. 나는 계획을 세울 때, 그러한 계획을 완수할 수 있다고 믿는다.

_______ 3. 나의 한 가지 문제는 해야 할 때 바로 일을 착수할 수 없는 것이다.

_______ 4. 나는 첫 번에 일을 잘못하더라도, 잘할 수 있을 때까지 계속 시도한다.

_______ 5. 나의 성격은 타고났다.

_______ 6. 나는 새로운 친구를 사귀는 것이 어렵다.

_______ 7. 나는 나를 위한 중요한 목표를 설정하고서 거의 완수하지 못한다.

_______ 8. 나는 어떤 일들을 완수하기도 전에 포기한다.

_______ 9. 나는 요리하기를 좋아한다.

_______ 10. 나는 내가 만나고자 하는 누군가를 보면, 그 사람이 내게 오기를 기다리는

것보다 내가 그에게 간다.

_______ 11. 나는 어려운 일에 직면하기를 피한다.

_______ 12. 어떤 일이 너무 복잡하게 보이면, 나는 그 일을 시도조차 하지 않는다.

_______ 13. 모든 사람에게 좋은 면이 있다.

_______ 14. 나는 친구로 만들기에 매우 까다로운 홍미가 가는 누군가를 만나면, 곧바로 그 사람을 친구로 사귀려는 것을 포기할 것이다.

_______ 15. 나는 할 일이 유쾌하지 않을 때조차 그 일을 마칠 때까지 포기하지 않는다.

_______ 16. 나는 어떤 일을 하기로 마음먹으면 곧바로 실행한다.

_______ 17. 나는 과학을 좋아한다.

_______ 18. 나는 새로운 어떤 일을 배우려고 시도해서, 처음에 성공하지 못하면 곧바로 포기한다.

_______ 19. 나는 처음에 호감이 가지 않는 누군가를 친구로 사귀려고 할 때조차 쉽게 포기하지 않는다.

_______ 20. 나는 예기치 않은 문제가 발생했을 때, 그 일을 잘 처리하지 못한다.

_______ 21. 만약 내가 예술가라면, 나는 아이들을 그리고 싶다.

_______ 22. 나는 새로운 어떤 일이 감당하기에 어렵게 보이면 그 일을 배우려고 하지 않는다.

_______ 23. 실패는 나로 하여금 더욱 열심히 노력하도록 채찍질할 뿐이다.

_______ 24. 나는 사교적 모임에서 적절하게 대처하지 못한다.

_______ 25. 나는 말을 타는 것을 매우 좋아한다.

_______ 26. 나는 어떤 일을 수행할 나의 능력에 불안감을 느낀다.

_______ 27. 나는 나 자신을 신뢰한다.

_______ 28. 나는 나의 사교능력을 통해 친구들을 사귀었다.

_______ 29. 나는 쉽게 포기한다.

_______ 30. 나는 살아가면서 부딪힐 대부분의 문제를 처리하지 못할 것 같다.

채점 방식 일곱 문항(번호: 1, 5, 9, 13, 17, 21, 25)은 채점에 포함되지 않습니다. 다음 문항들(번호: 3, 6, 7, 8, 11, 14, 18, 20, 22, 24, 26, 29, 30)은 도치문항입니다. 이러한 문항은 5→1, 4→2, 3 = 3, 2→4, 1→5로 바꾸어 채점하십시오.

해석 방식 자기효능감 척도는 두 개의 하부척도, 즉 '일반적 자기효능감'과 '사회적 자기효능감'으로 구성되어 있습니다. 일반적 자기효능감을 측정하는 문항들은 2, 3, 4,

7, 8, 11, 12, 15, 16, 18, 20, 22, 23, 26, 27, 29, 30번이고, 사회적 자기효능감을 측정하는 문항들은 6, 10, 14, 19, 24, 28번입니다. 각 영역에서 점수가 높으면 높을수록 자기효능감의 수준이 높다는 것을 의미합니다. 이 척도의 일반적 자기효능감의 신뢰도계수는 .86이고, 사회적 자기효능감의 신뢰도계수는 .71입니다.

* 출처 : Corcoran, K., & Fisher, J. (2000). *Measures for Clinical Practice* (3rd ed.). New York: Free Press.
** 원출처 : Sherer, M., Maddux, J. E., Mercandante, B., Prentice-Dunn, S., Jacobs, B., & Rogers, R. W. (1982). The Self-Efficacy Scale: Construction and validation. *Psychological Reports, 51*, 663-671.

제5부 인본주의적 관점

심리학의 제1세력인 정신역동주의의 근간을 이루는 프로이트의 정신분석은 주로 인간의 본능적 욕구에 지배된다는 주장 때문에, 그리고 제2세력인 행동주의는 단순한 동물행동의 연구결과를 복잡한 인간에게 적용하려고 한다는 점에서 비판을 받아 왔다. 이러한 두 입장을 비판하면서 인간의 자유의지를 강조하는 학자들을 중심으로 심리학의 제3세력인 인본주의가 탄생되었다. 인본주의는 인간을 자신의 문제를 해결하고, 잠재력을 실현하고, 긍정적으로 자신의 삶을 변화시킬 능력을 가진 자율적 존재로 본다. 인본주의의 관점은 현상학과 실존주의를 바탕으로 인간의 가치와 자유의지를 강조하는 입장이다. 현상학은 인간의 주관적 가치를 강조하며, 실존주의는 존재론적 입장에서 인간을 이해하려는 철학적 사조다.

인본주의적 관점을 취하는 성격이론가들은 개인이 세계에 대한 독특한 지각을 가진다고 믿는다. 그리고 그러한 지각은 개인의 신념, 행동, 정서, 관계를 결정한다. 이러한 관점에 대표자라 할 수 있는 로저스는 "유기체는 경험되고, 지각된 대로 장에 반응한다. 개인에게 이러한 지각된 장은 현실이다"라고 하였다(Rogers, 1951, pp. 483-484). 개인은 계속적으로 변화하는 경험의 세계에 주역으로 존재한다.

여기서는 인본주의적 관점에 속하는 성격이론으로 매슬로의 자아실현 접근, 로저스의 인간중심 접근, 펄스의 게슈탈트치료 접근, 실존주의적 접근을 포함하였다.

제18장

매슬로의 자아실현 접근

자아실현은 계속되는 과정이며, 이러한 과정에서 이루어지는 매 번의 선택은 자신의 성장을 위해 이루어지는 것을 의미한다.

– 매슬로 –

매슬로는 일반적으로 인본주의 심리학의 창시자 및 정신적 지주로 여겨진다. 그는 결정론적인 입장을 취하는 정신분석과 기계론적 입장을 취하는 행동주의를 강하게 비판하였다. 매슬로의 성격이론은 환자를 대상으로 한 임상적 면담이나 사례 연구에서 비롯되지 않았고, 그가 생각하기에 가장 건강한 사람들의 성격에 관한 연구를 바탕으로 형성되었다. 매슬로는 심리학이 인간의 병리적인 측면보다 건강한 본성에 더 큰 관심을 가져야 한다고 주장하였다. 인간의 건강한 면을 이해해야 비로소 정신적으로 병든 것에 대해 이해할 수 있다는 것이 매슬로의 신념이다.

매슬로는 인간 각자는 자신의 잠재력을 발달, 성장시키고, 완성시킬 수 있는 본능적 욕구를 가지고 태어난다고 보았다. 매슬로는 인간이 균형을 유지하거나 좌절을 회피하는 것에만 관심이 있다기보다는 성장에 더 많은 관심이 있다고 생각했다. 그는 인간을 거의 항상 뭔가를 갈망하는 '소망을 갖는 동물'이라고 묘사하였다. 매슬로 하면 많은 사람이 욕구위계를 떠올리는 것처럼, 그는 동기의 단계로서 욕구위계를 제안하였다. 실제로 욕구위계에 따라 인간은 하나의 욕구가 충족되면, 곧이어 다른 욕구가 발생하고, 그것을 충족시키려고 한다. 매슬로의 주요 공헌은 동기가 어떻게 위계적으로 조직되는가에 대한 분석과 건강한 성격에 대한 기술을 바탕으로 인간의 자아실현의 중요성을 강조한 점이다.

1. 매슬로의 생애

매슬로(Abraham Maslow, 1908~1970)는 자아실현을 강조하였으며, 인본주의 심리학의 정신적 지주로서 여겨진다. 그의 개인적 및 전문적 생활의 변화와 발달은 많은 측면에서 그가 성격이론에서 기술한 인간 성장에 반영되어 있다.

매슬로는 뉴욕시 브루클린에서 러시아로 이주한 교육받지 못한 유대인 부모의 일곱 자녀 중 첫째로 출생하였다. 미국에 이주한 대부분의 유대인이 경제적 어려움을 이겨 내고 생존했던 것처럼, 매슬로의 부모도 열심히 일을 해서 빈민가를 벗어나 중류층에 합세하였다. 어린 소년으로서 매슬로는 이웃의 유대인에 대한 편견 및 자신의 신체적 외모에 대한 달갑지 않은 눈초리를 받으며 고립감과 외로움을 느끼면서 성장하였다. 그는 친구들이 없었으며, 주로 도서관에서 책을 읽으며 혼자 시간을 보냈다. 그는 부모와도 친밀한 관계가 아니었다. 아버지를 좋아하기는 했지만 두려워했고, 어머니를 미워했다. 한마디로, 그의 아동기 및 청소년기는 불행한 시기였다고 말할 수 있다.

매슬로는 부모의 뜻에 따라 법학을 공부하기 위해 뉴욕시립대학교에 입학하였지만 흥미를 못 느끼고 일 년 만에 학교를 그만두었다. 집을 떠나 매슬로는 코넬대학교로 갔으며, 다시 심리학을 공부하려고 위스콘신대학교로 이동하였다. 위스콘신에서 그가 사랑했던 베르싸(Bertha)와 20세에 결혼하였다. 결혼은 매슬로에게 소속감과 방향감을 제공하는 전환점이 되었다. 그는 후에 "내가 결혼을 하고 위스콘신에서 공부를 시작할 때까지 삶의 의미가 거의 없었다."라고 기술했다.

아이러니컬하게, 인본주의 심리학의 창시자인 매슬로로 하여금 처음에 심리학에 매력을 느끼게 했던 것은 왓슨(John B. Watson)의 행동주의 심리학이었다. 1930년대 초기에 다른 많은 사람처럼, 매슬로는 행동주의가 세상의 모든 문제를 해결해 줄 수 있다고 생각했다. 그는 원숭이를 대상으로 애착 연구로 유명한 할로우(Harry Harlow)와 함께 일하면서 실험심리학으로 훈련을 받았다. 1934년에 위스콘신대학교에서 박사학위를 받은 후, 매슬로는 뉴욕시에 있는 브루클린대학교로 돌아와 1951년까지 머물렀다.

1930년대 후반과 1940년대 초반에 매슬로는 나치의 위협을 피해 미국으로 이주한 호나이(Karen Horney), 프롬(Erich Fromm), 아들러 등과 만나 지적 교류를 할 기회를 가졌으며, 게슈탈트 심리학자인 베르트하이머(Max Wertheimer)와 인류학자인 베네딕트(Ruth Benedict)와도 교류를 하였다. 이러한 지식인들의 만남, 제2차 세계대전의 경험, 그리고 그의 첫 아이 출생 등을 통해 매슬로는 행동주의 관점에서 인본주의 관점으로 탈바꿈하게 되었다. 매슬로는 첫 아이의 출생을 '청천병력'으로 묘사하면서, "나는 신비감과 통제할 수 없는 기분에 휩싸였다. 이러한 경험 이전에 나는 별 볼 일 없고, 정신적 및 신체적으로 약하다고 느꼈다. 나는 아이를 가져 본 사람은 누구도 행동주의자가 될 수 없을 것이라고 생각한다"라고 말했다(Hall, 1968, p. 56). 매슬로는 인간의 가장 높은 이상과 잠재력을 다룰 심리학의 발달에 헌신할 것을 결심하였다. 그는 인간이 증오, 편견, 전쟁 행위보다 숭고한 행동을 표출할 수 있다는 것을 입증하고, 인간 성격을 향상시키고자 하였다.

1951년부터 1969년까지 매슬로는 브랜다이스대학교에서 학생들을 가르쳤다. 그는 많은 상을 받았으며, 1967년에 미국심리학회 회장으로 선출되었다. 인생의 말미에 그는 심리학 영역 및 일반 대중에게 막대한 영향력을 주는 인물이 되었다.

2. 주요 개념

여기서는 매슬로가 강조한 욕구의 위계, 욕구의 특성, 결핍 및 성장심리학, 자아실현자의 특성 등에 대하여 살펴보고자 한다.

욕구의 위계

매슬로는 인간의 행동을 활성화시키고 이끄는 다섯 가지 타고난 욕구를 제안하였다. 이러한 인간의 선천적 욕구는 생리적 욕구(physiological needs), 안전 욕구(safety needs), 소속감과 사랑 욕구(belonging and love needs), 존중 욕구(esteem needs), 자아실현 욕구(self-actualization needs)로서, 그림으로 나타내면 다음과 같다([그림 18-1] 참조).

욕구는 그 자체로서 본능적이며 우리는 출생하면서부터 이러한 욕구로 무장하게 된다. 그러나 이러한 욕구를 충족시키기 위해서 우리가 하는 행동은 선천적인 것이 아니며 학습에 의한 것이다. 따라서 이러한 행동은 사람마다 매우 큰 차이를 보이게 된다.

욕구위계에서 아래에 있는 욕구는 그 위의 욕구가 충족되기 전에 충족되어야 하며, 중요한 것은 모든 욕구가 동시에 생기지는 않는다는 것이다. 어느 한 시기에는 하나의 욕구만이 우세하게 된다. 그것이 어떠한 욕구인가는 다른 욕구가 충족되었느냐 그렇지 않느냐에 따라 결정된다. 그러면 매슬로가 제안하여 잘 알려진 다섯 가지 욕구에 대해 알아보자.

생리적 욕구 모든 욕구 중에서 가장 강력한 욕구가 유기체의 생존과 유지에 관련된 생리적 욕구다. 즉, 인간의 생존을 위해 필요한 음식, 물, 공기, 수면, 성 등에 관한 생리적 욕구가 다른 욕구에 비해서 가장 기본적이고 강력하다. 이러한 욕구가

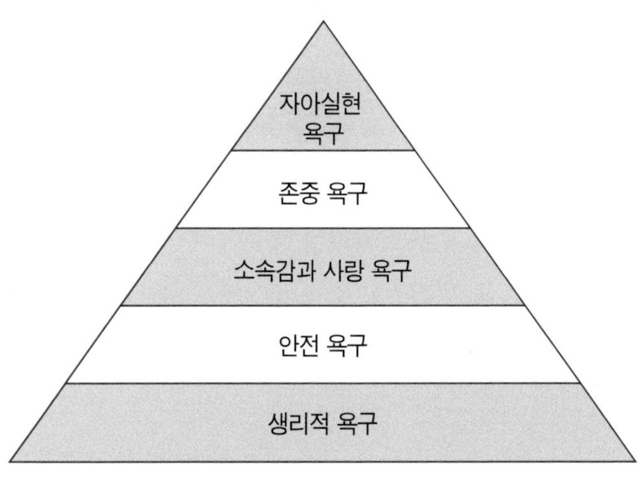

그림 18-1 매슬로의 욕구의 위계

충족되지 못한다면 다른 욕구들이 완전하게 차단될 수 있다. 생존 그 자체가 매일 매일의 관심사인 사람들에게 있어서는 생리적인 욕구가 무엇보다 중요하다.

안전 욕구 질서 있고, 안정적이며, 예언할 수 있는 세계에 대한 유기체의 요구가 안전 욕구다. 안전 욕구의 만족을 위해 안전, 안정성, 보호, 질서, 그리고 공포와 불안으로부터의 자유가 요구된다. 매슬로는 안전 욕구가 유아와 신경증을 보이는 성인에게 있어서 가장 중요하다고 믿었다. 아이들에게 안전 욕구가 쉽게 보여지는데, 그 이유는 그들이 위협과 공포에 즉각적이고 눈에 띄게 반응하기 때문이다. 성인은 위험한 상황에 어느 정도로 반응을 억제하는 것을 학습해 왔다.

매슬로는 조직과 질서가 전혀 없는 완전한 허용과 자유는 아이의 안전 욕구를 위협하기 때문에 아이로 하여금 근심과 불안전을 일으킨다고 생각했다. 물론 아이에게 자유가 주어져야 하지만 그들이 대처할 정도의 제한이나 제약이 있어야 한다.

신경증 환자나 정신 상태가 불안정한 성인도 어느 정도의 조직과 질서를 필요로 한다. 왜냐하면 안전 욕구가 우세하기 때문이다. 기본적으로 모든 인간은 생리적 욕구 다음으로 안전 욕구를 우선적으로 갈망한다. 이러한 안전 욕구는 건강한 성인의 경우 신경증 환자나 유아에 비해 강압적이고 압도적이지 않다.

소속감과 사랑 욕구 생리적 및 안전 욕구가 적절하게 충족되면, 소속감과 사랑 욕구가 생겨난다. 개인은 다른 사람과의 친밀한 관계, 특별한 친구 관계, 연인 관계를 맺기를 원하며 특별한 집단에 소속되기를 바란다. 매슬로는 과학기술이 발달된 현대사회에서 소속감 및 사랑 욕구가 충족되기가 더욱 어려워지고 있다는 것을 지적하였다.

사랑 욕구는 사랑을 주거나 받는 욕구를 말하는데, 이러한 욕구는 다른 사람과 긴밀하고 따뜻한 관계 속에서 충족될 수 있다. 매슬로는 사랑과 성을 동일시하지 않았으며, 다만 성이 사랑의 욕구를 표현하는 하나의 방법이라고 하였다.

존중 욕구 개인이 소속감과 사랑 욕구를 충족하면, 다음으로 존중 욕구를 갖게 된다. 매슬로는 인간이 두 가지 존중 욕구, 즉 자신으로부터의 존중과 타인으로부터의 존경을 필요로 한다는 점을 지적하였다. 자아존중을 이루기 위해 개인은 유능감, 자신감, 숙달, 성취, 독립, 자유 등을 갖는 것이 필요하다.

자아존중의 욕구를 충족시킨 사람은 자신의 힘, 가치, 적절함에 대해 확신을 갖는다. 반면에 자아존중이 결여된 사람은 자신이 남보다 못하다고 생각하고, 자신을 구제불능이라고 여긴다. 따라서 이런 사람은 용기를 잃게 되어 여러 가지 문제에 맞설 수 있는 확신을 잃게 된다. 참된 자아존중은 자신의 능력과 경쟁력에 대한 현실적인 판단 위에 기초해야만 한다고 매슬로는 지적하였다. 사회적 지위와 명성, 그리고 훌륭한 평판은 노력하지 않고 얻어지는 것이 아니라 개인의 유능감과 숙달로 인해 얻어지는 것이다.

자아실현 욕구 발달의 마지막 단계이며 최고의 단계로서의 자아실현은 자신의 모든 잠재력과 능력을 인식하고 충족시키는 것을 말한다. 앞에서 언급한 네 가지 욕구가 충족되었다 하더라도 자신의 잠재력을 이용하지 못하는 사람은 불만족스럽고 불안할 것이며 좌절감을 맛볼 것이고, 결국에는 다른 어떠한 욕구도 충족시키지 못하게 될 수 있다.

모든 인간은 인생의 노정에서 자신의 잠재력을 충족시킬 만한 자아실현의 기회를 갖고 있다고 매슬로는 지적하였다. 자아를 실현하기 위해서는 많은 전제조건이 필요하다. 첫째는 사회와 자기 자신의 구속으로부터 자유로워야 하며, 둘째는 욕구위계에서 하위에 있는 생리적 욕구와 안전 욕구에만 집착해서는 안 되며, 셋째는 가족 및 타인들과 친밀감을 느끼며, 남과 사랑을 주고받을 수 있어야 한다. 마지막으로, 무엇보다도 자신의 강점과 약점, 선악에 대한 현실적 지식을 갖추어야 한다 (Schultz & Schultz, 1998, p. 291).

매슬로가 타고난 욕구로서 제안했던 또 다른 욕구가 알 욕구와 이해할 욕구에 해당하는 인지적 욕구(cognitive needs)와 미적으로 기쁨을 느끼는 심미적 욕구(aesthetic needs)다. 인지적 욕구의 주요한 특성은 다음과 같다.

- 인지적 욕구는 유아기 후반과 초기 아동기에 나타나며, 아동의 자연적 호기심으로 표현된다.
- 인지적 욕구는 타고난 욕구이기 때문에 가르쳐 줄 필요가 없다. 그러나 사회는 학교 및 부모교육을 통해 아동의 자발적 호기심을 억제하려고 시도한다.
- 인지적 욕구가 충족되는 것이 실패하면 개인에게 해로우며, 성격의 충분한 발달과 기능을 해칠 수 있다.
- 알 욕구가 이해할 욕구보다 더 강력하다.
- 개인이 알고 이해할 욕구를 충족시키지 못하면 그의 자아실현은 불가능하다.

매슬로는 역시 인간이 미를 추구하는 욕구인 심미적 욕구를 가진다는 것을 제안하였다. 만약 이러한 욕구가 충족되지 못하면, 성격의 충분한 발달이 방해된다.

욕구의 특성

매슬로가 제안한 욕구위계에서 살펴본 것처럼, 하위에 있는 욕구는 보다 생존에 필요하고 상위에 있는 욕구는 성장에 필요함을 알 수 있다. 여기서는 이러한 욕구의 특성에 대해서 알아보자.

첫째, 욕구위계에서 하위에 있는 욕구가 더 강하고 우선적이다. 즉, 하위에 있는 욕구일수록 강도와 힘이 세고, 우선순위가 높다. 상위에 있는 욕구일수록 반대로 강도와 힘이 약하고, 우선순위가 낮다.

둘째, 욕구위계에서 상위의 욕구는 인생의 나중에 나타난다. 즉, 생리적 욕구와 안전 욕구는 유년기에, 소속감과 사랑, 존중 욕구는 청년기에 나타나며, 자아실현 욕구는 인생의 중반에 접어들기 전까지는 나타나지 않는다.

셋째, 욕구위계에서 상위의 욕구는 생존을 위해 덜 필요하기 때문에 그러한 욕구의 만족은 지연될 수 있다. 즉, 상위의 욕구를 만족시키지 못하더라도 하위의 욕구를 충족시키지 못했을 때처럼 즉각적인 비상사태나 위급한 반응은 일어나지 않는다. 이런 점에서 하위의 욕구를 결핍욕구(deficit or deficiency needs)라고 부른다.

넷째, 욕구위계에서 상위의 욕구는 생존을 위해 덜 필요하지만, 그러한 욕구는 생존과 성장에 기여한다. 상위의 욕구가 충족되었을 때 갖게 되는 성취감은 보다 건강한 삶을 만들 수 있으며, 생명도 연장할 수 있고, 생물학적인 효율성도 증가시킬 수 있기 때문에 상위의 욕구를 성장욕구(growth or being needs)라고 한다.

다섯째, 욕구위계에서 상위의 욕구는 생리적 · 심리적으로 생산적이고 유용하다. 왜냐하면 그것은 보다 심오한 행복감과 마음의 평화, 그리고 인생의 내적인 성취감을 제공하기 때문이다.

여섯째, 욕구위계에서 상위의 욕구는 하위의 욕구 만족보다 더 좋은 외적(사회적, 경제적, 정치적) 환경을 요구한다. 예를 들면, 표현과 기회의 자유는 개인의 안전보다는 자아실현에 필요한 것이다.

일곱째, 어떤 욕구는 위계의 다음 욕구가 중요하게 되기 이전에 충분히 만족될 필요가 없다. 매슬로는 욕구위계에서 위로 올라갈수록 각 욕구의 만족 비율이 낮아진다고 보았다. 예를 들면, 생리적 욕구에서 85%의 만족감을 갖는 사람은 안전 욕구에서는 70%, 소속감과 사랑의 욕구에서는 50%, 존중 요구에서는 40%의 만족감을, 그리고 자아실현 욕구에서는 10%의 만족감을 얻게 된다는 것이다.

결핍심리학 및 성장심리학

매슬로는 인간 행동을 설명하고 이해하려는 심리학을 크게 두 종류로 구분하였다. 그가 구분한 두 가지는 결핍심리학(deficiency psychology)과 성장심리학(growth or being psychology)이다. 결핍심리학은 기본적 욕구충족 영역에서 인간 행동에 관심을 두는 반면, 성장심리학은 가장 높은 자각의 상태 및 자아실현 욕구의 추구에서 인간 행동과 경험을 조사한다. 절정경험(peak experience) 및 자아실현자의 특성은 성장심리학 영역에 속한다('자세히 봅시다' 참조). 그러면 이러한 분류에 따른 몇 가지 내용을 살펴보자.

자세히 봅시다

몰입의 의미 및 요인

매슬로가 강조한 절정경험과 밀접하게 관련된 개념으로, 최근 긍정심리학의 주요 주제인 몰입(flow)에 대해 알아 보자. 사람들은 일상적인 삶을 영위하면서 때때로 만족감, 황홀감 등을 경험한다. 몰입 혹은 최적 경험(optimal experience)은 개인이 갖는 기술(skill)과 도전(challenge)이 모두 높을 때 일어난다(Csikszentmihalyi, 1997).

칙센트미하이(1997)는 몰입은 개인이 가진 기술이 도전을 극복하는 것에 관여될 때 일어나는 경향이 있다고 지적하였다. 보통 몰입 혹은 최적 경험은 개인의 행동할 능력과 행동을 위해 이용될 수 있는 기회간의 좋은 균형과 관련된다. 도전이 너무 높으면 개인은 좌절되고, 걱정하며, 결국에는 불안하게 된다. 만약 도전이 자신의 기술에 비해 너무 낮으면, 개인은 이완을 느끼고, 권태를 느낀다. 만약 도전과 기술이 너무 낮은 것으로 지각되면, 개인은 무감각을 느끼게 된다. 그러나 높은 도전이 높은 기술과 짝지워질 때, 일상생활로부터 몰입이 일어날 가능성이 높다.

칙센트미하이가 몰입을 도전과 기술의 관계에서 다른 심리적 현상과 비교한 내용을 그림으로 제시하면 다음과 같다.

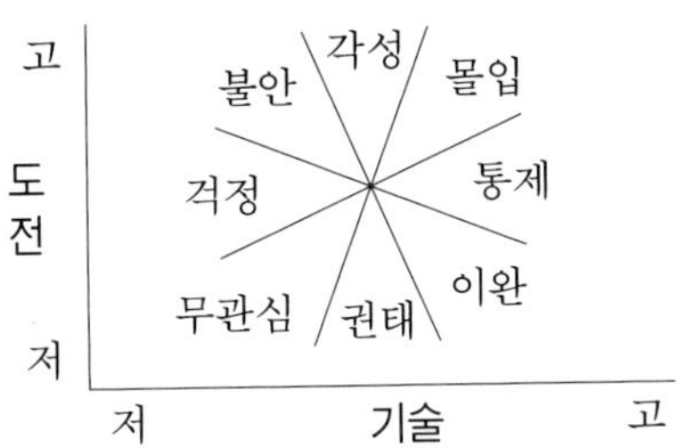

칙센트미하이가 제시한 사람들이 몰입 경험을 하게 되는 조건 혹은 요인들을 살펴 보면 다음과 같다.

첫째, 명확한 목표가 있을 때 그리고 자신이 얼마나 잘하고 있는가에 대한 분명한 피드백이 있을 때 몰입이 일어난다.

둘째, 주어진 상황에서 행동을 위한 기회와 행동할 개인의 능력간의 균형은 몰입경험을 가능하게 한다.

셋째, 행동과 자각의 효율적 결합은 몰입 경험을 야기한다. 즉 정신이 하나로 집중될 때 몰입이 가능하다.

넷째, 과업에 대한 집중을 할 때 몰입 경험을 할 수 있다. 즉 과업에 대한 집중으로 인해 관련없는 자극이 의식에서 사라지고 걱정과 근심이 일시적으로 정지될 때 몰입할 수 있다.

다섯째, 몰입 경험은 개인이 잠재적 통제력을 가질 때 일어난다.

여섯째, 몰입 경험은 자기의식의 상실, 자기경계의 초월, 성장 느낌 및 어떤 보다 큰 실체에 소속된 느낌을 가질 때 일어난다.

일곱째, 몰입 경험의 요인은 몇 시간이 몇 분처럼 느껴지는 것과 같이 시간이 빨리 지나간 것 같은 시간 감각의 왜곡이다.

여덟째, 몰입 경험은 자동목적적이 된다. 즉 상기한 여러 가지 조건이 존재할 때, 개인이 하는 것은 자동목적적이 되거나 하는 것 그 자체가 가치있게 된다.

결핍동기와 성장동기 결핍동기는 유기체 내에 있는 부족한 어떤 것을 충족시키려는 욕구를 말한다. 불만족 혹은 좌절감 때문에 현재 상태를 변화시키려는 욕구가 결핍동기다. 결핍동기의 대표적 예는 기아, 고통, 공포 등이다.

성장동기는 유기체가 일차적으로 현재 상태에서 즐거움과 만족을 느끼면서 긍정적으로 가치 있는 목표를 추구하는 것을 의미한다. 성장동기는 기본적 욕구가 충족된 후에 나타나는, 개인의 독특한 삶을 향상시키는 방향으로 지향된 자아실현 동기다. 즉, 성장동기는 정의, 선, 미, 질서, 조화, 완전, 자기충족 등과 같은 타고난 가치에 대한 욕구로, 우리의 체험을 확장하고 삶을 풍부하게 하는 것이다.

결핍인지와 성장인지 결핍인지(deficiency cognition)에서 대상은 단지 욕구충족자로서, 즉 목적에 대한 수단으로서 인식된다. 결핍인지는 욕구가 강할 때 자주 나타난다. 매슬로는 강한 욕구는 사고와 지각에 영향을 준다고 지적하였다. 그러므로 강한 욕구를 가진 개인은 단지 욕구충족과 관련하여 환경을 자각한다. 예를 들면, 배고픈 사람은 단지 음식을 찾으려는 경향을 보인다.

성장인지(being cognition)는 환경에 대한 보다 정확하고 효율적인 자각이다. 기본적 동기가 충족된 사람은 욕구에 대한 반응에 있어 자신의 지각을 덜 왜곡하는 경향을 보인다. 성장인지를 갖는 사람은 비판단적이며, 비교 혹은 평가하지 않는다.

기본적 태도는 있는 그대로를 인식하는 것이다. 성장인지 상태에서 지각하는 사람은 지각되는 대상에 대해 독립적인 태도를 유지한다. 외적 대상은 개인적 관심에 대한 관계에서보다 대상 그 자체에 가치가 부여된다.

결핍가치와 성장가치 결핍가치는 구체적인 목표 대상에 지향된 가치다. 매슬로는 결핍가치에 대해서는 분명하게 설명하지 않았지만, 성장가치에 대해서는 자세하게 설명하였다.

모든 개인은 태어날 때부터 성장가치를 갖고 태어난다. 매슬로는 "가장 높은 가치는 인간성 그 자체 내에 존재하며 발견되는 것이다. 이것은 가장 높은 가치가 단지 초자연적인 신 혹은 인간성 외의 다른 원천에서 비롯되었다는 오래되고 관습적인 신념과는 매우 대립되는 것이다."라고 지적하였다(Maslow, 1968, p. 170). 매슬로가 성장가치로 지적한 내용은 다음과 같다(〈표 18-1〉 참조).

표 18-1 성장가치 목록

신뢰(truth)	선(goodness)
미(beauty)	통합(unity: wholeness)
이분법초월(dichotomy-transcendence)	생기(aliveness: process)
독특성(uniqueness)	완전(perfection)
필요(necessity)	완성(completion, finality)
정의(justice)	질서(order)
단순성(simplicity)	풍요(richness)
용이함(effortlessness)	유희(playfulness)
자아충족(self-sufficiency)	의미(meaningfulness)

개인은 이러한 성장가치를 충족시키지 못하면 메타병리(metapathology)에 빠지게 된다. 메타병리는 인간의 성장가치 충족의 실패와 관련해서 자기성장이 방해되는 것을 의미한다. 즉, 메타병리는 자아실현자들이 자신의 잠재력을 표현하고, 사용하고, 충족시키는 것을 방해한다.

결핍사랑과 성장사랑 결핍사랑은 타인이 자신의 욕구를 충족시켜 주기 때문에 타인을 사랑하는 것이다. 이러한 사랑은 이기적 관심에서 비롯된 사랑이다. 개인이 이러한 방식으로 충족되면 될수록 이러한 종류의 사랑은 강화된다. 결핍사랑은 자존감, 혹은 섹스를 위한 욕구, 고독의 두려움 등에서 비롯된다.

성장사랑은 타인의 성장을 위한 사랑이다. 성장사랑을 가진 사람은 비소유적이며 이기적인 자기만족보다 타인의 행복에 보다 많은 관심을 가진다. 매슬로는 성장사랑을 노자가 강조한 도(道)의 태도를 입증하는 것이라고 하였다. 예를 들면, 성장사랑은 자녀교육을 하는 부모가 자녀의 행동이 자신의 기대에 부응하지 못한다 할지라도 그 자체에 가치를 부여하면서 자녀를 위해 표현하는 부모의 이상적, 무조건적 사랑이다.

자아실현자의 특성

매슬로는 자아실현을 이룬 사람들의 연구로 유명하다. 그는 자아실현적인 삶을 영위한 자신의 친구나 동료로부터, 그리고 널리 알려진 역사적 인물(예: 링컨, 제퍼슨, 아인슈타인, 간디)로부터 발견할 수 있었던 훌륭한 특성을 확인하였다. 즉, 매슬로는 인류의 절정(peak)에 있었던 가장 훌륭하고 건강한 사람들에 대한 특성을 연구하여 자신의 성격이론의 기초를 마련하였다. 자아실현을 이룬 사람들을 많이 찾지는 못했지만, 그는 발견된 소수의 자아실현자들을 집중적으로 연구하여 이들이 공통된 특성을 갖고 있다는 것을 발견하였다. 이러한 자아실현자들에게서 발견되는 공통된 특성은 다음과 같다.

- 현실의 효율적 지각　자아실현자는 자기 주변의 세계 및 사람들을 명확하고 객관적으로 지각할 능력을 가진다. 이러한 지각은 고도로 객관적이며 치우치지 않은 성장인지에 근거한다. 자아실현자는 세계를 있는 그대로 보며 선입관에 치우쳐 상황을 파악하지 않는다.
- 자신, 타인, 자연의 수용　자아실현자는 자신의 강점뿐만 아니라 약점까지도 왜곡하지 않고 있는 그대로 받아들이며, 실패한 일에 대해서도 지나친 부끄러움이나 죄책감을 갖지 않는다. 또한 다른 사람이나 일반적인 사회의 약점에 대

해서도 있는 그대로 수용한다.

- **자발성, 단순성, 자연성** 자아실현자의 행동은 지극히 개방적이고, 솔직하고, 자연스럽다. 그는 생각과 이상에 있어 주관이 뚜렷하며, 그의 행동은 인습에 사로잡혀 있지 않다.
- **자신 외의 문제에 초점** 자아실현자는 자신의 인생에 대한 사명감을 갖고, 자신 밖의 일이나 자신의 범위를 벗어나는 일에 많은 에너지를 쏟는다. 자아실현자는 열심히 일하면서 큰 기쁨과 흥분을 경험한다. 자아실현자는 자신이 하는 일이나 방향이 성장가치에 집중되어 있다.
- **초연함 및 사적 자유 욕구** 자아실현자는 때로는 고독을 느끼며 그러한 고독에 압도되지 않으면서 사적인 자유를 즐긴다. 자아실현자는 독립적이고 자율적이기 때문에 때론 홀로 자신만의 시간을 가지면서 사색하며, 타인의 지지 및 애정에 매달리거나 요구하지 않는다.
- **인식의 신선함** 자아실현자는 주위의 세계를 늘 새로움, 놀라움, 경외심을 갖고 받아들이고 경험하는 능력이 있다.
- **신비 혹은 절정경험** 자아실현자는 강렬한 무아경, 놀라움, 경외심, 즐거움의 경험을 한다. 이러한 경험을 하는 동안 그는 극도로 확신에 차고, 명확하고, 강력한 힘을 느끼며, 경험은 강화되고 그 강도가 절정에 달하게 된다.
- **사회적 관심** 매슬로는 아들러의 개념인 사회적 관심을 인용하여 자아실현자는 성격의 구성요소로서 보편적으로 갖추는 동정과 공감을 보여 주는 사회적 관심을 가진다고 보았다. 자아실현자는 타인을 마치 자신의 형제처럼 대한다.
- **깊은 대인관계** 자아실현자의 우정은 보통 사람들의 우정보다 매우 강하며 심오하다. 또한 자아실현자 주위에는 종종 찬양자나 제자들이 모여든다.
- **민주적 성격구조** 자아실현자는 지극히 관대하여 모든 사람을 받아들이며, 인종적이거나 종교적 혹은 사회적 편견을 갖지 않는다.
- **창의성** 자아실현자는 자기 분야에 있어서 창의성과 독창성을 갖고 있으며, 모든 활동 속에서 적응력이 있고, 자발적이며, 실수를 두려워하지 않는다.
- **문화화에 대한 저항** 자아실현자는 자발적이고 독립적이며 자부심이 매우 강하다. 결과적으로 그는 일정한 틀에 맞춰 생각하라고 강요하는 사회·문화적인 압박에 자유스럽게 저항한다. 그는 사회의 규범에 공공연하게 반대하지 않

으며 사회적 관례를 고의적으로 모욕하지도 않는다. 그는 문화의 엄격한 격식과 요구에 따르기보다 자신의 개성에 따라 행동한다.

매슬로는 그의 마지막 저서에서 개인이 자아실현 하는 여덟 가지 행동방식을 기술하였다. 이러한 여덟 가지 방식은 집중력, 성장 선택, 자기자각, 정직성, 판단력, 자기발달, 절정경험, 자기방어 결여 등이다(Maslow, 1971).

3. 성격 평가기법

매슬로의 자아실현에 대한 주장으로 자아실현자의 성격에 대한 관심이 고조되었다. 매슬로는 자아실현을 이루었다고 생각되는 역사적 인물에 대한 자서전적 연구를 실시하였다. 여기서는 이러한 사례연구와 대표적인 자아실현 특성을 알아보는 개인지향검사에 대해 살펴보자.

사례연구 자아실현자를 확인하기 위하여 매슬로는 역사적으로 유명한 인물들에 관한 자서전적 연구를 실시하였다. 그 이유는 역사적 인물들은 충분한 정보를 확보할 수 있기 때문이다. 반면에 현존하는 인물들을 대상으로 한 경우에는 그들이 자아실현에 관한 연구의 목적을 알고서 불편해하며 망설였기 때문에 충분한 정보를 얻기가 불가능하였다. 또한 매슬로는 3,000명의 대학생을 자아실현자와 비자아실현자로 나누어 로르샤흐 잉크반점검사, 주제통각검사, 자유연상, 심층면접 등을 사용하여 대학생들이 자아실현자의 특성을 소유하고 있는지의 여부를 결정하기 위한 사례연구를 실시하였다.

POI 개인지향검사(The Personal Orientation Inventory: POI)는 쇼스트롬(Shostrom)이 1963년에 개발한 검사로서, 자아실현의 특성에 대한 신뢰도가 높고 타당한 측정도구다. 이 검사는 150문항의 자기보고식 질문지로서, 자아실현한 사람의 발달에 중요하다고 여겨지는 가치와 행동을 반영하는 문항이 무엇인지를 표시하게끔 되어 있다. 수검자들은 한 문항 안의 두 항목 가운데 자신을 가장 잘 나타낸다고 하는 항목을 선택한다(Ryckman, 2000, p. 447).

4. 성격이론의 적용

매슬로의 성격이론이 실제적인 상담이론이나 심리치료기법으로 발전되지는 않았지만, 그가 제안했던 자아실현 접근은 일반 사람들에게 지대한 영향을 끼쳤다. 인본주의 심리학의 선구자로서 그의 이론은 1960년대와 1970년대에 매우 대중적 인기를 끌었다. 심리학의 영역을 넘어서 그의 이론만큼 광범위한 영향을 끼친 이론은 거의 없다고 할 수 있다. 교사와 상담자, 사업가와 정부 지도자, 보건 전문가와 일반 사람들은 매슬로의 견해가 자신들의 가치와 욕구에 부합하고, 일상의 문제를 해결하는 데 유용하다는 것을 발견하였다. 20세기 중반의 가장 영향력 있는 사람에 관한 잡지에 기고한 글에서 레오나드는 "매슬로는 과거 50년 동안 어떤 미국 심리학자가 했던 것보다 인간성과 인간 가능성에 대한 우리의 견해를 바꿨다."고 지적하였다(Leonard, 1983, p. 326).

그의 성격이론이 기여한 점을 세 가지로 요약해 보면 다음과 같다.

- 인간은 건강, 창의성, 통찰, 그리고 자아충만과 같은 상위의 수준을 향하고자 하는 내적 경향성을 지닌다.
- 신경증은 기본적으로 자아실현에 대한 내적 경향성이 봉쇄됨으로써 나타난 것이다.
- 일의 효율성과 개인 성장은 서로 밀접하게 연관되어 있다. 실제로 자아실현의 과정은 각 개인으로 하여금 더 많은 효율성, 창의성, 그리고 생산성을 불러일으킨다.

요약

1. 매슬로는 인간의 행동을 활성화시키고 이끄는 다섯 가지 타고난 욕구를 제안하였다. 이러한 인간의 선천적 욕구는 생리적 욕구, 안전 욕구, 소속감과 사랑 욕구, 존중 욕구, 자아실현 욕구다. 이외에도 타고난 욕구로서 인지적 욕구와 심미적 욕구를 제안하였다.
2. 매슬로가 제안했던 욕구가 작동하는 특성은 첫째, 욕구위계에서 하위에 있는 욕구가 더 강하고 우선적이다. 둘째, 상위의 욕구는 인생의 나중에 나타난다. 셋째, 상위의 욕구는 생존을 위해 덜 필요하기 때문에 그러한 욕구의 만족은 지연될 수 있다. 넷째, 상위의 욕구는 생존을 위해 덜 필요하지만, 그러한 욕구는 생존과 성장에 기여한다. 다섯째, 상위의 욕구는 생리적 · 심리적으로 생산적이고 유용하다. 여섯째, 상위의 욕구는 하위의 욕구 만족보다 더 좋은 외적(사회적, 경제적, 정치적) 환경을 요구한다. 일곱째, 어떤 욕구는 위계의 다음 욕구가 중요하게 되기 이전에 충분히 만족될 필요가 없다. 매슬로는 욕구위계에서 위로 올라갈수록 각 욕구의 만족 비율이 낮아진다고 보았다.
3. 매슬로는 인간 행동을 설명하고 이해하려는 심리학을 크게 두 종류인 결핍심리학과 성장심리학으로 구분하였다. 이러한 분류에 따라 결핍동기와 성장동기, 결핍인지와 성장인지, 결핍가치와 성장가치, 그리고 결핍사랑과 성장사랑을 설명하였다.
4. 매슬로는 개인들이 자아실현 하는 여덟 가지 행동방식으로 집중력, 성장 선택, 자기자각, 정직성, 판단력, 자기발달, 절정경험, 자기방어 결여를 제안하였다. 자아실현자들에게서 발견되는 공통된 특성으로서, 현실의 효율적 지각, 자신과 타인 및 자연의 수용, 자발성과 단순성 및 자연성, 자신 외의 문제에 초점, 초연함 및 사적 자유 욕구, 인식의 신선함, 신비 혹은 절정경험, 사회적 관심, 깊은 대인관계, 민주적 성격구조, 창의성, 문화화에 대한 저항 등이 있다는 것을 발견하였다.

?! Review Questions

1. 매슬로가 제안한 욕구위계의 의미와 다섯 가지 기본적 욕구를 설명하라.

2. 욕구위계에서 상위욕구와 하위욕구의 차이는 무엇인가?

3. 욕구위계에서 각각의 욕구는 어떻게 만족될 수 있는가?

4. 성장가치와 관련하여 메타병리를 설명하라.

5. 자아실현자의 특성을 모두 열거하라.

6. 절정경험은 무엇인가? 자아실현을 위해 절정경험이 필요한지 논의하라.

7. 매슬로의 인간관과 프로이트의 인간관이 어떻게 서로 다른가?

자기 이해와 성장을 위한
<성격 연습 26>

절정경험

당신 삶에서 의미 있는 개인적 사건을 묘사하고 분석해 봄으로써 매슬로의 절정경험 개념을 이해할 수 있을 것입니다.

다음의 빈 곳에 당신이 경험했던 절정감에 대해 기술해 보십시오. 매슬로의 책 『성장심리학을 향해(Toward a Psychology of Being)』(1962)에서 인용해 보면, "당신 인생에서 가장 황홀했던 순간을 떠올려 보시오. 즉, 가장 행복했던 순간, 황홀했던 순간, 환희의 순간을 생각해 보시오."

글을 다 썼다면, 다음의 질문에 답해 보시오.

1. 절정감을 느꼈던 그 순간 당신은 어디에 있었습니까?

2. 당신은 무엇을 하고 있었습니까?

3. 이러한 경험 동안 당신은 무엇을 느꼈습니까?

4. 그 경험 후 당신은 무엇을 느꼈습니까?

5. 그 경험이 그 당시 당신에게 무엇을 의미하였습니까?

6. 그 경험이 현재 당신에게 무엇을 의미합니까?

* 출처: Polyson, J. (1985). Students' peak experience: A written exercise. *Teaching of Psychology, 12*(4), pp. 211-213.

제19장

로저스의 인간중심 접근

신기한 역설은 내가 있는 그대로의 나를
수용할 때 내가 변화한다는 것이다.

– 로저스 –

로저스의 인간중심 접근은 1940년대 상담 및 심리치료의 주요한 추세에 도전하면서 탄생되었다. 즉, 프로이트의 정신분석에서 취하는 치료자중심보다 내담자중심치료를 강조하였고, 윌리엄슨의 특질요인 이론에서 취하는 지시적 접근보다 비지시적 접근이 내담자를 조력하는 데 효과적임을 주장하였다.

로저스는 인간의 기본적 동기로서 실현화 경향성을 가정하였으며, 성격을 변화시키고 향상시킬 능력이 각 개인 내에 있다는 것을 제안하였다. 그는 유기체의 지혜를 강조하였으며, 경험을 통한 인간의 가치화 과정을 필수적인 것으로 생각하였다.

로저스의 성격 이론은 개인의 독특한, 주관적인 경험을 강조한다. 그는 삶 속에서 사건들을 보고 해석하는 방식이 행동에 결정적인 영향을 준다고 믿었다. 로저스에 따르면, 각 개인은 주관적 세계에서 생활하며, 이른바 과학자가 말하는 객관적 세계조차도 주관적인 지각, 목적 및 선택 등의 산물이다. 어느 누구도 다른 사람들의 내적 참조틀을 완전히 가정할 수 없기 때문에 개인 자신이 그의 실체가 무엇인지에 대한 가장 큰 자각의 잠재력을 지닌다. 다시 말해서, 개인은 자신에 대한 세계 최고의 전문가이며 자신에 대한 최상의 정보를 지니고 있다. 로저스에게 있어 "행동은 지각되는 장에서 경험하는 유기체의 욕구를 만족시키려는 유기체의 전형적인 목표지향적인 시도이다.'(Rogers, 1951, p. 491)

1. 로저스의 생애

로저스(Carl R. Rogers, 1902~1987)는 미국 일리노이주 오크 파크(Oak Park)에서 6명의 자녀 중 네 번째로 태어났다. 그의 부모는 근본주의 기독교적 견해를 가졌으며 도덕적 행동, 정서표현의 억제, 그리고 열심히 일하는 것의 미덕을 강조하였다. 로저스는 수줍음이 있었지만 매우 총명한 소년으로 자라났다. 그는 과학을 특히 좋아했고, 13세경에 생물학과 농업에 대한 지역 전문가로 평판을 얻고 있었다. 아이러니컬하게, 로저스의 가족은 조금도 따뜻하거나 애정적이지 않았다. 즉, 그가 발달시킨 내담자중심치료의 주요 특성인 감정을 개방적으로 표현하는 것은 허락되지 않았다. 그 결과, 그의 다른 형제 2명처럼 로저스는 15세 때 위궤양을 앓았다.

로저스는 1919년에 농업을 공부하기 위해 부모의 모교인 위스콘신대학교에 입학하였다. 그는 처음에는 진로를 농업분야로 정할 계획이었지만, 곧 농업에서 도전할 만한 흥미를 발견하지 못했다. 역시 심리학 강의도 들어 봤지만 재미를 느끼지 못했다. 마침내 그는 종교에 관한 공부를 하기로 결정했다. 그는 1924년에 부인 헬렌(Helen)과 함께 위스콘신대학교를 졸업하고 나서 목사로서의 진로를 준비하기 위해 뉴욕에 있는 유니온신학교에 입학하였다.

뉴욕에서의 두 가지의 경험이 그의 삶의 방향을 다시 변화시켰다. 첫째 경험은 로저스가 심도 있는 신학 연구를 통해 자신의 종교적 믿음에 대한 의문을 갖게 된 것이다. 그는 "기독교는 개개인이 갖는 매우 다른 심리학적 욕구를 만족시켜 주며, 중요한 것은 종교가 아니라 인간이다"라고 생각하게 되었다(Kirschenbaum, 1979, p. 45). 두 번째 경험은 새롭게 심리학에 대한 이해를 한 것이었다. 신학교를 다니면서, 로저스는 길 건너 있는 컬럼비아대학교에서 심리학 강의를 들으면서 새로운 관점을 갖게 되었다.

신학의 진로는 로저스에게 사람들을 도울 수 있는 기회를 보장했지만, 그의 이러한 믿음은 점점 약해졌다. 로저스는 그 당시의 상황을 "단지 목사로서의 전문직을 유지하기 위해 믿음을 고백하는 것은 끔직한 일일 것이다. 나는 사고의 자유를 제한받지 않는 분야를 찾기를 원했다."라고 술회했다(Kirschenbaum, 1979, pp. 51-52). 로저스의 부모는 몹시 당황했지만, 그는 신학을 포기하고 심리학을 공부하기 위해 컬럼비아대학교 대학원 과정에 등록하였다.

로저스는 29살인 1931년에 컬럼비아대학교에서 박사학위를 받은 후, 뉴욕주 로체스터에 있는 아동생활지도 클리닉에서 일을 하였다. 그는 여기서 비행 및 장애아동을 진단하고 치료하면서 대부분의 시간을 보냈다. 1940년에 그는 오하이오주립대학교 심리학 교수가 되었다. 대학원생들을 가르치면서 로저스는 정서적 장애를 가진 아동을 상담하는 방식에 대한 견해를 형성하기 시작했다. 1945년부터 1957년까지 시카고대학교에서 학생들을 가르치면서 카운슬링센터를 운영하다가, 1957년에 위스콘신대학교으로 돌아와서 1963년까지 머물렀다. 이러한 기간 동안 로저스는 당시에 확고한 위치를 가진 정신분석 접근과 지배적 심리학 세력인 행동주의와 맞서 싸웠다. 시간이 지나면서 이러한 싸움에서 점차 승리하기 시작했다. 1956년에 로저스는 미국심리학회가 심리학에 기여한 우수과학자에게 주는 첫 번째 공로

상을 수상했다.

1963년에 로저스는 캘리포니아의 라호야(La Jolla)로 옮겨 '인간연구센터'를 설립했다. 로저스의 인간중심치료에서 주요한 핵심은 인간에 대한 그의 진실한 관심이었다. 그의 동료들은 "로저스는 평범한 사람처럼 보인다. 그는 뛰어나게 말을 잘하는 사람은 아니다. 하지만 그는 진실한 관심을 가지고 당신을 경청하여 이해할 것이다"라고 기술하였다(Gendlin, 1988, p. 127). 로저스는 생의 마지막 15년을 사회갈등의 문제 및 세계 평화를 위해 공헌했다. 심지어 80대의 나이로 그는 소비에트연방과 남아프리카와 같은 곳에서의 워크숍과 의사소통 집단을 이끌었다. 로저스는 1987년 2월에 죽을 때까지 계속해서 많은 집필을 하며 심리학의 발전에 기여하였다.

2. 주요 개념

로저스는 성격의 발달과 변화에 초점을 두었으며 성격의 구조적인 구성개념을 거의 강조하지 않았다. 하지만 그의 성격이론을 이해하는 데 중요한 구성개념은 유기체, 자아, 실현화 경향성, 가치의 조건화, 충분히 기능하는 사람의 특성 등이다.

유기체

로저스의 인간 이해를 위한 철학적 입장은 현상학(phenomenology)의 영향을 받아 형성되었다. 철학에서 현상학은 즉각적인 경험에 대한 자료를 기술하는 것을 추구하는 것을 의미하지만, 심리학에서 현상학은 인간의 자각과 지각에 대한 연구를 의미한다. 즉, 현상학자에게 중요한 것은 대상 혹은 사건 그 자체가 아니라 개인이 대상 혹은 사건을 어떻게 지각하고 이해하는가다. 현상적 장은 경험의 전체를 의미한다.

유기체, 즉 전체로서 개인은 모든 경험의 소재다. 로저스가 "경험은 나에게 최고의 권위다."(Experience, for me, is the highest authority)라고 말한 것처럼, 그는 유기체의 경험을 중시하였다. 경험은 어떤 주어진 순간에 유기체 내에서 진행되는 잠재적으로 자각에 이용될 수 있는 모든 것을 포함한다. 이러한 경험의 전체가 '현상적

장(phenomenal field)'을 구성한다. 현상적 장은 단지 경험하는 개인에게만 알려질 수 있는 자신의 참조 틀이다. 개인이 행동하는 방식은 외적 현실인 자극조건이 아니라 자신의 현상적 장에 의존한다.

로저스는 '의식 혹은 자각은 우리가 경험하는 어떤 것의 상징화'라는 점에서 현상적 장은 의식의 장과 동일하지 않다는 것을 지적하였다. 즉, 어떤 주어진 순간에 현상적 장은 의식적(상징화된) 및 무의식적(상징화되지 않는) 경험으로 구성된다. 그러므로 유기체는 상징화되지 않는 어떤 경험을 변별하고 그러한 경험에 반응할 수 있다.

자아

로저스의 성격이론에서 핵심적인 구조적 개념은 자아(self)다. 로저스는 개인은 외적 대상을 지각하고 경험하면서 그것에 의미를 부여하는 존재임을 강조하였다. 개인의 지각과 의미의 전체적 체계는 그로 하여금 자신의 현상적 장을 구성하게 한다. 개인이 자신 혹은 자기로서 보는 현상적 장의 이러한 부분이 자아다. 즉, 현상적 장 내에 자아가 있다. 로저스는 자아가 불안정하며 끊임없이 변화하는 실체라는 점에서 과정으로서 자아를 강조하였다. 즉, 자아는 조직화되고 일관된 게슈탈트로 상황이 변함에 따라 끊임없이 형성되는 과정에 있다.

자아 혹은 자아개념(self-concept)은 조직화되고 일관된 지각의 패턴을 나타낸다. 비록 자아가 변하지만, 자아는 항상 패턴으로 형성되고, 통합되고, 조직화된 특성을 가진 자아개념을 유지한다.

로저스의 자아와 관련하여 알아 두어야 할 두 가지는 다음과 같다. 첫째, 자아는 개인 내부에 있는 작은 사람이 아니다. 자아는 어떤 것을 하지 않는다. 즉, 개인은 행동을 통제하는 어떤 자아를 가지고 있는 것이 아니라 현상적 장의 일부로서 조직화된 일련의 지각인 자아를 가진다. 둘째, 자아로서 알려진 경험과 지각의 패턴은 일반적으로 자각이 가능하다. 즉, 그것은 의식화될 수 있다. 개인이 의식하지 못하는 경험을 가지고 있지만, 자아는 일차적으로 의식적이다.

자아와 관련된 구조적 개념은 이상적 자아(ideal self)다. 이상적 자아는 개인이 가장 소유하고픈 자아개념으로, 잠재적으로 자아와 관련되고 개인이 높게 가치를 부여하는 지각과 의미를 포함한다.

실현화 경향성

유기체는 하나의 기본적 경향성과 추구를 가지고 있는데, 그것은 경험하는 유기체를 실현하고, 유지하고, 향상시키는 것이다(Rogers, 1951, p. 487). 유기체가 가진 실현화 경향성(actualization tendency)은 타고난 것으로, 개인이 가진 모든 생리적 및 심리적인 욕구와 관련된다. 따라서 실현화 경향성은 유기체를 유지하는 데 기여한다.

실현화 경향성은 단지 유기체를 유지하는 것 이상이다. 그것은 또한 유기체의 성장과 향상, 즉 발달을 촉진하고 지지한다. 실현화란 개념은 유기체가 단순한 실체에서 복잡한 실체로 성장해 나가고, 의존성에서 독립성으로, 고정성과 경직성에서 유연성과 융통성으로 변화하고자 하며, 자유롭게 표현하고자 하는 유기체의 경향성을 나타낸다. 실현화는 개인이 자신의 욕구와 긴장을 줄이려는 경향성을 포함하지만, 그것은 유기체를 향상시키는 활동으로부터 도출된 기쁨과 만족을 강조한다. 실현화 경향성은 성숙의 단계에 포함된 성장의 모든 국면에 영향을 준다. 로저스는 유전적인 구성으로 프로그램 되어 있는 인간의 모든 변화는 실현화 경향성에 의하여 달성된다고 보았다. 그러한 변화가 유전적으로 결정되어졌을지라도 유기체의 완전한 발달에 대한 진전은 자동적이지 않고 노력 없이 이루어지지 않는다. 로저스는 그러한 과정을 마치 아이가 첫 발을 내딛으면서 겪는 것처럼, 투쟁과 고통을 수반하는 것으로 묘사했다.

실현화 경향성은 사람이나 동물뿐만 아니라 모든 살아 있는 생명체에서 볼 수 있다. 모든 생명을 묘사함에 있어 로저스는 유기체가 극단적으로 적대적인 조건하에서 생존하게 할뿐만 아니라 적응하고, 발달하고, 성장하도록 하는 저항할 수 없는 힘의 존재에 대한 그의 믿음을 '생의 집착' 및 '생의 추진력'이라고 표현하였다.

자아실현 경향성 로저스는 인간은 자아를 유지하고, 향상시키고, 실현화시킬 경향성에 의해 동기화되어 있다고 믿었다. 인간성의 부분으로서 이러한 타고난 '자아실현 경향성'은 모든 생리적 및 심리적 욕구를 포함하는 유기체의 실현화 경향성의 부분이다. 로저스는 인간을 진취적인 존재로 생각했다. 그는 자아실현, 즉 인간의 타고난 잠재력의 실현을 강조한 반면에 프로이트가 강조한 행동의 긴장 감소 측면을 중요시하지 않았다. 즉, 프로이트는 추동(drive)을 강조한 반면에 로저스는 추동 대신에 인간의 기본적 경향성으로 자아실현을 강조하였다. 이미 지적한 것처럼, 로저스는 '유기체는 하나의 기본적 경향성과 추구를 가지고 있는데, 그것은 경험하는 유기체를 실현하고, 유지하고, 향상시키는 것이다'라는 것을 믿었다.

가치의 조건화

로저스의 성격 형성을 이해하는 데 중요한 개념이 '가치의 조건화(conditions of worth)'다. 로저스가 "경험은 나에게 최고의 권위다."라고 말한 것처럼 우리 각자는 경험을 통해 가치를 형성하는 것이 중요하다. 그런데 연약한 존재로서 아동은 그에게 가장 영향력 있는 부모의 양육 태도에 따라 가치의 조건화를 형성한다.

아동은 기본적 욕구인 '긍정적 자기존중'을 얻기 위해 노력한다. 그리고 이러한 긍정적 자기존중 때문에 가치의 조건화 태도를 형성하게 된다. 이렇게 형성된 가치의 조건화는 유기체가 경험을 통해 실현화 경향성을 성취하는 것을 방해하는 주요한 원인이 된다. 왜냐하면 가치의 조건화는 아동이 주관적으로 경험하는 사실을 왜곡하고 부정하게 만들기 때문이다. 아동은 의미 있는 대상(예를 들면, 부모)으로부터 긍정적 자기존중을 받기를 원한다. 부모는 자신의 판단에 따라 아동에게 해야 할 것과 하지 말아야 할 것을 정해 놓는다. 아동은 부모가 원하는 것을 할 때에만 긍정적 자기존중을 받게 되고 착한 아이가 된다. 부모가 원하지 않는 것을 하면 나쁜 아이가 된다. 나쁜 아이가 되는 것은 긍정적 자기존중을 얻지 못하게 한다. 그러므로 아동은 나쁜 아이가 되지 않기 위해 자기가 경험하는 사실을 왜곡하고 부정하게 된다. 다시 말하면, 부모로부터 긍정적 자기존중을 받기 위해 자기가 하는 경험에 폐쇄적이 되어 실현화 경향성을 방해하게 된다는 것이다.

가치의 조건화는 아동이 하는 주로 눈에 보이는 행동, 즉 외적 준거에 따라 아동을 평가하는 데에서 비롯된 것이다. 의미 있는 대상으로부터 긍정적 자기존중을 받기 위해 자기의지와 관계없이 겉으로 최선을 다하는 꼴이 된다. 따라서 아동은 착한 아이가 되기 위해 내적 경험을 무시하게 된다. 껍데기는 번지르르할지 모르지만 알맹이는 썩어 가게 된다. 이것은 우리가 모든 경험에 개방적으로 되어 인간 성장을 도모하는 것을 방해하게 한다. 인간중심 접근에서 강조하는 개인의 주관적인 경험을 왜곡하고 부정하게 만든다. 우리가 독특한 존재로서 자기성장을 이루지 못하게 한다. 이런 점에서 당신이 형성한 가치의 조건화는 끊임없이 당신이 성숙된 인간이 되는 것에 주요한 방해의 원천이라고 할 수 있다.

갈등, 불안, 공포 등의 정서적 문제도 가치의 조건화와 관련되어 있다. 내사된 가치의 조건화로 인해 긍정적 자기존중을 받으려는 욕구는 그것에 반하는 어떤 경험을 회피하고, 왜곡하고, 부정해 왔다. 이러한 가치의 조건화에 따른 행동은 실현화 경향성을 이루려는 유기체의 경험과 마찰하게 된다. 이런 마찰은 위협으로 느껴지며 갈등과 불안을 야기한다. 의미 있는 대상으로부터 주입된 이러이러한 행동을 하면 '나쁜' 아이라는 가치의 조건화가 실존적 존재로서 주관적인 내적 경험과 불일치를 이루게 된다. 이런 불일치는 긍정적 자기존중을 잃지 않을까 하는 위협으로 느껴지고 불안과 두려움을 야기하게 된다.

충분히 기능하는 사람의 특성

충분히 기능하는 사람은 현재 진행되는 자신의 자아를 완전히 자각하는 사람이다. 로저스는 "충분히 기능하는 사람(the fully functioning person)은 최적의 심리적 적응, 최적의 심리적 성숙, 완전한 일치, 경험에 완전히 개방되어 있는 사람이다. 이러한 사람의 특성은 정적이지 않고 과정 지향적이다. 즉, 충분히 기능하는 사람은 계속적으로 변화하는 사람으로 과정 중에 있는 사람이다"라고 지적하였다(Rogers, 1959, p. 235). 로저스가 제안했던 충분히 기능하는 사람의 몇 가지 특성은 다음과 같다.

- 충분히 기능하는 사람은 경험에 개방적이다.
- 충분히 기능하는 사람은 실존적 삶, 즉 매 순간에 충실한 삶을 영위한다.
- 충분히 기능하는 사람은 자신의 유기체를 신뢰한다.
- 충분히 기능하는 사람은 창조적이다.
- 충분히 기능하는 사람은 제약 혹은 억제 없이 선택의 자유를 가진다.

• 충분히 기능하는 사람은 어려움에 직면할 수 있다(Rogers, 1961, pp. 187-196).

그러면 충분히 기능하는 사람에 대한 예로서 로저스가 그의 책『진정한 사람되기(On Becoming a Person)』(1961)에서 자신에 대해 기술한 14가지 내용을 살펴보자(pp. 16-27).

• 나는 사람들과의 관계에서 내가 아닌 방식으로 행동하는 것이 결국에 도움이 되지 않는다는 것을 발견해 왔다.
• 나는 나 자신을 수용적으로 경청하고 나 자신일 수 있을 때보다 효율적임을 발견한다. 신기한 역설은 내가 있는 그대로의 나를 수용할 때 내가 변화한다는 것이다.
• 나는 다른 사람을 이해하려고 나 자신을 개방했을 때 그것이 매우 큰 가치가 있음을 발견해 왔다.
• 나는 내가 충분히 개방적일 때 타인이 나에게 자신의 감정 및 사적인 지각세계를 털어놓는다는 것을 목격해 왔다.
• 나는 다른 사람을 수용할 수 있는 능력이 매우 보상적임을 발견해 왔다.
• 나는 나와 타인의 현실에 보다 개방적일수록 서둘러 일을 해결하려는 욕심이 줄어든다는 것을 발견해 왔다.
• 나는 나의 경험을 신뢰할 수 있다.
• 타인의 평가는 나를 위한 지침이 아니다.
• 경험은 나에게 최고의 권위다.
• 나는 경험에서 질서를 발견하며, 나는 그것을 즐긴다.
• 외부에서 일어나는 일들은 내게 우호적이다.
• 가장 인간적인 것이 가장 일반적이다.
• 나는 사람들이 기본적으로 긍정적 경향성을 가진다는 것을 경험을 통해 목격해 왔다.
• 삶은 진행되는 과정이며, 아무것도 고정되어 있지 않다.

3. 성격에 대한 명제

여기서는 성격에 대한 명제를 중심으로 로저스의 성격이론을 알아보고자 한다. 로저스는 그가 저술한 『내담자중심치료(Client-centered Therapy)』(1951)에서 성격이론에 대한 19가지 명제를 기술하였다(pp. 483-524). 여기서는 이러한 명제를 소개하고자 한다. 그가 제안했던 성격에 대한 명제를 통해 인간 성격에 대한 그의 입장을 이해할 수 있으리라 본다.

명제 1: 모든 개인은 자신이 중심인 계속적으로 변화하는 경험의 세계 내에 존재한다(Every individual exists in a continually changing world of experience of which he is the center).

명제 2: 유기체는 경험되고 지각되는 장에 반응한다. 경험하는 유기체로서 개인에게 이러한 지각된 장은 '현실'이다(The organism reacts to the field as it is experienced and perceived. This perceptual fields, for the individual, 'reality'.).

명제 3: 유기체는 이러한 현상적 장에 조직화된 전체로서 반응한다(The organism reacts as an organized whole to this phenomenal field).

명제 4: 유기체는 하나의 기본적 경향성과 추구를 가지고 있는데, 그것은 경험하는 유기체를 실현하고, 유지하고, 향상시키는 것이다(The organism has one basic tendency and striving - to actualize, maintain, and enhance the experiencing organism).

명제 5: 행동은 기본적으로 유기체가 경험된 것으로서, 즉 지각되어진 장 내에서 자신의 욕구를 충족시키려는 목표 지향적 시도다(Behavior is basically the goal-oriented attempt of the organism to satisfy its needs as experienced, in the field as perceived).

명제 6: 유기체의 유지와 향상을 위해 정서는 목표 지향적 행동, 행동의 추구적 대 완성적 측면에 관련된 정서의 종류, 그리고 행동의 지각된 의미에 관련된 정서의 강도를 수반하고 일반적으로 촉진한다(Emotion accompanies and in general facilitates such goal-oriented behavior, the kind of emotion being related to the seeking versus the consummatory aspects of the behavior, and the intensity of the emotion being related to the perceived significance of the behavior for the maintenance and enhancement of the organism).

명제 7: 행동을 이해하기 위한 가장 훌륭한 관점은 개인 그 자신의 내적 참조 틀로부터다(The best vantage point for understanding behavior is from the internal frame of the reference of the individual himself).

명제 8: 전체적인 지각적 장의 일부는 점차적으로 자아로서 변별되게 된다(A portion of the total perceptual field gradually becomes differentiated as the self).

명제 9: 환경과의 상호작용의 결과로서, 특히 타인과의 평가적 상호작용의 결과로서 자아의 구조가 형성된다. 이러한 자아는 나에 대한 개념에 결부된 가치와 함께, '나' 혹은 '나를'에 대한 특성 및 관계의 조직화되고 유연하지만 일관된 지각의 개념적 패턴이다(As a result of interaction with the environment, and particularly as a result of evaluational interaction with others, the structure of the self is formed - an organized, fluid, but consistent conceptual pattern of perceptions of characteristics and relationships of the 'I' or the 'me', together with values attached to these concepts).

명제 10: 경험에 결부된 가치, 그리고 자아구조의 일부가 된 가치는 어떤 경우에 유기체가 직접 경험한 가치이고, 다른 경우에는 내사된 혹은 타인에게서 취해진 가치로, 마치 그러한 가치가 직접 경험되었던 것처럼, 그러나 왜곡된 방식으로 지각된 가치다(The values attached to experiences, and the values which are a part of the self structure, in some instances are values experienced directly by the organism, and in some instances are values introjected or taken over from others, but perceived in distorted fashion, as if they had been experienced directly).

명제 11: 한 개인의 삶에 경험이 일어날 때, 그러한 경험은 ⓐ 자아에 대한 어떤 관계로 상징화되고, 지각되고, 조직화되고, ⓑ 자아 구조에 대한 지각된 경험이 아닐 경우에는 무시되며, ⓒ 그러한 경험이 자아의 구조와 일관되지 않을 때는 상징화가 부인되거나 왜곡된다(As experiences occur in the life of the individual, they are either ⓐ symbolized, perceived, and organized into some relationship to the self, ⓑ ignored because there is not perceived relationship to the self structure, ⓒ denied symbolization or given a distorted symbolization because the experience is inconsistent with the structure of the self).

명제 12: 유기체가 채택하는 대부분의 행동방식은 자아개념과 일관된다(Most of the ways of behaving which are adopted by the organism are those which are consistent with the concept of self).

명제 13: 어떤 경우에 행동은 상징화되지 않았던 유기체적 경험과 욕구에 의해 야기될 수 있다. 그러한 경우에 행동은 자아구조와 일관되지 않을 수 있지만, 그 행동은 그 개인만의 고유한 행동이라고 볼 수 없다(Behavior may, in some instances, be brought about by organismic experiences and needs which have not been symbolized. Such behavior may be inconsistent with the structure of the self, but in such instances the behavior is not 'owned' by the individual).

명제 14: 심리적 부적응은 유기체가 의미 있는 감각과 감정적 경험을 자각하는 것을 부정할 때, 결과적으로 그러한 경험이 자아구조의 게슈탈트로 상징화되고 조직화되지 않을 때 나타나게 된다. 이러한 상황이 있게 될 때, 기본적 혹은 잠재적인 심리적 긴장이 나타난다(Psychological maladjustment exists when the organism denies to awareness significant sensory and visceral experiences, which consequently are not symbolized and organized into the gestalt of the self structure. When this situation exists, there is a basic or potential psychological tension).

명제 15: 심리적 적응은 유기체의 모든 감각적 및 감정적 경험이 자아개념과 일관된 관계로 상징적 수준에 있거나 동화될 때 나타난다(Psychological adjustment exists when the concept of the self is such that all the sensory and visceral experiences of the organism are, or may be, assimilated on a symbolic level into a consistent relationship with the concept of self).

명제 16: 자아의 조직 혹은 구조와 일관되지 않는 어떤 경험은 위협으로 지각될 수 있으며, 이러한 지각이 많을수록 자아구조는 스스로를 유지하는데 더욱 경직되게 조직화된다(Any experience which is inconsistent with the organization or structure of the self may be perceived as a threat, and the more of these perceptions there are, the more rigidly the self structure is organized to maintain itself).

명제 17: 일차적으로 자아구조에 어떤 위협도 없는 조건하에서 자아와 일관되지 않는 경험이 지각되고 탐색될 수 있다. 그리고 자아구조는 그러한 경험을 동화해서 포함시키기 위해 수정된다(Under certain conditions, involving primarily complete absence of any threat to the self-structure, experiences which are inconsistent with it may be perceived, and examined, and the structure of the self revised to assimilate and include such experiences).

명제 18: 개인이 하나의 일관되고 통합된 체계 내로 자신의 감각적 및 감정적 경험을 지각하고 수용할 때, 그는 필연적으로 타인을 보다 잘 이해하고 타인을 분리된 개인으로서 더욱 수용하게 된다(When the individual perceives and accepts into one consistent and integrated system all his sensory and visceral experiences, then he is necessarily more understanding of others and is more accepting of others as separate individuals).

명제 19: 개인이 자신의 자아구조 내로 자신의 신체적 경험을 많이 지각하고 수용할 때, 그는 계속되는 유기체적 가치화 과정에 따라 대체로 왜곡적으로 상징화되었던 내사에 근거한 자신의 현재의 가치체계를 바꾸고 있다는 것을 알게 된다(As the individual perceives and accepts into his self-structure more of his organic experiences, he finds that he is replacing his present value system - based so largely upon introjections which have been distortedly symbolized, - with a continuing organismic valuing process).

4. 성격 발달

로저스는 실제로 체계적인 성격 발달단계에 대한 이론을 갖고 있지 않았으며, 이에 관한 장기간의 연구나 부모-자녀 상호작용 등에 관한 연구를 하지 않았다. 기본적으로 로저스는 성장의 힘은 모든 개인 안에 존재한다고 믿었다. 자아는 현상학적 장에서 분리된 부분이고, 점차적으로 복잡하게 성장한다. 자아가 출현할 때 개인은 긍정적 존중에 대한 욕구를 발달시킨다. 만약 타인들에 의한 긍정적 존중에 대한 욕구가 자신의 감정에 맞추어지는 것보다 더 중요하게 되면 개인은 다양한 경험을 의식 밖으로 내보내게 되고 부조화의 상태에 빠지게 된다.

근본적으로 로저스에 대한 주요 발달적 관심은 아이가 자아실현을 위한 조화의 상태에서 자유스럽게 성장했느냐, 아니면 아이가 방어적이 되거나 부조화의 상태에서 기능하느냐이었다. 자아의 건강한 발달은 부모들이 아이의 특정 행동을 용납하지 않을 때에도 아이가 충분히 경험하고 그 자체를 수용할 때 이루어진다. 또한 부모도 아이의 특정 행동을 용납하지 않을 뿐이지 아이의 전부를 거부하지 않는 분위기에서 아이는 건강하게 발달한다. 이러한 점은 대부분의 아동정신의학자와 심리학자에 의해 강조되었다. 이는 아이에게 "나는 네가 하고 있는 행동을 좋아하지 않는다."와 "나는 너를 좋아하지 않는다."라고 말하는 부모의 자녀 양육에 대한 차이를 살펴보면 더욱 잘 이해할 수 있다. "나는 너의 행동을 좋아하지 않는다."라고 말하는 부모는 아이의 행동을 용납하지 않는 반면에, 아이 자체는 수용한다는 것을 알 수 있다(Pervin & John, 2001).

5. 성격 평가기법

로저스는 상담회기를 기록하고, 자아를 대표하는 모든 단어를 목록화함으로써 성격을 연구하였다. 특히, 스티븐슨(Stephenson, 1953)에 의해 개발된 Q 분류기법(Q-sort)을 사용하였다.

Q 분류기법 Q 분류 혹은 Q 분류기법은 인쇄된 진술문으로 된 많은 카드로 이루어져 있다. 카드에는 "나는 순종적인 사람이다" "나는 호감을 주는 사람이다" "나는 충동적인 사람이다"와 같은 진술문이 적혀 있다. Q 분류는 자기-기술, 즉 어떤 사람이 되고 싶은지 혹은 그 관계가 어떤지에 대해 기술하는 것에 사용될 수 있다.

자기-분류에서 내담자는 자신의 입장에 따라 별개의 파일에 카드를 놓게 된다. 이때에는 자신과 가장 유사하지 않은 속성들로부터 가장 유사한 속성에 이르기까지 자신이 현재의 자신을 있는 그대로 기술하기 위해 카드를 분류하도록 지시받는다. 또는 개인은 자신이 가장 되고 싶은 사람을 기술하기 위해 카드를 사용하도록 지시받을 수 있다. 다시 말하면, 자신의 이상적인 모습을 기술하기 위해서 그 이상적인 특성과 가장 가까운 것에서부터 가장 먼 것에 이르기까지 파일에 카드를 분류한다. 이렇듯, 내담자는 자신과 가장 먼 특징으로부터 자신과 가장 가까운 특징에 이르기까지 연속선상에서 정상분포에 따라 카드를 분류하게 된다.

Q 분류의 문항들을 사용하여 특정 과제에서 성공적인 수행과 연합된 특징을 기술할 수도 있다. 예를 들면, 특정 상황에서 성공한 사람들의 '가장 특징적인' 특성의 프로파일을 발견할 수 있다. 그런 다음, 그런 유형의 상황에서 잘할 수 있거나 잘할 수 없는 사람을 예측하려고 할 때 그 프로파일에 가장 부합하는 사람을 찾을 수 있다(손정락 역, 2002; Pervin & John, 2001).

6. 성격이론의 적용

비록 성격이론이 로저스의 상담 및 심리치료 경험으로부터 발전했을지라도, 그의 중심내용은 치료적 과정 그 자체에 근거한다. 로저스의 주요 관심은 성격의 변화가 일어나는 방법이다. 초기에 로저스는 치료 중에 감정 반영의 기술을 매우 중요하게 생각하였다. 이러한 비지시적(nondirective) 접근에서는 내담자가 말하는 것에 대해 치료자의 활동과 지도가 최소화된다. 비지시적 상담자가 종종 수동적이고 흥미가 없는 사람처럼 지각되기 때문에 로저스는 자신의 관심을 내담자중심으로 바꾸었다. 궁극적으로 로저스는 치료에서의 중요한 변인이 치료적 환경이라고 믿었다. 만약 치료자들이 내담자에게 현상학적인 의미 있는 방식으로 내담자와의 관계에서 세 가지 조건을 제공할 수 있다면, 자연스럽게 치료적 변화가 일어날 것이라고 생각했다. 상담자가 내담자를 조력하기 위해 상담자가 갖추어야 할 세 가지 태도 혹은 특성은 일치성(congruence or genuineness), 무조건적 긍정적 존중(unconditional positive regard), 그리고 공감적 이해(empathic understanding)다.

일치성 진정한 상담자는 있는 그대로의 자신이 되려고 한다. 상담자는 겉치레를 하지 않고, 개방적이며, 진솔하다. 그래서 내담자는 상담자가 진실하다고 느낀다. 일치성이 있는 상담자는 내담자와 인간 대 인간으로 만날 수 있다. 진실한 관계에서 상담자는 내담자와 부정적인 감정조차도 자유롭게 공유한다.

무조건적 긍정적 존중 상담자는 내담자를 한 인간으로 깊고 진실하게 돌봐 준다는 것을 의미한다. 상담자가 내담자에게 무조건적 긍정적 존중 혹은 수용을 제공할 때, 내담자가 스스로 자아 탐색을 할 수 있게 된다.

공감적 이해 상담자가 마치 내담자인 것처럼이란 가정을 결코 잃지 않으면서 내담자의 내적 참조 틀에 의해서 파악한 내담자의 주관적 가치나 감정을 되돌려 주는 것을 의미한다. 공감적 이해의 조건은 경험을 지각하는 상담자의 능력과 그 순간의 내담자의 의미가 된다. 내담자의 경험이나 내담자가 하는 말에 대한 기계적인 반응이 아니라 내담자 그 자체를 하나의 존재로 보고 내담자와 함께하는 것이다. 경청은 내담자에 의해 경험된 감정, 그리고 개인적인 의미를 이해하는 활동이며, 공감의 필수적인 요소다.

요약

1. 유기체, 즉 전체로서 개인은 모든 경험의 소재다. 로저스는 유기체의 경험을 중시하였다. 경험은 어떤 주어진 순간에 유기체 내에서 진행되는 잠재적으로 자각에 이용될 수 있는 모든 것을 포함한다. 이러한 경험의 전체가 '현상적 장'을 구성한다. 현상적 장은 단지 경험하는 개인에게만 알려질 수 있는 자신의 참조 틀이다. 개인이 행동하는 방식은 외적 현실인 자극조건이 아니라 자신의 현상적 장에 의존한다.
2. 로저스는 자아 혹은 자아개념을 조직화되고 일관된 지각의 패턴이라고 설명하였다. 비록 자아가 변하지만, 자아는 항상 패턴으로 형성되고, 통합되고, 조직화된 특성을 가진 자아개념을 유지한다.
3. 로저스가 가정한 유일한 동기는 기본적 경향성이다. 유기체는 하나의 기본적 경향성과 추구를 가지고 있는데, 그것은 경험하는 유기체를 실현하고, 유지하고, 향상시키는 것이다. 유기체가 가진 실현화 경향성은 타고난 것으로, 개인이 가진 모든 생리적 및 심리적인 욕구와 관련된다. 따라서 실현화 경향성은 유기체를 유지할 뿐만 아니라 유기체의 성장과 향상, 즉 발달을 촉진하고 지지한다. 자아실현 경향성은 모든 생리적 및 심리적 욕구를 포함하는 유기체의 실현화 경향성의 부분이다.
4. 아동은 기본적 욕구인 '긍정적 자기존중'을 얻기 위해 노력한다. 그리고 이러한 긍정적 자기존중 때문에 가치의 조건화 태도를 형성하게 된다. 이렇게 형성된 가치의 조건화는 유기체가 경험을 통해 실현화 경향성을 성취하는 것을 방해하는 주요한 원인이 된다.
5. 로저스가 보는 인간관과 성격 이해를 위해 그가 제안했던 19가지 성격에 대한 명제를 이해하는 것이 중요하다. 이 명제 속에는 그가 강조한 주요한 개념인 자아, 유기체, 경험, 현상적 장, 내적 참조 틀 등에 대한 개념이 명료하게 표현되어 있다.

6. 로저스가 강조한 충분히 기능하는 사람은 최적의 심리적 적응, 최적의 심리적 성숙, 완전한 일치, 경험에 완전히 개방되어 있는 사람이다. 이러한 사람의 주요한 특성은 경험에 개방적이며, 실존적 삶, 즉 매 순간에 충실한 삶을 영위하며, 자신의 유기체를 신뢰한다. 또한 창조적이며, 제약 혹은 억제 없이 선택의 자유를 가지며, 어려움에 직면할 수 있다.
7. 로저스는 그가 강조한 자아를 평가하기 위해 Q 분류기법을 사용하였다. 특히, 상담 전후에 내담자로 하여금 자기 자신을 Q 분류기법에 의해 평가하게 함으로써 상담의 효과를 연구하였다.
8. 로저스의 인간중심치료는 상담관계의 중요성에 공헌하였으며, 특히 그가 강조한 상담자가 보여 줘야 할 세 가지 조건인 일치성, 무조건적 긍정적 존중, 그리고 공감적 이해는 대부분의 상담자가 갖춰야 할 태도로서 광범위하게 수용되고 있다.

?! Review Questions

1. 로저스가 언급한 "경험은 나에게 최고의 권위다."라는 말을 바탕으로 로저스의 인간관을 설명하라.

2. 프로이트의 추동과 로저스의 기본적 경향성을 바탕으로 두 이론가의 인간에 대한 이해를 비교 설명하라.

3. 가치의 조건화 개념을 바탕으로 부적응적 성격을 설명하라.

4. 로저스가 제안한 충분히 기능하는 사람의 의미와 특성을 간략히 기술하라.

5. "신기한 역설은 내가 있는 그대로의 나를 수용할 때 내가 변화한다."라는 말을 바탕으로 로저스의 인간중심치료의 입장을 논의하라.

6. 로저스가 사용한 성격 평가 기법인 Q 분류기법을 간략히 설명하라.

7. 로저스가 강조한 상담자가 갖추어야 할 필요충분한 태도 세 가지가 무엇인지 밝히고, 그 내용을 설명하라.

자기 이해와 성장을 위한
<성격 연습 27>

자아실현

다음 보기를 참고로 하여, 해당 문항에 응답하시오.

〈보기〉

1 = 그렇지 않다.

2 = 어느 정도 그렇지 않다.

3 = 어느 정도 그렇다.

4 = 그렇다.

1. 나의 감정에 부끄럽지 않다.	1	2	3	4
2. 다른 사람이 내게 기대하는 것을 해야만 한다고 느낀다.	1	2	3	4
3. 사람들은 본질적으로 선하고 믿을 만하다고 믿는다.	1	2	3	4
4. 내가 사랑하는 사람에게도 화를 낼 수 있다.	1	2	3	4
5. 내가 하는 일을 다른 사람들이 인정해 주는 것이 항상 중요하다.	1	2	3	4
6. 나는 나 자신의 약점을 수용하지 않는다.	1	2	3	4
7. 사람들에게 찬성해야 하는 경우가 아니더라도 그들을 좋아할 수 있다.	1	2	3	4
8. 나는 실패가 두렵다.	1	2	3	4
9. 나는 복잡한 영역의 것들을 분석하고 단순화시키려는 시도를 하지 않는다.	1	2	3	4
10. 다른 사람에게 인기를 얻는 것보다 자기 자신이 되는 것이 더 낫다.	1	2	3	4
11. 내가 특별히 헌신해야 하는 인생의 사명이 없다.	1	2	3	4
12. 비록 내가 감정을 표현함으로써 바람직하지 못한 결과가 온다고 해도 나는 감정을 표현할 수 있다.	1	2	3	4
13. 다른 사람을 도울 만한 책임감을 느끼지 못한다.	1	2	3	4
14. 부적절하게 행동할 것 같은 두려움에 성가시다.	1	2	3	4
15. 내가 사랑을 주기 때문에 사랑을 받는다.	1	2	3	4

채점 방식 2, 5, 6, 8, 9, 11, 13, 14번 문항을 우선 역으로 계산합니다(예: 1=4, 2=3, 3=2, 4=1). 그러고 나서 15문항의 점수를 합산합니다. 앞의 척도는 존스와 크랜들(Jones & Crandall, 1986)이 개발한 자아실현을 측정하는 척도입니다.

	평균	표준편차
남자 대학생	45.02	4.95
여자 대학생	46.07	4.79

해석 방식 점수가 높을수록 현재 시점에서 자아실현이 더 많이 되었다는 의미입니다.

제20장

펄스의 게슈탈트치료 접근

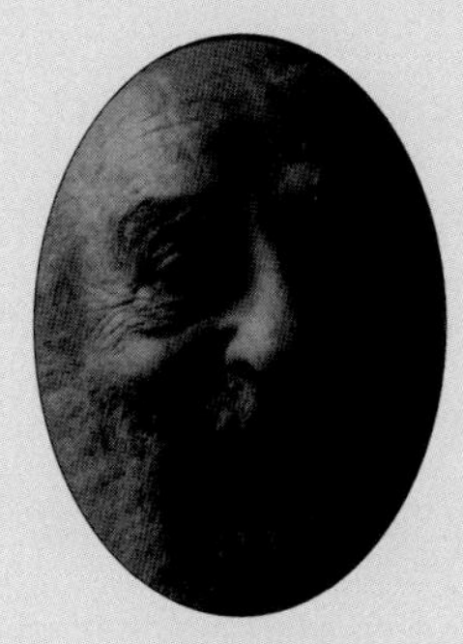

유기체는 접촉과 자각을 통해 계속적인 게슈탈트들의 완성 과정 속에서 성장을 위한 통합을 이룬다.

– 펄스 –

게슈탈트치료의 창시자인 펄스는 초기에는 프로이트의 정신분석에 매료되어 훈련을 받았으나 프로이트 학파가 쌓아온 자기보호 방벽에 그가 발견한 이론을 접목하는 데 한계를 느꼈다. 펄스는 과거를 중심으로 지나치게 해석(interpretation)을 강조하는 정신분석을 비판하여 경험을 통한 자각을 통해 통합(integration)을 강조하는 게슈탈트치료를 발전시켰다. 프로이트와의 가상적 자기대화에서 펄스는 심리적 갈등이나 문제해결을 위해 통합을 강조한 반면, 프로이트는 해석을 통한 이해를 주장하였다.

우리 각자는 살아 있는 유기체로서 지금 이순에 알아차림을 통해 존재한다. 지금 이 순간에 당신은 무엇을 느끼고 있는가? 지금 이 순간에 당신은 무엇을 생각하고 있는가? 지금 이 순간에 당신은 무엇을 하고 있는가? 삶은 영원한 현재이고 있는 그대로 내가 될 때 완전하다. 진정한 변화는 있는 그대로의 내가 되려고 할 때 일어난다. 게슈탈트치료자인 바이서(Beisser, 1970)는 변화의 과정이 역설적임을 지적하면서 "변화는 개인이 자신이 아닌 것이 되려고 노력할 때가 아니라 그가 자신이 되려고 할 때 일어난다."(p. 77)라고 기술하였다. 우리는 경험하는 유기체로서 우리의 사고, 감정, 행동을 통해 내적으로, 그리고 외적으로 야기되는 사건과 접촉을 하며 살아간다. 자신이 접촉하여 경험하는 현상을 있는 그대로 매 순간 자각하여 수용하며 살아가는 것이 유기체의 지혜를 신뢰하는 것이다. 게슈탈트치료(Gestalt Therapy)를 시작하여 발달시킨 펄스는 우리가 실존적 주체로서 책임을 회피하는 환경적 지지를 버리고 '자기지지(self-support)'를 바탕으로 자신을 신뢰하고 책임지며 살아갈 것을 강조하였다.

게슈탈트치료는 경험적이며, 실존적이며, 실험적인 접근이다. 언어를 통해 정신적 조작을 하는 것보다 행동을 강조한다는 점에서 경험적이다. 개인의 독립적 선택과 책임을 강조한다는 점에서 실존적이다. 그리고 개인이 매 순간에 느끼는 감정을 표현하도록 촉진한다는 점에서 실험적이다.

1. 펄스의 생애

게슈탈트치료 역사는 창시자인 펄스(Frederick S. Perls, 1893~1970)의 전문적 발전과 그가 살았던 시대정신에서 비롯되었다. 펄스는 게슈탈트치료를 창시하고 개발했으며 보급시켰다. 그는 독일 베를린에서 중류층 독일계 유대인 부모의 세 자녀 중 막내로 태어났다. 그의 가족은 히틀러의 나치즘으로 나락에 떨어졌고 그의 큰 누나는 포로수용소에서 사망하였다. 펄스의 부모 및 작은 누나는 그를 가정과 학교에서 문제아인 것으로 기술하였다. 특히 그는 칠 학년에서 두 번이나 낙제를 해서 학교를 떠나야만 했다. 학교에서 퇴출되어 잠시 동안 상가에서 일을 하다가 14살 때 다시 학교로 돌아왔다.

펄스는 1920년에 정신의학 전공으로 의학박사 학위를 취득하였으며, 1926년에 프랑크푸르트에 있는 '뇌손상 군인들을 위한 골드스타인 연구소'에서 게슈탈트 심리학 관점을 가진 골드스타인(Kurt Goldstein)의 조수로 일하면서 그의 영향을 받았다. 연구소에서 일하는 동안 그의 게슈탈트치료 개발에 영향을 미친 여러 사람을 만났으며, 특히 그의 부인이 될 12살 연하인 로라(Laura)를 만났다. 펄스는 비엔나와 베를린의 정신분석 연구소에서 정신분석자로서 훈련을 받았으며, 그의 훈련분석자들인 라이히(Wilhelm Reich), 페니클(Otto Fenichel), 호나이 등으로부터 영향을 받았다. 특히 분석자 중 라이히는 펄스가 게슈탈트치료에 대한 아이디어를 개발하는 데 영향을 주었다. 이 기간 중 펄스는 아들러, 융, 프로이트를 만났다.

펄스는 1934년에 나치즘의 발발로 독일을 떠나 남아프리카로 갔다. 펄스는 1935년에 남아프리카 정신분석연구소를 설립하였다. 남아프리카에서 그의 게슈탈트치료 개발에 영향을 주었던 스머츠(Jan Smuts)를 만났다. 남아프리카에서 12년 동안을 머무른 후 1946년에 뉴욕으로 왔으며, 1952년에 굿맨(Paul Goodman) 및 로라(Laura Perls)와 함께 '뉴욕 게슈탈트치료 연구소'를 설립하였다. 그 후 여러 지역으로 이동한 후 마침내 그는 캘리포니아 빅서(Big Sir)에 에살렌 연구소를 설립하여 1964년에서 1969년까지 머물면서 워크숍과 세미나를 통해 많은 사람에게 게슈탈트치료를 보급하였다. 77세의 나이인 1970년에 그의 파란만장한 생을 마감하였다.

그의 주요한 저서로는 『자아, 기아 그리고 공격성(Ego, Hunger, and Aggression)』(1947), 헤퍼린(Ralph F. Hefferline) 및 굿맨과 함께 저술한 『게슈탈트치료: 인간 성격에 있어 흥분과 성장(Gestalt Therapy: Excietment and Growth in the Human Personality)』(1951), 『게슈탈트치료 축어록(Gestalt Therapy Verbatim)』(1969), 그리고 그의 자서전인 『쓰레기통의 안과 밖(In and Out of the Garbage Pail)』(1969) 등이 있다.

2. 주요 개념

여기서는 먼저 게슈탈트치료에서 보는 인간관을 살펴보고자 한다. 그런 다음에 클라크슨과 맥퀸(Clarkson & Mackewn, 1993)이 제안했던 여섯 가지 군에 근거하여 인간관, 전체론(holism), 장이론(field theory), 경험의 순환과 연속(cycles and sequences of experience), 접촉(contact), 접촉경계 장애기제를 바탕으로 게슈탈트치료의 주요 개념을 알아보고자 한다.

인간관

펄스는 인간을 현상학적이며 실존적 존재로서 자신에게 가장 긴급하게 필요한 게슈탈트를 끊임없이 완성해 가며 살아가는 유기체로 보았다. 인간이 매 순간에 경험하는 유기체로서 환경적 장에서 살아간다는 점에서 현상학적이다. 따라서 게슈탈트치료는 내담자가 지각하는 현실에 초점을 둔다. 유기체의 긴급한 욕구에 따른 게슈탈트 형성은 일차적으로 생물학적 현상이다. 그리고 인간은 각기 독특한 유기체로서 필요한 욕구를 선택하여 게슈탈트를 형성하면서 자신의 삶에 대한 책임을 진다는 점에서 실존적이다. 따라서 게슈탈트치료는 현재에 초점을 두며 각 개인이 자신의 운명에 책임이 있다는 것을 강조한다.

펄스가 자신의 이론 형성을 위해 인간에 대한 가정을 어떻게 하고 있는가를 알아보자. 그가 사용한 다섯 가지 가정은 다음과 같다.

첫째, 인간은 완성 혹은 해결을 추구하는 경향이 있다. 이 가정은 우리가 끊임없는 게슈탈트의 완성을 통해 삶을 영위하고 있음을 나타내는 가정이라 볼 수 있다. 미해결된 일은 우리의 집중력을 방해하고 미해결된 일이 중요하면 할수록 우리가 집중해서 일하는 것을 반복적으로 방해한다.

둘째, 인간은 자신의 현재의 욕구에 따라 게슈탈트를 완성할 것이다. 이 가정은 우리가 현재의 급박한 상황에서 필요한 게슈탈트를 형성하고 완성한다는 것이다. 게슈탈트치료에서 치료자가 자주 사용하는 질문인 "지금 이 순간에 당신이 자각하는 것이 무엇인가?"도 인간에 대한 이 가정과 밀접하게 관련되어 있다.

셋째, 인간의 행동은 그것을 구성하는 구체적인 구성요소들, 즉 부분의 합보다 큰 전체다. 이 가정은 게슈탈트 이론의 기본명제인 "전체는 부분의 합보다 크다"는 말을 반영한 내용이다. 펄스가 기술한 "전체가 나누어지면 전체가 사라진다."는 말처럼 전체를 강조한 말이다. 이런 점에서 게슈탈트치료는 인간을 정신과 신체로 분리해서 보는 이원론과 인간의 행동을 자극-반응의 원리에 의해 설명하는 행동주의 입장과 대립된다.

넷째, 인간의 행동은 행동이 일어난 상황과 관련해서 의미 있게 이해될 수 있다. 이 가정은 게슈탈트 이론의 주요한 입장인 '장이론(field theory)'을 강조한 내용이다. 우리와 관계하는 다른 사람의 단편적인 행동을 보고 성급하게 판단하여 오해하거나 비판하는 것도 전체적인 맥락이나 상황 속에서 그 사람의 행동을 파악하지 않았기 때문인 경우가 많다.

다섯째, 인간은 전경과 배경의 원리에 따라 세상을 경험한다. 이 가정은 펄스가 게슈탈트심리학이 크게 기여한 인간의 지각의 원리를 보다 확장하여 게슈탈트치료에 반영한 것이다. 우리가 갖는 관심의 초점이 무엇에 있느냐에 따라 전경과 배경의 원리는 역동적으로 일어난다고 볼 수 있다. 이런 점에서 게슈탈트치료는 우리 각자가 주관적으로 세상을 경험하면서 살아가는 실존적 존재임을 강조한다. 당신이 전체로서, 그리고 독특한 존재로서 세상을 살아가며 갖는 관심의 초점에 따라 객관적으로 주어진 상황을 다르게 경험한다는 것이다.

펄스는 역시 기본적으로 게슈탈트치료에서 보는 인간관이 실존주의적 인간관에다 자각(awareness)을 가미한 것임을 주장하였다. 게슈탈트치료는 우리가 주어진 상황에서 자신에게 일어난 일을 충분히 자각하면 그 상황에서 필요한 게슈탈트를 형성하므로 적절하게 주어진 문제를 처리할 수 있다고 가정한다. 우리가 오관을 통해 주어진 상황에서 매 순간 경험하는 것을 충분히 자각하여 처리할 수 있을 때 유기체로서 바람직한 적응이 이루어진다.

전체론

펄스의 전체론에 영향을 준 세 가지 주요한 이론적 입장은 스머츠의 전체론, 게슈탈트심리학, 그리고 프라이드랜더(Sigmund Friedlaender)의 창조적 무관심이다.

여기서는 이러한 세 가지 이론적 입장에 의해 게슈탈트치료에서 전체론의 중요성을 살펴보자.

첫째, 스머츠가 게슈탈트치료의 전체론에 준 영향에 대해 알아보자. 전체론(holism)이란 말의 어원은 '모든 것'을 의미하는 그리스어 'holos'에서 왔다. 전체론은 전체와 부분의 관계를 나타내는 말로, 유기체가 전체로서 작동하는 것을 주장하는 이론이다. 예를 들면, 전체론의 입장을 취하는 이론가들은 신체와 정신의 분리는 전통적 심리치료의 기본적 약점을 구성한다고 주장한다. 전체론은 남아프리카의 수상이었던 스머츠가 1926년에 저술한 『전체론과 진화(Holism and Evolution)』에서 제안된 개념이다. 스머츠는 다윈(Darwin), 베르그송(Bergson), 아인슈타인(Einstein), 테일하드 드 차르딘(Teilhard de Chardin) 등의 아이디어를 바탕으로 전체론을 개발하였다(Sinay, 1998, p. 167). 전체론은 단지 정신, 혹은 단지 신체만이 중요하다고 주장하는 이론들의 독단주의에 대한 반응으로서 강점을 갖고 개발되어 많은 호응을 얻고 있다. 펄스는 나치의 위협을 피해 1934년에 남아프리카로 갔다. 그는 그곳에 있는 동안 스머츠를 통해 전체론을 알게 됐으며, 게슈탈트치료의 주요한 이론적 기반으로 채택하였다.

둘째, 게슈탈트치료의 전체론은 게슈탈트심리학의 영향을 받았다. 게슈탈트심리학의 명제인 "전체는 부분의 합 이상이다."라는 우리에게 잘 알려져 있다. 게슈탈트심리학자들은 사람들이 의미 있는 전체로서 자신의 지각을 조직화한다는 점을 입증함으로써 지각심리학에 주요한 기여를 하였다. 독일의 게슈탈트심리학자인 골드스타인(Kurt Goldstein, 1878~1965)은 신체적 현상과 정신적 현상, 정상적 현상과 병리적 현상과 같은 이분법이 존재하는 것을 부정하였다. 게슈탈트심리학은 우리의 지각을 통한 알아차림이 개인의 현재 욕구에 따라 유기체가 전체로서 작동함을 보여줌으로써 게슈탈트치료에 기여하였다. 전체라는 개념은 게슈탈트치료의 모든 것에 배어 있는 가장 중요한 이론적 개념이다. 단어 게슈탈트는 그것의 본질을 파괴함이 없이는 부서질 수 없는 전체를 의미한다. 전체는 부분들에 선행하며, 전체는 항상 부분의 합 이상이며, 부분의 합과 다르다.

셋째, 게슈탈트치료의 전체론은 프라이드랜더가 제안했던 '창조적 무관심'으로부터 영향을 받았다. 펄스는 그의 자서전적 저서인『쓰레기통의 안과 밖'에서 그의 철학적 입장에 가장 영향을 준 세 정신적 지도자로서 '창조적 무관심(Creative

Indifference)』이란 책을 저술한 프라이드랜더, 에살렌 연구소의 조각가이며 건축가였던 셀리그(Selig), 그리고 그의 하얀 고양이인 밋지(Mitzie)라고 언급하였다(Perls, 1969c, pp. 70-71). 특히, 펄스는 자신을 신-칸트주의자로 불렀던 프라이드랜더의 창조적 무관심으로부터 막대한 영향을 받았다고 언급하였다. 그가 프라이드랜더로부터 터득한 지혜가 무엇인가를 살펴보자. 펄스는 그로부터 균형의 의미, 즉 서로 대립되는 것의 균형점에 대해 배웠다. 프라이드랜더는 하나의 단순한 일차적 적응의 방법을 가르쳤다. 존재하는 모든 것은 양극으로 변별될 것이다. 만약 당신이 반대적인 힘의 하나에 사로잡히면 당신은 함정에 빠지게 되거나 균형을 잃게 된다. 만약 당신이 균형점인 무(無)에 머무르면, 당신은 균형을 이루게 되고 관점에 있게 된다(Perls, 1969c, pp. 74-76). 펄스는 대립되는 힘의 균형점을 찾으려면 전체를 파악해야 함을 강조하였다.

인간은 전체로서 환경 속에서 상호의존하며 기능한다. 전체론의 기본원리는 자연은 부분들이 통합되고 응집된 전체라는 것이다. 펄스는 특히 환경 속에서 인간 유기체의 전체론에 관심을 두었다. 그의 개인에 대한 전체론의 접근방식은 복잡성, 함유, 그리고 다양성을 수용하고 확언하며 환원론에 대한 어떤 시도에도 저항하였다. 개인이 신체적, 정서적, 그리고 정신적 경험의 분리할 수 없는 통합체로서 작동하며 게슈탈트치료는 언어, 사고, 행동의 통합에 근거한다는 입장을 취하였다. 인간의 모든 구성 부분은 서로의 지지로 완전한 협동으로 기능하도록 조정되고 배정된다. 게슈탈트치료자들은 신체와 정신을 분리해서 생각하는 것은 인위적인 분리이며, 이러한 잘못된 이분법에 따라 어떤 용어에 집중하는 것은 신경증을 치료하는 것이 아니라 그것을 보존하는 것이라고 믿었다. 이런 점에서 게슈탈트치료자들은 상담의 목표로서 내담자들이 통합을 이룰 것을 강조하였다. 인간의 진실한 본성은 다른 동물의 진실한 본성처럼, 통합이다. 단지 통합된 자발성과 신중성에서 인간은 건전한 실존적 선택을 한다(Perls, 1973, p. 49). 펄스는 현대인들은 인위적으로 신체와 정신을 분리하는 것을 학습해 왔고, 게슈탈트치료의 목표는 개인의 타고난 전체적 조화를 재확립하는 것이라고 하였다. 게슈탈트치료자들이 상담 및 심리치료를 통해 달성하고자 하는 것은 자기의 분산되고 소유되지 않는 부분들을 통합하는 것이다.

장이론

인간의 행동은 인간과 장이란 환경의 상호관계에서 비롯된 결과다. 개인은 전경과 배경의 게슈탈트 원리에 의해 자신과 환경에 대한 그의 지각을 조직한다. 전경과 배경의 게슈탈트 원리는 개인이 그가 의미를 부여하는 전체적 형태를 형성하기 위해 그의 지각을 조직화하는 과정을 설명한다. 개인은 사물들을 관련이 없는 고립된 것들로서가 아니라 지각과정에 의해 사물들을 의미 있는 전체로서 조직화 한다.

집단역동 이론의 창시자로 불리는 레빈(1890~1947)은 인간과 환경 간의 관계에 대한 견고한 일관된 이론을 형성하였다. 그는 게슈탈트심리학자들이 실험실에서 발견한 지각에 관한 이론을 현실생활과 인간관계에 적용하였다. 그는 개인이 환경 혹은 장 속에서 자신의 지배적인 관심 혹은 욕구에 의해 자신의 전체적 환경, 즉 전경과 배경을 조직화한다는 장이론(field theory)을 개발하였다. 레빈은 인간의 행동(Behavior)을 사람(Person)과 환경(Environment)의 함수인 $B = f(P, E)$로 표현하였다. 이 공식에서 사람과 환경은 서로 상호의존적임을 나타낸다(Cartwright, 1951, p. 25). 펄스는 베르트하이머의 장 지향성과 레빈의 장이론 측면을 동화시켰다.

장은 개인과 환경이 서로 공존하고 상호의존적인 모든 요인이다. 장의 모든 현상은 잠재적으로 동등한 관련성을 가진다. 펄스의 전체적 장이론에서 개인의 행동은 환경과의 상호의존성에 의해 이해될 수 있다. 왜냐하면 그의 사회적, 역사적, 그리고 문화적 장이 그에게 필수적이기 때문이다. 인간 행동의 이해는 전체로서 상황 혹은 장에 대한 어떤 느낌으로 시작하는 것이 필요하다. 그런 다음에 구성 부분들에 대한 변별이 진행된다.

개인은 경험적 장의 조직화에, 그리고 그가 그것에 부여하는 의미의 창조에 적극적이다. 실존적으로 인간 경험에 궁극적이거나 보편적인 의미는 전혀 없다. 그러므로 개인은 자신이 경험하는 장의 다양한 측면뿐만 아니라 전체적 장에 적극적으로 의미를 부여한다. 개인이 자신의 지각적 장에 부여하는 의미는 그 사람에게 독특하다. 예를 들면, 이러한 독특성 원리에 따라 하나의 장인 옥수수 밭은 농부, 화가, 상인, 사랑에 빠진 연인, 파일럿 등에게 전혀 다른 의미를 가진다. 펄스는 대상들은 각 개인이 그것들에 부여하는 의미를 통해 존재한다는 방식으로 현상학적 견해를 설명하였다.

욕구나 관심은 장을 조직화한다. 개인은 그의 장을 양극적인 대립, 즉 그의 욕구를 충족시킬 수 있는 것과 충족시킬 수 없는 것으로 변별시킨다. 개인의 관심이나 욕구를 충족시킬 수 있는 것은 전경이 되는 반면에 그것에 반대되는 것은 배경으로 물러난다. 현상학적으로 우리는 다른 자극들보다 어떤 자극에 선택적 주의를 함으로써 대상에 대한 의미 있는 지각을 구성한다. 양극성으로 장의 변별은 서로 상반되는 것처럼 보이지만 중간점인 균형점에서 서로에게 필수적인 측면이라는 것도 보인다. 대립 혹은 양극성은 무관심적인 배경에 반해 명료하고 강한 관심의 형태를 형성하기 위해 필요하다.

대립되는 것은 공존한다. 어떤 순간에 전경에 양극적으로 대립되는 것은 필요불가결하게 배경으로 있어야 한다. 빛은 어둠 없이 존재할 수 없는 것처럼, 어둠도 빛 없이 존재할 수 없다. 빛과 어둠은 서로를 결정한다. 빛과 어둠은 자각의 연속선상에서 상호 관련된 양극이다. 같은 방식으로 사랑과 증오도 서로를 결정하고 정의한다. 양극성에 대한 이러한 방식의 생각은 차이에 대한 전체론 및 실존주의적 아이디어에 근거한다.

펄스에게 자각은 개인의 전체적인 지각적 장과 접촉해 있을 개인의 능력이다. 자각은 당신이 당신의 실존과 접촉할 능력이다. 자각은 당신에게 일어나고 있는 것을 알아챌 능력이다. 자각은 당신이 느끼거나, 감지하고, 생각하고 있는 것을 알 능력이다. 그것은 당신이 이 순간에 어떻게 반응하고 있는가를 알 능력이다. 자각은 단지 정신적 과정이 아니라 그것은 모든 경험을 수반한다.

요약하면, 펄스는 사회심리학자인 레빈의 장이론의 영향을 받아 게슈탈트치료의 이론적 기반이 되게 개발하였다. 레빈은 게슈탈트심리학자들의 장에 대한 아이디어를 욕구와 장이란 환경 간의 상호작용을 강조하는 전문화된 과학적 구성개념과 어휘를 가진 장이론으로서 알려진 복잡한 이론적 접근으로 발전시켰다. 펄스는 후설(E. Husserl)의 현상학적 원리를 잘 알고 있었으며, 현상학적 방법이 개인의 전반적인 지각적 장을 조사하고 연구하는 수단에 기여한다고 믿었다. 이미 지적한 것처럼 펄스의 장에 대한 개념은 전체론을 제안했던 스머츠에 의해 영향을 받았다. 펄스의 독특한 기여는 그가 지각의 게슈탈트 원리와 베르트하이머와 레빈의 장이론의 요소들을 받아들여 상담 및 심리치료에 그것들을 적용했던 점이다. 그는 장이론의 일반적 원리가 치료적 상황에서 인간 행동을 이해하기 위해 시도될 때 지켜져야 한다고 주장하였다.

경험의 순환과 연속

게슈탈트치료는 실존의 경험을 강조하는 경험적 치료다. 게슈탈트치료에 따르면, 인간은 생각하는 갈대이기보다 경험하는 갈대다. 삶은 유기체의 욕구 출현과 그것의 해소에 따른 경험의 과정이다. 우리는 유기체로서 현재의 욕구에 따라 게슈탈트를 형성해서 자신에게 통합하는 경험인 게슈탈트 완성을 계속하며 삶을 영위한다. 즉, 우리가 유기체로서 자기조절을 위한 경험의 순환은 게슈탈트의 순환을 의미한다.

게슈탈트치료는 자연적 흐름인 자연의 순환에 근거한 접근이다. 펄스는 인간이 유기체로서 생물학적 기능과 구조에 따라 작동한다고 보았다. 인간은 자연의 일부이며 자연의 법칙에 복종한다. 펄스는 "그가 게슈탈트치료를 새로 발견하거나 창조하지 않았지만 이미 있었던 것을 다시 발견했다."라는 것을 강조하기를 좋아했다. 이렇게 언급한 이유는 게슈탈트가 이 세상의 역사처럼 매우 오래전부터 있어 왔기 때문이다. 그는 모든 삶은 과정이고, 유동적이며, 정적인 것은 아무것도 없다는 것을 강조하였다. "모든 것은 유동적이다. 단지 우리가 우주를 구성하는 무한한 과정들의 다양성에 의해 기절할 정도로 어리벙벙해진 후에야 우리는 혼돈으로부터 질서를 창조하는 조직화 원리인 전경과 배경 형성의 중요성을 이해할 수 있다"(Perls, 1948). 펄스는 자신의 과정에 대한 강조가 소크라테스 이전의 철학자인 헤라클라이토스(Heraclitus)로 거슬러 올라간다는 것을 인정하였다. 헤라클라이토스는 "모든 것은 흐름, 유동, 그리고 과정이다."라고 주장하였다.

펄스는 모든 살아 있는 유기체는 자연적으로 자기조절을 한다고 믿었다. 결함이 발생할 때, 기관체계는 자발적으로 보상을 추구한다. 과잉이 있을 때, 자발적으로 과잉을 제거한다. 그러므로 인간은 욕구의 형태에서 발생하는 장애를 경험한다. 건강한 개인에 있어 이러한 연속은 자기조절적, 역동적, 순환적이다. 자기조절은 개인이 실제적 자원이 주어진 환경에서 자기를 조절하기 위해 그의 최선을 다하리라는 것을 함축한다.

접촉

접촉은 유기체와 환경 간의 창조적 교류 혹은 적응이다. 접촉의 개념이 게슈탈트치료에서 매우 중요한 이유는 사람들이 접촉에 의해 성장하고 변화하기 때문이다. 개인은 타인 및 환경과의 접촉을 통해 존재한다. 접촉은 당신이 당신을 둘러싸고 있는 당신이 아닌 모든 것과의 관계에서 당신을 경험하게 하는 접점이다. 접촉은 단지 두 분리적인 실체 간에서 일어날 수 있다.

게슈탈트치료의 핵심개념은 접촉과 자각이다. 접촉과 자각은 서로 분리할 수 없는 현상으로 동시에 일어난다. 인지발달이론을 제안했던 피아제가 동화와 조절을 동시에 일어나는 현상으로 설명했던 것처럼, 유기체는 접촉과 자각을 통해 계속적인 게슈탈트들의 완성 과정 속에서 성장을 위한 통합을 이룬다. 우리는 유기체로서 우리가 아닌 타자와의 접촉을 통해 자각한다. 접촉과 자각은 흥분이며, 창조적 선택을 생성한다. 자각과 접촉은 습관이 된 행동에 반대되는 것으로서 필요불가결하게 실존적 불안에 의해 수반된다. 건강한 사람은 유기체의 흥분인 이러한 실존적 불안을 창조적으로 사용한다. 그는 접촉을 통한 자각을 통해 차이를 인식하고 실존적 불안을 감내하며 삶을 영위한다.

우리는 오관을 통해 주변 환경과 접촉한다. 접촉경계는 접촉을 만드는 수단으로 감각적 피부로 구성된다. 접촉경계는 동시에 개인과 환경과의 접촉점에 있지만 개인과 환경을 포함하고 분리한다. 펄스는 사람들의 경험은 그들 자신과 환경과의 접촉경계에서 발생한다는 것을 제안하였다. 경험은 유기체와 그가 접하는 환경의 접촉경계의 기능이다. 인간이 환경에서 기능하는 방법의 연구는 개인과 그의 환경 간에 접촉경계에서 진행되는 것의 연구다. 접촉경계에서 심리적인 사건들이 일어난다. 우리의 생각, 행위, 행동, 그리고 정서는 우리가 이러한 접촉경계에서 일어나는 사건들을 경험하고 충족시키는 방식이다(Perls, 1973, p. 17). 펄스는 유기체의 자각 혹은 알아차림을 통한 접촉 결여를 주요한 문제로 보았다. 그가 지적한 접촉경계의 장애는 우리의 성숙과 문제해결을 방해한다. 펄스는 "접촉에서 자각은 강렬하다." 고 하였다. 자각을 통한 접촉을 방해하는 장애기제는 프로이트가 제안한 개념인 방어기제와 유사하다.

우리가 환경과의 접촉을 통해 가장 시급하게 필요한 게슈탈트를 완성하지 못하면 문제다. 원만하고 건강한 삶을 유지하기 위해, 가장 긴급한 게슈탈트의 완성을 위해 우리의 에너지가 봉쇄되지 않고 사용되는 것이 요구된다. 그러므로 접촉을 방해하고 에너지의 흐름을 방해하는 것은 우리가 가진 잠재력을 충분히 발휘하지 못하도록 하고 게슈탈트의 완성을 방해하기 때문에 문제다. 즉, 학교나 직장에서 자신이 해야 할 일을 수행하는 데 집에서 있었던 좋지 않았던 일이 계속해서 당신을 괴롭힌다면 문제다. 건강한 삶을 위해 시급한 게슈탈트의 완성을 통한 게슈탈트의 순환이 계속되는 것이 필요하다.

접촉경계 장애기제

펄스는 유기체의 자각 혹은 알아차림을 통한 접촉의 결여를 주요한 문제로 보았다. 그가 지적한 접촉경계의 장애가 우리의 성숙과 문제해결을 방해하는 이유를 살펴보면서 자각과 접촉의 중요성을 알아보자. 자각을 통한 접촉을 방해하는 장애기제는 프로이트가 제안한 개념인 방어기제와 유사하다. 펄스와 그의 추종자들이 설명한 접촉경계 장애의 주요한 다섯 가지인 내사(introjection), 투사(projection), 반전(retroflection), 융합(confluence), 그리고 편향(confluence)의 내용을 알아보자.

내사 내가 접촉하여 이해하지 못하고 나의 것으로 만들지 못했다면, 그것은 내가 되지 못하고 나의 것이 되지 못한다. 당신이 음식물을 먹어 그것을 충분히 소화시키지 못한다면, 그것은 당신이 아니다. 그것은 당신의 건강을 해치는 이물질이 된다. 이렇게 내사는 당신이 가지고 있으면서도 당신이 아닌 다른 어떤 것이다. 이러한 이물질은 암적인 존재로서 당신에게 통합되지 않고 남아서 당신을 괴롭히고 있다는 것을 명심하라.

투사 투사는 내사의 반대다. 투사는 내가 가진 것을 부인하고 남에게 돌려서 접촉을 피하는 것이다. 내가 접촉하기 싫어한 나의 어떤 면을 타인에게서 봄으로써 자신이 느끼는 감정이나 자기를 부정하는 것이다. 당신이 청중 앞에서 연설을 하고 있다고 가정해 보자. 그리고 당신이 강연자로서 청중 때문에 불안하고 두려움을 느낀다고 생각해 보자. 당신이 청중의 수많은 시선을 비판적이거나 적대적으로 상상한다면, 당신 자신의 비판을 청중에게 투사하고 있다고 할 수 있다. 당신의 불안과 두려움을 접촉하여 있는 그대로 받아들이고 그것을 극복하는 노력이 투사를 해결하는 길이다. 당신의 부정적인 면을 투사를 통해 회피하고 도피하여 접촉을 피하는 것보다 그것에 대한 책임을 당신이 지는 것이 필요하다.

반전 반전은 개인이 타인이나 환경에 대해 해야 할 것을 자신에게 하는 것이다. 우리 각자는 유기체로서 외부 환경과의 상호작용을 하며 살아간다. 우리가 대하는 사람에게 적절하게 자기를 표현하는 것이 대인관계에서 매우 중요하다. 그러나 반전을 기제로 사용하는 사람은 자신의 감정을 타인에게 표현하지 못하고 방향을 바꾸어 자신에게 표현하는 사람이다. 예를 들면, 심하게 처벌적이고 공격적인 부모의 영향을 받으면서 성장한 사람이 습관적으로 처벌에 대한 두려움으로 타인에게 감히 자기의 감정을 표현하지 못하는 경우다. 누군가에게 화가 난 경우, 이런 사람은 자신의 에너지의 방향을 직접 관련된 당사자에게 돌려 화를 내지 못하고 자신을 공격하고 자신을 고문한다. 반전기제는 때론 긍정적으로 사용될 수 있다. 즉, 주어진 상황에서 합리적인 근거로 반전을 사용하여 타인에게 행동할 것을 억제하는 것이다. 우리가 막무가내로 에너지의 방향을 외부로 돌려 행동하기보다 때론 내부로 돌려 행동하는 것이 우리와 타인에게 도움이 되는 경우다.

융합 펄스는 융합이란 밀접한 관계에 있는 두 사람이 서로 간에 차이점이 없다고 느끼도록 합의함으로써 발생하는 접촉-경계 혼란이라고 말했다. 즉, 갑이 행복하다고 느끼면 을도 행복하다고 느끼고, 갑이 불행하다고 느끼면 을도 함께 불행을 느끼는 마치 일심동체의 관계와 같은 것이다. 따라서 그들은 서로 간에 어떤 갈등이나 불일치도 용납하지 못한다. 그들은 오랫동안 서로 길들여진 관계에 익숙해져 있기 때문에 그러한 균형을 깨뜨리는 행동은 금기로 되어 있다. 즉, 각자의 개성과 자유를 포기한 대가로 얻은 안정을 깨뜨리려는 행위는 서로에 대하여 암묵적인 '계약'을 위반하는 것이므로 상대편의 분노와 짜증을 사게 되며, 따라서 융합관계를 깨뜨리는 쪽은 심한 죄책감을 느낀다. 그들은 단지 차가운 외부의 대기에 직접 노출되지 않을 목적으로 두껍고 단단한 껍질을 만들어 그 속에 안주하고 있을 뿐이다. 융합으로 인하여 경계를 갖지 못할 때, 개체는 자신의 욕구와 감정을 제대로 해소할 수가 없고 따라서 그러한 삶은 미해결 과제를 축적시킨다.

편향 사람들은 흔히 감당하기 힘든 내적 갈등이나 외부 환경적 자극에 노출될 때, 이러한 경험으로부터 압도당하지 않기 위해 자신의 감각을 둔화시킴으로써 자신 및 환경과의 접촉을 약화시키는데, 이를 편향이라고 한다. 이러한 행동은 흔히 지식인들에게서 많이 볼 수 있다. 예를 들면, 말을 장황하게 하거나 초점을 흩트리는 것, 말하면서 상대편을 쳐다보지 않거나 웃어 보라는 것, 구체적으로 말하지 않고 추상적인 차원에서 맴도는 것, 자신의 감각을 차단시키는 것 등이 있다. 편향을 사용하여 알아차림과 접촉을 차단하는 것은 과거의 고통스러운 충격 경험이었던 것들, 즉 계속적인 애정결핍이나 상처받은 자존심 혹은 내적인 갈등들을 극복하기 위한 의미 있는 자구책들이었다. 따라서 이 행동이 처음 생기게 된 당시로서는 효과적인 행동이었을 수도 있지만 현재에는 더 이상 현실에 근거하지 않은 부적응적인 행동이다.

이러한 접촉경계의 장애기제는 우리가 환경과의 원만한 상호작용을 통해 그때그때 필요한 게슈탈트를 형성하면서 통합된 나로서 살아가는 것을 끊임없이 방해한다.

신경증 층

건강한 사람은 주어진 환경에서 자신의 균형과 불균형의 상태를 적절하게 판단하여 자신에게 필요한 것을 파악해서 충족시킴으로써 항상성을 유지시킨다. 반면에 신경증 환자는 자신이 정말 필요로 하는 것들을 명확히 이해할 수 없고 그러한 것들을 만족시킬 수도 없다. 신경증 환자는 유기체의 자기조절 과정인 게슈탈트 형성과 완성을 제대로 이루지 못해 성장장애로 심리적 혼란을 경험한다.

우리가 성숙된 건강한 사람으로 기능하기 위해서는 진실성으로 타인과의 접촉을 이루는 것이 필요하다. 우리는 많은 경우에 타인의 기대에 부응하기 위해서 자신이 정말 원하지 않는 행동을 한다. 타인의 기대와 우리에게 주어진 다양한 역할은 우리가 현실 속에서 진실한 자기를 표현하며 생활하는 것을 어렵게 한다. 펄스는 인간의 인격을 펼쳐 보이는 것을 양파 껍질을 벗기는 것에 비유했다. 인간은 심리적 성숙을 얻기 위해 다섯 가지 신경증 층을 벗겨야 한다. 가장 바깥에 있는 층부터 차례로 살펴보자.

허위 층 허위 층(phoney layer)은 가장 바깥에 있는 신경증 층으로 거짓된 자기를 표현하는 것을 뜻한다. 펄스는 허위 층을 '에릭 버언의 층(the Eric Berne layer)' 혹은 '지그문트 프로이트 층(the Sigmund Freud layer)'이라고도 불렀다(Perls, 1970, p. 20). 사람들이 게임을 하는 것으로 진실한 마음 없이 상투적으로 대하는 거짓된 상태를 의미한다. 사람들이 '마치 ~처럼(as if)' 행동하는 상태다. 이것은 우리가 게임을 하고 역할을 잃어버리는 수준이다. 우리는 자기가 아닌 것처럼 행동함으로써 타인이나 자신이 만들어 낸 환상을 위해 살려고 한다. 우리가 일단 게임의 허구성을 자각하면, 보다 정직하게 되고 그래서 우리는 불쾌와 고통을 경험한다. 이 단계에서 사람들이 서로 형식적이고 의례적인 규범에 따라 피상적으로 만난다. 치료의 초기에 내담자는 표면적으로는 세련된 행동을 보이고 적응적인 행동을 보이지만 자신을 깊이 노출시키지 않으므로 진정한 변화는 일어나지 않는다.

공포 층 공포 층(phobic layer)은 우리가 있는 그대로 자기가 되는 것에 대해 저항하고 반대하는 것이다. 개인은 진정한 자기를 보고 표출하는 것에 두려움을 느낀다. 이는 개체가 자신의 고유한 모습으로 살아가지 않고 부모나 주위 환경의 기대 역할에 따라 행동하며 살아가는 단계다. 이 단계에 있는 개체는 환경에 적응하기 위해 자신의 욕구를 억압하고 주위에서 바라는 역할행동을 연기하며 산다. 그리고 그들은 자신이 하는 행동이 연기라는 것을 망각하고 그것이 진정한 자신인 줄 착각하고 산다. 이러한 역할연기의 전형적인 예를 들면, 모범생, 지도자, 구세주, 협조자, 중재자 등이 있다. 이러한 역할연기는 집단치료 상황에서 흔히 관찰할 수 있다. 역할연기는 의존적 태도에서 비롯한다. 우리는 타인의 원조가 절대적으로 중요하다고 생각하기 때문에 진정한 우리의 모습을 드러내는 대신 남에게 잘 보이려는 태도로 행동한다. 예컨대, 실제보다 더 친절한 척 행동하거나 혹은 실제보다 더 악한 모습을 연기하기도 한다. 많은 사람은 진정한 자신과 만나는 것을 매우 두려워한다. 그것은 내사된 사회규범과 부모의 목소리가 그들의 내면에서 끊임없이 그들을 위협하기 때문이다.

난국 층 개인이 자신의 욕구를 나타내고자 하나 불안상태에서 어쩔 줄 모르는 상태에 있게 된다. 이 단계에서 개인은 이제껏 해 왔던 역할연기를 그만두고 자립을 시도하지만 동시에 심한 공포를 체험한다. 내담자는 지금까지 환경으로부터 도움을 받기 위해 역할연기를 해 왔으나 치료과정을 통해 역할연기의 무의미성을 깨닫고 역할연기는 포기했지만, 다른 한 편으로는 아직 스스로 자립할 수 있는 능력은 생기지 않은 상태이므로 오도가도 못하는 실존적인 딜레마에 빠지게 되어 심한 허탈감과 공포감을 체험하게 된다. 개인은 이러한 공포감과 공허감을 만나는 것이 두렵기 때문에 이 단계에 들어서기를 한사코 회피한다. 흔히 집단치료 장면에서 내담자들이 자신을 직면하려는 순간 농담을 하거나 웃어 버림으로써 이 단계와 만나는 것을 피하는 것을 관찰할 수 있다. 그러나 치료가 진전되면 내담자는 마침내 이 단계에 도달하게 되는데, 이때 내담자는 "갑자기 모든 게 혼란스럽다." "도대체 무엇이 무엇인지 모르겠다." "앞으로 어떻게 해야 좋을지 모르겠다." "마음이 공허하다." "쉬고 싶다." 등의 표현을 하곤 한다. 이러한 현상이 바로 '막다른 골목' 체험인데, 이때 치료자는 내담자로 하여금 이러한 상태를 피하지 말고 직면하여 견뎌 내도록 격려해야 한다. 내담자가 이러한 혼돈상태와 공백상태를 참고 통과하게 되면 유기체적인 변화가 일어나면서 새로운 돌파구가 열린다.

내적파열 층 이 단계에서 개인은 자신의 욕구를 인식하지만 겉으로 나타내지 못하고 안으로 억압하는 상태에 있게 된다. 개인은 자신이 억압하고 차단해 왔던 욕구와 감정을 알아차리게 된다. 그런데 이러한 유기체 에너지들은 오랫동안 차단되어왔던 것들이기 때문에 상당한 파괴력을 가지고 있다. 개인은 이러한 파괴적 에너지를 외부로 발산하면 타인과의 관계가 악화될 것이라는 두려움을 갖고 있기 때문에 이것을 자신의 내부로 향하게 한다. 이러한 에너지는 개체 내부에서 폭발하여 파괴적으로 작용하고, 죽음에 대한 공포로 체험되기도 한다. 이때 신체근육이 긴장되고 온몸이 경직되는 현상이 나타난다. 이렇게 외부로 발산되지 못하고 내부에서 맴도는 에너지들은 마침내 그 안에서 동결되어 얼어붙은 것 같은 상태가 된다. 이 단계의 내담자는 처벌에 대한 두려움 때문에 혹은 상대편에게 상처를 줄까 봐 두렵기 때문에 자신의 감정을 표현하지 않고 억제하며, 타인에게 분노를 표현하는 대신에 자기 자신에게 공격성을 돌려 자신을 비난하고 질책하는 행위를 한다. 이 단계에 있는 개인은 접촉경계 혼란장애 가운데 주로 반전 행동을 많이 보인다.

폭발 층 감정이나 욕구를 더 이상 억압하지 않고 표출하는 상태다. 즉, 개인은 자신의 감정과 욕구를 더 이상 억압하거나 차단하지 않고 직접 외부대상에게 표현한다. 개인은 자신의 욕구와 감정을 분명하게 알아차려 강한 게슈탈트를 형성하여 환경과의 접촉을 통해 완결 짓는다. 또한 이전에 억압하고 차단했던 미해결 과제들은 전경으로 떠올려 완결 짓는다. 내담자가 이 단계에 도달하면 치료가 종결된다. 그들은 이제까지 자신을 지탱해 왔던 유아적인 욕구와 어리석은 생각을 포기하고, 자신의 과거 삶에 대해 슬퍼하며 흐느껴 울기도 하고 이제까지 억압해 왔던 분노감정을 표출하기도 한다. 이러한 과정에서 내담자는 종종 깊은 단계의 치료적 작업을 통과하기도 하는데, 이때 그들은 온몸으로 자신의 억압됐던 감정을 표출하기도 한다.

이상의 신경증의 다섯 가지 층을 개인의 성격 변화의 단계와 관련하여 게슈탈트치료 핵심개념인 알아차림 및 접촉과 관련해 살펴볼 수 있다. 즉, 허위 층과 공포 층은 게슈탈트 형성이 잘 안 되는 단계이고, 난국 층은 게슈탈트 형성은 되었으나 에너지 동원이 잘 되지 않는 단계다. 그리고 내적파열 층은 에너지 동원은 되었지만 행동으로 옮기는 단계에서 차단되어 게슈탈트가 완결되지 않은 상태이며, 폭발 층은 마침내 개인이 게슈탈트를 순조롭게 해소하고 해결 짓는 단계라고 할 수 있다.

3. 게슈탈트치료의 원리

게슈탈트치료에서 개인이 경험하는 전체인 게슈탈트는 사물 그 자체와 맥락인 배경과의 관계에서 도출된 사물의 의미를 포함한다. 독일어인 게슈탈트를 정확히 설명하기 위해 세 가지 현상, 즉 어떤 사물, 그것의 맥락 혹은 환경, 그리고 사물과 맥락 간의 관계가 고려되어야 한다. 우리는 어떤 것을 지각하는 데 있어 그것이 일어나는 맥락에 의해서 우리의 세계에 대한 현실의 부분을 구성한다.

게슈탈트란 개념은 창조성과 관련된다. 왜냐하면 게슈탈트 형성은 의미 있는 패턴 혹은 형태를 창조하는 과정이기 때문이다. 개인은 전경과 배경의 관계에 의해 세상을 지각하며 그의 지각은 그가 가진 경험과 밀접하게 관련되어 있다. 따라서 우리는 지각되어 출현된 게슈탈트에 적절하게 반응할 수 있는 능력을 갖는 것이 중요하다. 게슈탈트치료자는 내담자들을 효과적으로 조력하기 위해 게슈탈트치료의 기본적 원리를 이해하는 것이 필요하다.

여기서는 게슈탈트치료의 기본적 원리로 전체로서 유기체의 지혜, 전경과 배경, 게슈탈트 형성과 완성, 출현하는 욕구, 자각, 현재와 과정에 대해 살펴보고자 한다 (Goldstein, Krasner, & Garfield, 1989; Perls, 1973; Zinker, 1977).

전체로서 유기체의 지혜

유기체가 항상성(homeostasis)을 유지하려는 것은 살아 있는 모든 '유기체의 자기조절(organismic self-regulation)'의 일반적 원리다. 펄스는 우리가 게슈탈트치료를 통해 성숙을 이루는 것은 전체로서 유기체의 지혜를 따르는 것이라고 보았다. 살아 있는 생명체로서 유기체는 지금-여기에 초점을 두고 유기체적 자기조절을 이룬다. 게슈탈트치료의 다양한 원리를 포괄적으로 지적한 개념이 '전체로서 유기체의 지혜'다. 항상적 과정은 유기체가 균형을 유지하려는 과정으로 자신의 필요성을 충족시키는 과정이다. 개인이 항상성을 달성하기 위해서는 자신의 욕구를 확인하고 욕구만족의 탐색에서 자신과 그가 처한 환경을 처리할 능력을 가져야 한다. 인간에게 욕구는 계속해서 나타나고 다양하기 때문에 그러한 욕구에 따라 균형은 달라지며 끊임없이 새로 형성되어야 한다. 따라서 항상성은 불안정한 균형의 현상이다. 현시점에서 적절하게 개인이 유기체 자기조절을 이루기 위해서는 지금-여기에서 자신과 환경에 대한 충분한 자각이 요구된다.

전경과 배경

인간 행동은 전체로서 유기체와 환경과의 상호작용의 함수 관계로 표현된다. 개인의 주의나 관심이 환경에 대한 지각을 결정한다. 우리는 보이는 것의 전체에 반응하면서 환경을 의미의 전체로서 지각한다. 이러한 전체는 사람들이 직접적으로 관심을 갖고 주의하는 것과 주의하지 않는 것으로 구성되어 있다. '루빈의 컵(Rubin's cup)'은 전경과 배경에 따라 컵 혹은 마주보는 얼굴 형태로 다르게 지각되는 것을 보여 준다. 즉, 개인이 하얀 쪽에 관심을 갖고 주의를 기울이면 하얀 영역은 전경으로 나타나고, 검은 쪽은 배경으로 물러나서 컵이라는 게슈탈트를 형성하게 된다. 마찬가지로 검은 쪽에 주의를 기울이면 검은 영역이 전경으로 되고, 하얀 쪽은 배경이 되어 두 사람이 마주보고 있는 형태인 게슈탈트를 형성하게 된다. 이렇게 우리가 관심의 초점을 어디에 두느냐에 따라 환경적 부분은 시각적 전체로 조직화되어 게슈탈트를 형성한다. 개인이 주의의 초점을 어디에 두느냐에 따라 물리적 현상에 대한 시각적 지각이 달라지는 것처럼, 개인의 심리적 상태도 마음의 초점을 어디에 두느냐에 따라 달라진다.

게슈탈트 형성과 완성

개인의 경험은 전경과 배경의 관계에 의해 일어난다. 개인이 자신을 발견할 수 있는 즉각적인 상황은 자신에 대한 자각, 환경에 대한 자각, 그리고 자신과 환경과의 관계에 대한 자각으로부터 구성된다. 어떤 특별한 상황에 수반된 관계에 대한 자각은 게슈탈트, 즉 의미 있는 패턴 혹은 형태를 구성한다. 게슈탈트 형성은 자연적 과정으로 여겨지며, 그것의 형성과 완성은 단순한 원리들에 따른다. 개인이 완결한 게슈탈트인 현재에서 성공적으로 해결된 경험은 그 밖의 어떤 것이 다루어야 할 전경으로 나타나면 그의 경험에서 배경으로 물러나게 된다. 삶 자체는 계속되는 게슈탈트의 출현과 완성의 과정이다.

게슈탈트 형성과 완성이 자연적으로 일어날 수 있도록 개인은 지금-여기에서 기능할 수 있어야 한다. 과거로부터 유지되어 온 어떤 경험 혹은 행동의 반응패턴이나 미래에 대해 예견되고 있는 어떤 것은 사람들이 현재에 적용할 수 있는 주의와 에너지의 양을 감소시킨다. 개인은 제한된 에너지를 가지고 현재에 참여하기 때문에 개인이 과거에 대한 근심이나 미래에 대한 걱정으로 자신의 에너지를 많이 사용하면 할수록 그 사람은 지금-여기에서 어떤 것을 더 다룰 수가 없게 된다. 실제로 이것은 더 적은 에너지가 지금-여기에 사용되고, 지금-여기에 실제로 있는 것에 대한 자각이 떨어진 것을 의미할 뿐만 아니라 현재의 지금-여기 경험이 과거에서 비롯된 근심과 행동패턴 및 미래에 대한 예견에 의해 심하게 채색된다. 이러한 조건하에서 개인이 경험할 수 있는 형태 혹은 패턴은 있는 그대로서가 아니고 일어나고 있는 것도 아니지만 일어나고 있는 것에 대한 어떤 심하게 왜곡된 해석이다.

출현하는 욕구

유기체는 환경과의 접촉에서 자신의 생존을 위해 출현하는 욕구를 자기조절하며 생명을 유지한다. 게슈탈트치료는 모든 개인이 내적인 생물학적, 그리고 심리적 욕구를 가진 유기체로서 환경 속에 존재한다는 가정에 근거한다. 사람들은 무수한 형태로 자신에게 필요한 영양분을 얻기 위해 유기체와 환경의 상호작용에 의존한다. 역시 사람들은 상호작용을 통해 더 큰 환경적 맥락의 조절에 기여한다. 즉, 사람들은 전체적 유기체로서 자신의 환경과 상호작용하며 삶을 영위한다. 욕구가 출현하고, 전경에 나타나고, 그리고 그러한 욕구가 만족되면 점차적으로 배경으로 물러난다. 이러한 계속적인 지각적 과정은 일반적인 인간 기능의 모델로서 현상학적 심리학자들에 의해 확장되어 왔다. 어떤 욕구가 출현해서 일단 만족되면 그러한 욕구는 우선순위에서 물러나게 되고 또 다른 충족될 욕구가 출현하는 과정이 되풀이된다.

건강한 사람은 욕구의 출현에 따른 자연스럽고 순환적인 게슈탈트의 형성과 완성을 이룬다. 건강한 사람은 욕구의 우선순위를 분별할 능력을 가진다. 그는 그러한 분별능력에 따라 긴급하고 중요한 욕구의 출현에 따른 게슈탈트를 먼저 처리하고 나서 덜 중요한 게슈탈트를 처리한다. 게슈탈트치료에서 지금-여기에서의 자각을 강조하는 이유는 개인의 생존과 심리적 안녕을 위해 이러한 다양한 욕구의 출현을 재빨리 파악하여 게슈탈트들의 순환을 원활하게 하기 때문이다. 긴급하게 처리해야 할 욕구가 있는 반면에 장기간의 시간을 요하는 게슈탈트의 완성을 위해 우리에게 인내가 필요하다. 수도승이 깨달음이라는 게슈탈트를 완성하기 위해 그의 생애 동안 수행을 계속한다. 게슈탈트치료에서는 지금 이 순간에 출현하는 당신의 욕구를 자각해서 해결하는 능력이 당신을 행복으로 이끈다고 본다.

자각

펄스는 "자각 그 자체가 치료적이다."라고 주장하였다. 지금-여기에서의 자각은 게슈탈트치료의 주요한 원리다. 유기체는 자각을 통해 자기조절을 하기 때문에 우리는 유기체의 지혜를 신뢰할 수 있다. 당신은 충분한 자각으로 유기체적 자기조절을 자각하기 때문에 당신이 방해하거나 차단함이 없이 유기체가 하는 대로 놔둘 수 있다(Perls, 1969b, pp. 16-17). 펄스는 역시 "유기체는 모든 것을 알지만 우리는 조금밖에 모른다."라고 지적하면서 유기체의 지혜를 강조하였다(Perls, 1969b, p. 22). 우리는 자각을 통해 주변의 객관적 사실인 무엇을 계속적으로 통합시킨다. 왜냐하면 자각은 주체이고, 무엇은 대상이기 때문이다. 당신의 자각은 언제나 당신의 주관적 경험이다. 때문에 나는 당신이 자각하는 것을 자각하는 것이 불가능하다.

자각은 경험이다. 경험은 자각이다. 자각이 없으면 아무것도 없다. 심지어 한 점의 지식도 없다. 어떤 것과 어떤 것의 참만남(encounter)의 기회가 전혀 없다. 당신이 지금-여기에서 경험하는 것처럼, 현실성은 단지 모든 자각의 합이다(Perls, 1969c, pp. 28-29).

자각은 내담자로 하여금 치료적 만남에 있도록 해 주며 이전의 미해결 과제가 출현하도록 하는 워밍업이다. 상담자는 자신의 감각과 정서의 흐름에 주의를 해서 의식의 흐름을 파악한다(Sinay, 1998, p. 89).

자각은 도구다. 만약 당신이 자각하면 당신은 선택을 가진다. 당신이 더 많이 자각하면 할수록 당신은 더 많이 선택할 수 있다. 즉, 당신이 할 수 있는 선택들은 더 많아진다. 만약 당신이 더 많은 정보와 증가된 지식을 가지면, 당신은 어떤 다른 선택을 하게 될 것이다(Simkin, 1974, p. 33). 자각에서 당위성은 없다. 나는 당신이 자각해야 한다는 것을 말하고 있지 않다. 만약 당신이 자각하지 못하면, 당신은 자각하지 못한 것이다. 만약 당신이 자각을 당위성으로 만든다면, 자각은 더 이상 당신이 현재 하고 있는 어떤 것이 되지 못한다.

만약 내가 열심히 노력하고 있는 것을 자각하면, 그것은 내가 하고 있는 것이고 내가 자각하는 것이다. 만약 내가 지배적인 행동을 하고 있는 것을 자각하면, 그것이 내가 하고 있는 것이다. 내가 실제적 자각에서 당위성으로 바꾸는 순간, 나는 자각을 상실한다. 자각은 내가 변화할 가능성을 가진다는 것을 의미한다. 자각은 선택을 위해 필요하다. 만약 당신이 자각하지 못하면, 당신은 어떤 선택도 할 수 없다.

현재와 과정

우리는 지금-여기란 현재에 존재한다. 과거는 지나가 버렸고, 미래는 도래하지 않았고, 오직 우리가 당면한 것은 현재다. 우리가 현재에서 온전하게 기능할 수 있기 위해서는 오관이 깨어 있는 상태에서 원활하게 작동하는 것이 요구된다. 과거는 기억 속의 현재이고, 현재는 현재이고, 미래는 기대 속의 현재다. 상담은 기본적으로 과거의 상처받았던 일과 미래의 걱정을 현재로 가져와서 다루는 것이다.

우리의 삶은 지속되는 과정이다. 삶이 과정인 것처럼, 상담은 기본적으로 과정에 초점을 두는 전문적 활동이다. 모든 유기체는 진행되는 과정에 있다. 우리의 유기체는 유연성을 갖고 원활하게 끊임없이 인생이란 게슈탈트를 형성해 가는 과정에 있다. 여기서는 게슈탈트치료의 주축인 현재와 과정에 대해서 살펴보자.

현재 삶은 영원한 현재다. 건강한 사람은 현재 자신에게 일어나고 있는 것을 정확하게 자각하는 사람이다. 반면에 건강하지 않은 사람은 과거에 대한 집착과 미래에 대한 걱정으로 현재 하는 일에 집중하지 못하거나 현재 일어나는 일에 자각 능력이 떨어진 사람이다. 당신에게 과거에 일어났던 일 중에 '미해결 과제'로 남아 있는 일이 당신의 현재 집중력을 떨어뜨린다. 그리고 우리가 현재 하는 일을 방해하는 걱정과 불안은 언제나 미래와 관련되어 있다. 펄스에게 영향을 준 골드스타인은 "불안은 파국적 기대의 결과"라고 정의하였다. 불안은 현재와 미래 사이의 긴장이다. 펄스의 가장 중요한 공헌은 현재를 온전히 음미하고 경험하는 학습을 강조했다는 점이다. 현재만이 유일하게 중요한 시제다. 반면에 과거는 지나가 버렸고, 미래는 아직 오지 않았다. 그러나 대부분의 사람은 현재의 힘을 상실했다. 대신 그들은 과거를 생각하거나, 미래를 위한 끊임없는 계획과 대비책에 연연한다.

게슈탈트치료는 언어적이지도, 해석적이지도 않은 실험적인 치료이고 내담자가 현재 상황에서 그들의 경험과 직접적인 접촉을 하는 것이 그 목적이다. 그러나 현재에 초점을 둔다는 것이 과거에 관심이 없다는 것을 뜻하는 것은 아니다. 과거는 우리의 현재와 관련되어 있는 것으로서만 중요하다. 게슈탈트치료 집단에서 구성원들은 과거의 문제 상황을 현재에 가져와 마치 그것이 지금 일어나고 있는 것처럼 상황 재연을 한다. 이런 재연 과정에서 집단상담자는 기법에 대한 설명을 간단히 제공할 수 있고, 집단 내에서 구성원의 어리석은 감정들을 보다 전적으로 토론하고, 이러한 감정들이 유력한 실험의 참석에 있어서 얼마나 방해가 되는지 이야기해 볼 수 있다. 집단상담자가 구성원들의 인생에서 중요한 타인과 관련된 많은 미해결된 과제와 관련된 상황을 아는 것은 유용하다.

우리는 인생에서 현재 방향 제시를 위한 책임을 떠맡지 않은 것을 정당화하기 위해 과거에 매달리는 경향이 있다. 과거에 머무름으로써 우리의 존재 방식에 대해 타인을 비난하는 게임을 끊임없이 할 수 있고, 그래서 다른 방향으로 움직일 자신의 능력과 결코 마주치지 않는다. 우리는 생기 없는 상태의 해결책과 합리화에 사로잡히고 만다(Perls, 1969b). 게슈탈트치료가 현재의 힘에 초점을 두기 때문에 대부분의 기법은 내담자가 그들의 계속되는 경험에 보다 가깝게 접근하는 것과 순간순간의 느낌들의 자각을 증가시킬 수 있는 쪽으로 고안되었다.

과정 펄스는 자주 게슈탈트치료의 두 가지 기반을 지금과 여기라고 지적하면서 현재에서 진행되는 과정의 중요성을 강조하였다. 모든 것은 유동적이며, 되어 가고 있는 과정에 있다. 우리는 유기체로서 변화하는 과정에 있다. 유기체는 단지 지금-여기에서 진행되는 과정만을 자각할 수 있다. 게슈탈트치료자에게 가장 중요한 단어는 지금-여기다. 왜냐하면 게슈탈트치료는 내담자가 지금-여기에서 경험하는 과정을 강조하는 과정치료이기 때문이다.

게슈탈트치료는 유기체의 경험에 대한 자각치료다. 유기체의 경험에 대한 자각은 현재 유기체에서 일어나는 과정에 대한 알아차림이다. 게슈탈트란 말은 과정을 함축하고 있다. 우리는 삶의 과정에서 어떤 게슈탈트를 형성하고 완성한다. 다시 말하면, 삶의 과정은 수많은 게슈탈트를 형성하고 완성하는 과정이다. 우리의 욕구에 따라 출현한 게슈탈트는 완성되기를 원한다. 미완성된 게슈탈트는 완성을 위한 과정에서 중단되어 있는 상태이며 역시 완결되기를 원한다.

펄스는 게슈탈트치료자들이 원인이나 이유를 묻는 '왜'라는 질문을 삼갈 것을 강력하게 강조하였다. 그는 왜라는 질문을 가장 나쁜 질문이라고 했다. 왜라는 질문은 내담자로 하여금 다양한 원인을 찾게 하여 더욱더 그를 혼란시킨다. 따라서 능숙한 게슈탈트치료자는 내담자가 현재 경험하고 있는 것을 스스로 알아차리도록 경험의 과정을 묻는 '어떻게'란 질문을 매우 효과적으로 사용한다.

4. 성격 발달

펄스의 성격 발달은 그의 자기이론에서 미루어 살펴볼 수 있다. 자기(self)는 어떤 사물 혹은 구조, 혹은 고정된 기관이 아니라 과정이다. 자기는 계속적으로 변화하는 조직화 과정이다. 자기는 과정에 있는 나다. 자기는 통합자이며, 삶의 예술가다. 즉, 자기는 우리가 삶을 유지하고 성장하는데 있어 필요한 의미를 발견하고 부여하는 데 중요한 역할을 한다. 자기는 유기체의 경계에 있는 것으로서 여겨질 수 있다.

펄스(1978)는 자기는 단지 사람과 환경, 혹은 한 사람과 다른 사람의 상호작용에서 존재한다는 것을 제안하였다. 타자 없이 자기는 없다. 어둠이 빛에 대립해서 존재하는 것처럼, 자기는 자기가 아닌 것으로부터 정의되고 구별된다. 나는 타자들이 존재하는 한에서만 나 자신을 타자들과 구별하기 위해 단지 존재한다. 나는 내가 아닌 타자들이 있기 때문에 분리된 자기를 가진다는 것을 안다. 현상학적으로 나는 내가 아닌 타자들과의 접촉과 상호작용을 통해 나 자신을 정의한다. 자기는 타자들과의 대립에서 발견되어야 한다. 자기와 타자 간에 경계가 있고, 이러한 경계는 심리학의 핵심이다(Perls, 1978).

실존주의적 종교철학자인 부버(Martin Buber)가 나-당신을 강조했던 것처럼, 자기는 추상적으로 자신을 자각하는 것이 아니라 어떤 것을 접촉함에 의해 자신을 자각한다. 나-당신과 나-그것에서 나는 당신과 그것의 대립으로 존재한다. 펄스는 자기가 항구적인 실체로서 보는 가정을 비판하고 자기는 변화하는 환경과 그것이 만나는 사람들에 따라 다르게 변화한다는 것을 제안하였다.

우리의 욕구 충족을 위해 욕구의 자각뿐만 아니라 자신과 환경에 대한 신중한 선택, 행동, 그리고 조직화가 요구된다. 유기체적 자기조절을 이루기 위해 자기는 수동적이 아니라 적극적으로 기능한다. 그러므로 펄스는 성숙한 개인은 그의 삶 대부분의 측면에 스스로 책임을 질 수 있다고 주장하였다. 특히, 성숙한 사람은 그가 자신의 삶에 부여하는 의미에 책임을 진다. 이런 점을 강조하기 위해 펄스는 자주 '책임감(responsibility)'이란 단어를 '반응 능력(response-ability)'으로 표현하였다. 우리 자신은 환경이나 사람들과 접촉에서 비롯된 결과인 자기의 부분인 생각, 감정, 행동에 책임이 있다. 그런데 많은 경우에 사람들은 어떤 상황이나 타인이 자신을 화나게 하고 걱정하게 하는 것으로 수동적인 입장을 취해 자기의 책임감을 회피하려고 한다. 이런 경우에 단순히 그런 사람이 사용하는 언어인 '그것'이나 '그이'를 '나'로 단순히 바꿔 말하게 함으로써 상당한 통합이 달성되어 자신의 생각, 행동, 감정에 적극적인 책임감을 갖게 된다.

펄스는 인간 성숙의 과정을 유아기에 필요한 환경적 지지에서 성인의 자기지지로의 진화로 정의하였다. 그러므로 건강한 성숙된 사람은 타인들의 지지에 의존하기보다 차라리 자기지지를 생성할 것이다. 게슈탈트치료의 목표는 내담자가 추구하는 타인지지의 욕구를 그가 자각하도록 하고 직면하도록 하여 환경 속에서 자신이 책임을 지고 그러한 욕구를 스스로 달성하도록 조력하는 것이다.

펄스는 자기를 부적절한 자기지지와 비진실적 조작을 통한 환경적 지지로부터 진실한 자기지지로 성장하는 과정으로 보았다. 그는 인간이 이렇게 자기실현을 지향하는 타고난 추동을 가진다고 믿었다. 우리가 삶을 충만하게 하는 것은 타인과 환경의 비진솔한 조작과 통제가 아니라 진솔한 자기실현을 이루는 것이다. 사람들은 전체로서 자신을 알고 직면함에 의해 자신의 잠재력을 충분하게 실현한다.

5. 성격이론의 적용

게슈탈트치료의 일차적 목표는 내담자가 성숙하여 자신의 삶을 책임지고 접촉을 통해 게슈탈트를 완성하도록 조력하는 것이다. 또 다른 목표는 내담자가 느끼는 불안을 삶의 부분으로서 수용하고 처리하도록 조력하는 것이다. 게슈탈트치료자는 유기체가 자기조절 기능을 수행할 수 있다는 유기체의 지혜를 믿는다. 타인과 관계를 맺으며 삶을 살아가면서 너무 계산적이거나 강박적으로 빠지지 않고 있는 그대로 자신을 수용하면서 살아갈 것을 강조한다. 개인이 건강한 삶을 영위하기 위해서는 전체로서 있는 그대로 자기를 수용하는 것이 필요하다. 같은 차원의 양극적인 상반된 힘의 마찰에 따른 자기고문 게임을 멈추고 서로를 인정하고 수용하여 통합을 이루는 것이 요구된다.

펄스는 당위성을 강조하는 당위주의를 반대하였다. 불완전한 인간이 당위성을 갖고 사는 것은 비합리적 신념에 따른 행동이다. 그는 역시 개인이 계산주의에 빠지는 것을 반대하였다. 대인관계에서 자신에게 하는 것처럼 타인을 존중하는 것이 요구된다. 게슈탈트치료는 개인이 실존적 존재로서 장 속에서 접촉을 통한 경험을 강조하는 경험적 치료다. 유기체는 접촉을 통한 경험을 통해 자각한다.

게슈탈트치료자는 내담자가 환경지지를 버리거나 탈피하고 자신의 삶을 책임지는 자기지지에 의해서 살아가도록 조력한다. 당신이 하는 당신의 모든 실제적 행위에 대해 당신에게 책임이 있다는 것을 강조한다. 당신이 인지적으로 고려하는 모든 생각에 대해 당신에게 책임이 있다는 것을 강조한다. 그리고 당신이 느끼는 당신의 모든 감정에 대해 당신에게 책임이 있다는 것을 강조한다. 비록 어떤 사람이나 사건이 당신에게 부분적으로 영향을 미칠지언정 누구도, 그리고 어떤 외적 환경도 당신의 사고, 감정, 행위에 대해 책임이 없다. 당신이 삶의 주체로서 당신의 삶에 대한 모든 책임을 당신이 져야 한다는 것을 강조한다.

게슈탈트치료를 통해 내담자는 에너지의 집중을 통해 하고자 하는 일을 성취할 수 있도록 조력한다. 심리적 문제를 가진 많은 내담자에게 에너지의 집중을 방해하는 주요한 내용은 이전에 완성하지 못한 미해결 과제다. 이러한 미해결 과제가 과거에 일어났지만 당신에게 중요한 사건이었다면 아직도 당신의 삶에 영향력을 행사하고 있다고 볼 수 있다. 상담자는 내담자가 과거에 가졌던 미해결 과제를 현재로 가져와 그것을 충분히 이해하고 해결하게 함으로써 그가 과거의 어떤 일에 집착하지 않고 자신의 현재의 일에 집중할 수 있게 한다.

게슈탈트치료자는 내담자가 가진 다양한 양극성에 대한 자각의 확장을 촉진한다. 양극성의 어느 한 쪽을 지나치게 의식하거나 강조하는 내담자를 돕는 데 상담자는 그가 자각하지 못한 다른 한 쪽을 알아차리도록 한다. 그리고 내담자가 가진 강자-약자의 자기고문 게임이나 반복적인 갈등을 멈추게 하고 서로가 화해와 이해를 통해 통합을 이루도록 한다.

게슈탈트치료자는 전체가 단순히 부분의 합이라는 가정에 대조되는 “전체가 부분을 결정한다.”라는 가치를 굳게 믿는다. 따라서 상담자는 전체적인 조망 하에서 내담자를 변화하게 하는 데 필요한 모든 고려가 역동적으로 이루어지도록 세심한 주의를 기울여야 한다.

당신은 이 순간에 무엇을 자각하고 있는가? 당신이 외부에서 오는 자극을 민감하게 알아채고 접촉하라. 당신의 신체 내부에서 진행되는 것을 민감하게 알아채고 접촉하라. 그리고 당신의 인지적 기능을 통해 환경과의 직접적 접촉이 아닌 환상적 접촉을 활성화하라. 이러한 노력은 당신이 갖는 잠재력을 실현화하게 할 것이다.

요약하면, 게슈탈트치료의 목표는 내담자가 회피하거나 두려워하고 갈등을 겪는 것과 같은 모든 심리적 문제를 접촉을 통한 자각으로 통합을 달성하도록 하는 것이다.

요약

1. 펄스가 제안한 인간에 대한 다섯 가지 가정은 다음과 같다.
   첫째, 인간은 완성 혹은 해결을 추구하는 경향이 있다.
   둘째, 인간은 자신의 현재의 욕구에 따라 게슈탈트를 완성할 것이다.
   셋째, 인간의 행동은 그것을 구성하는 구체적인 구성요소들, 즉 부분의 합보다 큰 전체다.
   넷째, 인간의 행동은 행동이 일어난 상황과 관련해서 의미 있게 이해될 수 있다.
   다섯째, 인간은 전경과 배경의 원리에 따라 세상을 경험한다.
   그리고 게슈탈트치료의 인간관은 실존주의와 자각이다.
2. 펄스의 전체론에 영향을 준 세 가지 주요한 이론적 입장은 스머츠의 전체론, 게슈탈트심리학, 그리고 프라이드랜더의 창조적 무관심이다.
3. 펄스의 독특한 기여는 그가 지각의 게슈탈트 원리와 베르트하이머와 레빈의 장이론의 요소들을 받아들여 상담 및 심리치료에 그것들을 적용했던 점이다.
4. 게슈탈트치료의 핵심개념은 접촉과 자각이다. 접촉과 자각은 서로 분리할 수 없는 현상으로 동시에 일어난다.
5. 펄스는 유기체의 자각 혹은 알아차림을 통한 접촉의 결여를 주요한 문제로 보았다. 자각을 통한 접촉을 방해하는 장애기제는 프로이트가 제안한 개념인 방어기제와 유사하다. 펄스와 그의 추종자들이 설명한 주요한 다섯 가지 접촉경계 장애기제는 내사, 투사, 반전, 융합, 그리고 편향이다.
6. 신경증의 다섯 가지 층을 개인의 성격 변화의 단계와 관련하여 게슈탈트치료 핵심개념인 알아차림 및 접촉과 관련해 살펴볼 수 있다. 즉, 허위 층과 공포 층은 게슈탈트 형성이 잘 안 되는 단계이고, 난국 층은 게슈탈트 형성은 되었으나 에너지 동원이 잘 되지 않는 단계다. 그리고 내적파열 층은 에너지 동원은 되었지만 행동으로 옮기는 단계에서 차단되어 게슈탈트가 완결되지 않은 상태이며, 폭발 층은 마침내 개인이 게슈탈트를 순조롭게 해소하고 해결 짓는 단계라고 할

수 있다.

7. 게슈탈트치료자는 내담자를 효과적으로 조력하기 위해 게슈탈트치료의 기본적 원리로 제시된 전체로서 유기체의 지혜, 전경과 배경, 게슈탈트 형성과 완성, 출현하는 욕구, 자각, 현재와 과정 등을 이해하는 것이 필요하다.

?! Review Questions

1. 펄스가 제안한 인간에 대한 가정과 게슈탈트치료의 인간관에 대해 설명하라.

2. 펄스의 전체론에 영향을 준 세 가지 이론적 입장에 대해 설명하라.

3. 게슈탈트치료에서 개인의 성장과 변화를 위해 접촉과 자각의 중요성을 강조한 이유를 설명하라.

4. 게슈탈트치료에서 '전체로서 유기체의 지혜'를 강조한 이유에 대해 설명하라.

5. 접촉경계 장애기제인 내사, 투사, 반전, 융합, 편향에 대해 설명하라.

6. 펄스가 제안한 다섯 가지 신경증 층에 대해 설명하라.

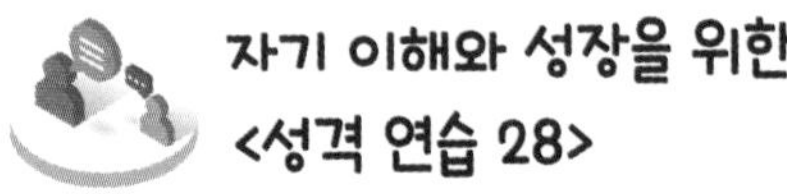

자기 이해와 성장을 위한 <성격 연습 28>

게슈탈트치료 이해하기

펄스가 자신의 권태를 해결하기 위해 게슈탈트치료 입장에서 그의 자서전적인 저서인 『쓰레기통의 안과 밖(In and Out of the Garbage Pail)』(1969)을 완성하였다. 이 책에서 그는 게슈탈트치료의 기본원리를 해학적인 그림과 함께 잘 설명해 주고 있다. 펄스의 지혜는 그가 기술한 다음과 같은 중요한 열네 가지 내용들에 잘 나타나 있다. 이러한 열네 가지 내용이 당신 자신의 이해와 성장에 도움이 되도록 명상해 보고 실천하라.

- 장미는 장미이고, 장미는 장미다.
- 자각이 없으면 아무것도 없다.
- 나는 나의 실존에 모든 책임을 져야 한다.
- 전체가 나누어지면 전체는 사라진다.
- 학습은 발견이다.
- 접촉에서 자각은 강렬하다.
- 현명한 사람은 자신이 하는 연기를 이해한다.
- 강을 재촉하지 마라, 강은 스스로 흐른다.
- 게슈탈트 치료는 통합적 접근방식이다.
- 파국적 기대의 망연자실에서 깨어나라.
- 소리의 관계는 건전한 관계다.
- 접촉은 차이의 인식이다.
- 통합에는 결코 끝이 없다.
- 나는 있는 그대로의 나다.

제21장

실존주의적 접근

지혜는 지식과 더불어 지식의 한계에 대한 자각을 의미한다.

– 프랭클 –

나는 존재한다. 그러므로 나는 생각하고, 느끼고, 행동한다.

– 메이 –

실존주의에서는 인간을 유한한 존재로서 세상에 던져진 존재로 본다. 던져진 존재로서 인간은 존재론적 불안에 직면하면서 성장한다. 불안을 극복하고 성장을 이루기 위해 위엄과 자기존중을 유지하며 자기 인생을 살고자 하는 진실성과 용기를 필요로 한다. 진실성이란 인간애로서 개인의 의무를 충분히 인식하고 인간의 자유와 책임을 포용함으로써 얻어진다고 본다. 이 과정은 매우 힘들며, 따라서 용기가 필요하다.

실존은 정적 과정이 아니라 진행되는 과정을 수반한다. 실존주의적 접근은 존재의 과학과 과정에 관심을 둔다. 인간의 기본적 문제는 불안, 절망, 죽음, 무의미성, 고독, 고립 등이다. 이러한 문제는 실존적 고통을 생성할 잠재력을 가진다.

실존주의적 접근은 우리의 심리적 문제가 실존으로서 인간의 궁극적 관심사에 관련되어 나타난다고 본다. 이 접근은 분리된 하나의 학파도 아니고, 또 깔끔하게 정의된 기법을 가진 체계적인 모델도 아니다. 실존주의적 접근을 성격이론과 관련하여 세 가지 부류로 나누어 살펴볼 수 있다.

첫째, 실존주의적 접근은 실존주의 철학에 근거한다. 따라서 잘 알려진 실존주의 철학자들인 키르케고르(Sören Kierkegaard, 1813~1855), 니체(Friedrich Nietzsche, 1844~1900), 하이데거(Marin Heidegger, 1889~1976), 사르트르(Jean Sartre, 1905~1980) 등이 보는 인간에 대한 이해를 반영한다.

둘째, 실존주의적 접근은 종교철학자들에 의한 영향을 받아 발전해 왔다. 영향을 준 대표적인 종교철학자는 부버(Martin Buber), 틸리히(Paul Tillich) 등을 들 수 있다. 부버의 '나-당신의 관계' 혹은 틸리히의 '존재할 용기'에서 강조하는 내용이 실존주의적 상담에 반영되었다.

셋째, 실존주의적 철학이나 종교철학을 상담 및 심리치료에 적용하여 실존주의적 접근을 주창한 사람들이다. 여기에는 빈스반거(Ludwing Binswanger, 1881~1966), 보스(Medard Boss, 1903~1990), 프랭클(1905~1997), 메이(1909~1994), 얄롬(1931~) 등이 있다.

실존주의 접근은 지금까지 살펴본 성격이론들과는 다르게 성격 발달이나 성격 평가에 관한 개념들을 제안하지 않았다. 실존주의 학자들은 존재론적 입장에서 인간이 세계와 관계하는 방식을 주로 강조하였다. 따라서 인간 이해에 영향을 끼친 대표적인 인물이 강조한 견해를 이해하는 것이 중요하다.

여기서는 먼저 실존주의 상담접근의 대표적인 인물이었던 메이의 생애를 살펴보고자 한다. 그리고 인간을 이해하기 위한 실존주의 접근에 기여한 대표적인 인물들을 개관하고, 그들이 강조한 주요 개념을 살펴보고자 한다. 그런 다음에 인간이해와 심리치료에 기여한 실존주의 상담자인 프랭클의 의미치료에 대해 좀 더 자세하게 알아보고자 한다.

1. 메이의 생애

실존주의 치료자인 메이(Rollo May, 1909~1994)는 1909년 미국 오하이오에서 일곱 자녀 중 막내로 태어났으나 곧바로 미시간으로 이사해 그곳에서 그의 어린 시절을 보냈다. 메이는 자신의 어린 시절을 불행했던 것으로 회고했으며, 이러한 환경이 상담과 심리학에 관심을 갖게 한 계기가 됐다고 기술하였다. 메이는 1930년에 오비린대학교(Oberlin College)를 졸업하고 나서 그리스로 가서 교사가 되었다. 그리스에 있는 동안 여름 방학 중에 비엔나를 여행했는데, 거기서 아들러와 함께 공부를 하며 그의 영향을 받았다.

메이는 '유니언 신학교(Union Theological Seminary)'에서 신학학위를 받았다. 신학교에서 공부하는 중에 실존주의 신학자인 틸리히(Paul Tillich)를 만나 그의 영향을 받았다. 메이는 신학보다 심리학을 통해 사람들을 가장 잘 조력할 수 있다고 생각하게 되어 심리학을 공부하게 되었다. 그는 1949년에 컬럼비아대학교에서 임상심리학으로 박사학위를 받은 후 뉴욕에서 사설 임상소를 설립했으며, 뉴욕 '윌리엄 알란슨 연구소(William Alanson Institute)'에서 수련감독 및 훈련분석자로 역할을 수행하였다.

메이는 박사 과정 중에 결핵으로 고통을 받았으며, 요양소에서 2년을 보내면서 실존적 불안을 체험하면서 실존철학을 심도 있게 공부하게 되었다. 특히, 결핵으로 치료를 받은 동안에 키르케고르의 생각은 메이의 불안에 관한 연구에 촉매자가 되었다. 메이는 이러한 연구 결과로 1950년에 『불안의 의미(The Meaning of Anxiety)』를 출판하였다. 그리고 1958년에 앵겔(Ernest Angel) 및 엘렌버거(Henri Ellenberger)와 함께 『실존(Existence)』이란 책을 출판하여 미국에 실존적 사고를 소개하였다.

메이는 두 번의 결혼 실패를 경험하였다. 1969년에 발간된 그의 인기 있는 저서인 『사랑과 의지(Love and Will)』에는 사랑과 친밀 관계와 관련한 자신의 개인적 경험이 반영되어 있다. 메이는 1975년에 발간된 다른 인기 있는 저서인 『창조할 용기(The Courage to Create)』를 통해 그가 사람들의 삶에 관련된 것으로 보았던 실존적 개념에 대해 일반인들을 자각시켰다. 메이는 그의 생애 동안 생산적인 삶을 영위했으며 85세의 나이로 1994년에 사망하였다.

2. 실존주의적 접근의 대표적 학자와 개념

실존주의적 접근에 기여한 주요한 인물로서 인간에 대한 이해를 위해 그들이 강조한 입장을 아는 것이 중요하다. 여기서는 대표적인 인물로 키르케고르, 니체, 하이데거, 메이, 얄롬의 입장을 살펴보자.

키르케고르

키르케고르는 유럽의 사상계를 휩쓸고 있었던 헤겔의 관념철학적 사변에 대항하여 실존하는 개인의 내면세계를 철학적 사색의 근본문제로 등장시킨 최초의 철학자다. "인간의 주관성은 인간의 진리다." 이 논제가 바로 인간 실존에 관한 키르케고르의 결론이다(이창우 역, 1988). 키르케고르 이전의 철학은 거의 거시적인 일반문제를 추구하고 있었다. 그러나 키르케고르는 진정한 생의 문제들이란 반드시 이른바 '실천적인 개별문제'의 형태를 띠고 있다고 보았다. 이런 문제가 곧 '실존적'인 문제다(임석진 역, 1980). 일반적으로 키르케고르를 최초의 실존주의자라고 부르는 것도 이 때문이다.

키르케고르는 자유를 가능성이라고 정의하고, 이 가능성을 인간이 가지고 있는 정신적인 면이라고 지칭하였다. 인간은 끊임없이 가능성에 의하여 유도되며, 그 가능성을 생각하며, 그리고 창조적인 능력에 의하여 그 가능성을 실현한다. 이 가능성에로 지향하는 자유능력이 동시에 불안을 수반한다. 불안이란 인간이 자기의 자유에 직면했을 때의 상태다. 곧, 자유와 가능성으로 표현된다. 그 가능성이 마음에 떠오를 때에는 언제나 불안이 잠재적으로 같은 경험 안에 존재하고 있는 것이다(김영만, 1987).

키르케고르에게 실존이란 객관화될 수 없고 대상화될 수 없는 내면성, 그리고 주체성을 지니고 있는 존재였다. 그에게 있어서 실존한다는 것은 우선 무엇보다도 단독자임을 뜻했으며, 신 앞에 서 있는 나와 하나님 사이에는 아무것도 없다는 것이다. 이와 같은 실존은 진실로 불안의 존재이며, 불안 속에서 살아가는 존재요, 언젠가 한 번은 꼭 죽음에 이르러야 할 유한적 존재인 것이다.

니체

니체는 '신은 죽었다'라는 명제를 통해 그 시대의 모든 기독교적인 가치를 부정하였다. 그러나 이 부정은 '모든 것을 부정하여 더 이상 부정할 것이 없는 상태'에서 새로운 가치를 창조하기 위한 건설적인 부정이었다. "지금까지의 가치에 매어온 인간은 이제 자기 스스로를 극복하지 않으면 안 된다." 이 말을 통해 그는 새로운 인간상으로 초인을 제시하였다. 니체가 이상으로 삼는 초인은 종교적이고 초월적인 도덕을 거부하는 현세중심적인 인간인 동시에 민주주의적인 이상을 거부하는 엘리트의 상징이다. 니체의 초인은 아무 주저 없이 스스로의 의지에 따라서 가치를 변혁하고 새로운 가치를 만들어 내는 사람이다. 니체는 인간은 고정적이지 않고 어디에로인가 생성되어 나아가는 존재로 파악하였다(성진기, 1975).

하이데거

하이데거는 그의 주저서인 『존재와 시간(Being and Time)』에서 현상학적인 관점에서 인간에 대한 이해를 시도하였다. 하이데거는 막연하나마 존재를 이해하고 있는 인간을 '현존재(Dasein)'라 하였다. 이러한 현존재는 단순히 사물이나 도구적 존재가 아님을 보여 준다. 이러한 현존재는 세계 안에서 다른 많은 존재와 관계를 맺는 가운데 본래적인 존재양식을 상실하고 비본래적인 존재방식을 취하게 된다. 이와 같이 본래적 자기를 상실한 현존재를 그는 '일상인(Das Man)'이라고 하였다.

일상인으로서의 현존재는 평균화되고 책임을 지지 않는 몰개성적인 인간으로 전락하여 버린다. 이러한 일상인은 불안에서 헤어날 수 없다. 일상인으로서의 현존재가 불안으로부터 벗어나려면 본래적인 자기를 근원적으로 이해하고 본래적인 자기로서 존재할 것을 결단하지 않으면 안 된다. 이와 같이 본래적인 자기에로 자기 자신을 내어 던지는 것을 기투(企投)라고 하였다. 이러한 기투에 의해 본래적인 존재방식을 찾는 것이 실존이다(홍경자, 1988).

메이

메이는 미국에서 가장 널리 알려진 실존주의적 상담자로 현대 사회에서 인간이 직면하는 불안과 고독에 관심을 가졌다. 존재론적 입장에서 인간에 대한 이해를 추구하였다. 메이는 데카르트(Descartes)의 "나는 생각한다, 그러므로 나는 존재한다."는 말을 바꾸어 "나는 존재한다, 그러므로 나는 생각하고, 느끼고, 행동한다.(I am, therefore I think, I feel, and I do)"라고 표현하였다. 메이는 인간(human being)이란 용어에서 존재(being)는 진행형으로, 어떤 것이 되어 가는 과정을 함축하고 있으며 명사로 이해한다면 잠재력의 원천을 의미한다고 지적하였다. 그는 이런 점에서 '되어 가는(becoming)'이란 말이 더 정확한 의미를 전달하는 것으로 여겼다. 더불어 인간은 다른 생물과 달리 자기에 대한 자각을 하는 존재임을 강조하였다. 즉, 도토리가 가진 잠재력은 자동적으로 도토리나무가 되게 하지만, 인간은 자기 자신이 되려면 자신에 대해 자각해야 하며, 자신에 대해 책임져야 하는 특별한 존재다.

얄롬

얄롬은 현재 미국에서 가장 왕성하게 실존주의적 심리치료를 수행하고, 보급하고 있는 사람이다. 그는 최근에 집단상담 및 심리치료의 필요성을 주창하고, 앞으로 니체의 생각이 실존주의적 치료에 크게 기여하리라고 주장하였다. 얄롬은 네 가지 인간의 궁극적 관심사를 확인하였다. 그가 제안한 네 가지 궁극적 관심사는 죽음, 자유, 고립, 무의미성이다. 우리는 이것에 대한 자각으로 인해 갈등과 불안을 느낀다.

죽음은 불안의 가장 기본적 원천이다. 삶과 죽음, 존재와 비존재는 상호적이다.

실존적 갈등은 죽음의 불가피성에 대한 자각과 삶을 지속하려는 소망 간의 갈등이다.

인간의 자유는 책임을 가정한다. 우리는 의미 있게 세상에 참여하는 책임과 더불어 자신의 삶에 대한 전적인 책임이 있다. 자유를 갖고 태어난 인간은 안정되고 구조화된 세상에 살지 않는다. 그러므로 인간은 갈등한다. 실존적 갈등은 자유 및 근거 없음에 대한 자각과 안정된 근거 및 구조에 대한 소망 간의 갈등이다.

얄롬은 세 가지 고립을 가정하였다. 다른 사람들과 차단된 정도에 따라 일반적으로 고독으로 경험되는 대인관계적 고립, 자신에 대한 자각으로부터 봉쇄되거나 자신의 부분과 해리된 개인내적 고립, 그리고 개인이 세상에 홀로 와서 살다가 떠난다는 인간 조건에 뿌리를 둔 실존적 고립이 있다고 보았다. 얄롬은 세계로부터 분리인 실존적 고립이 고립의 가장 근본적 형태라고 보았다. 실존적 갈등은 자신의 근본적 고립에 대한 자각과 접촉, 보호, 그리고 전체의 부분이 되고자 하는 소망 간의 갈등이다.

마지막 궁극적 관심사는 무의미성이다. 무의성은 삶의 의미가 무엇인가 하는 질문에 대한 내적 갈등이다. 인간은 일관성, 목적, 의미를 추구한다. 이러한 실존적 의미를 추구하는 인간은 사전에 결정된 의미를 갖지 않은 무관심한 세계에 있는 존재다. 그러므로 실존적 갈등은 전혀 의미가 없는 세계에서 자신의 의미에 대한 욕구를 어떻게 발견할 것인가 하는 내적 갈등이다.

3. 주요 개념

여기서는 실존주의적 접근의 주요 개념으로 실존과 실존주의, 실존주의적 인간관, 실존의 방식, 궁극적 관심사 등에 대해 살펴보고자 한다.

실존과 실존주의

실존(existence)이란 인간 존재의 특유한 존재방식을 뜻한다. 따라서 그것은 어디까지나 인간의 현재에 관계하는 것이며, 인간의 본질이 무엇인가 하는 본질에 대한 규명의 문제는 직접적인 관심사가 아니다. 실존은 본질에 선행한다. 실존은 밖에(ex) 나타나(sistere) 있는 것을 의미하므로, 실존철학 역시 인간의 숨겨진 본질보다는 드러나 있는 인간의 존재방식을 묻고 그것을 규명하려는 노력이다. 실존은 현실의 존재, 사실의 존재, 진실의 존재에 대한 새로운 표현이라고 할 수 있다.

실존주의는 인간의 존재에 관심을 둔다. 인간의 가장 직접적인 경험인 그 자신의 존재에 초점이 맞추어져 있다. 다시 말해, 인간의 존재를 무에서 시작된 자유로운 존재로 본다. 인간은 사전에 그 무엇에 의해서도 규정되어 있지 않기 때문에 자신을 규정할 수 있는 힘은 오로지 자신에게만 있다고 본다. 그러므로 각 개인은 자신의 자유의지에 따라서 선택하고, 행동하고, 그 결과에 책임지는 가운데 자신의 본질을 만들어 가는 것이다(최경환, 1993).

실존주의적 접근에서 기본적인 인간조건을 결정하는 범주에 속하는 것은 자각의 능력, 자유와 책임감, 자신의 정체성을 창조하고 다른 사람과 의미 있는 관계를 확립하는 것, 의미, 목적, 가치, 그리고 목표의 탐구, 삶의 조건으로서 불안, 죽음의 자각이다(Corey, 1996). 실존의 의미성은 인간이 결코 고정되어 있지 않다는 것이다. 차라리 우리는 이 세상에 던져진 우리를 계속적으로 재창조한다고 본다.

실존주의적 인간관

실존주의적 인간관을 요약하여 일곱 가지로 살펴보면 다음과 같다(Patterson, 1973).

- 인간실존의 특성은 이 세상에 우연히 내던져진(被投的) 존재라는 점이다. 그러나 인간이 다른 동물과 차이가 있다는 것은 우리의 삶의 특징이 우연성과 피투성(被投性)이라는 것을 자각하며, 과거와 현재와 미래의 연속선상에서의 인간 자신의 영향력을 의식하는 데 있다. 이로 인하여 인간은 선택과 결단이 가능하다. 인간은 비록 유전, 환경, 문화에 의하여 제약을 받기는 하지만 이러한 외적 영향에 의하여 전적으로 결정된 존재는 아니다. 다시 말해서 비록 이 세상에 내던져진 존재이긴 하나 그러한 상황을 수용하거나 거부하는 것은 각 개인의 선택 여하에 달려 있다. 그러므로 각 개인의 본성을 자신이 창조하며 결정할 수가

있다. 따라서 인간은 자유로운 존재다. 또한 그 자신의 본질에 대한 책임은 자기에게 있다.

- 주체와 객체는 별개의 것으로 생각할 수 없으며, 이 양자가 상호연관을 갖는 참 만남 속에서 자각이 가능하다.
- 그리하여 인간은 정적인 존재가 아니라 의미 있는 전체로서 끊임없이 생성되고 변천되는 상태에 놓여 있다.
- 인간은 언젠가는 죽을 수밖에 없는 존재라는 사실을 알고 있다. 즉, 존재는 비존재를 수반하기 마련이므로 고립, 허무, 개인적 의미나 주체성의 상실, 소외를 의식하지 않을 수 없다.
- 이처럼 비존재에로의 위협을 느끼게 되는 것이 불안과 적개심, 공격성의 조건이 된다. 실존 자체에 대한 상실을 두려워하는 것을 '실존적 불안'이라고 한다. 실존적 불안은 현재 누리고 있는 안전 상태를 상실하는 것과 새로이 나타날 잠재능력 간의 갈등 또한 내포한다.
- 인간의 자존감이란 타인이 자신을 평가해 주는 관점에 의거해서 형성되는 것은 아니다. 자존감은 물론 사회적 관련성 밑에서 어느 정도 형성될 수도 있겠지만, 그러나 본질적으로 자존감은 자기정체감을 전제로 한다. 각 개인은 누구와도 비교될 수 없이 독자적이며 일회적이고 중요하다.
- 인간은 과거를 떨치고 일어나 즉각적인 상태에서 자신을 초월할 능력을 가지고 있다. 이와 같은 초월에의 능력이 있음으로 인하여 선택의 가능성이 열리기 때문이다.

실존의 방식

실존주의자들은 인간이 삶을 유지하는 데 관계하는 네 가지 실존의 방식을 확인하였다. 이러한 실존의 방식은 주변세계(Umwelt), 공존세계(Mitwelt), 고유세계(Eigenwelt), 영적 세계(Uberwelt)다. 인간 세계는 개인이 그 안에 존재하며, 일반적으로 알지 못하는 사이에 인간 세계의 설계에 참여하는 의미 있는 관계구조다. 즉, 동일한 과거나 현재의 주변 상황이 사람에 따라서는 매우 다른 것을 의미할 수 있다. 따라서 세계는 각 사람의 실존의 조건을 결정하는 과거의 사건과 그 사람에게 작용하는 매우 다양한 결정론적 영향을 모두 포함한다. 그러나 그것은 개인이 그것들을 인식하고, 틀을 만들고, 계속해서 재형성하는 것과 같이 개인이 맺는 관계다. 한 개인의 세계를 인식한다는 것은 동시에 그의 세계를 구성해 나간다는 것을 의미하기 때문에 실존주의적 관점에서 보면 개인이 관계하는 네 가지 양식의 세계가 있다. 이러한 네 가지 실존의 방식을 살펴보자.

주변세계 주변세계는 보통 환경 혹은 생물학적 세계를 의미한다. 모든 유기체는 주변세계를 갖는다. 동물과 인간에게 주변세계는 생물학적 욕구, 추동 및 본능을 포함한다. 실존 분석가들은 자연 세계의 현실을 받아들인다.

공존세계 공존세계는 세계와 더불어 한다는 뜻으로, 인간관계 영역에 관심을 두는 것을 의미한다. 개인은 타인과의 관계로서 이루어지는 공동체의 세계에 존재한다. 성격이론의 대인관계학파는 주로 공존세계에 의지하며 대인관계로서의 사랑을 다루는데, 동무라는 단어의 의미에 관한 설리반의 개념과 소외된 현대 사회에서 사랑의 어려움을 분석한 프롬의 개념에서는 특히 더 그러하다.

고유세계 고유세계는 자신의 세계이며, 개인이 자신에게 가지는 관계를 의미한다. 고유세계는 자각, 즉 자기 관계성을 전제하고 있으며, 오로지 인간에게서만 발견되는 관계다.

영적 세계 영적 세계는 개인이 갖는 영적 혹은 종교적 가치와의 관계를 의미한다. 이것은 세계에 대한 믿음의 중요성을 강조한 것으로 최근에 Van Deurzen-Smith(1998)가 주장하였다. 이러한 믿음은 본질적으로 종교적 혹은 영적이다. 영적 세계는 이상적 세계이며, 개인이 세계가 되기를 원하는 방식이다.

요약하면, 주변세계는 개인이 던져진 세계이며, 공존세계는 인간만이 갖는 대인관계이며, 고유세계는 자신의 세계이며, 영적 세계는 세계에 대한 믿음을 의미한다. 이러한 실존의 방식에 따라 우리는 매 순간에 주변세계인 환경 내에서, 공존세계인 대인관계를 맺으면서, 고유세계인 자기자각을 하면서, 그리고 영적 세계인 영적 가치를 믿으며 살아간다고 볼 수 있다.

궁극적 관심사

여기서는 실존적 불안이나 갈등을 야기하는 궁극적 관심사로서 자유와 책임, 삶의 의미성, 죽음과 비존재, 진실성을 살펴보고자 한다.

자유와 책임 인간은 여러 선택 가운데서 선택할 수 있는 자유를 가진 자아 결정적인 존재다. 인간은 근본적으로 자유롭기 때문에 삶의 방향을 지시하고 운명을 이루어 나가는 데 책임을 져야만 한다. 실존주의적 접근은 자유, 자기결정, 의지, 결단을 인간 존재의 중심부에 둔다. 만약 의식과 자유가 인간으로부터 제거된다면 더 이상 인간으로서 존재하지 않는다. 왜냐하면 이것이 바로 인간에게 인간됨을 부여하는 능력이기 때문이다.

실존주의적 견해는 개인이 스스로의 결단으로 자신의 운명을 결정하고 자신의 존재를 개척하는 것이다. 개인은 그가 되고자 결심하는 대로 되기 때문에 그의 인생행로에 대해 책임져야 한다. 틸리히는 "사람은 결정하는 바로 그 순간에만 참다운 인간이 된다."라고 하였으며, 사르트르는 "우리는 우리의 선택이다"라고 하였다. 니체는 자유를 '참다운 존재가 되는 능력'으로 묘사했고, 키르케고르가 말한 '자아를 선택하는 것'은 인간 자신의 인생과 존재에 대하여 책임을 지는 것을 의미한다. 야스퍼스는 "우리는 결정하는 존재다"라고 하였다.

자유는 자신의 발전에 관계하고 여러 선택 중에서 선택하는 능력이다. 확실히 자유에는 한계가 있고, 선택은 외부 요인들에 의해서 제한된다. 그러나 우리는 선택의 요소들을 가졌으며, 당구공같이 이리저리 굴러가는 존재는 아니다. 메이(1961)는 "인간을 희생시키는 힘이 아무리 크다 할지라도 인간은 그가 희생물이 되고 있다는 것을 알며, 어떻게 해서든지 자기운명에 관련된 것에 대하여 영향을 미치려고 하는 능력을 갖고 있다"고 하였다.

프랭클은 인간의 자유와 책임을 강조하면서 다음처럼 표현했다. "궁극적으로 인생은 자신의 문제에 대한 올바른 해답을 발견하고, 각 개인에게 계속적으로 부여되는 과업을 성취하는 책임을 지는 것을 뜻한다." 사람으로부터 빼앗을 수 없는 것은 그의 자유다. 우리는 어떤 주어진 환경 내에서 적어도 우리의 태도를 선택할 수 있다. 우리는 우리가 이루려고 선택한 것을 이루어 가는 자기결정적 존재다. 핵심적인 실존적 주제는 우리가 우리 자신을 창조하는 것이다. 선택하는 것으로 인해 우리는 우리 자신의 현재와 미래의 설계자다(한기태 역, 1990).

삶의 의미성 삶의 중요성과 목적을 향한 노력은 인간의 독특한 특성이다. 우리는 의미와 개인 정체감을 찾는다. 그리고 실존적 질문 등을 할 수 있다. 나는 누구인가, 어디에서 왔는가, 내가 왜 여기에 있는가, 내 삶의 목적과 의미는 무엇인가? 실존주의자에 의하면, 삶은 그 자체 내에 긍정적 의미를 가지고 있지 않고, 우리들이 의미를 창조하느냐에 달려 있다. 종종 의미 없고 모순되기조차 해 보이는 세상 속에서 우리가 이전에 도전하지 않았던 가치에 도전하고, 우리 자신의 새로운 국면을 발견하고, 갈등과 모순에서 화해하려고 노력한다. 그리고 이런 일을 하는 가운데서 우리는 세상 속에서 우리의 의미를 창조한다.

결실 있는 생활을 위한 인간의 진정한 노력에 바탕이 되는 동기는 의미를 가지려고 하는 의지다. 생활에서 의미를 발견하려고 하는 강렬한 내부의 욕망은 행동에 불을 당겨 준다. 이러한 욕망이 없거나 생활에 완전히 무관심한 태도를 가지는 것은 프랭클이 말한 대로 '실존적 공허'다. 이러한 내면이 텅빈 상태의 공허는 정신의학에 중대한 도전으로 나타난다. 자신을 의미 있게 하고, 유효한 행동을 하게 하는 내면적인 힘을 얻기 위해서는 이러한 공허를 극복하기 위한 노력을 해야 한다. 수많은 인간의 어려움은 실존의 의미를 발견할 수 없는 데에서 온다. 내면적인 공허는 그의 존재를 가치 없는 것으로 규정 지우고, 또 가치 없다는 느낌을 갖게 한다. 실존적 공허는 극단적인 권태, 불확실성, 그리고 혼돈의 결과로 지속된다. 비록 이러한 것들이 정신적인 고통 가운데 하나이긴 하지만 이런 것들로 인해 반드시 정신적인 질병이 생기는 것은 아니다. 이러한 고통은 자기의 행복과 능력에 대해서 최대의 관심을 갖게 하는 면도 있지만, 행동과 능력에 아주 중대한 방해가 되기도 한다. 공허를 극복하려는 동기가 충분히 생기게 되면 삶의 의미를 찾게 될 것이고, 그 의미를 지속적으로 추구하게 될 것이다. 또한 활동성과 생산성의 욕구도 발전하게 될 것이다. 이러한 추구는 긴장을 완화시키기보다는 오히려 증대시킬 것이지만, 정신건강이란 긴장이 적절한 수준으로 유지될 때 가능한 것이기 때문에 오히려 좋은 일이다(이형득 외, 1993).

죽음과 비존재 실존철학의 가장 중요한 문제는 죽음이다. 인간은 미래에 언젠가 자신이 죽는다는 것을 스스로 자각하고 있다는 것이다. 죽음은 나에게 엄습해 오는 기분 나쁜 무엇이며, 따라서 실존 유지를 불가능하게 하는 것이다.

첫째, 죽음은 가장 자기적인 것이다. 누구에 의해서도 대신 죽어 주기를 바랄 수 없는 언젠가 자기가 맞아야 할 사건이다. 이처럼 죽음은 자기의 궁극적인 가능성이다. 둘째, 죽음은 모든 교섭의 단절이다. 죽음은 자기 자신에 관한 것이요, 다른 무엇과도 교섭될 수 있는 것이 아니다. 셋째, 죽음은 넘어설 수가 없고, 또 가장 확실하다. 그러나 죽음은 언제 일어날지 모르는 불안이다. 이런 의미에 있어서 실존은 죽음 혹은 종말로 향하고 있는 존재다. 그러므로 유한한 존재이며, 그 이면에는 항상 무(無)가 내재되어 있다. 이 무 때문에 실존은 불안하다. 그러나 실존은 자기를 기만함 없이 결단을 내리고, 이러한 유한적 실존인 실존방식을 엄연히 받아들여야 한다. 사람의 양심이란 일상인의 일상성 속에 은폐된 미래의 자기가 스스로를 구하고 그것을 결의하기를 강요하는 외침의 소리다. 이 양심의 소리는 자기를 향해 외친다. 이 결의는 개인으로 하여금 죽음의 불안을 극복하고, 죽음에 대한 자유를 느끼게 한다(성진기, 1980).

실존주의자들은 죽음을 부정적으로 보지 않는다. 인간의 현저한 특성 중의 하나는 미래의 개념과 죽음의 불가피성을 터득할 수 있다는 것이다. 점차적인 비존재, 즉 죽음의 인식 그것이 존재의 의미를 준다. 왜냐하면 그것은 모든 인간의 행위를 중요하게 만들기 때문이다.

실존주의자들은 삶이 시간의 제한을 받기 때문에 의미를 가지고 있다고 주장한다. 만약 우리가 우리의 능력을 실현화시키는 영원한 시간을 가지고 있다면 조급해할 필요가 없기 때문이다. 그러나 우리의 시간성 때문에 죽음은 우리에게 진지하게 생을 살아가도록 자극한다. 현재는 귀중한 것이다. 왜냐하면 우리가 실제로 가진 전부이기 때문이다.

죽음에 대한 두려움과 생에 대한 두려움은 상호 연관되어 있다. 죽음에 대한 두려움은 두 팔을 벌려 생을 완전히 받아들이는 것을 두려워하는 우리 중의 어떤 이에게 불안스럽게 다가온다. 그러나 만약 가능한 한 최대로 현재의 생을 긍정하며 살아가도록 시도한다면, 생의 종결에 사로잡히지는 않을 것이다. 우리 중 죽음을 두려워하는 사람은 삶도 무서워한다. "결코 참된 삶을 살지 않았기 때문에 죽음을 두려워한다"라고 말할 수 있는 것처럼, 우리 중 어떤 이는 자신의 죽음을 실제로 직면하는 것을 두려워하기 때문에 점차적으로 비존재가 된다는 사실로부터 도피하려고 한다. 그러나 우리가 허무와 직면하는 것으로부터 도피하려고 노력하면 우리는 대가를 치러야만 한다. 메이(1961)는 "죽음을 부정하는 데 치러야 하는 대가는 막연한 불안과 자아격리다. 자신을 완전히 이해하기 위해서 인간은 죽음에 직면해야만 하고 개인적인 죽음에 직면해야만 한다."라고 말했다.

프랭클(1959)은 메이의 견해에 동의하면서 죽음은 "인간 실존에 의미를 준다."라고 말했다. "만약 우리가 불멸하다면 우리는 영원히 행동을 지속할 수 있다. 그러나 우리는 유한하기 때문에 우리가 지금 하는 것들은 특별한 의미를 갖는다."

진실성 신학자인 틸리히(1952)는 '존재할 용기'란 말을 사용하였다. 즉, 우리 자신을 수용하고 실존적 공허를 극복하기 위해 용기를 강조하였다. 우리 존재 내에 깊은 핵심을 발견, 창조, 유지하는 것은 어렵고 끝이 없는 노력이다.

진실적인 존재로 있는 것은 우리를 정의하고 긍정하는 데 필수적인 것은 어떤 것이든지 한다는 것을 의미한다. 샤퍼(Shaffer, 1978)에 따르면, 개인은 진실적 실존 속에서 언젠가 일어나게 될 비존재의 가능성에 직접적으로 직면하게 되고, 불확실성에 직면해서 결정하고 자신에 대한 책임을 맡는다.

킨(Keen, 1970)은 "진실적 존재는 불안에서 태어난다."라고 말했다. 여기서의 불안은 우리가 옳은 선택을 했는가, 또 행위에의 용기를 아직 결정하지 못한 것을 전혀 모르는 불안이다. 이 길이냐 저 길이냐, 인지적 모호성의 조건 아래서 한 가치나 다른 가치를 선택하는 것은 자신에 대해 통제를 갖는 것이고, 타당하게 자기 자신을 확립하는 것이다.

우리가 진실적 실존에 이를 때, 우리는 계속적으로 우리가 될 수 있는 능력을 소유한 개인이 되는 것이다. 진실적으로 사는 것은 우리의 한계를 알고 받아들이는 것을 또한 수반한다. 비진실성에 관련된 개념은 죄책이다. 실존적 죄책감은 불완전감과 우리의 완전한 잠재력을 쓰지 못하고 있다는 것을 인식하는 데에서 온다. 궁극적으로 존재의 자각에 대한 상실은 심리적인 병이 된다.

4. 프랭클의 의미치료

역사적으로 상담 및 심리치료의 온실이라고 하는 비엔나에서 탄생된 세 가지 접근은 다른 관점에서 인간에 대한 이해를 추구하였다. 정신분석을 탄생시킨 프로이트는 '쾌락의 원리' 혹은 '쾌락에 대한 의지'에 의해서 인간을 설명하였다. 개인심리학을 주창한 아들러는 '힘에 대한 의지'를 통해 인간을 설명하였다. 마지막으로, 프랭클은 인간을 '의미에 대한 의지'를 원동력으로 살아가는 존재로 보았다.

프랭클은 자신이 나치 포로수용소에서 삶과 죽음에 대한 체험을 하였으며, 이로 인해 극한 상황에서 나타나는 인간 행동을 관찰할 기회를 가졌다. 역경에도 불구하고, 어떤 죄수들은 자신의 내적 삶과 다른 사람들에 대해 행동하는 방식에서 선택할 자유를 유지하고 자신의 비극을 승리로 바꾸는 것을 관찰하였다. 그는 자신의 체험과 관찰을 통해 인간이 고통 속에서도 의미를 추구하는 실존적 도전을 하는 존재라는 것을 믿게 되었다. 이러한 믿음을 바탕으로 비엔나의 정신과의사인 프랭클은 의미치료(logotherapy)라고 부르는 실존주의적 상담접근을 주창하여 발전시켰다. 의미치료의 목적은 내담자가 자신의 삶 속에서 의미를 찾도록 조력하는 것이다.

프랭클은 '실존적(existential)'이란 용어를 세 가지 방식으로 사용하였다. 첫째, 인간의 존재 양식으로서 실존 그 자체를 의미한다. 둘째, 실존의 의미를 나타낸다. 셋째, 개인적 실존으로 의미를 찾으려는 노력이나 의지를 나타낸다. 이런 점에서 프랭클은 다른 실존주의적 접근과 다소 다른 입장을 취하고 있다. 프랭클은 "나는 다른 사람들이 자신의 삶에서 의미를 볼 수 있도록 조력하면서 나의 삶의 의미를 보았다."라고 자신의 인생을 요약해서 기술하였다.

프랭클의 생애

의미치료의 창시자인 프랭클(Viktor Frankl, 1905~1997)은 1905년에 오스트리아 비엔나에서 출생하여 성장하였으며, 1930년에 의학박사 학위, 그리고 1949년에 철학박사 학위를 비엔나대학교에서 획득하였다. 그는 1928년에 비엔나에 청소년자

문센터를 건립하여 1938년까지 관장하였다. 그는 1942년에서 1945년까지 아우슈비츠와 다하우(Dachau)에 있는 나치 포로수용소에 죄수로 있었다. 포로수용소에서 그의 부모, 동생, 부인, 그리고 그의 자녀들 모두를 잃었으며, 포로수용소에서 있었던 끔찍한 경험을 생생하게 기억하였다. 그러나 그는 그러한 경험을 건설적인 방식으로 사용할 수 있었고, 그러한 경험이 그의 사랑과 삶의 열정을 침체되게 방관하지 않았다. 그는 비엔나대학교에서 부교수, 샌디에이고 미국국제대학교에서 저명한 연사, 그리고 하버드대학교, 스탠퍼드대학교 등에 방문교수로 있었다.

프랭클은 그가 저술한 베스트셀러인 『인간의 의미탐구: 의미치료의 입문(Man's Search for Meaning: An Introduction to Logotherapy)』(1963)을 통해 포로수용소에서 자신의 경험, 실존적 역경, 그리고 그러한 경험으로부터 배웠던 내용을 생생하게 묘사하였다. 국내에서는 『죽음의 수용소에서』란 제목으로 번역되어 많은 사람에게 삶의 의미를 되새기게 한 책이다. 프랭클은 이렇게 자신의 경험을 바탕으로 의미치료를 개발하였으며 그 밖에 잘 알려진 저서로 『의미의 의지(The Will to Meaning)』(1969), 『의사와 영혼(The Doctor and the Soul)』(1965), 『들리지 않는 의미를 위한 외침(The Unheard Cry for Meaning)』(1978) 등이 있다. 그는 1997년에 죽을 때까지 삶의 의미를 강조하는 강의와 저술활동을 계속하였다.

주요 개념

프랭클이 제안한 의미치료 체계의 세 가지 핵심개념은 '의지의 자유(freedom of will)' '의미에 대한 의지(will to meaning)' '삶의 의미(meaning of life)'다(Frankl, 1988, p. 16). 이러한 개념을 바탕으로 프랭클의 인간에 대한 이해를 조명해 보자.

의지의 자유 의지의 자유는 인간 의지의 자유를 의미한다. 인간 의지는 유한한 존재의 의지다. 인간의 자유는 조건으로부터의 자유가 아니라 그에게 직면할 수 있는 어떤 조건에 대해 취할 자유다. 이런 점에서 인간이 조건이나 결정적 요인에 의해 지배된다는 입장을 반대한다. 프랭클은 인간은 어떤 환경에서도 자신의 마음으로 자기가 어떻게 될 것인지를 결정할 수 있다고 말했다. 극단적인 한계상황 속에서도 인간이 인간으로서 존엄을 유지하며 살아남게 되는 방식을 선택할 의지의 자유가 있다. 그는 심지어 수용소에서도 그의 인간적인 위엄을 유지할 수 있었다. 인간은 심지어 최악의 상황으로부터 자신을 분리할 수 있는 독특한 능력을 가지고 있다고 보았다.

프랭클은 인간이 자기분리(self-detachment)의 능력을 가지고 있다고 가정하였다. 자기분리의 능력에 의해서 인간은 상황뿐만 아니라 자기 자신으로부터 분리할 수 있다. 즉, 인간은 자신에 대한 그의 태도를 선택할 수 있다는 것이다. 자기분리의 능력에 의해 우리는 자신의 신체적 혹은 심리적 조건이나 결정요인에 대한 태도를 취한다. 그리고 조건에 대해 취하는 태도에 관한 능력이 우리를 인간이게 한다는 것을 강조하였다. 이러한 차원을 신체적 차원이나 심리적 차원과 구별해서 '정신적 차원(noological dimension)'이라고 불렀다.

의미에 대한 의지 의미에 대한 의지는 인간에게 기본적인 동기적 힘이다. 인간은 인생항로의 끝에서 마지막 숨을 거둘 때까지 의미를 탐색할 욕구에 직면한다. 프랭클은 "인간의 의미 탐구는 삶의 일차적 힘이다. 의미는 독특하고 구체적이며 단지 자신만에 의해서만 충족될 수 있다. 이러한 의미는 자신의 의미에 대한 의지를 만족시킴으로써 성취된다."(Frankl, 1963, p. 153)라고 표현하였다. 그가 포로수용소에서 경험을 통해 관찰했던 것처럼, 인간은 삶을 유지하기 위한 어떤 것을 필요로 한다. 프랭클은 니체가 얘기한 "살려고 하는 이유(why)를 가진 사람은 살기 위한 방법(how)을 마음에 가진다."라는 말을 인용하였다. 의미는 존재와 일치되는 개념이 아니라 존재를 이끌어 가는 것이다. 우리는 다른 사람들을 만나서 자신의 의미를 충족시키려고 노력한다.

프랭클은 프로이트와 아들러가 강조한 쾌락이나 힘은 의미에 대한 의지의 파생물이라고 보았다. 의미에 대한 의지는 본능적 추동을 달성하는 것이 아니며, 평형을 이루기 위해 긴장 감소를 하려는 것도 아니다. 사람이 필요로 하는 것은 긴장이 없는 상태가 아니라 그에게 가치가 있는 어떤 의미를 추구하는 긴장이다. 개인의 자기실현은 개인이 추구하는 의미가 충족되는 정도에 따라 결정된다.

삶의 의미 프랭클은 실존으로서 인간은 주어진 생활상황에 내재한 잠재적 의미를 충족하는 데 책임이 있는 존재를 의미한다고 지적하였다. 삶 자체는 항상 우리에게 무엇인가를 묻는다. 우리가 반응하는 방식은 우리의 삶에 책임을 지는 것이다. 프랭클은 삶의 의미를 충만화하고 합목적적으로 만드는 것을 빼앗길 수 없는 영적인 자유정신이라 말하였다. 또 만약 삶에 의미가 있다면 고통에도 의미가 있을 것이라고 추리하였다. 왜냐하면 고통도 삶을 근절할 수 없는 한 부분이기 때문이다.

삶의 의미탐구는 의미치료의 본질이다. 앞에서 지적한 것처럼, 사람은 의미를 찾으려는 욕구, 즉 의미에 대한 의지를 가지고 있다. 삶의 의도, 목적, 의미가 없다면 무엇 하나도 수행할 수가 없다. 프랭클은 수용소에서 동료들이 삶에서 기대할 것이 없다고 탄식하면, 오히려 삶이 우리에게 무엇을 기대하는 것이 아닌가하고 반문했다고 한다. 우리는 삶의 의미를 발견하지 못하거나 자기가 뜻하는 삶을 살지 못했을 때 무의미나 공허감을 느낀다. 프랭클은 이렇게 될 때 우리가 실존적 공허나 실존적 욕구불만의 상태에 빠진다고 하였다. 삶의 의미에 관한 물음은 무엇보다도 인간에게 본질적인 것이다.

역시 죽음의 의미도 의미치료에서 중요하다. 삶과 죽음은 동전의 양면이다. 죽음은 삶의 의미를 박탈하지 않는다. 만약 인간이 죽지 않는다면, 우리는 하는 일을 마냥 미룰 것이다. 죽음은 삶에 속해 있고, 삶에 의미를 준다. 인간의 책임감은 인간의 유한성에서 비롯된다. 죽음은 삶에 무의미를 주지 않고 오히려 삶에 의미를 부여한다. 삶이 무한하다면 모든 일이 연기될 수 있고, 행동이나 선택 혹은 결정의 필요성은 약화되며, 책임감도 적어진다. 삶이 유한하기 때문에 우리에게 주어진 일회적 삶은 귀중한 의미를 갖게 된다.

의미치료의 적용

의미치료 상담자는 내담자가 실존적 공허 상태를 벗어나 삶의 의미를 발견하도록 조력한다. 내담자가 가진 의미에 대한 의지를 통해 삶에서 의미를 찾도록 한다. 의미치료를 통해 내담자는 자신을 보는 기본적 태도를 바꾸는 것이다. 자기분리나 자기초월(self-transcendence)을 할 수 있는 능력은 실존적 존재로서 인간의 본질적 특성이다. 프랭클은 기본적 인간욕구를 '자기탐구(search for self)'라기보다 '의미탐구(search for meaning)'로 보았다. 인간은 본질적으로 자기 자신을 뛰어넘어 타인과 세계에서 의미를 찾을 수 있는 존재다. 사람들이 어떤 의미를 발견하거나 다른 사람과 사랑스런 참만남을 통해서 자기의 경계를 초월할 때 가장 인간적인 존재가 된다고 보았다.

먼저 무의미나 공허에 빠진 삶의 태도를 바꾸기 위해서 삶의 의미를 발견할 수 있는 가능한 원천에 대해서 살펴보자. 우리가 의미를 발견할 수 있는 원천은 무엇일까? 프랭클에 따르면, 자기초월이 세 가지 방식으로, 즉 어떤 행동을 함으로써, 어떤 가치를 경험함으로써, 그리고 고통에 의해 의미를 발견하고 탐색함으로써 달성될 수 있다. 역시 그는 사람들이 삶 속에서 의미를 발견할 수 있는 세 가지 주요한 방식에 대해서 얘기하였다. 이러한 세 가지 방식은 첫째는 사람들이 삶에 의미를 부여하는 것으로 '창조적 가치'이며, 둘째는 사람들이 삶에서 얻은 것으로 '경험적 가치'이며, 셋째는 사람들이 더 이상 변화시킬 수 없는 운명에 대해 취하는 자세로 '태도적 가치'다. 이러한 분류에 따라 프랭클이 제안했던 의미의 원천은 일, 사랑, 고통, 과거, 그리고 삶과 고통의 궁극적 의미를 나타내는 '최상의 의미(supra-meaning)'다.

첫째의 원천은 일의 의미다. 인생에 대한 책임감은 삶 속에서 부딪히는 사건에 대한 반응으로 나타난다. 그리고 이러한 반응은 말로서 나타나는 것이 아니라 행동으로 나타나야 한다. 고용되지 않거나 실직을 당해서 일을 하지 않는 것은 창조적 의미의 결여에 의해서 사람들이 어떻게 영향을 받을 수 있는가에 대한 하나의 예다. 프랭클은 직업의 상실에서 비롯된 무감각이나 우울과 같은 신경증을 실존적 입장에서 설명하였다.

둘째의 원천은 사랑의 의미다. 의미치료에서는 사랑을 섹스의 이차적 현상으로 보지 않는다. 자기초월의 한 형태로서 사랑은 다양한 특성을 가진다. 사랑은 다른 사람의 성격의 내면을 이해하는 것이다. 성적 추동은 만족되는 순간 재빨리 사라진다. 하지만 사랑은 다른 사람의 영혼이 독특하고 대체할 수 없다는 점에서 항구성을 가진다. 사랑은 자기의 모든 유일성과 독자성 안에서 타인의 경험을 체험하는 것이다. 자아가 타아 속에서 고스란히 받아들여지며 서로 사랑하는 사람에겐 없어서는 안 될, 바꿀 수 없는 인격으로 되어야 한다(성진기, 1980).

셋째의 원천은 고통의 의미다. 고난이나 고통은 인간이 무감각하거나 권태를 느끼게 되는 것을 막아 준다. 고통은 행동을 초대하고, 따라서 성장과 성숙에로 이끄는 요인이 된다. 도피할 수 없는 부정적 상황은 사람들에게 최고의 가치를 실현시키거나 가장 깊은 의미인 고통의 의미를 충족시키려는 기회를 준다. 사람들은 운명의 무기력한 희생자일 수 있지만, 그들은 자신의 고난을 성취로 바꿀 내적 자유를 여전히 행사할 수 있다.

넷째의 원천은 과거로부터의 의미다. 의미 탐구가 일차적으로 사람들의 미래에 맞추어진 것이지만, 과거는 여전히 의미의 원천일 수 있다.

마지막 원천은 '최상의 의미'다. 최상의 의미는 삶과 고통의 궁극적 의미를 나타내는 것이다. 인간은 인간이 겪는 고통의 궁극적 의미를 이해하지 않을 수 없다. 이것은 고통이 궁극적 관심사를 갖지 않는다는 것을 의미하지 않는다. 최상위의 의미는 지적 수단에 의해서가 아니라 신념에 의해 단지 파악될 수 있다. 최상위의 의미는 사람들이 그들의 고통과 관련해서 찾는 종교에 의해서 가장 잘 이해될 수 있다.

대부분의 실존주의적 접근을 취하는 상담자들은 상담기법보다는 상담자의 태도를 강조한다. 하지만 프랭클이 제안한 기법은 널리 적용되고 있다. 의미치료 상담자가 사용하는 주요한 두 가지 기법으로 '역설적 의도(paradoxical intention)'와 '탈숙고(dereflection)'가 있다. 이 두 기법은 의미치료의 핵심개념인 자기초월과 자기분리를 할 수 있는 인간의 본질적 능력에 근거하고 있다.

역설적 의도 역설적 의도를 이해하기 위해 공포증이나 강박증을 가진 사람들의 생각에 대해서 살펴보자. 공포나 불안을 가진 내담자는 두려워하는 사건에 대한 재발을 두려워한다. 사건에 대한 두려운 기대는 그에게 기대불안을 야기한다. 이러한 기대불안은 지나친 주의나 '지나친 의도(hyperintention)'의 원인이 된다. 지나친 주의나 의도는 그로 하여금 자기가 원하는 것을 하지 못하도록 한다. 이러한 과정을 자세히 살펴보면, 내담자 자신의 불안에 대한 잠재적 효과에 대한 걱정이 불안에 대한 불안으로 되어 나타난다. 그러므로 불안이나 공포의 자기유지적인 악순환이 되풀이된다. 결과적으로 공포에 대한 공포는 공포를 증가시킨다. 불안에 대한 불안은 불안을 증가시킨다. 예를 들어, 엘리베이터 안에 갇혀 공포에 질린 경험을 가정하자. 엘리베이터 공포증은 다시 그런 일이 일어나지 않을까 하는 공포(즉, 예기불안)를 갖게 한다. 엘리베이터를 타려고 할 때마다 그러한 예기불안은 지나친 주의나 의도의 원인이 된다. 결국 엘리베이터를 타지 못하고 층계를 이용하게 된다.

내담자의 공포에 대한 공포의 가장 일반적인 반응은 공포에 대한 도피다. 즉, 내담자는 자신에게 불안을 야기하곤 했던 상황을 피하려고 한다. 의미치료는 이러한 공포나 기대불안에 초점을 맞추는 방법으로 공포의 공포는 공포로부터 도피를 유도한다는 것을 가르친다. 내담자가 이러한 악순환으로부터 탈피하도록 하기 위해서는 불안이나 공포로부터 도피가 아니라 직면하도록 하는 것이다. 즉, 역설적 의도는 내담자가 두려워하는 그 일 자체를 하도록 하거나 일어나기를 소망하도록 촉진되는 과정이라고 정의될 수 있다.

상담자는 개인이 두려워하는 그 일 자체를 하도록 하거나 일어나기를 소망하도록 격려함으로써 의도의 반대를 생성하게 한다. 상담자는 의도의 정반대인 불안을 야기하는 상황에 개인을 직면하게 함으로써 공포증의 악순환에서 이탈하게 한다. 내담자는 역설적 의도를 통해 당신이 두려워하는 것은 두려움 그 자체라는 것을 배우게 된다.

탈숙고 탈숙고는 '지나친 의도' 처럼 '지나친 숙고(hyperreflection)'로 인한 기대불안의 악순환에서 벗어나게 하는 것이다. 프랭클이 소개한 다음의 이야기는 지나친 주의나 숙고가 의미하는 바를 깨닫게 할 것이다. 지네가 있었는데 그의 적이 지네에게 "너의 다리들이 어떤 순서로 움직이는가"라고 물었다. 지네가 그러한 질문에 주의를 기울였을 때, 지네는 전혀 움직일 수가 없었다(Frankl, 1988, p. 100). 문제에 대한 지나친 숙고는 자발성과 활동성에 방해가 된다. 탈숙고는 지나친 숙고를 상쇄시킴으로써 자발성과 활동성을 회복시켜 준다.

요약

1. 실존주의적 접근을 성격이론과 관련하여 크게 세 가지 부류로 나누면 첫째, 실존주의 철학을 주창한 사람들, 둘째, 종교철학 입장에서 실존주의 입장을 취한 사람들, 셋째, 실존주의적 철학이나 종교철학을 상담 및 심리치료에 적용한 사람들이다.
2. 실존주의적 접근에 기여한 주요한 인물들은 키르케고르, 니체, 하이데거, 메이, 얄롬 등이다. 실존주의 학자들은 존재론적 입장에서 인간이 세계와 관계하는 방식을 주로 강조하였다.
3. 실존주의자들이 확인한 인간이 삶을 유지하는 데 관계하는 네 가지 실존의 방식은 주변세계, 공존세계, 고유세계, 영적 세계다.
4. 실존주의자들은 대부분의 사람이 실존적 불안이나 갈등을 야기하는 궁극적 관심사로서 자유와 책임, 삶의 의미성, 죽음과 비존재, 진실성을 제안하였다.
5. 프랭클이 제안한 의미치료 체계의 세 가지 핵심개념은 '의지의 자유' '의미에 대한 의지' '삶의 의미'다.
6. 프랭클은 의미의 원천으로서 일, 사랑, 고통, 과거, 그리고 삶과 고통의 궁극적 의미를 나타내는 '최상의 의미'를 제안하였다.
7. 의미치료를 적용하는 상담 및 심리치료자들이 사용하는 주요한 기법은 역설적 의도와 탈숙고가 있다.

?! Review Questions

1. 얄롬이 제안했던 네 가지 궁극적 관심사에 대해서 설명하라.

2. 실존주의적 접근에서 가정하는 네 가지 실존의 방식에 대해 기술하라.

3. 실존주의자들은 실존적 존재로서 각 개인이 갖는 궁극적 관심사를 중요하게 생각하였다. 현재 당신의 궁극적 관심사가 무엇인지 기술하라.

4. 프랭클이 제안했던 의미치료의 세 가지 핵심개념에 대해서 설명하라.

5. 프랭클이 제안했던 다섯 가지 의미의 원천에 대한 당신의 입장을 기술하라.

6. 당신이 갖는 심리적 문제를 역설적 의도 혹은 탈숙고의 방법을 적용하여 해결하도록 시도하라.

자기 이해와 성장을 위한 <성격 연습 29>

고독

이 척도는 4가지 유형의 고독을 측정하기 위하여 고안된 차별된 고독척도(Differential Loneliness Scale, (학생용)입니다. 4가지 유형이란 우정, 가족관계, 이성관계, 이웃 및 지역사회와의 관계를 가리킵니다(Schmidt & Sermat, 1983). 각 영역에서의 고독감 수준을 측정해 볼 수 있습니다. 다음 진술문을 읽고, 맞으면 T, 틀리면 F를 쓰시오. 진술문에서 설명하는 상황이 자신의 상황에 적용되지 않는 것이라면, F를 쓰시오.

1. 나는 나의 가족에게 친밀감이 든다. ( )
2. 나의 중요한 문제들과 걱정거리들을 상의할 만한 이성 친구 혹은 배우자가 있다.( )
3. 내가 살고 있는 지역에 소속감을 많이 느낀다. ( )
4. 나는 가족과 접촉을 거의 하지 않는다. ( )
5. 나는 가족과 사이가 썩 좋은 편이 아니다. ( )
6. 지금 나의 이성친구 혹은 배우자와의 관계는 두 사람이 서로 진솔한 협력을 기울이는 관계다. ( )
7. 나는 대부분의 가족과 사이가 좋다. ( )
8. 내가 필요할 때 도움을 청할 수 있는 친구들이 주변에 있다고 느끼지 않는다. ( )
9. 내가 살고 있는 곳에서는 나를 신경 써 주는 사람이 아무도 없다. ( )
10. 나는 친구들과의 관계에 편안함을 느낀다. ( )
11. 나는 좋은 이성 관계 혹은 성적 관계로부터 정서적인 든든함을 얻은 적이 별로 없다. ( )
12. 나는 내가 살고 있는 동네 혹은 지역 사회에 '뿌리(소속감)'를 두고 있다는 생각이 든다. ( )
13. 현재 내가 살고 있는 지역에는 친구가 별로 없다. ( )
14. 필요할 때 나를 도와줄 이웃이 없다. ( )
15. 나는 나의 친구들로부터 많은 도움과 지지를 얻고 있다. ( )

16. 나의 가족은 나의 말에 거의 귀를 기울이지 않는다. (　)
17. 내 친구들은 내가 이해받고자 하는 방식대로 나를 이해하지 못한다. (　)
18. 내 이성 친구 혹은 배우자는 내가 불편해 하는 상황을 잘 알고, 그 점에 대해 내가 이야기하는 것을 격려해 준다. (　)
19. 현재의 이성 관계 혹은 결혼 관계에서 나는 존중받는 소중한 사람이라고 느낀다. (　)
20. 나의 견해와 신념을 이해하고 같이 나눌 수 있는 사람들이 내가 살고 있는 지역에 있다. (　)

채점 방식 다음(하위척도에 따른 문항 번호와 답)을 참고로 하여 자신의 답과 비교한 후, 일치하는 경우에는 1점을 줍니다.

우정 척도: 8-T, 10-F, 13-T, 15-F, 17-T

가족 관계 척도: 1-F, 4-T, 5-T, 7-F, 16-T

이성 관계 척도: 2-F, 6-F, 11-T, 18-F, 19-F

이웃 및 지역사회와의 관계: 3-T, 9-T, 12-F, 14-T, 20-F

해석 방식 총 점수에 대한 대학생 집단의 평균은 대체로 5~6이며, 점수가 높을수록 더 고독하다는 의미입니다.

제6부 인지적 관점

인간 정신과 행동을 체계적이고 과학적으로 연구해 온 현대심리학 역시 도도한 역사의 흐름인 시대정신(zeitgeist)의 영향을 받으면서 발달해 왔다. 다윈(Charles Darwin, 1809~1882)이 1859년에 발표한 '종의 기원(The Origin of Species)'은 인간 연구를 위한 심리학에도 엄청난 관점의 변화를 초래하였다. 그러한 시대사조 속에서 프로이트는 본능이론에 바탕을 둔 정신분석을 확립하여 인간 이해의 폭을 확장하였다. 이러한 프로이트의 영향을 기점으로 19세기 말에서 1960년대까지 보편적으로 인정하는 심리학의 시대적 주류는 제1, 2, 3세력인 정신역동주의, 행동주의, 인본주의다.

심리학의 제4세력이 무엇인지에 대한 논란이 있지만 일반적으로 주류 심리학에서 수용하는 입장은 인지과학이다. 시대정신에 따른 과학자들의 학문적 주장이 중요하다는 입장에 근거하여 쿤(Kuhn, 1970)은 세 단계인 발달단계, 정상과학(패러다임) 단계, 과학적 혁명 단계에 의해 과학발달이 이루어진다고 주장하였다. 쿤이 주장한 과학발달이 불연속적으로 혁명에 의해 이루어진다는 패러다임론에 따라 많은 심리학자는 1960년대부터 인지혁명이란 말을 사용하며 인지의 중요성을 강조하여 왔다. 아무튼 인지심리학은 인지과학과 현대의 정보처리 혁명을 일으킨 괴물단지인 컴퓨터의 발달과 밀접하게 관련되며 합리주의와 구성주의에 그 뿌리를 두고 있다.

인지적 관점은 개인이 자신의 환경을 관찰하고, 지각하고, 평가하고, 해석하는 정신과정 혹은 인지과정에 초점을 두는 방식이다. 인지란 말은 개인이 주변 세계에 대해 갖는 생각 혹은 아이디어를 의미한다. 역사적으로는 경험론보다 인간의 생각을 강조한 플라톤의 이성론에 뿌리를 두고 있다. 지금까지 살펴본 것처럼, 현대심리학의 다양한 학파 중에서 행동주의적 입장을 제외하고는 대부분의 성격이론이 인간의 정신 및 정신과정을 연구하고 있다는 점에서 인지적 관점을 반영하고 있다고 볼 수 있다. 하지만 여기서 인지적 관점에 속한 것으로 분류한 성격이론가들은 전통적으로 인간에 대한 논의를 할 때 사용하는 세 가지 체계인 정서, 인지, 행동 중에서 인지의 중요성을 가장 강조한다. 즉, 이들은 개인의 감정이나 행동이 인지 혹은 생각에 의해 통제될 수 있다고 보기 때문에 일차적으로 관심 및 연구, 상담 및 심리치료의 주요한 초점을 인지에 맞추며 감정이나 행동은 부차적인 주제가 된다.

여기서는 인지적 관점을 취하는 성격이론으로 켈리의 개인 구성개념 이론, 상담 및 심리치료에서 인지의 중요성을 강조한 엘리스와 벡의 인지적 성격이론을 살펴보고자 한다.

제22장

켈리의 개인 구성개념 이론

개인은 과학자로서 자신의 구성개념에 근거하여
사건을 해석하고, 예언하고, 통제한다.

– 켈리 –

인간의 성격을 연구하는 데 켈리는 인지적 과정을 강조하는 '개인 구성개념(personal construct)' 이론을 제안하였다. 이러한 켈리의 입장은 개인이 자신의 환경에 대한 인지적 구성개념을 창조하며, 그러한 구성개념에 의해 사건을 예견하고 해석한다는 것이다. 이런 점에서 그는 인간을 일어나는 사건을 관찰하고, 의문을 던지고, 탐구하는 과학자로서 보았다. 모든 사람은 자기가 독특하게 형성한 구성개념을 바탕으로 과학자처럼 사건을 예견하고 해석하면서 삶을 영위한다는 것이다. 따라서 개인의 성격을 파악하기 위해서 그가 접하는 세계를 조직화하고 해석하는 방식인 개인 구성개념을 이해해야 한다는 것을 강조하였다.

켈리의 개인 구성개념 이론은 임상가로서 문제를 가진 사람들을 돌보는 자신의 경험으로부터 비롯되었다. 그러한 경험으로부터 그가 개발한 인간성의 모델은 사람들이 과학자들이 하는 것과 똑같은 방식으로 기능한다는 '과학자로서 인간'이라는 독특한 입장이었다. 과학자는 이론과 가설을 구성하여 실험실에서 실험을 수행함으로써 자신의 가설이 현상을 얼마나 정확하게 예언하는가를 검증한다. 실험의 결과가 가설을 지지하면 유지되지만, 그렇지 못하면 폐기된다. 켈리는 모든 사람이 과학자처럼 자신의 이론과 가설인 개인 구성개념을 만들며, 그것에 의해 삶 속에서 일어나는 사건을 예언하고 통제하려고 노력한다고 보았다. 따라서 그는 사람들의 성격을 이해하기 위해서는 각 개인이 과학자로서 독특하게 형성한 인지적 구조를 조사함으로써 가능하다고 믿었다.

인간 성격에 대한 켈리의 개인 구성개념 이론이 개인의 독특성과 주관성을 강조한 점에서 그의 이론을 현상학적 입장으로 분류하기도 한다. 이것은 켈리의 인지적 입장이 정보처리적 측면에서 인지과정을 연구하는 인지심리학과 매우 다르기 때문이다.

요약하면, 켈리는 개인 구성개념 이론에 따라 사람들의 행동이 다른 이유가 주로 그들이 세계를 해석하는 방식이 다르기 때문에 비롯된다는 입장을 유지하였다. 그가 제안했던 구성개념적 대안주의(constructive alternativism)는 그의 인지적 입장을 강조하는 이론의 토대다. 구성개념적 대안주의의 가정은 개인이 자신의 현재 해석을 변화시키거나 대체할 수 있다는 것이다. 즉, 우리는 언제나 우리의 생각의 틀인 구성개념을 변화시킬 수 있다. 구성개념적 대안주의는 역시 개인 구성개념이 거의 완전하게 사전에 결정되어 있지 않는다는 것을 함축한다. 역시 우리는 어느 정도 자신의 경험을 재해석하는 데 항상 자유롭다. 그러므로 켈리는 인간을 스스로 선택하고 결정하는 책임 있는 수행자로서 보았다.

1. 켈리의 생애

켈리(George Kelly, 1905~1967)는 캔자스주 위치토(Wichita) 근처의 농촌 지역에서 1905년에 외아들로 태어나 근본주의 기독교 신자인 부모로부터 많은 관심과 애정을 받으며 자랐다. 켈리가 13세 때 집을 떠나 위치토에 있는 고등학교로 진학한 후 부모와 거의 함께 살지 않았다. 켈리는 미주리주에 있는 파크대학교에서 물리학과 수학을 전공하여 1926년에 학사학위를 받았다. 졸업 후, 그의 미래가 불확실해지자 그의 관심은 과학에서 사회문제로 전환되었다. 켈리는 담당교수가 학습이론을 논의하는 데 상당한 시간을 보냈던 자신의 첫 번째 심리학 수업을 지루하고 감명받지 못한 것으로 기술하였다. 켈리는 역시 그가 처음으로 프로이트의 저서를 읽었을 때 매우 회의적이었다는 것을 회상하였다.

켈리는 교육사회학으로 캔자스주립대학교에서 석사학위를 받았다. 그는 웅변교육, 항공 기술자와 같은 일련의 상이한 직업을 가진 후에 1929년에 교육학 공부를 위해 에든버러(Edinburgh)대학교로 갔다. 이러는 동안 그는 심리학에 관심을 갖기 시작했으며, 아이오와주립대학교에서 1931년에 심리학 박사학위를 취득했다.

켈리는 그 후 10년을 포트헤이스(Fort Hays)주립대학교에서 보냈다. 이 기간동안 그는 가난한 모래폭풍 지대의 희생자들에게 심리학적 서비스를 제공하는 임상 네트워크를 정립했다. 켈리는 "나는 곤궁에 처한 사람들의 말을 경청했다. 그리고 그들이 할 수 있는 것을 스스로 파악하도록 조력했다"고 기술했다(Kelly, 1969, p. 50). 그는 곧 이러한 사람들에게 가장 필요한 것은 그들에게 무엇이 일어났는지에 대한 설명과 그들의 미래에 무엇이 일어날 것인지에 관해 예견할 능력임을 알게 되었다. 개인 구성개념은 이러한 통찰에서 비롯되었다. 제2차 세계대전 동안 해군에서 심리학자로 복무한 후, 켈리는 메릴랜드(Maryland)대학교에서 1년을 보냈다. 그 후 켈리는 오하이오주립대학교로 옮겨 자신의 성격이론을 체계화하고 연구를 수행하면서 19년 동안 재직했다. 1965년에 브랜다이스(Brandeis)대학교로 옮겨 학과장 직무를 수행하였으며 거기서 매슬로(Abraham Maslow)를 만났다. 하지만 켈리는 아쉽게도 그곳에서 1967년에 사망했다.

2. 주요 개념

여기서는 켈리의 개인 구성개념 이론의 주요 개념인 과학자로서 인간, 개인 구성개념, 기본 가정 및 추론에 대하여 살펴보자.

과학자로서 인간

켈리의 성격이론은 개인이 자신의 삶을 해석하는 방법에 맞추어져 있다. 그의 인간에 대한 연구는 모든 인간이 과학자라는 가정, 즉 과학자로서 인간(man-the-scientist)의 관점에 근거하였다. 일반적으로 과학자의 궁극적 목적은 예언하고 통제하는 것이라고 말했다(Kelly, 1963, p. 5). 과학적으로 인간을 연구하는 심리학자가 자신의 인지적 구조인 구성개념에 따라 인간을 예언하고 통제하려고 시도하는 것처럼, 과학자인 심리학자의 연구대상인 피험자들도 자신의 구성개념을 통해 사건을 해석하고 예언하고 통제하려고 시도한다.

우리는 과학자가 자신의 이론을 형성하고 검증하는 방식과 유사한 방식으로 일어나는 사건을 관찰하고, 의구심을 갖고, 탐색하면서 예언하고, 통제하려는 시도를 계속하면서 우리의 삶을 영위한다. 과학자처럼, 개인은 자신의 행동 결과를 바탕으로 가설을 발달시키고 자신이 하는 예언의 정확성에 따라 그가 설정한 가설의 타당성을 평가한다. 과학자처럼, 개인은 행동의 결과를 예언하고 통제하려고 시도한다. 과학자가 보다 훌륭한 예언을 해 줄 수 있는 이론을 구성하려고 노력하는 것처럼, 개인도 자신이 어떻게 행동하면 보다 훌륭한 결과를 가져올 것인가에 대한 자신의 예견체계를 구성하려고 노력한다.

자신의 견실한 가설 및 이론을 바탕으로 예언을 정확히 하는 훌륭한 과학자가 있으며, 부실한 가설과 체계화되지 않은 이론으로 예언을 시도하는 별 볼 일 없는 과학자도 있다. 마찬가지로, 자신의 경험을 통해 형성한 인식을 바탕으로 현실에 대한 예언을 정확히 하면서 자신을 변화시키는 건강한 개인이 있으며, 자신의 경험에 근거하지 않고 체계화되지 않은 혼란스런 인지적 구조를 가지고 막무가내로 현실에 대한 예언을 부정확하게 하면서 자신을 변화시키지 못하는 별 볼 일 없는 사람도 있다.

개인 구성개념

켈리는 우리가 사건을 해석하고 예언하는 데 사용하는 인지적 구조를 '개인 구성개념(personal construct)'이라고 불렀다. 개인 구성개념은 개인이 세계 속에 있는 사건을 보는 방식, 즉 인생의 사건을 해석하거나 설명하기 위해서 고안된 지적 가설이다. 개인은 자신의 구성개념이 일상생활의 현실을 예언하고 설명하리라는 기대에 따라 행동한다. 개인은 과학자처럼 계속적으로 이러한 가설을 검증한다. 즉 개인은 자신의 구성개념에 근거하여 행동하며 행동한 결과를 평가한다. 따라서 이 지구상에 당신과 동일한 구성개념을 가진 사람은 없으며, 마찬가지로 당신과 동일한 방식으로 구성개념을 조직화하는 사람도 없다.

우리 각자는 세상을 해석하고 이해하는 방식을 가진다. 따라서 인간을 이해하려는 성격연구의 핵심은 사람들이 세상을 해석하고 이해하는 방식, 즉 자신의 행동을 생성하는 데 사용하는 개인 구성개념을 확인하는 것이다.

우리는 많은 상황이나 다양한 사람을 접촉해 오면서 거기에 부합한 많은 구성개념을 발달시켜 왔다. 우리는 새로운 사람을 만날 때 또는 새로운 상황에 직면할 때 구성개념의 목록을 확장한다. 또한 우리는 우리에게 영향을 미치는 사람과 사건의 변화 때문에 정기적으로 구성개념을 바꾸거나 버릴 필요가 있다. 그러므로 개인은 자신의 구성개념을 계속해서 수정하면서 삶을 영위한다.

구성개념의 변경과 수정은 필요하고 계속되는 과정이다. 즉, 우리는 항상 어떤 상황에 적응하기 위해 대안적인 구성개념을 가져야 한다. 켈리는 인간이 갖는 이러한 적응성을 '구성개념적 대안주의(constructive alternativism)'라고 불렀다. 즉, 인간은 그가 갖고 있는 구성개념을 상황에 맞는 대안적 구성개념으로 수정하거나 대체하는 주체로서 현실에 적응해 가는 존재임을 의미한다. 만약 우리의 구성개념이 유연성이 없고 수정될 수 없다면, 우리는 새로운 상황에 대처하거나 적응할 수 없을 것이다.

기본가정 및 추론

켈리(1963)는 자신의 성격이론인 개인 구성개념 이론을 설명하기 위해 기본가정과 11가지 추론을 제안하였다(pp. 46-104). 여기서는 이러한 내용에 대해 구체적으로 살펴보자.

> 기본가정: 개인의 과정은 그가 사건을 예견하는 방식에 의해 심리적으로 통로화된다 (A person's processes are psychologically channelized by the ways he anticipates events).

기본가정에 사용된 용어에 대해 켈리가 해설한 주요한 내용은 다음과 같다.

개인(person) 이 용어는 우리가 일차적으로 관심을 두는 실체를 지적하는 데 사용된다. 우리의 일차적 고려는 개인의 부분, 어떤 집단, 개인의 행동에서 나타난 어떤 특별한 과정보다 개인이다.

과정(processes) 이 용어는 심리학의 주제인 일종의 정신에너지의 존재가 일차적으로 어떤 과정이라는 것을 가정한다. 이것은 유기체가 기본적으로 행동하는 유기체라는 것을 말한다. 즉, 인간은 일시적으로 활동하는 상태에 있는 대상이 아니라 그 자체가 활동의 형태다.

심리적으로(psychologically) 이 용어는 우리가 다루려고 의도하는 영역의 유형을 지적하는 말이다. '심리적으로'란 말은 과정이 그 밖의 어떤 것보다 심리적이라는 것이 아니라, 우리가 과정을 심리적으로 개념화한다는 것을 의미한다. 심리학은 행동을 설명하기 위한 일군의 체계다.

통로화된(channelized) 이 용어는 우리가 개인의 과정을 광대한 빈 공간에서 허우적거리는 것으로서보다는 통로의 네트워크를 통해 조작하는 것으로 생각한다는 것이다. 네트워크는 유동적이며 자주 수정되지만 구조화되어 있으며 개인의 행동 범주를 촉진하고 제한한다.

방식(ways) 이 용어는 통로가 목적에 대한 수단으로서 확립되었다는 것을 의미한다. 즉, 통로는 개인이 목적을 성취하기 위해서 창조한 책략에 의해 설정된 것이다.

그가(he) 방식의 주체를 강조한 말이다. 즉, 조작이 이상적으로 수행될 수 있는 방식보다는 차라리 개인이 조작을 선택하는 방식을 강조한다. 각 개인은 다른 방식을 만들고 이용하며, 그가 선택한 방식이 그의 과정을 통로화한다.

예견하는(anticipates) 이 말은 우리가 이론 내에서 예언적 및 동기적 특징을 형성한다는 것이다. 과학자의 원형처럼, 인간은 예언을 추구한다. 그의 구조화된 통로의 네트워크는 그가 미래를 예견할 수 있도록 미래를 지향하여 이끄는 기능을 가진다. 예견은 개인 구성개념 심리학을 밀어주고 이끄는 것이다.

사건(events) 인간은 궁극적으로 실제적 사건을 예견하는 것을 추구한다. 우리가 심리적 과정을 현실과 관련하여 이해한다는 것을 뜻한다. 예견은 단순히 그 자체를 위해 수행되지 않고, 미래 현실이 보다 훌륭하게 설명될 수 있도록 수행된다. 인간을 조바심으로 감질나게 하는 것은 과거가 아니라 미래다. 인간은 항상 현재의 창을 통해 미래로 나아간다.

켈리는 이러한 성격에 대한 개인 구성개념 이론의 기본적 가정을 바탕으로 인간의 행동을 설명하는 11가지 추론을 제안하였다. 그가 제안했던 추론과 그것에 대한 주요한 의미를 설명하면 다음과 같다.

- **구성개념 추론** 개인은 사건의 반복을 해석함으로써 사건을 예견한다(A person anticipates events by construing their replications).

  이 추론은 반복되는 사건들 간의 유사성 때문에 우리가 미래에 그러한 사건을 어떻게 경험할 것인가를 예견하거나 예언할 수 있다는 것을 의미한다.

- **개별성 추론** 사람들은 각자가 갖는 사건의 구성개념에 있어 서로 다르다(Persons differ from each other in their construction of events).

  이 추론은 개인이 사건을 해석하는 데 있어 보이는 개인차를 강조한 것이다. 즉, 사람들은 각기 다른 방식으로 사건을 지각하고 해석한다는 것을 의미한다.

- **조직화 추론** 각 개인은 특성적으로 예견하는 사건에서 자신의 편의를 위해 구성개념들간의 서열 관계를 수용하는 어떤 구성개념 체계를 발전시킨다(Each person characteristically, for his convenience in anticipating events, a construction system embracing ordinal relationships between constructs).

  이 추론은 구성개념들 간의 관계성을 강조한 것이다. 즉, 개인은 구성개념들의 유사성과 차이점에 따라 구성개념들을 체계적 패턴으로 배열한다는 것을 의미한다.

- **이분법 추론** 개인의 구성개념 체계는 유한한 이분법적 구성개념들로 구성되어 있다(A person's construction system is composed of a finite number of dichotomous constructs).

  이 추론은 두 개의 서로 배타적인 대안적 구성개념을 가정한 것으로, 구성개념이 양극적임을 의미한다. 예를 들면, 우리가 정직에 대한 견해를 가진다면 역시 우리는 거짓에 대한 개념을 가져야 한다.

- **선택 추론** 개인은 자신을 위해 이분법적 구성개념에서 어느 하나를 선택하며, 그러한 선택을 통해 개인은 자신이 가진 체계의 확장과 정의를 위해 더 큰 가능성을 예견한다(A person chooses for himself that alternative in a dichotomized construct through which he anticipates the greater possibility for extension and definition of his system).

  이 추론은 개인의 선택 자유를 가정한 것으로, 개인은 자신에게 가장 부합하게 작동하는 대안적 구성개념을 선택한다는 것을 의미한다. 개인이 선택한 구성개념은 그에게 예견되는 사건의 결과를 예언하도록 허용할 것이다.

- **범위 추론** 구성개념은 사건들의 유한한 범위만의 예견을 위해 편리하다(A construct is convenient for the anticipation of a finite range of events only).

  이 추론은 구성개념의 편리함 혹은 적용성의 범위를 강조한 것으로, 개인의 어떤 구성개념이 단지 하나의 상황이나 한 사람에게 제한될 수도 있고, 많은 상황이나 사람에게 적용될 수 있다는 것을 의미한다.

- **경험 추론** 개인의 구성개념 체계는 그가 연속적으로 사건들의 반복을 해석함으로써 변화된다(A person's construction system varies as he successively construes the replications of events).

  이 추론은 새로운 경험에 대한 노출을 강조한 것으로, 인간은 끊임없이 경험을 통해 자신의 구성개념을 검증하여 불필요하고 부적절한 구성개념을 수정하고 대체해 간다는 것을 의미한다.

- **조절 추론** 개인의 구성개념 체계에서 변화는 변형된 구성개념들이 위치하는 편리함의 범위 내에서 구성개념들의 침투성에 의해 제한된다(The variation in a person's construction system is limited by the permeability of the constructs within whose range of convenience the variants lie).

  이 추론은 구성개념의 새로운 경험에 대한 적응을 강조한 것으로, 구성개념의 침투성에 따라 새로운 요소를 편리함의 범위에 투과시키거나 받아들이도록 허용한다는 것을 의미한다. 즉 어떤 구성개념은 새로운 사건 및 경험에 개방적이며 그러한 사건이나 경험에 의해 수정되고 확장될 수 있다.

- **분열 추론** 개인은 추론적으로 서로 비교할 수 없는 다양한 구성개념의 하부체계들을 계속적으로 이용할 수 있다(A person may successively employ a variety of construction subsystems which are inferentially incomparable with each other).

  이 추론은 구성개념들 간의 경쟁을 강조한 것으로, 개인은 때때로 자신의 전체적 구성개념 체계 내에 모순되거나 비일관적인 하부 구성개념들을 가질 수 있다는 것을 의미한다.

- **공통성 추론** 한 사람이 다른 사람이 사용하는 것과 유사한 경험의 구성개념을 사용하는 정도에 따라 그의 심리적 과정은 다른 사람의 심리적 과정과 유사하다(To the extent that one person employs a construction of experience which is similar to that employed by another, his psychological processes are similar to those of the other person).

  이 추론은 사건을 해석하는 사람들 간의 유사성을 설명한 것으로, 개인의 구성개념은 독특하지만, 같은 문화 혹은 집단에 속한 사람들은 유사한 구성개념들

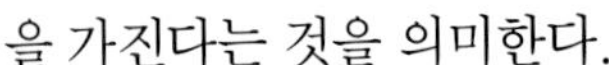
을 가진다는 것을 의미한다.

■ **사회성 추론** 한 사람이 다른 사람의 구성개념 과정을 해석하는 정도에 따라 그는 다른 사람을 포함하는 사회적 과정에서 역할을 수행할 수 있다(To the extent that one person construes the construction processes of another, he may play a role in a social process involving the other person).

이 추론은 인간의 대인관계를 강조한 것으로, 우리는 타인이 생각하는 방식을 이해하고 타인이 어떤 행동을 할 것인가를 예언하려고 노력하며, 그것에 따라 우리의 행동을 수정한다는 것을 의미한다.

3. 성격 평가기법

한 개인이 세계를 어떻게 해석하는가를 이해하기 위해 켈리는 '역할구성개념 목록 검사(Role Construct Repertory Test: Rep Test)'를 개발하였다. 역할구성개념 목록 검사는 한 개인의 인생에서 유의미한 사람들의 유사점과 차이점을 비교함으로써 구성개념을 나타내어 줄 수 있다. 또한 역할구성개념 목록 검사는 한 개인의 구성개념 체계의 복잡성과 일생에 걸친 구성개념의 변화를 탐색하기 위하여 사용된다(Engler, 1999).

이러한 구성개념에는 두 가지 주제를 포함하고 있다. 첫 번째 주제는 대인관계의 특성에 관한 내용이다. 기본적으로 사람들이 다정하고 베풀기를 좋아하는지 아니면 반대로 냉정하고, 이기적인지의 내용을 포함하고 있다. 이러한 주제는 구성개념 내에서는 서로 대립적인 사랑을 베푸는-자기중심적인, 민감한-둔감한, 타인과 교류하는-타인에 대해 무관심한 등으로 표현된다. 두 번째 주제는 안정성(확신감)에 대한 내용이다. 구성개념 내에서는 의존적-건강한, 불안정한-자기확신적인, 삶에 만족하는-불행한 등으로 표현된다(Pervin & John, 2001).

4. 성격이론의 적용

켈리(1973)는 상담과 관련하여 개인 구성개념 이론에 중요한 두 가지 특징을 다음과 같이 지적하였다. 첫째는 내담자는 단순히 사건에 반응하는 것이 아닌 표상하고 기대할 수 있는 능력을 지닌 과학자로 보는 인간 본성에 대한 모델이다. 이러한 모델의 관점에서 심리치료를 내담자가 연구자의 역할을 하고, 사실을 주의 깊게 살피는 하나의 실험 프로그램으로 생각할 수 있다. 상담자의 역할은 내담자가 특정한 가설을 세우고, 그 가설을 실험해 보고, 그 결과를 보고 수정해 보도록 도와주는 것이다. 배니스터와 프란젤라(Bannister & Fransella, 1971)는 이러한 상담자와 내담자의 관계를 연구감독자와 연구학생의 관계로 비유하였다. 두 번째 특징은 자신이 이해한 다른 사람의 관점을 적극적으로 실행해 보는 과정으로서의 '역할'이라는 개념이다. 켈리는 한 사람이 다른 사람과의 과정을 구성하는 만큼, 그는 사회적 과정에서 특정한 역할을 할 수 있다고 하였다. 즉, 사람은 다른 사람이 기대하는 것에 대해 추론한 것에 의존해서 자신의 행동을 할 수 있다는 것이다. 그러므로 내담자에 의해 실시되는 역할은 내담자의 삶에서 그가 이해한 다른 사람의 관점에서 특정한 사람의 역할을 해 보는 것이다.

켈리가 역할과 새로운 역할의 형성을 강조했던 것 역시 특별히 주의를 기울일 필요가 있다. 켈리는 인간이 꽤 안정적이고 광범위하게 일반화된 특성을 보유하였다고 생각하기보다는 여러 상이한 역할을 해낼 수 있으며 계속적인 변화에 참여하는 것으로 보았다. 켈리의 경우, 행하는 역할이란 타인의 안경을 통하여 또 다른 사람을 보고자 하는 시도이며, 즉 그 사람의 구성개념을 통하여 사람을 보려는 시도다. 역할을 수행하려면 행동은 타인의 관점에 대한 지각이 필수적이다. 어머니를 '역할 시연'하기 위해서는 어머니가 세상을 보는 방식 그대로 세상을 지각하고, 그 지각에 따라 마치 어머니처럼 행동해야 할 것이다. 켈리는 역할 시연 기법을 사람들이 새로운 조망을 얻도록 돕기 위하여, 그리고 보다 편리한 생활방식을 생성하기 위하여 고안된 치료 절차로 사용하였으며, 이를 '고정역할치료(fixed role therapy)'라고 불렀다. 고정역할치료는 내담자로 하여금 자기 스스로 새로운 방식으로 표현하도록 하고, 새로운 방식으로 행동하게 하고, 새로운 방식으로 이해하도록 함으로써 새로운 사람이 되도록 하는 것이다. 다시 말하여, 내담자의 탐구정신을 촉진시키고, 창조적인 과정을 통해 개인 구성개념을 형성하도록 하는 것이다.

고정역할치료는 내담자에게 새로운 성격 스케치를 제시해 주고 이것을 시연하도록 한다. 내담자들의 이해를 기초로 치료자가 새 인물을 묘사하여 작성한다. 내담자가 할 일은 마치 그들이 그 사람처럼 행동하는 것이다. 각 내담자를 위해 작성된 성격 스케치는 새로운 성격을 발달시키는 것이다. 고정역할치료의 목표는 성격의 재구성에 있다. 즉, 새 역할과 새 성격을 제공해 주는 것은 내담자가 새로운 가설을 검증할 수 있게 한다. 그것은 사건을 해석하는 새로운 방식을 검증할 기회를 제공해 주는 것이기도 하다(Pervin & John, 2001).

요약

1. 켈리의 성격이론은 개인이 자신의 삶을 해석하는 방법에 집중되어 있다. 그의 인간에 대한 연구는 모든 인간이 과학자라는 가정, 즉 과학자로서 인간의 관점에 근거하였다. 과학적으로 인간을 연구하는 심리학자처럼, 모든 개인이 자신의 구성개념을 통해 사건을 해석하고, 예언하고, 통제하려고 한다.
2. 개인 구성개념은 개인이 세계 속에 있는 사건을 보는 방식, 즉 인생의 사건을 해석하거나 설명하기 위해서 고안된 지적 가설이다. 개인은 자신의 구성개념을 계속해서 변경하고 수정한다. 켈리는 구성개념의 수정을 통한 인간의 적응성을 '구성개념적 대안주의'라고 불렀다.
3. 켈리의 개인 구성개념 이론의 기본가정은 '개인의 과정은 그가 사건을 예견하는 방식에 의해 심리적으로 통로화된다.'는 것이다.
4. 켈리는 이러한 성격에 대한 개인 구성개념 이론의 기본적 가정을 바탕으로 인간의 행동을 설명하는 11가지 추론을 제안하였다. 이러한 11가지 추론은 구성개념, 개별성, 조직화, 이분법, 선택, 범위, 경험, 조절, 분열, 공통성, 사회성 추론 등이다.
5. 켈리가 성격 평가기법으로 사용했던 역할구성개념 목록 검사는 한 개인의 인생에서 유의미한 사람들의 유사점과 차이점을 비교함으로써 구성개념을 보여 주며, 한 개인의 구성개념 체계의 복잡성과 일생에 걸친 구성개념의 변화를 탐색하기 위하여 사용된다.
6. 개인 구성개념이론을 응용하여 개발된 치료방법이 고정역할치료이다. 고정역할치료는 역할 시연 기법을 사용하여 사람들이 새로운 조망을 얻고, 보다 편리한 생활방식을 생성하도록 돕는 치료 접근방식이다.

Review Questions

1. 켈리는 "모든 인간이 과학자다"라고 하였다. 인간이 과학자인 이유에 대해 개인 구성개념이란 용어를 통해 설명하라.

2. 개인의 적응을 구성개념적 대안주의에 의해 설명하라.

3. 개인 구성개념 이론의 기본가정은 '개인의 과정은 그가 사건을 예견하는 방식에 의해 심리적으로 통로화된다'는 것이다. 이 가정이 의미하는 바를 구체적으로 설명하라.

4. 켈리가 제안한 개별성 추론과 공통성 추론을 정의하고 설명해 보라.

5. 역할구성개념 목록 검사의 의미와 목적을 기술하라.

6. 상담자가 고정역할치료를 통해 내담자를 조력하는 과정을 기술해 보라.

자기 이해와 성장을 위한 <성격 연습 30>

개인 구성개념

다음은 켈리의 Rep Test의 간략형이다. 자신이 만나고 알고 있는 사람들에 관한 정보를 구조화하기 위해 사용하는 구성개념에 대해 간단히 알아볼 수 있을 것이다. 문항에 대한 답이 끝나면, 다른 사람들과 답을 비교해 볼 수도 있다. 서로 다른 개인 구성개념은 성격의 차이를 의미하며, 행동에서의 개인차로 설명될 수 있다.

우선 다음에 제시된 12명의 사람 이름을 번호 왼쪽에 각각 적습니다. 한 사람이 두 번 이상 중복될 수는 있지만, 되도록 서로 다른 사람을 적도록 합니다. 해당 분류에 맞는 사람이 없다면, 가장 비슷한 사람을 적습니다. 예를 들어, 남자 형제가 없는 사람이라면 자신에게 남자 형제처럼 느껴지는 사람의 이름을 적습니다.

__________ 1. 좋아했던 선생님
__________ 2. 싫어했던 선생님
__________ 3. 아내(남편) 혹은 여자 친구(남자 친구)
__________ 4. 사이가 좋지 않은 직장의 상사, 고용주, 혹은 상관
__________ 5. 좋아하는 직장의 상사, 고용주, 혹은 상관
__________ 6. 어머니
__________ 7. 아버지
__________ 8. 가장 나이 차이가 적은 남자 형제
__________ 9. 가장 나이 차이가 적은 여자 형제
__________ 10. 같이 일했던 사람 중에 쉽게 가까워졌던 사람
__________ 11. 같이 일했던 사람 중에 이해하기가 쉽지 않았던 사람
__________ 12. 사이가 좋은 이웃

그런 다음, 다음에 제시된 대로 한 번에 세 사람씩을 골라 세 명 중 두 사람은 비슷하

지만, 다른 한 사람은 비슷하지 않았던 특성을 적어 봅니다. 두 사람의 비슷한 점은 구성개념 칸에, 나머지 한 사람의 비슷하지 않은 특성은 대비 칸에 적습니다.

이름	구성개념	대비
3, 6, 7		
1, 4, 10		
4, 7, 8		
1, 6, 9		
4, 5, 8		
2, 11, 12		
8, 9, 10		
2, 3, 5		
5, 7, 11		
1, 10, 12		

여기에 제시된 것이 비록 간략형이긴 하나, 세상을 어떻게 해석하고 있는지에 관한 통찰을 줄 수 있을 것입니다. 검사를 실시한 사람들이 주변 사람들을 구조화하는 데 사용하는 구성개념을 발견하고는 놀라곤 합니다. 따라서 이 검사는 검사자와 피검사자 모두에게 통찰을 안겨 줄 수 있습니다.

제23장

엘리스와 벡의 인지적 접근

당신의 감정 혹은 행동은 일어난 사건에 대해
당신이 갖는 신념의 결과다.

– 엘리스 –

최근에 상담 및 심리치료 영역에서 인지를 강조하는 치료적 입장이 각광을 받고 있다. 대표적인 인지행동치료 접근으로 엘리스의 인지·정서·행동치료(Rational Emotive Behavior Therapy: REBT)와 벡의 인지치료를 들 수 있다. 엘리스와 벡은 원래 정신분석 훈련을 받고, 정신분석을 적용하였으나 효과성을 느끼지 못하여 보다 단기적이며 효과적인 자신들의 치료 접근방식을 개발하였다. 여기서는 치료적 접근방식으로부터 비롯된 엘리스와 벡의 인지적 성격이론을 살펴보고자 한다.

1. 엘리스의 인지적 성격이론

'인간은 이성적 동물이다'는 표현은 우리의 사고의 중요성을 강조한 말이다. 생각을 바꾸면 세상이 달라진다는 표현도 우리가 세상을 어떻게 지각하는가의 관점을 강조한 말이다. 많은 사람은 흔히 자신에게 일어난 크고 작은 사건이 직접적으로 자신의 감정이나 행동에 영향을 미치고 있는 것으로 여긴다. 그러나 사건보다는 우리가 사건을 어떻게 생각하는가의 신념체계(belief system)가 우리의 감정이나 행동에 영향을 미친다는 가정 하에 엘리스(Albert Ellis, 1913~2007)는 인지·정서·행동치료(Rational-Emotive Behavior Therapy: REBT)를 발달시켰다. 엘리스는 합리적 이성이 중요하다는 기본가정에서 1955년에 처음으로 그의 상담접근방법을 '인지치료(rational therapy)'라고 불렀으나 1961년에 '인지-정서치료(rational-emotive therapy)'로 변경한 후, 1993년에 인지·정서·행동치료(REBT)로 바꾸었다. 이런 발달과정 때문에 엘리스는 자신의 상담접근이 최근의 주요한 상담 및 심리치료의 경향인 인지치료(cognitive therapy)의 원조라고 주장하였다.

엘리스는 인지·정서·행동치료를 주창한 최초의 사람으로서 스토아 철학자인 에픽테토스(Epictetus)의 말을 자주 인용하였다. 에픽테토스는 "우리를 당황하게 하는 것은 우리에게 일어난 사건이 결코 아니다. 그것은 이러한 사건을 보는 우리의 관점이다"라고 주장하였다. 즉, 우리의 생각 혹은 신념체계를 바탕으로 일어난 사건을 어떻게 해석하느냐에 따라 삶이 달라진다는 것이다. 불교에서 강조하는 일체유심조(一切唯心造), 즉 '세상사가 마음먹기에 달려 있다'는 말도 생각을 강조한 내용이다. 당신이 어떻게 생각하고 마음먹느냐에 따라 세상이 달라진다는 것이다.

2. 엘리스의 생애

인지 · 정서치료의 창시자인 엘리스는 1913년 9월 27일 피츠버그(Pittsburgh)에서 태어나서 '브롱크스의 거리'에서 자랐다. 엘리스는 자신이 거의 '반고아'라고 말했다. 왜냐하면 엘리스의 아버지가 여행을 자주 다니는 바람에 자신과 동생들을 거의 돌보지 않았기 때문이다. 어머니는 자녀들을 키울 준비가 전혀 되지 않았던 사람이었다. 그 결과, 엘리스는 "어머니가 나를 돌보는 것만큼 나도 어머니를 돌봐야 했다"라고 말했다. 부모의 양육태만과 더불어 엘리스는 신장염을 앓았기 때문에 종종 병원에 입원해야 했다. 수줍음을 많이 타고 내향적인 아이였기 때문에 외향적이며 무모하기까지 한 남동생에게 많이 주눅 들기도 했다. 무능한 어머니에, 무모한 남동생에, 푸념쟁이인 여동생 때문에 비참한 아동기를 보냈을 법 했지만, 엘리스는 '비참한 것을 거부'했다. 여동생은 우울증과 불안에 시달렸지만, 후에 엘리스는 자신의 인지 · 정서 · 행동치료로 여동생을 치료할 수 있었다.

백만장자가 빨리 되고 싶어서 뉴욕의 상업고등학교로 진학했지만, 졸업할 즈음에 대공황이 덮치는 바람에 백만장자의 꿈은 수포로 돌아가게 되었다. 시립대학에 진학하여 영문학을 전공하여 여섯 개의 소설을 썼지만 아무도 출판해 주지 않았다. 난혼(promiscuity)에 대해 글을 쓰기 위해 연애 소설과 실화 소설 등을 즐겨 읽기 시작했다. 친구들은 자신들의 문제를 엘리스와 상의하기 시작했고, 엘리스 스스로도 사람들을 잘 도와주고 재미있어 한다는 것을 깨달았다. 컬럼비아대학교에서 석사학위와 박사학위를 받고, 정신분석가로부터 비공식적인 훈련을 받았다. 그 당시에는 심리학자에 대한 훈련이 인가되지 않을 때였다.

엘리스는 1953년에 정신분석을 포기하고 보다 '효율적인' 방식을 찾으려 했다. 1955년에 인지를 강조하는 새로운 접근법인 인지치료(rational psychotherapy)를 소개하였다. 후에 정서를 무시한다는 비난이 일자, 인지 · 정서치료로 접근법을 수정하였으며, 1993년에는 인지 · 정서 · 행동치료로 이름을 바꾸었다.

엘리스는 평생 동안 당뇨병, 청각이상, 시각이상, 그리고 다른 신체장애를 경험하였다. 하지만 90대에도 자신의 기본원리들을 적용하고, 집필하며, 워크숍을 직접 주재하다가 2007년 7월에 사망하였다.

3. 주요 개념

여기서는 엘리스의 주요 개념으로 성격의 세 가지 측면, 당위주의 대 수용하기, 비합리적 사고, ABC 이론에 대해 알아보고자 한다.

성격의 세 가지 측면

엘리스는 성격의 형성을 설명하는 세 가지 측면을 생리적 측면, 사회적 측면, 심리학적 측면으로 구분하여 다음과 같이 설명하였다(김정희, 이장호, 1998 역, pp. 260-265).

- **성격의 생리적 측면** 엘리스는 인간 성격의 생물학적 측면을 강조하였다. 엘리스에 따르면, 인간에게는 사용되지 않은 거대한 성장 자원이 있으며, 자신의 사회적 운명과 개인적 운명을 변화시킬 수 있는 능력이 있다고 주장한 반면, 그와 동시에 사람들이 비합리적으로 생각하고 스스로에게 해를 끼치려는 예외적으로 강력한 선천적 경향성도 가지고 있다고 보았다. 이러한 인간 성향은 개인이 자신의 인생에서 일어나는 모든 일에서 최상의 것을 원하고 또한 주장하는 매우 강한 경향성을 가지고 태어난다는 것이다. 그리고 자신이 원하는 것을 얻지 못한다고 여길 때, (1) 자신, (2) 타인 및 (3) 세상을 두루 비난하는 매우 강한 경향을 가지고 태어난다는 것으로 요약될 수 있다. 인간은 생득적인 자기파괴(self-sabotaging) 방식으로 자기 자신을 파괴한다.
- **성격의 사회적 측면** 인간은 사회 집단 내에서 양육되며, 인생의 대부분을 타인에게 인상을 남기려 하고, 타인의 기대에 맞춰 살고, 타인의 수행을 능가하려고 노력하는 데 바친다. 즉, 타인이 자신을 인정하고 승인한다고 믿고 있을 때, 보통 자기 '자신'을 '선량하고' '가치 있는' 사람으로 본다. 엘리스에 따르면, 정서적 장애는 타인들이 생각하는 것에 대해 지나치게 많은 염려를 하는 것과 관련되며, 다른 사람들이 자신을 좋게 생각할 때에만 자기 스스로를 수용할 수 있다는 믿음으로부터 기인한다. 그 결과, 타인의 승인을 받고자 하는 욕망이

커지게 되어 타인에 대한 인정과 승인에 대한 욕구가 절대적이고 긴박한 욕구가 된다. 이렇게 됨으로써 불안과 우울을 피할 수 없게 된다.

- **성격의 심리학적 측면** 엘리스는 슬픔, 유감, 성가심, 좌절감과는 구별되는 정서적 혼란이 비합리적인 신념에서 유발된다고 보았다. 비합리적인 신념은 일반적으로 다음과 같은 진술의 형태를 취한다. "내가 어떤 것을 원하기 때문에 그것이 존재하는 것은 바람직하거나 선호되는 것일 뿐 아니라 절대적으로 존재해야만 하며, 만약 그것이 실제로 존재하지 않는다면, 그것은 끔찍한 일이다!" 이렇게 생각하다 보면 불안하거나, 우울하거나, 흥분하게 되며, 그렇게 느끼는 자신이 바람직하지 않다는 것을 깨닫게 된다. 다시 말하면, 개인이 일단 비합리적인 사고를 통해 불안과 우울을 경험하게 되면 자신이 스스로 불안하고 우울한 것에 대해 불안해하고 우울해할 것이다. 그리하여 악순환을 경험하게 되는 것이다. 개인의 현재 감정 측면에서 볼 때, 그 감정에 더 초점을 둘수록 그 감정들은 더 나빠질 가능성이 높다. 따라서 바람직하지 못한 감정을 차단하는 보다 논리적인 관점은 개인으로 하여금 불안을 생성하는 신념 체계에 초점을 맞추도록 하는 것이다.

당위성 대 수용하기

우리를 파멸로 몰아넣은 근본적인 문제는 우리가 갖고 있는 비합리적 신념이다. 우리가 주어진 상황을 긍정적으로 생각하느냐와 부정적으로 생각하느냐에 따라 엄청나게 다른 정서적 · 행동적 결과를 낳는다는 것을 흔히 경험한다. 마찬가지로, 사고, 감정, 행동은 상호 밀접하게 관련되어 순환적인 관계를 이루고 있다. 비합리적 신념에 의해 야기된 부적절한 감정이나 역기능적 행동은 다시 또 다른 비합리적 생각을 촉발하는 악순환을 되풀이한다.

당위성 인간은 근본적으로 불완전한 존재다. 전지전능하지 않기 때문에 인간과 관련하여 당위성을 강조하는 것은 비합리적이다. 대체로 비합리적인 신념의 뿌리를 이루고 있는 것은 세 가지 당위성, 즉 자신에 대한 당위성(I must), 타인에 대한 당위성(Others must), 조건에 대한 당위성(Conditions must)과 관련되어 있다.

- **자신에 대한 당위성** 우리 자신에 대해 당위성을 강조하는 것이다. 우리는 나는 훌륭한 사람이어야 한다, 나는 실수해서는 안 된다, 나는 실패해서는 안 된다, 나는 실직 당해서는 안 된다, 나는 항상 적절하게 행동해야 한다 등 수없이 많은 당위적 사고에 매어 있는 경우가 많다. 그리고 그러한 자신에 대한 당위적 사고가 이루어지지 않을 때 자기파멸이라는 생각을 갖게 된다.
- **타인에 대한 당위성** 우리와 밀접하게 관련한 사람, 즉 부모, 자식, 부인이나 남편, 애인, 친구, 직장 동료에게 당위적인 행동을 기대하는 것이다. 우리는 부모이니까 나를 사랑해야 한다, 자식이니까 내 말을 들어야 한다, 부인이니까 정숙하게 행동해야 한다, 애인이니까 자나 깨나 나에게 관심을 가져야 한다, 친구이니까 우정을 보여야 한다, 직장 동료이니까 항상 일에 협조해야 한다 등 가까운 타인에게 바라는 당위적 기대가 이루어지지 않을 때 인간에 대한 불신감을 갖게 된다. 그리고 이러한 불신감은 인간에 대한 회의를 낳아 결국 자기비관이나 파멸을 가져오게 된다.
- **조건에 대한 당위성** 우리에게 주어진 조건에 대해 당위성을 기대하는 것이다. 나의 가정은 항상 사랑으로 가득 차 있어야 한다, 나의 방은 항상 깨끗해야 한다, 나의 교실은 정숙해야 한다, 나의 사무실은 아늑해야 한다, 나에게 주어진 일은 3D(Dangerous, Dirty, Difficult)가 아니어야 한다는 등 자신에게 주어진 조건에 대해 당위적 사고를 갖고 임하는 것이다. 우리가 바라고 원하는 것처럼, 지속되는 당위적인 조건은 거의 없다. 그럼에도 많은 사람은 흔히 이러한 당위적 조건을 기대하면서 그렇지 않은 경우에 화를 내거나 부적절한 행동을 한다.

수용하기 엘리스(2001, p. 224)는 사람들이 자신 주변에서 일어나는 사건에 대해 강박적 생각을 버리고 수용하면서 살 것을 강조하였다. 다음에 제시하는 수용하기에 대한 삶에 대한 그의 태도 및 가치에 엘리스의 지혜가 배어 있다고 여겨진다.

- 당신이 많은 실패를 했다 할지라도 무조건적으로 당신 자신을 수용하는 것
- 결함을 가진 다른 사람들을 무조건적으로 수용하는 것
- 죄가 아니라 죄지은 사람을 수용하는 것. 삶의 가혹한 조건이 변화될 수 없을

때 그러한 조건을 수용하는 것

- 당신이 자신의 역기능적인 감정을 바꿀 수 없을 때 그러한 감정을 수용하는 것
- 현재의 제약과 고통이 미래에 도움이 될 때 그러한 제약과 고통을 수용하는 것
- 당신의 과거사가 변화될 수 없지만 그것에 대한 당신의 현재 반응은 변화될 수 있다는 사실을 수용하는 것
- 당신의 생물학적 및 사회적으로 학습된 한계를 수용하고, 그러한 것이 존재하지 않기를 요구하지 않는 것
- 당신이 영원히 살고 싶다 할지라도 결국 죽는다는 것을 수용하는 것
- 보통 많은 노력과 실천이 요구되지만 당신이 자신의 생각, 감정, 그리고 행동을 변화시킬 수 있다는 것을 수용하는 것
- 완전히 선하거나 악한 것은 거의 없다는 것을 수용하는 것
- 당신과 다른 사람들이 흔히 쉽게 혼란에 빠질 수 있고 어떤 문제를 야기함이 없이도 아주 비이성적으로, 그리고 당황스럽게 행동할 수 있다는 것을 수용하는 것.

비합리적 사고

엘리스(1962, pp. 60-88)가 제시한 정서장애의 원인이 되고 유지시키는 열한 가지 비합리적 사고는 다음과 같다.

- 알고 있는 모든 의미 있는 사람으로부터 인정받고 사랑받는 것이 필연적이라는 생각
- 자신이 가치 있는 사람이려면 모든 측면에서 철저하게 능력이 있고, 적절하고, 성취적이어야 한다는 생각
- 어떤 사람은 나쁘고 사악해서 그러한 사악함 때문에 가혹하게 비난받고 처벌받아야 한다는 생각
- 일이 자기가 원하는 대로 되지 않을 때 이것은 끔찍하고 파국적이라는 생각
- 인간의 불행은 외적인 사건에서 비롯되었고, 사람들은 자신의 슬픔과 장애를 통제할 능력이 없다는 생각

- 위험하거나 두려운 일이 있으면 그 일에 대해 몹시 걱정하고 그 일이 일어날 가능성을 계속해서 가져야 한다는 생각
- 인생의 어려움이나 자기-책임감을 직면하는 것보다 피하는 것이 보다 용이하다는 생각
- 사람은 다른 사람에게 의지해야 하고, 의지할 만한 자신보다 강한 누군가가 있어야 한다는 생각
- 자신의 과거사가 현재 행동의 중요한 결정요인이며, 일어났던 중요한 일이 자신의 인생에 영향을 미쳤던 것처럼 그것이 또한 유사한 영향을 미치리라는 생각.
- 타인의 문제나 장애로 인해 자신이 몹시 당황하거나 속상해야 한다는 생각
- 문제의 완전한 해결책이 항상 있고, 만약 이러한 완전한 해결책을 찾지 못하면 파국이라는 생각

당신이 현재 정서적으로 혼란되어 있거나 부적절한 행동으로 고통 받고 있다면, 앞에서 제시한 비합리적 사고에 대해 하나하나 검토해 볼 것을 권한다. 정서적 · 행동적 문제는 자기, 타인, 주변 조건에 대한 당신의 비합리적 사고에서 비롯되기 때문이다. 우리가 당연하게 받아들이는 많은 비합리적 사고가 우리의 성숙을 방해하고 있다. 그러한 비합리적 사고는 우리의 정서를 혼란시키고 용기 있는 행동을 하지 못하도록 우리를 붙잡는다.

ABC 이론

엘리스는 신념체계를 합리적인 것과 비합리적인 것으로 분류하였다. 합리적 신념체계를 갖는 사람은 일어난 사건에 대해 합리적 해석을 하여 대처하기 때문에 바람직한 정서적 · 행동적 결과를 초래한다. 그러나 비합리적 신념체계를 가진 사람은 일어난 사건에 대해 비합리적으로 해석하여 바람직하지 않은 정서적 · 행동적 결과를 경험하게 된다. 그러므로 엘리스에 따르면, 정신적으로 건강한 사람은 합리적 신념체계에 따라 행동하는 사람이며, 건강하지 않은 사람은 비합리적 신념체계의 지배를 받는 사람이다. 우리의 정서적 · 행동적 결과에 영향을 미치는 원

인으로 사건보다는 신념체계의 중요성을 강조한다는 점에서 인지 · 정서 · 행동치료를 ABC 이론이라고도 한다. 여기서 A는 당신에게 의미 있는 '활성화된 사건(Activating events)'을, B는 '신념체계(Belief system)'를, 그리고 C는 정서적 · 행동적 '결과(Consequences)'를 의미한다.

엘리스는 내담자의 심리적 고통이나 문제는 그의 비합리적 신념체계에서 비롯된 것이라고 확고하게 믿었다. 따라서 인지 · 정서 · 행동치료는 내담자가 가진 비합리적 신념체계를 합리적 신념체계로 바꾸게 함으로써 문제해결을 할 수 있다고 본다. 상담자는 문제를 가진 내담자의 신념체계가 비합리적이다는 것을 설득력 있게 논리적으로 반박함(disputing)으로써 변화를 유도한다.

4. 성격이론의 적용

엘리스는 인지 · 정서 · 행동치료가 인본주의적 심리치료라고 주장하였다. 인간이 합리적 삶을 이끌기 위한 기본적 원리는 자신의 어떤 수행에 의해서 자신을 평가하는 것이 아니라 자신의 실존적 존재를 있는 그대로 수용하는 것이다(Ellis, 1973). 따라서 엘리스는 인간이 가진 문제해결을 위한 가장 인본주의적 접근인 인지 · 정서 · 행동치료를 따른다면, 자신과 타인을 인간으로서 무조건적으로 수용하는 것이라고 주장하였다.

인지 · 정서 · 행동치료는 인간이 합리적 사고와 비합리적 사고의 잠재성을 가지고 태어났다고 가정한다. 즉, 인간은 타고난 합리적 신념에 의해 자신을 성숙하게 하거나 실현시킬 수 있으며, 동시에 타고난 비합리적 신념에 의해 자신의 성숙을 방해하거나 자신을 파괴할 수 있다고 본다. 인간이 생물학적 경향성으로 대립되는 합리적 사고와 비합리적 사고를 타고났다는 엘리스의 주장은 성선설과 성악설을 동시에 강조하고 있다고 볼 수 있다. 인간은 자신을 파괴할 수 있는 잠재적 경향성인 비합리적 신념을 갖고 태어났기 때문에 이것을 바꾸는 작업이 그렇게 용이하지 않다고 보았다. 따라서 상담자가 인간으로서 내담자를 수용한 후 논리적인 칼날로 내담자의 자기 파괴적인 비합리적 신념을 잘라 낼 수 있는 예지가 필요하다.

엘리스는 인간은 끊임없이 자기대화와 자기평가를 하면서 자신의 삶을 유지한다고 보았다. 합리적 신념에 의한 자기대화와 자기평가는 자신이 선택한 건전한 인생 목표를 달성하게 해 줄 것이다. 그러나 비합리적 신념에 의한 자기대화와 자기평가는 부적절한 정서를 느끼고 역기능적 행동을 수행하도록 하게 할 것이다.

■ **REBT의 원리** REBT에서 주장하는 여섯 가지 중요한 원리는 다음과 같다(박경애, 1997).

- 인지는 인간 정서의 가장 중요한 핵심적 요소다.
- 역기능적 사고는 정서 장애의 중요한 결정요인이다.
- REBT의 기본 개념이 우리가 사고하는 것을 느끼는 것이기 때문에 REBT는 사고의 분석부터 시작한다.
- 비합리적 사고와 정신병리를 유도하는 원인적 요인들은 유전적이고, 환경적 영향을 포함하는 다중요소로 되어 있다.
- REBT는 다른 상담이론과 마찬가지로, 행동에 대한 과거의 영향보다 현재에 초점을 둔다.
- 비록 쉽지는 않지만, 신념은 변화한다고 믿는다.

5. 벡의 인지적 성격이론

벡의 인지적 성격이론의 토대가 된 인지치료의 세 가지 주요 원천은 심리학의 현상학적 접근, 구조이론 및 심층심리학, 그리고 인지심리학이다. 현상학적 접근은 개인이 자기와 사적 세계에 대한 견해가 행동의 핵심이라는 것을 설명한다. 칸트의 구조이론 및 프로이트의 심층심리학이 두 번째 원천에 해당되는데, 특히 프로이트의 일차적 그리고 이차적 과정에 대한 인지의 위계구조 개념에서 비롯된다. 세 번째 인지심리학은 벡의 이론 형성에 많은 영향을 끼쳤다. 인지치료의 선구자로 여겨지는 켈리의 '개인 구성개념'과 행동 변화에 있어 신념의 역할을 강조한 점은 벡에게 많은 영향을 주었다. 사람들을 조력하는 데 있어 정신분석보다 더 효율적이며 효과적인 방법을 발견하려고 노력한 결과, 벡은 주로 켈리, 아들러, 호나이의 생각을 바탕으로 자신의 인지치료를 개발하였다.

6. 벡의 생애

벡(Aaron T. Beck, 1921~)은 1921년 7월 18일에 로드아일랜드 주의 프로비던스(Providence)에서 출생하였다. 러시아계 유대인 미국 이민자의 막내아들로 태어났다. 이 시절, 벡의 어머니는 외동딸의 사망으로 인해 우울증을 경험하였다. 어렸을 때 벡은 팔이 부러져서 감염된 것이 완치되지 않아 평생을 고생하였다. 또한 같은 학년을 두 번 다니게 되는 등의 경험을 통해 자신이 무능하고 바보 같다고 생각하였다. 벡은 어렸을 때부터 자신의 이러한 어려움들을 인지적으로 해결하기 시작하였다. 후에 벡의 이론과 치료기법은 자신이 경험했던 부정적 신념을 지닌 사람들을 조력하는 데 이용되었다.

벡은 1943년에 브라운대학교를 우등으로 졸업했으며, 1946년에 예일대학교의 의과대학에서 의학박사 학위를 수여받았다. 1954년에 펜실베이니아대학교의 정신과 교수가 되었고, 필라델피아 정신분석학회로부터 정신분석 훈련을 받았다. 벡은 대부분의 여생을 펜실베이니아대학교에서 보냈으며, 대학 내에 벡 인지치료연구소를 설립하였다. 이 연구소에서 벡은 우울, 자살, 불안, 그리고 공황장애, 물질남용, 결혼문제, 성격장애 등에 관하여 연구하였다. 이러한 우울, 불안, 자살 행동에 관한 광범위한 연구로 인해 벡은 수많은 공로상을 수여받았다. 벡은 375편 이상의 논문과 14권의 책을 집필하였으며, 수많은 평가 도구를 개발하였다. 최근 인지이론은 모든 시스템이 양식(mode)으로서 함께 작동하는 것으로 본다. 양식은 성격을 구성하고 진행되는 상황을 해석하는 인지적, 정서적, 동기적, 그리고 행동적 도식의 네트워크다(Beck & Weishar, 2005, p. 239).

7. 주요 개념

여기서는 주요 개념으로 인지 수준(levels of cognitions), 심리적 문제를 야기하는 주요한 요인인 부정적인 자동적 사고(automatic thoughts)와 인지왜곡(cognitive distortion)에 대해 살펴보고자 한다.

인지 수준

인지는 네 가지 수준, 즉 자동적 사고(automatic thoughts), 중재적 신념(intermediate beliefs), 핵심 신념(core beliefs), 그리고 스키마(schemas)로 분류될 수 있다(Seligman, 2001, pp. 333-334).

- **자동적 사고** 자동적 사고는 우리의 마음속에 계속적으로 진행되는 인지의 흐름이다. 자동적 사고는 상황과 정서를 중재한다.
- **중재적 신념** 중재적 신념은 사람들의 자동적 사고를 형성하는 극단적이며 절대적인 규칙과 태도를 반영한다.
- **핵심 신념** 많은 자동적 인지에 바탕이 되는 자신에 대한 중심적 생각이며, 보통 자신의 중재적 신념에 반영되어 있다. 핵심 신념은 '보편적이며 과일반화된 절대적인' 것으로 기술될 수 있다. 핵심 신념은 세계, 타인, 자신, 그리고 미래에 대한 자신의 견해를 반영한다.
- **스키마** 스키마는 핵심 신념을 수반하는 '정신 내의 인지 구조'로 정의된다. 벡은 스키마를 정보처리와 행동을 지배하는 구체적 규칙으로 보았다. 스키마는 모스(Moss, 1992)가 명명한 '인지의 세 구성요소(cognitive triad)'인 자신, 세계, 미래를 보는 개인의 특유하고 습관적인 방식이다. 벡은 스키마 작업을 치료과정의 핵심이라고 보았다.

자동적 사고

자동적 사고는 정서적 반응으로 이끄는 특별한 자극에 의해 유발된 개인화된 생각으로 노력 혹은 선택 없이 자발적으로 일어난다. 자동적 사고는 사람들이 자신의 경험으로부터 생성한 신념과 가정을 반영한다. 심리적 장애를 가진 사람의 자동적 사고는 흔히 왜곡되어 있거나, 극단적이거나, 부정확하다.

자동적 사고의 주요한 특징은 다음과 같다(McKay, Davis, & Fanning, 1981, pp. 12-13).

- 자동적 사고는 구체적이고, 분리된 메시지다.
- 자동적 사고는 흔히 축약해서 언어, 이미지, 또는 둘 다의 형태로 나타난다.
- 자동적 사고는 아무리 비합리적이라 할지라도 거의 믿어진다.
- 자동적 사고는 자발적인 것으로서 경험된다.
- 자동적 사고는 흔히 당위성을 가진 말로 표현된다.
- 자동적 사고는 일을 극단적으로 보는 경향성을 내포한다.
- 자동적 사고는 개인에 따라 독특하게 나타난다.
- 자동적 사고는 중단하기가 쉽지 않다.
- 자동적 사고는 학습된다.

인지왜곡

인지왜곡은 그릇된 가정 및 잘못된 개념화로 이끄는 생각에 있어 체계적 오류다. 인지왜곡은 정보처리가 부정확하거나 비효과적일 때 나타나며, 대개 비현실적인 세계관을 나타내거나 비논리적인 추론과 관련된다. 인지왜곡은 별다른 노력 없이도 자발적이고 자동적으로 발생하는 것처럼 보인다. 그래서 그것은 또한 부정적 자동적 사고라고 불린다. 자동적 사고는 순간 우리에게 떠오르는 생각이나 영상을 말한다. 사람들에게 나타나는 다양한 인지왜곡의 유형에는 자의적 추론(arbitrary inference), 선택적 추상(selective abstraction), 과일반화(overgeneralization), 극대화(magnification) 혹은 극소화(minimization), 개인화(personalization), 이분법적 사고(dichotomous thinking), 정서적 추론(emotional reasoning), 긍정 격하(disqualifying the positive), 파국화(catastrophizing), 명명(labeling) 혹은 잘못된 명명(mislabelling) 등이 있다.

■ **자의적 추론** 충분하고 적절한 증거가 없는데도 결론에 도달하는 것이다. 이러한 왜곡은 상황에 대한 비극적 결말이나 최악의 시나리오를 생각하는 것이다. 자의적 추론의 다른 형태는 독심술(mind reading)과 부정적 예측(negative prediction)이다. 독심술이란 타인들이 자기 자신의 마음을 읽을 수 있고 또 자기 자신이 무엇을 좋아하는지를 알아야 한다는 상념에 관련된다. 부정적 예측

은 점술이라고 명명되기도 했는데, 이것은 사람은 어떤 나쁜 일이 이제 막 일어날 것이라고 상상하고, 또 실제로 예측하고, 그런 다음 이러한 예측을 비록 그것이 현실적이지 못할지라도 사실로서 간주한다.

- **선택적 추상** 선택적 추상은 때때로 '정신적 여과(mental filtering)'라고도 불리는데, 이러한 왜곡은 상황의 긍정적인 양상을 여과하는 데 초점이 맞추어져 있고 극단적으로 부정적인 세부사항에 머무르는 것을 말한다. 사건의 일부 세부사항만을 기초로 결론을 내리고, 전체 맥락 중의 중요한 부분을 간과하는 것이다. 관심을 두는 부분이 실패와 부족한 점에 관한 것뿐이라는 것이 여기서의 가정이다. 선택적 추상에서 개인은 여타의 가용자료를 모두 무시한 채 자신의 우울한 생각을 정당화하거나 지지하는 단일의 근거만을 선택적으로 채택한다.
- **과일반화** 단일 사건에 기초하여 극단적인 신념을 가지고 그것들을 유사하지 않은 사건들이나 장면에 부적절하게 적용하는 과정이다. 과일반화에서 성적 피해자는 한 가지 사건에 기초한 결론을 광범위한 상황에 적용시킨다. 이러한 왜곡된 사고의 예는 "나는 한 남자에 의해 학대당했다. 이것은 모든 남자가 학대한 것이고 그들을 믿을 수 없음을 뜻한다"와 같은 것이다.
- **극대화 혹은 극소화** 이러한 인지적 왜곡은 개인이 불완전을 최대화하거나 좋은 점을 최소화할 때 생길 수 있다. 대개 사람들은 자신의 실수나 결점, 또는 개인들의 재능을 바라볼 때에는 그것들을 실제보다 좀 더 큰 것처럼 보게 되는 경향이 있고, 반면에 자신의 장점이나 타인들의 문제를 대할 때에는 축소하여 사건들이 작고 멀게만 보인다. 이처럼 불완전한 점들을 극대화하고 좋은 점들을 극소화하기 때문에 그는 결국 자신이 부적절하며 타인들보다 열등하다고 생각하고 또 우울하다고 느끼게 된다.
- **개인화** 관련지을 만한 일이 아님에도 불구하고, 외적 사건들과 자기 자신을 관련짓는 경향이다. 종종 잘못된 귀인이라고 불리기도 하는 개인화는 책임져야할 사람은 아무도 없다는 가정을 내포한다.
- **이분법적 사고** 이러한 왜곡의 주요한 특징은 완전한 실패 아니면 대단한 성공과 같이 극단적으로 흑과 백으로 구분하려는 경향이다. 즉, 흑백논리로 사고하고 해석하거나, 경험을 극단으로 범주화하는 것이다. 이러한 이분법적 사고

를 하게 되면, 일들은 '좋은 것'이 되든지 '나쁜 것'이 된다. 이러한 인지는 극단에 초점이 있어서 둘 사이의 회색 영역을 무시하는 것이다. 이것은 자신의 실패 혹은 나쁜 측면만을 생각하게 하여 자동적으로 부정적인 신념으로 이끌도록 함으로써 낮은 자존감을 불러일으킨다.

- **정서적 추론** 정서적 추론의 잘못된 양상은 정서적 감정이 왜곡으로 보이지 않고, 현실과 진실의 반영으로 여겨지는 것이다. 이는 사람이 정서적 경험에 근거해서 그 자신, 세계, 혹은 미래에 관해서 추리를 하는 경우를 말한다. 이 왜곡은 자기 자신의 정서를 사실이 실제로 그렇다고 보는 데 대한 근거로서 취하는 것에 관련된다. 논리는 "나는 느낀다. 고로 나는 존재한다"다. "나는 부적절 하다고 느낀다. 고로 나는 쓸모없는 사람이다."라고 추론하는 것이다.
- **긍정 격하** 개인이 자신의 긍정적인 경험을 격하시켜 평가하는 것을 말한다. 따라서 내담자는 긍정적인 경험을 감소시키거나 그것을 부정적인 경험으로 전환함으로써 모순되는 증거에도 불구하고 왜곡된 신념을 유지할 수 있도록 한다. 선택적 추론에서는 개인은 상황의 부정적인 측면에 초점을 맞추고 긍정적인 측면을 무시한다. 반면에, 긍정 격하에서는 개인은 긍정적인 측면들을 능동적으로 무력화시킨다. 이것은 진실로 승리의 문턱에서 패배를 자초하고 마는 어처구니없는 왜곡이다.
- **파국화** 이 왜곡은 개인이 걱정하는 한 사건을 취해서 지나치게 과장하여 두려워하는 것을 말한다. 자신을 계속 파국화시키는 사람은 광명천지에서도 먹구름만을 바라보거나 그것을 창조해 낸다. 이처럼 재난에 대한 과장은 세상에 곧 종말이 닥칠 것이라는 두려움 속에서 살아가도록 하는 원인이 된다.
- **명명 혹은 잘못된 명명** 자신에 대한 부정적 견해는 어떤 잘못에 근거한 자기명명(self-labeling)에 의해 창조된다. 잘못된 명명은 과일반화의 극단적인 형태로서 내담자가 어느 하나의 단일 사건, 종종 매우 드문 일에 기초하여 완전히 부정적으로 상상하는 것이다. 이것은 특정한 행동이나 특성을 가진 어떤 사람을 동일화할 수 없다는 점에서 비현실적이다. 이는 개인이 자신의 오류나 불완전함에 근거해서 하나의 부정적 정체성을 창조하여 그것이 마치 진실한 자기인 것처럼 단정짓는 것이다.

인지타당성 평가

Beck과 Emery(1985)는 인지 타당성을 평가하는 5단계 과정을 머리글자 A-FROG로 설명하였다. A-FROG는 개인이 합리적으로 생각하고 있는가의 여부를 평가하는 것으로, 다음과 같은 준거에 따라 사고를 평가한다.

A: Alive. (나의 사고는 나를 생기 있게 하는가?)
F: Feel. (나는 이러한 사고의 결과로 기분이 더 나아졌는가?)
R: Reality. (나의 사고는 현실적인가?)
O: Others. (나의 사고는 다른 사람과의 관계에 도움이 되는가?)
G: Goals. (나의 사고는 나의 목표를 성취하는데 도움이 되는가?)

만약, 자신의 사고에 대한 앞의 질문에 모두 '예'라고 답하지 않으면, 그 사고는 역기능적이며 왜곡된 것일 수 있다.

8. 성격이론의 적용

인지치료 상담자는 내담자의 부적절한 정서 및 행동을 초래하는 인지왜곡을 찾아 수정하도록 조력한다. 내담자를 효과적으로 조력하기 위해 상담자는 인지가 작동하는 원리에 대한 철저한 이해가 선행되어야 한다. 인지치료의 기본원리는 인지모델에 근거한다. 벡이 제시한 여덟 가지 원리는 다음과 같다(Beck, 1987, pp. 150-151).

- 개인이 상황을 구조화하는 방식이 그가 행동하고 느끼는 방식을 결정한다.
- 해석은 외적 상황, 적응 능력, 다른 전략이 갖는 잠재적 이익, 위험, 비용의 평가를 포함하는 적극적이며 지속되는 과정이다.
- 개인은 심리적 고통을 초래하는 독특한 민감성과 취약성을 가진다.

- 개인의 민감성이나 취약성의 다양한 정도는 성격 조직 내에서의 기본적 차이로 돌릴 수 있다.
- 인지 조직의 정상적 활동은 스트레스에 의해 부정적으로 영향을 받는다.
- 우울이나 불안 장애와 같은 심리적 증상은 특별한 증상을 나타내는 독특한 내용을 가지고 과다하게 활동하는 도식으로 구성되어 있다.
- 스트레스를 받으며 다른 사람들과 상호작용 하는 것은 상호적으로 강화하는 부적응 인지의 순환을 창조한다.
- 개인은 위협이 신체적이든지, 상징적이든지 간에 위협에 신체적 반응을 보일 것이다.

인지치료의 목표는 내담자가 보다 효과적으로 기능하도록 사고의 편견이나 인지왜곡을 제거하는 것이다. 상담자의 관심은 부적응 행동이나 감정을 유지시키는 내담자의 정보처리 방식이다. 인지치료 상담자는 내담자가 자신의 정보처리의 오류를 확인하여 수정하도록 조력한다. 상담자는 내담자의 인지왜곡을 도전하고, 검증하고, 논의해서 보다 긍정적인 감정, 행동, 사고를 갖도록 한다.

상담자는 구체적이고 우선적인 목표에 초점을 두며 내담자와 협동하여 상담목표를 설정한다. 목표가 보다 명료하고 구체적일수록 상담자가 내담자를 조력해서 신념체계를 변화시키는 데 사용하는 방법을 선택하는 것이 보다 용이하다. 상담목표를 달성하기 위해 상담자는 내담자의 자동적 사고 및 핵심 신념과 그것과 관련된 정서와 행동을 확인하고, 이러한 사고의 타당성을 평가하고, 필요에 따라 부적절한 사고를 수정하도록 조력한다(Sharf, 2004, p. 306; Seligman, 2001, pp. 335-336).

요약

1. 엘리스는 사건보다는 우리가 사건을 어떻게 생각하는가의 신념체계가 우리의 감정이나 행동에 영향을 미친다는 가정 하에 인지 · 정서 · 행동치료(REBT)를 발달시켰다.
2. 엘리스가 제안한 성격의 세 가지 측면은 생리적 측면, 사회적 측면, 심리학적 측면이다. 생리적 측면은 사람들이 비합리적으로 생각하고 스스로에게 해를 끼치려는 예외적으로 강력한 선천적 경향성이 있다는 것을 의미한다. 사회적 측면은 개인이 타인의 인정과 승인을 절대적이며 긴박하게 추구하려는 것과 관련된다. 심리학적 측면은 부적절한 감정이나 행동은 비합리적인 신념에서 유발된다는 것을 강조한 것이다.
3. 엘리스는 비합리적인 신념의 주요한 원천으로 세 가지 당위성, 즉 자신에 대한 당위성, 타인에 대한 당위성, 조건에 대한 당위성을 제안하였다.
4. 엘리스가 제안한 ABC 이론에서 A는 활성화된 사건을, B는 신념체계를, 그리고 C는 정서적 · 행동적 결과를 의미한다. 이러한 이론을 통해 엘리스는 정서적 · 행동적 결과가 활성화된 사건에 의해 유발되는 것이 아니라, 사건을 보는 신념체계가 결정적으로 영향을 미친다는 것을 강조하였다.
5. 벡이 제안한 인지의 네 가지 수준은 자동적 사고, 중재적 신념, 핵심 신념 그리고 스키마다. 자동적 사고는 정서적 반응으로 이끄는 특별한 자극에 의해 유발된 개인화된 생각으로 노력 혹은 선택 없이 자발적으로 일어난다. 심리적 장애를 가진 사람의 자동적 사고는 흔히 왜곡되어 있거나, 극단적이거나, 부정확하다. 스키마는 '인지의 세 구성요소'인 자신, 세계, 미래를 보는 개인의 특유하고 습관적인 방식이다. 벡은 스키마 작업을 치료과정의 핵심이라고 여겼다.
6. 인지왜곡의 유형에는 자의적 추론, 선택적 추상, 과일반화, 극대화 혹은 극소화, 개인화, 이분법적 사고, 정서적 추론, 긍정 격하, 파국화, 명명 혹은 잘못된 명명 등이 있다.

7. 인지 타당성 평가기법으로 Beck과 Emery가 제안한 5단계 과정을 머리글자 A-FROG로 설명하였다. A-FROG는 각각 Alive, Feel, Reality, Others, Goals를 의미한다.

Review Questions

1. 엘리스가 제안한 성격의 세 가지 측면을 설명하라.

2. 당위성에 대해 설명하고, 비합리적인 신념의 뿌리가 되는 세 가지 당위성을 설명하라.

3. 엘리스가 제안한 11가지 비합리적 사고를 바탕으로 당신의 비합리적인 신념이 무엇인지 확인하라.

4. 엘리스가 제안한 ABC 이론에 대하여 설명하라.

5. REBT의 여섯 가지 주요한 원리 각각에 대한 당신의 입장을 기술하라.

6. 벡이 제안한 인지의 네 가지 수준을 구별하여 설명하라.

7. 사람들이 흔히 사용하는 인지왜곡의 유형 가운데 자의적 추론과 긍정 격하, 그리고 선택적 추상에 대해 설명하라.

8. 인지타당성 평가의 단계인 A-FROG가 의미하는 바를 설명하라.

자기 이해와 성장을 위한 <성격 연습 31>

비합리적 신념 검사

다음은 Jones(1968)가 개발한 당신의 비합리적 신념을 알아보기 위한 것입니다. 다음 보기를 참고로 하여 응답하시오.

〈보기〉

1	2	3	4	5
전혀 그렇지 않다		그저 그렇다		매우 그렇다

1. 나는 모든 사람으로부터 사랑받고 인정받아야 한다.	1	2	3	4	5
2. 나는 철저히 유능하고, 적절하고, 성취적이어야 한다.	1	2	3	4	5
3. 어떤 사람들은 사악하고 나쁘기 때문에 비난받고 처벌받아야 한다.	1	2	3	4	5
4. 내가 바라는 대로 일들이 잘 되지 않으면 끔찍하다.	1	2	3	4	5
5. 불행은 외적 요인에서 비롯되기 때문에 나는 불행을 거의 통제할 수 없다.	1	2	3	4	5
6. 나는 위험스럽고 두려운 일이 발생할까 봐 걱정하며, 그런 생각을 떨쳐 버릴 수 없다.	1	2	3	4	5
7. 어려움에 직면하고 책임감을 갖는 것보다 피하는 것이 보다 쉽다.	1	2	3	4	5
8. 나는 나보다 더 힘 있는 누군가에게 의존해야 한다.	1	2	3	4	5
9. 과거는 나의 현재 행동의 가장 중요한 결정요인이다.	1	2	3	4	5
10. 인간의 문제에는 항상 옳고, 정확하고, 완전한 해결책이 있다. 만약 그러한 해결책을 찾아내지 못하면 끔찍하다.	1	2	3	4	5

채점 방식 10문항의 총점을 구합니다.

해석 방식 이 검사는 10점에서 50점까지의 총점 범위를 갖습니다. 35점 이상이면 매우 비합리적인 신념을 갖고 있으며, 25~35점이면 보통입니다. 25점 이하이면 매우 합리적인 신념을 갖고 있다고 볼 수 있습니다. 원래 이 검사는 엘리스가 제안한 열 가지 비합리적 신념을 측정하는 것으로, 각 영역당 열 문항씩으로 구성되어 있습니다. 여기서는 각 영역의 대표적인 문항을 선택한 것입니다. 따라서 각 문항별로 당신의 비합리적인 신념을 파악할 수 있습니다. 각 문항에서 4, 5에 표시한 것은 당신이 그 문항의 내용에 해당하는 비합리적인 신념을 갖고 있다는 것을 의미합니다.

* 출처 : Lichtenberg, J. W., Johnson, D. D., & Arachtingi, B. M. (1992). Physical illness and subscription to Ellis's irrational beliefs. *Journal of Counseling & Development*, Vol. 71, 157-163.

제7부 성격이론의 추세와 전망

지금까지 성격심리학자들이 인간 이해를 위해 개발했던 다양한 성격이론을 탐구하였다. 성격 연구의 가장 긴 역사를 가지며 인간의 타고난 유전적 요인 및 개인의 특질을 강조하는 성향적 관점, 무의식의 중요성을 강조한 프로이트의 정신분석을 바탕으로 한 정신역동적 관점, 그리고 논리적 실증주의의 철학적 관점에 부응해서 주로 관찰할 수 있는 행동에 초점을 두고 인간의 학습 및 상황 속에서 반응의 중요성을 강조한 행동 및 사회적 학습 관점을 살펴보았다. 더불어 인간의 주관적 가치와 자유의지를 강조하는 인본주의적 관점과 인지의 중요성을 강조하는 최근 심리학의 추세를 반영하는 인지적 관점에 속하는 성격에 대한 입장을 알아보았다. 주요한 성격이론가들은 자신이 확립한 성격이론을 통해 인간을 보다 체계적으로 이해하려고 시도하였다. 그들은 켈리가 지적한 과학자의 속성인 관찰, 의문, 탐구를 통한 연구에 자신들이 정립한 주요한 개념을 바탕으로 성격이론을 개발하여 적용하고 있음을 알 수 있다.

이 책의 목적은 인간 이해 및 성장을 위한 성격심리학의 탐구에 초점이 맞추어졌다. 당신은 이 책에서 살펴본 각각의 성격이론이 제안하고 설명하는 개념들을 통해 인간의 다양한 특성을 이해하면서 어떤 생각을 했는가? 필자는 성격이론의 이해를 통해 인간의 독특성, 복잡성, 신비성 등을 한층 심오하게 느끼면서 우리가 인간이라는 점에 대한 무한한 자부심을 갖게 되었다. 이제 당신이 탐구해 온 성격심리학 이해를 위한 여정의 막을 내릴 시점에 서 있다. 지금까지 살펴본 성격이론들을 종합적으로 정리하면서 현재의 추세와 전망을 알아보자.

여기서는 성격이론의 추세와 전망을 이 책에서 구분한 다섯 가지 관점인 성향적 관점, 정신역동적 관점, 행동 및 사회적 학습 관점, 인본주의적 관점, 인지적 관점과 관련지어 알아보고자 한다.

제24장

성격이론의 추세와 전망

모든 개체는 자기-내재적인 목적론적 체계다.

– 아리스토텔레스 –

성격심리학은 인간에 대한 탐구다. 인간으로서 개인성(human individuality)에 초점을 두는 학문이다. 다시 말하면, 성격심리학은 성격(person + ality)이란 용어가 함축하듯 인간성에 대한 연구다. 이런 점에서 머레이는 성격을 연구하는 데 인간학(personology)이란 용어를 만들어 사용하였다.

성격심리학자들의 이론은 인간 성격 탐구에 대한 오랜 학문적 토대를 바탕으로 자신의 성격과 그들이 살았던 사회적 및 문화적 맥락을 반영하여 형성되었다. 분명 성격이론은 21세기에도 이러한 인간 탐구의 역사적 업적을 바탕으로 현재의 시대정신 및 문화를 반영하면서 발달하리라 본다.

인간성 혹은 인간 성격에 대한 관심 및 연구는 고대 그리스에서 현재까지 계속되어 왔다. 미국의 철학자 화이트헤드(Alfred North Whitehead)는 서양철학의 역사를 플라톤(Plato)이 쓴『국가(The Republic)』에 대한 일련의 주석을 다는 것이라고 말하였다(Palmer, 1991, p. 361). 플라톤은 심신이원론을 주장하여 인간의 정신과 신체를 독립체로서 생각하였으며, 그의 수제자인 아리스토텔레스는 정신과 신체를 하나로 보는 심신일원론을 주장하였다. 잘 알려진 것처럼, 아리스토텔레스는 실체를 네 가지 원인, 즉 물질원인(material cause), 형식원인(formal cause), 효능원인(efficient cause), 목적원인(final cause)에 의해 분석하였다. 그러한 분석을 통해 그는 각각의 개체를 '자기내재적 목적지향 체계(self-contained teleological system)'로 보았다(Palmer, 1988, p. 79). 이들에서 시작된 인간의 이성과 경험을 강조하는 입장은 합리주의와 경험주의로 크게 갈라져 인간 탐구의 두 축을 이루면서 현재까지 계속되고 있다.

미국심리학회(American Psychological Association, 2000)는 21세기를 맞이하면서 인간의 행복, 수월성, 몰입 혹은 최적 경험, 지혜, 성공 등을 강조하는 긍정심리학(positive psychology)을 특별주제로 다루었다. 성격심리학도 이러한 심리학의 학문적 추세와 현대의 시대사조에 맞추어 발달하리라고 본다. 현대 성격심리학의 이론과 연구를 조망하면서 릭맨(Ryckman, 2008)은 주요한 성격이론들이 주는 탐구적 가치를 다섯 가지 영역으로 제시하였다. 이러한 다섯 영역은 '성격에 생물학적 기여에 초점' '성격에 다문화적 관점을 위한 요구' '성격 이해를 증가시킬 5요인 초특질의 사용' '성격 이해에 있어 통합적 개념으로서 개인적 목표의 사용', '성격 이해를 확장하는 수단으로서 긍정심리학의 출현' 등이다. 유사하게 슐츠와 슐츠(Schultz &

Schultz, 1998)는 성격을 형성하는 데 영향을 주고, 성격을 특징짓는 데 중요한 요인이 무엇인가를 바탕으로 성격이론가들이 강조하는 입장과 관련하여 성격이론의 전망을 개관하였다. 그들이 제안했던 요인들은 유전적 요인, 환경적 요인, 학습 요인, 부모 요인, 발달 요인, 의식 요인, 무의식 요인 등 일곱 가지 요인이다. 이러한 인간의 성격 형성에 중요한 요인들을 이 책에서 개관했던 성격이론들의 다양한 관점이 강조하는 내용들과 관련해서 살펴볼 때 성격이론의 추세와 전망을 알 수 있으리라 본다.

1. 성격이론의 일반적 추세와 전망

성격이론의 발달 및 흥망과 성쇠는 일반적인 학문적 추세와 인간의 정신과 행동을 연구하는 심리학의 추세와 밀접하게 관련되어 있다. 다양한 성격이론의 관점을 개관한 후 제1장에서 지적한 것처럼 성격연구자로서 독자인 당신은 인간의 개인성을 연구하는 성격이론의 일반적 추세를 어떻게 보는가? 여기서는 시대정신을 반영하여 Burger(2000), Carver와 Scheier(2000), Magnavita(2002), Ryckman(2000, 2008) 등이 보는 성격이론의 추세와 관점을 바탕으로 성격이론의 일반적 추세를 조명해 보고자 한다.

성격이론의 추세는 크게 두 가지 영역, 즉 내재적 영역과 외재적 영역으로 구분하여 살펴볼 수 있다고 본다. 미첼에 의해 1968년에 제기되어 시작된 인간 대 상황 논쟁이 대부분의 성격이론가에 의해 서로 간의 상호작용 입장을 수용함으로써 일단락되었다. 이러한 논쟁과 관련하여 볼 때, 성격의 내재적 영역은 인간을 강조한 것으로 인간이 가진 특성들에 초점을 두고, 외재적 영역은 상황을 강조한 것으로 성격 형성에 영향을 주는 중요한 환경적 요인과 관련된다. 학문적 추세와 시대정신을 반영하는 성격 형성에 영향을 주는 내재적 영역으로 인간의 주관적 삶의 질 추구, 독특성, 보편성, 생물학적 요인, 인지의 강조를 들 수 있다. 그리고 외재적 영역으로 가정적 요인, 문화적 요인, 사회적 요인의 영향을 들 수 있다. 여기서는 다섯 가지 내재적 영역 요인과 세 가지 외재적 영역 요인을 중심으로 성격이론의 일반적 추세를 살펴보자.

주관적 삶의 질 추구

현대인들에게 '주관적 삶의 질(subjective well-being)' 추구는 중요한 주제가 되었다. 아리스토텔레스가 개체를 '자기내재적 목적지향 체계'로 본 것처럼, 성격심리학에서도 주요한 통일된 개념으로서 인간을 목적론적 존재로 보고 개인적 목표를 강조하는 추세다(Ryckman, 2000). 인간의 인지, 정서, 행동에 있어 개인차를 기술하고, 설명하기 위해 개인의 주관적 목표를 사용하는 추세다. 많은 성격이론가는 인간이 목적지향성을 가진다는 것을 견지한다. 즉, 대부분의 성격이론가는 우리 모두가 어떤 목표 및 가치와 인생철학을 창조함으로써 우리의 삶에 의미를 주려고 노력한다는 것을 가정한다. 인간이 보편적 목적으로서 개인적 행복인 주관적 삶의 질을 추구하는 존재라는 것은 현대 심리학의 주요한 추세인 긍정심리학(positive psychology)과 밀접하게 관련된다.

독특성

성격심리학의 학문적 토대는 개인의 독특한 성격을 파악하는 것이다. 인간의 개인차에 대한 연구는 양적 연구보다 질적 연구를 통해 개인에게 다양한 영향을 주는 요인들을 파악하여 그의 현재의 상태를 파악하려고 한다. 기본적 연구취지는 전체로서 인간을 이해하기 위해 개인자료들을 광범위하게 사용하는 관심이 새롭게 강조되는 추세다. 개인의 독특성과 복잡성을 이해하기 위해 법칙정립접근을 통해 개인의 일반성 혹은 보편성뿐만 아니라 올포트에 의해 제안됐던 개체기술적 접근은 편지, 일기, 자서전, 전기자료, 임상적 사례연구 등과 같은 개인자료들이 광범위하게 개인을 이해하는 데 사용할 것을 강조한다.

보편성

오래전부터 성격이론가들은 인간 성격을 파악하는 데 체액론, 체질론, 기질론, 유형론 등을 제안하여 인간의 보편적인 특성을 찾으려고 해 왔다. 최근 성향적 관점에 있는 성격이론가들은 특질들의 보편성을 이해하고 조직하기 위해 초특질

(supertraits)을 발견하려고 노력하는 추세다. 성격의 성향적 관점에 속하는 아이젱크의 생물학적 유형론이나 특질의 5요인 모델은 이러한 추세를 반영한 것이다. 이처럼 성격 내에 있는 특질들을 이해하고 조직화하기 위해 특질들의 분류법에 대한 관심이 증가하고 있다.

생물학적 요인

생명과학의 발달로 인해 성격에 미치는 생물학적 요인의 영향에 대한 관심이 증가되고 있는 추세다. 이것은 행동유전학의 발달과 더불어 인간 염색체 지도를 탐구하는 게놈(Genome) 프로젝트가 보여 주듯, 인간의 생물학적 특성의 중요성을 반영한 추세다. 다양한 진화이론의 발달이 이루어지고 있으며, 진화이론가들은 현재 생물학과 환경이 함께 행동에 영향을 준다는 가정 하에서 상호작용적 기질모델을 제안하고 있다.

인지의 강조

인지혁명으로 인간 행동을 결정하는 요인으로 인지의 중요성이 1960년대부터 강조되어 왔다. 그 동안 진행되어 온 컴퓨터 공학의 발달과 더불어 인지의 강조는 당분간 계속될 전망이다. 사회적 학습이론뿐만 아니라 성격이론의 적용이라 할 수 있는 상담 및 심리치료 영역에서 인지의 중요성은 강조되고 있다. 즉, 개인의 인지가 모방을 통한 행동의 학습 및 부적절한 행동의 주요한 역할을 한다는 점은 미디어 역할의 증대와 함께 더욱 강조되고 있는 실정이다.

가정적 요인

대부분의 성격이론은 보는 시각이 다소 다르기는 하지만, 인간 성격 형성에 초기 부모의 역할이 매우 중요함을 강조하고 있다. 프로이트의 심리성적발달, 아들러의 인생 초기의 생활양식 형성, 그리고 최근의 대상관계이론 등은 아이가 인생 초기에 갖는 부모와의 관계가 성격 형성에 미치는 중요성을 보여 주는 것이다. 더불어 민

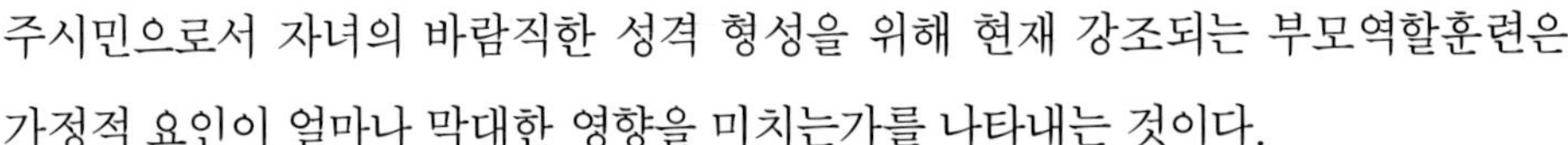

주시민으로서 자녀의 바람직한 성격 형성을 위해 현재 강조되는 부모역할훈련은 가정적 요인이 얼마나 막대한 영향을 미치는가를 나타내는 것이다.

문화적 요인

인간 성격 형성 및 인간에 대한 이해에 중요한 문화적 요인은 문화상대주의(cultural relativism)의 학문적 추세와 관련하여 이해될 수 있다. 성격 이론 및 연구와 상담 및 심리치료에서 문화의 중요성은 20세기 후반부터 강조되어 왔다. 이것은 최근에 인간 행동의 이해를 위해 문화의 중요성이 강조되는 학문적 추세와 더불어 성격에 미치는 문화적 영향에 대한 관심이 보다 커졌다는 것을 알 수 있다. 대중문화의 발달과 더불어 우리는 어릴 때부터 성격 형성에 미치는 중요한 요인으로 문화의 중요성을 인식할 수 있다. 특히, 상담에서 다중문화주의의 강조는 내담자를 이해하고 조력하는 데 있어 다양한 상담이론을 적용하는 데 문화적 측면을 고려하는 것이 필수적으로 되었다.

사회적 요인

현대인은 급변하는 사회적 변화를 경험하면서 사회에서 생존하기 위해 사회가 요구하는 성격 형성을 위해 노력한다. 인간이 사회적 동물이라는 명제는 변함없이 중요하게 작용하고 있다. 핵가족화 되고, 신체적 일보다 정신적 기능을 강조하고, 서비스의 발달, 컴퓨터 기술의 발달로 인간관계 양상이 달라지는 것 등 사회의 구조적 측면이 변화함에 따라 사람들이 추구하는 성격 양상도 달라지고 있다.

이상에서 살펴본 성격이론의 일반적 추세를 바탕으로 성격이론의 관점에 따른 추세를 살펴보자. 이 책에서는 크게 성격이론들을 다섯 가지 관점, 즉 성향적 관점, 정신역동적 관점, 행동 및 사회적 학습 관점, 인본주의적 관점, 인지적 관점에서 살펴보았다. 따라서 여기서도 이러한 준거에 맞추어 성격이론들의 추세를 조망해 보고자 한다.

2. 성향적 관점의 추세와 전망

인간 성격에 대한 이해에서 가장 긴 역사를 갖는 입장이 성향적 관점이다. 현대 심리학에서 질적 연구의 강조와 올포트가 강조한 다양한 성격 평가방법을 이용한 개체기술적 접근을 통한 인간에 대한 심층적 연구는 부합된다고 할 수 있다. 더불어 문화의 같고 다름에 따라 사람들이 갖는 성격으로 공통특질의 유사성과 차이에 대한 연구도 문화의 중요성을 강조하는 현대적 추세에 부합한다. 최근 성격 연구로 활발하게 되고 있는 것은 보편적으로 사람들이 갖고 있는 성격인 초특질(supertraits)에 대한 것이다. 성격구조로서 Big Five로 알려진 5요인 모델의 발달은 성격에 대한 활발한 논의와 더불어 많은 연구가 이루어지고 있다.

성격에 미치는 생물학적 영향에 대한 관심은 생명과학의 발달로 고조되고 있다. 인간 염색체를 밝히기 위한 게놈 프로젝트를 통해 유전적 요인이 얼마나 중요한가는 이미 잘 알려졌다. 현대의 시대사조에 비추어 볼 때, 유전적 요인이 성격에 얼마만큼 중요한 영향을 미치는가에 대한 관심은 더욱 많아지리라 여겨진다. 이런 점에서 아이젱크의 생물학적 유형론과 같은 성격이론은 계속 각광을 받으리라 본다.

3. 정신역동적 관점의 추세와 전망

프로이트가 사망한지 거의 80년이 지났지만, 많은 학자는 "프로이트가 정말 죽었는가?"라는 역설적 질문을 통해 아직도 그의 정신적 산물인 정신분석 이론이 막대한 영향력을 발휘하고 있음을 지적하고 있다. 정신분석을 비판하거나 확장하면서 탄생한 신정신분석적(neopsychoanalytic) 성격이론들도 여전히 많은 영향력을 행사하며 인간 이해와 성장을 위해 기여하고 있다. 지난 20세기를 마감하면서 타임지는 20세기의 가장 영향력 있었던 과학자와 사상가들 중에 프로이트를 포함시켜 발표하면서 그의 사진을 표지에 게재하였다.

성격과 심리치료의 새로운 접근방식들이 많이 탄생했지만, '정신분석이 쇠퇴했다'라는 선언은 매우 과장되었다는 것을 입증하였다. 왜냐하면 아직도 많은 치료자들이 자신의 입장을 정신분석으로 표방하며 그것의 기법을 사용하고 있기 때문이다. 인간의 무의식을 전제로 성격 평가를 하기 위해 개발된 로르샤흐 잉크반점 검사, 주제통각검사 등의 투사검사는 현재도 여전히 많이 사용되고 있다. 역시 성격을 다루는 대부분의 책에서 프로이트의 정신분석은 매우 비중 있게 다루어지고 있다.

현재 상담 및 심리치료 영역에서 활발하게 적용되고 있는 정신역동적 관점에 속하는 대상관계이론(object relations theory)을 들 수 있다. 대상관계이론은 인간 발달의 기본적 측면으로서 초기 애착(attachment)의 정도에 따라 건강한 자아(self) 발달이 결정된다는 가정을 바탕으로 형성되었다. 클라인(Melaine Klein)은 아동치료에서 선구자적 수행의 결과로서 대상관계이론의 어머니로서 여겨지며, '충분히 훌륭한 어머니(good-enough mother)'의 개념으로 유명한 위니콧(Donald. W. Winnicott, 1896~1971)는 대상관계의 아버지로서 여겨진다. 이 밖에 잘 알려진 대상관계이론가로 아이가 세 가지 발달단계인 정상자폐, 정상공생, 분리 및 개성화를 통해 독립된 개인으로서 자신에 대한 인식을 갖게 된다고 주장한 마흘러(Margaret Mahler, 1897~1985), 나르시시즘(narcissism)과 자아체계로 유명한 코헛(Heinz Kohut, 1913~1981), 자아심리학으로 잘 알려진 하트만(Heinz Hartmann, 1894~1970), 관계의 내재화(internalization)란 개념으로 유명한 컨베르그(Otto Kernberg, 1928~) 등이 있다.

아들러의 개인심리학 입장에서 보는 매우 포괄적인 인간관, 즉 목적론적, 전체적, 사회적, 그리고 창조적 존재로서 인간관은 앞으로도 계속 대중적인 인기를 누리리라 본다. 그리고 생활양식, 열등감과 보상, 우월성의 추구, 사회적 관심, 부모역할 등의 강조는 현재의 시대정신에 부합되는 개념들로 여겨진다.

정신의 유전적 소인을 강조한 융의 분석심리학도 계속해서 신화를 통한 인간 정신의 신비성을 밝히면서 대중적인 이론으로 유지되고 있다. 이런 점에서 융이 그의 주요개념으로 사용했던 집단무의식, 원형 등은 인간의 정신적 및 문화적 유산을 중요시한다는 점에서 현대의 시대적 조류에 부합한 성격이론이다.

신정신분석적 입장에 속하는 호나이, 프롬 등이 강조한 인간 성격에 미치는 사회 및 문화적 영향의 강조, 설리반의 대인관계이론, 에릭슨의 자아심리학, 그리고 머레이의 욕구이론 등도 여전히 시대적 변화에 맞춰 변형되어 적용되고 있다.

4. 행동 및 사회적 학습 관점의 추세와 전망

20세기 초 비엔나에서 슈릭(Moritz Schlick)을 중심으로 형성된 비엔나 서클이 주창한 논리적 실증주의(logical positivism)는 관찰가능한 행동만이 연구주제라는 입장을 취하며 과학으로서 심리학을 강조한 행동주의자들에 부합한 철학적 시대사조였다. 이러한 시대사조에서 1930년대에서 1960년대까지 행동주의는 인간을 이해하려는 많은 학문 분야에 막강한 영향력을 행사하였다. 행동주의의 권위인 스키너는 1990년에 그가 마지막 숨을 거둘 때까지 '노병은 아직 죽지 않았다'는 자세로 인간 행동을 연구하는 심리학에 대한 자신의 입장을 견지하였다.

행동주의적 관점에서 인간 행동에 미치는 상황의 중요성을 강조하면서 성격의 특질이론을 비판한 미첼은 1960년대에 인간 대 상황 논쟁을 야기하였다. 하지만 이러한 논쟁은 미첼을 포함한 대부분의 심리학자가 인간과 상황의 상호작용 관점을 수용함으로써 일단락되었다.

한편, 달라드(John Dollard)와 밀러(Neal E. Miller)는 1950년에 그들의 주저서인 『성격과 심리치료(Personality and Psychotherapy)』에서 학습이론을 바탕으로 한 행동주의와 프로이트의 정신분석을 통합하려고 시도하였다. 이러한 시도는 임상적 현상에 학습이론의 적용에 대한 관심이 주어졌다는 점에서 의미가 있는 작업이었다. 하지만 인간을 이해하려는 물과 기름과 같은 행동주의와 정신분석의 입장 차이 때문에 각 진영의 심리학자들에게 호응을 받지 못했다.

하지만 달라드와 밀러의 모방(imitation)을 강조한 사회적 학습이론은 관찰학습을 강조한 반두라의 사회적 인지이론에 영향을 주어 학습에 인지가 주요한 역할을 한다는 것이 거역할 수 없는 시대적 대세로 나타났다. 개인에게 주어진 상황에서 자신이 수행을 잘할 수 있으리라는 신념인 자기효능감은 20세기 말에서 현재까지 많은 심리학 연구의 주요한 주제가 되어 왔다. 자기효능감은 로터가 그의 사회적 학습이론인 기대-강화가치 모델에서 제안한 개념인 기대와 유사한 개념이란 것을 알 수 있다. 로터는 기대를 주어진 상황에서 어떤 방식으로 행동하면 특별한 강화가 일어날 것이라는 가능성의 평가라고 하였다.

이러한 행동 및 사회적 학습 관점에 대한 역사적 발달을 통해 현재 인지의 중요성을 강조하는 추세가 지배적임을 볼 수 있다.

5. 인본주의적 관점의 추세와 전망

심리학의 제3세력인 인본주의 심리학은 제1, 2차 세계대전을 거치면서 그 당시의 철학적 흐름인 현상학과 실존주의의 영향을 받아 그러한 입장을 이론적 틀에 융해시켰다. 현상학의 창시자인 후설(Edmund Husserl, 1859~1938)은 개인이 그에게 나타난 일상적 세계에 대한 경험을 기술하는 자연적 입장을 강조하였다. 현상학적으로 말하면, 시간은 항상 '지금(now)'이다. 당신이 어떤 것을 하는 것은 지금 그것을 하는 것이다. 당신은 결코 '과거(then)'에 어떤 것을 할 수 없다. 후설의 제자이며 『존재와 시간(Being and Time)』의 저자인 하이데거(Martin Heidegger, 1889~1976)는 철학의 핵심 문제는 '존재의 신비(the mystery of Being)'라고 믿었다. "실존은 본질에 선행한다."라는 주장을 한 사르트르(Jean Paul Sartre)는 자신의 자유의지를 실천한 실존적 입장에서 사람들의 통념을 깨고 그에게 주어진 노벨문학상을 받지 않았다.

인본주의적 관점이 한창 번창했던 1960년, 1970년대에 비해 이러한 관점은 다소 소강상태에 있다고 볼 수 있다. 하지만 지적한 것처럼, 21세기의 심리학으로 행복, 몰입, 성공, 지혜 등과 같은 인간의 주관적 가치를 강조하며 주창된 긍정심리학과 인본주의적 관점은 부합된 성격이론이라고 할 수 있다. 이런 점에서 인간의 자아실현을 강조하는 매슬로의 성격이론이나 상담 및 심리치료에서 인간의 실현화 경향성 및 내담자의 경험을 강조하는 로저스의 인간중심치료, 실존주의와 자각을 바탕으로 접촉을 통한 유기체의 지혜를 강조한 펄스의 게슈탈트치료, 인간 이해를 위한 인식론보다 존재론의 입장에서 확립된 메이, 프랭클, 얄롬 등의 실존주의적 접근 등도 여전히 인간 이해와 성장에 기여하리라 본다.

6. 인지적 관점의 추세와 전망

현대 심리학의 제4세력이라 할 수 있는 입장이 인지과학과 인지심리학이다. 지난 20세기의 중반을 지배했던 심리학의 제2세력인 행동주의의 막강한 영향력 때문에 특히 미국에서 겉으로 표현되지 못했던 인지 혹은 사고의 중요성은 1950년대부터 서서히 나타나기 시작하였다.

젊은 나이에 촘스키(Noam Chomsky)는 당시 행동주의의 거장인 스키너가 내세운 행동주의 모델이 언어의 복잡성을 설명할 수 없다는 주장으로 언어구조 및 인간의 언어학습과 관련하여 스키너를 날카롭게 비판하였다. 심리학에서 인지에 대한 강조는 쿤(Khun)의 과학발달의 패러다임론에 입각하여 1960년대 인지혁명이란 말로 표현되었다. 특히, 나이저(Ulric Neisser)가 1967년에 저술한 『인지심리학(Cognitive Psychology)』은 심리학 분야에 새로운 패러다임의 시작의 초석이 되었다. 역시 인간이 회상해 낼 수 있는 단기기억에서 기억폭이 7±2 항목이임을 밝혀 기억과 관련하여 '마법의 숫자 7'로 잘 알려진 밀러(George Miller)의 인간 기억에 관한 연구는 실험심리학에 많은 영향을 주었다.

현재 인간을 이해하고 연구하기 위한 심리학에서 인지를 강조하는 추세를 크게 두 가지 흐름으로 나누어 볼 수 있다. 첫째는 인공지능에 근거한 정보처리와 관련한 추세다. 누구나 인정하듯이, 인공지능 및 컴퓨터 과학의 발달은 시대사조인 인지혁명에 막대한 영향을 주었다. 들어온 정보를 저장하고, 유지하고, 회상해 내는 기억 연구와 관련한 정보처리과정 혹은 인지과정은 주로 실험심리학과 컴퓨터 과학 분야에서 관심을 두는 내용이다. 잘 알다시피, 2016년 3월 13일, 한국의 바둑기사 이세돌은 인간이 만든 인공지능 알파고와의 제4국에서 확률적으로 0.0007%인 신의 한 수로 불리는 178번째 한 수로 알파고를 물리쳐 세계를 놀라게 했다. 둘째는 상담 및 심리치료 영역에서 인지의 중요성을 강조하는 추세다. 엘리스, 벡 등은 비합리적 신념, 자동적 사고, 왜곡된 인지 등이 개인의 부적응에 중요한 역할을 한다는 것을 밝혔다. 즉, 그들은 이러한 부적절한 인지로부터 비롯된 내담자의 부적절한 정서 및 행동을 인지의 수정을 통해 변화시킬 수 있다고 보았다.

오래전에 에픽테토스(Epictetus)가 "우리를 당황하게 하는 것은 일어난 사건이 결코 아니다. 그것은 이러한 사건을 보는 우리의 관점이다"라고 했다. 그리고 모든 것이 마음먹기에 달렸다고 말하는 것처럼, 또한 '인간을 생각하는 갈대'라고 표현한 것처럼, 인간의 인지 혹은 사고는 고대부터 현재, 그리고 미래에도 인간 이해 및 성장을 위한 성격심리학의 가장 중요한 주제로 되풀이되어 나타날 것이다.

Review Questions

1. 성격이론의 일반적인 추세를 설명하라.

2. 당신이 생각할 때 중요하다고 여기는 성격 형성에 영향을 주는 내재적 영역 요인과 외재적 영역 요인에 대해서 설명하라.

3. 성격에 대한 성향적 관점을 개관하고, 전망에 대해 논하라.

4. 성격에 대한 정신역동적 관점을 개관하고, 전망에 대해 논하라.

5. 성격에 대한 행동 및 사회적 학습 관점을 개관하고, 전망에 대해 논하라.

6. 성격에 대한 인본주의적 관점을 개관하고, 전망에 대해 논하라.

7. 성격에 대한 인지적 관점을 개관하고, 전망에 대해 논하라.

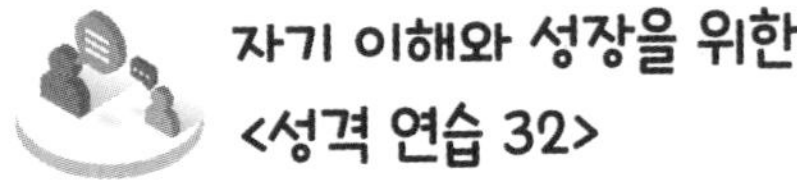

자기 이해와 성장을 위한 <성격 연습 32>

성격심리학의 종합적 이해 평가

지금까지 당신이 학습한 것을 바탕으로 다음 문제를 읽고 맞는 답을 하나만 골라 답하시오. 만약 적절한 답을 쉽게 고르지 못하면, 해당 이론을 복습하여 확인하여 정리하시기 바랍니다.

1. 성격이론과 관련한 다음 내용 중 옳게 설명한 것을 고르시오.
① 바넘효과는 사람들의 성격에 대한 보편성보다 특이성을 설명한 것이다.
② 켈리의 개인 구성개념 이론은 인지적 접근에 속하지 않는다.
③ 올포트는 성격연구에 법칙정립접근보다 개체기술적 접근을 중요하게 여겼다.
④ 미첼은 상황보다 개인의 특질이 행동에 중요하다고 보았다.
⑤ 아들러는 인간이 갖는 열등감을 부정적인 것으로 보았다.

2. 성격의 행동 및 사회학습 관점에 대한 다음 내용 중 옳게 설명한 것을 고르시오.
① 반두라는 학습과 수행 간의 차이를 구별하지 않았다.
② 강화계획의 변동간격이 고정비율보다 반응율이 높다.
③ 반두라는 모방학습으로 유명하며 인지의 중요성을 강조하지 않았다.
④ 로터는 통제의 소재로 유명하며, 노력을 내적 통제의 소재로 보았다.
⑤ 달라드와 밀러가 제안한 학습이론은 많은 호응을 얻었다.

3. 성격이론가와 그의 주장 및 상담과 관련된 설명 중에서 틀린 내용은 어느 것인가?
① 로저스는 개인의 경험보다 유전적 입장을 강조하였다.
② 설리반은 대인관계이론으로 유명하다.
③ 융의 심리치료의 목적은 개성화 혹은 자기실현이다.
④ 아들러 심리치료의 마지막 단계는 재정향이다.
⑤ 호나이는 남근선망보다 자궁선망을 강조했다.

4. 강화와 처벌을 설명한 다음 내용 중에서 틀린 것은 어느 것인가?
① 부적 처벌은 혐오적 자극을 제거함으로써 반응 빈도를 감소시킨다.
② 정적 강화는 칭찬이나 격려를 제공함으로써 반응 빈도를 증가시킨다.
③ 정적 처벌은 혐오적 자극을 제공함으로써 반응 빈도를 감소시킨다.
④ 강화는 반응 빈도를 증가시키고, 처벌은 반응 빈도를 감소시킨다.
⑤ 부적 강화는 혐오적 자극을 제거함으로써 반응 빈도를 증가시킨다.

5. 프로이트의 정신분석과 그의 이론적 입장에 대해 틀리게 설명한 것을 고르시오.
① 아이는 동일시를 통해 오이디푸스 콤플렉스를 해결한다.
② 방어기제는 무의식적으로 조작된다.
③ 최종적 성이론은 성적 유혹설이다.
④ 변화의 두려움으로 저항이 일어난다.
⑤ 심리치료의 마지막 과정은 전이의 해결이다.

6. 융이 사용한 주요한 성격 평가기법과 가장 관계가 먼 것을 고르시오.
① 단어연상법을 사용한다.
② 꿈의 분석을 통해 무의식을 이해한다.
③ 사례사 연구를 통해 개인을 이해한다.
④ 감정의 반영 기법을 사용한다.
⑤ 증상분석법을 사용한다.

7. 호나이가 제안한 어린아이가 적개심을 억압하는 이유가 아닌 것은 어느 것인가?
① 죄의식 때문이다.
② 무기력하기 때문이다.
③ 두려움 때문이다.
④ 사랑을 받기 위해서다.
⑤ 복종하기 위해서다.

8. 아들러의 개인심리학적 상담접근을 취하는 상담자가 조사하는 전형적인 생활양식(life-style)의 주요한 구성요소가 아닌 것은 어느 것인가?
① 가족구도를 파악한다.
② 초기회상을 파악한다.

③ 사적 논리에 해당하는 기본적 오류를 조사한다.
④ 주요하게 사용하는 방어기제를 조사한다.
⑤ 장점 혹은 자질을 파악한다.

9. 호나이가 제안한 자기보호기제에 해당되지 않는 것은 어느 것인가?
① 도피를 통해 기본적 불안을 발달시킨다.
② 애정과 사랑을 성취한다.
③ 철회를 통해 독립을 추구한다.
④ 힘의 성취를 이룬다.
⑤ 복종을 하여 해치지 않도록 한다.

10. 성격심리학자와 그가 주장한 내용의 관계를 가장 옳게 설명한 것을 고르시오.
① 욕구 및 동기의 중요성을 강조한 사람은 켈리다.
② 열등감의 중요성을 강조한 사람은 로저스다.
③ 재정향의 중요성을 강조한 사람은 올포트다.
④ 공감의 중요성을 강조한 사람은 프로이트다.
⑤ 인간의 양성성을 강조한 사람은 융이다.

11. 프롬이 제안한 네 가지 비생산 성격에 해당되지 않는 것은 어느 것인가?
① 시장문화를 강조하는 시장지향성
② 현실보다 이상을 강조하는 초월지향성
③ 노력하지 않고 타인에게서 얻고자 하는 수용지향성
④ 힘 혹은 책략으로 탈취하려는 착취지향성
⑤ 저장하여 소유함으로써 안전을 느끼는 저장지향성

12. 로저스의 성격이론에 근거한 인간중심적 상담이론 입장과 가장 관계가 먼 내용을 고르시오.
① 내담자의 문제는 인간의 가치의 조건화를 통한 내사적 가치다.
② 상담자는 인지적 통찰을 통해 문제가 된 내담자의 내사적 가치를 해결한다.
③ 인간은 내적 참조축에 의한 주관적 경험을 통해 진실로 이해된다.
④ 인간은 가치화 과정을 통해 되어 가는 존재다.
⑤ 내담자는 상담자의 무조건적 긍정적 존중과 공감을 통해 변화된다.

13. 성격검사인 MBTI와 관련하여 틀리게 설명한 것을 고르시오.
① 성격유형을 측정하는 검사다.
② 감각은 비합리적 차원에 속한다.
③ 감정은 비합리적 차원에 속한다.
④ 직관은 비합리적 차원에 속한다.
⑤ 사고는 합리적 차원에 속한다.

14. 다음의 내용 중에서 아들러가 설명한 생활양식에 대해 틀린 내용을 고르시오.
① 생활양식은 거의 어린 시절에 결정된다.
② 지배형은 활동의 정도가 높지만 사회적 관심이 낮다.
③ 사회적 유용형은 활동의 정도와 사회적 관심이 모두 높다.
④ 회피형은 활동의 정도가 낮지만 사회적 관심은 높다.
⑤ 기생형은 활동의 정도와 사회적 관심이 모두 낮다.

15. 성격에 대한 성향적 관점에 속하는 성격이론가의 설명과 가장 관계가 없는 내용은 어느 것인가?
① 특질이론으로 유명한 올포트
② 경험의 양식으로 유명한 설리반
③ 생물학적 관점의 아이젱크
④ 5요인(Big Five)으로 유명한 맥크래와 코스타
⑤ 역동적 격자로 유명한 커텔

16. 성격심리학자와 그가 강조한 주요개념이 맞게 짝지어진 것은 어느 것인가?
① 프로이트 - 개성화
② 융 - 공감
③ 올포트 - 고유자아
④ 반두라 - 열등감
⑤ 셀던 - 체액론

17. 프로이트의 정신분석과 관련하여 틀린 내용은 어느 것인가?
① 자아(ego)의 지배자는 원초아(id), 현실(reality), 초자아(superego)다.
② 꿈은 무의식에 이르는 왕도다.
③ 신경증적 불안은 초자아(superego)와 관련된다.
④ 주요한 기법의 하나는 자유연상이다.
⑤ 같은 성의 부모와의 동일시를 통해 초자아가 발달된다.

18. 다음 아들러의 성격이론적 입장과 관계가 가장 적은 내용을 고르시오.
① 인간을 현상학적 입장에서 보았으며, 기본철학은 허구적 최종목적론이다.
② 인간은 끊임없이 우월성 혹은 완전을 추구하는 존재다.
③ 인간은 끊임없이 사회적 관심을 얻기 위해 노력하는 존재다.
④ 인간은 인생 초기에 생활양식이 결정되므로 결정론적 존재다.
⑤ 인간을 전체적(holistic) 입장에서 보았다.

19. 머레이에 대한 공헌과 그의 이론에 대해 부적절한 설명은 어느 것인가?
① 주제통각검사에 대한 이론적 근거를 제공했다.
② 에드워드 개인선호도 검사(EPPS)에 대한 이론적 근거를 제공했다.
③ 프로이트와 유사하게 원초아(id)의 부정적 측면만을 강조했다.
④ 동기가 모든 일에 가장 중요하다고 보았다.
⑤ β압력은 개인이 환경의 특별한 측면에 대한 지각과 해석에서 비롯되는 압력이다.

20. 에릭슨의 인간 발달과 성격 형성에 관해 부적절한 설명은 어느 것인가?
① 심리성적 이론을 확장하여 심리사회적 이론을 주장하였다.
② 발달이 유전적 요인에 지배되는 점성적 원리를 강조하지 않았다.
③ 원초아(id)보다 자아(ego)를 강조하였다.
④ 성격이론에 문화, 사회, 역사의 영향을 수용했다.
⑤ 모든 발달단계는 위기를 거친다고 보았다.

21. 고유자아(proprium)의 발달단계 중에 주로 초등학교 시절에 발달하는 것은 다음 중 어느 것인가?
① 자기정체감 ② 자기확장 ③ 합리적 적응체로서 자기
④ 자기존중감 ⑤ 자기상

22. 커텔의 성격이론에 대한 설명 중 틀린 내용은 어느 것인가?
① 요인분석에 의해 성격이론을 발달시켰다.
② 반응을 성격과 상황의 함수관계로 표현하였다.
③ 에르그(ergs)는 원천특질로서 체질적 특질에 속한다.
④ 감정은 표면특질에 속한다.
⑤ 16PF는 원천특질로 구성된 성격검사다.

23. 매슬로의 이론적 입장과 욕구의 특성에 대해 틀리게 설명한 것은 어느 것인가?
① 인지적 욕구 중에서 알 욕구는 이해할 욕구보다 강하다.
② 인간 이해에 대한 기본적 접근은 현상학적 입장이다.
③ 욕구위계에서 위계가 높은 것을 성장욕구라 한다.
④ 자아존중 욕구는 소속감 욕구보다 강하고 우선적이다.
⑤ 생리적 욕구는 결핍욕구로서 우선적으로 해결되어야 한다.

24. 반두라가 제안한 관찰학습의 과정을 순서대로 배열한 것을 고르시오.
① 동기과정 - 주의과정 - 파지과정 - 재현과정
② 동기과정 - 주의과정 - 재현과정 - 파지과정
③ 주의과정 - 파지과정 - 동기과정 - 재현과정
④ 주의과정 - 파지과정 - 재현과정 - 동기과정
⑤ 주의과정 - 재현과정 - 파지과정 - 동기과정

25. 매디가 분류한 성격이론 분류모델에 따라 이론적 입장과 대표적 성격이론가를 짝지은 것 중에 틀리게 짝지어진 것은 어느 것인가?
① 심리사회적 입장 - 프로이트
② 실현화 입장 - 로저스
③ 완성 입장 - 아들러
④ 정신내적 입장 - 융
⑤ 인지부조화 입장 - 올포트

26. 게슈탈트치료를 개발한 펄스가 보는 인간에 대한 가정을 틀리게 설명한 것은 어느 것인가?
① 인간은 완성을 추구하는 경향이 있다.
② 인간의 행동은 부분의 합보다 큰 전체다.
③ 인간은 자신의 욕구에 따라 게슈탈트를 완성할 것이다.

④ 인간은 전경과 배경의 원리에 따라 세상을 경험한다.
⑤ 인간의 행동은 일어난 상황과 관련 없이 이해될 수 있다.

27. 엘리스의 이론적 입장이 아닌 것은 어느 것인가?
① 인본주의 심리치료를 비판하였다.
② 당위성이 비합리적 신념의 핵심을 이룬다.
③ 내담자를 조력하는 데 날카로운 반박이 중요하다.
④ 인간은 합리적 신념과 비합리적 신념을 가지고 태어났다.
⑤ A-B-C이론이라고 한다.

28. 친구에게 화가 난 경우, 그에게 직접 화를 내지 못하고 자신을 공격하고 자신을 고문하는 접촉경계 장애는 무엇인가?
① 내사 ② 투사 ③ 반전 ④ 편향 ⑤ 합류

29. 엘리스가 강조한 합리적 가치와 태도에 해당되지 않는 것은 어느 것인가?
① 모험하기 ② 사회적 관심 ③ 유연성
④ 비과학적 사고 ⑤ 장기적 쾌락주의

30. 행동치료와 관련된 다음 내용 중에서 옳게 설명된 것은 어느 것인가?
① 파블로프는 자극의 연합보다 강화를 강조했다.
② 메켄바움은 인지의 중요성을 강조하지 않았다.
③ 스키너는 반응보다 자극을 강조했다.
④ 프리맥은 활동의 확률에 따른 강화를 강조했다.
⑤ 반두라는 자기효능감을 강조하지 않았다.

31. 성격심리학자와 그가 주장한 내용의 관계를 가장 옳게 설명한 것을 고르시오.
① 욕구 및 동기의 중요성을 강조한 사람은 스키너다.
② 고유자아를 강조한 사람은 설리반이다.
③ 열등감의 중요성을 강조한 사람은 올포트다.
④ 성격의 기대-강화가치 모델을 강조한 사람은 로터다.
⑤ 성격의 심리사회적 발달을 강조한 사람은 커텔이다.

32. 성격이론가와 그의 주장에 대해 틀린 내용은 어느 것인가?
① 올포트는 아동과 성인의 성격 발달의 연속성을 강조했다.
② 프롬은 성격에 사회적 및 문화적 영향을 강조했다.
③ 머레이는 투사법 검사를 통해 성격을 이해하려고 하였다.
④ 에릭슨은 성숙의 점성적 원리를 주장하였다.
⑤ 설리반은 불안이 대인관계에서 비롯된다고 보았다.

33. 프롬이 제안한 사랑의 네 가지 요소에 해당되지 않는 내용은 어느 것인가?
① 열정(passion) ② 돌봄 혹은 배려(caring)
③ 책임감(responsibility) ④ 존중(respect)
⑤ 지식(knowledge)

34. 실존주의적 성격이론 및 상담에 대해 가장 적절하게 설명한 내용을 고르시오.
① 추동이 불안을 야기한다고 본다.
② 인간에 대한 인식론적 접근이다.
③ 가장 중요하게 여기는 것은 외적 자극에 대한 반응이다.
④ 실존주의적 상담자들은 거의 기법에 관심을 두지 않는다.
⑤ 죽음에 대한 주제를 중요하게 다루지 않는다.

35. 맥크래와 코스타가 요인분석을 통해 발견한 다섯 가지 요인에 해당되지 않는 것은 어느 것인가? ( )
① 정신증 ② 신경증 ③ 성실성 ④ 개방성 ⑤ 외향성

36. 머레이가 제안한 성격 본질의 원리를 부적절하게 설명한 것은 어느 것인가?
① 성격은 뇌에 근거한다.
② 성격은 사람들의 유사성이 아니라 독특성만을 내포한다.
③ 성격은 유기체의 욕구로 유도된 긴장 감소와 관련된다.
④ 성격은 시간에 따른 종단적 본질이다.
⑤ 성격은 변화하고 발달한다.

37. 노동자가 만든 생산품의 개수에 따라 일정한 보수가 지불되는 경우에 해당하는 강화계획은 무엇인가?

① 계속강화계획　② 고정간격계획　③ 변동간격계획
④ 고정비율계획　⑤ 변동비율계획

38. 아리스토텔레스가 제안한 실체의 네 가지 원인에 해당되지 않는 것을 고르시오.
① 형식원인　② 동기원인　③ 효능원인　④ 물질원인　⑤ 목적원인

39. 인간성에 대한 성격이론가의 입장으로 틀린 내용은 어느 것인가?
① 프로이트는 자유의지보다 결정론의 입장을 취했다.
② 융은 환경보다 유전을 강조하였다.
③ 아들러는 반응성보다 발생성을 강조하였다.
④ 호나이는 보편성보다 독특성을 강조하였다.
⑤ 머레이는 낙관론보다 비관론의 입장을 취했다

40. 게슈탈트 심리학에 대한 설명으로 부적절한 것은 어느 것인가?
① 게슈탈트 심리학자인 쾰러는 통찰학습을 주장하였다.
② 이원론을 비판하고 전체론(holism)의 입장을 취하였다.
③ 현상학 관점에서 인간을 연구하였다.
④ 생득설을 비판하고 후천적 학습의 중요성을 강조하였다.
⑤ '전체는 부분의 합 이상이다'라는 명제로 지각심리학에 기여하였다.

41. 성격 및 심리학과 관련된 설명 중에서 맞는 내용은 어느 것인가?
① 크래츠머는 신체의 체액에 따라 성격 및 정신장애를 분류했다.
② 달라드와 밀러의 정신분석과 행동주의를 결합한 이론은 당시에 호응을 받지 못했다.
③ 윌리엄슨은 특질이론에 근거한 비지시적 접근을 주장하였다.
④ 쿤은 과학의 발달을 혁명이 아니라 지식의 확장이라고 보았다.
⑤ 인본주의 심리학자는 인간이 자유의지보다 결정론 입장에 따름을 강조한다.

〈성격연습 32〉의 답
1. ③ 2. ④ 3. ① 4. ① 5. ③ 6. ④ 7. ⑤ 8. ④ 9. ① 10. ⑤ 11. ② 12. ② 13. ③ 14. ④ 15. ②
16. ③ 17. ③ 18. ④ 19. ③ 20. ② 21. ③ 22. ④ 23. ④ 24. ④ 25. ⑤ 26. ⑤ 27. ① 28. ③ 29. ④ 30. ④
31. ④ 32. ① 33. ① 34. ④ 35. ① 36. ② 37. ④ 38. ② 39. ⑤ 40. ④ 41. ②

참고문헌

김영만(1987). Kierkegaard의 불안에 관한 연구. 경북대 석사학위 청구 논문.
김정희 외 13인(1998). 현대상담 · 심리치료의 이론과 실제. 서울: 중앙적성 출판사.
김정희, 이장호 역(1998). 현대심리치료. 서울: 중앙적성출판사.
노안영(1998). 상담자와 함께 하는 삶의 여행. 서울: 중앙적성출판사.
노안영(2002). 101가지 주제로 알아보는 상담심리. 서울: 학지사.
노안영, 강만철, 오익수, 김광운, 송현종 역(2001). 애들러 상담이론: 기본 개념 및 시사점. 서울: 학지사.
민경환(2002). 성격심리학. 서울: 법문사.
박경애(1997). 인지 · 정서 · 행동치료. 서울: 학지사.
박영숙(1994). 심리평가의 실제. 서울: 하나의학사.
성진기(1975). Nietzsche의 인간관. 전남대학교 교양과정부.
성진기(1980). Counseling에 대한 실존철학적 조명. 전남대학교 학생생활연구.
손정락 역 (2002). 성격심리학. 서울: 시그마프레스.
이무석 편저(1995). 정신분석의 이해. 광주: 전남대학교 출판부.
이상로, 이관용 역(1984) 성격의 이론. 서울: 중앙적성 출판사.
이상우, 정종진 역(1984). 인간성격의 이해. 서울: 중앙적성출판사.
이창우 역(1988). 니체, 사르트르, 프로이트, 키에르케고르. 서울: 종로서적.
이형득 외(1993). 상담의 이론적 접근. 서울: 형설출판사.
이훈구 역(1983). 성격심리학. 서울: 법문사.
임석진 역(1980). 세계철학사(하권). 서울: 분도출판사.

장학표, 신경일 역(1993) 상담과 심리치료의 이론 및 실제. 서울: 교육과학사.

정민(2001). 생활양식과 대학생활 적응과의 관계. 전남대학교 석사학위논문.

조현춘, 조현재 역(1996) 심리상담과 치료의 이론과 실제. 서울: 시그마프레스.

최경환(1993). 실존주의 집단상담이 중년기 여성의 삶의 목적의식수준 향상에 미치는 효과. 계명대 석사학위 청구논문.

한기태 역(1990). 상담과 심리요법의 이론과 실제. 서울: 성광문화사.

홍경자(1988). 실존주의적 상담사례보고. 전남대학교 학생생활연구.

Adler, A. (1930). *The education of children*. Indiana: Gatewat Editions.

Adler, A. (1937). *What life should mean to you*. Boston: Little, Brown, and Company.

Adler, A. (1946). *Understanding human nature*. New York: Greenberg.

Adler, A. (1979). *Superiority and social interest*. New York: Norton & Company.

Alberti, R. E., & Emmons, M. L. (1986). *Your perfect right: A guide to assertive living* (5th ed.). San Luis Obispo, CA: Impact.

Allport, G. (1937). *Personality: A psychological interpretation*. New York: Holt, Rinehart and Winston.

Allport, G. (1961). *Pattern and growth in personality*. New York: Holt, Rinehart and Winston.

Allport, G. W. (1954). *The nature of prejudice*. Cambridge, MA: Addison-Wesley.

American Psychological Association (2000). Special issue on happiness, excellence, and optimal human functioning. *American Psychologist, Vol. 55*, No, 1

Ansbacher, H. L., & Ansbacher, R. R. (Edit.). (1956). *The individual psychology of Alfred Adler*. New York: Harper & Row.

Arthur, W., Jr., & Graziano, W. G. (1996). The five-factor model, conscientiousness, and driving accident involvement. *Journal of Personality, 64*, 593-618.

Auvenshine, C. D., & Noffsinger, A. L. (1984). *Counseling: An introduction for the health and human services*. Baltimore: University Park Press.

Bandura, A. (1977). *Social learning theory*(2nd ed.). Englewood Cliffs, NJ: Prentice-Hall.

Bandura, A. (1978). The self system in reciprocal determinism. *American Psychologist, 33*, pp. 344-358.

Bandura, A. (1986). *Social foundations of thought and action: A social cognitive theory*. Englewood Cliffs, NJ: Prentice-Hall.

Bandura, A. (1989). Human agency in social cognitive theory. *American Psychologist, 44*. pp. 1175-1184.

Bannister, D., & Fransella, F. (1971). *Inquiring man: The theory of personal constructs*. Baltimore: Penguin.

Bates, J. E. (1994). Introduction. In J. E. Bates & T. D. Wachs(Eds.), *Temperament:*

Individual differences at the interface of biology and behavior (pp. 1-14). Washington, DC: American Psychological Association.

Beck, A. T. (1987). Cognitive therapy. In J. K. Zeig (Ed.), *The evolution of psychotherapy* (pp. 149-178). New York: Brunner/Mazel.

Beck, A. T., & Emery, G. (1985). *Anxiety disorders and phobias: A cognitive perspective*. New York: Basic Books.

Beck, A., & Weishar, M. (2005). Cognitive therapy. In R Corsini & D. Wedding (Eds.), *Current psychotherapies* (7th ed.). Belmont, CA: Brooks/Cole.

Bischof, L. J. (1970). *Interpreting personality theories* (2nd ed.). New York: Harper & Row.

Borgatta, e. F. (1964). The structure of personality characteristics. *Behavioral Science, 12*, pp. 8-17.

Briggs, S. R. (1989). The optimal level of measurement for personality constructs. In D. M. Buss & N. Cantor (Eds.), *Personality psychology: Recent trends and emerging directions* (pp. 246-260). New York: Springer-Verlag.

Buber, M. (1965). *Between man and man*. New York: Macmilan Publishing.

Burber, M. (1987). *I and thou* (2nd ed.). New York: Collier Books.

Burger, J. M. (2000). *Personality* (5th ed.). Belmont, CA: Wadsworth/Thomson.

Buss, A. H., & Plomin, R. A. (1984). *Temperament: Early developing personality traits*. Hillsdale, NJ: Erlbaum.

Buss, A. H., & Plomin, R. A. (1986). The EAS approach to temperament. In R. Plomin & J. Dunn(Eds.), *The study of temperament: Changes, continuities and challenges* (pp. 67-79). Hillsdale, NJ: Erlbaum.

Cartwright, D. (Ed.). (1951). *Field theory in social science: Selected theoretical papers by Kurt Lewin*. New York: Harper & Brothers.

Carver, C. S., & Scheier, M. F. (2000). *Perspectives on personality* (4th ed.). Boston: Allyn & Bacon.

Caspi, A., Elder, G. H., JR., & Bem, D. J. (1987). Moving against the world: Life-course pattern of explosive children. *Developmental Psychology, 23*, pp. 308-313.

Catania, A. C. (1988). The operant behaviorism of B. F. Skinner. In A. C. Catania & S. Harnad(Ed.), *The selection of behavior*. New York: Cambridge University Press.

Catania, A. C., Harnad, S. (Ed.) (1988). *The selection of behavior*. New York: Cambridge University Press.

Cattell, R. B. (1950). *Personality: A systematic theoretical and factual study*. New York: McGraw-Hill.

Cattell, R. B. (1965). *The scientific analysis of personality*. Baltimore, MD: Penguin.

Cattell, R. B., & Child, D. (1975). *Motivation and dynamic structure*. New York: Wiley.

Chance, P. (1994). *Learnign & Behavior* (3rd ed.). CA: Brooks/Cole Publishing Co.

Chapman, A. H. (1976). *Harry Stack Sullivan: His life and his work.* New York: G. P. Putnam's Sons.

Chapman, A. H. (1978). *The treatment techniques of Harry Stack Sullivan.* New York: Bruner/Mazel, INC.

Corcoran, D. W. J. (1964). The relation between introversion and salivation. *American Journal of Psychology, 77*, pp. 298-300.

Corcoran, K., & Fisher, J. (2000). *Measures for clinical practice* (3rd ed.). New York: The Free Press.

Corey, G. (1996). *Theory and practice of counseling and psychotherapy* (5th ed.). Pacific Grove, CA: Brooks/Cole Publishing Company.

Corey, G. (2001). *Theory and Practice of Counseling and Psychotherapy* (6th ed.). Thomson Learning: Brooks/Cole.

Corsini, R. J. (Ed.) (1994). *Encyclopedia of psychology* (2nd ed.). New York: John Wiley & Sons.

Corsini, R. J. (Ed.) (2001). *Handbook of innovative therapy* (2nd ed.). New York: John Wiley & Sons.

Corsini, R. J. (Ed.)(1984). *Current psychotherapy* (3rd ed.). Itasca, IL: F.E. Peacock Publishers.

Costa, P. T., Jr., & McCrae, R. R. (1985). *The NEO personality inventory manual.* Odessa, FL: Psychological Assessment Resources.

Costa, P. T., Jr., & McCrae, R. R. (1989). Personality continuity and the changes of adult life. In M. Storandt & G. R. VandenBos (Eds.), *The adult years: Continuity and change* (pp. 45-77). Washington, DC: American Psychological Association.

Costa, P. T., Jr., & McCrae, R. R. (1992). *Revised NEO Personality Inventory(NEO-PI-R) and NEO Five-Factor Inventory(NEO-FFI) professional manual.* Odessa, FL: Psychological Assessment Resources.

Coward, H. (1985). *Jung and eastern thought.* New York: State University of New York.

Crowne, D. P., & Marlowe, D. (1960). A new scale of social desirability independent of psychopathology. *Journal of Consulting Psychology, 24*, 349-354.

Csikszentmihalyi, M. (1993). *The evolving self.* New York: HarperCollins.

Csikszentmihalyi, M. (1997). *Finding flow: The psychology of engagement with everyday life.* New York: HarperCollins.

Dallard, J., & Miller, N. E. (1950). *Personality and psychotherapy.* New York: McGraw-Hill.

Digman, J. M. (1990). Personality structure: Emergence of the five-factor model. *Annual Review of Psychology, 41*, pp. 417-440.

Digman, J. M., & Takemoto-Chock, N. K. (1981). Factors in the natural language of personality: Reanalysis, comparison, and interpretation of six major studies.

Multivariate Behavioral Research, 16, pp. 149-170.

Dinkmeyer, D. C., & Sperry, L. (2000). *Counseling and psychotherapy: An integrated, individual psychology approach* (3rd. ed.). New Jersey: Prentice Hall.

Dinkmeyer, D. C., Dinkmeyer, D. C., JR., & Sperry, L. (1987). *Adlerian counseling and psychotherapy* (2nd ed.). Columbus, OH: Charles E. Merrill.

Dreikurs, R. (1967). *Psychodynamics, psychotherapy, and counseling*. Collected papers. Chicago: Alfred Adler Institute.

Edwards, A. L. (1957). *The social desirability variable in personality research*. New York: Dryden

Edwards, A. L. (1959). *Edwards Personal Preference Schedule manual*. New York: The Psychological Corporation.

Ellis, A. (1962). *Reason and emotion in psychotherapy*. Secaucus: The Citadel Press.

Ellis, A. (1973). *Humanistic psychotherapy*. New York: McGraw-Hill Book Company.

Ellis, A. (1975). *How to live with a neurotic*. Hollywood: Wilshire Book Company.

Ellis, A., & Bernard, M. (1991). *Staying rational in an irrational world*. New York: Carol Publishing Group.

Ellis, A., & Haroer, R. A. (1977). *A new guide to rational living*. Hollywood: Wilshire Book Company.

Engler, B. (1999). *Personality theories* (5th ed.). New York: Houghton Mifflin Company.

Erikson, E. H. (1968). *Life cycle. In International Encyclopedia of the Social Sciences* (Vol. 9, pp. 286-292). New York: Crowell Collier & Macmillan.

Erikson, E. H. (1974). *Dimensions of a new identity: The Jefferson lectures in the humanities*. New York: W. W. Norton & Company, Inc.

Erikson, E. H. (1975). *Life history and the historical moment*. New York: Norton.

Erikson, E. H. (1980). *Identity and the life cycle*. New York: Norton.

Evans, R. (1967). *Dialogue with Erik Erikson*. New York: Harper & Row.

Eysenck, H. J. (1970). *The structure of human personality* (3rd ed.). London: Methuen.

Eysenck, H. J. (1980). Autobiography. In G. Lindzey(Ed.), *A history of psychology in autobiography* (Vol. 7, pp. 153-187). San Francisco: W. H. Freeman.

Eysenck, H. J. (1982). Development of a theory. In H. J. Eysenck(Ed.), *Personality, genetics, and behavior: Selected papers* (pp. 1-48). New York: Praeger.

Eysenck, H. J., & Eysenck, S. B. G. (1975). *Manual of the Eysenck Personality Questionnaire*. San Diego: EdITS.

Fiske, D. W. (1949). Consistency of the factorial structures of personality ratings from different sources. *Journal of Abnormal and Social Psychology, 44*, pp. 329-344.

Forgus, R., Shulman. B. (1979). *Personality: A cognitive view*. Englewood Cliffs, NJ: Prentice-Hall.

Frager, R., & Fadiman, J. (1998). *Personality and personal growth* (4th ed.). New York:

Longman.

Frankl, V. E. (1959). *From death and camp to existentialism*. Boston: Beacon Press.

Frankl, V. E. (1963). *Man's search for meaning: An introduction to logotherapy*. New York: Washington Square Press.

Frankl, V. E. (1975). The unconcious god. New York: Simon and Schuster.

Frankl, V. E. (1978). *The unheard cry for meaning*. New York: Washington Square Press.

Frankl, V. E. (1988). *The will to meaning: Foundations and applications of logotherapy*. New York: Meridian Printing.

Fransella, F. (Ed.) (1981). *Personality: Theory, measurement, and research*. New York: Methuen.

Franz, M, & Hillman, J. (1971). *Jung's typology*. Dallas: Spring Publications, Inc.

Freud, S. (1949). *An outline of psychoanalysis*. New York: Norton & Company, Inc.

Fromm, E. (1955). *The sane society*. New York: Holt, Rinehart & Winston.

Fromm, E. (1956). *The art of loving*. New York: Harper & Row.

Fromm, E. (1973). *The anatomy of human destructiveness*. New York: Holt, Rinehart and Winston.

Fromm, E., Suzuki, D. T., & de Martino, R. (1970). *Zen Buddhism and psychoanalysis*. New York: Harper Colophon Books.

Gay, P. (1989). *Freud: A life for our time*. New York: Anchor Books.

Gay, P. (Edit.). (1989). *The Freud reader*. New York: Norton & Company.

Gendlin, E. T. (1988). Carl Rogers(1902-1987). *American Psychologist, 43*, pp. 127-128.

Goethe, J. W. V. (1976). *Faust*. New York: W. W. Norton & Company.

Goldberg, L. R. (1990). An alternative "description of personality": The Big-Five factor structure. *Journal of Personality and Social Psychology, 59*, pp. 1216-1229.

Goldberg, L. R. (1992). The development of markers for the Big-Five factor structure. *Psychological Assessment, 4*, 26-42.

Groth-Marnat, G. (1990). *Handbook of psychological assessment* (2nd ed.). New York: John Wiley & Sons.

Grünbaum, A. (1984). *The foundations of psychoanalysis: A philosophical critique*. Berkeley, CA: University of California Press.

Hall, C. S., Lindzey, G., & Campbell, J. B. (1998). *Theories of personalities* (4th ed.). New York: John Wiley & Sons.

Hall, M. H. (1968, July). A conversation with Abraham B. Maslow. *Pyschology Today*, pp. 54-57.

Hampson, S. E. (1990). *The construction of personality: An introduction* (2nd ed.). London: Routledge.

Hjelle, L. A., & Ziegler, D. J. (1981). *Personality theories: Basic assumptions, research, and applications* (2nd ed.). New York: McGraw-Hill.

Hjelle, L. A., & Ziegler, D. J. (1992). *Personality theories: Basic assumptions, research, and applications* (3rd ed.). New York: McGraw-Hill.

Horney, K. (1937). *The neurotic personality of our time*. New York: Norton.

Horney, K. (1950). *Neurosis and human growth*. New York: Norton.

Horney, K. (1987). *Final lectures*. D. H. Ingram(Ed.). New York: Norton. [Lectures delivered 1952].

Howatt, W. A. (2000). *The human services counseling toolbox: Theory, development, technique, and resources*. Thomson Learning: Brooks/Cole.

Jackson, D. N. (1984). *Personality Research Form manual* (3rd ed.). Prot Huron, MI: Research Psychologists Press.

John, O. P. (1990). The "Big Five" factor taxonomy: Dimensions of personality in the natural language and in questionnaires. In L. A. Pervin(Ed.), *Handbook of personality: Theory and research* (pp. 66-100). New York: Guilford Press.

Johnson, J. A., & Ostendorf, F. (1993). Clarification of the five-factor model with the abridged big five dimensional circumplex. *Journal of Personality and Social Psychology, 65*, pp. 563-576.

Jones, A., & Crandall, R. (1986). Validation of a short index of self-actualization. *Journal of Personality and Social Psychology*, *12*, 63-73.

Jones, R. G. (1968). *A factored measure of Ellis's irrational belief system with personality and maladjustment correlates*. Wichita, KS: Test Systems.

Jung, C. G. (1961). *Memories, dreams, and reflections*. New York: Vintage Books.

Kelly, F. D. (1999). Adlerian approaches to counseling with children and adolescents. In H. T. Prout & D. T. Brown(Ed.), *Counseling and psychotherapy with children and adolescents* (3rd ed.). New York: John Wiley & Sons.

Kelly, G. A. (1963). *A theory of personality: The psychology of personal constructs*. New York: W. W. Norton & Company

Kelly, G. A. (1969). *Clinical psychology and personality: The selected papers of George Kelly*. New York: Wiley.

Kelly, G. A. (1973). Fixed role therapy. In R. M. Jurjevich(Ed.), *Direct psychotherapy: 28 American originals*. Coral Gables, FL: University of Miami Press.

Kendler, H. H. (1987). *Historical foundations of modern psychology*. New York: The Dorsey Press.

Kern, R. M. (1997). *Lifestyle scale*. Coral Springs, FL: CMTI Press.

Kern, R. M., Wheeler, M. S., & Curlette, W. L. (1993). *BASIS-A Inventory*. Highlands, NC: TRT Associates.

Khun, T. S. (1970). *The Structure of Scientific Revolutions* (2nd ed.). The University of Chicago Press.

Kimble, G. A. (1992). Psychology from the standpoint of generalist. In A. E. Kazadin(Ed.), *Methodological issues & strategies in clinical research* (pp. 5-22). Washington: American Psychological association.

Kirschenbaum, H. (1979). *On becoming Carl Rogers*. New York: Delacorte.

Kirschenbaum, H., & Henderson, V. L. (Ed.). (1989). *The Carl Rogers reader*. Boston: Houghton Mifflin Company.

Kirschenbaum, H., & Henderson, V. L. (Ed.). (1989). *The Carl Rogers: dialogues*. Boston: Houghton Mifflin Company.

Krug, S. E. (1981). *Interpreting 16pf profile patterns*. Champaign, IL: Institute for Personality and Ability Testing.

Leahey, T. H. (1997). *A history of psychology: Main currents in psychological thought*. Upper Saddle River, NJ: Prentice Hall.

Leary, M. R. (1983). Social anxiousness: The construct and its measurement. *Journal of Personality Assessment, 47*, 66-75.

Leary, M. R. (1986). The impact of interactional impediments on social anxiety and self-presentation. *Journal of Experimental Social Psychology, 22*, 122-135.

Leonard, G. (1983, December). *Abraham Maslow and the new self*. Esquire, pp. 326-336.

Lichtenberg, J. W., Johnson, D. D., & Arachtingi, B. M. (1992). Physical illness and subscription to Ellis's irrational beliefs. *Journal of Counseling & Development, 71*, pp. 157-163.

Liebert, R. M., Spiegler, M. D. (1982). *Personality: Strategies and issues* (4th ed.). Homewood, IL: The Dorsey Press.

Ludin, R. W.(2001). Alfred Adler's concepts and implication.(애들러 상담이론: 기본 개념 및 시사점). 서울: 학지사(원저는 1989년에 출간).

Maddi, S. R. (1996). *Personality theories: A comparative analysis* (6th ed.). New York: Brooks/Cole.

Magnavita, J. J. (2002). *Theories of personality: Contemporary approaches to the science of personality*. New York: John Wiley & Sons.

Manaster, G., & Corsini, R. J. (1982). *Individual psychology*. Itasca, IL: F. E. Peacock.

Martin, G., & Pear, J. (1992). *Behavior modification* (4th ed.). Englewood Cliffs, NJ: Prentice Hall.

Maslow, A. (1968). *Toward a psychology of being* (2nd ed.). New York: Van Nostrand.

Maslow, A. (1971). *The farther reaches of human nature*. New York: Viking Press.

May, R. (1961). *Existential psychology*. New York: Random House.

May, R. (1975). *The courage to create*. New York: W. W. Norton & Company.

May, R. (1979). *The meaning of anxiety*. New York: Washington Square Press.

May, R. (1980). *Psychology and the human dilemma*. New York: W. W. Norton &

Company.

May, R., Angel, E., & Ellenberger, H. F. (1958). Existence. In Binswanger, L. & Angel, E. (Eds), *The existential Analysis school of thought* (pp. 191-213). New York: Basic Books.

McAdams, D. P. (2001). *The person: An integrated introduction to personality psychology* (3rd ed.). Orlando, FL: Harcourt.

McCrae, R. R., & Costa, P. T., JR. (1987). Validation of the five-factor model of personality across instruments and observers. *Journal of Personality and Social Psychology, 52*, pp. 81-90.

McCrae, R. R., & Costa, P. T., JR. (1997). Personality trait structure as a human universal. *American Psychologist, 52*, pp. 509-516.

McKay, M., Davis, M., & Fanning, P. (1981). *Thought & feelings: The art of cognitive stress intervention*. Oakland, CA: New Harbinger.

Merrens, M. R., & Brannigan, G. G. (1998). *Experiences in personality: Research, assessment, and change*. New York: John Wiley & Sons.

Miller, N. E., & Dallard, J. (1941). *Social Learning and Imitation*. New Haven, CT: Yale University Press.

Mischel, W. (1968). *Personality and assessment*. New York: Wiley.

Mischel, W. (1976). *Introduction to personality* (2nd ed.). New York: Holt, Rinehart and Winston.

Monte, C. F. (1977). *Beneath the mask: An introduction to theories of personality*. New York: Praeger Publishers.

Mosak, H. H. (1989). Adlerian psychotherapy. In R. J. Corsini & D. Wedding(Eds.), *Current psychotherapies* (4th ed.). Itasca, IL: F. E. Peacock.

Mosak, H. H., & Dreikurs, R. (1967). The life tasks Ⅲ, the fifth life task. *Individual Psychologist, 5*, pp. 16-22.

Moss, D. P. (1992). Cognitive therapy, phenomenology, and the struggle for meaning. *Journal of Phenomenological Psychology, 23* (1), pp. 87-102.

Murray, H. A. (1938). *Explorations in personality*. New York: Oxford University Press.

Nagy, M. (1991). *Philosophical issues in the psyhology of C. G. Jung*. New York: State University of New York Press.

Neisser, U. (1967). *Cognitive psychology*. New York: Appleton.

Nemeroff, S., & Karoly, P. (1991). Operant methods. In F. Kanfer and A. Goldstein(Eds), *Helping people change*. Elmsford, NY: Pergamon Press.

Nevid, J. S., & Spencer, S. A. (1978). Multivariate and normative data pertaining to the RAS with the college population. *Behavior Therapy, 9*, 675.

Norman, W. T. (1963). Toward an adequate taxonomy of personality attributes: Replicated factor structure in peer nomination personality ratings. *Journal of Abnormal and*

Social Psychology, 66, pp. 574–583.

Ochse, R., & Plug, C. (1986). Cross-cultural investigation of the validity of Erikson's theory of personality development. *Journal of Personality and Social Psychology, 50*, 1240–1252.

Orgler, H. (1965). *Alfred Adler: The man and his work*. New York: Capricorn Books.

Palmer, D. (1988). *Looking at philosophy*. Mountain View, CA: Mayfield Publishing Company.

Palmer, D. (1991). *Does the center hold?: An introduction to western philosophy*. Mountain View, CA: Mayfield Publishing Company.

Patterson, C. H. (1973). *Theories of counseling and psychotherapy* (2nd ed.). New York: Harper & Row.

Paulhus, D. (1983). Sphere-specific measures of perceived control. *Journal of Personality and Social Psychology, 44*, 1253–1265.

Paulhus, D. L. (1984). Two-component models of socially desirable responding. *Journal of Personality and Social Psychology, 44*, 1253–1265.

Paulhus, D. L. (1991). Measurement and control of response bias. In J. P. Robinson, P. S. Shaver, & L. S. Wrightsman (Eds.), *Measures of personality and social psychological attitudes* (Vol. 1, pp. 17–59). San Diego, CA: Academic Press.

Paulhus, D. L., & Christie, R. (1981). Spheres of control: An interactionist approach to assessment of perceived control. In H Lefcourt (Ed.), *Research with the locus of control construct* (Vol. 1, pp. 161–188). New York: Academic Press.

Pederson, P. B. (1991). Multicultruralism as a generic approach to counseling. *Journal of Counseling & Development, 70*, pp. 6–19.

Perry, H. S. & Gawel, M. L. (Ed.). (1964). *The collected works of Harry Stack Sullivan, M. D. Vol. 1*. New York: W. W. Norton & Company, Inc.

Perry, H. S. & Gawel, M. L. (Ed.). (1964). *The collected works of Harry Stack Sullivan, M. D. Vol. 2*. New York: W. W. Norton & Company, Inc.

Perry, H. S. (1984). *Psychiatrist of America: The life of Harry Stack Sullivan*. Cambridge, MA: Belknap.

Pervin, L. A., & John, O. P. (2001). *Personality: Theory and research* (8th ed.). New York: John Wiley & Sons.

Pine, F. (1998). *Diversity and direction in psychoanalytic technique*. New Haven: Yale University Press.

Polyson, J. (1985). Students' peak experience: A written exercise. *Teaching of Psychology, 12*, pp. 211–213.

Potkay, C. R., Allen, B. P. (1986). *Personality: Theory, research, and applications*. Monterey, CA: Brooks/Cole.

Rathus, S. A. (1973). A 30-item schedule for assessing assertive behavior. *Behavior*

Therapy, 4, 398-406.

Robinson, F. G. (1992). *Love's story told: A life of Henry A. Murray*. Cambridge, MA: Harvard University Press.

Rogers, C. R. (1951). *Client-centered therapy: Its current practice, implications, and theory*. Boston: Houghton Mifflin Company.

Rogers, C. R. (1959). A theory of therapy, personality, and interpersonal relationships, as developed in the client-centered framework. In S. Koch(Ed.), *Psychology, the study of a science. Vol. 3: Formulations of the person and the social context* (pp. 184-256). New York: McGraw-Hill.

Rogers, C. R. (1961). *On becoming a person: A therapist's view of psychotherapy*. Boston: Houghton Mifflin.

Rogers, C. R. (1970). *Carl Rogers on encounter groups*. New York: Harper & Row.

Rogers, C. R. (1977). *Carl Rogers on personal power*. New York: Dell Publishing.

Rogers, C. R. (1981). *A way of being*. Boston: Houghton Mifflin Company.

Rogers, C. R., & Stevens, B. (1971). *Person to person: The problem of being human*. New York: Pocket Books.

Rotter, J. B. (1975). Some problems and misconceptions related to the construct of internal versus external control of reinforcement. *Journal of consulting and Clinical Psychology, 43*, pp. 56-57.

Rotter, J. B. (1982). Social learning theory. In N. T. Feather(Ed.), *Expectations and actions: Expectancy-value models in psychology* (pp. 241-260). Hillsdale, NJ: Erlbaum.

Rotter, J. B., Chance, J. E., & Phares, E. J. (1972). *Applications of a social learning theory of personality*. New York: Holt, Rinehart & Winston.

Ryckman, R. M. (2000). *Theories of personality* (7th ed.). Belmont, CA: Wadsworth.

Samuel, W. (1981). *Personality: Searching for the sources of human behavior*. London: McGraw-Hill International Book.

Saucier, G. (1992). Benchmarks: Integrating affective and interpersonal circles with the big-five personality factors. *Journal of Personality and Social Psychology, 62*, pp. 1025-1035.

Schlenker, B. R., & Leary, M. R. (1982). Social anxiety and self-presentation: A conceptualization and model. *Psychological Bulletin, 92*, 641-669.

Schmidt, N., & Sermit, V. (1983). Measuring loneliness in different relationships. *Journal of Personality and Social Psychology, 44*, 1038-1047.

Schultz, D. (1981). *Theories of Personality* (2nd ed.). California: Brooks/Cole Publishing Company.

Schultz, D., & Schultz, S. E. (1998). *Theories of Personality* (6th ed.). California: Brooks/Cole Publishing Company.

Seligman, L. (2001). *Systems, strategies, and skills of counseling and psychotherapy.* Upper Saddle River, NJ: Prentice-Hall, Inc.

Sharf, R. S. (1996). *Theories of psychotherapy and counseling: Concepts and cases.* Pacific Grove: Brooks/Cole Publishing Company.

Sharf, R. S. (2000). *Theories of Psychotherapy & Counseling* (2nd ed.). Pacific Grove: Brooks/Cole Publishing Company.

Sharf, R. S. (2004). *Theories of psychotherapy and counseling: Concepts and cases* (3rd ed.). Pacific Grove: Brooks/Cole Publishing Company.

Sharf, R. S. (2008). *Theories of psychotherapy and counseling: Concepts and cases* (4th ed.). Belmont, CA: Wadsworth/Thomson learning.

Sharf, R. S. (2012). *Theories of psychotherapy and counseling: Concepts and cases* (5th ed.). Belmont, CA: Wadsworth/Thomson learning.

Sharf, R. S. (2016). *Theories of psychotherapy and counseling: Concepts and cases* (6th ed.). Boston, MA: Cengage Learning.

Sherer, M., Maddux, J. E., Mercandante, B., Prentice-Dunn, S., Jacobs, B., & Rogers, R. W. (1982). The self-efficacy scale: Construction and validation. *Psychological Reports, 51*, pp. 663-671.

Shontz, F. C. (1965). *Research methods in personality.* New York: Meredith.

Shostrom, E. L. (1963). *Personal Orientation Inventory.* San Diego: EdITS/Educational and Industrial Testing Service.

Skinner, B. F. (1953). *Science and human behavior.* New York: Macmillan.

Skinner, B. F. (1967). B. F. Skinner. In E. G. Boring & G. Lindzey(Eds), *A history of psychology in autobiography* (Vol. 5, pp. 387-413). New York: Appleton-Century Crofts.

Smith, C. P. (Ed.). (1992). *Motivation and personality: Handbook of thematic content analysis.* New York: Cambridge University Press.

Smith, G. M. (1967). Usefulness of peer ratings of personality in educational research. *Educational and Psychological Measurement, 27*, pp. 967-984.

Spence, J. T., & Helmreich, R. L. (1983). Achievement-related motives and behaviors. In J. T. Spence (Ed.), *Achievement and achievement motives: Psychological and sociological approaches* (pp. 7-74). San Francisco: W. H. Freeman

Spiegel, R. (1994). Reflections on our heritage from Erich Fromm. *Comtemporary Psychoanalysis, 30*, pp. 419-424.

Staub, E. (Ed.) (1980). *Personality: Basic aspects and current research.* Englewood Cliffs, NJ: Prentice-Hall.

Stephenson, W. (1953). *The study of behavior.* Chicago: University of Chicago Press.

Sternberg, R. J. (1988). Triangulation love. In R. J. Sternberg (Ed.), *The psychology of love* (pp. 119-138). New Haven: Yale University Press.

Storr, A. (1983). *The essential Jung*. Princeton: Princeton University Press.

Sullivan, H. S. (1953). *The interpersonal theory of psychiatry*. New York: W · W · Norton & Company.

Sweeney, T. J. (1998). *Adlerian counseling: A practitioner's approach* (4th ed.). Castelton, NY: Hamilton Printing Company.

Tillich, P. (1952). *The courage to be*. New Haven, CT: Yale University Press.

Tolman, E. C. (1960). *Purposive behavior in animals and man*. New York: Appleton-Century Crofts

Tupes, E. C., & Christal, R. E. (1961). Recurrent personality factors based on trait ratings. USAF ASD Technical Report, pp. 61-97.

Van Deurzen-Smith, E. (1998). *Paradox and passion in psychotherapy: An existential approach to therapy and counseling*. Chichister, UK: Wiley.

Watzlawick, P., Weakland, J., & Fisch, R. (1974). *Change: Principles of problem formation and problem resolution*. New York: W · W · Norton & Company.

Welwood, J.(Ed.). (1979). *The meeting of the ways: Explorations in east/west psychology*. New York: Schocken Books.

Wilmer, H. A. (1987). *Practical Jung: Nuts and bolts of Jungian psychotherapy*. Wilmette: Chiron Publications.

Winter, D. G. (1996). *Personality: Analysis and interpretation of lives*. New York: McGraw-Hill.

Witmer, J. M., & Sweeney, T. J. (1992). A holistic model for wellness and prevention over the life span. *Journal of Counseling and Development, 71*, pp. 140-148.

Wolitzky, D. L. (1995). The theory and practice of traditional psychoanalytic psychotherapy. In Gruman, A. S., & Messer, S. B. (Eds.), *Essential Psychotherapies: Theory and practice*. (pp. 12-54). New York: The Guilford Press.

Yalom, I. D. (1981). *Existential psychotherapy*. New York: Basic Books.

Zimbardo, P. G. & Weber, A. L. (1997). *Psychology* (2nd ed.). New York: Longman.

Zuckerman, M. (1978). The search for high sensation. *Psychology Today, 11*.

찾아보기

인명

내용

저자 소개

노안영(No Ann Young)

〈학력〉

전남대학교 사범대학 교육학과 졸업(1978)

서울대학교 대학원 심리학(상담전공) 석사(1983)

미국 켄터키대학(University of Kentucky) 상담심리학 철학박사(1993)

〈경력〉

서울대학교, 서강대학교, 전남대학교 학생생활연구소 카운슬러

미국 LA 주립 정신병원(Coastal Pacific-Asian Mental Health Center)에서 인턴쉽

미국 LA 한국청소년센터(Korean Youth Center) 카운슬러

흥사단 광주지부 청소년연구원 원장

전남대학교 카운슬링센터 소장

광주 · 전남상담학회 회장

전남대학교 입학관리본부장

〈현재〉

전남대학교 사회과학대학 심리학과 교수

한국상담심리학회 상담심리전문가, 한국상담학회 수련감독 전문상담사

적극적 부모역할 훈련 트레이너, 한국상담심리학회 이사

한국상담심리학회, 한국상담학회 편집위원

(사)한국아들러상담학회 회장

〈저서 및 역서〉

저서: 상담심리학의 이론과 실제 2판(학지사, 2018)

칭찬하지 마라 격려하라(학지사, 2018)

불완전할 용기(솔과학, 2016)

게슈탈트치료의 이해와 적용(학지사, 2013)

삶의 지혜를 위한 상담심리(학지사, 2011)

상담자의 지혜(학지사, 2011)

개인심리학 상담 원리와 적용(공저, 학지사, 2011)

집단상담: 이론과 실제(학지사, 2011)

Becoming A Wise Counselor(Hakjisa, 2011)
상담실습자를 위한 상담의 원리와 기술(공저, 학지사, 2006)
성상담의 원리와 실제: 성상담 가이드(한국성문화연구소, 1999)
청소년 상담 수퍼비전(청소년대화광장, 1996)

역서: 외상 후 성장(공역, 학지사, 2015)
아들러 상담이론과 실제(공역, 학지사, 2005)
애들러 상담이론(공역, 학지사, 2001)
학교상담(학지사, 2000)
상담의 기본요소(중앙적성출판사, 1997)
펄스의 게슈탈트적 자기치료(학지사, 1996)

강영신(Kang, Young-Shin)

〈학력〉
전남대학교 영어영문학과 졸업
전남대학교 일반대학원 심리학과(상담심리전공) 문학석사
미국 노스이스턴대학(Northeastern University) 상담심리학 철학박사

〈저서 및 역서〉
저서: 성격심리학(공저, 2003, 학지사).

역서: 최신 가족상담: 이론 및 사례개념화 실제(공역, 2018, 센게이지러닝).
상담심리학(공역, 2017, 사회평론아카데미 & 센게이지러닝).
심리학개론(공역, 2017, 사회평론아카데미 & 센게이지러닝).
다문화 상담 면접기법: 다문화 면담의 준비 과정에서 보고서 작성까지(2016, 학지사).
외상 후 성장: 상담 및 심리치료에의 적용(공역, 2015, 학지사).
마음챙김 교수법으로 행복 가르치기: 교사와 학생 모두가 행복해지기 위한 마음챙김 실천서(공역, 2014, 학지사).
아들러 상담이론과 실제(공역, 2005, 학지사).